Elton Prifti
Italoamericano

Beihefte zur Zeitschrift für romanische Philologie

Herausgegeben von Günter Holtus und
Wolfgang Schweickard

Band 375

Elton Prifti

Italoamericano

Italiano e inglese in contatto negli USA

Analisi diacronica variazionale e migrazionale

DE GRUYTER

Diese Monographie wurde mit dem *Kurt-Ringger*-Preis der Akademie der Wissenschaften und der Literatur Mainz ausgezeichnet.

La monografia è stata insignita del Premio *Kurt Ringger* dall'Accademia delle Scienze e della Letteratura (Magonza, Germania).

This monograph has been awarded the *Kurt Ringger* Prize of the Academy of Sciences and Literature (Mainz, Germany).

ISBN 978-3-11-048209-6
e-ISBN 978-3-11-030035-2
ISSN 0084-5396

Library of Congress Cataloging-in-Publication Data
A CIP catalog record for this book has been applied for at the Library of Congress.

Bibliografische Information der Deutschen Nationalbibliothek
The Deutsche Nationalbibliothek lists this publication in the Deutsche Nationalbibliografie; detailed bibliographic data are available in the Internet at http://dnb.dnb.de.

© 2014 Walter de Gruyter GmbH, Berlin/Boston
Satz: Johanna Boy, Brennberg
Druck und Bindung: CPI buch bücher.de GmbH, Birkach
∞ Gedruckt auf säurefreiem Papier
Printed in Germany

www.degruyter.com

Prindërve, me dashuri. Babait.

———

*Lu taliana je la scurdaté,
la mmaragana n' je la 'mbaraté,
e ja truvuna⁵ tand' arruvana⁶t'!*
Mafalda S.

Cum' jié cchjù faȓgȓaté parù!
Salvatore M.

*Quand' ca jteva con i genitori,
che ca jteva intorn' alla tavola,
allora sa sanèeva più dialetta. (...)
per rispetto dei più andziani e mischiando, inglés...
Mentre oggi è raversa.*
Milena T.

*In casa loro la carne si mangiava solo una volta
a settimana, e lo stesso con la lingua italiana.*
Teresa B.

*My grandparents were Italian-Italians,
my parents were Italian-Americans,
I am an American-Italian,
and my kids are American-Americans.*
Oliver 1968

Premessa

Tra le più note realtà culturali italiane all'estero spicca palesemente quella italoamericana, prodotta dall'emigrazione degli italiani negli USA, che incarna il simbolo della moderna emigrazione economica di massa. Il contatto culturale, da essa generato, è contraddistinto da una durata ultraquattrocentenaria, da un'intensità marcatamente variabile e da un'ampia diffusione nello spazio, in sintesi, da un dinamismo particolarmente spiccato. Indicatore affidabile della sua rilevanza è anche il fatto che, nonostante la notevole distanza geografica (dall'Italia), il mondo italoamericano è continuamente e frequentemente presente nel quotidiano italiano, in cui ha lasciato svariate tracce socioculturali e persino linguistiche. La sua notorietà si estende però ben oltre l'ambito italiano. A causa del suo singolare dinamismo la realtà italoamericana costituisce anche un affascinante oggetto di ricerche linguistiche. Nonostante ciò, non è stata eseguita finora un'analisi complessiva del fenomeno italoamericano, che abbia considerato sistematicamente la sua intera estensione spazio-temporale. Con la presente monografia si intende appunto offrire in merito un'indagine linguistica diacronica, tuttora mancante anche per altri fenomeni migratori o contattuali. L'analisi consiste nella descrizione diacronica delle dinamiche e del cambio linguistico nel contatto italoamericano e rappresenta una novità metodologica nell'ambito della ricerca migrazionale. Essa va inoltre a completare la storiografia linguistica dell'italiano, nel cui ambito è stata prestata attenzione solo sporadicamente alle varietà italoromanze parlate al di fuori dell'Italia. L'intensità e l'estensione del contatto nel tempo e nello spazio si rispecchiano nella composizione dell'ampio e variegato corpus di dati empirici.

La monografia rappresenta una versione rielaborata, aggiornata e ampliata della tesi di dottorato di ricerca in filologia romanza dal titolo *Italoamericano. Italiano e inglese in contatto negli USA. Linguistica variazionale e linguistica migrazionale*, presentata nel 2011 presso l'università di Potsdam (Germania).

Sono molte le persone, tra informatori, colleghi, amici e parenti, a cui ho il piacere di manifestare qui la mia gratitudine per il sostegno datomi per il compimento di quest'impresa.

Sono debitore, innanzitutto, agli informatori e agli amici italoamericani, di tanta loro generosità e squisita ospitalità.

Esprimo la mia riconoscenza per i preziosi consigli, osservazioni, informazioni e sostegno a colleghi e amici, a Emanuele Banfi (Milano), Wolfgang Dahmen (Jena), Wolf Dietrich (Münster), Francesco Durante (Napoli), Emilio Franzina (Verona), Hermann W. Haller (New York), Gerda Haßler (Potsdam), Renato Martinoni (St. Gallen), Wolfgang Schweickard (Saarbrücken), Thomas Stehl (Potsdam),

Hildegard L. C. Tristram (Freiburg), Angelo Variano (Saarbrücken), Massimo Vedovelli (Siena), Sabine Zangenfeind (Potsdam).

Ringrazio vivamente Ulrike Krauß (Berlin, De Gruyter) per la piacevole collaborazione e l'alta professionalità, con la quale ha accompagnato il processo di pubblicazione, nonché Christine Henschel (Berlin, De Gruyter) e Franziska Bauer (Mannheim) per il prezioso contributo dato alla formattazione e alla preparazione degli indici.

Esprimo la mia gratitudine a Tullio De Mauro (Roma) per le preziose osservazioni, per l'ispirazione nonché per aver «tenuto a battesimo» la monografia, scrivendone la prefazione.

Alla mia famiglia, a Dario, Alessandro, Valentina, Mina, Krisulla, Dino, Giacobina, Julian, Giovanna, Edi, Kelly, Umberto e Nicole, un grazie di cuore per il grande supporto!

Desidero ringraziare sentitamente Günter Holtus e Wolfgang Schweickard per aver accolto questo lavoro nella rinomata collana *Beihefte zur Zeitschrift für romanische Philologie*, da loro diretta.

Debbo, infine, profonda gratitudine a mia moglie, Maria Giacobina Zannini, per l'instancabile, attentissima e competente lettura e rilettura del manoscritto, nonché per i preziosi consigli e il sostegno.

Potsdam, agosto 2013

Indice generale

Premessa —— **VII**
Indice delle figure e tabelle —— **XV**
Convenzioni —— **XIX**
Prefazione di Tullio De Mauro —— **XXIII**

1	**Introduzione —— 1**	
1.1	Oggetto, motivazione, obiettivi principali —— 2	
1.2	Struttura —— 3	
1.3	Rassegna degli studi —— 4	
1.3.1	Gli studi variazionali in ambito italianistico —— 4	
1.3.2	Gli studi variazionali in ambito americanistico —— 8	
1.3.3	Gli studi linguistici sulla migrazione —— 11	
1.3.4	Gli studi contattuali sull'italiano fuori d'Italia —— 16	
1.3.5	Gli studi sulla situazione linguistica degli italoamericani —— 19	
1.3.5.1	Descrizione cronologica degli studi sul contatto italoamericano —— 21	
1.3.5.2	Gli studi geograficamente circoscritti sul contatto italoamericano —— 26	
2	**Quadro teorico e metodologico —— 30**	
2.1	Quadro teorico —— 30	
2.1.1	Dominio del parlante —— 30	
2.1.1.1	Collocazione dei parlanti in generazioni d'emigrazione —— 31	
2.1.1.2	Distinzione di tipi di insediamento —— 34	
2.1.1.3	Distinzione di livelli descrittivi —— 36	
2.1.1.4	Le scelte d'uso linguistico —— 37	
2.1.2	Dominio della lingua e del contatto linguistico —— 38	
2.1.2.1	Lingua in contatto, lingue del contatto —— 39	
2.1.2.2	Diacronia vs. sincronia. Costellazioni del contatto: fasi e periodi —— 43	
2.1.2.3	Livelli di differenziazione della lingua —— 49	
2.1.2.4	Differenziazioni in rapporto alla «difettività» —— 51	
2.1.2.5	Transferenza (interferenza, *code switching*) —— 54	
2.1.2.6	Erosione —— 56	
2.1.2.7	*Dialect mixing* —— 57	
2.1.3	Dominio della linguistica: l'approccio analitico migrazionale pluridimensionale —— 58	

2.1.3.1	Il sapere linguistico — **68**	
2.1.3.2	Il comportamento linguistico — **69**	
2.1.3.3	Il prodotto linguistico: analisi materiale delle varietà di contatto — **70**	
2.1.3.4	La correlazione tra identità e lingua — **71**	
2.2	Quadro metodico-empirico — **72**	
2.2.1	La sezione delle interviste — **72**	
2.2.1.1	Indicazioni sulle interviste — **72**	
2.2.1.2	Il metodo d'indagine e il questionario — **76**	
2.2.1.3	Gli informatori — **78**	
2.2.2	La sezione epistolare — **83**	
2.2.2.1	Le raccolte di lettere dei ticinocaliforniani — **83**	
2.2.2.2	Le raccolte di lettere degli italiani del Sud — **83**	
2.2.3	La sezione documentaria — **85**	
2.2.4	La sezione (para)letteraria — **85**	
2.2.4.1	La memorialistica — **86**	
2.2.4.2	La pubblicistica periodica — **86**	
2.2.4.3	La produzione (para)letteraria — **87**	
2.2.5	La sezione mass-mediatica — **90**	
3	**Storia linguistica esterna dell'italoromanzo negli USA — 92**	
3.1	Prima fase del contatto (1500–1927 ca.) — **94**	
3.1.1	Periodo coloniale (1500–1783 ca.) — **94**	
3.1.2	Periodo preunitario (1783–1880 ca.) — **97**	
3.1.3	Periodo della Grande Emigrazione (1880–1927 ca.) — **101**	
3.1.4	I ghetti italoamericani in prospettiva contattuale — **107**	
3.2	Seconda fase del contatto (1927–1980 ca.) — **117**	
3.2.1	Primo periodo: 1927–1954 ca. — **118**	
3.2.2	Secondo periodo: 1954–1980 ca. — **119**	
3.3	Terza fase del contatto (dal 1980 ca.) — **123**	
3.4	Conclusioni — **126**	
4	**Il sapere linguistico degli italoamericani — 128**	
4.1	Il sapere riflessivo diasistemico concernente le lingue in contatto — **129**	
4.1.1	Dialetto primario italoromanzo — **132**	
4.1.1.1	Prima generazione — **132**	
4.1.1.2	Seconda generazione — **138**	
4.1.1.3	Terza generazione e oltre — **141**	
4.1.1.4	Sintesi: il sapere riflessivo diatopico concernente il dialetto — **142**	

4.1.2	Italiano —— **143**	
4.1.2.1	Prima generazione —— **143**	
4.1.2.2	Seconda generazione e oltre —— **149**	
4.1.2.3	Sintesi: il sapere riflessivo diatopico concernente l'italiano —— **150**	
4.1.3	Inglese —— **151**	
4.1.3.1	Il sapere riflessivo macrodiatopico —— **152**	
4.1.3.2	Il sapere riflessivo diatopico sovraregionale e regionale —— **154**	
4.1.3.3	Il sapere riflessivo microdiatopico e le varietà etniche —— **161**	
4.1.3.4	Sintesi: il sapere riflessivo diatopico concernente l'inglese —— **169**	
4.1.4	Conclusioni relative all'analisi del sapere riflessivo diasistemico (diatopico) —— **170**	
4.2	Il sapere riflessivo funzionale: l'architettura del contatto —— **172**	
4.2.1	Prima fase del contatto —— **173**	
4.2.1.1	Prima generazione —— **173**	
4.2.1.2	Seconda generazione —— **177**	
4.2.1.3	Il sapere riflessivo funzionale nelle enclavi di tipo *Little Italy* —— **179**	
4.2.1.4	Sintesi: il sapere riflessivo funzionale durante la prima fase —— **180**	
4.2.2	Seconda fase del contatto —— **184**	
4.2.2.1	Prima generazione —— **185**	
4.2.2.2	Seconda generazione —— **195**	
4.2.2.3	Terza generazione e oltre —— **198**	
4.2.2.4	Sintesi: il sapere riflessivo funzionale durante la seconda fase —— **199**	
4.2.3	Terza fase del contatto —— **203**	
4.2.3.1	Prima generazione —— **204**	
4.2.3.2	Seconda generazione —— **205**	
4.2.3.3	Sintesi: il sapere riflessivo funzionale durante la terza fase —— **206**	
4.2.4	Conclusioni relative all'analisi del sapere riflessivo funzionale —— **207**	
4.3	Conclusioni generali relative al sapere linguistico degli italoamericani —— **216**	
5	**Il comportamento linguistico degli italoamericani** —— **219**	
5.1	Prima fase del contatto —— **220**	
5.1.1	Prima generazione —— **220**	
5.1.1.1	L'uso del Dialetto difettivo (D−) —— **221**	
5.1.1.2	L'uso dell'*American English* difettivo (AE−) —— **222**	
5.1.2	Seconda generazione e oltre —— **223**	
5.1.2.1	L'uso dell'*American English* non difettivo (AE+) —— **224**	
5.1.2.2	L'uso del Dialetto doppiamente difettivo (D− −) —— **225**	

5.1.3	Brevi cenni sul comportamento linguistico nelle *Little Italies* —— **226**	
5.1.4	Sintesi: il comportamento linguistico durante la prima fase —— **229**	
5.2	Seconda fase del contatto —— **232**	
5.2.1	Prima generazione —— **232**	
5.2.1.1	Gli italoamericani primariamente dialettofoni —— **234**	
5.2.1.2	Gli italoamericani primariamente italofoni —— **238**	
5.2.2	Seconda generazione e oltre —— **239**	
5.2.2.1	L'uso del gradatum primario (AE+) —— **240**	
5.2.2.2	L'uso del gradatum secondario (D– – o I– –) —— **241**	
5.2.3	Sintesi: il comportamento linguistico durante la seconda fase —— **244**	
5.3	Terza fase del contatto —— **250**	
5.3.1	Prima generazione —— **250**	
5.3.2	Seconda generazione —— **252**	
5.3.3	Sintesi: il comportamento linguistico durante la terza fase —— **253**	
5.4	Conclusioni generali relative al comportamento linguistico degli italoamericani —— **254**	
6	**Il prodotto del contatto italoamericano** —— **260**	
6.1	Prima fase del contatto —— **261**	
6.1.1	Dialetto difettivo (D–) —— **263**	
6.1.2	Dialetto doppiamente difettivo (D– –) —— **280**	
6.1.3	*American English* difettivo (AE–) —— **285**	
6.1.4	*American English* non difettivo (AE+) —— **293**	
6.1.5	Sintesi: il prodotto del contatto nella prima fase —— **300**	
6.2	Seconda fase del contatto —— **307**	
6.2.1	Primo periodo: parlanti primariamente dialettofoni —— **307**	
6.2.1.1	Dialetto difettivo (D–) —— **308**	
6.2.1.2	Dialetto doppiamente difettivo (D– –) —— **315**	
6.2.1.3	Italiano ulteriormente difettivo (I– –) —— **319**	
6.2.1.4	*American English* difettivo (AE–) —— **326**	
6.2.1.5	*American English* non difettivo (AE+) —— **328**	
6.2.1.6	Breve sintesi: il prodotto del contatto nel primo periodo —— **330**	
6.2.2	Secondo periodo: parlanti primariamente italofoni —— **334**	
6.2.2.1	Italiano difettivo (I–) —— **334**	
6.2.2.2	Italiano doppiamente difettivo (I– –) —— **339**	
6.2.2.3	Dialetto ulteriormente difettivo (D– –) —— **341**	
6.2.2.4	*American English* difettivo (AE–) —— **342**	
6.2.2.5	*American English* non difettivo (AE+) —— **344**	

6.2.2.6	Breve sintesi: il prodotto del contatto nel secondo periodo —— 345	
6.2.3	Sintesi: il prodotto del contatto nella seconda fase —— 346	
6.3	Terza fase del contatto —— 350	
6.3.1	Italiano difettivo (I–) —— 350	
6.3.2	Italiano doppiamente difettivo (I– –) —— 351	
6.3.3	*American English* difettivo (AE–) —— 352	
6.3.4	*American English* non difettivo (AE+) —— 353	
6.3.5	Sintesi: il prodotto del contatto nella terza fase —— 353	
6.4	Sintesi diacronica: il prodotto del contatto italoamericano —— 355	
6.4.1	L'arcigradatum Italoromanzo difettivo (IR–) —— 355	
6.4.2	L'arcigradatum Italoromanzo doppiamente difettivo (IR– –) —— 356	
6.4.3	L'arcigradatum *American English* difettivo (AE–) —— 358	
6.4.4	L'arcigradatum *American English* non difettivo (AE+) —— 359	
6.4.5	Sulla variazione nella gestualità degli italoamericani —— 359	
6.5	Conclusioni generali relative al prodotto del contatto italoamericano —— 362	
7	**La correlazione tra identità e lingua nel contatto italoamericano —— 368**	
7.1	Prima generazione —— 368	
7.1.1	Prima fase del contatto —— 369	
7.1.2	Seconda fase del contatto —— 370	
7.1.3	Terza fase del contatto —— 371	
7.1.4	Sintesi: prima generazione —— 372	
7.2	Seconda generazione —— 372	
7.2.1	Prima fase del contatto —— 372	
7.2.2	Seconda fase del contatto —— 373	
7.2.3	Terza fase del contatto —— 374	
7.2.4	Sintesi: seconda generazione —— 374	
7.3	Terza generazione —— 374	
7.4	Conclusioni relative alla correlazione tra identità e lingua nel contatto italoamericano —— 375	
8	**Conclusioni generali —— 377**	
9	**Appendice —— 383**	
9.1	Questionario —— 383	
9.2	Documenti —— 391	

10 Indici —— 394
10.1   Indice bibliografico —— **394**
10.2   Indice dei nomi di persona —— **416**
10.3   Indice dei luoghi —— **421**
10.4   Indice delle parole —— **426**

Indice delle figure e tabelle

Figure

1.1 Proposta da parte di Ilacomilus di adottare il toponimo America (tratto dal fol. 15b della ristampa Wieser 1907) —— **21**
2.1 Dinamica dell'uso di italiano e di dialetti in Italia (1861-2006) —— **46**
2.2 Struttura dell'analisi del sapere linguistico —— **68**
2.3 Struttura dell'analisi del comportamento linguistico —— **70**
2.4 Struttura dell'analisi del prodotto linguistico —— **71**
2.5 Distribuzione geolinguistica italoromanza degli informatori secondo la loro origine o provenienza —— **74**
2.6 Distribuzione geolinguistica degli informatori secondo il loro luogo di residenza statunitense più duratura —— **75**
2.7 Distribuzione cronologica delle lettere comprese nella sezione epistolare secondo l'origine degli emigrati —— **84**
2.8 Copertina discografica —— **91**
2.9 Commenti relativi all'*Italian accent* —— **91**
3.1 Dinamica del flusso immigratorio italiano negli USA (1820-2011) —— **92**
3.2 L'area newyorkese dei *Five Points* —— **100**
3.3 Distribuzione quantitativa della popolazione di origine italiana a New York City —— **110**
3.4 Distribuzione degli italoamericani secondo la provenienza regionale e locale italiana nel Mulberry District intorno al 1920 —— **112**
3.5 Flusso degli immigrati italiani negli anni 1960-1965 —— **121**
3.6 Distribuzione quantitativa della popolazione di origine italiana negli Stati Uniti nel 2000 —— **123**
4.1 Architettura del contatto nella sua prima fase —— **184**
4.2 Architettura del contatto tra dialetto e italiano in Italia —— **189**
4.3 Architettura del contatto nel primo periodo della sua seconda fase (orientamento primariamente dialettofono dei parlanti) —— **201**
4.4 Architettura del contatto nel secondo periodo della sua seconda fase (orientamento primariamente italofono dei parlanti) —— **203**
4.5 Architettura del contatto nella sua terza fase —— **207**
4.6 Architettura generale del contatto italoamericano —— **215**
6.1 Pagina dall'elenco di italoamericanismi dell'informatore I-2-AM —— **283**
6.2 Caricatura apparsa il 27 agosto 1904 su *Judge* (settimanale satirico) —— **292**
6.3 Caricatura apparsa nel 1911 su *Life Magazine* —— **292**
6.4 Etichetta stampata a ornamento di magliette e tazze —— **298**
6.5 Annotazione manoscritta dell'informatore IId-1p-FM —— **322**
6.6 Nota manoscritta 1 sul recto di una fotografia —— **324**
6.7 Nota manoscritta 2 sul recto di una fotografia —— **324**
6.8 Nota manoscritta: ricetta culinaria 1 (intorno al 1960) —— **325**
6.9 Nota manoscritta: ricetta culinaria 2 —— **337**
6.10 Nota manoscritta: ricetta culinaria 3 —— **338**
6.11 Gesto di avvertimento: "Ti manciu, si t'annaghiu" —— **361**
6.12 Gesto di minaccia: "Ti lu fazzu tantu" —— **361**
9.1 Storia a immagini *Der tapfere Schneemann* di e.o.plauen —— **390**

9.2.1 Articolo dal *Corriere della sera*, 7-8 agosto 1899, 2 —— **391**
9.2.2 Articolo da *Il Carroccio* III-8 (1917), 178 —— **392**
9.2.3 Articolo da *Il Carroccio* III-10 (1917) 454s. —— **393**

Tabelle

2.1 Uso di italiano, dialetti e altre lingue native (De Mauro 2008, 4) —— **46**
2.2 I livelli di difettività delle varietà di contatto secondo la valenza communicativa e le generazioni d'emigrazione —— **53**
2.3 Parametri sociolinguistici degli informatori —— **81**
3.1 Quote annuali del flusso immigratorio italiano negli USA (1820-2011) —— **93**
3.2 Distribuzione percentuale degli italoamericani di prima e di seconda generazione nelle regioni statunitensi negli anni 1968 e 1980 —— **122**
3.3 Tabella riassuntiva dei principali fattori extralinguistici —— **127**
4.1 Livelli di differenziazione diatopica delle lingue di contatto —— **131**
4.2 La qualità del sapere riflessivo diatopico concernente il *dialetto primario italoromanzo* —— **143**
4.3 La qualità del sapere riflessivo diatopico concernente l'*italiano* —— **151**
4.4 La qualità del sapere riflessivo diatopico concernente l'*inglese* —— **170**
4.5 La qualità del sapere riflessivo diatopico degli italoamericani concernente le lingue di contatto nelle singole fasi di contatto e secondo le generazioni —— **172**
4.6 Trasformazione delle varietà basilettali in emigrazione —— **193**
5.1 Il comportamento linguistico degli italoamericani durante la *prima* fase del contatto: la qualità dell'influsso delle singole determinanti sull'uso delle lingue funzionali in prospettiva generazionale —— **231**
5.2 Il comportamento linguistico degli italoamericani durante il *primo* periodo della *seconda* fase del contatto (orientamento primariamente *dialettofono*): la qualità dell'influsso delle singole determinanti sull'uso delle lingue funzionali in prospettiva generazionale —— **248**
5.3 Il comportamento linguistico degli italoamericani durante il *secondo* periodo della *seconda* fase del contatto (orientamento primariamente *italofono*): la qualità dell'influsso delle singole determinanti sull'uso delle lingue funzionali in prospettiva generazionale —— **249**
5.4 Il comportamento linguistico degli italoamericani durante la *terza* fase del contatto: la qualità dell'influsso delle singole determinanti sull'uso delle lingue funzionali in prospettiva generazionale —— **254**
5.5 Il comportamento linguistico degli italo-americani durante l'intera estensione del contatto: la qualità dell'influsso delle singole determinanti sull'uso degli arcigradata in prospettiva generazionale —— **259**
6.1 Qualità delle lingue funzionali durante la *prima* fase —— **305**
6.2 Distribuzione delle interferenze nelle lingue funzionali durante la *prima* fase —— **306**
6.3 Qualità delle lingue funzionali durante il periodo *dialettale* della *seconda* fase —— **332**
6.4 Distribuzione delle interferenze nelle lingue funzionali durante il periodo *dialettale* della *seconda* fase —— **333**

6.5 Qualità delle lingue funzionali durante il periodo *italiano* della *seconda* fase —— **347**

6.6 Distribuzione delle interferenze nelle lingue funzionali durante il periodo *italiano* della *seconda* fase —— **348**

6.7 Qualità delle lingue funzionali durante la *terza* fase —— **354**

6.8 Distribuzione delle interferenze nelle lingue funzionali durante la *terza* fase —— **354**

6.9 Qualità degli arcigradata —— **366**

6.10 Distribuzione delle interferenze negli arcigradata —— **367**

Convenzioni

Abbreviazioni di lingue e varietà

abr.	abruzzese
ae.	*American English*
cal.	calabrese
ebr.	ebraico
ia.	italoamericano
ialb.	italoalbanese
ingl.	inglese
it.	italiano
lat.	latino
m.a.ted.	medio alto tedesco
mol.	molisano
nap.	napoletano
pie.	piemontese
pugl.	pugliese
sic.	siciliano
slav.	slavo
sp.	spagnolo
tic.	ticinese
ven.	veneto
yid.	yiddish

Abbreviazioni tecniche

fig./ figg.	figura/ figure
n.d.a.	nota dell'autore
p./ pp.	pagina/ pagine
pegg.	peggiorativo
pl.	plurale
seg./ segg.	seguente/ seguenti
tab./ tabb.	tabella/ tabelle

Simboli

I	italiano
D	dialetto
IR	italoromanzo
AE	*American English*
FSAE	*Formal Standard American English*
VAE	*Vernacular American English*

Numerazione

La numerazione di citazioni, tabelle ed elementi grafici (figure, carte o diagrammi) parte da 1 in ogni capitolo. Per questo le sigle sono composte di due elementi: il primo indica il numero del capitolo, il secondo la sequenza della citazione, della tabella o dell'elemento grafico all'interno del capitolo.

Il sistema di siglatura degli informatori

Per consentire al lettore una percezione migliore e una valutazione più oggettiva delle affermazioni citate sono necessarie informazioni contattuali, migrazionali e sociolinguistiche immediatamente accessibili sui parlanti. Queste sono espresse nelle sigle a loro riferite, composte di *tre* elementi:

- Il primo elemento, in cifre romane (I, II e III), indica la fase del contatto nella quale si colloca il singolo parlante. La distinzione necessaria tra il primo e il secondo periodo della seconda fase è indicata rispettivamente tramite i simboli aggiuntivi *-d-* (dialettale) o *-i-* (italiano), dando quindi II*d*- o II*i*-. Fanno qui eccezione soltanto gli informatori italoalbanesi, nel cui caso la specificazione *-d-* è sostituita dal simbolo *-ia-* (italoalbanese).
- Il secondo elemento indica, in cifre arabe, la *generazione d'emigrazione* alla quale appartiene il singolo informatore. La suddivisione dei parlanti di *prima generazione* in una categoria *attiva* e in una *passiva* è segnalata rispettivamente dal simbolo aggiuntivo *a* o *p*, dando quindi *-1a-* o *-1p-*.
- Il terzo elemento è dato dalle *iniziali* (nome, cognome) del parlante.

Il parlante I-2-AM, ad esempio, è l'informatore italoamericano AM, di seconda generazione, i cui genitori sono emigrati nel corso della prima fase del contatto; II*d*-1p-VG è l'informatrice VG, di prima generazione, collocabile nella categoria passiva, emigrata durante il primo periodo (quello dialettale) della seconda fase.

La sigla III-1a-FR, infine, sta per l'informatrice FR, di prima generazione, collocabile nella categoria attiva ed emigrata durante la terza fase del contatto.

Fanno eccezione gli informatori non-italoamericani, le cui sigle contengono soltanto le iniziali.

In quei casi in cui gli informatori non hanno concesso esplicitamente il permesso di essere citati, le loro iniziali appaiono leggermente alterate.

La tabella riassuntiva (tab. 2.3) degli informatori rende possibile una rapida consultazione di parametri sociolinguistici e contattuali più dettagliati relativi a ciascuno di loro.

EP è la sigla dell'intervistatore.

Nei casi in cui, all'interno delle citazioni dalle interviste, sono menzionati nomi di altri informatori, questi vengono sostituiti dalle rispettive sigle. Altri nomi di persona sono ridotti alle iniziali.

La trascrizione

I brani citati dalle interviste appaiono in una trascrizione conversazionale semplificata. Essa è basata, secondo la lingua o il dialetto italoromanzo, sulla grafia in vigore rispettivamente dell'italiano, dell'inglese, o, nel caso dei dialetti, sulla tradizione atlantistica, arricchita di elementi fonetici provenienti dal sistema IPA. Si segue, a grandi linee, la tradizione di trascrizione dell'*Atlante Linguistico della Sicilia*.[1] Laddove sia rilevante in prospettiva fonetica, singoli lessemi o periodi compaiono in trascrizione fonetica integrale (IPA).

Convenzioni grafiche per la trascrizione del parlato spontaneo[2]

...	esitazione
|	auto-interruzione, auto-correzione
: :: :::	allungamenti di svariata durata
/	pausa breve
//	pausa lunga
MAIUSCOLETTO	enfasi
<xxx>	indicazione ausiliare, riguardante elementi della comunicazione paralinguistica del parlante (ad esempio: <sorri-

---

1 La descrizione del sistema di trascrizione dell'*ALS* si trova in Ruffino (1995, 25s.).
2 Riprese, in parte, da Ruffino (1995, 51).

	de>, ‹ride›, ‹deciso›, ‹insicuro›, ‹ironico›, ‹enfatizzando›, ecc.) nonché spiegazioni contestuali per una migliore comprensione
(---)	elemento incomprensibile
«xxx»	discorso diretto
[xxx]	trascrizione fonetica
(xxx)	matrice di interferenza o di tratto di *code mixing*, nella grafia della lingua di partenza
{xxx}	traduzione in italiano di singole parti, integrata[3] nel testo
neretto	evidenziazione a scopo illustrativo di singoli fonemi, morfemi, lessemi o periodi
sottolineatura	interventi dell'intervistatore
(...)	omissione di parti

---

[3] Nei casi in cui sia necessaria, invece, una traduzione integrale della citazione, essa appare in una colonna a fianco dell'originale.

Prefazione

TULLIO DE MAURO

Alla fine dell'ultima pagina della sua trattazione Elton Prifti scrive:

«L'italoamericano nella sua *interezza* è quindi da considerarsi *l'insieme di varietà di contatto gerarchicamente correlate fra loro in una struttura particolarmente dinamica a gradi.*»

Queste parole enunziano il *quod erat demonstrandum* del lavoro. Ogni parola merita attenzione perché poggia su una somma di attente analisi e di ricerche in molta parte di prima mano.

Italoamericano è la denominazione che, per eccellenza, diamo alla o, meglio, alle varietà linguistiche sedimentatesi tra gli oriundi italiani negli Stati Uniti d'America. L'aggettivo, comune in italiano e comunemente sostantivato in riferimento a persone o al linguaggio, mette in risalto un segmento soltanto di una configurazione più complessa. Come Prifti non manca di ricordare, il flusso migratorio transoceanico dall'Italia è andato non solo verso gli USA, ma anche verso altri paesi del continente americano. Specialmente nelle fasi anteriori o di poco posteriori all'unità politica italiana (1861) per i migranti italiani destinazione oltreoceanica privilegiata furono soprattutto i paesi del Sudamerica. Nella ancor celebre canzone popolare ottocentesca, *Mamma mia dammi cento lire / che in America voglio andar*, l'America pare certo che fosse quella latina e meridionale. E del resto ancor oggi in Brasile la più cospicua minoranza di oriundi europei immigrati è quella italiana e, come amava ripetere un grande scrittore argentino, Ernesto Sabato, l'Argentina è fatta di tre componenti, di tre anime: spagnola, ebraica e italiana. Ma già sul finire dell'Ottocento e sempre più nei decenni seguenti la destinazione privilegiata si andò spostando verso il nord del continente. Lo documentano canzoni napoletane d'autore assai note, come la malinconica *Me ne vogli'ì a l'America* o la più recente e ironica *Tu vuo' fà l'Americano, / Mmericano, Mmericano*, dove America e americano si riferiscono senza dubbio alla realtà statunitense. Così fanno del resto espressioni correnti come «lo zio d'America», lo zio partito povero e diventato ricco negli USA (l'espressione è poi diventata titolo di un gioco e di due serie televisive) e, a livello della cultura letteraria più alta, hanno fatto negli anni trenta del Novecento *America primo amore* di Mario Soldati e una famosa antologia di scrittori USA, *Americana*, curata da Elio Vittorini (ma di entrambe le opere la fortuna è stata soprattutto postbellica).

In conformità con l'uso italiano Prifti con *italoamericano* si riferisce alla realtà linguistica degli oriundi italiani negli Stati Uniti d'America. Questa realtà egli ha inteso esplorare e ci mostra nella sua *interezza*, attraverso le successive fasi della migrazione italiana e nelle diverse sue aggregazioni territoriali. È una novità rispetto a molti altri studi che si sono basati e più o meno volutamente concentrati su situazioni particolari del contatto tra l'italoromanzo importato dagli immigrati e il dominante *American English*. Prifti guarda e ci fa guardare all'*interezza* attraverso il tempo e lo spazio. Ciò dà modo di scorgere nell'italoamericano non un'unica varietà, ma un succedersi diacronico e un coesistere sintopico e sincronico di varietà, che sono differenziabili in un *insieme* di varietà distinguibili e distinte. Le testimonianze raccolte mostrano che le distinzioni affiorano nella consapevolezza dei parlanti:

> «Ogni persona è... parla i paroli differendi [...]. Ogni famigghja, ogni famiglia è... è differendi.»

All'analisi, ma in parte anche in questo caso nella consapevolezza dei parlanti, l'insieme rivela un suo ordine: l'*insieme* appare come complesso articolato di varietà che si presentano *gerarchicamente correlate*. Questo apre la via a considerare l'intero insieme nella sua *dinamica*, nella *gradualità* del succedersi e coesistere delle distinte varietà nell'uso delle comunità immigrate.

Il *quod erat demonstrandum* ha richiesto un saldo quadro teorico e una correlativa vasta e profonda esplorazione fattuale che consentissero di acquisire e presentare dati certi. Il quadro teorico è fondato sul ripensamento della visione aristotelico-humboldtiana elaborata da Eugenio Coseriu. Prifti utilizza in particolare la distinzione tra *sapere*, *attività* e *prodotto* e dunque analizza distintamente il *sapere linguistico* dei parlanti (la loro consapevolezza e competenza), il loro *comportamento linguistico* (le modalità d'uso) e, infine, il *risultato* della loro attività linguistica e cioè le forme varianti cui essa dà luogo e in cui si inscrive, considerate individuando i fenomeni prototipici più frequenti.

Il quadro teorico rinvia per una sua stessa necessità interna a una accurata, ampia esplorazione fattuale. Averla perseguita e compiuta è merito non ultimo dello studioso. Il lavoro di ricerca ha avuto avvio sul finire degli anni novanta del secolo passato. Fondamentale è stata la raccolta delle interviste condotte tra 1999 e 2010 a Boston, Chicago, Filadelfia, New York, San Francisco, nel New Jersey e in Florida. A questo materiale interamente nuovo e prezioso, anche per esplorare il *sapere* dei parlanti, si sono aggiunti i risultati di ricerche documentarie storico-demografiche e ricerche su scritture private e testi letterari e paraletterari.

La massa di materiali è imponente. Fondandosi su di essa, analizzata con la strumentazione e i criteri derivanti dal quadro teorico già ricordato, Prifti ricostruisce e scandisce tre fasi susseguenti dell'italoamericano:

1. l'iniziale fase diglossica, in cui i monolinguismi dialettali italoromanzi (ogni gruppo immigrato era portatore dell'uso esclusivo del suo dialetto nativo,

a parte il caso ancor più complesso degli albanofoni-dialettofoni molisani) entrano in contatto con l'*American English*;

2. la fase triglossica, in cui i migranti cominciano a portare con sé e a mettere in contatto con l'inglese sia ancora uno dei dialetti sia già un certo grado di conoscenza dell'italiano;

3. la fase più recente, nuovamente diglossica, in cui il contatto è ormai tra italiano e *American English*.

Come Prifti mostra, le tre fasi presentano sovrapposizioni e intrecci graduati che si sedimentano nell'uso e nella consapevolezza dei parlanti in una zona intermedia in cui emerge l'*americaliano* o *italese* ossia rispettivamente l'*American English* o l'italoromanzo, come parlato da nativi italiani, senza che ciò impedisca di delineare il mutamento diacronico, il passaggio da una ad altra fase.[1]

L'ampio e profondo scavo di materiali e le esemplari analisi di Prifti mettono in chiaro il debito che unisce le vicende linguistiche degli emigrati alla storia linguistica delle popolazioni italiane dall'unità politica del paese (1861) all'età della Repubblica (1946 e seguenti). Ma fanno luce anche sulla profondità dei mutamenti avvenuti in Italia nelle fasi più recenti. Lontani, gli emigrati paiono percepire chiaramente più dei restati in patria quel che è andato avvenendo. Avvertono con nettezza non solo la distinzione, ma la diversità funzionale tra italiano comune e dialetti: tra «l'italianu completu, l'italianu comu s'inzegn' a scola, comu si vire nt' a telavisiuni» e la «lingua alla paisana, la più di cuore». Una testimonianza (p. 144) illustra bene non solo la divergente vicenda linguistica di comunità emigrate e comunità non espatriata, ma anche la significatività dei mutamenti dell'italiano e degli stessi dialetti negli ultimi decenni:

> «Io, quando loro in Italia parlano in italiano, non li capisco mango; usano certe parole..., Madonna! E chi sono 'sti diavoli qua? Da dove vengono 'ste parole? In Italia usano queste parole troppo moderne...»

La significatività che per l'Italia ha avuto il movimento migratorio risulta a grandi linee dalle cifre d'insieme: se si pensa che le partenze di emigranti dall'Italia nei decenni postunitari sono state perfino superiori alla popolazione degli anni dell'unità politica, circa ventisei milioni, e gli emigrati in via definitiva e i loro discendenti di prima e seconda generazione si stimano pari a circa sessanta milioni, quanto l'attuale popolazione residente. Un recente accurato studio

---

[1] Fasi successive, scandite però guardando soprattutto al progressivo attenuarsi del rapporto con l'italoromanzo nel succedersi delle generazioni di immigrati e loro discendenti nelle diverse aree del mondo, sono distinte anche da Massimo Vedovelli in: Massimo Vedovelli (ed.), *Storia linguistica dell'emigrazione italiana nel mondo*, Roma, Carocci, 2011, in particolare 37-118.

analizza la rilevanza demografica, economica e finanziaria che il fenomeno ha acquisito attraverso il tempo nella vita del paese[2]. Chi ricorda con Saussure che non s'intende la vita effettiva delle lingue fuori dei loro rapporti col *temps* e la *masse parlante* non dovrebbe stupirsi che fenomeni così rilevanti abbiano non meno rilevanti riflessi per l'analisi linguistica. In realtà non è stato facile far passare nell'ambito dei linguisti la coscienza di questa rilevanza. Se, come si concede ai vecchi soldati, si consente anche a me un ricordo d'altri tempi, rammento che quando mezzo secolo fa pubblicai un mio libro, *Storia linguistica dell'Italia unita*, per l'ampio spazio dato in esso alla rilevanza linguistica dell'emigrazione fui accusato da un recensore di vedere l'emigrazione come «un'avventura turistico-letteraria». Oggi non è più così. La *linguistica migrazionale* o *migratoria* è un campo ormai accreditato di studi ed è riconosciuto come particolarmente rilevante per intendere la vicenda linguistica italiana.

Per metodo e risultati la lunga ricerca di Prifti offre un nuovo contributo importante, anzi esemplare, alla linguistica migrazionale italiana. Ma vorrei aggiungere che ha anche un altro significato. Il lavoro si aggiunge a pieno diritto alla lunga serie di grandi contributi che la romanistica di lingua tedesca ha dato allo studio delle realtà linguistiche italoromanze e dell'italiano.

---

[2] Matteo Gomellini/Cormac Ó Gráda, *Outward and Inward Migrations in Italy: A Historical Perspective: Quaderni di storia economica*, Roma, Banca d'Italia, 2011.

1 Introduzione

Per intensità, consistenza e diffusione particolarmente spiccate, l'emigrazione degli italiani nel mondo rappresenta un caso significativo nella storia moderna della migrazione. Più della metà dei quasi 26 milioni di italiani, emigrati tra il 1876 e il 1976, ha lasciato la madrepatria prima della Grande Guerra.[1] Negli Stati Uniti d'America – la meta più ambita – se ne è insediato il 35,5 %. Tra le comunità italofone sparse nel mondo, quella italoamericana, che nel 2005 contava oltre 17,2 milioni di individui, è la seconda per consistenza.[2]

Diretta conseguenza del consolidamento di comunità di migranti nel tessuto sociale statunitense è la cristallizzazione di contatti culturali e linguistici particolarmente dinamici, contraddistinti di regola dalla convergenza. Il loro prodotto più visibile è il processo di americanizzazione progressiva, che solitamente si cerca di quantificare – se pure in modo eccessivamente riduttivo – prendendo come riferimento il comportamento linguistico dei membri del gruppo etnico. Seguono alcuni dati generali in proposito, utili a inquadrare la comunità italoamericana. Secondo il censimento del 1990, negli Stati Uniti, a usare una lingua diversa dall'inglese in ambiente domestico erano circa 32 milioni[3] di individui di età superiore ai cinque anni – il 13 % della popolazione statunitense –, il 60 % dei quali era nato lì. Due terzi dei parlanti di lingue minoritarie sono concentrati in soli otto stati, tra i quali spicca quello di New York, con il suo epicentro, New York City.[4] Tra le lingue minoritarie parlate negli USA, nella classificazione quantitativa, l'italiano occupa il quinto posto – dopo lo spagnolo, il francese, il tedesco e il cinese – con circa 1,5 milioni di parlanti, i quali rappresentano poco più del 4,5 % della popolazione statunitense. Quanto alla dinamica del processo di assimilazione linguistica, risulta che dei circa 22 milioni di italoamericani, censiti nel 1970, più del 18 % aveva mantenuto la lingua.[5] Dal censimento del 1980 è emerso che dei 12,2 milioni di italoamericani di età superiore ai 5 anni, il

---

[1] I dati risalgono a Corrà/Ursini (1989, 373).
[2] Dato attinto dall'*US Demographic Census* (census.gov). Risulta difficile quantificare le dimensioni della comunità italoamericana. A scopo orientativo si riportano le cifre di 23 e 15 milioni di italoamericani, indicate rispettivamente in Di Pietro (1977b, 160) e Haller (2006a, 1887). L'ultimo dato si riferisce al 1990.
[3] Cf. Campbell (2006, 2056).
[4] Secondo García/Fishman (2002a, ix), «In 2000, 40 % of New Yorkers were foreign born, compared to 28 % in 1990.»
[5] Cf. Di Pietro (1986, 15).

12 % dichiarava di usare l'italiano in casa; 10 anni dopo era l'8,9 %, mentre nel censimento del 2000 la percentuale era scesa al 6,3 %.[6]

Questi dati statistici indicano meramente la tendenza del processo di convergenza. Essi non offrono tuttavia alcuna informazione sulle dinamiche del contatto linguistico italoamericano – considerato nella sua estensione spazio-temporale –, le quali vengono descritte nell'ambito della presente monografia.

1.1 Oggetto, motivazione, obiettivi principali

Già a partire dagli albori del fenomeno migratorio italoamericano, risalenti al sedicesimo secolo, con il trapianto di varietà italoromanze[7] nel nuovo ambiente linguistico, quello statunitense, si avviò il contatto culturale e linguistico italoamericano, il quale rappresenta l'oggetto di studio della presente monografia. Obiettivo contenutistico principale è la descrizione sistematica e complessiva, finora mancata o eseguita solo in parte, del poliedrico cambio linguistico generato dal contatto italoamericano, contraddistinto sia da una marcata complessità – dovuta a un'ampia estensione areale e temporale – che da un'intensità variabile e da un dinamismo particolare e variegato. Per raggiungere un obiettivo così complesso è necessario servirsi di un metodo analitico confacente altrettanto complesso, che sia capace di considerare il contatto nella sua interezza e possa garantire coerentemente l'equilibrio tra singoli dettagli e generalizzazione. Seguono degli accenni agli ulteriori obiettivi primari e alle peculiarità del presente lavoro.

A partire dal momento in cui le varietà italoromanze vengono «recise» dall'ambiente linguistico italiano e «innestate» in quello nuovo, americano, esse subiscono un'evoluzione *sui generis*.[8] Ha inizio, quindi, uno sviluppo *divergente* dell'italoromanzo in Italia e del medesimo negli Stati Uniti. La storia linguistica

---

[6] Si veda in proposito Haller (2006a, 1889). Pur nella consapevolezza del valore relativo che statistiche di questo genere posseggono per finalità scientifiche, si può affermare che il processo di americanizzazione si svolge a grandi linee a ritmi piuttosto moderati.

[7] Occorre precisare che nel corso del presente lavoro il concetto *italoromanzo* è usato per denominare sia l'italiano standard che i dialetti romanzi di base, tradizionalmente parlati nel cosiddetto areale italoromanzo, ben consapevoli che la definizione di quest'ultimo, specialmente in riferimento alla sua parte settentrionale, è problematica. Il termine *italoromanzo* comprende qui anche le rispettive varietà topiche, stratiche e fasiche, sia dell'italiano standard che dei dialetti italoromanzi.

[8] Cf. anche Prifti (2011a, 192). Alcuni cenni teorici generali riguardo a questo fenomeno si trovano in Trudgill (2004, 1).

di quest'ultimo è «(...) una storia giovane e breve, ancora tutta da scrivere (...)»[9] e rappresenta una componente rilevante della storia linguistica dell'italoromanzo in generale, pur senza nulla togliere alle rispettive storie linguistiche dell'italoromanzo negli altri paesi d'emigrazione. Nella storiografia linguistica dell'italoromanzo, però, la compagine italoamericana è stata tradizionalmente sottovalutata o trascurata.[10] In questa sede si intende dunque dare un esteso contributo volto a colmare la lacuna esistente.

L'obiettivo metodologico centrale del presente studio è fornire un'analisi linguistica *diacronica*[11] variazionale e migrazionale, sistematica ed estesa del fenomeno italoamericano nella sua interezza, fondata su una solida base di materiale empirico. Si inaugura in questo modo una nuova direzione di ricerca variazionale e contattuale. Un'ulteriore novità metodologica consiste inoltre nella considerazione sistematica e organica dell'*insieme* dei molteplici aspetti linguistici e culturali del fenomeno migratorio e non unicamente di singole sue componenti, come invece è avvenuto finora nella ricerca linguistica migrazionale. Altresì innovativo è l'orientamento interdisciplinare dell'analisi.

1.2 Struttura

La monografia è composta di nove capitoli. A una descrizione concisa delle basi teorico-metodologiche sulle quali è fondata la ricerca, nonché del corpus esaminato (capitolo 2), segue una sintesi storica dell'emigrazione degli italiani negli Stati Uniti, corredata di molteplici elementi di storia linguistica esterna[12] (capitolo 3). I quattro capitoli successivi (4–7) corrispondono ai quattro passi consecutivi seguiti nell'analisi del cambio linguistico generato dal contatto italoamericano, focalizzati rispettivamente sul *sapere linguistico* degli italoamericani

---

9 Cf. Haller (1991b, 447).
10 Già quasi settant'anni fa, alle pagine 4–5 di Menarini (1947b), programmatiche per le ricerche linguistiche sulla variazione, si lamentava il disprezzo rivolto alle varietà «ai margini» dell'italiano da parte della linguistica tradizionale.
11 Occorre puntualizzare che è lecito parlare d'indagine *diacronica* solo nei casi in cui l'oggetto dell'analisi sia considerato sistematicamente nella consecuzione delle singole «sincronie» susseguenti e non, invece, qualora l'analisi sia incentrata meramente su una «sincronia» situata nel passato, come a volte accade erroneamente.
12 Per il concetto *storia esterna della lingua* si rimanda all'analisi di Terracini (Terracini 1981, 178ss.) compresa nel suo articolo *Di che cosa fanno la storia gli storici del linguaggio? Storia dei tipi Benio e Nerba nel latino volgare*, il quale comparve inizialmente negli anni 1935 e 1936 presso l'*Archivio Glottologico Italiano* (XXVII, 133–152, XXVIII, 1–31 e 134–150).

(capitolo 4), sul loro *comportamento linguistico* (capitolo 5), sul *prodotto linguistico* derivato dal contatto (capitolo 6) e infine sull'interazione tra *lingua e identità* generata dal medesimo (capitolo 7). Il lavoro si conclude con una panoramica dei risultati raggiunti (capitolo 8) e con un'appendice (9) che consta del questionario usato per la raccolta dei dati empirici sul campo (9.1) e di alcuni documenti (9.2). Oltre agli indici dei nomi di persona (10.2) e dei luoghi (10.3), la monografia è corredata di un indice delle parole (10.4), che comprende, tra l'altro, un'elencazione degli italoamericanismi presenti nel lavoro. La novità di questa elencazione, che non pretende alcuna completezza, in paragone alle liste finora note[13] di italoamericanismi lessicali, consiste sia nella dimensione diacronica – si è cercato di indicare, infatti, tutte le attestazioni incontrate –, che nella considerazione supplementare di quegli italoamericanismi tipici non di matrice inglese.

1.3 Rassegna degli studi

Segue un rendiconto stringato degli studi utili all'analisi del contatto linguistico italoamericano, da una prospettiva primariamente italianistica. Vista l'importanza che assume nel contesto dell'analisi il contatto tra italiano e dialetto di base italoromanzo, viene offerta inizialmente una breve rassegna cronologico-tematica degli studi sulla variazione in ambito italianistico (1.3.1). Segue, poi, un analogo resoconto dei principali studi sull'altra lingua di contatto, l'*American English* (1.3.2). Il capitolo 1.3.3 consiste in una rassegna di studi di linguistica migrazionale, con particolare riguardo all'italianistica e all'americanistica. Viene prestata massima attenzione anche agli studi migrazionali teorico-metodologici. In 1.3.4 viene invece fatto il punto delle pubblicazioni rivolte ai contatti linguistici migrazionali tra italiano e un'altra lingua, con particolare attenzione al mondo anglofono d'oltreoceano. Restringendo il focus, infine, in 1.3.5 viene presentata una rassegna degli studi relativi alla situazione linguistica degli italoamericani.

1.3.1 Gli studi variazionali in ambito italianistico

Al di là degli sporadici accenni di carattere variazionistico sparsi in diversi trattati linguistici sull'italiano,[14] gli albori scientifici degli studi di linguistica varia-

---

13 Cf. ad esempio Zallio (1927); Cheda (1981, 1–28); Haller (2006b, 27–67).
14 Si pensi ad esempio a Terracini (1911–1914).

zionale in ambito italianistico risalgono agli anni '50 del secolo scorso,[15] con il passaggio definitivo dalla dialettologia classica a una nuova dialettologia, «(...) dal volto concreto, impegnata nella società (...)»,[16] in cui l'attenzione viene rivolta al rapporto dinamico tra lingua e dialetto. Ciò corrisponde a grandi linee allo sviluppo e all'internazionalizzazione della sociolinguistica,[17] ma anche alla graduale presa di coscienza circa l'esistenza di tre tipi principali di differenziazione (topica, stratica e fasica[18]) di una lingua, sia essa «storica» o «funzionale»[19].

Gli studi italianistici di taglio variazionistico sono piuttosto numerosi. Dal punto di vista metodologico se ne distinguono chiaramente due tipologie principali. Si tratta, da un lato, degli studi qualitativi rivolti a singole realtà linguistiche ben circoscritte e, dall'altro, dei lavori di taglio quantitativo, che tendono a essere più teorici. Gli argomenti analizzati più frequentemente, soprattutto negli studi del primo tipo, attengono alla variazione diatopica integrata nel contesto sociale. Uno dei temi principali è il processo dell'unificazione o, per meglio dire, dell'italianizzazione linguistica degli italiani, che si riflette anche nella cosiddetta nuova questione della lingua.[20]

Il primo[21] modello di gerarchizzazione delle varietà dell'italiano in rapporto al dialetto di base italoromanzo appare già nel 1960.[22] Ha così inizio un dibattito scientifico animato e interessante, che ha contrassegnato per molti anni la linguistica storica dell'italiano e che continua tuttora, nonostante la stagnazione[23] – a partire dalla metà degli anni '80 – degli studi sociolinguistici *stricto*

---

15 Vanno menzionati gli studi di Benvenuto Terracini (Terracini 1957, 1963) e soprattutto l'imponente monografia De Mauro (1963), la prima storia linguistica dell'italoromanzo, nella quale vengono esaminati sistematicamente anche vari aspetti riguardanti le varietà, oltre allo standard.
16 Cf. Berruto (2002, 471).
17 Secondo Holtus/Radtke (1983b, 13): «(...) im Grunde versteht sich die Varietätenlinguistik als Teil der Soziolinguistik und ist ohne sie undenkbar.» L'evoluzione della ricerca sulla variazione linguistica da allora a oggi dimostra invece come la sociolinguistica – alla pari della geolinguistica, della pragmalinguistica, nonché della linguistica storica e di quella contattuale – abbia contribuito al consolidamento della linguistica variazionale in quanto solida disciplina linguistica a sé stante.
18 I primi due concetti sono stati introdotti dal romanista norvegese Leiv Flydal (Flydal 1951) ed elaborati e diffusi a partire dal 1957 da Eugenio Coseriu. Si veda in proposito anche Berruto (1974, 68–76), Sobrero (1978, 101–154), Berruto (1980, 26–55).
19 I concetti *lingua storica* e *lingua funzionale* furono introdotti da Eugenio Coseriu al fine di definire i concetti *dialetto* e *lingua*. Cf. in proposito Coseriu (1988a, 15–79) e i cenni fatti in 2.1.2.1.
20 Si veda in proposito Parlangèli (1971).
21 Cf. in proposito anche Holtus/Radtke (1983b, 14).
22 Cf. Pellegrini (1960).
23 Cf. Berruto (2002, 471s.).

sensu. Nel corso di questo dibattito hanno visto la luce diversi studi dialettologici, incentrati piuttosto sulla differenziazione diatopica. È stato introdotto e si è affermato gradualmente il concetto di *italiano regionale*,[24] il quale rappresenta la realizzazione endogena e reale dell'*italiano standard*, che invece è esogeno e virtuale.[25]

Sono apparsi diversi studi importanti su singole varietà diatopiche di italiano regionale.[26] Va menzionata inoltre una serie di lavori più generali,[27] di taglio prevalentemente teorico, nei quali si cerca di definire l'italiano regionale e di collocarlo all'interno del rapporto gerarchico e verticale[28] tra italiano standard e dialetto locale. La produzione scientifica italianistica degli anni 1960–1987, rivolta all'italiano regionale, è stata descritta in modo esauriente in Sobrero (1988), cui si rinvia.

Se da un lato il concetto di italiano regionale è determinato dalla differenziazione diatopica, il cosiddetto *italiano popolare*[29] rappresenta, secondo diversi autori, piuttosto una varietà diastratica dell'italiano. Ciò è stato oggetto di diversi studi,[30] «(...) talvolta a vero dire un po' ripetitivi (...)»,[31] descritti in una sintesi ben riuscita di Paolo D'Achille, alla quale si rinvia.[32] Nell'ambito dell'intensa discussione scientifica sulle varietà (sociali) dell'italiano, ne sono state identificate e definite anche altre, di carattere piuttosto complementare, come ad esempio – e basti citarne qualcuna – l'italiano televisivo, l'italiano impopolare,[33] l'i-

---

24 Cf. ad esempio Telmon (1990), gli studi raccolti in Cortelazzo/Mioni (1990), Bruni (1992), Grassi (1993), ecc. Si vedano qui anche le note apposite in 6.2.2.1 e 6.3.1.
25 Riguardo alle dicotomie classiche *esogeno* vs. *endogeno* e *virtuale* vs. *reale*, riferite alla lingua standard e usate anche nel presente lavoro, si vedano Martel (2000, 33), Stehl (2012, 118), ecc.
26 Si veda la rassegna critica degli studi in merito (secondo gli areali) in Berruto (2002, 476s.).
27 Vanno citati in proposito Pellegrini (1960) (ripreso e rielaborato in Pellegrini 1962 e in diversi altri studi del medesimo autore), Muljačić (1983), Mancarella (1974), Sabatini (1990), Grassi/Sobrero/Telmon (1997, 163–165), e altri.
28 Il concetto di *contatto verticale*, usato per denominare la relazione tra lingue in contatto contraddistinte da differenza di prestigio in Stehl (2012, 5), si basa sulla classica differenziazione di Weinreich (ad esempio Weinreich 1953, 98), che a sua volta si rifà alla distinzione di Bloomfield (Bloomfield 1933, 461) tra un *upper language* e un *lower language*.
29 Denominazione attestata già nel 1827 (Romani, Giovanni: *Opuscoli sulla lingua italiana*, Milano: Silvestri, 407, cit. in D'Achille 2010, 1). È stato decisivo, in proposito, l'apporto di De Mauro, il quale parla (in De Mauro 1970) di *italiano popolare unitario*.
30 Tra questi spiccano alcuni importanti saggi di carattere teorico, quali De Mauro (1970), Cortelazzo (1972), Berruto (1980), Grassi/Sobrero/Telmon (1997, 166–169), ecc.
31 Cf. Berruto (2002, 477).
32 Si veda D'Achille (2010), ma anche D'Achille (1994) e Berruto (2002, 477–479).
33 Cf. Berruto (1978).

taliano tendenziale,[34] l'italiano dell'uso medio,[35] l'italiano dei semicolti, ecc. Si assiste a un'emissione piuttosto inflazionistica[36] di denominazioni per le diverse varietà dell'italiano, che delle volte causa confusione all'atto di distinguere tra le singole varietà e di analizzare i rapporti tra loro intercorrenti. Negli ultimi anni si registra un aumento di studi variazionali inerenti all'italiano, contraddistinti da un ampio spettro di singoli aspetti trattati e di approcci analitici.[37]

Tra gli studi sulle varietà linguistiche determinate dalle differenziazioni diamesica, diagenerazionale, diasessuale, ecc., che in fondo rappresentano delle varietà stilistiche e sociali, risaltano maggiormente quelli dedicati alle differenze tra italiano *scritto* e italiano *parlato*. A tal proposito vanno menzionati, a titolo d'esempio, la monografia di Barbara Hans-Bianchi (2005), nella quale viene analizzata la competenza scrittoria popolare mediale nell'Italia del '900; i saggi sull'italiano parlato presenti in Holtus/Radtke (1985), in Hölker/Maaß (2005) e in Lo Piparo/Ruffino (2005); Vanelli (2009) e Prifti (2013b). Un indicatore e catalizzatore della crescita dell'interesse scientifico in merito è l'allestimento progressivo di *corpora* di dati empirici di ampia portata.[38] Per gli studi inerenti al rapporto tra lingua e sesso, che già nel lontano 1938 aveva attirato l'attenzione di Carlo Tagliavini, si rimanda a Marcato (1988)[39]. Nel campo degli studi sulla variazione legata all'età, l'attenzione dei filologi, anche in ambito italianistico, è rivolta quasi esclusivamente al cosiddetto *linguaggio giovanile*.[40]

---

34 Cf. Mioni (1983).
35 Cf. Sabatini (1985).
36 Si è persino ironizzato parlando di «sagra delle etichette», cf. Marcato (1990).
37 Si vedano, ad esempio, i cenni di linguistica dello spazio vissuto di Thomas Krefeld (Krefeld 2002; 2008), inerente alla modellazione dello spazio comunicativo, sia all'interno del territorio nazionale, che in condizioni di extraterritorialità, o anche l'approccio analitico funzionale descritto in Stehl (2012), nel quale, sulla base di indagini empiriche inerenti al processo di convergenza tra italiano e dialetto, eseguite all'interno di sole due famiglie pugliesi di Canosa (ibid., 76–80), si intende riassumere le dinamiche del contatto tra italiano e dialetto per l'intera Italoromania.
38 Nel sito internet dell'Accademia della Crusca sono elencate svariate banche dati di italiano scritto e parlato. Il loro numero cresce di giorno in giorno.
39 Cf. anche la raccolta di studi curata dalla medesima autrice, Marcato 1995, nonché Grassi/Sobrero/Telmon (1997, 191–194), Berruto (2002, 480–481), e altri.
40 Berruto osserva che «Il settore della linguistica delle varietà che ha goduto di maggiore fortuna nel decennio [1987–1997] è (...) certamente quello dello studio del linguaggio dei giovani o linguaggio giovanile, che già nelle differenti prospettive sottese alle due diverse denominazioni – l'una intesa a sottolineare il carattere diastratico, connesso alla variabile indipendente età, delle varietà di lingua in gioco, l'altra volta piuttosto a enfatizzarne il carattere diafasico, di lingua di gruppo usata in particolari contesti – mostra l'evidente latitudine e la possibile ambiguità dei confini di questo settore di ricerca.» (cf. Berruto 2002, 478).

La dialettologia urbana,[41] che in ambito italianistico getta le sue basi in una ben salda[42] tradizione, rappresenta un ulteriore indirizzo di particolare interesse per gli studi variazionali. Gli studi linguistici dedicati a singoli punti dialettali (urbani) sono più frequenti rispetto a quelli variazionali comparativi, nei quali la realtà linguistica urbana è esaminata sistematicamente in considerazione dell'area dialettale di riferimento, nella quale essa è integrata.[43]

1.3.2 Gli studi variazionali in ambito americanistico

La storia linguistica del continente nordamericano risulta particolarmente movimentata e marcatamente segnata da continui e intensi flussi migratori dalle forme più svariate, già a partire dalle prime spedizioni di carattere colonizzatore. L'inglese, la più «fortunata» tra le lingue europee dei coloni, assume il ruolo di lingua franca nelle aree di dominio francese e spagnolo e si diffonde man mano verso l'Ovest. Ha inizio in questo modo un processo di divergenza tra l'inglese in Inghilterra e le sue varietà trapiantate nel nuovo ambiente linguistico nordamericano, che contribuisce alla cristallizzazione di una nuova varietà, l'*American English*.[44] Questo fenomeno diffuso, noto come *new dialect formation*, è stato analizzato, con particolare riguardo all'inglese, nell'ottima monografia Trudgill (2004). In prospettiva globale, la cristallizzazione di varietà diatopiche stabili in condizioni di extraterritorialità sfocia nel pluricentrismo[45] linguistico, il quale, da qualche anno a questa parte, gode di crescente notorietà.

La storia degli studi variazionali, che hanno per oggetto l'inglese negli Stati Uniti, si può suddividere in tre fasi.

---

41 Si veda Grassi/Sobrero/Telmon (1997, 226).
42 Va menzionata la monografia pionieristica del 1884 di Carlo Salvioni, dedicata agli aspetti fonetici del dialetto urbano milanese.
43 Due rassegne riuscite di studi in proposito si trovano in Grassi/Sobrero/Telmon (1997, 219–227) e Berruto (2002, 479s.), cui si rimanda.
44 Già nel 1789 Noah Webster (p. 22) notava infatti che «The English with others is suffering continual alterations. America, placed at a distance from those nations, will feel, in a much less degree, the influence of the assimilating causes; at the time, numerous local causes (...) will introduce new words into the American tongue. These causes will produce, in a course of time, a language in North America, as different from the future language of England, as the modern Dutch, Danish, and Swedish are from the German, or from one another.» Per le divergenze linguistiche concrete tra l'inglese standard degli Stati Uniti e quello d'Inghilterra si rimanda a Švejcer (1978).
45 Si veda soprattutto Clyne (1992). Il pluricentrismo è legato alla differenziazione macrodiatopica, definita qui in 2.1.2.3.

1. Nella prima fase rientrano gli studi[46] di carattere prevalentemente lessicografico compiuti in primo luogo da un'angolazione britannica, che rilevano le prime modificazioni subite dall'inglese britannico trapiantato negli Stati Uniti. Si tratta quindi di studi che hanno per oggetto la variazione macrodiatopica[47] dell'inglese.

2. Nella seconda fase sono apparsi principalmente studi di linguisti in maggioranza americani, che mettono in rilievo la variazione, soprattutto diatopica,[48] questa volta dell'*American English*, oramai definitivamente distinto dall'inglese britannico, anche in termini di infrastruttura scientifica. Tra gli studi risalenti a questa fase, che trattano anche aspetti linguistici di carattere variazionistico dell'*American English*, oltre al *Linguistic Atlas of the United States and Canada*[49] vanno menzionate anche l'opera fondamentale *The American Language* di Henry Louis Mencken[50] e le monografie di George Philip Krapp,[51] Albert Henry Marckwardt[52] e Hans Galinsky[53].

3. La terza e ultima fase, quella della ricerca linguistica variazionale *stricto sensu*, è strettamente legata al consolidamento della sociolinguistica e della linguistica contattuale, grazie agli studi fondamentali di Uriel Weinreich, Joshua Fishman, Charles Ferguson, Dell Hymes, John Gumperz, e altri. William Labov ha dato e continua a dare un contributo prezioso all'analisi della variazione, specialmente nelle realtà urbane. A lui si deve anche la modernizzazione del

---

46 Cf. ad esempio Webster (1789); Pickering (1816); Bartlett (1848); Schele de Vere (1872); Tucker (1895; 1921), ecc.
47 Si veda l'analisi dei quattro livelli di variazione nello spazio proposta in 2.1.3.
48 Ecco come è riassunta in Allen (1993, 5) l'essenza della nuova tendenza: «Admittedly, attention to American English had for more than a century focussed on contrasts with British English, taking little or no systematic interest in regional or horizontal variation.»
49 Secondo Walt Wolfram (Wolfram 1981, 46) lo scopo dell'opera era di tracciare «(...) the settlement history of the United States as reflected in the existent dialect patterning, although other objectives were also included, such as differences based on social levels, between spoken and written language and so forth.»
50 L'opera ha conosciuto quattro edizioni (1919, 1921, 1923, 1936) ed è stata completata da due supplementi (1945 e 1948). L'attenzione che Mencken presta alle diversità diastratica e diafasica è espressa come segue: «I say there are two dialects; an American scholar, whose suggestions have been most useful, argues that there are actually four: a language of the intellectuals, another of the fairly educated (business men, Congressmen, etc.), another of the great American democracy, another of the poor trash.» (Mencken 1921, 9).
51 Cf. Krapp (1925), in due volumi.
52 Cf. Marckwardt (1958). La seconda edizione è uscita postuma nel 1980.
53 Cf. l'opera in due volumi di Hans Galinsky (1951, 1952), nonché le pagine 9–130 di Galinsky (1979), che rappresentano una meticolosa rassegna degli studi sull'*American English* nel periodo 1919–1945, cui si rimanda.

metodo di raccolta del materiale empirico sul campo,⁵⁴ che in parte si riflette anche nel presente lavoro. Tra le sue pubblicazioni più note risalta la monografia *The Social Stratification of English in New York City*,⁵⁵ fondamentale per gli studi di dialettologia urbana negli Stati Uniti.

Le pubblicazioni americanistiche relative alla differenziazione diatopica risultano quantitativamente inferiori rispetto a quelle dedicate alla variazione sociale, le quali hanno avuto ripercussioni notevoli sugli studi sociolinguistici europei. La prevalenza della dimensione stratica si riflette anche nella tradizionale percezione americana del concetto di *dialect*.⁵⁶

La variazione diafasica nell'ambito dell'*American English* è stata esaminata, su una solida base teorico-metodologica, inizialmente in Labov (1966/²2006), dove vengono identificati empiricamente stili diversi del discorso. Questi sono collocati su di un'asse di formalità tra i due poli stilistici *casual* e *careful*. Nel corso degli anni '90 vi è un aumento delle pubblicazioni sulla differenziazione diafasica.⁵⁷ Negli anni '80, il decennio della solidificazione della sociolinguistica, si assiste a una rigogliosa fioritura di lavori sulla variazione diasessuale nell'ambito dell'*American English*, i quali spesso non riescono a liberarsi da una soggettività⁵⁸ politico-culturale. Nonostante l'aumento degli studi sulla variazione in chiave generazionale⁵⁹ – rilevante per il presente studio – va condivisa l'affermazione di Nikolas Coupland secondo cui «Age is sociolinguistics' under-developed social dimension.»⁶⁰

Considerando infine, brevemente, gli elementi variazionistici compresi negli studi di matrice chomskyana, bisogna mettere in rilievo, con le parole di Robert J. Di Pietro,⁶¹ il fatto che:

---

54 Si vedano in particolar modo Labov (1972b; 1984) e il quinto capitolo di Labov (1966/²2006). Si rimanda anche ai cenni fatti qui in 2.1.3.
55 Cf. Labov (1966/²2006). Seguirono pubblicazioni importanti, come gli studi raccolti in Fishman/Nahirny/Hofman/Hayden (1966), in Fishman (1968), Wolfram/Fasold (1974), Shuy/Wolfram/Riley (1967), Gumperz/Hymes (1972), Riley (1972), ecc.
56 Cf. in proposito Labov (1972a, 201s.) e Wolfram/Schilling-Estes (1998, 1–23). Il *Vernacular Dialect*, ad esempio, è caratterizzato secondo Wolfram/Schilling-Estes dalla presenza di «(...) socially stigmatized linguistic structures.» (cf. Wolfram/Schilling-Estes 1998, 16).
57 Si rimanda, per brevità, soprattutto al capitolo VIII di Wolfram/Schilling-Estes (1998, 214–238), ma anche a Wolfram (1981, 59s.).
58 A parere di Coupland (2001, 185) «Sociolinguistics has (...) made an outstanding contribution to gender research, providing one of the cornerstones of modern feminist scholarship.»
59 Cf. ad esempio Coupland (2001); Eckert (1997; 2000), e altri.
60 Cf. Coupland (2001, 185).
61 Cf. Di Pietro (1977b, 159). Sembra che la «profezia» di Di Pietro si stia avverando negli studi moderni di matrice generativo-trasformazionale.

«(...) sooner or later we will have to make room in our theories of grammatical competence for the diverse repertoires of verbal strategies employed by people when engaged in conversation (...).»

A questo proposito è sufficiente rimandare alle osservazioni critiche di Brigitte Schlieben-Lange e Harald Weydt.[62]

1.3.3 Gli studi linguistici sulla migrazione

Il consolidamento e l'affermazione della linguistica migrazionale come disciplina a sé stante sono i derivati di un processo complesso di durata quasi centocinquantenaria, composto di tre fasi che in parte sono sovrapposte, costituendo così una struttura a strati.

1. Gli inizi della prima fase, che è tuttora in corso, risalgono alla seconda metà del secolo XIX e sono legati agli albori dell'etnolinguistica, dell'antropologia linguistica, della geografia linguistica e, in ambito romanistico, della romanistica stessa. Nei lavori di esplicito interesse migrazionale, nati durante questa fase, l'attenzione fu rivolta principalmente alla descrizione materiale e lineare di varietà diatopiche e stabili venutesi a creare in seguito a movimenti migratori. In ambito italianistico vanno ricordati, ad esempio, i primi studi sulle isole linguistiche prodotte dalla migrazione, specialmente nell'Italia meridionale, ad esempio Morosi (1870). Indagini simili, interessate esclusivamente alle conseguenze materiali della migrazione, continuano a compiersi anche oggi.[63]

2. La seconda fase, che si estende dagli anni '50 del secolo scorso a oggi, è legata al consolidamento delle discipline della sociolinguistica e della linguistica contattuale. Restringendo il campo d'indagine agli USA e all'Italia, risaltano delle specificità nel rispettivo sviluppo degli studi di interesse migrazionale.

NEGLI USA
L'interesse scientifico per l'integrazione linguistica[64] in ambiente nordamericano di comunità etniche generate dai movimenti immigratori ha accompagnato

---

[62] Cf. Schlieben-Lange/Weydt (1981). Per informazioni più dettagliate sugli svariati aspetti degli studi variazionistici nell'ambito dell'*American English*, si rinvia ai contributi già citati Wolfram/Schilling-Estes (1998), Finegan/Rickford (2004), Glowka/Lance (1993).
[63] Cf. ad esempio Prifti (2008b; 2010).
[64] Cf. in proposito Wolfram/Schilling-Estes (1998, 165), dove si sostiene che «(...) the correlation of ethnicity with linguistic variation is indisputable, the precise contribution of ethnic group membership to the overall configuration of dialects is not always simple to isolate. (...) From a

– e in parte anche determinato – il consolidamento sia della sociolinguistica americana che delle ricerche variazionali sull'*American English*. Al centro di tali studi viene posto prevalentemente l'inglese dei gruppi etnici più importanti. Vanno menzionate in proposito:
- la varietà etnica dell'inglese degli ebrei americani, nota come *(American) Jewish English*,[65] ma anche come *Yinglish*,[66] associata di regola al dialetto urbano di New York,[67] come avviene in parte anche per la varietà di *American English* degli italoamericani,
- la varietà degli ispanofoni,[68] la cui forma più nota è il cosiddetto *Chicano English*[69] del Sudest degli Stati Uniti,
- la varietà degli afroamericani, comunemente nota come *Black English Vernacular*,[70] oggetto di una serie consistente di studi,[71] in alcuni dei quali vengono analizzate le due principali ipotesi[72] sulla sua origine: l'ipotesi *creolistica* e quella *anglistica*, nota anche come *dialettologistica*, e, infine,
- la varietà degli italoamericani.

IN ITALIA

La ricerca sulla variazione linguistica in situazioni di emigrazione comincia a fiorire in Italia negli anni '60, con l'affermarsi della sociolinguistica. Principale oggetto di studio è stato il processo di italianizzazione delle minoranze linguistiche in Italia, tra le quali occupano un posto importante quelle prodotte dalle cosiddette immigrazioni «storiche».[73] L'interesse linguistico per le varietà italo-

---

sociolinguistic perspective, what is popularly identified as ‹ethnicity› may be difficult to separate from other social factors such as region and social class.»

65 Cf. Fishman (1965); Jochnowitz (1968); Gold (1981); Fishman (1985) (che comprende il suo importante saggio *The Sociology of Jewish Languages from a General Sociolinguistic Point of View*); Steinmetz (1987); Kliger/Peltz (2002); Schiff (2002), ecc.
66 Cf. Gold (1981, 286s.).
67 Cf. Gold (1981, 289); Wolfram/Schilling-Estes (1998, 165).
68 Uno dei primi interventi in proposito apparve in Labov/Cohen/Robins/Lewis (1968) e fu dedicato alla varietà inglese dei portoricani di New York. Per la città di New York si rimanda alla rassegna di carattere generale del 2002 di Ana C. Zentella.
69 Cf. ad esempio Peñalosa (1980); Galindo (1987); Santa Ana (1993).
70 Denominazione usata per la prima volta in Labov (1972b). Sono frequenti anche *African American (Vernacular) English* e *Black English*.
71 Si rimanda all'utilissima rassegna bibliografica, ragionata e commentata, di Ila Wales e Walter Milton Brasch (1974), che conta oltre 2400 titoli relativi all'*African American Vernacular English*.
72 Cf. in proposito Wolfram/Schilling-Estes (1998, 175–178) e Baugh (1993).
73 Si rimanda all'ottimo manuale Telmon (1992) e alle indicazioni bibliografiche ivi comprese.

romanze parlate dagli emigrati italiani nel mondo è stato, invece, almeno fino a pochi anni fa,[74] solo marginale. Altrettanto carente è stata anche l'attenzione scientifica prestata alle conseguenze linguistiche prodotte dalla migrazione interna in Italia; benché le prime considerazioni in proposito risalgano già all'inizio degli anni '60,[75] sono ben pochi gli studi in merito apparsi finora. Negli ultimi 10–15 anni si nota un aumento dell'interesse scientifico per il «neoplurilinguismo»[76] italiano, che è un fenomeno legato alla trasformazione dell'Italia in paese di immigrazione ed è inteso come componente del cosiddetto «spazio linguistico italiano globale».[77] Gli studi apparsi[78] in merito in prospettiva teorico-metodologica, si collocano soprattutto nella macrosociolinguistica e nella linguistica acquisizionale e implicazionale.[79]

3. La terza fase, che a partire dal 1980 circa arriva ai giorni nostri, si contraddistingue per la presa di coscienza nei confronti di una linguistica migrazionale come disciplina linguistica ben definita. Ciò traspare con netta evidenza dalle seguenti note programmatiche di Tullio De Mauro, che hanno influenzato l'ideazione del presente studio e di altri lavori di linguistica migrazionale:[80]

> «Studies on the linguistic reality of emigrant communities presuppose the following:
> (1) an interest in the sociolinguistic dimension of linguistics;
> (2) a willingness to study all language varieties, and not only the (real or supposed) standard variety;
> (3) a methodology which fully accepts the need for field-work, even when this involves not only dialects, but also languages of higher culture;
> (4) last but not least, a motivation, a drive to develop (1), (2) and (3); that is, a human, social and political interest in the total socio-cultural, anthropological condition of the emigrant communities.»[81]

---

74 Si vedano le osservazioni in proposito in 1.3.4.
75 Vanno nominati in proposito i cenni pionieristici di De Mauro, nella sua fondamentale *Storia linguistica dell'Italia unita* (pp. 53–63 dell'edizione del 1963).
76 Concetto coniato da Vedovelli; cf. ad esempio Vedovelli 2013 (in corso di stampa).
77 Cf. Vedovelli (2011, 129–150). Il concetto si basa su quello di «spazio linguistico», coniato da De Mauro, cf. De Mauro (1983); Vedovelli (2013) (in corso di stampa).
78 Spiccano in particolar modo Bagna/Machetti/Vedovelli (2003); Banfi (2003); Barni/Vedovelli (2009); Bombi/Fusco (2004); Chini (2004); D'Agostino (2005); Dal Negro/Guerini (2007); Dal Negro/Molinelli (2002); Vedovelli (2012); Vedovelli (2013).
79 Si rinvia alla rassegna degli studi di Monica Barni e Massimo Vedovelli (Barni/Vedovelli 2011).
80 Cf. ad esempio Prifti (2011b; 2013a; 2013b; 2013c; 2014, in corso di stampa).
81 Cf. De Mauro (1986, 6s.).

Negli ultimi trent'anni ha visto la luce una mole notevole di studi linguistici relativi alla migrazione, come dimostra anche il valido opuscolo bibliografico Eppen (2012), il quale, nonostante le molteplici lacune, raccoglie circa 1200 titoli. Anche se l'analisi sistematica delle dinamiche del plurilinguismo prodotto dalla migrazione ha iniziato effettivamente a diffondersi soltanto da 10–15 anni a questa parte, la sua importanza scientifica era stata messa in rilievo[82] già nel 1984, nelle note introduttive della ben riuscita monografia di Georges Lüdi e Bernard Py. Nel VII volume del *Lexikon der Romanistischen Linguistik* (LRL), apparso nel 1998, trovano spazio quattro articoli (482–485) dedicati alla lingua in migrazione in prospettiva romanza. Da allora si nota un incremento dell'interesse per le dinamiche linguistiche prodotte dalla migrazione, come dimostrano, ad esempio, le molteplici attività scientifiche (congressi, simposi) organizzate nell'area germanofona, le pubblicazioni o anche i progetti di ricerca in corso. Sta inoltre consolidandosi nettamente e guadagnando campo rapidamente la consapevolezza di una linguistica migrazionale come disciplina linguistica a sé stante. Sono stati sviluppati diversi approcci teorici e metodologici per meglio analizzare i quesiti linguistici legati alla migrazione. Mi limito qui a menzionarne alcuni, iniziando dalla generalizzazione del processo di trasformazione della competenza linguistica dei migranti in prospettiva generazionale, eseguita da Mario Saltarelli[83] sulla base delle sue indagini in ambito italoamericano. Egli distingue quattro fasi dell'*emigrant language continuum*, vale a dire del processo di *language loss*. Esse si susseguono nei passaggi dalla prima alla terza generazione e sono: *standard stage > stage of fading > stage of pidgin > fragment stage*. Su questo noto modello di cambio linguistico all'interno del contatto si basa, in fondo, anche il modello variazionale intergenerazionale a cinque gradi di Rita Franceschini,[84] che appare più complesso e dettagliato. Franceschini distingue cinque prototipi

---

[82] Cf. Lüdi/Py (1984, IX): «Unseres Erachtens stellt die Zweisprachigkeit in der Entwicklung der betreffenden Familie bzw. Gemeinschaft jedoch eine selbständige, originelle Entwicklungsphase dar, die ein legitimes, selbständiges Forschungsgebiet darstellt. Der Gewinn ist dabei doppelt: Einmal kann die Mehrsprachigkeitsforschung vom Einbezug dieses neuen Untersuchungsfelds nur profitieren, wenn sie sich nicht mehr nur synchronisch mit dem Endprodukt eines Prozesses beschäftigt, sondern die Dynamik des Mehrsprachigwerdens in ihre Untersuchungen miteinbezieht; andererseits ist aber auch zu erwarten, daß die Einstellung den Migranten gegenüber einschneidende Verbesserungen erfahren könnte, wenn man jene nicht unter dem Aspekt eines Nicht-Mehr, Noch-Nicht oder Weder-Noch betrachtet, sondern ihnen einen eigenen, originellen Status zubilligt.»
[83] Cf. Saltarelli (1983; 1986a; 1986b); Gonzo/Saltarelli (1980); Gonzo/Saltarelli (1983, 182).
[84] Cf. Franceschini (1996).

di parlanti, correlati fra loro sia in merito all'appartenenza generazionale, che alla competenza e al comportamento linguistici.

Un contributo alla linguistica migrazionale è stato fornito anche dalla ricerca incentrata sul fenomeno di *code switching*.[85] In questo contesto hanno visto la luce diversi approcci descrittivi, relativi al comportamento linguistico, alla competenza linguistica nonché, sporadicamente, anche al cambio linguistico in situazioni di migrazione, basati – a mio parere eccessivamente – sul *code switching*, il quale rappresenta in fondo solo uno dei fenomeni di ibridazione linguistica prodotti dal contatto migrazionale. Spiccano tra questi gli approcci di Peter Auer (*dynamic typology of bilingual speech*), Ad Backus (*intergenerational continuum*), Carol Myers-Scotton (*matrix language frame model*) e Shana Poplack (*variation theory*), i quali hanno dato un contributo importante alla conoscenza del fenomeno in questione.

I primi studi romanistici, a me noti, definitisi esplicitamente di linguistica migrazionale sono Gugenberger (2003; 2007) e Krefeld (2004). Nella sua *Einführung in die Migrationslinguistik* Thomas Krefeld non propone alcun modello analitico migrazionale, bensì individua e descrive alcuni concetti e correlazioni, che possono rendere più oggettiva l'analisi di ampio respiro della dinamica linguistica migrazionale, vista nella sua interezza. Vanno messi in rilievo, in particolar modo, l'analisi in chiave migrazionale dello «spazio comunicativo vissuto» e il concetto dell'(extra)territorialità (della lingua, del parlante e del parlare).[86]

Sulla base di approfondite ricerche relative alla migrazione gallega a Buenos Aires, Eva Gugenberger ha sviluppato un modello teorico-analitico per la descrizione dell'acculturazione e dell'ibridazione linguistica di matrice migrazionale.[87] Nell'indagine l'autrice focalizza le strategie dell'acculturazione linguistica, l'identità linguistica nonché le cosiddette «implicazioni linguistiche», la cui analisi si basa sulla classica triplice percezione della lingua, di matrice humboldtiana, vale a dire della competenza linguistica, del comportamento sociolinguistico e della loro realizzazione nel discorso.[88]

---

[85] Inteso come concetto generale che sta anche per *code mixing, code alternation, code shift*, ecc., analogamente al concetto di *code-interaction*, introdotto in Johanson (1993, 199).
[86] Si veda il secondo capitolo (pp. 19–36) di Krefeld (2004) e Franceschini (2002).
[87] «(...) el modelo se divide en un eje vertical y en un eje horizontal. El primero comprende los factores y procesos antes y después de la migración; el segundo corresponde a la división (1) factores externos – (2) su procesamiento en la instancia cognitivo-emotivo-motivacional, incluyendo las redes lingüístico-sociales – y (3) las estrategias de aculturación como consecuencia de este proceso.» (Gugenberger 2007, 26).
[88] Si veda in particolare Gugenberger (2007, 35).

Da questo excursus traspaiono con evidenza il consolidamento e l'emancipazione progressivi della linguistica migrazionale. Manca tuttavia una descrizione ampia e ben strutturata delle basi teoriche e metodologiche di una linguistica migrazionale, che renda possibile un'esecuzione adeguata dell'analisi, sia delle dinamiche linguistiche generate da ogni singolo caso di migrazione, nella sua intera espansione spazio-temporale, che di singoli aspetti linguistici migrazionali specifici e circoscritti. Suo punto di forza dovrebbe essere, inoltre, – al di là dell'orientamento interdisciplinare – l'uso selettivo e armonico dell'ampio bagaglio di conoscenze teoriche e metodologiche fornite dalle svariate indagini linguistiche relative a contatti generati dalla migrazione, eseguite da diverse angolazioni, ad esempio della linguistica variazionale, della linguistica contattuale, di quella acquisizionale, della sociolinguistica, della pragmalinguistica, della geolinguistica, ecc. Risponde a questi presupposti l'approccio della *linguistica migrazionale pluridimensionale*, che è stato adottato nella presente monografia, nell'analisi delle dinamiche linguistiche di altre situazioni di migrazione tipologicamente distinte (descritte in Prifti 2014, in corso di stampa), e in ulteriori studi compresi in Prifti 2013c. Le basi principali, teoriche e metodologiche, della linguistica migrazionale pluridimensionale, che si trova in processo di continuo collaudo e di progressivo consolidamento, sono descritte nel capitolo a seguire.

1.3.4 Gli studi contattuali sull'italiano fuori d'Italia

L'interessamento dei filologi per la situazione linguistica delle enclavi italofone all'estero si intensifica a partire dagli anni '60, con il consolidarsi della sociolinguistica. Tra gli studi di carattere generale vanno menzionati gli interventi di Gaetano Berruto[89], Camilla Bettoni (1990; 1992), Vincenzo Lo Cascio (1987a), Loredana Corrà e Flavia Ursini (1989), Tullio De Mauro (1986), i lavori di Patrizia Bertini Malgarini e Luca Lorenzetti, apparsi entrambi[90] nel terzo volume della *Storia della lingua italiana*, curata da Luca Serianni e Pietro Trifone, il saggio di Camilla Bettoni e Antonia Rubino (2010) nonché, recentemente – nel 2011, in occasione del 150° giubileo dell'unità d'Italia –, il lodevole volume miscellaneo dal titolo *Storia linguistica dell'emigrazione italiana nel mondo*, curato da Massimo Vedovelli. In alcuni studi sono trattati esplicitamente i dialetti italoromanzi

---

89 Cf. Berruto (1987, 179–186 e 194–195).
90 Cf. Bertini Malgarini (1994); Lorenzetti (1994).

all'estero, in situazioni dovute all'emigrazione da aree geolinguistiche italiane circoscritte;[91] tra questi spiccano i lavori sui dialetti veneti[92].

Dall'esame degli studi sulle singole situazioni di contatto tra l'italoromanzo e un'altra lingua nelle molteplici realtà italiane all'estero, emerge un evidente dislivello quantitativo e, in parte, anche qualitativo. Difatti, mentre è stato scritto relativamente molto, ad esempio, sull'integrazione linguistica degli emigrati italiani negli USA[93] o in Svizzera[94], continua a essere terreno tuttora inesplorato la realtà linguistica, ad esempio, degli italiani stabilitisi in Albania all'incirca tra il 1930 e il 1943.

Segue una breve descrizione dei principali studi[95] relativi alle situazioni più significative di contatto tra le varietà italoromanze e le lingue dominanti negli ambienti alloglotti in cui si sono inserite le enclavi italofone di emigrati. In ambito europeo, oltre ai lavori sopraccitati sull'italoromanzo in Svizzera, vanno indicati anche studi analoghi sul contatto tra l'italoromanzo degli emigrati e il tedesco[96] (Germania), l'olandese,[97] l'inglese[98] (Gran Bretagna), ecc. Pur rappresentando una componente fondamentale dell'emigrazione italiana nel suo complesso, l'insediamento degli italiani nel continente latinoamericano, specialmente in Argentina e in Brasile,[99] non è stato descritto esaustivamente in prospettiva linguistica.[100] Risalta in particolar modo il contatto linguistico tra italoromanzo e spagnolo, il cui prodotto più noto è il cosiddetto *cocoliche* rioplatense, descritto in particolar modo da Giovanni Meo Zilio (1993), Antonella

---

91 Cf. ad esempio la monografia Grassi/Pautasso (1989).
92 Cf. ad esempio Rovere (1990).
93 Si veda qui il sottocapitolo 1.3.5.
94 Si vedano, ad esempio, i risultati delle intense ricerche sull'adattamento linguistico dei figli di emigrati, anche italiani, specialmente a Zurigo e a Basilea. Per la situazione a Zurigo si vedano Franceschini/Müller/Schmid (1984); Pizzolotto (1991); Berruto (1984a; 1991a; 1991b; 1998). Per Basilea si possono consultare, ad esempio, molteplici pubblicazioni di Georges Lüdi.
95 Per una rassegna più dettagliata si rimanda all'opuscolo Coveri/Bettoni (1991). Bettoni/Crino/Kinder (1986) è incentrato sul mondo anglofono.
96 Cf. ad esempio Grassi (1982); Auer/Di Luzio (1983); Gazerro (1980); Krefeld (2004) e svariati altri lavori. Le analisi si incentrano di regola su singole realtà urbane circoscritte, come ad esempio Bierbach/Birken-Silverman (1999); Birken-Silverman (2000) e Gueli Alletti (2011), relative all'acculturazione linguistica a Mannheim di emigrati italiani provenienti dal Mezzogiorno.
97 Ad esempio Jacqmain (1979; 1981); Jaspaert/Kroon (1991).
98 Ad esempio Tosi (1977; 1979; 1982); Raponi (1984).
99 *Merica rànne* e *Merica pìcciula* (l'*America grande* e l'*America piccola*) si chiamavano a San Pietro in Guarano (Cosenza), nel linguaggio quotidiano d'inizio Novecento, rispettivamente il Brasile e l'Argentina (Franzina 1995, 250).
100 Cf. ad esempio la raccolta di studi Lo Cascio (1987b).

Cancellier (1996) e Daniel Veith (2008). Franca Bizzoni (2003) e Anna de Fina[101] si sono occupate invece dell'italiano in Messico. Altrettanto significativo è il contatto linguistico tra le varietà dialettali venete e il portoghese in Brasile. Gli studi più rilevanti in proposito sono la raccolta di saggi in due tomi curata da Luis Alberto De Boni (1987; 1990), le monografie di Giovanni Meo Zilio (1995) e di Ivette Marli Boso (2002), gli studi di Loredana Corrà (1998, 2001), ecc.

Segue ora una descrizione più dettagliata dei lavori sul contatto tra il cosiddetto inglese d'oltremare – eccetto quello statunitense – e l'italoromanzo.[102] In merito all'Australia spiccano i lavori di Camilla Bettoni, soprattutto quelli di carattere generale (1986a; 1990), gli studi sul plurilinguismo degli italoaustraliani[103] e quelli inerenti a singole dinamiche e aspetti del processo di erosione in prospettiva generazionale (1986b; 1991). Tra i pochi lavori dedicati a singoli aspetti del contatto tra l'italoromanzo degli emigrati e l'inglese nel Sudafrica e nella Nuova Zelanda vanno menzionati i brevi articoli di carattere piuttosto introduttivo di Piero D'Onofrio (1980) e quelli di John J. Kinder.[104] Le dinamiche e le peculiarità dell'emigrazione degli italiani in Canada durante il secolo scorso convergono in gran parte, anche rispetto all'integrazione linguistica,[105] con quelle dell'emigrazione italiana negli Stati Uniti. La produzione scientifica sul contatto tra italoromanzo e inglese (ma anche francese) in Canada è considerevolmente ampia. Vanno segnalati i lavori di Bruno Villata (1990; 2003), di Gianrenzo P. Clivio (1976; 1985; 1986) nonché le raccolte di studi *La lingua italiana in Canada*, un'edizione speciale de *Il Veltro. Rivista della civiltà italiana*, XXIX/1–2 (gennaio–aprile 1985) e gli atti del colloquio *L'italiano a Montréal nel Duemila* (19 marzo 1999, Montréal) (Villata 1999). Villata, riferendosi alla genesi di nuove varietà italocanadesi nel Canada in generale, e a Montréal in particolare, fa notare che:

> «Spesso le koinè italiane parlate nelle zone anglofone del Canada sono note con il nome di *italiese*, mentre si usa il termine *italianese* per l'italiano di Montréal.»[106]

---

101 Cf. De Fina/Bizzoni (2000); Bizzoni/De Fina (1992).
102 Cf. in proposito innanzitutto gli studi di carattere generale Tosi (1991) e Vignuzzi (1983), e la raccolta di saggi Bettoni (1986a). Si veda anche Bettoni/Crino/Kinder (1986).
103 Cf. in proposito Bettoni (1985); Bettoni/Rubino (1996). Si noti, inoltre, che in Rubino (2003, 152–158 e 160–168) sono contenuti degli esempi significativi di trilinguismo.
104 Studi citati in Coveri/Bettoni (1991, 105, 123s.).
105 Si noti a questo proposito, ad esempio, l'affermazione di Robert J. Di Pietro: «Apparently the Italian-based pidgin of Toronto is undergoing phenomena similar to those (...) of the Italian-influenced English pidgin in this country.» (Di Pietro 1977b, 160).
106 Cf. Villata (2003, 180, n. 8). Circa il cosiddetto *italiese* di Toronto si veda anche Clivio 1985, apparso nella già citata edizione tematica de *Il Veltro*.

Negli ultimi anni sono apparsi, seppure sporadicamente, diversi studi sull'italiano e i dialetti italoromanzi nel Canada, circoscritti di regola ad aree linguistiche urbane.[107] Tra questi, il lavoro di più ampio respiro è la monografia Reinke (2011), in cui la descrizione dell'erosione linguistica prodotta dall'emigrazione degli italiani a Montréal occupa un posto centrale.

In considerazione dei comuni tratti extralinguistici e linguistici – al di là delle sostanziali divergenze[108] – che caratterizzano l'emigrazione e l'integrazione linguistica degli italiani negli Stati Uniti, nel Canada e in Australia, si prospetta promettente[109] uno studio comparativo delle dinamiche dei singoli contatti tra italoromanzo e le rispettive varietà di inglese.[110] L'analisi dettagliata delle concordanze e delle divergenze andrebbe a completare ulteriormente la storia linguistica dell'italiano e offrirebbe altresì un contributo interessante agli studi di linguistica migrazionale. Indagini linguistiche approfondite sui vari aspetti di ciascuno di questi tre contatti linguistici non farebbero che agevolare tale impresa.

1.3.5 Gli studi sulla situazione linguistica degli italoamericani

Quella italoamericana figura tra le comunità di italiani all'estero analizzate in maniera più approfondita.[111] Sono numericamente superiori gli studi pubblica-

---

107 Si pensi ad esempio alle indagini di Beatrice Bagola, incentrate principalmente su Montréal e sul Québec (Bagola 2000a; 2000b; 2002).
108 In riferimento all'inglese, ad esempio, è utile riportare il parere di Charles A. Ferguson e Shirley Brice Heath: «The language situation in Australia is probably the closest parallel to that of the USA: English dominant, Aboriginal languages, and the languages of varied immigrant groups. But Australia has no counterpart to Spanish, the roles of colonial and immigrant languages are much less salient there than in the USA, and the nature of the social dialect variation in Australian English is quite different from that in American English.» (Ferguson/Heath 1981b, XXV).
109 È discutibile l'interpretazione di Tosi: «(...) l'emigrazione di massa dall'Italia agli Stati Uniti si distribuisce lungo un arco di tempo assai più esteso che altrove, per cui l'italofonia sopravvissuta tra la sua popolazione d'origine italiana si presta oggi a generalizzazioni che non sono confrontabili con quelle che è stato possibile tracciare tra le comunità italiane formatesi in (...) Canada e Australia a cavallo tra gli anni Cinquanta e Sessanta.» (Tosi 1991, 10s.).
110 Nella monografia bilingue Tosi (1991) l'autore mette a confronto alcuni aspetti delle singole varietà italiane in Inghilterra, Canada e Australia, escludendo però, purtroppo, gli USA.
111 Basti consultare *Altreitalie. Rivista internazionale di studi sulle popolazioni di origine italiana nel mondo*, che appare semestralmente dal 1989, come anche le rassegne bibliografiche della rivista trimestrale *Studi Emigrazione – Migration Studies*, edita dal Centro Studi Emigrazione di Roma (CSER) e fondata nel 1964. Si vedano inoltre Dore (1964); Velikonja (1963); Kolm (1973).

ti negli Stati Uniti[112] ed è italoamericana la maggior parte dei loro autori. Le caratteristiche principali di questi studi, suddivisi secondo le discipline, sono delineate in alcuni brevi lavori,[113] ai quali si rimanda. In proporzione, però, l'attenzione scientifica rivolta alle problematiche linguistiche è limitata. Gli studi linguistici variazionali e migrazionali risultano particolarmente esigui.

Fatta eccezione per gli studi monografici,[114] i lavori sull'italoamericano sono apparsi precipuamente in raccolte tematiche di studi, in cui vengono trattati sporadicamente anche singoli aspetti del contatto italoamericano.[115] Va menzionata la serie di quattro convegni internazionali di studi organizzati negli anni '80 dal Ministero degli Affari Esteri Italiano sull'italiano all'estero: nel Canada, negli USA, in Australia e nell'America Latina. Il secondo convegno, intitolato *L'italiano negli Stati Uniti* (19–22 giugno 1984, Fordham University, New York), risulta finora l'unico dedicato interamente all'italiano negli Stati Uniti. Gli Atti di questo convegno sono apparsi nell'edizione XXX/1–2 (gennaio–aprile 1986) de *Il Veltro. Rivista della civiltà italiana*. Tra i contributi ivi pubblicati sono rilevanti per l'oggetto della presente ricerca i saggi Di Pietro (1986), Haller (1986a) e Saltarelli (1986a). Svariati sono gli studi importanti apparsi in vari periodici, prevalentemente statunitensi, quali *American Speech: a quarterly of linguistic usage*,[116] *Italica*,[117] *Lingua Nostra*,[118] *Orbis: Bulletin International de Documentation Linguistique*[119] e *Word*.[120]

Segue ora una rassegna più dettagliata degli studi sul contatto italoamericano, concepita da due angolazioni: cronologica da un lato (1.3.5.1) e, più specificamente, areale (diatopica) dall'altro (1.3.5.2).

---

112 Secondo Rosoli (1977, 141) «(...) the flow of Italian publications on emigration to the United States cannot equal the achievements of the abundant literature published in America.»
113 Per gli studi effettuati in Italia si vedano Rosoli (1977) e (1985); per quelli apparsi invece negli Stati Uniti si veda Della Cava (1977).
114 Cf. ad esempio Biondi (1975); Haller (1993); Scaglione (2000), nonché diverse tesi dottorali e di laurea, presentate prevalentemente in università statunitensi e rimaste in parte inedite, come ad esempio Butera (1941); Cieri (1985b); Correa Zoli (1970); Di Pietro (1960); Duke (1938); Tofani (1951).
115 Cf. ad esempio Ciacci (1972); Cieri (1991); Giannini/Scaglione (2000); Gonzo/Saltarelli (1980); Haller (1987a; 1989; 1992; 1998a; 1998b; 2000; 2001; 2009; 2011b); Prifti (2007; 2011a; 2013b); Saltarelli (1983); Scaglione (2001); Timiras (1955; 1968), ecc.
116 Cf. Cascaito/Radcliff-Umstead (1975); Fucilla (1943); Vaughan (1926; 1927); Zallio (1927).
117 Cf. Correa Zoli (1974); Haller (1987b; 2002b); Ortisi (1951); von Raffler-Engel (1957).
118 Cf. Hall (1947); Menarini (1939; 1942; 1947a); Scalia (1950).
119 Cf. Haller (1981; 1988).
120 Cf. Simoncini (1959); Timiras (1955).

1.3.5.1 Descrizione cronologica degli studi sul contatto italoamericano

Se la prima traccia materiale (lessicale) della presenza italiana nel Nuovo Mondo risale, volendo, già alla denominazione stessa del continente americano, proposta nel trattato *Cosmographiae introductio*[121] (1507) di Martinus Ilacomilus (Waldseemüller), i primi cenni concreti di impronta filologica sul contatto italoamericano compaiono solo a cavallo tra Ottocento e Novecento.

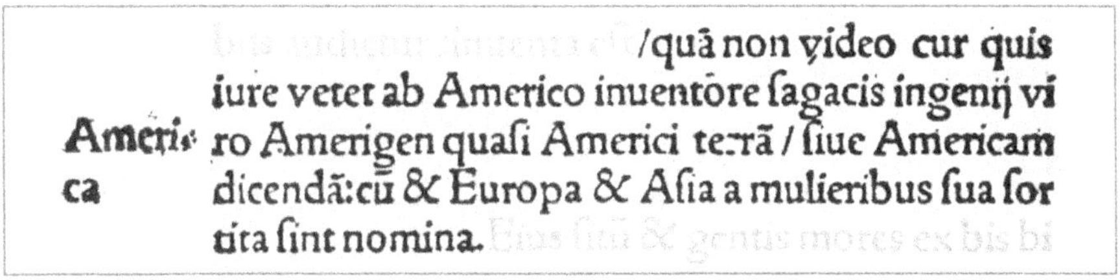

> Ameri- /quā non video cur quis iure vetet ab Americo inuentore fagacis ingenij vi
> ca ro Amerigen quafi Americi te:rā / fiue Americam dicendā:cū & Europa & Afia a mulieribus fua for tita fint nomina.

Fig. 1.1: Proposta da parte di Ilacomilus di adottare il toponimo America (tratto dal fol. 15b della ristampa Wieser 1907)[122]

La produzione scientifica sul contatto italoamericano va suddivisa in tre fasi.

1. Durante la prima fase, che si estende fino alla seconda Guerra Mondiale, è apparsa una ricca serie di interventi di taglio filologico, ma non linguistico *stricto sensu*. I primi cenni espliciti noti sulle innovazioni linguistiche dell'italiano negli USA apparvero nel 1899, sul *Corriere della sera*, in un breve intervento[123] del giovane pittore genovese Paolo De Gaufridy, che prendeva spunto dall'articolo *L'estetica di una lingua* del critico d'arte Ugo Ojetti, apparso nello stesso periodico. Due anni dopo, Giovanni Pascoli corredò il suo poema «Italy», che va considerato uno dei primi documenti *letterari* dell'italoamericano,[124] di qualche breve nota[125] di interesse linguistico, persino variazionale. Nel 1905 apparvero le seguenti osservazioni di Remy De Gourmont,[126] che rappresentano le prime

---

[121] *Cosmographiae introductio cum quibus dam geometriae ac astronomiae principiis ad eam rem necessariis insuper quattuor Americi Vespucij nauigationes. Vniuersalis Cosmographiae descriptio tam in solido quam plano/ eis etiam insertis quae Ptholomaeo ignota a nuperis reperta sunt*, Saint Dié, Gualterus Lud.
[122] «(...) et alia quarta pars per Americum Vesputium (...) inuenta est, quam non video cur quis iure vetet ab Americo inuentore sagacis ingenij viro Amerigen quasi Americi terram/ siue Americam dicendam: cum et Europa et Asia a mulieribus sua sortita sint nomina.»
[123] Il breve articolo è stato qui riportato nell'*Appendice* (9.2).
[124] Linvingston è il primo a occuparsi degli americanismi di *Italy*, cf. Livingston (1918, 206–209).
[125] Si veda la *Nota* a *Italy*, in Colasanti (2001, 183).
[126] Cf. De Gourmont (1905, 103) (ovvero le pagine 56–57 della ristampa del 1955). Hanno evidentemente equivocato, nell'indicazione dell'anno, sia Mencken (in Mencken 1938, 640, e, basan-

annotazioni scientifiche sul contatto italoamericano, basate sull'intervento di De Gaufridy.

> «Assez nombreux dans certaines régions des États-Unis pour avoir pu y conserver l'usage de leur langue, les Italiens, forcés d'emprunter à l'anglais certains mots usuels, les ont adroitement italianisés. De *boss*, ils ont fait *bosso*; de *horse, orso*, de *undertaker, ondateca*; de *bar, barra*; de *overcoat, ovacotta*; de *shop, scioppa*; de *hat, atto*; de *grocery, grosseria*; *Brooklyn* est devenu *Broccolino*.»

Nel 1917 uscirono nella rubrica *La cattedra del lessicografo* del noto periodico italoamericano *Il Carroccio* due interventi puristici[127] che consistono in elencazioni correttive di innovazioni lessicali italoamericane, «coniate apposta per adattarle alla comprensione di chi, sapendo poco l'italiano e l'inglese, trova comodo il gergo, chiamiamolo così, dell'emigrazione.»[128]

Per gli studi apparsi dal 1918 al 1946 è sufficiente rimandare alla dettagliata e ampia rassegna di Alberto Menarini,[129] alla quale, per completezza, vanno aggiunti i saggi di Walther Fischer (1921)[130] e Anthony G. Zallio (1927).[131] I contributi più importanti risalenti a questo lasso di tempo sono gli studi di Arthur Livingston (1918), Herbert H. Vaughan,[132] Henry L. Mencken,[133] Amy A. Bernardy,[134] Anthony M. Turano (1932) e Francis J. Duke (1938).

---

dosi su questi, anche Durante 2005, 837), che Menarini (in Menarini 1947b, 151, n. 1), indicando rispettivamente il 1899 e il 1922.

127 *Il Carroccio (The italian review). Rivista di coltura, propaganda e difesa italiana in America* III (1917), 178 e 454s. Queste pagine sono qui riportate nell'*Appendice* (9.2).

128 Cf. N.N. 1917, 178.

129 Cf. Menarini (1947b, 146–152). L'autore sottolinea la presenza «(...) di alcuni studi che, se pure di valore assai disuguale, danno un'idea abbastanza chiara delle caratteristiche lessicali e recano materiali sufficienti per nuove indagini; ma occorre subito precisare che uno studio d'insieme non c'è, né ritengo sia oggi facile compierlo.», cf. Menarini (1947b, 148).

130 Breve intervento incentrato sulle peculiarità del poema *Italy* di Pascoli. L'autore si sofferma anche su alcune caratteristiche lessicali del linguaggio italoamericano.

131 Articolo che lascia a desiderare. Nella sua prima parte contiene un'elencazione d'ispirazione etimologica di voci di origine gallica e germanica. Contiene anche una lista di 23 americanismi lessicali (pp. 502s.) usati dagli immigrati piemontesi negli USA.

132 L'intervento, recensito in Migliorini (1927), consta di due parti: Vaughan (1926) e Vaughan (1927).

133 Nella seconda parte dell'appendice, del già menzionato lavoro, viene trattato anche l'italiano parlato dagli emigrati italoamericani. Le cinque facciate in proposito della seconda edizione (1921) sono completate e aggiornate nella quarta (1936, 640–647). Nel secondo supplemento (1948) compaiono ricche aggiunte.

134 Cf. in particolar modo il capitolo intitolato *La lingua del iesse*, in Bernardy (1913, 88–122), composto di sette sottocapitoli, dei quali il primo e il quinto risultano maggiormente rilevanti per l'oggetto del presente lavoro.

2. La seconda fase, che a partire dai primi anni '40 si estende per circa 25 anni, è caratterizzata da un numero ridotto[135] di interventi, i cui autori però, diversamente dalla prima fase, sono prevalentemente linguisti. Spicca, come nella prima fase, il carattere generale degli studi,[136] sebbene il contatto italoamericano (o singoli suoi aspetti[137]) venga analizzato da angolazioni diverse. Si distinguono solo quelle poche ricerche eseguite su solide basi metodologico-teoriche, come ad esempio i lavori di Alberto Menarini,[138] Walburga von Raffler-Engel (1953; 1957), Robert J. Di Pietro[139] e Robert A. Hall Jr. (1943;[140] 1947).[141]

3. La terza fase, che si estende dai primi anni '60 a oggi, è la più rilevante per gli studi inerenti al contatto italoamericano. I lavori apparsi in questo lasso di tempo sono prevalentemente sociolinguistici. E proprio al consolidamento della sociolinguistica si deve anche la crescita dell'interesse per le problematiche linguistiche legate all'emigrazione italiana negli USA. È necessario distinguere sommariamente tra gli studi di taglio *italianistico*, da un lato, e quelli di matrice *americanistica*, dall'altro. Tra questi ultimi,[142] che non di rado trascurano eccessivamente la compagine italoromanza del contatto, ve ne sono alcuni orientati all'approccio teorico-metodologico di William Labov. Svariate pubblicazioni[143] della scuola laboviana sono rilevanti per l'analisi del contatto italoamericano nella sua interezza, poiché focalizzano la variazione dell'inglese parlato dagli italoamericani.

---

[135] Secondo Di Pietro, «The second world war seemed to have brought a dearth of studies on the speech of Italian immigrants.», Di Pietro (1977c, 174). È opportuno riportare inoltre De Mauro: «Prior to the sixties there were (...) a few objective observations dominated mainly by curiosity about lexical adaptations which had emerged in ‹broccolino› speech and in other varieties of Italian (or Italian-dialect Mischsprache) developed here and there around the world.» (cf. De Mauro 1986, 5).
[136] Ad esempio Butera (1941); Fucilla (1943; 1949); Gisolfi (1939); Girardon (1949); Menarini (1947b); Scalia (1950); Hall (1947).
[137] Ad esempio Ortisi (1951); Simoncini (1959); Timiras (1955; 1968).
[138] Ad esempio Menarini (1939; 1942; 1947a), ma soprattutto il VI capitolo (pp. 145–208) della sua nota e già menzionata monografia Menarini (1947b).
[139] Nel 1960 viene pubblicata la tesi dottorale di Di Pietro, seguita da importanti studi sul contatto italoamericano, i quali rientrano però piuttosto nella terza fase.
[140] In questo intervento Hall fa luce su un aspetto del processo di convergenza, analizzando materialmente una frase di «italianized english pidgin in the US», citata in 6.2.1.4.
[141] Brevi cenni critici su alcuni studi rientranti in questa fase, effettuati in particular modo negli USA, si trovano in Di Pietro (1977c, 174s.), cui si rimanda.
[142] Alcuni brevi cenni critici relativi ad alcuni studi collocabili in questa categoria sono contenuti in Di Pietro (1977c, 174s.), cui si rimanda.
[143] Si vedano ad esempio i contributi già citati (1.3.2) di Labov, specialmente Labov (1966), i lavori di Christopher Cieri (1985a; 1985b; 1991), e di altri.

È importante citare i lavori di Robert J. Di Pietro, uno dei linguisti più impegnati nell'ambito degli studi sull'italoamericano, che ha prestato particolare attenzione al siculoamericano[144], ma anche quelli di Mario Saltarelli[145] e di Yole Correa Zoli[146]. Nel campo degli studi di matrice americanistica rientrano anche i lavori approfonditi di Stefania Scaglione[147], apparsi recentemente, i cui risultati sono utili anche al presente studio. Scaglione analizza in chiave sociolinguistica e variazionale il processo di assimilazione della varietà lucchese di un nucleo di toscanoamericani a San Francisco. Nel suo lavoro principale (2000), l'autrice sostiene che il processo di erosione linguistica da una generazione all'altra rappresenta un *continuum*.[148] Giudicando però i risultati concreti ivi delineati si potrebbe affermare che il processo di erosione è sì continuo, pur non rappresentando un *continuum*; si tratta piuttosto di un processo progressivo di erosione, contrassegnato dall'intermittenza dovuta ai passaggi generazionali. Sempre in prospettiva generazionale, Scaglione giunge inoltre alla seguente conclusione:

> «Presso (...) la II generazione, la variazione si fa caotica, per le evidenti lacune determinate nella formazione della competenza comunicativa dalle limitazioni funzionali cui la varietà di emigrazione è sottoposta.»[149]

Bisogna relativizzare questa interpretazione, tenendo presente la precisazione di Heinrich Lausberg, secondo cui «(...) eine nur chaotische (jeweils als augenblickliche Neuerung realisierte) Sprache [wäre] ebenfalls nicht auf die tatsächlichen Situationen ausgerichtet (...). Außerdem würde eine Willkür-Sprache der sozialen Funktion der Verständigung nicht gerecht, würde also die Situation nicht bewältigen.»[150]

Vanno ricordate, infine, anche diverse pubblicazioni di linguistica acquisizionale relative prevalentemente all'acquisizione dell'inglese da parte di italoamericani di seconda generazione.[151]

---

144 Ad esempio Di Pietro (1960; 1961; 1976; 1977a; 1977b; 1980; 1986); Finizio/Di Pietro (1986).
145 Ad esempio Saltarelli (1983; 1986a; 1986b); Gonzo/Saltarelli 1980 e il sopracitato (1.3.3) Gonzo/Saltarelli 1983.
146 Ad esempio Correa Zoli (1970; 1973; 1974; 1981).
147 Cf. Scaglione (2000; 2001; 2003); Giannini/Scaglione 2000.
148 Cf. Scaglione (2000, 98), ma anche la recensione Haller (2002b).
149 Cf. Scaglione (2000, 132–133).
150 Cf. Lausberg (1969, 15). Si veda lì, in proposito, l'intero sottocapitolo 1.c.α., pp. 15s.
151 Ad esempio Biondi (1975); Foster Meloni (1979); von Raffler-Engel (1953; 1957), ecc.

Quanto agli studi di taglio italianistico rientranti in questa terza fase, spesso di matrice dialettologica,[152] risulta prevalente l'approccio metodologico quantitativo.[153] Questo tipo di ricerca si concentra quasi esclusivamente su questioni legate all'italiano degli emigrati italoamericani, che Matteo A. Melillo in un ampio studio considera «(...) un vero e proprio italiano regionale nell'America settentrionale (...).»[154]

Spiccano gli studi di Hermann W. Haller, uno dei principali studiosi dei fenomeni linguistici concernenti il mondo italoamericano. Al di là dei contributi di carattere generale[155] e di quelli dedicati alla descrizione di singole varietà italoamericane geograficamente circoscritte,[156] nei suoi lavori egli analizza singoli aspetti della storia linguistica dell'italiano parlato negli Stati Uniti, soprattutto alla luce dei principi teorico-metodologici della sociolinguistica[157] e, in modo più moderato, della linguistica variazionale. A ragione Haller puntualizza programmaticamente che questa storia linguistica «(...) è la storia dell'italiano importato attraverso le successive emigrazioni (...) e del suo sviluppo diatopico, diastratico e diafasico.»[158]

Tra i singoli elementi di detta storia linguistica contano soprattutto:
- l'analisi del lessico tra continuità, innovazione e conservazione, in prospettiva diacronica,[159]
- l'analisi della competenza linguistica nei vari registri alla luce della diversità generazionale,[160]
- la descrizione di singole componenti del contatto linguistico tra *American English* e italoromanzo,[161]

---

152 In Tropea (1978), ad esempio, sono presentati i primi risultati delle indagini dialettologiche effettuate fra gli italoamericani per conto del C.N.R. Il lavoro contiene un'ampia e utile raccolta di interferenze dall'*American English* nei dialetti primari italoromanzi degli italoamericani, nonché diversi cenni interessanti sul contatto tra questi.
153 Si vedano in proposito Christie (1977), specialmente le pagine 15–16, ma soprattutto Schlieben-Lange/Weydt (1981).
154 Cf. Melillo (1988, 393).
155 Cf. ad esempio Haller (1986b; 1987a; 1991b; 1997; 1998b; 2006a). I risultati principali delle sue ricerche pluriennali sono stati riassunti nella monografia Haller (1993).
156 Cf. ad esempio Haller (1989; 1998a; 2002a; 2005).
157 Cf. ad esempio Haller (1991a; 1992).
158 Cf. Haller (1991b, 444).
159 Ad esempio Haller (1987b; 2001).
160 Ad esempio Haller (1981; 1987a; 1991a; 1992).
161 Ad esempio Haller (1979; 1981; 1986a; 1987b; 1989; 1991a; 1992; 2005).

– la definizione teorica delle varietà italoromanze parlate dagli italoamericani,[162] ecc.

Altrettanto rilevanti sono le sue ricerche focalizzate sulle varietà scritte dell'italoromanzo negli Stati Uniti, concernenti sia alcuni segmenti della produzione letteraria[163] italoamericana, che i mass-media.[164]

Gli ultimi 15–20 anni della terza fase, che è tuttora in atto, sono contraddistinti da una riduzione quantitativa delle pubblicazioni sull'italoamericano. Oltre al saggio di carattere generale di Sabrina Machetti,[165] nel 2011 sono apparsi – all'interno di uno stesso volume miscellaneo – Haller (2011b), incentrato sulle dinamiche dell'italiano in quanto lingua di emigrati a New York e San Francisco, e Prifti (2011a), nel quale vengono presentati alcuni dei risultati principali del presente lavoro. In Prifti (2013a) si analizza invece la competenza scrittoria in ambito italiano di casalinghe italoalbanesi di prima generazione nel Nordest degli Stati Uniti. Prifti (2014), dedicato alle dinamiche del comportamento linguistico in situazioni di emigrazione, comprende anche diversi cenni sulla realtà italoamericana.

1.3.5.2 Gli studi geograficamente circoscritti sul contatto italoamericano

Una buona parte degli studi linguistici sul fenomeno italoamericano è focalizzata su spazi geolinguistici circoscritti, sia italiani – di partenza –, che nordamericani – d'arrivo –.

---

162 Ad esempio Haller (1981; 1987b; 1993).
163 Cf. ad esempio Haller (2000, 282–286), ma soprattutto Haller (2006b), vale a dire l'edizione critica delle macchiette italoamericane di Edoardo Migliaccio (Farfariello). La monografia si rivela importante anche per la storiografia della letteratura italiana in generale, e di quella in emigrazione in particolare. Alle pagine 27–67 Haller esegue un'analisi linguistica delle macchiette, che comprende un utilissimo glossario dei loro americanismi, commentato e corredato di esempi. Nel corso del presente lavoro il concetto «macchietta» è usato nel senso di Haller, in quanto creazione parodistica caricaturale. Tra le pubblicazioni più recenti di Haller figurano anche due saggi (2005, 2009) sulle impronte dell'italiano e dei dialetti nelle insegne e nei menù dei ristoranti italiani di New York.
164 Ad esempio Haller (1979; 1986a; 1988; 1993, 61–99; 1998b; 2000). Importante in questo ambito è anche lo studio delle interferenze nell'italiano usato nel quotidiano *Il progresso Italo-Americano*, un argomento ripreso anche da altri autori, ad esempio Brighenti (1985). In Haller (2011a) sono proposte in chiave contrastiva le peculiarità del giornalismo linguistico nel *The New York Times* e ne *Il Corriere della Sera*, in riferimento, tra l'altro, anche al rapporto tra lingua e migrazione.
165 Cf. Machetti (2011).

In un primo gruppo, il più cospicuo, si collocano i lavori sull'italoamericano di specifiche aree degli USA. Volendo cominciare la rassegna dal Nord, va citato l'articolo Ciacci (1972) incentrato primariamente sulla descrizione del comportamento linguistico di emigrati italoamericani di prima e seconda generazione nella zona urbana di Boston (Massachusetts). Hermann W. Haller tratta in svariate pubblicazioni[166] diversi aspetti dell'italoamericano della città di New York, dove è insediata notoriamente una delle più consistenti comunità di parlanti di italoromanzo al di fuori dell'Italia, provenienti *in primis* dal Meridione, soprattutto dalla Campania.[167] Tra i suoi studi di carattere variazionale vanno indicati Haller (1989; 1991a; 1993, ma soprattutto 2002a). In Cascaito/Radcliff-Umstead (1975), un saggio breve e interessante, sono descritte, tenendo conto anche della dinamica generazionale, le peculiarità del comportamento linguistico della comunità italoamericana di Pittsburgh (Pennsylvania), in cui predomina il sottogruppo abruzzese.[168] Al 1938 risale invece la già citata tesi dottorale di Francis J. Duke, nella quale vengono analizzate le principali peculiarità fonetiche delle varietà italoamericane di Richmond (Virginia). Nel saggio Gonzo/Saltarelli (1980) viene esaminato l'apprendimento dell'italiano come L2 da parte degli italoamericani di seconda generazione nell'area di Chicago.

La situazione linguistica della comunità italocaliforniana, di origine prevalentemente settentrionale,[169] la più cospicua dopo la comunità italoamericana del Nordest, risulta quella descritta più accuratamente, considerata la mole degli studi su singoli aspetti effettuati in tale ambito. Spiccano in particolar modo le ricerche incentrate sull'area urbana di San Francisco. Nel suo lavoro del 1959 Simoncini esamina l'americanizzazione[170] del linguaggio degli italoamericani di San Francisco, limitandosi all'ambito lessicale. In questa sede occorre citare anche la serie di contributi di Yole Correa Zoli[171], i lavori già menzionati di Sca-

---

166 Si vedano in particolar modo Haller (1989; 1993; 2000; 2002a; 2006b).
167 In Correa Zoli (1974, 178) è indicata la tesi di laurea Tofani (1951), in cui sono analizzati alcuni aspetti, soprattutto fonetici, dell'integrazione linguistica degli emigrati italiani a New York City.
168 «About 1910, after the first decade of settlement, the inhabitants usually spoke to each other in a dialect based on Abruzzese grammar but including lexical items from other dialects, especially Neapolitan.» (Cascaito/Radcliff-Umstead 1975, 6).
169 Secondo Haller, «Tra gli emigrati italiani alla conquista pionieristica del Far West, i piemontesi costituiscono un nucleo importante, insieme ad altri gruppi provenienti dal Nord e Centro, come i liguri e i toscani, seguiti più tardi dall'immigrazione meridionale, in particolare da quella siciliana.» (Haller 1998a, 273).
170 «(...) the San Francisco-Italians are tending to an amalgam of Standard Italian, italianized American or combined American and Italian or Dialect forms.» (cf. Simoncini 1959, 346).
171 Si veda in particolar modo Correa Zoli (1970, tesi dottorale; 1974).

glione, il saggio Haller (1998a), nonché gli articoli di Timiras (1955; 1968). Anche se non prettamente linguistiche, vanno menzionate le osservazioni di Giorgio Cheda[172] sul linguaggio degli emigrati ticinesi in California, basate su una ricca raccolta epistolare (1851–1956), cui si ritornerà in 2.2.2.

Quanto al secondo gruppo di studi, focalizzati su singole varietà dialettali italoromanze in contatto con l'*American English*, vanno indicati, partendo dal piemontese, il saggio già menzionato Zallio (1927)[173] e il contributo Haller (1998a), incentrato su San Francisco. In quest'ultimo l'autore descrive il comportamento linguistico di una comunità piemontese, intendendo stabilire un confronto con la realtà italoamericana prevalentemente campana del Nordest, di cui egli si è occupato in diverse pubblicazioni, già menzionate. Per quanto riguarda invece le varietà dell'Italia centrale, il lucchese parlato a San Francisco è l'oggetto delle ricerche già citate di Stefania Scaglione.

Tra le varietà dialettali italoromanze in contatto con l'*American English*, sono state più frequentemente sottoposte a esame quelle meridionali estreme di tipo siciliano, tra le più diffuse nel continente nordamericano. Il cosiddetto «dialetto siculo americano» è trattato inizialmente nel breve saggio Ortisi 1951. Dopo pochi anni appare Timiras (1955) – nel 1968 in una versione approfondita, aggiornata e completata –, in cui sono descritti alcuni aspetti prevalentemente lessicali del linguaggio tecnico dei pescatori siculoamericani di Monterey (California). Robert J. Di Pietro, nella sua tesi dottorale (1960), esamina scrupolosamente il linguaggio di un'enclave siculoamericana proveniente da Alcamo. Nel suo breve saggio del 1961 egli esprime osservazioni interessanti circa le varie forme di interferenza e le peculiarità generali del siculoamericano negli USA. Per completezza, va menzionato infine anche Croce (1985), un contributo di aspirazione linguistica, nel quale prevale però piuttosto il carattere folcloristico.

Un aspetto rilevante – purtroppo quasi del tutto trascurato – del contatto italoamericano, soprattutto in chiave teorica, è quello dell'integrazione linguistica degli emigrati italiani alloglotti. Benché parlanti (anche) di un'altra lingua, non italoromanza, essi sono in realtà parte integrante dell'emigrazione italiana negli Stati Uniti. È significativo menzionare qui l'esempio degli italoalbanesi, presenti in un numero copioso di enclavi, stanziate soprattutto nel Nordest, cui si fa cenno alcune volte anche nel corso del presente lavoro. Sono apparsi in proposito

---

[172] Cf. Cheda (1981, XL-XLIV), nonché il glossario (ivi, pp. 1–28) di 940 unità di termini dialettali e soprattutto italoamericanismi, tratti dalla raccolta epistolare.

[173] È significativa la seguente interpretazione delle interferenze dall'inglese, le quali «(...) are sometimes pronounced as nearly like the English as Piedmontese find possible, but frequently they are frankly changed so as to sound like Piedmontese words.» (cf. Zallio 1927, 502).

Prifti (2007), in cui a una rassegna dei pochi studi sull'integrazione (linguistica) degli italoalbanesi negli USA fa seguito l'analisi del processo di convergenza tra *arbërisht* molisano, italiano e *American English* a Filadelfia, e Prifti (2013b), incentrato sulla competenza scrittoria di emigrate siculoalbanesi di prima generazione residenti nel Nordest degli USA.

Va messo in rilievo, infine, l'apporto considerevole che possono offrire all'analisi linguistica diacronica variazionale e migrazionale le svariate pubblicazioni su aspetti non-linguistici del fenomeno italoamericano. Un ottimo esempio in proposito è dato dalla lodevole antologia letteraria in due volumi di Francesco Durante (2001; 2005). Vi sono contenuti diversi studi eseguiti da membri della comunità italoamericana, appartenenti, di regola, alla seconda o alla terza generazione, corredati di molteplici affermazioni e interpretazioni di carattere metalinguistico, come nel caso di LaSorte (1985), LaGumina (1999), Laurino (2000) e, più recentemente, Carnevale (2009).

La rassegna di studi qui presentata fa trasparire l'assenza e la necessità di uno studio complessivo di ampio respiro, nel quale siano descritte dettagliatamente la storia linguistica e le dinamiche del contatto italoamericano, tenendone presenti l'estensione nel tempo e nello spazio e i molteplici aspetti. La presente monografia intende offrire un contributo in merito.

2 Quadro teorico e metodologico

Il presente capitolo è suddiviso in due parti. Nella prima parte (2.1) sono descritte le basi teoriche della linguistica migrazionale pluridimensionale, sulle quali fa perno l'analisi diacronica del contatto italoamericano. Sono oggetto della seconda parte (2.2) il quadro metodologico e il corpus empirico.

2.1 Quadro teorico

Il contatto linguistico italoamericano, considerato nella sua intera estensione spazio-temporale, è contraddistinto da una complessità e una dinamicità elevate. Per compierne un'analisi confacente, si rivela opportuno fare perno sulla linguistica migrazionale pluridimensionale. Nella sua essenza, essa rappresenta una linguistica contattuale di orientamento variazionale e diacronico. In quanto tale, la linguistica migrazionale pluridimensionale opera con gli stessi «ferri» – per così dire – usati anche nella ricerca linguistica contattuale e variazionale, modificandone però la funzionalità secondo le nuove esigenze investigative, che rispondono alla complessità e alla dinamicità dei contatti migrazionali. Le esigenze summenzionate richiedono però in maniera aggiuntiva anche la concezione e l'uso sistematico di nuovi «ferri», vale a dire di nuovi elementi analitici. Segue una descrizione teorica degli elementi analitici principali specifici della linguistica diacronica migrazionale pluridimensionale, su cui si basa la presente analisi. La descrizione è suddivisa in tre parti concernenti il dominio del *parlante* (2.1.1), il dominio della *lingua e del contatto linguistico* (2.1.2) e il dominio della *linguistica* (2.1.3). I rispettivi sottocapitoli contengono un'introduzione teorica e la descrizione della sua proiezione nella concreta situazione italoamericana.

2.1.1 Dominio del parlante

Nei quattro sottocapitoli a seguire sono descritti in modo differenziato le specificità e i criteri della collocazione dei parlanti in generazioni d'emigrazione, i quattro tipi d'insediamento potenziali della comunità etnica, i livelli descrittivi e le scelte d'uso dei parlanti.

2.1.1.1 Collocazione dei parlanti in generazioni d'emigrazione

Una distinzione realistica delle generazioni d'emigrazione rappresenta una premessa importante di un'analisi linguistica migrazionale oggettiva. Sono stati coniati svariati modelli classificatori, i quali divergono di solito nei criteri usati per la collocazione degli individui emigrati in giovane età. Sulla base dei risultati delle analisi del sapere, del comportamento e dell'identità effettuate in seno a diverse situazioni di contatto migrazionale descritte in Prifti (2014, in corso di stampa), è risultata la seguente classificazione generazionale.

Alla prima generazione vanno ricondotti i parlanti emigrati dopo il 13°–14° anno di vita. Nella seconda generazione rientrano i figli dei parlanti di prima generazione. Essi di regola sono nati nel paese di destinazione. Anche i figli nati nel paese di partenza ed emigrati prima di compiere 13–14 anni circa vanno collocati nella seconda generazione. Alla terza e alla quarta generazione appartengono rispettivamente i figli e i nipoti dei parlanti di seconda generazione.

Per compiere un'analisi adeguata della dinamica del cambio linguistico di matrice migrazionale non basta però distinguere soltanto tra le singole generazioni; è necessario differenziare ulteriormente i parlanti all'interno della prima generazione, così come, delle volte, risulta invece praticamente superfluo distinguere tra parlanti di terza e di quarta generazione. Sulla base delle differenze tra i parlanti di prima generazione concernenti il loro sapere e il comportamento linguistico, come anche l'identità linguistica, specialmente in riferimento alla nuova lingua (o alle nuove lingue) di contatto, è necessario distinguerli in due categorie. Nella categoria *attiva* rientrano i migranti professionalmente attivi, i quali di regola rivestono economicamente un ruolo-guida all'interno dei propri nuclei famigliari. Nella seconda categoria, quella *passiva*, vanno collocati i parlanti emigrati oltre i 50 anni circa di età, che solitamente vivono presso le famiglie dei propri figli e sono professionalmente non, o sempre meno, attivi, ricoprendo di solito un ruolo economico secondario. Seguono dei cenni inerenti, nello specifico, alla realtà italoamericana.

LA PRIMA GENERAZIONE

La distinzione delle due categorie di parlanti all'interno della prima generazione è indispensabile per un'analisi adeguata delle dinamiche del contatto italoamericano. Dal confronto del sapere e del comportamento linguistico di un italiano, emigrato ad esempio all'età di 16 anni, con quelli di un altro, che ha lasciato l'Italia supponiamo all'età di 63 anni, risaltano, accanto alle somiglianze, anche differenze piuttosto consistenti, specialmente in riferimento all'inglese. Il secondo parlante va collocato nella categoria passiva, che si potrebbe chiamare anche la categoria dei nonni, poiché solitamente nella realtà italoamericana si tratta proprio di nonni, che sono emigrati insieme alle famiglie dei propri figli o che si sono ricongiunti ad esse, andando a ricomporre così, in emigrazione, la struttura sociale della famiglia italiana. La funzione degli emigrati della categoria passiva è dunque piuttosto sociale, e non economica. Essi si occupano maggiormente dei compiti domestici, all'interno della famiglia, e dei nipoti, influenzando considerevolmente anche il sapere e il comportamento linguistico di questi ultimi. I loro figli, emigrati a un'età tra i 14 e i 50 anni, rientrano invece nella categoria attiva, poiché la loro funzione primaria all'interno della famiglia italoamericana è economica, diversamente da quella dei genitori. La categoria attiva si potrebbe denominare, per analogia, la categoria dei genitori.

La distinzione delle categorie, oltre a emergere dall'analisi materiale della competenza linguistica, trova conferma anche nella percezione dei parlanti stessi. I due italiani emigrati all'età di 16 e 63 anni, messi a confronto poco sopra a scopo esplicativo, possono essere addirittura fratelli quasi coetanei, come nel caso – descritto nella seguente citazione – del padre e dello zio dell'informatore IId-1a-SM. Sulla base dei criteri, pocanzi menzionati, di suddivisione degli emigrati in categorie, il parlante IId-1a-SM e suo zio, emigrato 54 anni prima, appartengono entrambi alla categoria attiva; pur rientrando in due fasi diverse del contatto; lo zio e il padre, invece, fanno parte rispettivamente della categoria attiva e di quella passiva.

[2.1] IId-1a-SM: *Mi padri è nat' in Italia. Miu ziu ha venutu quand' avìa sedic'anni, ha fatta tutt' a vita cca, miu ziu. Millenovecenturui è venutu. Dopo miu padri ha venutu a cingua | millunovencenducinguandacinqu. U sulu intendu fui ɾi chiamare – avìa du figghji maʃkuli – a fare vènniri i maʃkuli cca, pecciò avìanu | di sti tìmbj avìa ɾ' avìri a quaccunu də famigghia pi ɾitiràrj: u frate pòte fare vènnəra u frate, a me paṯri, e u paṯri putèa fare vènniri i figghj. E vìnni iu e me fratə cca. Ma ɾopu fiʃì cca cincu-se' anni, ɾopu chi vìnnuru cca i figghji màʃkuli, iḍḍu si ni ji, turnau. Ci piaci mièghhiu ḍḍa. Pi i criʃtiani, quando su ɾ'ànni, cca a vita è ::: u tiemb' è friḍḍu, i ɾant' amici 'un s' hannu. Mièghhju ḍḍa 'nt a paʃìsi nighi. S' hannu tutt' amici, ni ièʃunu. Differendi vita completu, 'un sunu sulu cca com' u cani. Picchì cca ɾ'inviernu :: sulu sta ɾìntərə; n' c'è nente ɾi fari, no?*

Mio padre è nato in Italia. Mio zio è venuto quando aveva 16 anni, ha fatto tutta la vita qua, mio zio. È venuto nel 1902. Dopo, mio padre è venuto qua a cinqua | nel 1955. Il suo unico intento fu di chiamare – aveva due figli maschi – di far venire i figli maschi qua, perciò avevano | a quei tempi dovevi avere qualcuno di famiglia qua che potesse farti venire: il fratello poteva fare venire il fratello, mio padre, e il padre poteva fare venire i figli. E venimmo qua io e mio fratello. Ma dopo, fece qua 5-6 anni dopo che erano venuti qua i figli maschi, lui se ne andò, tornò. Gli piace di più là. Per la gente, quando ha una certa età, qua la vita è ::: fa freddo, non si hanno grandi amici. Meglio là nei paesini. Ci sono tutti gli amici, escono. Una vita completamente diversa, non sono soli come i cani, come qua. Perché qua d'inverno sta :: solo dentro; non c'è niente da fare, no?

Nella citazione 4.90, tratta dal medesimo racconto dell'informatore IId-1a-SM, egli mette in rilievo la ridottissima qualità del sapere idiomatico in inglese di suo padre rispetto alla propria, confermando implicitamente la distinzione delle due categorie.

LA SECONDA GENERAZIONE

Rientrano nella seconda generazione sia i figli degli emigrati italiani nati negli Stati Uniti, che gli italiani nati in Italia ed emigrati prima di compiere 14 anni. A questo proposito è opportuno fare riferimento anche alla considerazione di Francesco Durante, il quale conferma la necessità di una simile differenziazione:

> «Prima e seconda generazione sono categorie semplificative. A rigore (...) un italoamericano di seconda generazione è (...) un americano nato in America da genitori di nascita italiana. (...) Alcuni scrittori ‹di prima generazione› (...) di fatto ragionano come scrittori ‹di seconda generazione›, perché in America hanno compiuto la loro intera educazione e in Italia, da dove sono partiti in tenerissima età, non hanno fatto in tempo a sedimentare una cultura degna di questo nome (...).»[1]

LA TERZA GENERAZIONE E OLTRE

I figli degli italoamericani di seconda generazione fanno parte della terza generazione, e i loro nipoti della quarta. Emergono delle difficoltà a collocare in generazioni d'emigrazione gli italoamericani figli di genitori che non appartengono a una medesima generazione. In simili casi la classificazione va orientata di regola all'appartenenza generazionale del genitore (o parente) che ha svolto un ruolo maggiormente incisivo nella formazione linguistica del singolo individuo. Solitamente si tratta della madre.

I criteri della collocazione degli italoamericani in generazioni possono influenzare anche i risultati delle statistiche riguardanti la comunità italoamericana. Gabriella Finizio e Robert J. Di Pietro mettono in rilievo quanto segue:

> «According to the National 1970 census there are approximately 20 million Italian Americans, distributed over four generations. Of this number, nearly 4 million declare Italian to be their mother tongue (...). Italian Americans, like those who compile statistics on them, generally classify themselves in terms of four generations: the ‹first› generation, or the generation of immigrants; the ‹second› generation, or the first generation of American-born; the ‹third› generation; and the ‹fourth› generation.»[2]

Concludiamo con alcuni cenni definitori sulle denominazioni qui usate in riferimento alla comunità italoamericana. Il concetto *italoamericano* rappresenta una

---

[1] Cf. Durante (2005, 686).
[2] Cf. Finizio/Di Pietro (1986, 114).

denominazione generale non differenziata, riferita ai membri della comunità italoamericana, indipendentemente dalla loro appartenenza a una delle generazioni dalla prima alla quinta. Gli individui riconducibili alla sesta generazione e oltre sono americani di origine italiana. Sono considerati italoamericani anche gli individui nati da unioni miste, di cui una componente è italoamericana. La denominazione *emigrato italiano* è riservata esclusivamente agli italoamericani di prima generazione.

2.1.1.2 Distinzione di tipi di insediamento

Le diverse modalità di inserimento dei migranti nel tessuto sociale del paese d'arrivo influenzano in modo diretto le dinamiche del contatto culturale e linguistico migrazionale. Vanno distinti in tutto quattro tipi di insediamento.

    1. L'*insediamento solitario* è quello più frequente e si incontra in ogni situazione di migrazione. Esso consiste in individui o nuclei famigliari solitari che si installano nel tessuto sociale dell'ambiente d'arrivo. I loro contatti con altri individui appartenenti alla medesima comunità d'origine sono usualmente limitati.

    2. L'*enclave locale* è contraddistinta da una concentrazione omogenea di nuclei famigliari e di singoli individui provenienti dalla stessa località. Essa può sorgere in ambiente sia rurale che urbano. La presenza di enclavi locali è caratteristica delle migrazioni massicce.

    3. L'*enclave regionale* è composta di regola da individui e nuclei famigliari provenienti dalla stessa regione. Spesso, specialmente nei casi di ingenti migrazioni urbane, all'interno delle enclavi regionali sono installati nuclei locali subordinati.

    4. Il tipo di *enclave sovraregionale* è meno frequente e si incontra nei casi di emigrazioni urbane di massa. Questo tipo di enclave consiste di regola in un mosaico di enclavi locali e/o regionali, in cui possono convergere anche ulteriori elementi appartenenti ad altre comunità etniche.

Vengono indicate qui di seguito le peculiarità di ciascuno dei quattro tipi di insediamento nel caso italoamericano. L'accento è posto sulla dimensione geolinguistica.

    1. L'insediamento *solitario* è la forma base e più frequente nell'intera estensione spazio-temporale del fenomeno italoamericano. Si incontra spesso nelle aree rurali ed è caratterizzato dalla tendenza dei singoli individui o delle singole famiglie all'isolamento dalla comunità italoamericana. In queste condizioni essi sono maggiormente esposti alla pressione dell'integrazione linguistica nell'ambiente anglofono. L'interconnessione tra membri della stessa comunità d'origine si basa piuttosto su rapporti di parentela e, seppur meno, di amicizia.

2. Nel caso italoamericano l'enclave di tipo *locale* rappresenta una forma frequente e costante di insediamento, specialmente nel corso delle prime due fasi[3] del contatto. La caratteristica linguistica basilare di questo tipo di insediamento, diversamente da quanto avviene usualmente in quello di tipo solitario, è la conservazione dei dialetti locali italoromanzi, che sono maggiormente «protetti» dall'influsso dell'*American English*. È significativo riportare Pozzetta, che in riferimento all'enclave cinisara (Sicilia) dell'East 69th Street (New York), costituita all'inizio del '900, afferma:

> «Composed of some 200 families (...) the cluster was held together by the force of custom. People do exactly as they did in Cinisi (...), if someone varies, he or she will be criticized.»[4]

Negli anni della Grande Emigrazione le enclavi locali si incontrano spesso all'interno delle enclavi regionali e, più raramente, all'interno di quelle sovraregionali. A questo proposito Enrico Sartorio attesta che:

> «In the heart of the nearest city one can find in the Italian colony a Sicilian, a Calabrian, a Neapolitan, an Abruzzian village, all within a few blocks, and each with its peculiar traditions, manner of living, and dialect.»[5]

3. Nella realtà italoamericana si incontra con frequenza minore l'enclave *regionale*, un tipo di insediamento prevalentemente urbano, di dimensioni superiori a quelle dell'enclave locale. Specialmente nell'ultimo periodo della prima fase del contatto italoamericano nacquero diverse enclavi regionali composte da nuclei locali subordinati, come ad esempio le comunità corleonese, palermitana e trapanese, dislocate nella *Little Palermo* di New Orleans. Le dimensioni delle enclavi regionali sollecitavano l'autosufficienza, e dunque anche l'isolamento, persino linguistico. Di solito esse erano percepite da parte dei non-italiani come quartieri italiani o, più raramente, come «oasi» regionali, ad esempio le *Little Sicilies* di Chicago e di New Orleans,[6] la cosiddetta *Little Tuscany* della City South Side di Chicago, in cui prevalevano i dialetti toscani e galloitalici, e molte altre.

4. L'enclave sovraregionale o nazionale, comunemente nota come *Little Italy*, è il tipo di insediamento più celebre ma meno frequente degli italoamericani. Si tratta di enclavi esclusivamente urbane, diventate il simbolo della

---

3 La descrizione della periodizzazione del contatto italoamericano si trova in 2.1.2.2.
4 Cf. Pozzetta (1981, 19).
5 Cf. Sartorio (1918, 18).
6 Le denominazioni possono variare notevolmente. La *Little Sicily* di New Orleans, ad esempio, era nota anche come *Little Palermo* o *Little Hell*.

Grande Emigrazione (3.1.4). In alcuni casi stratificate e perfettamente eterogenee, in altri fitte, compatte e di forte connotazione regionale – specie quelle più recenti –, le *Little Italies* hanno contribuito a rendere il contatto italoamericano, come si vedrà più avanti, ancor più dinamico. Se negli anni della Grande Emigrazione le enclavi nazionali rappresentavano dei ghetti italoamericani a tutti gli effetti, contraddistinti da una presenza elevata di emigrati provenienti dall'Italia meridionale, oggi esse costituiscono piuttosto delle attrazioni turistiche. La ghettizzazione socio-culturale significava generalmente *isolamento*, il quale implicava la conservazione linguistica. In prospettiva strutturale le *Little Italies* contenevano di regola anche enclavi locali.[7] Delle volte vi trovavano spazio anche elementi non-italoamericani.[8]

Fatta eccezione per il terzo periodo della prima fase (3.1.3), i quattro tipi di insediamento descritti non sono tutti (necessariamente) presenti in ogni fase e periodo del contatto.

2.1.1.3 Distinzione di livelli descrittivi

Obiettivo della linguistica migrazionale pluridimensionale è la descrizione del contatto prodotto dalla migrazione considerato nella sua interezza. È importante perciò distinguere tre livelli descrittivi, che sono:
- il livello descrittivo dell'individuo,
- il livello descrittivo della famiglia (di emigrati),
- il livello descrittivo della comunità.

Le analisi linguistiche di carattere migrazionale sono state svolte, fino ad oggi, di regola solo in considerazione di uno dei tre livelli descrittivi. Si pensi ad esempio all'esame del comportamento linguistico o a quello del sapere linguistico, incentrati solitamente solo sull'individuo.[9] È necessario invece allargare il focus investigativo e prendere *sistematicamente* in considerazione *tutti* i livelli descrittivi, rispettandone la successione ontogenetica *individuo – famiglia – comunità*. La distinzione dei tre livelli descrittivi nella suddetta successione va tenuta inoltre sistematicamente presente anche durante la raccolta dei dati empirici.

---

7 Si veda ad esempio la fig. 3.4.
8 Un esempio significativo è dato dalla *Little Italy* di Chicago, così battezzata non per la superiorità numerica degli italiani rispetto agli emigrati di altre nazionalità, ma per l'impronta culturale da loro impressavi.
9 Si rinvia alle osservazioni in proposito fatte in 1.3.3–1.3.5.

2.1.1.4 Le scelte d'uso linguistico

Già nel 1965 Fishman indica la via all'analisi differenziata delle modalità secondo cui avvengono le scelte d'uso linguistico. Riferendosi al comportamento linguistico di individui plurilingui egli distingue[10] tra la scelta d'uso *abituale* e quella *occasionale* (*occasional* vs. *habitual language choice*). Jablonka denomina l'uso abituale di una varietà di contatto «selezione generica», avente luogo in situazioni «pragmaticamente non marcate», mentre l'uso occasionale, vale a dire la «selezione non generica», ha invece comunemente luogo in situazioni comunicative «pragmaticamente marcate».[11] Nel medesimo saggio, Fishman si concentra anche sulle *determinanti* della scelta di una lingua di contatto, analizzando il ruolo svolto dall'appartenenza a un gruppo, dalla situazione comunicativa e dall'argomento. Da allora svariati linguisti[12] si sono occupati sempre più sistematicamente, e da angolazioni diverse, del comportamento linguistico in contesti plurilingui.

È fondamentale fare una distinzione di base tra la scelta d'uso linguistico *individuale* e quella *collettiva*. Sia singoli individui che intere comunità possono inoltre compiere scelte linguistiche *reali* o *virtuali*.[13] Le *scelte linguistiche reali* (d'uso o, nella fattispecie, non-uso di una lingua di contatto) rispecchiano la *valenza comunicativa*[14] effettiva e reale che detengono per i parlanti le singole lingue di contatto. Dalle analisi di diversi contatti linguistici migrazionali[15] è emerso che le determinanti che conducono a questo tipo di scelta sono di regola di carattere sociale. Le *scelte linguistiche virtuali* sono invece condizionate precipuamente da motivi emozionali, culturali, folcloristici o ideologici. Esse di regola non rispecchiano la valenza comunicativa reale delle singole varietà di contatto e sono dovute, abitualmente, a determinanti prevalentemente fasiche.[16] Riassumendo, va sottolineato che solo le scelte reali circa l'uso o meno di ciascuna delle lingue di contatto sono correlate *causalmente* al processo del cambio linguistico prodotto dal contatto. Al livello collettivo si constata che, all'interno di uno stesso contatto linguistico migrazionale, le scelte collettive relative

---

10 Cf. Fishman (1965, 67s.).
11 Cf. Jablonka (1997, 222).
12 Si vedano, tra gli altri, Wei (1994); Kulick (1992); Heller (2007), nei quali le dinamiche della selezione linguistica sono esaminate da diversi punti di vista. I primi cenni risalgono già al 1935 (cf. Mak 1935).
13 Cf. Prifti (2014, in corso di stampa).
14 Il concetto della «valenza comunicativa» è descritto più dettagliatamente in 2.1.2.1, cui si rimanda.
15 Si rinvia alla descrizione dei singoli contatti migrazionali in Prifti (2014, in corso di stampa).
16 Si rinvia anche all'analisi in proposito effettuata in 5.2.1.1.

all'uso linguistico possono variare da un'enclave di migranti all'altra. Le cause di queste differenze sono molteplici. I motivi più comuni, riscontrabili generalmente in contatti linguistici di lunga durata, sono gli sviluppi storici, sociali, culturali e politici all'interno delle singole enclavi.[17] Anche le scelte linguistiche collettive, infine, possono essere virtuali, qualora rappresentino l'atteggiamento comune di un gruppo di individui nei confronti di una o più lingue di contatto. In questi casi si tratta solitamente dell'atteggiamento linguistico di parlanti di prima generazione in riferimento all'uso della propria varietà primaria nella comunicazione con i parlanti della terza generazione, per i quali invece essa non possiede pressoché alcuna valenza comunicativa.

Rilevante per la ricerca migrazionale è anche l'esame delle scelte rivolte all'uso *orale* e a quello *scritto* della lingua, giacché la valenza comunicativa delle lingue di contatto può variare ulteriormente a seconda della forma – scritta o orale – in cui esse sono (o meno) abitualmente realizzate. Il fattore più incisivo a determinare la scelta (o, nella fattispecie, la non-scelta) è la tradizione d'uso individuale e/o collettivo della singola lingua di contatto. La scelta di una lingua per l'uso scritto è determinata, al livello individuale, dal processo di alfabetizzazione e, a quello collettivo, dalla tradizione della codificazione della lingua in questione. Questa dinamica è stata descritta dettagliatamente nell'ambito dell'analisi dell'uso linguistico scritto di casalinghe italoalbanesi di prima generazione, che erano state alfabetizzate in Italia (in italiano) prima di emigrare nel Nordest degli Stati Uniti, negli anni '60.[18] Nonostante l'italiano rappresenti per loro, in riferimento all'uso orale, la varietà terziaria (dopo l'italoalbanese e l'inglese), esso occupa in merito all'uso scritto il primo posto nella gerarchia comunicativa. La superiorità della valenza comunicativa dell'italoalbanese risulta dunque limitata, per l'intera categoria di parlanti, unicamente all'ambito dell'uso orale, venendo invece meno nell'ambito dell'uso scritto, dove il primato è detenuto dall'italiano – in alcuni casi aggiuntivamente anche dall'inglese –, ovvero da una lingua di contatto codificata e standardizzata.

2.1.2 Dominio della lingua e del contatto linguistico

Gli elementi descrittivi e le differenziazioni principali inerenti alla lingua e al contatto linguistico, necessari a una ricerca migrazionale pluridimensionale diacronica, riguardano in primo luogo la lingua, intesa sia come parte che come

---

17 Cf. Prifti (2014, in corso di stampa).
18 Cf. Prifti (2013a).

prodotto del contatto (2.1.2.1), la dimensione diacronica del contatto, vale a dire le peculiarità della sua estensione nel tempo (2.1.2.2), e infine le dimensioni topica, stratica, fasica e mesica della lingua (2.1.2.3). L'attenzione va inoltre rivolta alle caratteristiche materiali della lingua in quanto prodotto del contatto, vale a dire al tratto cognitivo della «difettività», o meglio della «diversità» (2.1.2.4), nonché ai singoli fenomeni materiali concreti che lo determinano, vale a dire la transferenza (interferenza e *code switching*, 2.1.2.5), l'erosione (quale componente dell'alterazione, 2.1.2.6) e il *dialect mixing* (2.1.2.7).

2.1.2.1 Lingua in contatto, lingue del contatto

Il primo passo preliminare da compiere in un'analisi contattuale è l'individuazione delle lingue che entrano in contatto. Esse possono essere lingue nazionali, standardizzate e con una lunga tradizione letteraria, ma anche dialetti (primari, nel senso di Coseriu) con un numero ridotto di parlanti. Le lingue in contatto sono sempre «lingue storiche», mentre le lingue prodotte dal contatto vanno considerate «lingue funzionali». La distinzione dicotomica tra *historische Sprache* e *funktionelle Sprache*, correlabile a grandi linee alla dicotomia diacronia vs. sincronia, risale, come già accennato in 1.3.1, a Eugenio Coseriu,[19] secondo cui la lingua storica non è di natura omogenea, come la percepiscono invece usualmente gli strutturalisti. Essa non rappresenta un sistema linguistico unitario, bensì un *diasistema*, ossia una convergenza di singoli sistemi linguistici storicamente e gerarchicamente correlati. La lingua funzionale, invece, è la proiezione della lingua storica nella sincronia. Come tale, essa è (piuttosto) omogenea e rappresenta l'oggetto della linguistica strutturale, il cui intento, a grandi linee, è quello di analizzarne la struttura interna. Al concetto di *struttura* della lingua funzionale corrisponde quello di *architettura* della lingua storica, contraddistinta dall'eterogeneità e dalla variazione.

Passiamo ora alla concreta situazione italoamericana. Le lingue storiche coinvolte nel contatto italoamericano, considerato nella sua intera estensione temporale, sono:
- l'inglese,
- il dialetto primario (italo)romanzo,
- l'italiano.

Il motivo della percezione – solo in apparenza contraddittoria – del dialetto primario italoromanzo come lingua storica è descritto in 4.1, cui si rinvia. La terza

---

19 Cf. Coseriu (²1992, 266–292; 1988a, 15–79 e 106).

lingua di contatto, l'inglese, consiste concretamente nell'*American English*, l'inglese statunitense. Nonostante la graduale cristallizzazione di varietà macrodiatopiche[20] autonome, in conseguenza dello sviluppo divergente dell'inglese come lingua pluricentrica negli Stati Uniti, in Gran Bretagna, in Australia, ecc., l'inglese statunitense non va percepito come lingua storica, distinta, ad esempio, dall'inglese britannico, ecc. Dal momento, però, che gli emigrati italiani si orientano realmente solo all'inglese statunitense – e non alle altre varietà –, nella presente analisi l'*American English* viene indicato come lingua di contatto *reale*.

Nella sintesi a seguire viene utilizzata la terminologia creolistica. L'inglese (statunitense), l'italiano e il dialetto primario (italo)romanzo rappresentano nell'architettura del contatto italoamericano le estremità, correlate tra loro di regola da differenza di prestigio. Esse rappresentano, dunque, l'acroletto (l'estremità superiore, nota come *high variety*) o il basiletto (l'estremità inferiore, *low variety*). Le specifiche dinamiche diglossiche tra le lingue in contatto sono descritte in 2.1.2.2.

L'insieme delle forme linguistiche prodotte dal contatto compone il cosiddetto *mesoletto*,[21] o «zona interlettale», o «zona mesolettale», a cui, congiuntamente al fenomeno *lingua funzionale*, rivolgiamo ora l'attenzione in prospettiva teorica. I quesiti principali da trattare a questo proposito sono la strutturazione della zona interlettale e la correlazione tra le sue componenti.

La percezione della composizione dell'area mesolettale del contatto divide i fautori della linguistica trasformazionale dai seguaci della linguistica variazionale.[22] Nell'ipotesi avanzata dai primi, già nel 1934,[23] la zona mesolettale rappresenta un *continuum*[24] non differenziabile. L'ipotesi contrapposta riconosce

---

[20] Il concetto della differenziazione macrodiatopica, strettamente legato al fenomeno del pluricentrismo linguistico, è descritto in 2.1.2.3.
[21] Prudent (1981, 13) chiama quest'area del contatto zona «interlettale». Questa denominazione viene usata, assieme a «zona mesolettale», nel corso del presente lavoro. Con il medesimo intento di definire la zona di contatto, nella creolistica viene fatto uso anche della forma plurale *mesolects*.
[22] Si rimanda a Weydt/Schlieben-Lange (1981, 133s.) e a Berruto (1995, 152–158), due buone rassegne critiche degli studi in merito.
[23] Cf. ad esempio Reinecke/Tokimasa (1934); De Camp (1971); Bickerton (1973) e molti altri. Per gli studi italianistici si rinvia a Mioni/Trumper (1976), ecc.
[24] Il concetto *continuum*, fondamentale per la creolistica, fu introdotto inizialmente in Reinecke/Tokimasa (1934) e ripreso poi in Alleyne (1963). Circa la non-analizzabilità del *continuum* si veda De Camp (1971).

invece nel mesoletto una *struttura a scale*,[25] a gradi.[26] Le componenti della zona interlettale del contatto, in quanto struttura a gradi, sono delle lingue funzionali distinte, denominate comunemente anche varietà di contatto, varietà interlettali, varietà mesolettali, gradata. Quest'ultimo concetto, che viene ampiamente usato nella presente analisi, è stato introdotto in ambito romanistico con Mioni/Trumper (1976), nel modello di «grammatica di variazione» relativo alla situazione linguistica nel Veneto centrale, che è contraddistinta dalla presenza di due gradata. Entrambi i gradata rappresentano a parere degli autori il prodotto della convergenza tra il polo dell'italiano e quello del dialetto e divergono materialmente a causa delle interferenze. Sono apparsi diversi modelli variazionali[27] del processo di convergenza tra l'italiano e il dialetto, tra i quali basterà qui menzionare quello di Alberto A. Sobrero[28], composto, in sostanza, di quattro gradata:
- l'italiano standard,
- l'italiano regionale,
- l'italiano popolare,
- il dialetto locale.

Le architetture di contatti linguistici sono state descritte finora in prospettiva sincronica. Nel caso dei contatti di lunga durata, come quello italoamericano – allo scopo di indagare l'architettura del contatto a livello diacronico, allargando dunque il focus all'intera estensione del contatto nel tempo –, occorre descrivere inizialmente in modo sistematico le architetture relative alle singole fasi e ai loro eventuali singoli periodi, essendo infatti divergenti le rispettive costellazioni delle lingue in contatto. Nel passo successivo vanno necessariamente confrontati i risultati e messi in rilievo – generalizzando – i parallelismi strutturali, evincendo un'*architettura generale* del contatto. Per descriverne appropriatamente la struttura, occorre introdurre un nuovo concetto, quello dell'*arcigradatum*, il quale accomuna e rappresenta i singoli gradata *reali* paralleli, possedendone infatti i tratti distintivi comuni. L'arcigradatum può dunque essere considerato un *gradatum virtuale*. Ai fini dell'indagine si rivela a volte possibile o necessario ac-

---

25 Si vedano ad esempio Saint-Pierre (1972, 195); Stein (1984, 109); Sgroi (1981, 226–229); Prifti (2011b, 198–202) ecc.
26 La strutturazione a gradi di un *continuum* linguistico trova conferma anche nei risultati di ricerca della psicologia cognitiva. Basti menzionare gli studi fondamentali di Eleanor Rosch e Elmar Holenstein. Quest'ultimo giunge alla conclusione che gli apparenti continua linguistici sono dei continua scalati (*scaled continuum*): «Kurz, die sprachlichen Kontinua sind anisotrope und skalierte Gebilde.» (cf. Holenstein 1980, 507).
27 Si rimanda alla breve rassegna degli studi italianistici in merito, in 1.3.1.
28 Cf. Sobrero (1988, 740–742).

comunare due o più gradata o arcigradata distinti in *aree* o in *unità gradatuali* o *arcigradatuali*, trattandosi di analisi rispettivamente sincroniche o diacroniche.

In situazioni di migrazione il parlante dispone di regola di due (o più) varietà di contatto, di cui fa miratamente uso nella comunicazione, all'interno e all'esterno della comunità di migranti cui appartiene. Ciascuna di esse possiede (o meno) per il singolo parlante una *valenza comunicativa* propria, che è un'entità in continuo cambiamento.[29] Secondo la loro valenza comunicativa, le varietà di contatto possono essere primarie, secondarie o terziarie.

Le *varietà primarie* di contatto sono riscontrabili in ogni contatto linguistico. Vengono utilizzate abitualmente e in situazioni pragmaticamente non marcate. Per i parlanti di prima generazione la madrelingua mantiene di regola il primato nella comunicazione all'interno della comunità.

Le *varietà secondarie* di contatto ricorrono presso tutti i parlanti plurilingui. Sono utilizzate abitualmente solo in determinate situazioni comunicative, pragmaticamente marcate.

Le *varietà terziarie* di contatto si riscontrano solo presso parlanti trilingui o plurilingui appartenenti, di regola, alla seconda generazione (e oltre) e sono utilizzate solo occasionalmente, in situazioni pragmaticamente molto marcate. Per completezza vanno menzionate anche le varietà quaternarie di contatto, che si riscontrano molto raramente, piuttosto al livello individuale. Vengono usate molto sporadicamente e in situazioni particolarmente marcate.

La gerarchizzazione delle varietà linguistiche da primarie a terziarie non si basa sulla successione cronologica dell'acquisizione delle singole lingue di contatto. La lingua di contatto dalla quale, ad esempio, deriva la varietà primaria del parlante non deve essere stata acquisita obbligatoriamente per prima. Ciò accade generalmente ai parlanti di seconda generazione, per i quali, contrariamente alla percezione comune spesso distorta, la madrelingua, al più tardi a partire dall'età scolare, finisce solitamente per acquistare una valenza comunicativa secondaria. È emerso in diversi casi, ad esempio, che per gli italoamericani di seconda generazione, soprattutto se cresciuti in enclavi etniche compatte, la varietà italoromanza, appresa come madrelingua, ha rappresentato fino all'età scolare la varietà primaria, in non pochi casi addirittura l'unica. La scolarizzazione determina poi un capovolgimento radicale nella gerarchia delle varietà parlate da questa categoria di parlanti. Il consolidamento graduale della posizione primaria dell'inglese implica, nella gerarchia, il passaggio della varietà italoromanza alla posizione secondaria. La valenza comunicativa delle varietà di contatto si rivela dunque variabile nel tempo.

---

29 Cf. Prifti (2014, in corso di stampa).

2.1.2.2 Diacronia vs. sincronia. Costellazioni del contatto: fasi e periodi

Per compiere un'analisi il più possibile obiettiva, complessiva e rigorosa delle dinamiche di contatti linguistici prodotti da migrazioni durature e quindi protratti per lunghi periodi, si rivela necessario un approccio diacronico strutturato. In tali casi è fondamentale distinguere, sulla base delle dinamiche interne del contatto, delle fasi di contatto susseguenti ed eseguire sistematicamente e integralmente, per ciascuna di loro, un'analisi linguistica pluridimensionale. La demarcazione temporale delle fasi di contatto va stabilita sulla base di cambiamenti linguistico-contattuali radicali, in patria o nel paese di destinazione, come ad esempio l'insorgere di nuovi rapporti diglossici, mutamenti sostanziali nei rapporti diglossici esistenti, l'abbandono di una lingua (o più lingue) da parte della comunità, ecc.

In ambito romanzo si incontrano frequentemente situazioni di contatto determinate dalla migrazione, in cui la compagine romanza è coinvolta in un rapporto diglossico con la lingua standard del paese d'arrivo.[30] L'italiano e/o i dialetti di base italoromanzi sono stati infatti spesso «esportati» dagli emigrati italiani al di fuori dell'Italia e dominati dalle lingue dei paesi accoglienti, come nei casi italoamericano, italoaustraliano, italocanadese, per citarne solo alcuni. Nelle situazioni di contatto prodotte invece dall'immigrazione, è l'italoromanzo a dominare, come nei casi italoalbanese, italogreco, italoslavo, e molti altri.

Nell'analizzare le dinamiche di questi contatti è doveroso tenere sistematicamente conto del rapporto tra dialetto e italiano e distinguere *tre* costellazioni possibili dell'estremità italoromanza del contatto migrazionale. Essa rappresenta di regola il basiletto nei contatti in cui l'italoromanzo è lingua d'emigrazione, come ad esempio nel caso italoamericano, e l'acroletto quando il contatto ha invece luogo in Italia, come nel caso del contatto tra italoromanzo e albanese (*arbërisht*),[31] o in quello tra italoromanzo e greco (*grico* e *grecanico*)[32]. L'estremità italoromanza del contatto risulta ad ogni modo composta o solo dal dialetto, nella prima costellazione, o dal dialetto e dall'italiano, nella seconda, o solo dall'italiano, nella terza costellazione. Dal momento che la consecuzione di queste costellazioni rappresenta un processo evolutivo ininterrotto, è legittimo parlare di tre fasi consecutive del contatto:

---

30 Si pensi ad esempio al contatto tra spagnolo e inglese o tra galloromanzo e inglese, rispettivamente nel Sud e nel Sudest degli Stati Uniti, al contatto tra portoghese, tedesco, romancio e italiano nella Svizzera grigionese (Prifti 2013a), ecc.
31 Si veda in proposito Prifti (2011b).
32 Cf. Prifti 2011a, 74s.

1. la prima fase del contatto, ovvero la fase *dialettale*,
2. la seconda fase del contatto, o fase *diglossica* (dialetto – italiano),
3. la terza fase del contatto, o fase *italiana*.

Di questa differenziazione, fondata su criteri prettamente linguistici, si tiene sistematicamente conto nella presente analisi del cambio linguistico nel caso del contatto italoamericano. Analogamente, anche l'analisi delle dinamiche dei contatti italoalbanese, italogreco e simili, nei quali l'italoromanzo rappresenta invece l'acroletto, va fatta poggiare sulla medesima differenziazione, pur considerando debitamente le specificità di ciascun contatto. Nel caso, ad esempio, dei contatti italoalbanese e italogreco, presenti esclusivamente nel Meridione d'Italia, vanno analizzate *separatamente* soltanto le prime due fasi, dal momento che lì il dialetto è tuttora ben presente e che di una fase italiana consolidata non si può ancora parlare.[33] Solo analisi sistematiche e complesse, basate rigorosamente[34] su questa distinzione – e non invece su meri riferimenti sporadici a dinamiche contattuali del passato –, possono essere considerate dominio di una (effettiva) linguistica migrazionale *diacronica*.

La distinzione delle tre fasi di contatto trova conferma anche nella percezione di alcuni informatori, come dimostra la seguente citazione, in cui l'informatrice indica tre costellazioni del contatto riferendosi esplicitamente a singoli parlanti e, implicitamente, a singole fasi:

[2.2] EP: *E paragonando il Suo, diciamo, uso linguistico o comportamento linguistico, con quello di quell'emigrato abruzzese settantenne, nota qualche differenza?*
III-1a-FR: *Beh, io mischio solo due lingue <qui: italiano e American English>, lui ne mescolerebbe | ci sarebbe anche il dialetto, ne mescolerebbe tre. Dipende poi dalla conoscenza dell'italiano, però, perché se non conosce per niente l'italiano, ne mescolerebbe due anche lui.*

Delimitazione nel tempo delle tre fasi di contatto

Va subito premesso ed evidenziato che le cornici temporali fissate per le singole fasi sono soltanto *orientative*. Se si tengono infatti presenti le differenze consistenti nell'uso reale, in Italia, dell'italiano come lingua parlata (basti già considerare le dicotomie Nord vs. Sud e città vs. campagna), una delimitazione temporale precisa delle fasi di contatto non può che risultare utopica. Non è per niente insolito incontrare ancora oggi, specialmente nel Meridione, in ambienti rurali, anziani con competenza estremamente rudimentale in italiano o addirittura bambini, per i quali il dialetto possiede una valenza comunicativa primaria. D'altro canto, anche se solo per una ridottissima minoranza, ancora prima

---

33 Cf. Prifti (2011b, 194).
34 Si veda ancora Prifti (2011b).

dell'Unità d'Italia l'italiano possedeva già una rilevanza comunicativa reale. Nonostante questi dislivelli linguistici (nel tempo), ai fini di una periodizzazione contano *in primis* le tendenze generali. La fissazione di confini temporali delle fasi non è da considerarsi indistintamente tassativa. Ancor più rilevante della collocazione di una data situazione del contatto in una delle tre fasi, sulla base di criteri temporali, è la costellazione contattuale concreta che la situazione rappresenta. In due ambienti diversi, potrebbero infatti presentarsi contemporaneamente due costellazioni distinte del contatto.

Esaminiamo ad esempio concretamente la delimitazione nel tempo della seconda fase. Il suo inizio andrebbe fissato nel periodo tra le due guerre mondiali, verso la fine degli anni '20, in corrispondenza, a grandi linee, anche dell'implementazione della nota azione politica fascista dell'italianizzazione linguistica degli italiani. Al fine di stabilire convenzionalmente l'inizio della seconda fase è utile tenere inoltre conto anche degli effetti sul flusso degli emigrati italiani dovuti all'*Immigration Quota Act* del governo americano, entrato in vigore nel 1925. Questa legge segnò la fine della Grande Emigrazione. L'anno 1927 è considerato *convenzionalmente* la fine della prima fase del contatto e l'inizio della seconda, quella diglossica, la cui scadenza viene fissata unicamente su dati statistici. Secondo quelli esposti nella seguente tabella di Tullio De Mauro, tra il 1974 e il 1988 si nota un cambiamento importante nella tendenza degli italiani in riferimento all'uso dell'italiano. La quantità degli italiani che usavano sempre l'italiano era aumentata di 16,5 punti. Dal 1988 al 2006 si registra un ulteriore aumento, però di soli quattro punti. Quanto all'uso del dialetto, mentre dal 1974 al 1988 se ne rileva una riduzione radicale di quasi 37,5 punti, tra il 1988 e il 2006 il calo risulta di 7,5 punti. La fine della seconda fase (diglossica, in chiave italoromanza e triglossica in prospettiva italoamericana), e contemporaneamente anche l'inizio della terza, ovvero della fase italiana, si considera dunque, altrettanto convenzionalmente, l'anno 1980.

Parlano:	1861	1955[3]	1974[4]	1988[5]	1995[5]	2000[5]	2006[6]
sempre it.	2,5[1]/ca. 10[2]	18,0	25,0	41,5	44,4	44,1	45,6
sempre dial.	97,5[1]/ca. 90[2]	64,0	51,3	13,9	6,9	6,8	6,4
sempre it./dial.	Ø	18,0	23,7	44,0	44,1	47,5	46,7
italiano/altre[7]	Ø	Ø	Ø	0,6	1,2	2,4	3,9

Note:
[1] DE MAURO 1963, 41; ovviamente fuori della Toscana e di Roma sono da ascrivere a quanti parlavano sia italiano sia uno dei dialetti.
[2] CASTELLANI 1982, 24–26.
[3] DE MAURO 1963, 105–12, 224–29.
[4] Fonte DOXA.
[5] Fonte ISTAT: 10 anni.
[6] Fonte ISTAT: Lingua.
[7] Si tratta delle lingue di minoranza che soltanto nelle ultime rilevazioni sono state censite con cura crescente, distinguendole dai dialetti italo-romanzi, tenendo infine conto di tutte le lingue elencate nella legge del 1999: di qui la crescita di percentuali registrate.

Tab. 2.1: Uso di italiano, dialetti e altre lingue native (percentuali sulla popolazione dell'epoca)[35]

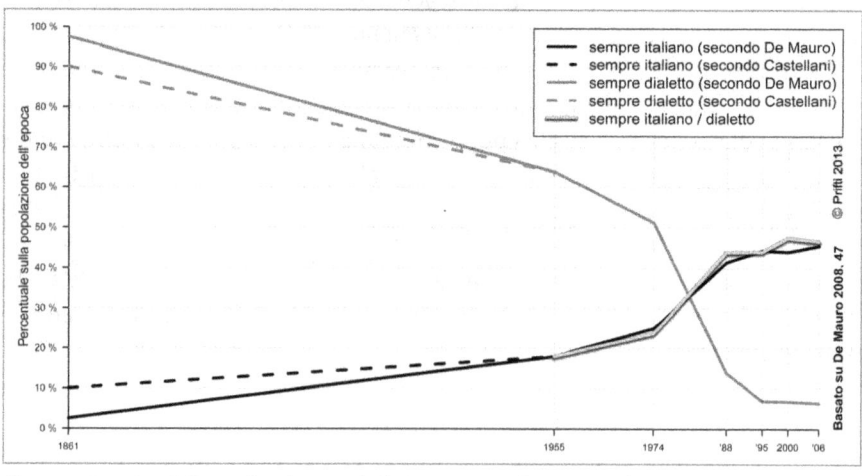

Fig. 2.1: Dinamica dell'uso di italiano e di dialetti in Italia (1861–2006)

Va notato, infine, che tra le singole fasi la seconda risalta per il ruolo fondamentale che svolge nell'evoluzione del contatto italoamericano visto nella sua intera estensione temporale, segnando il capovolgimento nel rapporto di forze tra dialetto e italiano.

---

35 Tratta da De Mauro (2008, 47).

SUDDIVISIONE IN PERIODI DELLE TRE FASI DI CONTATTO
Per poter descrivere con maggiore oggettività le dinamiche del contatto all'interno delle singole fasi è necessario suddividere le prime due in periodi, come descritto qui di seguito.

PRIMA FASE
Mentre la distinzione delle singole fasi di contatto si basa, come già detto, su criteri prettamente linguistici, la suddivisione della prima fase in periodi si fonda esclusivamente su fattori extralinguistici. Questi sono legati alle dinamiche dell'emigrazione italiana negli USA e riflettono vicende storico-politiche ed economiche, sia italiane che statunitensi. La prima fase di contatto va suddivisa nei seguenti periodi:
    1. il primo periodo, quello *coloniale,* si estende dal 1500 circa al 1783, anno in cui fu proclamata l'indipendenza delle tredici colonie del New England,
    2. il secondo, il periodo *preunitario,* termina verso il 1880, con l'inizio della Grande Emigrazione, ovvero pochi anni dopo l'Unità d'Italia,
    3. il terzo periodo, al contempo quello più rilevante all'interno della prima fase e, in termini quantitativi, indubbiamente anche dell'intero contatto italoamericano, è anche detto della Grande Emigrazione e termina nel 1927.
    Le peculiarità dei singoli periodi sono descritte più avanti (3.1.1–3.1.3), nell'ambito della storia linguistica esterna del contatto italoamericano.

SECONDA FASE
La particolare rilevanza della seconda fase, vale a dire della fase diglossica, in prospettiva italoromanza, o triglossica in chiave italoamericana (inglese – dialetto – italiano), che copre solo poco più di mezzo secolo, consiste nella funzione transitoria che essa svolge nell'evoluzione del contatto italoamericano. La sua analisi risulta particolarmente complessa, a causa della situazione diglossica di base in ambito italoromanzo. È possibile, tuttavia, compiere un'indagine confacente distinguendo due *costellazioni* di contatto, che si susseguono nel tempo. Diversamente dalla fase precedente, la suddivisione di questa fase in periodi è condizionata da fattori linguistici. Il criterio distintivo è la lingua o varietà primaria all'interno della diglossia originaria italoromanza dei parlanti, vale a dire *prima* del contatto con l'altra lingua, con l'*American English* nel caso italoamericano.[36] Segue una breve descrizione delle peculiarità contattuali principali dei singoli periodi.

---

36 Cf. Prifti (2011a, 75).

- Durante il *primo* periodo della seconda fase gli italiani (prima di emigrare) erano *primariamente dialettofoni*, vale a dire che l'italiano deteneva per loro una valenza comunicativa secondaria. La prima costellazione è dunque data dal rapporto diglossico *dialetto verace* vs. *italiano dialettalizzato*, insito nell'uso linguistico dei parlanti bilingui primariamente dialettofoni.[37]
- Durante il *secondo* periodo, invece, gli italiani erano *primariamente italofoni*; il dialetto occupava una posizione secondaria all'interno della diglossia italoromanza. Questo secondo modello diglossico consiste dunque nella contrapposizione *italiano buono* vs. *dialetto italianizzato*.

Ma quando avviene il passaggio dal primo al secondo modello diglossico? Anche in questo caso, c'è posto solo per una generalizzazione convenzionale. Basti ricordare che nelle varietà rurali, e in particolare nel Meridione, questo passaggio ha luogo in generale ben più tardi che nelle realtà urbane settentrionali, dove la diffusione dell'italiano come lingua parlata comincia a diventare un fenomeno di massa già verso la seconda metà degli anni '50. Questo sviluppo confluisce nella cosiddetta *nuova questione della lingua*[38], sollevata nei primi anni '60.

Tali cambiamenti sono ben presenti anche nella percezione dei parlanti, come emerge dalle seguenti citazioni (2.3 e 2.4), riferite alla diffusione dell'italiano in due piccoli centri urbani, situati rispettivamente nell'area settentrionale e centromeridionale:

[2.3] EP: *In che lingua parlavano tra di loro i Suoi nonni?*
III-1a-FR: *In dialetto.*
EP: *E con i nipoti?*
III-1a-FR: *In italiano.*
EP: *E con i propri figli?*
III-1a-FR: *In dialetto. Con la generazione nostra c'è stato il passaggio dal dialetto all'italiano, quindi negli anni '50–'60.*

[2.4] IId-1a-FT: *(...) il dialetto andava scomparendo il Italia, perché la generazione mia, nel sessanda – io mi so' diplomato nel sessandacingue – dal sessanda in poi, tutti i ragazzi, da sessand' in poi so' | hanno andato alla scuola superiore, che si siano fermato alla terza media o al diploma, o addirittura la laurea (...).*

Tenendo conto anche della dinamica del flusso migratorio verso gli USA, che comincia a riprendersi nella seconda metà degli anni '50, appare opportuno

---

37 Una descrizione dettagliata delle due costellazioni diglossiche italoromanze di partenza si trova più avanti in 4.2.2.1.
38 Si veda in proposito Parlangèli (1971).

scegliere convenzionalmente l'anno 1955 quale limite tra il primo e il secondo periodo della seconda fase. Nel primo periodo, che si estende all'incirca dal 1927 al 1955, il rapporto diglossico tra dialetto e italiano, in Italia, viene esportato dai parlanti bilingui primariamente dialettofoni. In emigrazione esso va a subordinarsi al rapporto diglossico tra *American English* e italoromanzo. Nel secondo periodo (ca. 1955–1980), il rapporto diglossico tra italiano e dialetto, in Italia, viene esportato negli USA da emigrati italiani, sempre bilingui, ma primariamente italofoni, andandosi anche in questo caso a integrare, nuovamente in una posizione subordinata, nella diglossia italoromanzo–inglese. Le caratteristiche extralinguistiche principali dei singoli periodi sono delineate più avanti (3.2.1 e 3.2.2).

Terza fase
All'interno della terza fase, tuttora in corso, soprattutto a causa della sua breve durata (30 anni), nonché della forte riduzione del flusso emigratorio dall'Italia, sono solo sporadici gli sviluppi divergenti rilevati, i quali risultano tra l'altro di portata limitata per l'evoluzione del contatto italoamericano. È dunque superfluo distinguere dei periodi all'interno di questa fase del contatto.

2.1.2.3 Livelli di differenziazione della lingua

Indipendentemente dall'angolazione diacronica o sincronica dell'osservazione, la lingua appare differenziata su tre livelli principali: areale, sociale e, infine, stilistico. La presa di coscienza di questi aspetti ha inizio già negli anni '50[39] con Leiv Flydal (1951), che formula le distinzioni diatopico e diastratico, oltre a diacronico. Alle differenziazioni topica e stratica, Coseriu aggiunge anche quella fasica, parlando di differenziazione sinfasica e diafasica.[40] La progressione dinamica *topico* → *stratico* → *fasico*, delineata da Coseriu[41], può presentarsi diversamente nella realtà, specialmente in situazioni di migrazione. Quanto alle lingue storiche è opportuno fare riferimento alle differenziazioni diatopica, diastratica e diafasica; riguardo invece alla lingua funzionale si parla rispettivamente delle differenziazioni sintopica, sinstratica e sinfasica, come si evince anche dalla seguente citazione:

---

[39] Si veda la breve rassegna dei primi studi in proposito in Coseriu (1988a, 16s.).
[40] Cf. Coseriu (1988b, 24s.). Cf. anche Berruto (1974, 68–76; 1980, 26–55); Sobrero (1978, 101–154).
[41] Cf. Coseriu (1988b, 145–148).

> «Man kann (...) sagen, daß eine historische Sprache niemals ein einziges Sprachsystem ist, sondern ein Diasystem; eine mehr oder weniger komplexe Gesamtheit von ‹Dialekten›, ‹Niveaus› und ‹Sprachstilen› (...). Eine Sprachtechnik, die in diesem dreifachen Sinn voll bestimmt (also einheitlich und homogen) ist – ein einziger Dialekt auf einem einzigen Niveau in einem einzigen Sprachstil, d. h. (...) eine *syntopische, synstratische* und *synphasische* Sprache – darf *funktionelle Sprache* genannt werden.»[42]

Diversi autori hanno poi distinto ulteriori tipi specifici di differenziazione, che rientrano però, in fondo, nei livelli stratico e fasico.

L'analisi della variazione della lingua è basilare nella ricerca migrazionale pluridimensionale, specialmente quando l'esame è rivolto al sapere e al comportamento linguistico del parlante. Al fine di rendere più sistematica e trasparente l'analisi del sapere riflessivo dei parlanti, occorre fare preliminarmente delle precisazioni teoriche relative alla differenziazione *diatopica* delle lingue storiche. Vanno distinti quattro livelli di differenziazione diatopica.

1. La differenziazione *microdiatopica*, o diatopica *locale*, consiste soprattutto nella variazione topica all'interno, sommariamente, di una provincia – in riferimento all'Italia –, vale a dire nelle divergenze materiali tra varietà locali parlate in centri abitati confinanti, solitamente rurali. Vi rientrano anche possibili differenze riscontrabili all'interno di dialetti urbani, come ad esempio quelli di Enna, Roma, Philadelphia, New York, ecc. Si tratta di differenze fonetico-prosodiche, eccezion fatta per qualche sporadico elemento lessicale.[43]

2. La differenziazione diatopica a livello *regionale* riguarda, a grandi linee, la variazione all'interno delle singole regioni, nel caso dell'Italia – ad esempio la Sicilia, le Marche, ecc. –, o quella, nel caso degli USA, all'interno dei singoli stati o delle singole aree, come ad esempio il *North-East* statunitense, ecc.

3. La differenziazione diatopica a livello *sovraregionale* o nazionale si riferisce all'intero areale di uno stato nazionale; nel caso italoamericano riguarda l'Italia o gli Stati Uniti d'America.

4. L'ultimo livello di differenziazione diatopica è quello *macrodiatopico*, o *sovranazionale*, riferibile soltanto alle lingue policentriche, come l'inglese, lo spagnolo, il francese, ecc. La differenziazione macrodiatopica è orientata alle diverse varietà standard della medesima lingua in stati diversi, come gli USA, l'Inghilterra, l'Australia, ecc., nel caso dell'inglese. Tra le lingue storiche coinvolte nel contatto italoamericano la differenziazione a livello macrodiatopico attiene solo all'inglese.

---

[42] Cf. Coseriu (1992, 283, 285).
[43] Si vedano ad esempio le affermazioni 4.16–4.18.

Ciascuna lingua di contatto presenta quindi una propria costellazione di livelli diatopici, come si evince dalla tabella riassuntiva 4.1. Mentre il dialetto primario è differenziato ai livelli locale e regionale, e l'italiano a quelli regionale e sovraregionale, l'inglese risulta differenziato a tutti e quattro i livelli di differenziazione nello spazio.

Al di là della varietà diatopica classica – o monodimensionale – è possibile distinguerne un ulteriore tipo, che di solito si incontra presso le minoranze linguistiche, prodotte spesso da migrazioni. Si tratta della *varietà diatopica di base alloglotta* o *etnica*, contraddistinta da una *duplice* differenziazione diatopica, che è ambivalente o bidimensionale. Due esempi concreti sono l'italiano parlato dagli italoalbanesi e l'*American English* parlato dagli italoamericani di seconda generazione, qui analizzati, in prospettiva contattuale, rispettivamente in 4.1.2.1[44] e in 4.1.3.3[45].

In conclusione va brevemente menzionata la differenziazione diamesica, anch'essa rilevante nell'ambito dell'analisi del comportamento linguistico. Occorre distinguere sistematicamente tra l'uso orale e l'uso scritto di una lingua in contatto. All'interno del contatto italoamericano sono solo l'italiano e l'inglese ad avere una solida tradizione scrittoria.

2.1.2.4 Differenziazioni in rapporto alla «difettività»

I singoli gradata della stessa base, vale a dire riconducibili alla medesima lingua storica, si distinguono tra di loro per divergenze materiali. I loro tratti distintivi vengono percepiti nel loro insieme anche dai parlanti, i quali ne valutano cognitivamente la qualità a seconda della loro «distanza» materiale dalla «norma» di riferimento della lingua storica di base. La classificazione da parte dei parlanti è fondata sulla contrapposizione basilare *buono* o *migliore* (vale a dire materialmente più vicino alla «norma») vs. *non buono* o *peggiore* (più distante dalla «norma»). La quantificazione prototipica della diversità sfocia in una struttura a gradi, i quali si rivelano fondamentali per la descrizione dell'architettura dei contatti linguistici, in generale, e di quelli di matrice migrazionale, in particolare. Dalle indagini variazionali effettuate su diversi contatti migrazionali, elencati in Prifti 2014, emergono quattro livelli di diversità. La diversità viene regolarmente percepita e interpretata dai parlanti come «difettività». Dal momento che l'obiettivo è una descrizione reale e oggettiva delle dinamiche del contatto, con l'intento, inoltre, di dare maggior spazio al parlante e alle sue categorie descrit-

---

44 Si veda anche Prifti (2011a).
45 Si veda anche Prifti (2011b).

tive, nella presente analisi verrà adottato il concetto della difettività, nonostante le difficoltà concettuali che ciò comporta. Il termine «difettivo» implica, infatti, un atteggiamento puristico, che qui non è contemplato. L'uso dell'attributo *difettivo* non è qui inteso, dunque, come valutazione qualitativa, bensì come indicatore e quantificatore della «distanza», della «diversità» dalla «norma».

Vediamo ora più in concreto i diversi livelli di difettività. Dall'analisi del contatto tra italiano e dialetto in Italia ne sono risultati due; si tratta della dicotomia *non difettivo* vs. *difettivo*. I quattro livelli di difettività, constatati invece nei contatti migrazionali esaminati, sono un ulteriore indicatore del dinamismo elevato e della complessità pronunciata che contraddistinguono questa tipologia di contatti. Ai due livelli cognitivi di difettività già menzionati vanno ad aggiungersi i livelli *ulteriormente difettivo* e *doppiamente difettivo*. Segue una breve classificazione tipologica generale delle lingue funzionali sulla base del criterio della difettività, riassunta anche in forma tabellare (tab. 2.2).

1. Varietà di contatto *non difettive* sono, in generale, esclusivamente le lingue funzionali primarie dei parlanti. Con riferimento specifico agli emigrati, la loro varietà primaria rimane non difettiva fino al momento dell'emigrazione.

2. Varietà di contatto *difettive* sono, in generale, le lingue funzionali secondarie, eccezion fatta per la varietà primaria degli emigrati, che da non difettiva, prima di emigrare, si trasforma *in emigrazione* in varietà di contatto difettiva.

3. Varietà di contatto secondarie, difettive prima dell'emigrazione, si trasformano in emigrazione in lingue funzionali *ulteriormente difettive*. Come tali, sono dominio esclusivo di parlanti di prima generazione, i quali erano bilingui prima di emigrare. Nel caso italoamericano si tratta quindi esclusivamente di parlanti emigrati durante la seconda fase del contatto.

4. Varietà di contatto *doppiamente difettive* sono le lingue funzionali secondarie dei parlanti di seconda generazione e oltre, giacché esse si basano sulle varietà primarie di contatto in emigrazione dei parlanti di prima generazione, che come tali sono difettive.

LIVELLO DI DIFETTIVITÀ	GENERAZIONE PRIMA				GENERAZIONE SECONDA E OLTRE	
	prima di emigrare		in emigrazione			
	GRADATUM		GRADATUM		GRADATUM	
	PRIMARIO	SECONDARIO	PRIMARIO	SECONDARIO	PRIMARIO	SECONDARIO
non difettivo	✓				✓	
difettivo		✓	✓			
ulteriormente difettivo				✓		
doppiamente difettivo						✓

Tab. 2.2: I livelli di difettività delle varietà di contatto secondo la valenza comunicativa e le generazioni d'emigrazione

È stato già menzionato che la percezione del livello di difettività – vale a dire della diversità – si basa su tratti distintivi concreti, che sono prevalentemente materiali. Questi si possono ricondurre in fin dei conti a tre fenomeni principali, ai quali sono dedicati i tre sottocapitoli teorici a seguire. Essi sono:
- la *transferenza*,[46] che nella linguistica migrazionale pluridimensionale comprende sia il fenomeno dell'interferenza, che quello del *code switching*,
- l'erosione,[47]
- il *dialect mixing*.

Gli effetti di questi fenomeni possono essere riscontrati contemporaneamente anche in un singolo gradatum. Si è notato che a seconda del livello di difettività della lingua funzionale può cambiare al suo interno anche il rapporto gerarchico tra i tre fenomeni.

---

46 Si rinvia anche alla descrizione di M. Clyne relativa a *Transferenz* (cf. Clyne 1980, 641 s.).
47 Accanto al fenomeno dell'*erosione* è necessario distinguere anche quello, a esso opposto e non meno frequente, dell'*incremento*. Entrambi compongono il fenomeno generale dell'*alterazione*, il quale verrà descritto e analizzato nella sua interezza in un'altra sede. Nella presente monografia l'analisi dell'alterazione è ridotta sistematicamente al solo fenomeno dell'erosione, vista la sua rilevanza nella percezione della variazione da parte dei parlanti.

2.1.2.5 Transferenza (interferenza, *code switching*)

Le interferenze dall'altra lingua (o dalle altre lingue) di contatto assumono una rilevanza di prim'ordine nell'evoluzione del contatto, ovvero nel cambio linguistico da esso generato. È noto l'ampio interesse che a partire dal 1936[48] continua a destare nel dibattito linguistico la definizione dell'interferenza. «Interferenza» è uno dei concetti basilari della linguistica, il quale, come pochi del suo genere, ha attirato ininterrottamente e intensamente l'interesse dei fautori di svariate discipline della linguistica, venendo definito e ridefinito in continuazione da molteplici autori. Ne è derivata una mole cospicua di definizioni, delle volte persino contraddittorie. Nell'intento di agevolare una descrizione più completa e oggettiva del fenomeno, sono stati introdotti ulteriori concetti, correlati all'interferenza, come ad esempio *integration, transference, Transfer, Integrat*, ecc.[49] Non va trascurata, infine, la terminologia inerente ai fenomeni correlati di cambiamento del «codice» (i principali sono il *code switching* e il *code mixing*), e di prestito (*borrowing*). Non intendendo né potendo compiere in questa sede un'analisi critica dell'evoluzione del concetto di interferenza sul piano teorico e della sua percezione, ci si limita a delineare esclusivamente le peculiarità del concetto rilevanti per l'analisi variazionale e migrazionale.

I primi a basarsi sistematicamente sul fenomeno dell'interferenza allo scopo di distinguere le varietà di contatto sono stati Alberto Mioni e John Trumper.[50] Nella linguistica migrazionale pluridimensionale il concetto dell'interferenza combacia, a grandi linee, con la descrizione di Weinreich, riferibile alla linguistica contattuale:

> «Those instances of deviation from the norms of either language which occur in the speech of bilinguals as a result of their familiarity with more than one language, i.e. as a result of language contact, will be referred to as INTERFERENCE phenomena. (...) The term interference implies the rearrangement of patterns that result from the introduction of foreign elements into the more highly structured domains of language, such as the bulk of the phonemic system, a large part of the morphology and syntax, and some areas of the vocabulary (...).»[51]

È importante mettere in rilievo che lo stesso Weinreich distingue tra l'interferenza a livello della *langue* e quella a livello della *parole*:

---

48 Cf. Sandfeld (1936).
49 Basti qui menzionare alcuni dei primi lavori importanti in merito: Weinreich (1953); Haugen (1956); Mackey (1970); Clyne (1975).
50 Cf. Mioni/Trumper (1976).
51 Cf. Weinreich (1953, 1); l'evidenziazione è dell'originale.

«In speech, interference is like sand carried by a stream; in language, it is the sedimented sand deposited on the bottom of a lake. The two phases of interference should be distinguished. In speech, it occurs anew in the utterances of the bilingual speaker as a result of his personal knowledge of the other tongue. In language, we find interference phenomena which, having frequently occurred in the speech of bilinguals, have become habitualized and established. Their use is no longer dependent on bilingualism.»[52]

È necessario soffermarsi brevemente sulla distinzione tra il concetto di interferenza e quello di *code switching* (e *code mixing*). Se considerati in chiave ontogenetica, in fondo non ci sono differenze tra loro; entrambi consistono in elementi provenienti dall'altra lingua (o dalle altre lingue) di contatto. La differenza sta invece nel fatto che il *code switching* è dominio della «parola»[53] (*Rede*), mentre l'interferenza è riferibile piuttosto[54] al sistema[55]. In quest'ottica, il *code switching* andrebbe riferito piuttosto alla *sincronia*, mentre l'interferenza alla *diacronia*. Questi due concetti si possono distinguere anche in chiave materiale. Il *code switching* consiste nell'uso di materiale linguistico dall'altra lingua di contatto in forma non adattata;[56] le interferenze, invece, possono risultare adattate anche in termini fonologici, morfologici e persino semantici. Queste ultime sono piuttosto regolari e possono entrare a far parte della norma del discorso delle singole lingue funzionali; il *code switching* è invece regolare soltanto nell'irregolarità in cui compare.

La distinzione tra *code switching* e *code mixing* è quantitativa e, come tale, non facile da compiere con esattezza nella prassi. Come mette opportunamente in rilievo Trudgill, il *code mixing* rappresenta:

«The process whereby speakers indulge in code-switching between languages of such rapidity and density, even within sentences and phrases, that it is not really possible to say at any given time which language they are speaking. (...) Sociolinguistic explanations for this behaviour normally concentrate on the possibility, through using code mixing as a strategy, of projecting two identities at once (...).»[57]

---

52 Cf. Weinreich (1953, 11).
53 Traduzione di Coseriu del concetto di *Rede*, si veda Coseriu (1969).
54 Non va affatto esclusa la presenza dell'interferenza anche a livello della «parola».
55 In riferimento alla percezione di Mackey (1970), si tratterebbe del concetto di *integration*; nell'ottica di Weinreich (1953), invece, è il caso dell'*interference in the language*, cf. anche Sinner (2001, 132–135).
56 Secondo Haugen, «(...) the code switching (...) occurs when a bilingual introduces a completely unassimilated word from another language into his speech (...).» (cf. Haugen 1956, 40).
57 Cf. Trudgill (2003, 23).

Nella descrizione materiale delle singole varietà di contatto prodotte da contatti migrazionali bisogna tenere innanzitutto conto delle interferenze, sia in prospettiva qualitativa che quantitativa. Intendendo delineare le peculiarità strutturali delle singole lingue funzionali, è opportuno focalizzare sistematicamente *in primis* le interferenze più stabili[58] e frequenti. Quanto al *code switching*, è sufficiente mettere in rilievo la presenza del fenomeno anche solo in chiave quantitativa. Questi principi sono seguiti sistematicamente anche nell'analisi materiale delle singole varietà del contatto italoamericano.

2.1.2.6 Erosione

Al di là delle interferenze (e del *code switching*), la distinzione materiale delle singole lingue funzionali, specialmente delle varietà secondarie di contatto, è determinata in maniera altrettanto incisiva dal fenomeno dell'erosione linguistica,[59] che è comunque correlato qualitativamente a quelli della transferenza e del *dialect mixing*. Si è notato che secondo il grado di valenza comunicativa dei singoli gradata varia anche la portata dell'erosione linguistica (*linguistic attrition*), un termine generale che secondo Roger W. Andersen consiste nel «(...) language death, language loss, weakening of competence, forgetting a language, difficulty in recalling parts of a language and similar phenomena.»[60]

Un valido esempio di analisi dell'erosione linguistica in un contesto migrazionale è dato dallo studio già menzionato Scaglione 2000, dove viene però focalizzata sistematicamente solo la lingua degli emigrati. Nell'ambito della linguistica migrazionale pluridimensionale vanno prese naturalmente in considerazione tutte le lingue in contatto; l'eventuale presenza e la portata dell'erosione vanno analizzate sistematicamente in chiave materiale per ciascuna delle lingue funzionali.

Occorre però prestare maggiormente attenzione all'analisi dell'erosione anche nell'ambito del sapere del parlante, come avviene nel presente lavoro. L'erosione si constata inoltre anche in quello del comportamento linguistico, visto in chiave (micro)diacronica. Basti fare riferimento, ad esempio, al singolo parlante, nella cui biografia possono subentrare cambiamenti di comportamento linguistico, i quali rispecchiano in sostanza anche l'erosione della valenza comunicativa reale di una lingua. Lo stesso può essere constatato anche a livello collettivo; basta focalizzare i cambiamenti nel comportamento linguistico di

---

58 Si vedano, nell'introduzione al capitolo 6, le note relative alle interferenze.
59 Occorre tenere presenti le osservazioni fatte alla nota 47 (2.1.2.4), cui si rinvia.
60 Cf. Andersen (1982, 86).

una comunità di migranti in seguito al primo passaggio generazionale.[61] L'erosione del sapere linguistico e della valenza comunicativa di una lingua produce, infine, anche erosione nell'identità etnica, legata a detta lingua.

2.1.2.7 *Dialect mixing*

Il terzo fenomeno rilevante che contribuisce materialmente al modellamento delle lingue funzionali prodotte da contatti migrazionali è quello del *dialect mixing*. Va considerato innanzitutto che la costellazione dialettale all'interno delle enclavi etniche non rispecchia quella «naturale», del paese d'origine. Le nuove costellazioni dialettali che si vengono a creare in emigrazione danno vita a nuovi contatti linguistici tra i singoli dialetti. Essi sono solitamente convergenti. Secondo Peter Trudgill, al quale si devono le analisi teoriche fondamentali di questo fenomeno, il *dialect mixture* è:

> «Consequence of long term dialect contact in which face-to-face interaction between speakers of different dialects, stemming from developments such as emigration or urbanisation, leads to accommodation between these speakers and thus the mixing of different dialectal forms.»[62]

In ambiente italoamericano ci imbattiamo quindi in contatti inter-italoromanzi. I tratti materiali caratteristici della nuova varietà dialettale generata dal *dialect mixing* provengono comunemente *in primis* dal dialetto (o dai dialetti) in contatto di maggior prestigio.

La conseguenza del processo di *dialect mixing* è innanzitutto il *dialect levelling*, che in chiave materiale consiste nella riduzione di specifici tratti diatopici locali. Ciò può avvenire a tutti i livelli, persino sul piano fonologico. In secondo luogo il *dialect mixing* può determinare la formazione di nuove varietà dialettali (*new-dialect formation*),[63] le quali, in circostanze particolari, possono assumere lo status di κοινή.

La formazione di un nuovo dialetto, che si estende ben oltre il primo passaggio generazionale, avviene secondo Trudgill[64] in tre stadi. Nel primo stadio spiccano il livellamento rudimentale e l'intensificazione del contatto interdialettale. Il secondo stadio del processo è determinato dalla forte variabilità e dall'apparente livellamento. Nell'ultimo stadio si verifica la cristallizzazione di singole

---

61 Cf. Prifti (2014, in corso di stampa).
62 Cf. Trudgill (2003, 36).
63 In proposito si rimanda a Trudgill (2004).
64 Cf. Trudgill (2004, 83–128).

nuove varietà dialettali, la loro riduzione quantitativa (*reallocation*) e, infine, il loro consolidamento, che è un processo esteso nel tempo oltre il primo passaggio generazionale (*randomness and transmission*).

Nella presente analisi viene tenuto conto – specialmente in riferimento alla situazione linguistica nelle enclavi italoamericane compatte – della qualità del *dialect mixing*, che contribuisce alla divergenza materiale tra le singole varietà di contatto. A riflettersi nettamente sulla qualità del processo di *dialect mixing*, oltre al tipo di enclave, è anche la valenza comunicativa delle singole varietà di contatto (2.1.1.4), che a sua volta dipende direttamente dalla collocazione generazionale dei rispettivi parlanti.

2.1.3 Dominio della linguistica: l'approccio analitico migrazionale pluridimensionale

La descrizione del cambio linguistico derivato dalla migrazione rappresenta un'operazione particolarmente complessa, che può essere compiuta con oggettività e dare risultati soddisfacenti se concepita in maniera altrettanto complessa e svolta in modo sistematico. Risulta appropriato e promettente un approccio analitico pluridimensionale – nella fattispecie quadridimensionale – e diacronico, basato sistematicamente sulla percezione della lingua come *sapere*, *attività*, *prodotto*[65] e *identità*. Seguono un'esposizione teorica dello sviluppo dell'approccio pluridimensionale nonché una descrizione teorico-metodologica dei quattro livelli analitici della linguistica migrazionale pluridimensionale (2.1.3.1–2.1.3.4).

La quadruplice percezione della lingua fa perno sul pensiero filosofico aristotelico inerente ai mutamenti della natura, il quale è stato fondamentale per l'evoluzione della filosofia del linguaggio. Risale ad Aristotele la constatazione della *dinamicità* nell'essenza del pensare, quindi anche della lingua. Alle radici della percezione aristotelica del movimento e del mutamento (κίνησις) vi è il concetto di δύναμις (lat. *potentia*, *possibilitas*), che significa *forza*[66] e *potenza*, quest'ultima come possibilità ontologica.[67] Per circoscrivere questo secondo significato Aristotele introduce il nuovo concetto dell'ἐνέργεια (lat. *actus*, *actualitas*), dando così vita alla correlazione δύναμις – ἐνέργεια, ovvero *potenza – atto*, che riflette in fondo il rapporto fisico – metafisico tra *materia* e *forma*.[68]

---

65 Trattasi di denominazioni usate da Coseriu, risalenti alla tradizione humboldtiana.
66 δύναμις, nel senso di 'forza', appare già in Ἰλιάς (VIII 294) e in Ὀδύσσεια (II 62).
67 Si veda Di Cesare (1988, 34).
68 Cf. ancora Di Cesare (1988, 34).

Il rapporto δύναμις – ἐνέργεια è l'oggetto principale del libro Θ della sua *Τὰ μετὰ τὰ φυσικὰ* (*Metafisica*). Aristotele vi[69] descrive come segue la relazionalità tra ἐνέργεια e δύναμις: «ὅρος δὲ τοῦ μὲν ἀπὸ διανοίας ἐντελεχείᾳ γιγνομένου ἐκ τοῦ δυνάμει ὄντος, ὅταν βουληθέντος γίγνηται μηδενὸς κωλύοντος τῶν ἐκτός (...).»[70]

Per meglio definire l'ἐνέργεια Aristotele introduce il concetto dell'ἐντελέχεια (lat. *actualitas*)[71]. Mentre la prima è correlata al prodotto, all'ἔργον, l'ἐντελέχεια è legata piuttosto alla meta, al τέλος. Il concetto di ἔργον (lat. *opus, operatio*), in quanto risultato di un processo, è fondamentale nella percezione aristotelica della natura. L'ἐνέργεια, diversamente dall'ἔργον, è ripetibile. Nel pensiero aristotelico l'ἐνέργεια si contraddistingue per una triplice priorità (logica – cronologica – ontologica)[72] rispetto alla δύναμις. È all'interno dell'ἐνέργεια che si riconosce la δύναμις, e non viceversa; la δύναμις dipende quindi dall'ἐνέργεια.

L'aristotelismo ha ampiamente influenzato il pensiero filosofico di Wilhelm von Humboldt, la cui percezione e definizione della lingua, sulla base delle differenziazioni aristoteliche, rappresentano una svolta importante nell'evoluzione della filosofia del linguaggio. Humboldt, rifacendosi alla percezione aristotelica del pensiero, considera la lingua «das bildende Organ des Gedanken».

> «Die Sprache ist das bildende Organ des Gedanken. Die intellectuelle Thätigkeit, durchaus geistig, durchaus innerlich und gewissermaßen spurlos vorübergehend, wird durch den Laut in der Rede äusserlich und wahrnehmbar für die Sinne. Sie und die Sprache sind daher Eins und unzertrennlich von einander.»[73]

Egli percepisce la lingua come ἐνέργεια, nel senso di Aristotele, e a essa riconosce il primato nei confronti dell'ἔργον:

> «Die Sprache, in ihrem wirklichen Wesen aufgefasst, ist etwas beständig und in jedem Augenblicke Vorübergehendes. Selbst ihre Erhaltung durch die Schrift ist immer nur eine unvollständige, mumienartige Aufbewahrung, die es doch erst wieder bedarf, dass man dabei den lebendigen Vortrag zu versinnlichen sucht. Sie selbst ist kein Werk (*Ergon*), sondern eine Thätigkeit (*Energeia*). Ihre wahre Definition kann daher nur eine genetische seyn. Sie ist nemlich die sich ewig wiederholende Arbeit des Geistes, den articulirten Laut zum Ausdruck des Gedanken fähig zu machen. Unmittelbar und streng genommen, ist

---

69 Ἀριστοτέλης 1924, Θ: 1049a/5–8. Si vedano lì ad esempio, anche 1047b/1 e 1048a/30.
70 «Per quanto concerne le cose che dipendono dalla ragione, la questione può così definirsi: esse passano dall'essere in potenza all'essere in atto, quando siano volute e non intervengano ostacoli dal di fuori (...).» (traduzione di Giovanni Reale, in Aristotele 1992, 413).
71 Aristotele usa anche altri sinonimi, ovvero i concetti di μορφή e λόγος.
72 La priorità si riferisce quindi al λόγος, al χρόνος e all'οὐσία; cf. Di Cesare (1984, 36).
73 Cf. von Humboldt (1907, 53).

dies die Definition des jedesmaligen Sprechens; aber im wahren und wesentlichen Sinne kann man nur gleichsam die Totalität dieses Sprechens als die Sprache ansehen.»[74]

La lingua non è primariamente ἔργον, perché essa non rappresenta un solo prodotto immutabile e definitivo, come è considerata invece dai generativisti, nella cui percezione la lingua rappresenterebbe piuttosto un ἐντελέχεια. Secondo Humboldt la lingua non è immune da evoluzione, essa è quindi prioritariamente ἐνέργεια. Humboldt distingue tra lingua e «parola» (*Rede*), considerandole due aspetti della medesima realtà: la lingua rappresenta il risultato del discorso.[75]

La stessa percezione è condivisa anche da Georg W. F. Hegel, che mette in rilievo la dinamicità della *Rede*, nel noto pensiero qui evidenziato in corsivo:

> «Der für die bestimmten Vorstellungen sich weiter articulirende Ton, *die Rede und ihr System, die Sprache*, gibt den Empfindungen, Anschauungen, Vorstellungen ein zweites, höheres, als ihr unmittelbares Daseyn, überhaupt eine Existenz, die im Reiche des Vorstellens gilt.»[76]

Tra i diversi altri autori[77] che hanno trattato la distinzione tra *Sprache* e *Rede*, Ferdinand de Saussure si è occupato della sua interpretazione[78]. La distinzione tra sincronia e diacronia è communque da considerarsi artificiale. Nella sua teoria linguistica de Saussure si concentra sulla *langue*, vale a dire sulla *funzionalità* della lingua, che egli osserva quindi dal punto di vista *sincronico*,[79] diversamente da Humboldt, che focalizza invece piuttosto la *parole*, ossia il *cambio* linguistico, operando dunque a livello diacronico.

Nella sua *Romanische Sprachwissenschaft*, Heinrich Lausberg distingue nettamente tre prospettive descrittive della lingua, basandosi evidentemente sul pensiero aristotelico relativo al movimento e al mutamento. La lingua consiste, a suo parere, nell'*attività del parlare* (*Tätigkeit des Redens*), nella *potenza del parlare* (*Potenz des Redens*), nonché nella *lingua* (*Sprache*), intesa, naturalmente, in chiave materiale.

> «Abstrahiert man bei der Betrachtung der Rede (fr. *discours*) von der Abgeschlossenheit (Ganzheit), so erhält man die ‹Tätigkeit des Redens› (fr. *parole*), deren Resultat ebenfalls ‹Texte› sind, wenn man für den Terminus ‹Text› nicht den Anspruch der Abgeschlos-

---

74 Cf. von Humboldt (1907, 45s.).
75 Si veda Di Cesare (1988, 44).
76 Cf. Hegel (1845, 340).
77 Si vedano le note in proposito in Coseriu (1974, 16–18).
78 Cf. Coseriu (1974, 17).
79 Ciò non significa, tuttavia, che de Saussure non riconoscesse la dimensione diacronica. La distinzione tra sincronia e diacronia è communque da considerarsi artificiale.

senheit (Ganzheit) stellt. Abstrahiert man bei der Betrachtung der ‹Tätigkeit des Redens› von der Ausübung dieser Tätigkeit, so erhält man die ‹Potenz des Redens› (fr. *parole*).
Die ‹Potenz des Redens› kann in der Tätigkeit des Redens, deren Ganzheits-Resultat die Rede (fr. *discours*) ist, in einer Gemeinschaft mit der Aussicht auf den Erfolg der Situations-Änderung nur ausgeübt werden, wenn dem Redner ein von der Gemeinschaft anerkanntes Zeichen-System, die Sprache (fr. *langue*), als Formen-Reservoir zur Verfügung steht.»[80]

Sulla scia della tradizione humboldtiana e analogamente alla differenziazione di Lausberg, Eugenio Coseriu – sostenitore di una linguistica integrale, della *parole*, che si spinga oltre lo strutturalismo, pur senza abbandonarlo[81] – distingue le medesime tre prospettive descrittive della lingua: quella dell'*attività linguistica* (*Tätigkeit*), quella del *sapere linguistico* (*Wissen*) e quella del *prodotto linguistico* (*Produkt*). Egli le definisce e le correla come segue:

«Die Sprechtätigkeit (...) kann (...) – wie jede kulturelle Tätigkeit überhaupt – unter drei verschiedenen Gesichtspunkten betrachtet werden:
1. Als die Tätigkeit selbst, als Sprechen und Verstehen. Diese Tätigkeit (...) ist ἐνέργεια im eigentlichen Sinne, d.h. eine kreative Tätigkeit, die sich eines vorhandenen Wissens bedient, um etwas Neues zu sagen, und die neues sprachliches Wissen schaffen kann.
2. Als das Wissen, das der Tätigkeit zugrundeliegt, d.h. als Kompetenz (...) als δύναμις.
3. Als das Produkt, das durch die Tätigkeit geschaffen wird, d.h. als Werk oder ἔργον.»[82]

A distinguere la percezione di Lausberg da quella di Coseriu è la gerarchia ontologica tra le tre dimensioni della lingua. Mentre per Coseriu è l'attività del parlare a precedere il sapere linguistico, a parere di Lausberg la gerarchia consiste giustamente nella successione *sapere – attività del parlare – prodotto*. L'obiettivo del parlante, infatti, che nell'atto della comunicazione si serve del proprio sapere linguistico, non è il conseguimento di nuovo sapere linguistico, bensì meramente la comunicazione.[83]

Al di là della tripartizione delle prospettive descrittive, Coseriu distingue nettamente tra la lingua, in quanto totalità del parlare, *una* lingua specifica e l'atto del parlare, orientandosi all'interpretazione di Humboldt il quale, a sua volta, tiene conto a grandi linee della già citata triplice priorità dell'ἐνέργεια, delineata da Aristotele. Per Coseriu, dunque, il parlare esiste su tre livelli: il livello universale, quello storico, e quello individuale:

---

80 Cf. Lausberg (1969, 30).
81 Si veda in proposito Coseriu (1988a, 103–108).
82 Cf. Coseriu (1988b, 71).
83 Cf. anche Stehl (2012, 43).

«Das Sprechen ist eine universelle, allgemein-metasprachliche Tätigkeit, die jeweils von individuellen Sprechern als Vertretern von Sprachgemeinschaften mit gemeinschaftlichen Traditionen des Sprechenkönnens individuell in bestimmten Situationen realisiert wird.»[84]

Questa classica percezione della lingua, intesa come δύναμις, ἐνέργεια ed ἔργον, rappresenta una distinzione metodologica diffusa nella ricerca linguistica incentrata sulla *parole*. Occorre, però, considerare sistematicamente un'ulteriore dimensione della lingua, vale a dire la complessa interazione tra lingua e identità etnoculturale, sia individuale che collettiva[85]. Tale interazione assume, specialmente in situazioni di migrazione, un'importanza di prim'ordine ed è contraddistinta da un dinamismo particolarmente pronunciato. La lingua (o una sua varietà), intesa come fenomeno culturale, è strettamente legata all'identità, per la quale funge da *marker* e da stabilizzatore. L'identità, in quanto «(...) social positioning of self and other»,[86] esercita a sua volta un influsso diretto sulla lingua, condizionando, ad esempio, il comportamento linguistico dei parlanti, specialmente al livello collettivo. La lingua va dunque considerata anche *identità*, ovvero una forma dell'οὐσία[87]. Pur tenendo conto delle divergenze tra le svariate percezioni di questo concetto centrale della tradizione filosofica ontologica,[88] l'οὐσία di un'entità, esposta a una trasformazione continua, rappresenta in fondo l'insieme dei suoi tratti costanti, nei quali consiste la sua essenza. Dalla proiezione di questo assunto sulla dicotomia *lingua* vs. *identità* risulta la seguente *relazionalità gerarchica bidirezionale*: così come uno dei tratti costanti della lingua (o di una sua varietà), che si trova in continua trasformazione, è la sua capacità di (co)determinare l'identità di chi la usa, così anche l'identità (individuale e collettiva) – altresì in continua trasformazione – rappresenta parimenti uno dei tratti che (co)determinano costantemente la lingua. La relazionalità tra lingua e identità è stata più volte oggetto di analisi scientifiche prevalentemente socio-antropologiche e culturali. Gli studi linguistici apparsi in proposito nel periodo precedente al consolidamento della sociolinguistica erano incentrati piut-

---

84 Cf. ancora Coseriu (1988b, 70).
85 Si vedano, ad esempio, Tajfel/Turner (1986); Welsch (1992); Eisenstadt/Giesen (1995).
86 Cf. Bucholtz/Hall (2005, 586).
87 Fu Platone a introdurre questo esteso concetto filosofico e a occuparsene ampiamente. Cf. in proposito Motte/Somville (2008, cap. II).
88 L'evoluzione del pensiero filosofico intorno all'οὐσία è particolarmente complessa. Per la percezione aristotelica, ad esempio, si rimanda a Steinfath (1991) e Motte/Somville (2008, cap. III).

tosto sull'individuo.[89] Seppure sporadicamente, in alcuni studi[90] di taglio sociolinguistico, variazionale o contattuale apparsi nell'arco degli ultimi vent'anni, si nota una graduale presa di coscienza della rilevanza dell'analisi del rapporto tra identità collettiva e lingua, limitata però al livello teorico. Riconoscendo, dunque, una valenza saliente a questa correlazione nei casi di migrazione, specialmente in riferimento alle comunità, è indispensabile considerare sistematicamente l'identità come entità distinta *anche* nelle indagini empiriche, come avviene, infatti, nell'approccio linguistico migrazionale pluridimensionale.

Fondamentali per l'evoluzione del metodo analitico pluridimensionale sono state le esposizioni programmatiche teorico-metodologiche di Brigitte Schlieben-Lange e Harald Weydt relative a una linguistica variazionale funzionale.[91] Gli autori sottolineano nettamente l'importanza di un orientamento funzionale sistematico della sociolinguistica e della linguistica variazionale come anche della considerazione della dimensione diacronica,[92] importanti desiderata, questi, che in gran parte – specialmente il secondo – continuano a essere attuali. Nella sua essenza la presente analisi migrazionale è sia funzionale che diacronica. Va inoltre ricordata la teoria del cambio linguistico di Helmut Lüdtke[93], rilevante per l'analisi pluridimensionale soprattutto in riferimento alla distinzione e alla descrizione delle peculiarità delle due tipologie del cambio linguistico, vale a dire quello divergente (A) – che è centrifugo e produce eterogeneità, partendo da una lingua – e quello convergente (Ā) – che è centripeto e genera omogeneità, partendo da due o più lingue –. Il contatto italoamericano genera un cambio linguistico *convergente*, che è una tipologia frequente in contatti prodotti dalla migrazione.

Partendo dalle sunnominate analisi e conclusioni di Schlieben-Lange e Weydt, sulla base della triplice percezione classica della lingua, delle interpretazioni teoriche di Coseriu – specialmente in riferimento alla competenza linguistica e alla correlazione tra sistema e norma, nonché tra lingua funzionale e architettura della lingua storica –, di Lausberg e di Lüdtke, e considerando inoltre, specialmente in chiave metodologica, i modelli descrittivi e i risultati della ricerca creolistica, di quella germanistica relativa alla variazione nell'area interlettale del contatto, Thomas Stehl ha elaborato gradualmente un modello

---

89 Si pensi, ad esempio, a concetti quali *Individualsprache* (Mauthner ³1921, 6), *lingua individuale* (Nencioni 1946, 176, 182, 186), *idiolect* (Bloch 1948, 7), ecc.
90 Cf. ad esempio Schlieben-Lange (1991, 101–103); Weber (1995); Bochmann (2007); Riehl (2009, 164–177), ecc.
91 Cf. Schlieben-Lange/Weydt (1978); Weydt/Schlieben-Lange (1981).
92 Si vedano particolarmente le pagine 119–130 e 134–142 in Weydt/Schlieben-Lange (1981).
93 Cf. Lüdtke (1980b; 1980c).

descrittivo funzionale variazionale tendenzialmente sincronico, allo scopo di descrivere i processi di convergenza linguistica tra lingua standard e dialetto in Francia e in Italia.[94] Il modello consiste nella distinzione di tre livelli descrittivi della variazione, quello della competenza della variazione, della pragmatica della variazione e della linguistica della variazione,[95] i quali rispecchiano la triplice percezione della lingua di Coseriu e Lausberg. Nell'ambito della competenza della variazione, sulla base di dati empirici raccolti in interviste svolte con i parlanti, l'autore ne descrive la competenza linguistica, limitandosi alle «prototypisch fundierte Klassifikationen» di Holenstein[96], vale a dire alla cosiddetta classificazione orizzontale,[97] relativa alla differenziazione della lingua nello spazio, e a quella verticale, inerente alla zona interlettale del contatto. Su questa base viene coniato il concetto di «sapere prototipico»,[98] che in fondo risulta superfluo, poiché lo stesso sapere riflessivo, nella sua essenza, si basa su classificazioni prototipiche. Al livello della pragmatica della variazione egli descrive le decisioni dei parlanti circa l'uso di determinate lingue funzionali e trae delle conclusioni basandosi però solamente sulle loro affermazioni, senza verificarle nella realtà. Nell'ultimo passo analitico, quello della linguistica della variazione, Stehl implementa i suggerimenti[99] di Schlieben-Lange e Weydt circa l'analisi materiale delle singole lingue funzionali del contatto, basandosi però meramente su tratti distintivi generati dalle «tecniche» di interferenza[100]. Oltre alle interferenze, a distinguere le lingue funzionali in prospettiva materiale contribuiscono, come già detto, anche il fenomeno dell'alterazione linguistica (2.1.2.4), comprendente sia l'incremento che l'erosione (2.1.2.6), al quale sono più esposte le varietà secondarie di contatto, e gli effetti del *dialect mixing* (2.1.2.7). Questi fenomeni si verificano – specialmente l'alterazione – anche nel caso del contatto convergente tra italiano e dialetto in Italia. La linguistica migrazionale pluridimensionale fa perno per diversi aspetti teorico-metodologici sul modello analitico della linguistica variazionale funzionale.

---

94 Cf. Stehl (2012).
95 Cf. Stehl (2012, 86–92).
96 Cf. Holenstein (1980, 505). Si veda anche Kleiber (1990).
97 Di variazione orizzontale, intesa come variazione diatopica, si tratta già in Allen (1993, 5); De Mauro (2008), ecc.
98 Cf. Stehl (2012, 86).
99 Cf. Weydt/Schlieben-Lange (1981, 125–129); Stehl (2012, 90s.).
100 Nel 1984 Berruto basava la distinzione dei gradata sul «filtro delle interferenze» (Berruto 1984b, 63s.).

La psicologia percettiva, la dialettologia percettiva[101] e la più recente linguistica variazionale percettiva forniscono inoltre importanti impulsi che completano e rendono più oggettiva la dimensione cognitiva dell'analisi migrazionale pluridimensionale, nell'ambito della quale il parlante viene posto al centro dell'attenzione, pur mantenendosi l'equilibrio epistemologico *linguista* vs. *parlante*. Come appare evidente nei sottocapitoli a seguire (2.1.3.1–2.1.3.4), la linguistica migrazionale pluridimensionale va oltre la linguistica variazionale percettiva, la quale «…zielt darauf ab, die Kategorien, mit denen die Sprecher selbst die ihnen mehr oder weniger vertraute und kommunikativ erlebte sprachliche Variation mental verarbeiten, in sprachwissenschaftliche Kategorien zu übersetzen».[102]

L'interazione con la linguistica acquisizionale ha portato ad analizzare più oggettivamente le dinamiche dell'apprendimento pilotato (e non) della lingua da parte di parlanti di generazioni diverse e in situazioni diverse.

Si conclude la descrizione del quadro teorico della linguistica migrazionale pluridimensionale con dei cenni prevalentemente metodologici relativi ai principi dell'indagine sociolinguistica, sui quali si è in parte basato il rilevamento dei dati empirici per il presente lavoro. Punto di riferimento in proposito è la tradizione laboviana degli studi sulla variazione e sul cambio linguistico, orientata alla sociolinguistica – nota anche come *secular linguistics* –, la quale giunge ai suoi risultati sulla base dei dati empirici raccolti sul campo, *in the street* – per dirla con Labov[103] –, mettendo quindi al centro dell'attenzione la comunità dei parlanti. In riferimento alla metodologia sono importanti soprattutto i primi lavori di Labov (1966/²2006 e 1972c). Sono stati soprattutto Walt Wolfram e Peter Trudgill, tra gli altri, a dare un ulteriore contributo in questa direzione.

Segue, brevemente, l'indicazione di alcuni tratti specifici della percezione laboviana del cambio linguistico e della sua descrizione, rilevante anche per la presente analisi. Nell'esame del cambio linguistico Labov tiene sistematicamente conto, in egual misura, sia dei fattori linguistici che di quelli extralinguistici

---

101 Si veda ad esempio Preston (2005) e le indicazioni bibliografiche ivi comprese.
102 Cf. Krefeld/Pustka (2010).
103 Labov così classifica e descrive, con qualche nota ironica, i metodi di lavoro dei linguisti: «We might approach the various methods available to linguists by looking at the activity of the linguists themselves, according to where they can be found. In this search, we would find linguists working in the *library*, the *bush*, the *closet*, the *laboratory*, and the *street*, and might so name each sub-division of the discipline. But in this analysis we will take a different approach and examine the raw materials gathered by each variety of linguistics, distinguishing each linguist by his product: *texts, elicitations, intuitions, experiments,* and *observations.*» (cf. Labov 1972c, 99).

sociali. Si tratta dell'*embedding principle*.¹⁰⁴ Per l'analisi dell'attività del parlare si rivela utile il fenomeno del *covert prestige*. Le varietà considerate comunemente di prestigio inferiore possono spesso dimostrarsi di fatto di prestigio superiore in situazioni comunicative circoscritte specifiche.¹⁰⁵ Per la descrizione del cambio linguistico, sia in riferimento al sapere che all'attività del parlare, è rilevante il *curvilinear principle*, secondo il quale «(...) linguistic change in progress follows a curvilinear pattern in both the social and age dimensions. The original distinction between stable variables and change from below no longer holds. (...) Stable sociolinguistic variables combine a flat age distribution for adults with a monotonic social class stratification; changes in progress combine a monotonic distribution in adult age groups with a curvilinear pattern in the socioeconomic hierarchy.»¹⁰⁶

È inoltre rilevante per la presente ricerca anche un'analisi adeguata delle dinamiche del contatto tra le varietà dialettali. Il cambio linguistico e la genesi di nuove varietà, derivate da tali contatti, sono stati oggetto di accurate analisi di Peter Trudgill.¹⁰⁷

Vanno infine menzionati, brevemente, alcuni principi metodologici della tradizione investigativa laboviana, prevalentemente quantitativa, che risultano utili all'analisi empirica qualitativa del cambio linguistico derivato dalla migrazione. Tra questi vi è, in primo luogo, la selezione dei parlanti sulla base di criteri differenziati ben definiti, anche in considerazione della loro combinazione. La selezione dovrebbe essere tale da poter rappresentare l'intera comunità. L'esperienza della scuola laboviana si rivela utile specialmente in riferimento alla selezione basata su criteri socio-economici e demografici. In alcuni casi è opportuno raccogliere dati presso membri della stessa rete sociale naturale, estesa oltre la famiglia.

Importante almeno quanto la preparazione accurata e ben fondata della raccolta dati è lo svolgimento stesso delle interviste, poiché dalla qualità di queste ultime dipende anche la qualità del corpus empirico, su cui si basano poi i risultati. Per garantire dati realistici, nella tradizione laboviana è importante sollecitare la spontaneità e la naturalezza dei parlanti nell'interscambio con l'intervistatore, allo scopo di ridurre il grado della formalità. Labov ha riconosciuto

---

[104] Si veda ad esempio Labov (2001, 261).
[105] Si vedano ad esempio Labov (1966/²2006, 384; 1972b, 179, 313s.).
[106] Cf. Labov (2001, 460).
[107] Si vedano ad esempio Trudgill (2002; 2004, ecc.).

già dagli inizi[108] l'importanza delle interviste svolte con gruppi di informatori, le quali possono rappresentare preziose fonti di materiale empirico di alta qualità. Nella tradizione investigativa laboviana viene inoltre riconosciuto un particolare valore ai racconti emozionali spontanei degli informatori, che dipendono direttamente dalla qualità delle domande,[109] come descrive Labov nel suo articolo programmatico *Some principles of linguistic methodology*:

> «A question that effectively triggers such responses may take six months to a year to develop – for the theme is not the only important feature. Placement, wording, timing and delivery all contribute to the likelihood of involving the speaker to the extent that formal constraints are overridden. One of the most successful questions of this type is on the Danger of Death: ‹Have You ever been in a situation where you were in serious danger of being killed, where you thought to yourself *This is it?*... What happened?›.»[110]

Di indubbia rilevanza sono quindi la scelta mirata delle domande e il modo in cui queste vengono poste, previa una buona conoscenza delle circostanze socio-culturali e storiche proprie della comunità in cui vivono gli informatori.

Nell'orientamento necessariamente interdisciplinare della linguistica migrazionale pluridimensionale confluiscono anche conoscenze ed elementi descrittivi provenienti dalle scienze culturali e dalla semiotica mediale – specialmente in merito all'esame del rapporto dinamico tra lingua e identità –, come anche dalle scienze della migrazione.

Segue ora un'esposizione delle caratteristiche descrittive e della procedura analitica inerenti a ciascuno dei quattro livelli analitici della linguistica migrazionale pluridimensionale, incentrati rispettivamente sul sapere linguistico (2.1.3.1), sul comportamento linguistico (2.1.3.2), sul prodotto (2.1.3.3) nonché sul rapporto tra lingua e identità (2.1.3.4). Per raggiungere risultati solidi e oggettivi è fondamentale che nell'analisi sistematica si tenga scrupolosamente conto in primo luogo delle fasi e dei periodi del contatto, dell'appartenenza generazionale – e, in riferimento alla prima generazione, anche della classificazione dei parlanti in categorie –, della lingua storica in contatto e dei livelli di differenziazione della lingua.

---

108 Ad esempio le raccolte di dati empirici svolte a New York City, nella Lower East Side e a Harlem (Labov 1972a).
109 Si vedano in proposito anche alcuni cenni sulle esperienze di altri seguaci della tradizione laboviana – ad esempio Jack K. Chambers (Toronto), Peter Trudgill (Norwich), Lesley Milroy (Belfast), Crawford Feagin (Anniston) – in Feagin (2002, 30).
110 Cf. Labov (1972c, 113).

2.1.3.1 Il sapere linguistico

Il primo passo analitico nell'approccio migrazionale pluridimensionale ha per oggetto il sapere linguistico, sia del singolo parlante che delle comunità, di cui esso fa parte. Sono due i tipi di sapere da descrivere: il *sapere idiomatico* e il *sapere riflessivo*, intesi nel senso di Coseriu.[111] L'obiettivo dell'analisi del primo tipo di sapere è esaminarne la qualità in ciascuna delle lingue storiche in contatto, ai livelli fonetico/fonologico, morfosintattico e lessicale, da un lato, e ai livelli fasico e mesico, dall'altro; in quest'ultimo caso specialmente in riferimento alle lingue con una tradizione scrittoria. D'altro canto, vanno distinte due forme di sapere riflessivo, quella relativa alla lingua storica, vale a dire il *sapere riflessivo diasistemico*, e l'altra, relativa all'architettura del contatto, vale a dire il *sapere riflessivo funzionale* o contattuale. Oggetto dell'analisi del sapere riflessivo diasistemico è la qualità della differenziazione diasistemica di ciascuna delle lingue storiche in contatto da parte del parlante. L'esame è dunque incentrato, di regola, sulle differenziazioni diatopica, diastratica, diafasica e diamesica. Nell'ambito dell'analisi della seconda forma del sapere riflessivo, quello riflessivo funzionale, va esaminata la percezione della struttura del contatto da parte dei parlanti. Si riassume, infine, l'analisi del sapere riflessivo, tracciando le dinamiche del sapere linguistico collettivo, nell'ambito del quale è necessario considerare anche la dimensione diacronica. La composizione del sapere linguistico da esaminare nell'ambito della linguistica migrazionale pluridimensionale è riassunta nel seguente grafico.

L'analisi va compiuta per ogni generazione in ogni fase di contatto.

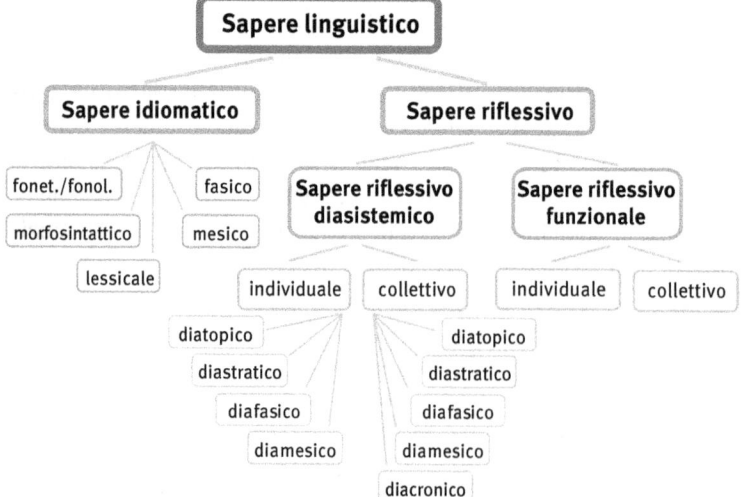

Fig. 2.2: Struttura dell'analisi del sapere linguistico

---

111 Cf. Coseriu (1988b, *passim*).

2.1.3.2 Il comportamento linguistico

Meta della seconda tappa analitica è la descrizione della lingua in quanto ἐνέργεια, o «attività (del parlare)», in situazioni di contatto prodotte dalla migrazione. Si tratta, in altre parole, di analizzare le dinamiche del comportamento linguistico ai livelli individuale e collettivo, il che rappresenta uno dei quesiti centrali posti dai primi lavori sociolinguistici sul plurilinguismo. Va menzionato in proposito l'articolo programmatico di Joshua A. Fishman *Who speaks what language to whom and when?* (1965), in cui l'autore pone il focus sulla correlazione tra dominio d'uso e uso linguistico (*domain analysis*). Fishman, in quella sede, getta inoltre le basi di un'analisi delle determinanti dell'uso linguistico (*choice determinants*)[112] nei casi di plurilinguismo prodotto dalla migrazione.

L'analisi va incentrata sistematicamente sia sull'uso reale delle lingue, che sulle scelte linguistiche virtuali, in entrambi i casi al livello sia individuale che collettivo. Oggetto dell'esame al livello individuale è la valenza comunicativa delle singole varietà di contatto e le determinanti – indicate con «d.» nella fig. 2.3 – che condizionano la scelta del loro uso e che possono essere topiche, stratiche, fasiche e mesiche. L'analisi al livello dell'individuo, sebbene basilare, va completata dalla descrizione sistematica del comportamento linguistico sia all'interno della famiglia che al livello della comunità. L'esame dell'attività del parlare nella successione *individuo – famiglia – comunità* rende possibile una descrizione adeguata del mutamento dell'ἐνέργεια all'interno di comunità di parlanti.

La struttura dell'analisi va considerata per ogni generazione in ogni fase di contatto.

---

[112] «Once we have mastered the problem of how to describe language choice in stable within-group bilingual settings (...), we can then approach the problem of choice determinants in less stable settings such as those characterizing immigrant-host relationships and between-group multilingual settings more generally» (Fishman 1965, 68).

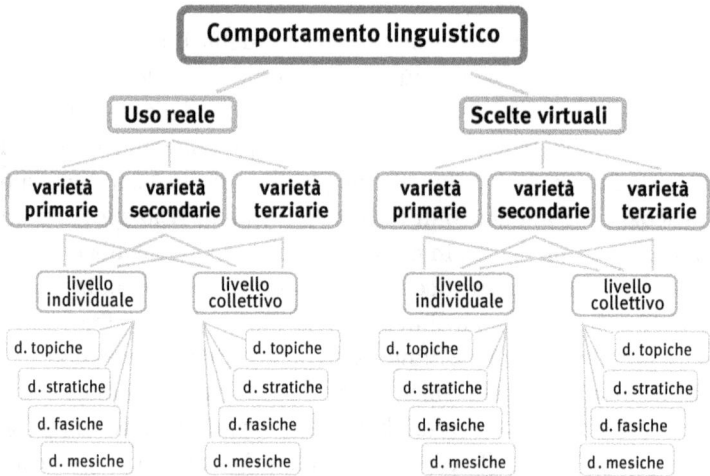

Fig. 2.3: Struttura dell'analisi del comportamento linguistico

2.1.3.3 Il prodotto linguistico: analisi materiale delle varietà di contatto

Il terzo livello analitico ha come oggetto le singole lingue funzionali prodotte dal contatto e come obiettivo la descrizione dei loro tratti distintivi materiali, vale a dire l'analisi materiale della dinamica della convergenza. Come già detto, sono tre i fenomeni contattuali su cui si basa l'analisi. Il loro attento esame può garantire una descrizione materiale oggettiva e complessiva dei singoli gradata. Essi sono:
- la transferenza (interferenza e *code switching*),
- l'erosione, intesa, come già detto,[113] quale componente del fenomeno dell'alterazione,
- il *dialect mixing*.

La qualità della loro presenza (o meno) in ciascuna varietà di contatto viene definita compiendo l'analisi materiale in egual modo rispettivamente ai livelli fonetico-fonologico, morfologico, sintattico, lessicale nonché mesico. In merito a quest'ultimo, vanno considerati maggiormente gli aspetti legati alla lingua scritta, come ad esempio quello grafematico.

Per la ricerca migrazionale è importante tenere sistematicamente conto, sul piano fonetico, anche dei tratti prosodici, i quali, nella loro spiccata comples-

---

113 Cf. le osservazioni comprese nella nota 47 (2.1.2.4).

sità – come mette in rilievo Bernhard[114] –, assumono un ruolo di prim'ordine nell'ambito della classificazione della variazione. Può rivelarsi fruttifera anche l'analisi aggiuntiva di forme di comunicazione funzionale paralinguistica, ad esempio della gestualità.

L'analisi va compiuta per ogni gradatum in ogni fase di contatto.

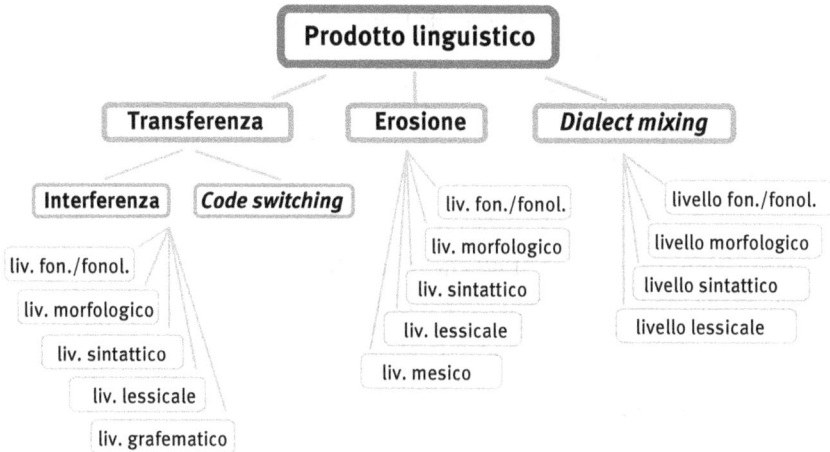

Fig. 2.4: Struttura dell'analisi del prodotto linguistico

2.1.3.4 La correlazione tra identità e lingua

L'obiettivo della quarta tappa analitica è la descrizione sistematica delle dinamiche del rapporto tra lingua e identità etnica. Il processo di consolidamento dell'identità etnica è strettamente legato all'interazione tra le forme dell'identità etnica legate all'appartenenza generazionale. L'analisi va dunque incentrata inizialmente sul piano dell'individuo. Occorre focalizzare, in primo luogo, la percezione che hanno i parlanti dell'identità generazionale. Parallelamente, va prestata attenzione a elementi linguistici materiali, che fungono da marcatori e da stabilizzatori dell'identità etnica generazionale. Si conclude l'analisi con la generalizzazione a livello collettivo, delineando le dinamiche principali del mutamento dell'identità etnica riflesse sulla lingua.

L'analisi va compiuta per ogni generazione in ogni fase di contatto.

---

114 Cf. Bernhard (1993, 193).

2.2 Quadro metodico-empirico

Segue ora la descrizione, da un lato, del corpus empirico su cui è basata l'analisi del cambio linguistico generato dal contatto italoamericano e, dall'altro, della metodica di raccolta del materiale empirico. L'estensione del contatto italoamericano nel tempo e nello spazio determina anche le dimensioni del corpus empirico, composto di cinque sezioni, qui elencati secondo la loro rilevanza per la presente analisi:
- la sezione delle interviste,
- la sezione documentaria,
- la sezione epistolare,
- la sezione (para)letteraria,
- la sezione mass-mediatica.

Detta ripartizione in settori si riflette nella suddivisione di questa seconda parte del capitolo in cinque sottocapitoli (2.2.1–2.2.5).

2.2.1 La sezione delle interviste

Il materiale tratto dalle interviste, effettuate tra il 1999 e il 2010, rappresenta la parte principale del corpus empirico. La maggior parte dei soggiorni volti alla raccolta sul campo di questi dati è partita da Filadelfia. Al di là di questi viaggi mirati, ho vissuto per alcuni periodi di diverse settimane all'interno di comunità italoamericane, principalmente nel Nordest.

Sono descritti qui di seguito le modalità di svolgimento delle interviste, il metodo investigativo e il questionario usato, redatto appositamente per queste indagini, nonché le modalità di selezione e le peculiarità sociolinguistiche degli informatori, i quali si sono gentilmente prestati alle interviste.

2.2.1.1 Indicazioni sulle interviste

Il materiale sonoro raccolto consiste in un totale di circa 2.740 minuti di registrazione, conseguiti in 47 interviste di durata variabile, fatte a 51 informatori. Le affermazioni dei parlanti intervistati consentono una descrizione sistematica delle dinamiche del contatto negli ultimi 130 anni circa. La seconda fase del contatto, la più complessa in chiave contattuale, come già menzionato, è anche quella indagata in modo più esteso.

Le interviste sono state condotte tutte da me, di regola in italiano, soltanto alcune, o parti di esse, sono state effettuate in inglese. Date le difficoltà di comprensione dell'italiano dimostrate da tre informatori, le rispettive interviste sono state condotte prevalentemente nei loro dialetti (siciliano e abruzzese). Un'intervista di gruppo si è svolta parzialmente in italoalbanese.

LE AREE DI RICERCA
La raccolta dei dati empirici tramite le interviste copre un lasso di tempo di undici anni. Le prime interviste risalgono al luglio del 1999, mentre l'ultima è stata condotta nel luglio del 2010. Sono stati quattro i soggiorni principali dedicati alla raccolta dei dati sul campo:
- nel 2001, prevalentemente a Filadelfia e a Chicago,
- nel 2002, prevalentemente a New York, nel New Jersey e in Florida,
- nel 2004, prevalentemente a San Francisco, e
- nel 2007, prevalentemente a Boston e Filadelfia.

Sia in termini geolinguistici, che da una prospettiva quantitativa proporzionale, nella raccolta del materiale empirico sul campo si è cercato di rispecchiare, a grandi linee, la distribuzione degli italoamericani, da un lato, secondo la provenienza o l'origine italiana, riassunta nella figura 2.5,[115] e, dall'altro, secondo la loro residenza nel territorio statunitense, raffigurata nell'immagine 2.6.[116]

---

[115] Nei pochi casi di informatori di seconda generazione e oltre, i cui genitori provenivano da regioni diverse, sono stati indicati due punti. Per questo motivo il numero dei punti risulta superiore a quello degli informatori italoamericani. Sono raffigurate anche le principali aree dialettali, secondo la classificazione di Giovan Battista Pellegrini (Pellegrini 1977).
[116] Si veda anche la presentazione grafica 3.6, che raffigura la distribuzione quantitativa degli italoamericani negli USA.

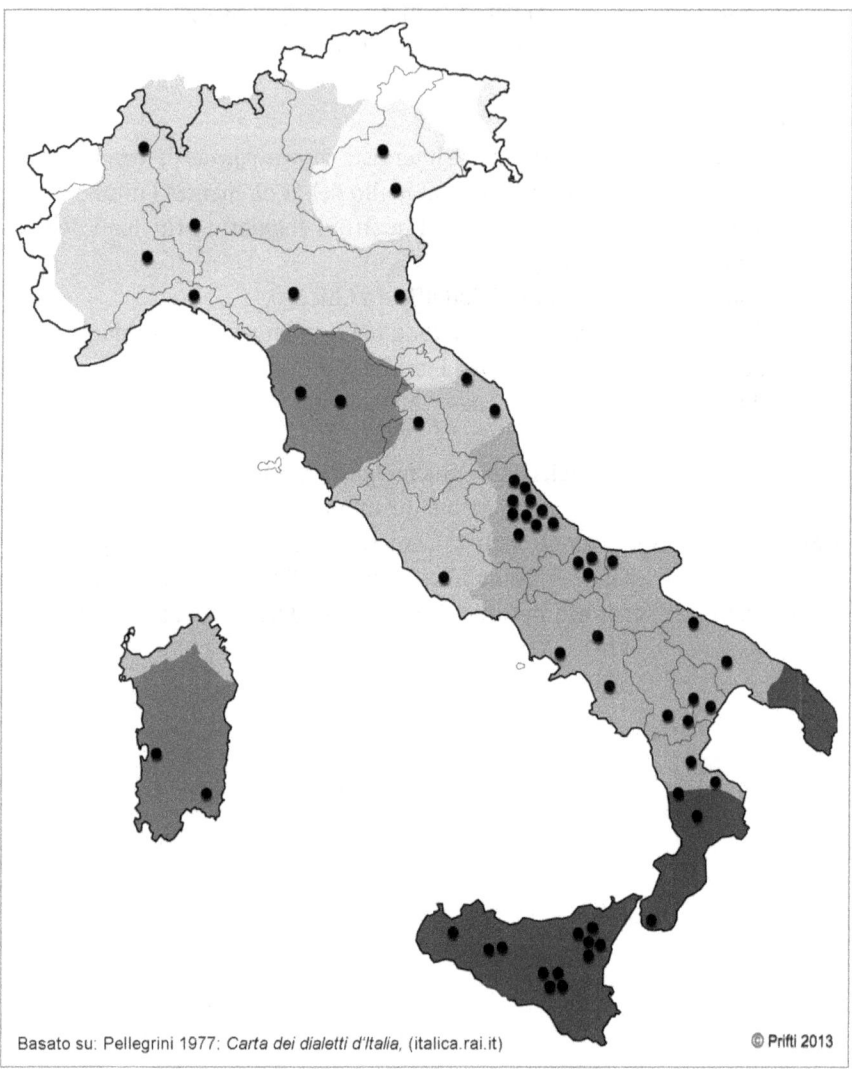

Fig. 2.5: Distribuzione geolinguistica italoromanza degli informatori secondo la loro origine o provenienza

Nella carta 2.6 è indicata la distribuzione degli informatori sul territorio statunitense tramite il luogo in cui ciascuno di loro ha risieduto per più tempo.[117]

---

[117] In soli due casi per ogni informatore sono stati indicati rispettivamente due punti a causa di soggiorni ultraventennali in stati diversi.

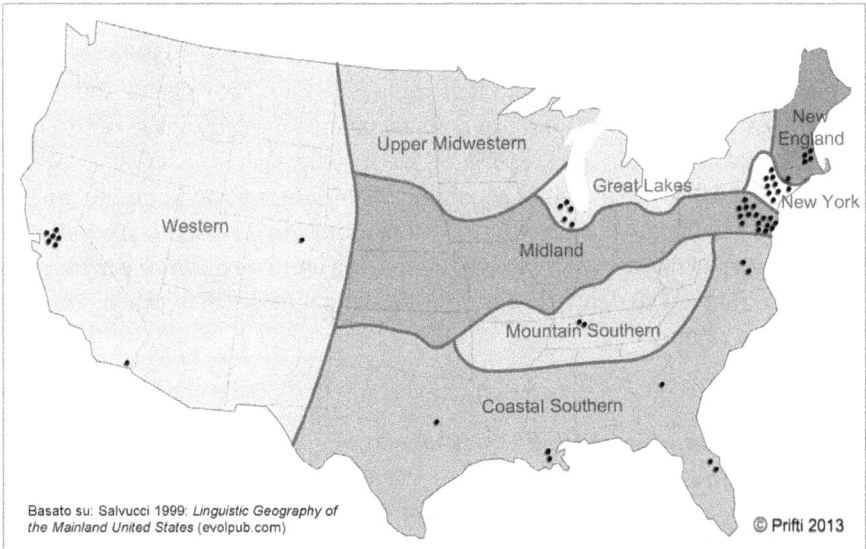

Fig. 2.6: Distribuzione geolinguistica degli informatori secondo il loro luogo di residenza statunitense più duratura

INDICAZIONI SULLO SVOLGIMENTO DELLE INTERVISTE

TIPI DI INTERVISTA

Le interviste, intese piuttosto come conversazioni con l'informatore, sono di tipo qualitativo e, per la maggior parte (37), sono state fatte a singoli informatori. In alcuni casi è stato ritenuto opportuno condurre interviste di gruppo, a informatori legati fra loro da appartenenza famigliare, parentela o amicizia. Nelle interviste si è cercato di regola di seguire sistematicamente il questionario, il quale è concepito come una piattaforma generale, dettagliata e completa, intesa a indagare in profondità le dinamiche del contatto. Dall'elenco completo delle domande, all'intervistato sono state poste solo quelle attinenti alla sua generazione d'appartenenza e alla situazione contattuale. Le indagini su quesiti specifici sono state approfondite di volta in volta tramite domande aggiuntive. Vi sono state sporadicamente anche alcune interviste parziali, intese ad approfondire solo singoli aspetti del contatto.

INDICAZIONI TECNICHE

Le prime interviste (1999) sono state eseguite tramite un registratore analogico con microfono interno. I dati sono stati digitalizzati successivamente. Per il resto delle registrazioni è stato fatto uso della tecnologia digitale, ovvero di un registratore portatile a minidisco (SONY MZ-N710), corredato di microfono esterno (SONY ECM-MS907). La qualità sonora del materiale raccolto in questo modo e conservato su *Digital Audio MiniDiscs* risulta ottima. In diversi casi si è verificato che la presenza dell'apparecchiatura – dopo una naturale inibizione iniziale – è stata ignorata dai parlanti, in parte presumibilmente anche a causa delle sue dimensioni ridotte.

2.2.1.2 Il metodo d'indagine e il questionario

IL METODO D'INDAGINE

Il metodo d'indagine concernente le interviste è quello *qualitativo*, che risulta particolarmente adatto ad analizzare adeguatamente e in modo differenziato le dinamiche di contatti convergenti. Questo metodo intensivo di lavoro è solitamente usato per analisi geograficamente limitate. La sua applicazione insolita a indagini ben più estese nello spazio, e soprattutto nel tempo, come la presente, che intende basare i propri risultati su dati empirici sufficienti, è dunque legata come tale a sforzi estremi; a dimostrarlo bastano già le dimensioni del corpus empirico. Il metodo qualitativo dell'indagine, basato solidamente sui principi teorici delineati sopra e applicato correttamente, permette un'adeguata descrizione diacronica del cambio linguistico prodotto dal contatto migrazionale.

IL QUESTIONARIO

La conduzione delle interviste poggia su un questionario migrazionale pluridimensionale, che riflette i principi teorico-metodologici descritti sopra in 2.1. Il questionario si basa, in gran parte, sul *Questionnaire zur variationslinguistischen Datenerhebung in Galicien* di A. Bröking[118] nonché sulla *Proposta di Questionario Variazionale per l'Atlante Linguistico della Sicilia (ALS)* di T. Stehl[119],

---

[118] Cf. Bröking (2002, 373–386). Nonostante l'autore nel corso del lavoro analizzi separatamente la competenza, la pragmatica e la linguistica della variazione, non si spiega la collocazione delle sezioni *Clasificación geolingüística del hablante* (4) e *Clasificación del contacto por el hablante* (5) fra le parti dedicate alla pragmatica della variazione (3) e alla linguistica della variazione (6), e non invece all'interno di *Competencia lingüística* (2).
[119] Nel questionario (1990) si tiene conto esplicitamente solo dei passi analitici della pragmatica della variazione e della linguistica della variazione. Le domande inerenti alla competenza

che rispecchia i questionari di G. Kremnitz[120] e P. Scherfer[121], usati per studiare aspetti specifici di due contatti linguistici in ambito galloromanzo.

Il questionario preparato per la conduzione delle interviste agli informatori italoamericani (e non) (9.1) rappresenta un catalogo stringato di domande che investono tutte le generazioni di informatori (dalla prima alla terza), le lingue e le situazioni di contatto. Di volta in volta esso è stato adattato spontaneamente alle dinamiche e alle peculiarità di ogni singola intervista. Il questionario si divide in *cinque* parti, di cui le ultime quattro rispecchiano fedelmente i passi susseguenti, descritti sopra, di un'analisi migrazionale pluridimensionale.

La *prima* parte del questionario contiene domande relative a quesiti sociolinguistici, suddivise in sette sezioni. Nella prima sezione (I.A) si raccolgono informazioni personali sull'informatore. Le domande si ripetono in parte nelle sezioni I.B-I.F, in cui il focus si sposta rispettivamente su: i nonni, i genitori, i fratelli/ le sorelle, il/ la consorte, i figli e i nipoti dell'intervistato. Nell'ultima sezione (I.G) viene indagata la biografia linguistica dell'intervistato. Si tratta di indicazioni sommarie fornite dall'informatore sia sulla qualità del sapere linguistico tecnico dei suoi nonni, genitori, parenti della sua stessa generazione, figli e nipoti, in ciascuna delle lingue di contatto (dialetto, italiano, inglese), che sull'uso di queste ultime da parte loro.

La *seconda* parte, dedicata al *sapere linguistico*, si suddivide in quattro settori. Nel primo settore si valuta il *sapere idiomatico* dell'informatore in ciascuna delle lingue di contatto. All'intervistato viene chiesto di tradurre in dialetto e in italiano cinque frasi inglesi e, viceversa, di tradurre in inglese cinque frasi italiane (sezione II.A.4), come anche di denominare nelle tre lingue di contatto i 40 oggetti e le 13 azioni raffigurati in un apposito catalogo di immagini (sezione II.A.3). Sia le frasi che le immagini sono state scelte miratamente allo scopo di far emergere lo spessore dei fenomeni di interferenza, di erosione e di *dialect mixing*. Il secondo settore lascia spazio alle riflessioni del parlante sul livello del proprio sapere idiomatico in ciascuna delle lingue parlate. Il terzo blocco di domande è dedicato invece alle indagini sulla percezione da parte dei parlanti inerente alla variazione diasistemica di ciascuna delle lingue di contatto. Tramite le domande dell'ultimo settore si vuole infine indagare la percezione dell'intervistato relativa all'architettura del contatto italoamericano.

---

della variazione vi compaiono infatti all'interno sia della prima sezione, quella sociolinguistica, che della seconda, dedicata alla pragmatica della variazione e oltre.
120 Cf. Kremnitz (1983, 110–112).
121 Cf. Scherfer (1983, 139–143).

Alle indagini sul *comportamento linguistico* è dedicata la *terza* parte del questionario. Le domande di cui è costituita sono intese a esaminare l'interdipendenza diretta tra comportamento linguistico e sapere idiomatico, tra l'uso reale e scelte virtuali, il cambio del comportamento linguistico nel tempo, ma anche secondo i temi e le situazioni comunicative.

Nella *quarta* parte del questionario, dedicata al *prodotto linguistico*, l'oggetto delle indagini è l'analisi materiale delle lingue di contatto, così come vengono realizzate dall'informatore. Sono quattro le fonti principali del materiale linguistico. In primo luogo si tratta del materiale raccolto durante l'intera intervista. La seconda fonte è data dalle risposte alle già menzionate domande contenute in II.A.3 e II.A.4. In terzo luogo, agli informatori viene chiesto di raccontare nelle tre lingue di contatto una storia a immagini, andando ad aumentare, così, l'oggettività dell'analisi materiale contrastiva dei testi prodotti dai singoli intervistati. La quarta fonte del materiale linguistico è data dalle risposte a domande specifiche non risultanti nel questionario, bensì formulate miratamente nel corso della preparazione dell'intervista, tenendo soprattutto conto dell'appartenenza generazionale dell'informatore, dell'italoromanzo parlato nella sua regione d'origine, dell'inglese vernacolare parlato nell'area statunitense in cui risiede, ecc. Le domande specifiche sono volutamente orientate a peculiarità fonologiche, sintattiche e semantiche.

L'obiettivo della *quinta* parte del questionario è l'analisi del *rapporto tra lingua e identità* in chiave contattuale, che si estende anche alla compagine culturale. Le domande di questa parte si suddividono in due sezioni, i cui oggetti d'indagine sono rispettivamente le forme di ibridazione culturale e dell'identità italoamericana in chiave generazionale.

2.2.1.3 Gli informatori

Nell'intento di analizzare le dinamiche del contatto italoamericano nel suo complesso si è prestata massima attenzione alla definizione dei criteri di scelta degli informatori. Quattro sono i principali.

Il primo criterio è la collocazione di informatori in ciascuna delle tre *fasi del contatto* e, in riferimento alla seconda fase, in ciascuno dei due periodi. A questo criterio si ricollega il parametro altrettanto fondamentale dell'*appartenenza generazionale* degli informatori e, in riferimento alla prima generazione, della distinzione tra la categoria passiva e quella attiva. L'*area statunitense di residenza* degli informatori e la loro *origine regionale italiana* sono i due restanti criteri selettivi principali. Tra i criteri secondari spiccano il *tipo di enclave* italoamericana (specialmente per i parlanti di prima e seconda generazione), in cui ha vissuto il singolo informatore, il *sesso* e il *grado di scolarizzazione*.

È stata contemplata una composizione del campione di informatori che riflettesse a grandi linee il principio della *proporzionalità quantitativa*. Per questo motivo, dunque, la maggior parte degli informatori si colloca nel primo periodo della seconda fase, è di origine meridionale, specialmente siciliana[122] e abruzzese, e risiede nel Nordest[123] degli Stati Uniti (figg. 2.5 e 2.6). Non a caso è Filadelfia il luogo di residenza di ben 15 informatori italoamericani, essendo questa città contraddistinta dalla forte presenza degli elementi siciliano e abruzzese. La scelta è stata dunque motivata, in primo luogo, dall'importanza di Filadelfia per l'italianità dell'area nordorientale e, in secondo luogo, dall'esiguità degli studi linguistici esistenti relativi alla comunità italofiladelfiana, nonostante la sua rilevanza, a differenza invece del contatto italoamericano a New York, che è stato, come già menzionato, sistematicamente oggetto di studi linguistici.

Sono stati intervistati in tutto 51 informatori (tab. 2.3), di cui 49 italoamericani, collocabili nel terzo periodo della prima fase (11), nei due periodi della seconda fase (33) e nella terza fase (5). Il campione di parlanti copre cinque generazioni. La metà degli intervistati è di prima generazione. Il 65 % circa degli informatori di seconda generazione va collocato nella seconda fase del contatto, mentre i parlanti intervistati di terza generazione e oltre rientrano esclusivamente nella prima fase. Quattro informatori sono invece italoalbanesi molisani di prima e di seconda generazione.

Per meglio analizzare il cambio linguistico in chiave generazionale, in condizioni sociolinguistiche piuttosto uniformi, è stato ritenuto opportuno estendere in alcuni casi aggiuntivamente le indagini a intere famiglie, come si apprende dalle indicazioni comprese nell'ultima colonna della seguente presentazione tabellare del campione di informatori (tab. 2.3). Due delle famiglie sono, inoltre, strettamente imparentate tra loro. Si aggiungono alla cerchia di questa famiglia allargata anche alcuni ulteriori informatori, legati a essa da amicizia. Il resto degli informatori, viste le caratteristiche sociolinguistiche di ciascuno di loro, completa, a mio avviso, lo spettro dell'italoamericanità nel suo insieme, nel tempo e nello spazio.

---

[122] La percentuale proporzionalmente alta degli informatori di origine siciliana riflette a grandi linee la realtà all'interno della comunità italoamericana. Secondo Haller (2006b, 28), ad esempio, il siciliano era insieme al «napoletano (...) il dialetto più parlato a New York nel periodo dell'emigrazione di massa (...).»

[123] In riferimento alla distribuzione geografica degli italoamericani, secondo il censimento del 2000 la loro maggiore concentrazione risultava a New York (3,3 milioni). Seguivano poi, sempre nel Nordest, gli stati del New Jersey (1,6) e della Pennsylvania (1,5). Solo al quarto posto risultava la California (1,2 milioni). Verso il 1980, a San Francisco si registrava (secondo Haller 1998a, 273, n. 3) dopo New York City la concentrazione più alta di italoamericani di prima generazione.

#	SIGLA	ANNO DI NASCITA	ETÀ EMIGR.	ETÀ INTERV.	REGIONE/I DI PROVENIENZA O DI ORIGINE	LUOGO DI RESIDENZA PIÙ DURATURA NEGLI USA	PROFESSIONE PRINCIPALE	ANNI FORMAZIONE SCOLASTICA ITALIA	USA	SESSO	LEGAME CON ALTRI INFORMATORI
1	I-2-AM	1930	–	71	Campania	New Jersey	Farmacista	2*	18	M	
2	I-2-JD	1945	–	62	Basilicata/Marche	S. Francisco	Operaia	0	10	F	Amica di IId-1a-MS
3	I-2-TL	1947	–	60	Abruzzi	Filadelfia	Segretaria	0	10	F	
4	I-3-FS	1972	–	32	Piemonte/Lombardia	S. Francisco	Economa	0	13	F	
5	I-3-M	1964	–	37	Calabria/Lazio	New Jersey	Artigiana	0	13	F	
6	I-3-ML	1935	–	72	Calabria/Sardegna	Boston	Pensionata	0	13	F	
7	I-3-SL	1931	–	70	Marche/Calabria	Chicago	Operaia	0	9	F	Cugina di IId-1a-MS
8	I-4-AB	1982	–	28	Veneto	New York	Studentessa	0	18	F	
9	I-4-JC	1941	–	66	Toscana/Liguria	S. Francisco	Impiegato	0	12	M	
10	I-4-SG	1949	–	56	Piemonte/Toscana	S. Francisco	Impiegato	0	12	M	
11	I-5-MJ	1966	–	41	Emilia Rom./Piemonte	S. Francisco	Cameriere	0	13	M	
12	IId-1a-CM	1928	22	71	Puglia	San Diego	Impiegata	16	2	F	
13	IId-1a-DC	1945	25	59	Sicilia	Filadelfia	Casalinga	8	0	F	Sorella di IId-1a-MM
14	IId-1a-EB	1945	19	54	Campania	N. Orl./NY	Ristoratore	8	0	M	Marito di IId-1a-LB
15	IId-1a-EP	1928	30	71	Abruzzi	Boston	Operaia	8	0	F	Moglie di IId-1a-SP
16	IId-1a-FR	1955	34	46	Calabria	Chicago	Medico	13	0	M	
17	IId-1a-FT	1941	25	66	Abruzzi	Filadelfia	Operaio	9	2	M	
18	IId-1a-GM	1946	26	58	Sicilia	Filadelfia	Commerciante	9	3	M	Marito di IId-1a-MM
19	IId-1a-LB	1950	23	49	Sicilia	N. Orleans	Sarta	9	0	F	Moglie di IId-1a-EB
20	IId-1a-LM	1953	18	49	Sicilia	New Jersey	Sarta	6	0	F	Moglie di IId-1a-SM
21	IId-1a-MC	1940	23	60	Puglia	Filadelfia	Casalinga	8	0	F	
22	IId-1a-MM	1950	20	53	Sicilia	Filadelfia	Ristoratrice	9	0	F	Moglie di IId-1a-GM
23	IId-1a-MS	1938	22	63	Abruzzi	Chicago	Operaia	8	0	F	Cugina di I-3-SL
24	IId-1a-NG	1946	16	61	Umbria	S. Francisco	Operaio	7	5	M	
25	IId-1a-PV	1951	15	50	Basilicata	Chicago	Operaio	7	0	F	
26	IId-1a-SM	1942	16	60	Sicilia	New Jersey	Operaio	6	4	M	Marito di IId-1a-LM

Quadro metodico-empirico — 81

SIGLA	ANNO DI NASCITA	ETÀ EMIGR.	ETÀ INTERV.	REGIONE/I DI PROVENIENZA O DI ORIGINE	LUOGO DI RESIDENZA PIÙ DURATURA NEGLI USA	PROFESSIONE PRINCIPALE	ANNI FORMAZIONE SCOLASTICA ITALIA	ANNI FORMAZIONE SCOLASTICA USA	SESSO	LEGAME CON ALTRI INFORMATORI
27 IId-1a-SP	1921	24	78	Abruzzi	Boston	Muratore	4	0	M	Marito di IId-1a-EP
28 IId-1p-FM	1921	54	83	Sicilia	Filadelfia	Sarto	4	0	M	Padre di IId-1a-GM
29 IId-1p-VG	1922	46	85	Abruzzi	Filadelfia	Operaia	4	0	F	
30 IId-2-AM	1972	–	30	Sicilia	New Jersey	Medico	2*	18	F	Figlia di IId-1a-LM
31 IId-2-DM	1980	–	27	Sicilia	Filadelfia	Ristoratrice	0	11	F	Figlia di IId-1a-MM
32 IId-2-FM	1970	–	29	Sicilia	Filadelfia	Cameriere	0	12	M	Figlio di IId-1a-MM
33 IId-2-GV	1948	9	53	Abruzzi/Campania	Chicago	Operaia	2	9	F	Cugina di IId-1a-MS
34 IId-2-LS	1946	8	61	Abruzzi	Filadelfia	Segretaria	2	12	F	
35 IId-2-MaC	1970	–	31	Sicilia/Calabria	Filadelfia	Economa	2*	13	M	Figlio di IId-1a-DC
36 IId-2-MiC	1972	–	27	Sicilia/Calabria	Filadelfia	Insegnante	1*	13	F	Figlia di IId-1a-DC
37 IId-2-MT	1948	6	59	Abruzzi	Filadelfia	Insegnante	4	12	F	
38 IId-2-PM	1976	–	25	Sicilia	Filadelfia	Cuoco	0	11	M	Figlio di IId-1a-MM
39 IId-3-CT	1970	–	37	Abruzzi	New York	Artista	0	14	F	
40 IIi-1a-TB	1955	23	52	Toscana	NY	Insegnante	17	2	M	
41 IIia-1a-FS	1941	22	66	Molise/Veneto	Orlando	Operaio	9	1	M	
42 IIia-1a-MA	1948	24	59	Molise	Atlanta	Operaio	8	2	M	
43 IIia-1a-PM	1945	19	62	Molise	Nashv./NY	Operaio	10	1	M	Padre di IIia-2-JM
44 IIia-2-JM	1972	–	35	Molise/Sardegna	Nashville	Impiegato	0	13	M	Figlio di IIia-1a-PM
45 III-1a-BZ	1961	24	41	Emilia Romagna	Orlando	Infermiere	10**	3**	M	
46 III-1a-FR	1960	25	47	Lombardia	Austin	Insegnante	17	1	F	
47 III-1a-GC	1961	24	46	Basilicata	Richmond	Operaio	13	1*	M	Padre di III-2-BC
48 III-2-BC	1994	–	13	Basilicata	Richmomd	Scolara	0	6	F	Figlia di III-1a-GC
49 III-2-EB	1991	–	16	Marche	Denver	Scolara	9	0	F	
50 KS	1981	–	26	–	Boston	Studentessa	0	18	F	
51 MM	1970	–	34	–	New York	Economa	0	17	M	

Tab. 2.3: Parametri sociolinguistici degli informatori

* Corsi di lingua
** Indicazione approssimativa

È LEGITTIMO GENERALIZZARE?
È necessario soffermarsi sui seguenti quesiti metodologici fondamentali: è possibile e soprattutto legittimo generalizzare le affermazioni di questi 51 informatori? Possono queste essere rappresentative dell'*intera* comunità italoamericana? Si può parlare, inoltre, di tratti materiali tipici di una lingua funzionale partendo da tratti linguistici verificati nell'uso linguistico dei parlanti intervistati, i quali, anche se appartengono a una medesima generazione, possono avere profili sociolinguistici divergenti?

Dell'irripetibilità linguistica dei singoli individui, e tanto più delle singole famiglie, di cui questi fanno parte, appaiono ben coscienti i parlanti stessi, come dimostra, ad esempio, questa affermazione:

[2.5] IId-1a-DC: *Ogni persona è.. parla i paroli differendi (...). Ogni famigghja, ogni famiglia è... è differendi.*[124]

Ciò trova piena conferma, in più casi, all'interno del campione di informatori analizzato. Basti mettere a confronto, a questo proposito, la qualità del sapere tecnico nelle lingue secondarie dei parlanti della stessa generazione all'interno della medesima famiglia. Nonostante ciò, ad ogni modo, per la presente analisi – al di là della questione di base della difficoltà che comportano le generalizzazioni, di cui si è già detto in parte anche sopra – conta la *ripetibilità* delle dinamiche di convergenza linguistica all'interno delle singole famiglie, anche in presenza di valori diversi. Si è infatti constatato che questi «mondi» si assomigliano moltissimo. In tutti i casi analizzati si rileva una netta divergenza qualitativa nella realizzazione delle lingue di contatto a seconda dell'appartenenza generazionale dei parlanti. Combacia, a grandi linee, anche la loro percezione prototipica di detti cambiamenti, basata soprattutto su tratti linguistici materiali, che spesso sono gli stessi. Si ritiene dunque legittimo generalizzare in simili termini.

Le caratteristiche linguistiche materiali specifiche delle singole varietà di contatto, descritte nell'ambito dell'analisi del prodotto del contatto, rappresentano piuttosto dei tratti tipici, constatabili presso svariati parlanti di una generazione, anche se non necessariamente in tutti i casi. L'analisi delle peculiarità materiali dei singoli gradata consiste, quindi, in una descrizione dei fenomeni prototipici più frequenti, di cui spesso risultano coscienti i parlanti stessi.

---

124 È simile l'affermazione di un contadino gallego, fatta in un contesto analogo: «Cada familia es un mundo.» (in Bröking 2002, VI).

2.2.2 La sezione epistolare

Al fine di tracciare soprattutto le caratteristiche materiali delle varietà di contatto degli italoamericani, specialmente riguardo alla prima fase del contatto, sono state esaminate 1.362 lettere di emigrati italiani, che compongono il settore epistolare del corpus empirico. Si tratta prevalentemente di lettere che gli emigrati inviavano dall'America. Queste si possono suddividere in *due* gruppi, secondo il criterio dell'*origine* dei loro autori. Questa suddivisione combacia a grandi linee anche con la distribuzione degli emigrati sia nel tempo (fig. 2.7) che sul territorio statunitense.[125]

2.2.2.1 Le raccolte di lettere dei ticinocaliforniani

Il primo gruppo, anche il più consistente (1.016 unità), è dato dalle lettere dei ticinocaliforniani, scritte tra il 1851 e il 1956 e distribuite negli anni come dimostra la fig. 2.7. La maggior parte di esse è stata pubblicata nei due tomi di Cheda 1981 (942 epistole), e una piccola parte (3) in Cheda 1976. Vi sono inoltre due raccolte minori (Rusconi 2001; Rusconi 2008, rispettivamente di 45 e 26 unità, redatte nei periodi 1867–1895 e 1885–1905), curate da Renato Martinoni. Si tratta delle lettere scritte da due ticinesi di Mergoscia emigrati in California, padre e figlia, Giacomo e Angelica Rusconi,[126] partiti (separatamente) nel 1867 e nel 1885, rispettivamente all'età di 36 e di 23 anni. Giacomo, dopo 14 anni di emigrazione, ritorna nel Ticino, dove muore all'età di 92 anni; Angelica muore a San Francisco all'età di 43 anni. Altre due lettere (1910[127] e 1941), scritte da Innocente Bianconi, un altro emigrato mergoscese in California, sono state pubblicate in Bianconi 1994, di cui si tratta più avanti (2.2.4).

2.2.2.2 Le raccolte di lettere degli italiani del Sud

Il secondo gruppo di epistole racchiude 346 unità scritte tra il 1937 e il 1989 (fig. 2.7), inviate per la maggior parte dall'area statunitense nordorientale (specialmente da New York), esclusivamente nel Meridione, in tre sub-aree linguistiche fra Puglia e Lucania: l'area daunia (sub-appenninica e del Tavoliere), quella barese e quella lucano-ionica occidentale. La maggior parte, 322 unità, è stata

---

125 Si pensi alla *bipolarizzazione* nella dislocazione degli italoamericani, menzionata in 3.3.
126 Eccezion fatta per quattro lettere, scritte da un amico ticino-californiano di G. Rusconi (1866) e dal marito di A. Rusconi (1902; 1904; 1905), anche lui emigrato dal Ticino.
127 Questa lettera desta particolare interesse poiché è scritta in inglese. Lettere o passaggi scritti in inglese si riscontrano solo sporadicamente nel settore epistolare.

raccolta nel quadro delle indagini per l'*Opera dell'Archivio Linguistico*, dirette da Armistizio M. Melillo.[128] Il resto delle epistole (24) risale alla raccolta di lettere di emigrati italiani curata da Giannino di Stasio.[129]

L'importanza del primo gruppo di lettere consiste soprattutto nel lasso di tempo che esso copre. La loro analisi materiale fornisce soprattutto un'impressione sommaria delle varietà parlate dagli emigrati italiani del Nord nel corso del secondo e del terzo periodo della prima fase di contatto. Il gruppo meridionale delle epistole assume invece particolare importanza in chiave materiale, soprattutto per quanto riguarda l'italiano usato in queste lettere dagli emigrati. Benché stilisticamente ben poco variato, esso rappresenta quasi uniformemente la varietà secondaria italoromanza degli italoamericani di prima generazione primariamente dialettofoni. Come tale detta varietà è ulteriormente difettiva, vale a dire esposta all'influsso contemporaneamente del dialetto primario italoromanzo e dell'*American English*.

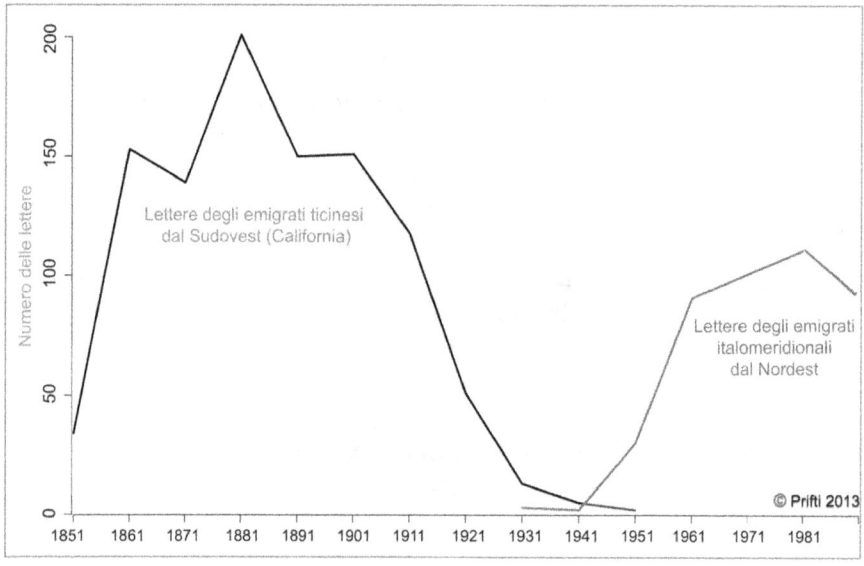

Fig. 2.7: Distribuzione cronologica delle lettere comprese nella sezione epistolare secondo l'origine degli emigrati

Tramite l'analisi delle epistole si intende innanzitutto tracciare un quadro della qualità dell'italiano usato dagli emigrati italiani, verificando, anche in termi-

---

128 Cf. Melillo (1991).
129 Cf. Di Stasio (1994).

ni materiali concreti, il grado dell'influsso dell'*American English* e del dialetto. Di particolare interesse sono inoltre le frequenti affermazioni di carattere metalinguistico circa le dinamiche del contatto. Non di rado le lettere contengono opinioni preziose su fattori extralinguistici, che determinano l'evoluzione del cambio linguistico dovuto al contatto culturale prodotto dall'emigrazione.

Le epistole pubblicate rappresentano solo una piccola parte della grande mole di materiale ancora inedito, contenuto nei molteplici archivi comunali e privati italiani, specialmente nelle aree più esposte all'emigrazione verso gli USA. Renderlo accessibile alla comunità scientifica è un'impresa tanto ardua quanto auspicabile.

2.2.3 La sezione documentaria

Nel settore documentario rientrano testimonianze scritte, di vario genere e funzionalità diverse, raccolte nel corso delle indagini sul campo. Di questo materiale la parte più cospicua e rilevante ai fini del presente lavoro è data da circa 300 ricette culinarie, scritte da 14 casalinghe italoamericane tra il 1956 e il 2001. Una raccolta delle ricette, analizzate sistematicamente in chiave contattuale, soprattutto in prospettiva materiale, verrà pubblicata separatamente;[130] in questa sede ne vengono riportati tre esempi concreti (figg. 6.8–6.10).

Altri documenti manoscritti di particolare interesse sono una decina di (appunti su) bigliettini manoscritti, circa trenta annotazioni su altri documenti (ad esempio fig. 6.5), fotografie, ecc., un elenco di quattro facciate delle interferenze inglesi più frequenti nelle varietà italoromanze di contatto, parlate in un'enclave regionale italoamericana del New Jersey, redatto spontaneamente dall'informatore I-2-AM (fig. 6.1), ecc.

2.2.4 La sezione (para)letteraria

Il materiale rientrante in questo settore si suddivide in tre categorie:
- la memorialistica (resoconti di viaggio, diari e simili) (2.2.4.1),
- la pubblicistica periodica (la stampa italoamericana) (2.2.4.2),
- la produzione (para)letteraria (specialmente umoristica) (2.2.4.3).

---

[130] In Prifti 2013b ne sono state analizzate alcune.

2.2.4.1 La memorialistica

Le indagini sui rendiconti, diari e simili inseguono a grandi linee i medesimi obiettivi contemplati dall'analisi del settore epistolare. Sono soprattutto i rendiconti di viaggio a rappresentare le testimonianze più remote (1770–1880 circa) del contatto italoamericano. Questi documenti si rivelano importanti soprattutto per le descrizioni e affermazioni metalinguistiche contenutevi. Pur trattandosi di testi colti, essi contengono sporadicamente anche qualche interferenza inglese. La fonte principale è la riuscita antologia in due volumi di Francesco Durante (2001; 2005), in special modo il primo, che nella sua estensione ed eterogeneità accoglie anche svariati testi inediti. Destano interesse soprattutto 73 testi di 56 autori italiani – politici, religiosi, esploratori, commercianti, ecc. – insediatisi negli Stati Uniti a partire dal 1776.

È stato oggetto di analisi anche il diario dell'emigrato mergoscese in California, già menzionato, Innocente Bianconi (1856–1941), pubblicato a cura di Renato Martinoni (Bianconi 1994). Il diario, autografo e anepigrafo, consta di 70 facciate, contiene poche rivisitazioni interlineari ed è stato iniziato con ogni probabilità verso il 1906. Al di là delle significative testimonianze metalinguistiche che contiene, il diario rappresenta soprattutto un monumento, come molte altre lettere di emigrati, dell'italiano popolare ai suoi albori, contraddistinto, a livello stilistico, da «(...) guizzi di una letterarietà un po' scolastica che si mescidano al registro parlato (...)»[131] e corredato di diversi tratti di *code mixing* in dialetto, nonché di svariate interferenze inglesi.

2.2.4.2 La pubblicistica periodica

La fertile[132] stampa italoamericana rappresenta una fonte ausiliare, ricca di materiale utile all'analisi della variazione all'interno del contatto italoamericano, come hanno riconosciuto anche alcuni filologi, già a partire da Livingston.[133]

Sono molto frequenti le testimonianze metalinguistiche, riferite soprattutto al comportamento linguistico degli italoamericani di prima generazione. L'integrazione degli italoamericani nella società statunitense rappresenta una delle tematiche più trattate, specialmente in riferimento alle enclavi italoamericane, tra le quali destano maggiormente interesse le *Little Italies*. I periodici italoamericani, specialmente quelli minori, di diffusione locale, rappresentano in oltre una

---

[131] Cf. Martinoni, in Bianconi (1994, 13).
[132] Si vedano ad esempio gli acenni in Pozzetta (1973).
[133] Cf. Livingston (1918, 211s.). In Haller (1979) sono esaminate le interferenze inglesi ne *Il Progresso Italo-Americano* del 1976 e del 1978. Lo stesso argomento è trattato anche in Brighenti (1985).

miniera di testimonianze del processo di ibridazione linguistica. Sono in particolare le quarte pagine, le lettere dei lettori, le citazioni dirette e simili a costituire una fonte importante per l'esame diacronico dell'erosione, del *dialect mixing* e delle interferenze. Queste ultime rappresentano di regola la parte più stabile delle innovazioni linguistiche prodotte dal contatto, come illustra il noto[134] aneddoto del «direttore smarto» di un quotidiano italoamericano, il cui intervento nell'adattare il testo di un annuncio pubblicitario da «Affitto casa senza riscaldamento, senza portinaio, con lungo affitto, costruita in mattoni, prossima ferrovia elevata» in «Affitasi casa di *bricchi*, senza *stima*, senza *genitore*, con lunga *lista* prossima *olivetta*» determinò anche l'imminente successo dell'annuncio.[135] Le indagini incentrate sui periodici italoamericani eseguite ai fini della presente ricerca non sono state sistematiche. L'attenzione è stata rivolta prevalentemente alla «quarta pagina».

Si profila dunque promettente per gli studi futuri il *desideratum* di indagini linguistiche in chiave variazionale della lingua usata nei periodici italoamericani, soprattutto in quelli in lingua italiana apparsi durante il periodo della Grande Emigrazione.

2.2.4.3 La produzione (para)letteraria

Il materiale rientrante in questa categoria, trascurato a lungo dalla ricerca filologica,[136] è particolarmente ampio e variato. Ai fini della presente ricerca esso è stato diviso in tre gruppi:
– la produzione (para)letteraria degli italoamericani di *prima generazione*, avviata già nel periodo preunitario (prima fase del contatto), che è anche la componente più cospicua e rilevante,
– la produzione letteraria degli italoamericani di *seconda generazione*, e
– la produzione letteraria dei *non-italoamericani*, concernente la realtà italoamericana.

Nel primo gruppo rientrano romanzi, racconti, novelle, poesie, ecc.,[137] che contengono affermazioni rilevanti di carattere metalinguistico. Desta senza dubbio particolare interesse in questa sede la produzione teatrale popolare italoameri-

---

[134] Analizzato in Prezzolini (1963, 350–354), ripreso anche in Durante (2005, 838, n. 46).
[135] Intendendo offrire degli stereotipi dell'influsso dell'inglese sull'italoromanzo «in colonia», Amy Bernardy offre anche altri esempi simili in Bernardy (1913, 88–122).
[136] Va menzionata la recente pubblicazione di due accurati studi in proposito: il secondo volume dell'antologia di Durante, menzionata sopra, e Haller (2006b).
[137] Marazzi (2001) costituisce un'analisi riuscita a questo proposito.

cana, che incorpora un aspetto importante della cultura italoamericana, la quale diverge sia da quella italoromanza *locale* di partenza, che da quella americana d'arrivo.[138] Analogamente alle varietà linguistiche degli italoamericani, anche le forme ibride di cultura italoamericana rappresentano una realtà nuova, sorta spesso proprio nelle enclavi italiane, specialmente nelle *Little Italies*.

Nell'ambito della produzione teatrale spicca la *macchietta coloniale*, ovvero la «commedia delle lingue»,[139] che è la versione italoamericana della macchietta napoletana.[140] Uno dei suoi tratti distintivi principali, e al contempo anche quello più espressivo, è proprio l'uso organico e stereotipato del cosiddetto «dialetto italoamericano». In questa prospettiva appaiono evidenti i parallelismi tra la macchietta coloniale e il quasi contemporaneo *drama gauchesco* rioplatense,[141] la burla italo-brasiliana,[142] ecc., ancora tutti da esaminare in chiave linguistica.

Gli autori delle macchiette coloniali erano prevalentemente napoletani.[143] Tra questi spicca Eduardo Migliaccio, detto *Farfariello*[144] dal nome della sua maschera, che rappresenta lo stereotipo dell'emigrato napoletano semi-americanizzato. Anche i personaggi degli altri autori sono emigrati italiani analogamente dialettofoni[145] – i cosiddetti *grinòrni*[146] – esposti all'influsso dell'*American English*. In chiave materiale si possono distinguere tre tipi di testi burleschi:

---

138 Le raccolte Malpezzi/Clements (1992), orientata al folclore italiano di matrice meridionale, e D'Ariano/D'Ariano (1976), in cui è focalizzata la realtà italoamericana del West Virginia, contengono testimonianze dell'ibridazione culturale inter-italoromanza.
139 Cf. Haller (2006b, 37). Denominazione dovuta ai tratti plurilinguistici che vi convergono.
140 Genere burlesco teatral-letterario musicato, sviluppato verso la fine dell'Ottocento sulla scia dei *café-chantant* parigini e basato sulla ricca tradizione partenopea. La denominazione deriva dalle arti figurative: schizzo preparatorio a olio o matita.
141 Si consideri specialmente *Juan Moreira* (1886) di Eduardo Gutiérrez, a cui risale anche la fortunata denominazione del «dialetto» degli emigrati italiani nell'area rioplatense, il *cocoliche*. Cf. Cancellier (1996, 5) e altri.
142 Cf. Franzina (1995, 333).
143 Altri autori napoletani sono: Tony Ferrazzano, Pasquale Rapone, Gennaro Camerlingo, Ettore De Stefano, Frank Amodio, e altri.
144 Cf. Haller (2006b); Durante (2005, 383–400), e altri.
145 Ad esempio Giovanni de Rosalia (dialetto siciliano), Riccardo Cordiferro e Michele Pane (alias Màicu Bred) (calabrese), Achille Almerini (lombardo), Alfredo Borgianini (romanesco), il *Circolo filodrammatico «L'Amicizia»* di New York (toscano), la *Società Veneta «Daniele Manin»* (veneto), ecc. Si veda anche Haller (2006b, 36).
146 < ae. *greenhorn*. Si vedano in proposito le note in 6.1.5.

1. Discorsi concepiti in dialetto, che sono i più frequenti, destinati ad un pubblico piuttosto regionale. Spiccano le interferenze dall'*American English*, che sono prevalentemente lessicali.

2. Discorsi concepiti in italiano, rivolti a un pubblico italoamericano più vasto ed eterogeneo, come quello delle *Little Italies*. Si tratta di un italiano popolare contraddistinto dal forte influsso dialettale – si ricordi che il tipico *grinòrno* è (primariamente) dialettofono[147] – e dalle frequenti interferenze inglesi.

3. Discorsi concepiti in inglese, che sono decisamente più rari, poiché usati intenzionalmente in situazioni fasiche marcate. Sono determinati dalla difettività e rispecchiano la competenza linguistica in inglese dell'italoamericano classico di prima generazione.

Occorre far luce, però, sulla fondamentale questione metodologica relativa all'*idoneità* da attribuire a questi discorsi «riflessivi» «(...) scritto-parlati teatrali con interventi lucido-espressionistici dell'autore (...).»[148] Per poterne trarre delle conclusioni in chiave linguistica storica, essi possono considerarsi piuttosto *reali* ed *endogeni* solo in riferimento alle interferenze dall'*American English*, rappresentando queste dei tratti *reali* della competenza linguistica degli italoamericani all'inizio del '900. Non è possibile invece generalizzare affermando lo stesso per le varietà dell'italoromanzo, che rappresentano delle varietà altrettanto *endogene* ma *virtuali*, trattandosi di un *italoromanzo scenico rielaborato*,[149] tendente piuttosto a un italiano dell'uso medio.[150]

Oltre alla macchietta coloniale, nella tradizione teatrale italoamericana rientrano anche le sceneggiate,[151] che sono composizioni drammatiche, in cui l'espressività degli italoamericanismi è solitamente meno marcata.

Ai fini della presente ricerca sono state analizzate sistematicamente le macchiette di Migliaccio, apparse nell'edizione di Haller (2006b), e i lavori riportati nella terza parte di Durante (2005).

Il secondo gruppo, ovvero la produzione letteraria degli italoamericani di seconda generazione, interessa la presente ricerca soprattutto per le frequenti

---

147 Si vedano in proposito le osservazioni in 7.1.1.
148 Cf. Haller (2006b, 27).
149 Ne dà prova il confronto tra le due versioni accessibili della macchietta *'A lengua 'taliana* (Migliaccio). Alla frase «(...) e i' lle scippaie 'a capo...», ad esempio, della versione apparsa in Haller (2006b, 148), corrisponde «(...) e io 'o tagliaie a capa.» della versione italianizzata apparsa in Durante (2005, 404). Si confrontino inoltre, già nel titolo, le due forme dell'articolo determinativo *''A'* (versione Haller) e *'La'* (versione Durante).
150 Secondo Haller (2006b, 37).
151 Si vedano ad esempio *Pascariello a Coney Island, ovvero 'O Pic Nic d' 'e Scianiature* di Gennaro Camerlingo, *Nofrio al telefono* (1918) di Giovanni De Rosalia, ecc.

affermazioni metalinguistiche riferite solitamente al comportamento e alla competenza linguistica degli emigrati italiani, corredate delle volte anche di alcuni discorsi diretti. Questi ultimi sono marcatamente dialettali e rispecchiano l'uso integralmente orale e domestico dell'italoromanzo, come conferma anche John Fante in una sua lettera diretta a Giuseppe Prezzolini:

> «Doubtless you shuddered at the spelling of those Italian words in my *Wait until spring, Bandini*. (...) The truth is, I can't write Italian, except phonetically (...).»[152]

In altri casi i discorsi diretti italoromanzi appaiono forzatamente italianizzati e stigmatizzati. Tra la vasta produzione letteraria di questo tipo, ai fini della presente analisi, sono stati esaminati i romanzi di John Fante *Wait until spring, Bandini* (1938) e *The brotherhood of the Grape* (1977).

All'interno della produzione letteraria di autori non-italoamericani, che ha come oggetto la realtà italoamericana, si rilevano sporadicamente delle affermazioni metalinguistiche che spesso risultano eccessivamente soggettive. Desta interesse, da un lato, la narrativa di autori americani risalente agli anni tra il 1830 e il 1930 circa, ambientata nelle *Little Italies*, come il romanzo *Phil the Fiddler* (1872) di Horatio Alger Jr., ecc. D'altro canto, anche nella produzione letteraria di autori italiani non-italoamericani si riscontrano delle volte sporadicamente degli italoamericanismi – quasi esclusivamente lessicali – usati con la funzione di elementi stilistici espressivi. Basti ricordare il poemetto già menzionato *Italy*[153] (1900) di Giovanni Pascoli, oppure il lungo racconto di Leonardo Sciascia[154] *La zia d'America* (1958), dove si fa luce anche sul fenomeno degli anglicismi delle varietà italoromanze statunitensi irradiati in Italia. Ai fini della presente ricerca sono state analizzate, a proposito di quest'ultimo gruppo, le opere sopracitate.

2.2.5 La sezione mass-mediatica

Le variegate fonti di materiale empirico che rientrano nel settore mass-mediatico vanno raggruppate in tre categorie principali:
- cinematografia,
- musica,
- internet.

---

152 Citazione da Marazzi (2001, 58).
153 Citazione da Colasanti (2001, 171–183). A *Italy* si presta attenzione anche in Livingston (1918).
154 Si veda la solida analisi Sgroi (1984).

I singoli prodotti scelti, elencati qui di seguito, sono stati analizzati soprattutto nell'ottica del terzo e del quarto passo analitico.

La categoria dei *prodotti cinematografici* racchiude in sé vari generi, tra i quali predomina quello del film. I film artistici analizzati ai fini della presente ricerca sono *Donnie Brasco* (1997, Mike Newell), *Rocky* (1976, John G. Avildsen), *Raging Bull* (1980, Martin Scorsese) e *Goodfellas* (1990, Martin Scorsese). Sono stati inoltre esaminati: alcuni episodi della serie *The Sopranos* (1999–2007, David Chase), il cartone animato *Bolt* (2008), i documentari *Italianamerican* (1974, Martin Scorsese) e *Our Contributions: the Italians in America* (1999, Marino Amoruso). Sono stati scelti inoltre alcuni singoli sketch dell'avanspettacolo televisivo *Dangerfield's «Nothing goes right»* (1989) e della commedia televisiva a puntate *MADtv* (2001–2006).

Tra i *prodotti musicali* analizzati basti menzionare le canzoni *That's amore* (Harry Warren/Jack Brooks, 1952), *Mambo Italiano* (Bob Merrill, 1954), *Eh, cumpari!* (Julius La Rosa/Archie Bleyer, 1954) e *Shaddap you face* (Joe Dolce, 1980), rilevanti sia – e soprattutto – per i testi, che per il loro apporto alla solidificazione della tradizione, della cultura e dell'identità italoamericane.

Nella terza categoria, quella di *internet,* rientra una scelta ristretta di testi, discorsi e affermazioni tratti da siti web e da piattaforme di comunicazione digitale (*chat*, *blog*, ecc.).

Fig. 2.8: Copertina discografica (mihai-sma.blogspot.de)

Fig. 2.9: Commenti relativi all'*Italian accent* (youtube.com)

3 Storia linguistica esterna dell'italoromanzo negli USA

Sono delineati qui di seguito i tratti principali della storia linguistica esterna dell'italoromanzo negli USA, la cui conoscenza è fondamentale per un'analisi adeguata del contatto italoamericano nella sua intera estensione nel tempo e nello spazio. Si focalizzano e descrivono sistematicamente, in chiave soprattutto sociolinguistica e variazionale, le dinamiche principali dell'insediamento degli italiani nel territorio statunitense. La presente storia linguistica esterna italo-americana è strutturata in base a una distinzione in tre fasi di contatto susseguenti, fondata – come descritto in 2.1.2.2 – su criteri primariamente linguistici. È già stato inoltre ampiamente evidenziato che, per poter analizzare adeguatamente ed efficacemente le dinamiche del contatto nelle singole fasi, esse vanno necessariamente suddivise in periodi sulla base di criteri primariamente extralinguistici, soprattutto socio-demografici. Segue una presentazione grafica e tabellare dell'evoluzione del flusso migratorio italiano negli USA a partire dal 1820, anno a cui risalgono le prime statistiche ufficiali americane.

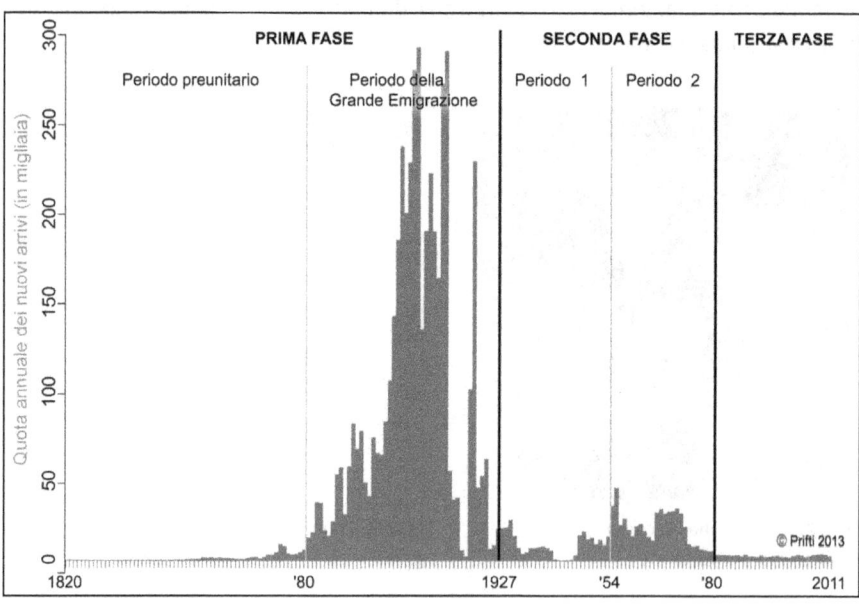

Fig. 3.1: Dinamica del flusso immigratorio italiano negli USA (1820–2011)[1]

---

1 Visualizzazione dei valori indicati nella tabella 3.1.

Anno	Quota	Anno	Quota	Anno	Quota	Anno	Quota	Anno	Quota	Anno	Quota
1820	30	1852	351	1884	16.510	1916	33.625	1948	16.075	1980	5.100
1821	63	1853	555	1885	13.642	1917	34.596	1949	11.695	1981	3.050
1822	35	1854	1.263	1886	21.315	1918	5.250	1950	12.454	1982	3.000
1823	33	1855	1.052	1887	47.622	1919	1.884	1951	8.958	1983	3.000
1824	45	1856	1.365	1888	51.558	1920	95.145	1952	11.342	1984	2.800
1825	75	1857	1.007	1889	25.307	1921	222.260	1953	8.432	1985	2.600
1826	57	1858	1.240	1890	52.003	1922	40.319	1954	13.145	1986	2.900
1827	35	1859	952	1891	76.055	1923	46.674	1955	30.272	1987	2.176
1828	34	1860	1.019	1892	61.631	1924	56.246	1956	40.430	1988	3.181
1829	23	1861	811	1893	72.145	1925	6.203	1957	19.624	1989	2.304
1830	9	1862	566	1894	42.977	1926	8.253	1958	23.115	1990	2.089
1831	28	1863	547	1895	35.427	1927	17.297	1959	16.804	1991	1.964
1832	3	1864	600	1896	68.060	1928	17.728	1960	13.369	1992	2.645
1833	169	1865	924	1897	59.431	1929	18.008	1961	18.956	1993	1.812
1834	100	1866	1.382	1898	58.613	1930	22.327	1962	20.119	1994	2.103
1835	100	1867	1.624	1899	77.419	1931	13.399	1963	16.175	1995	2.231
1836	115	1868	891	1900	100.135	1932	6.662	1964	12.769	1996	2.501
1837	36	1869	1.489	1901	135.996	1933	3.477	1965	10.874	1997	1.982
1838	86	1870	2.891	1902	178.375	1934	4.374	1966	26.447	1998	1.831
1839	84	1871	2.816	1903	230.622	1935	6.566	1967	28.487	1999	1.530
1840	37	1872	4.190	1904	193.296	1936	6.774	1968	25.882	2000	2.489
1841	179	1873	8.757	1905	221.479	1937	7.192	1969	27.033	2001	3.142
1842	100	1874	7.666	1906	273.120	1938	7.712	1970	27.369	2002	2.605
1843	117	1875	3.631	1907	285.731	1939	6.570	1971	28.872	2003	1.644
1844	141	1876	3.015	1908	128.503	1940	5.302	1972	26.012	2004	2.346
1845	137	1877	3.195	1909	183.218	1941	450	1973	18.706	2005	3.066
1846	151	1878	4.344	1910	215.537	1942	103	1974	9.131	2006	3.215
1847	164	1879	5.791	1911	182.882	1943	49	1975	7.612	2007	2.569
1848	241	1880	12.354	1912	157.134	1944	120	1976	8.095	2008	2.514
1849	209	1881	15.401	1913	265.542	1945	213	1977	6.230	2009	2.892
1850	431	1882	32.169	1914	283.738	1946	2.636	1978	5.531	2010	2.579
1851	447	1883	31.792	1915	49.688	1947	13.866	1979	5.104	2011	2.443

Tab. 3.1: Quote annuali del flusso immigratorio italiano negli USA (1820–2011)[2]

---

[2] I valori indicati risalgono, con poche eccezioni, all'*US Census Bureau* e al *Department of Homeland Security*.

3.1 Prima fase del contatto (1500–1927 ca.)

La prima fase del contatto, la fase dialettale, è decisamente la più importante sia per la sua durata che per la mole e l'intensità dell'afflusso migratorio italiano negli USA. Essa si estende dagli inizi della colonizzazione del continente nordamericano al 1927 circa, anno in qui si registra un calo drastico del flusso migratorio dall'Italia. Le molteplici singole situazioni di contatto, createsi nel corso della prima fase, si distinguono essenzialmente l'una dall'altra soprattutto per modalità, spessore e durata divergenti. Onde descriverla adeguatamente, questa fase va suddivisa, come già detto sopra (2.1.2.2), in tre periodi sulla base di eventi legati in primo luogo alla dinamica dell'insediamento degli italiani nel territorio statunitense:

1. il periodo *coloniale*, all'incirca dal 1500 al 1783, anno in cui fu proclamata l'indipendenza americana,
2. il periodo *preunitario*, dal 1783 al 1880 circa, e
3. il periodo della *Grande Emigrazione,* dal 1880 circa al 1927.

3.1.1 Periodo coloniale (1500–1783 ca.)

Il primo periodo copre circa 280 anni, terminando con la proclamazione dell'indipendenza delle tredici colonie del New England (1783). Secondo diverse fonti, gli italiani stabilitisi nel territorio statunitense durante questo lasso di tempo pare non superassero i cinquemila individui. La distribuzione media annua dei nuovi arrivi di italiani va dunque considerata pressoché insignificante. Ciò si rispecchia fedelmente nel contatto linguistico, influenzandone, come si evince più avanti, le dinamiche.

Gli albori del fenomeno italoamericano sono legati all'*esplorazione* del continente nordamericano. Sono 61 gli italiani, in prevalenza mercanti e marinai liguri, che giunsero nelle Indie Occidentali tra il 1493 e il 1519.[3] Nel ventennio successivo sono 143 i nuovi arrivi, provenienti dalle principali località portuali della penisola appenninica.[4] La composizione sociale della comunità italiana

---

[3] Secondo Peter Boyd-Bowman, riportato in Franzina (1995, 45), «Gli italiani (...) costituirono dunque il secondo elemento straniero per numero e importanza (...) e vennero facilmente assimilati [agli spagnoli]. Essi erano già solidamente piazzati a Siviglia al tempo della scoperta dell'America (...).»
[4] Cf. Franzina (1995, 49s.).

fino alla fine del '600 è segnata dalla presenza di marinai e nocchieri, da un lato, e della borghesia mercantile e finanziaria, dall'altro.

All'esplorazione seguì il processo duraturo dell'*evangelizzazione* delle popolazioni indigene del Nuovo Mondo, al quale nel corso del '500 parteciparono quasi 450 missionari, tra gesuiti, francescani e domenicani[5].

Nei primi decenni del '600 cominciò a consolidarsi la *colonizzazione* agricola e urbana, alla quale parteciparono principalmente agricoltori, girovaghi e lavoratori ambulanti, emigrati a volte insieme alle loro famiglie. Proprio a quegli anni risalgono le prime notizie concrete sull'insediamento in loco di comunità di parlanti di italoromanzo. Nel 1621 un gruppo di artigiani veneti fu chiamato a Jamestown (Virginia) dai coloni inglesi, per installarvi una manifattura destinata alla produzione del vetro.[6] Secondo Brighenti[7] «In 1635 the first Italian immigrant, Pietro Cesare Alberti of Venice, reached the shores of America.» Quasi quarant'anni dopo giunsero a Nieuw Amsterdam circa 150 valdesi piemontesi in fuga dalla persecuzione cattolica, andandosi a stabilire nell'area di Stony Brook (Long Island) e nel Delaware.[8] Nella prima metà del '700 si insediarono nei territori della Louisiana[9] francese e spagnola alcune centinaia di italiani settentrionali, i quali, «(...) pescatori, contadini, soldati, uomini politici, non tardarono a integrarsi nella società coloniale di quelle regioni.»[10] Si ha notizia di un centinaio di contadini toscani, probabilmente livornesi,[11] che nel 1763 lavoravano a contratto nella colonia di New Smyrna (Florida).[12] Negli stessi anni, secondo diverse indicazioni,[13] una comunità di produttori di seta piemontesi era attiva in Georgia.

---

5 Cf. Franzina (1995, 59).
6 Cf. Mangione/Morreale (1992, 10s.), su cui si basa anche Durante, il quale evidenzia che «‹A more damned crew Hell never vomited› (...) è (...) l'icastico commento di un colono di Jamestown all'indirizzo [di questa] (...).» (cf. Durante 2001, 11).
7 Cf. Brighenti (1985, 1), dove purtroppo manca l'indicazione delle fonti.
8 Cf. Mangione/Morreale (1992, 10).
9 Verso la fine del Seicento, per conto della Francia, Enrico de Tonti esplora la Louisiana. Un suo fratello è stato tra i fondatori, e poi (1717–1728) governatore, di Detroit. Si vedano Franzina (1995, 70) e Mangione/Morreale (1992, 9).
10 Cf. Franzina (1995, 71).
11 Secondo Pacini (1987, 87) «(...) in particolare la Toscana si apriva alla conoscenza dell'America, che diventava sempre più diffusa man mano che si cominciava a intuire l'importanza degli avvenimenti americani.»
12 Cf. Schiavo (1934, 148–159); Durante (2001, 11s.). Secondo quest'ultimo (p. 25), di loro probabili discendenti si ha breve notizia all'inizio dell'Ottocento.
13 Cf. Schiavo (1934, 143–147); Mangione/Morreale (1992, 11); Franzina (1995, 78); Durante (2001, 12).

Gli italoamericani di questo periodo provenivano in maggioranza dalle aree settentrionali della penisola e vanno considerati parlanti di dialetti italoromanzi gallo-italici. Tra questi spiccano, in prospettiva quantitativa, i dialetti liguri (specie quello genovese), giacché secondo Franzina «La prima diaspora italiana in America fu (...) tutta, o quasi tutta ligure (...).»[14] Spesso furono i liguri i primi italiani a frequentare[15] aree e centri urbani nordamericani e, delle volte, anche a fondarvi le prime enclavi italoamericane. Il secondo gruppo di emigrati italiani, per consistenza, è rappresentato dai toscanofoni, di provenienza prevalentemente rurale. Sempre in termini quantitativi seguono poi parlanti di dialetti italoromanzi meridionali mediani ed estremi.

Quanto alla diffusione dell'italofonia tra gli emigrati italiani di questo periodo, date le numerose concordanze, si rimanda alle osservazioni relative al periodo preunitario, esposte in 3.1.2.

Per una percezione più realistica e ampia del periodo in questione, occorre tenere presente, in conclusione, che almeno fino alla metà del '600 le varietà dialettali italoromanze si trovavano regolarmente in contatto anche con altre lingue, oltre all'inglese.[16] Tali contatti erano geograficamente circoscritti. Si pensi, ad esempio, al contatto delle varietà italoromanze con quelle galloromanze e iberoromanze – e anche altre – nella Louisiana del XVIII secolo,[17] con il tedesco in Pennsylvania e nel Maryland (Baltimore) o con lo svedese nel Minnesota,[18] ecc. Va inoltre considerato che in non pochi casi gli emigrati italiani giungevano nel continente nordamericano in seguito a permanenze in Spagna, Francia o Gran Bretagna, le quali avevano lasciato tracce anche a livello linguistico.[19] Si tratta di aspetti interessanti della storia linguistica dell'italoromanzo fuori d'Ita-

---

14 Cf. Franzina (1995, 8).
15 Anche più tardi, San Francisco, ad esempio, era «(...) l'unico insediamento degno di qualche nota, frequentato da almeno un quarto di secolo [dal 1820 circa, n.d.a.] anche da marinai liguri.» (cf. Durante 2001, 219).
16 La prima, stabile colonia anglofona britannica in Nordamerica è stata fondata soltanto nel 1607.
17 In Franzina (1995, 71) si afferma che «(...) i primi italiani della Louisiana (...) si integrarono così rapidamente nella società francese e spagnola da perdere la loro identità. (...) il XVIII secolo vide formarsi nella vallata del Mississippi una comunità cosmopolita di frontiera notevolmente permeata dagli italiani.»
18 Cf. Cheda (1981, XLI), e altri.
19 Si vedano, ad esempio, le sporadiche interferenze lessicali galloromanze nella lettera di Giovanni da Verrazzano diretta al re di Francia Francesco I (1524), apparsa in Farina (1971, 145–180), o quelle iberoromanze contenute nella lettera di Michele de Cuneo diretta a Gerolamo Annari (1495) (in Farina 1971, 25–77). I 14 volumi della *Raccolta di documenti e studi pubblicati dalla R. Commissione Colombiana pel Quarto Centenario della Scoperta dell'America*, coordinata da Ce-

lia, rimasti finora trascurati. L'ostacolo principale a indagini in proposito rimane l'esiguità del materiale documentario a disposizione.

3.1.2 Periodo preunitario (1783–1880 ca.)

La caratteristica principale dell'emigrazione italiana durante il periodo preunitario è la *transitorietà*. In questo arco centenario di tempo si tracciò, dunque, la fisionomia che l'emigrazione italiana avrebbe poi assunto durante la Grande Emigrazione. Il periodo preunitario è contraddistinto da molteplici eventi storici, che sfociarono nell'Unità d'Italia e che influenzarono notevolmente anche il profilo dell'emigrazione italiana negli USA. Il graduale aumento quantitativo dei nuovi arrivi produsse anche una diffusione crescente degli italiani sul territorio nordamericano.

> «In Boston, Filadelfia, Washington, Chicago, Cincinnati, St. Louis, Louisville, Memphis e più di tutto alla Nuova Orleans udite con vero piacere in quasi ogni via, o luogo di pubblico convegno echeggiare all'orecchio la bella lingua ove il sì suona. Non c'è forse città, borgata o considerevole villaggio negli Stati Uniti ove non s'incontrino Italiani.»[20]

Aumentarono di pari passo la diversità dei profili professionali,[21] la gamma dell'appartenenza sociale e delle cause dell'emigrazione.

La crescita progressiva, ma non impetuosa, dei nuovi arrivi si arrestò durante l'epoca napoleonica e negli anni a seguire. Le mete principali erano l'area del Nordest, in particolar modo quella newyorkese, l'area a sud della valle del Mississippi, specialmente la Louisiana,[22] nonché il territorio californiano, investito dalla corsa all'oro. Nell'anno 1833 i nuovi arrivi superarono la soglia dei 150 individui (tab. 3.1), nel 1850 – quando negli USA in totale non si contavano più di 3.500 immigrati di origine italiana – quella dei 400 e nel 1854 dei 1.000, allorché

---

sare de Lollis (1892ss.), contengono diversi interessanti documenti dell'epoca, tutti ancora da analizzare.
20 Affermazione di Giovanni Francesco Secchi de Casali apparsa su *L'Eco d'Italia* (30 dicembre 1865) nell'articolo *Gl'italiani negli Stati Uniti*, ristampato in Durante (2001, 430–433), da cui (p. 430) è tratta la citazione.
21 Secondo Mangione/Morreale la maggior parte degli emigrati erano «(...) tradesmen, artists, artisans, musicians, teachers, and political refugees, with a wide diversity of skills. Few come from an agricultural background.» (cf. Mangione/Morreale 1992, 14).
22 In Mangione/Morreale (1992, 181) si segnala che «Soon after the Civil War, when the migration of the ex-slaves to the North created a labor shortage, Louisiana became one of the first southern states to encourage Italian immigration.»

la quota complessiva degli italiani ammontava a poco meno di 8.000,[23] dei quali circa 700 erano sudditi del re di Sardegna. Nel corso del decennio 1850–1860 si insediarono negli USA circa 6.500 emigrati italiani.[24] A causa specialmente della corsa all'oro, nella sola circoscrizione consolare italiana di San Francisco, tra il 1856 e il 1863 la quota degli italiani – molti dei quali sardi – salì a circa 10.000.[25]

L'emigrazione italiana si arrestò negli anni intorno all'Unità d'Italia, fino al 1870 circa. La decade a seguire è contrassegnata da una crescita consistente, con una media annua di quasi 4.500 nuovi arrivi, che raggiunse l'apice nel 1873 con quasi 8.800 individui. In base alle testimonianze, gli italiani sbarcati negli Stati Uniti tra il 1783 e il 1871 dovrebbero aggirarsi intorno ai 12.000 individui.[26]

Anche durante questo periodo, risultano quantitativamente dominanti gli italoamericani provenienti dalle aree rurali,[27] parlanti di dialetti prevalentemente settentrionali, tra cui spiccano le varietà galloitaliche, specialmente quelle liguri. Riguardo alla geografia linguistica dell'italoromanzo nel territorio nordamericano, appare opportuno riassumere citando Dondero, secondo cui, attorno al 1850,

> «Gl'Italiani erano forse 1000 tra New-York, Brooklyn e Hoboken; forse 200 a Boston, altrettanti a Philadelphia, una dozzina a Chicago, forse 300 a New-Orleans, una cinquantina a Richmond, a Baltimore, a Macon, a Memphis, a Louisville, a Nashville, a St. Louis. Quasi tutti Siciliani a New-Orleans, quasi tutti Liguri altrove, misti a New-York. In tutti gli Stati Uniti, fuori di California, non arrivavano a 2500.»[28]

Risaltano le comunità italoamericane urbane di New York e di San Francisco, contraddistinte – specialmente la prima – soprattutto dalla consistenza numerica e da una polarizzazione sociale.[29]

A partire dagli anni '80 dell'Ottocento, soprattutto in seguito agli insuccessi dei moti del 1820–1849, aumentò la presenza di esuli e profughi politici che erano letterati e italofoni, emigrati in prima linea dal Piemonte, dalla Liguria e dalla Toscana. Era sporadica la presenza di emigrati meridionali, vista la politica proi-

---

23 Cf. Franzina (1995, 93).
24 Cf. Mangione/Morreale (1992, 26).
25 Cf. Franzina (1995, 137).
26 Mangione/Morreale (1992, 14). Stupisce invece che in Dondero (1901, 17) si indichino 250.000 italiani presenti negli USA (eccetto la California) intorno al 1870.
27 Si pensi ad esempio all'emigrazione compatta e linguisticamente piuttosto omogenea dei ticinesi nell'area californiana, avvenuta principalmente nell'Ottocento, cui si fa riferimento più volte nel corso del presente lavoro.
28 Cf. Dondero (1901, 10).
29 Si veda Franzina (1995, 127), ma anche Durante (2001, 233), in particolar modo le riserve ideologiche che Durante esprime circa una bipartizione sociale.

bizionistica nei confronti dell'emigrazione[30] seguita nell'Italia borbonica e nello Stato Pontificio fino agli anni '50 dell''800.

Viene ora descritto il rapporto quantitativo tra gli emigrati esclusivamente dialettofoni e quelli anche italofoni, premettendo che, in mancanza di rilevamenti statistici in merito, sono possibili soltanto valutazioni generali. Conviene fare riferimento, a scopo orientativo, alle conclusioni di De Mauro,[31] secondo cui la percentuale di diffusione dell'italiano in quanto potenziale lingua parlata, nell'Italia del 1861, doveva aggirarsi intorno al 2,5 %. Due sono i fattori di cui tenere conto:
- la netta prevalenza di emigrati provenienti dal Settentrione,[32] dove il tasso di alfabetizzazione era più alto che al Sud, e
- il numero in aumento degli emigrati colti.

Ma anche in questi casi, in chiave pragmatica, l'italiano andrebbe percepito piuttosto come il mezzo per la comunicazione scritta,[33] tanto più se il focus si allarga all'intera massa degli italoamericani. Gli emigrati alfabetizzati rappresentavano in proporzione a quelli esclusivamente dialettofoni una minoranza molto ridotta. È legittimo riconoscere quindi, durante il secondo periodo, l'assoluta dominanza sul territorio statunitense della categoria di emigrati esclusivamente dialettofoni, proveniente «(...) quasi totalmente dalle campagne liguri o toscane, gran parte con famiglia al fianco (...) spaventosamente ignara, senza neppur l'orizzonte dell'alfabeto (...).»[34]

Va menzionata, per completezza, l'iniziativa della scuola[35] serale dei *Five Points* (nel cuore della principale enclave italiana di New York, fig. 3.2), «(...) det-

---

30 Si vedano in proposito Mangione/Morreale (1992, 7), ma anche Rose (1922, 24s.).
31 Cf. De Mauro (1963/²1993, 43).
32 Essendovi tra questi anche emigrati toscani, è giusto inquadrare nell'analisi, pur senza condividerlo, anche il parere purista, secondo cui i dialettofoni toscani andrebbero considerati italofoni. Si rimanda alla nota disputa tra Arrigo Castellani (1982) e Tullio De Mauro (1963/1993², 41–43) inerente ai risultati del calcolo effettuato da quest'ultimo circa la diffusione della (presumibile) italofonia nell'Italia del 1861.
33 La componente ticino-californiana del settore epistolare del corpus empirico (2.2.2) rivela l'uso di un italiano legato di regola innaturalmente a modelli scolastici, adattati stereotipicamente allo stile epistolare. Da questo italiano emerge constantemente la tradizione del discorso dialettale. Scrivere in italiano era di solito uno sforzo, come traspare, ad esempio, in una lettera del 1879 (in Cheda 1981, 527): «Perdonatemi, che per mancanza di tempo (...) vi mando la lettera senza esser ricopiatta ne coretta ma dun sac u pó ni fò dumà chel che ghe dentro.» È molto indicativa anche la lettera 382 (1867). Si noti che nelle citazioni – a seguire – dalle lettere di emigrati, tra parentesi è indicato l'anno della loro stesura.
34 Cf. Dondero (1901, 10).
35 Si veda anche Ciani (1883).

ta dei Cinque Punti, per il numero delle viuzze che si baciavano in quel punto, gratuita per l'insegnamento della lingua inglese agl'Italiani, senza distinzione d'età o sesso, frequentata dai Liguri unicamente»,[36] il cui influsso sulla competenza linguistica dei beneficiari, non solo nell'ambito dell'inglese, è ancora tutto da analizzare.

Il graduale aumento della presenza italiana negli USA, specie della sua componente più colta, e la concentrazione degli italoamericani in enclavi, sollecitata dalla crescente urbanizzazione, favorirono la cristallizzazione di un'infrastruttura politico-culturale all'interno della comunità italoamericana. Si tratta soprattutto della nascita della stampa italoamericana[37] e dell'assodamento di forme di organizzazione.[38] Entrambi tuttavia non hanno avuto riflessi significativi in chiave linguistica sulla massa degli emigrati.

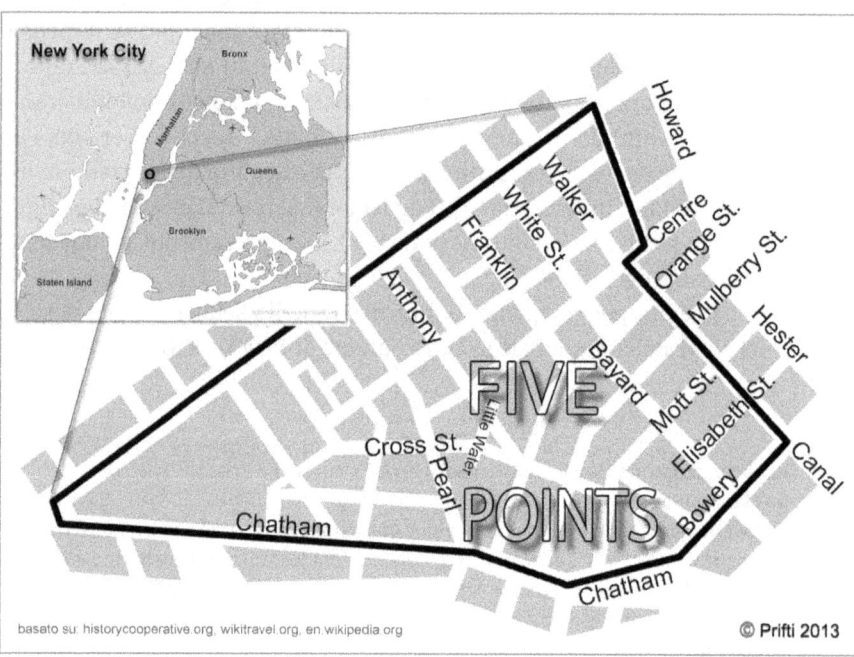

Fig: 3.2: L'area newyorkese dei *Five Points*

---

36 Cf. Dondero (1901, 13).
37 Una descrizione succinta ed essenziale del giornalismo italiano negli USA si trova in Durante (2001, 231s.).
38 Già dal 1825, ad esempio, «(...) esisteva a New York la Società di Unione e Benevolenza Italiana, allo scopo di aiutare poveri e bisognosi, oltre che di mantenere vivo un genuino sentimento di nazionalità.» (cf. Durante 2001, 233).

3.1.3 Periodo della Grande Emigrazione (1880–1927 ca.)

Questo mezzo secolo, noto come il periodo della Grande Emigrazione, è stato decisivo per la storia e l'evoluzione del contatto italoamericano. Le caratteristiche principali del periodo in questione sono:
- l'intensità dei nuovi arrivi,
- la mobilità,
- la ghettizzazione.

Il numero dei nuovi arrivi dall'Italia[39] subì durante questo periodo un'impennata consistente. Gli almeno[40] 4,5 milioni di italiani entrati negli USA tra il 1880 e il 1927, con una media annua, quindi, di quasi 100.000 individui, costituivano quasi il 14 % della popolazione d'Italia. Quanto all'intensità, va considerato che circa 3,5 milioni emigrarono tra il 1901 e il 1914.[41] Il censimento del 1920 registrava più di 3,3 milioni di italoamericani di seconda generazione.[42]

Il numero dei nuovi arrivi annuali crebbe progressivamente, con alti e bassi, dai circa 12.500 individui nel 1880 a quasi 286.000[43] e 284.000 rispettivamente nel 1907 e 1914. Per ben 15 anni, a partire dal 1900, la quota si mantenne ininterrottamente al di sopra dei 100.000. Diversi eventi determinarono però delle irregolarità nel flusso migratorio dall'Italia. In seguito alle stagnazioni economiche statunitensi del 1891 e soprattutto del 1907, la quota dei nuovi arrivi, infatti, si dimezzò; la prima Guerra Mondiale causò negli anni 1915 e 1916 una riduzione del flusso migratorio dall'Italia rispettivamente di sei e otto volte rispetto al 1914. Dopo vari tentativi messi in atto per cercare di porre freno al forte e crescente flusso immigratorio tramite provvedimenti restrittivi, il governo statunitense introdusse nel 1917 il famigerato *Literacy Test*, che ridusse ulteriormente la quota, fino a soli 2.000 individui circa nel 1919. Dopo una fortissima ripresa (di quasi 100.000 e 222.000 nuovi arrivi nei due anni a seguire), dovuta alle sfavorevoli

---

39 Secondo Gastaldo (1987, 152), «Rispetto al totale degli arrivi di immigrati negli USA, gli italiani passano dal 5 % del 1883, al 20 % del 1896, al 45,5 % del 1906.»
40 Dati statistici dell'*US Census Bureau*. I dati a disposizione, relativi alla Grande Emigrazione, vanno considerati esclusivamente come valori orientativi, non riflettendo gli arrivi non registrati o gli effetti dell'emigrazione di ritorno.
41 Cf. Gastaldo (1987, 152). Si veda la fig. 3.1.
42 Cf. Menarini (1947b, 174, n. 1).
43 La quota annua più alta, indicata in Gastaldo (1987, 152) e in Haller (2006b, 15), ammonta invece a quasi 377.000 nuovi arrivi e risale al 1913. Quest'indicazione diverge di ben 111.000 unità da quella registrata per il medesimo anno dall'*US Census Bureau*. Ciò riconferma il valore relativo delle statistiche, di cui poco sopra.

condizioni postbelliche, furono nuovamente gli interventi governativi, questa volta l'*Emergency Quota Act* (1921) e tanto più l'*Immigration Quota Act* (1924), a segnare la riduzione definitiva e radicale dell'emorragico[44] flusso migratorio italiano. Dai circa 56.000 nuovi arrivi nel 1924 la quota si ridusse così a 7–8.000 negli ultimi due anni di questo periodo.

La Grande Emigrazione partì quasi esclusivamente dal Meridione, come già preannunciato negli ultimi 15 anni del periodo precedente. Circa l'80 % degli italiani emigrati nel 1907, ad esempio, erano meridionali, specialmente abruzzesi, campani, calabresi e siciliani.[45] Quanto all'Italia centrale e settentrionale risalta l'emigrazione dall'area lucchese. Le cause dell'emigrazione vanno cercate in generale nelle condizioni socio-economiche sfavorevoli, aggravate in alcuni casi anche da terremoti, epidemie e altre calamità.

Si passa ora alla descrizione geolinguistica dell'italoromanzo negli USA in questo periodo, partendo dal Nord-Est per arrivare all'Ovest. Arricchita di indicazioni cronologiche e quantitative, essa si concentra sui tratti distintivi più rilevanti delle singole situazioni di contatto, soprattutto nelle enclavi locali e regionali.[46]

Vanno premesse inizialmente quattro osservazioni generali.

1. La rete esistente tra gli italoamericani, consolidata nel periodo precedente, fece da magnete per i nuovi arrivi e poi da catalizzatore per la loro integrazione sociale e linguistica.

2. Negli anni della Grande Emigrazione, in conseguenza di fattori extralinguistici si cristallizzò una bipolarizzazione della diffusione dei dialetti di base italoromanzi. Mentre i dialetti meridionali si diffusero maggiormente nell'area nordorientale, nel Sudovest mantennero il loro primato i dialetti settentrionali.

3. Durante questo periodo l'emigrazione italiana si trasformò in emigrazione urbana.[47]

4. La distribuzione degli italoamericani nel tessuto statunitense non è statica. Il processo del loro inserimento è stato ed è in continuo movimento e, a lungo

---

[44] Furono molteplici, nel Meridione, i casi impressionanti di svuotamento di località, come quella calabro-albanese di S. Demetrio Corone, dove «(...) no one was left to light its street lamps.» (cf. Mangione/Morreale 1992, 97).

[45] Cf. Gastaldo (1987, 152).

[46] Le indicazioni risalgono soprattutto a Franzina (1995) e Mangione/Morreale (1992).

[47] Va citata a scopo illustrativo la testimonianza dell'epoca in Sartorio (1918, 18): «In New York there are as many Italians as in the city of Rome; there are more Italians in Philadelphia than in Florence; Chicago, Pittsburg, Baltimore and Boston have Italian populations equal to those of cities of the size of Perugia, Parma, Padua and Syracuse.»

termine, tende verso la deconcentrazione, verso l'insediamento di tipo solitario, descritto in 2.1.1.2.

Le modalità divergenti di inserimento degli italiani nel tessuto sociale statunitense si riflessero nello sviluppo del contatto culturale e linguistico italoamericano nelle singole enclavi. Per offrirne una descrizione oggettiva è importante tenere conto, per ogni singola enclave, del tipo concreto di insediamento. Nel corso di questo periodo si incontrano tutti e quattro i tipi di inserimento descritti in 2.1.1.2. Seguono alcune osservazioni geolinguistiche su ciascuno di loro per il periodo della Grande Emigrazione.

1. L'insediamento *solitario* si incontra un po' ovunque, specialmente nelle aree rurali subcontinentali. Gli italoamericani in questione erano per lo più parlanti di dialetti settentrionali o centrali. I collegamenti tra singoli individui o nuclei famigliari si basavano piuttosto su rapporti di parentela.

2. Le numerose *enclavi locali*, un elemento costante della realtà italoamericana durante l'intero periodo, erano prevalentemente di matrice meridionale.

3. Erano di meno, invece, ma più diffuse nelle città[48] e ben più consistenti, le *enclavi regionali*, composte di regola da individui provenienti dalla medesima regione, spesso dislocati in enclavi locali subordinate.[49] Prevalevano le enclavi regionali meridionali.

4. Erano esclusivamente urbane le *enclavi sovraregionali*, vale a dire i ghetti italiani, noti comunemente come *Little Italy*, definiti in chiave geolinguistica nel sottocapitolo seguente. Prevaleva nettamente anche in questo caso l'elemento meridionale. La loro caratteristica principale in prospettiva linguistica ne è il conservatorismo.

Seguono dati più concreti, iniziando dal Nordest. Nell'area bostoniana cominciarono a diffondersi con intensità crescente, a partire dal 1890, dialetti abruzzesi, campani (specie le varietà napoletana e avellinese) e siciliani, parlati da più di 7.000 italoamericani, spingendo così le varietà galloitaliche (specie genovesi), presenti lì dal 1860, verso Roxbury. Sono simili le modalità di diffusione dei dialetti meridionali anche a Waterbury (Connecticut),[50] come anche,

---

48 Secondo Mangione/Morreale (1992, 131), verso il 1910, sul territorio statunitense si erano cristallizzate circa 3.000 enclavi urbane italiane, concentrate soprattutto nell'area nordorientale. Solo a New York se ne contava una settantina, tra cui il *Mulberry District* (fig. 3.4), la prima, la più consistente e famigerata.
49 A scopo illustrativo, basti ricordare il caso delle comunità corleonese, palermitana e trapanese, site nella *Little Palermo* di New Orleans.
50 Il numero dei dialettofoni meridionali vi crebbe, nel 1900 e nel 1910, rispettivamente di circa 7 e 22 volte in paragone al 1890, allorché vi erano registrati 300 individui.

un po' ovunque, nello stato di New York.[51] Nella località di Barre (Vermont), come anche a West Hoboken e a Paterson (New Jersey), si consolidarono invece, a cavallo tra l'"800 e il '900, comunità miste di manovali, parlanti di dialetti galloitalici. Buffalo si contraddistinse, a partire dal 1887, per la marcata presenza di parlanti di varietà dialettali siciliane occidentali, analogamente alla colonia agricola poco distante di Fredonia, dove nel 1909 vivevano circa 400 famiglie valledolmesi. Si presta ottimamente allo studio delle dinamiche del contatto linguistico, in una situazione di equilibrata eterogeneità dialettale italoromanza, la comunità italoamericana di Vineland (New Jersey), che nel 1908 contava circa 1.000 famiglie provenienti un po' da tutta la penisola.[52] Nella vicina colonia agricola di Hammonton dominava invece il siciliano, come anche a Baltimora, nel 1890, dove la varietà più diffusa era il siciliano dell'area metafonetica centrale (Cefalù e poi Caltanissetta), che prevaleva quantitativamente sul galloitalico ligure, lì presente già da svariati decenni. Dall'inizio del '900 vi aumentarono gradualmente gli italoamericani parlanti dialetti mediani o meridionali intermedi, specie le varietà molisane e abruzzesi occidentali. Particolare, invece, si presenta la situazione linguistica dell'italoromanzo nella località di Daphne (Alabama), dove nel 1890 convivevano 20 famiglie siciliane e settentrionali. Sempre in Alabama sorse nel 1904 la località italiana di New Palermo, ripopolata di lì a poco quasi interamente da italonewyorkesi.[53] Le varietà meridionali nel Wisconsin erano diffuse maggiormente nelle aree urbane, predominando su quelle settentrionali.[54] Nella Louisiana, al di là della particolare italianità di New Orleans, vanno menzionate le note colonie di Kenner e Indipendence. La situazione linguistica eterogenea nella località di Tontitown, situata più a Nord, era dominata dai dialetti settentrionali, specie quelli veneti, maggiormente rappresentati rispetto a quelli emiliani o mediani (marchigiano centrale). Circa l'80 % degli italiani a Utica e Kansas City era concentrato in nuclei compatti. Nel Texas si erano create diverse enclavi minuscole, nelle quali prevalevano i dialet-

---

51 A Canastota, ad esempio, prevalevano i dialetti meridionali, specie la varietà napoletana.
52 Eccone la composizione regionale secondo Franzina (1995, 245s.): Emilia (120 famiglie), Campania (120), Liguria (100), Basilicata (97), Piemonte (90), altre regioni (470 circa). Il nucleo di Vineland, agli inizi interamente italiano e battezzato New Italy, fu fondato nel 1873 sotto gli auspici di Secchi de' Casali.
53 Questo caso non isolato illustra chiaramente la forte mobilità, delineata sopra, che contraddistingue la realtà italoamericana in questo periodo.
54 A Genoa, come anche in altre aree rurali del Wisconsin, prevaleva il dialetto genovese. Erano invece i dialetti meridionali estremi, specie il siciliano, a dominare nelle enclavi italoamericane urbane, come a Milwaukee, Cumberland, Kenosha, Racine, ecc. Riguardo agli italiani di Milwaukee si veda La Piana (1915).

ti siciliani, diversamente da Salt Lake City, dove invece nel 1900 gli oltre 1.000 residenti italiani erano in maggior numero parlanti di dialetti settentrionali, specialmente galloitalici: altopiemontesi, lombardo-occidentali e alpini. Quanto invece all'area californiana, bisogna sottolineare la prevalenza dei dialetti settentrionali, come nel caso dell'enclave di St. Helena – tra le molte altre – dove nel 1905 predominava il veneto meridionale. La città di Seattle, infine, nell'estremo Nordovest degli USA, rappresenta un altro caso di eterogeneità linguistica, dovuta in gran parte alla migrazione interna degli italoamericani spinti dalla corsa all'oro, che a partire dal 1890 aveva investito anche altri stati come l'Alaska. Dagli anni '20 in poi Seattle non fu più meta dell'emigrazione italiana; la situazione dell'italoromanzo lì si presta dunque ottimamente a un'analisi dell'erosione linguistica in condizioni «sterili», riferita cioè alla terza e alla quarta generazione d'emigrazione.

I cenni geolinguistici di cui sopra sono opportunamente riassunti nella descrizione di Herbert Vaughan – un testimone dell'epoca –:

> «The distribution of the dialects in the country is of interest. In the East most of the Italians are Southerners, from the Neapolitan provinces and Sicily. For the most part they dwell in the cities. In the far-west the Northerners predominate and they engage largely in agriculture. In California one-third of the Italian-born population is Genoese, one-third Tuscan (mostly from the province of Lucca), one-sixth from Piedmont, Lombardy and Venetia, and only one-sixth from South of the Tiber. To the Northerners in California we may also add, from a linguistic point of view, the Italian Swiss, to whom there is a large and flourishing colony.»[55]

Riguardo alla struttura sociale della comunità italoamericana, è importante sottolineare ancora una volta che gli emigrati italiani in questo periodo provenivano soprattutto dalle realtà rurali. Gran parte di loro entrava a far parte, in emigrazione, della manovalanza urbana non qualificata, che era quantitativamente dominante. Per una serie di motivi, tra i quali anche l'esaurimento di nuove terre da mettere a coltivazione e la crescente industrializzazione, circa l'80 %[56] degli emigrati italiani si insediò, a partire dal 1890, nelle grandi città del Nordest, dove l'offerta di lavoro era maggiore, trasformandosi in «(...) manovalanza *unskilled* (...), l'esercito variopinto dei millemestieri di cui divennero simboli il ‹picco› alias piccone (*pick*) e la ‹sciabola› alias badile (*shovel*) (...).»[57]

---

55 Cf. Vaughan (1926, 435).
56 Cf. Pacini (1987, 93).
57 Cf. Franzina (1995, 284s.). Vi è riportata anche un'indicazione del 1908 di Amy A. Bernardy, secondo la quale, alla fine dell'Ottocento, il 62,4 % degli emigrati italiani gravitava in 160 città, soprattutto nella *North Atlantic Division*.

Nel 1901, nelle località rurali risultava insediato circa il 20 % degli italonewyorkesi e invece circa l'80 % degli italoamericani dell'area di San Francisco.[58] Una parte considerevole degli emigrati, maggiormente esposta alla precarietà, sbarcava il lunario tra occupazioni agricole e manovalanza urbana. Questo fenomeno, oltre a quello della migrazione interna, mette ancor più in evidenza la spiccata *mobilità* degli italoamericani – almeno fino alla crisi del '29 –, la quale ebbe su di loro anche ripercussioni linguistiche, svolgendo un effetto stabilizzatore. Essa sollecitò infatti la diffusione e la «normizzazione» delle innovazioni, contribuendo così alla solidificazione delle varietà del contatto parlate dagli italoamericani. Simile fu anche l'effetto provocato dalla presenza consistente e crescente di nuclei familiari di emigrati, diversamente dal periodo precedente, nel quale era invece superiore la percentuale degli emigrati maschi in età lavorativa.

Anche se non quantificabile, il tasso dell'analfabetismo degli italoamericani di prima generazione era elevatissimo.[59] Ciò trova conferma anche nell'impatto devastante che l'introduzione del *Literacy Test* ebbe in termini quantitativi sul flusso migratorio dall'Italia. Tenendo presente che la quota dell'alfabetizzazione risultava più elevata tra gli emigrati dal Settentrione, i quali rappresentavano però solo il 10–15 % del totale, gli italoamericani in questo periodo sono da considerarsi[60] in pratica esclusivamente dialettofoni. Su questo fatto concordano nettamente diverse testimonianze metalinguistiche, ad esempio quella di Nicola Russo, il quale nel 1896 affermava che:

> «(...) questa gente (...) capisce soltanto il dialetto della provincia d'origine. Il buon italiano lo capiscono piuttosto bene, ma non sono in grado di parlarlo, quando devono (...) producono un'impressione assai sfavorevole. Però se si conosce il loro dialetto (...) questa impressione molto spesso si dissolve.»[61]

La polarizzazione del rapporto di prestigio tra le culture in contatto è un'espressione del loro impatto crescente. Ne derivarono due reazioni contemporanee, in parte opposte, che si materializzarono in modo inconfondibile anche in chiave linguistica. Si tratta, da un lato, del cosiddetto *americanisation fever* (intorno alla seconda metà degli anni '10), diffuso maggiormente tra gli italoamericani di seconda generazione e oltre e, dall'altro, dell'isolamento culturale, al quale

---

58 Nel 1911 erano 43 i nuclei agricoli italiani censiti. In Franzina (1995, 551, n. 19) ne sono citati alcuni.
59 Nel 1885 la percentuale degli italoamericani «colti» a New York, ad esempio, raggiungeva, secondo Franzina (1995, 289s.), a malapena l'1 %.
60 Cf. Durante (2001, 742).
61 Citata da Durante (2005, 340).

erano esposti soprattutto gli italoamericani di prima generazione residenti nelle *Little Italies*. L'isolamento sollecitava poi la retificazione in organizzazioni basate sull'identità locale o regionale, che rispecchiavano così «le Italie dell'Italia», per dirla con De Mauro. Solo a New York, nel 1915, si contavano circa 2.000[62] «globbi»[63] (< ingl. *club* 'associazione'), rilevanti anche in ambito linguistico soprattutto per il consolidamento della «norma» delle singole varietà di contatto, comunemente parlate dagli italoamericani, nonché per la conservazione e solidificazione delle innovazioni.

Pressoché insignificante fu invece l'influsso linguistico della chiesa cattolica sulla comunità italoamericana – visto il rapporto piuttosto esile[64] di quest'ultima con la curia –, in riferimento sia alla conservazione dell'italoromanzo che alla diffusione dell'italiano. Essa fece, semmai, piuttosto da catalizzatore, da «agente di americanizzazione».[65]

3.1.4 I ghetti italoamericani in prospettiva contattuale

La descrizione extralinguistica delle enclavi sovraregionali italoamericane, e dunque dei ghetti, delle note *Little Italies*, è motivata da una duplice importanza: il fenomeno delle *Little Italies* rappresenta non solo la peculiarità principale dell'emigrazione italiana nel periodo della Grande Emigrazione, ma anche il simbolo della realtà italoamericana, vista nella sua interezza. Sia che fossero stratificate, quasi sempre perfettamente eterogenee (contenendo non di rado persino elementi non-italiani[66]), o invece robuste, compatte e di forte connotazione regionale – specie quelle più recenti – le *Little Italies* in quanto tali hanno comunque prodotto un effetto linguistico fondamentale in chiave contattuale: l'*isolamento*.[67] La composizione eterogenea di queste enclavi spiega l'alta frequenza e l'elevata intensità del fenomeno del *dialect mixing*. Maggiormente frequenti furono le *Little Italies* composte da svariate enclavi regionali, come quella di Manhattan, di cui si tratta ampiamente qui di seguito.

---

62 Cf. Franzina (1995, 300).
63 Si veda la macchietta *Lu presidente dello globbo* di Migliaccio, in Livingston (1918, 221).
64 È indicativo il caso della comunità italoamericana di Chicago, la quale, caratterizzata da un sentimento di anticlericalismo, è rimasta priva di una chiesa addirittura fino agli anni '40-'50. Sul rapporto tra emigrati e curia si veda l'ampio saggio Vecoli (1969).
65 Cf. Franzina (1995, 307).
66 Un esempio significativo è dato dalla *Little Italy* di Chicago, così battezzata non per la superiorità numerica degli italiani, ma per l'impronta culturale da loro impressavi.
67 Si rimanda ad esempio alla descrizione tratta da Sartorio (1918, 18), riportata sopra in 3.1.3.

Si passa ora alla descrizione delle peculiarità geolinguistiche delle *Little Italies* più note e rilevanti, e anche di casi isolati di enclavi regionali consistenti.[68] Queste ultime, infatti, erano denominate a volte anche *Little Italy* e, viceversa, enclavi nazionali, per la prevalenza di un elemento regionale, venivano identificate – *pars pro toto* – con quella regione. Bisogna poi considerare anche gli effetti dell'alta mobilità dei parlanti, una caratteristica già menzionata di questa fase. La descrizione segue il criterio geografico ed è orientata dal Nordest verso il Sudovest. Il focus viene posto sulle enclavi principali di Boston, New York, Philadelphia, Chicago, New Orleans, St. Louis, Buffalo, Cornersville e San Francisco. Particolare attenzione è prestata all'esemplare realtà newyorkese a causa della sua singolare rilevanza per il contatto italoamericano, visto nella sua interezza.

BOSTON

Il quartiere italiano di Boston[69] si era consolidato nel North End, dove, verso il 1900, risiedevano circa 12.000 emigrati siciliani, quasi tutti pescatori e illetterati, circa la metà[70] dell'intera popolazione italiana lì stanziata. Tra le varietà meridionali estreme, prevalenti, vi dominavano di conseguenza quelle siciliane.

NEW YORK

La città di New York, principale meta d'arrivo e massimo snodo di passaggio, è l'incontrastata capitale dell'italianità nel Nuovo Mondo. Sono soprattutto la posizione geografica e la situazione infrastrutturale ad aver sollecitato la cristallizzazione in questa città delle più note e importanti *Little Italies* statunitensi. Partendo da soli 1.000 individui circa nel 1850 – comunque il 5 % della popolazione newyorkese –, nell'arco di 60 anni la comunità italonewyorkese aumentò di ben oltre 500 volte. Il 70 % consisteva di emigrati neo-arrivati. Tra le prevalenti varietà meridionali estreme vi tominavano, di conseguenza, quelle siciliane.

I dialetti settentrionali, specie le varietà liguri, che intorno al 1840 dominavano nella più remota e consistente enclave mista italiana del Lower Manhattan (area di Mulberry Street e dei *Five Points*),[71] erano concentrati intorno a Bleeker e Baxter Street, dove andò però aumentando man mano la presenza dei parlanti di dialetti meridionali. La netta polarizzazione sociale (*élites* prevalentemente set-

---

[68] Informazioni dettagliate sulle più note *Little Italies* statunitensi si trovano in Harney/Scarpaci (1981).
[69] Il missionario protestante Gaetano Conte fornisce un panorama particolareggiato della *Little Italy* bostoniana nel 1903, riportato in Durante (2005, 41–49).
[70] Secondo Conte, in Durante (2005, 43).
[71] Cf. le figg. 3.2 e 3.4.

tentrionali di artisti, insegnanti, commercianti, politici, ecc. vs. girovaghi e artigiani settentrionali, figurinai lucchesi, straccivendoli di Pavia, suonatori ambulanti lucani, ecc.) andò sfumando gradualmente verso la fine del secolo, con l'aumento degli emigrati provenienti dal Meridione.[72] All'interno della comunità meridionale si era cristallizzata gradualmente una neoborghesia di banchieri e padroni, che stava soppiantando la vecchia leadership settentrionale. Questa crescita numerica determinò l'estensione dell'enclave verso la Lower East Side, che si trasformò progressivamente nel più noto ghetto italiano del Nuovo Mondo, denominato anche *New Italy*, The Bend, Bowery Colony, ecc. Intorno al 1890, stavano inoltre consolidandosi svariate altre *Little Italies* newyorkesi, tra le quali spiccano:
- l'enclave sovraregionale di Bensonhurst (Brooklyn), dove le varietà italoromanze erano in stretto contatto con lo *yiddish*,[73]
- le *Little Italies* di Arthur Avenue (Fordham) e del Morris Park (Bronx),
- le enclavi di Howard Beach (Queens),
- i nuclei italiani di Staten Island.[74]

Negli anni più intensi queste enclavi costituirono veri e propri magneti per i nuovi arrivati,[75] giungendo a un'altissima concentrazione di emigrati, specie d'inverno, quando fungevano da rifugio per i manovali stagionali. È importante mettere in rilievo che, a grandi linee, in queste aree newyorkesi, l'elemento italiano ha continuato a essere concentrato anche dopo un secolo, come dimostra la seguente carta, riferita ai dati dell'anno 2000.

A New York si trovavano tutti e quattro i tipi di insediamento degli italiani delineati sopra, con ovvie ripercussioni *in loco* sulle dinamiche del contatto italoamericano. Nella *Little Italy* di Manhattan, ad esempio, ma non solo, le varietà regionali erano concentrate inizialmente in aree proprie, composte a loro volta – a mosaico – di spazi linguistici minuscoli e omogenei, per lo più molto compatti, di varietà locali.[76]

---

72 Cf. Franzina (1995, 293 e 299).
73 Fino al 1940 circa, la presenza italoamericana a Bensonhurst era equiparata a quella ebrea. Con il nuovo flusso migratorio dall'Italia meridionale degli anni '50 cambiò il rapporto di forze.
74 Va notato che nel 2000, secondo l'*U.S. Census Bureau*, quasi il 40 % della popolazione di Staten Island era di origine italiana.
75 Secondo Franzina (1995, 286), «Appena arrivato (...), l'immigrato (...) trovava più facile e più vantaggioso stabilirsi nelle grandi città dove le Little Italy lo aiutavano a vincere l'isolamento dovuto anche alla sua relativa ignoranza, specie linguistica (...).»
76 «(...) it was in fact a hodge-podge collection of small village clusters.» (cf. Pozzetta 1981, 18).

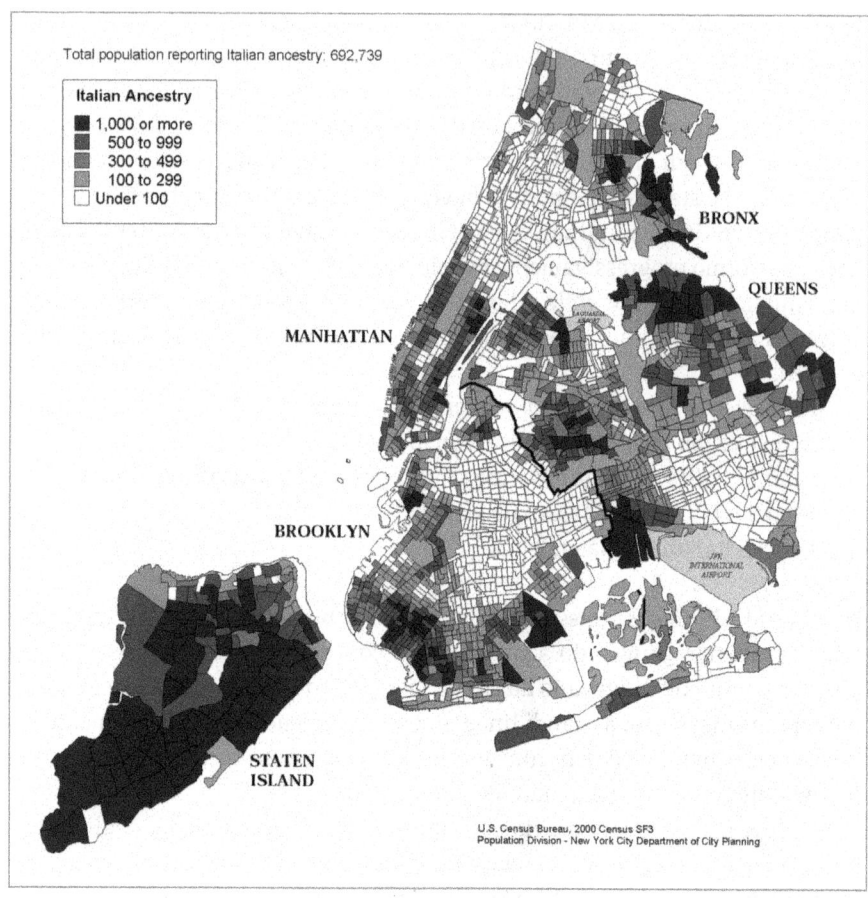

Fig. 3.3: Distribuzione quantitativa della popolazione di origine italiana a New York City

«A good example of such neighbourhoods can be found in Manhattan's «Little Italy», where groups of immigrants have established precise geographical boundaries to demarcate their provenance from Italy. Elisabeth Street serves as one such boundary for the Sicilian community, while Mulberry Street functions in a similar fashion for the Neapolitan community. The new immigrants locate themselves in the area that provides a home-type socio-linguistic settings. It is to be expected that in such areas the accepted language of communication is the dialect, accompanied by the naming mechanism that operates in dialect usage.»[77]

Lo spazio geolinguistico più ristretto erano infine i caseggiati, i famigerati *tenements*, i quali, nel Mulberry Bend e nei Five Points, «(...) di ventotto appartamen-

---

77 Cf. Finizio/Di Pietro (1986, 115s.).

ti l'uno (...), costituiscono un block, in cui pullula talvolta la popolazione di un intero villaggio italiano, milleduecento anime e più.»[78] Tali spazi geolinguistici italoromanzi locali, di regola concentrati in una strada, costituivano una rete regionale, priva della continuità dialettale «naturale». La coesistenza di simili aree geolinguistiche regionali costituiva, infine, un'enclave sovraregionale. A scopo illustrativo segue qui la descrizione della distribuzione concreta delle varietà locali e regionali nella storica *Little Italy* newyorkese,[79] quella del Mulberry District, a partire da una testimonianza dell'epoca (1908):

> «Quasi ogni strada rappresenta qualche piccola regione d'Italia: l'Elisabeth Street è la Sicilia occidentale, Catherine e Monroe Streets la Sicilia orientale; Mulberry una piccola Napoli, in Bleecker Street abitano i genovesi e Mc Dougal Street è il ritrovo dei settentrionali.»[80]

La composizione regionale, e in parte anche locale, dell'area centrale di questa *Little Italy* negli anni venti è inoltre visualizzata nella carta 3.4.

Nella Mulberry Street, detta anche la *Piccola Napoli*, nel 1908 dominavano i dialetti campani, specialmente le varietà locali cilentane di Ricigliano, Sant'Arsenio, Teggiano e Padula, mentre a poche decine di metri, nella parallela Baxter Street si trovava una piccola «isola» linguistica genovese; un lato della Mott Street era dominato dal dialetto lucano, più concretamente dalle varietà locali nord-occidentali di San Fele, Bella, Balvano, ma anche da quelle lucane centrali di Accetura e Calvello, mentre al lato opposto prevalevano dialetti calabresi settentrionali, centrali e meridionali, rispettivamente le varietà locali di San Donato di Ninea, Cosenza e Catanzaro. L'Elisabeth Street, diventata già nel primo decennio del '900 un bastione siciliano, costituiva un'area dialettale, nella quale era presente l'intera gamma delle principali varietà siciliane, composta da spazi omogenei compatti, più piccoli, di varietà locali, come quelle occidentali di Misilmeri, Baucina, Marineo, e poi Sciacca e Agrigento, le varietà di Catania, di Messina; i parlanti dei dialetti locali di Enna e Polizzi Generosa erano invece concentrati nella Grand Street, all'incrocio con la Elisabeth Street.

---

[78] Cf. Bernardy (1913, 207s.).
[79] Gli accenni geolinguistici a seguire si basano soprattutto sulle indicazioni storiografiche contenute in Pozzetta (1981, 17–19), tratte a loro volta in buona parte da accurati spogli di periodici dell'epoca.
[80] La testimonianza risale a Gino C. Speranza, citata in Franzina (1995, 293).

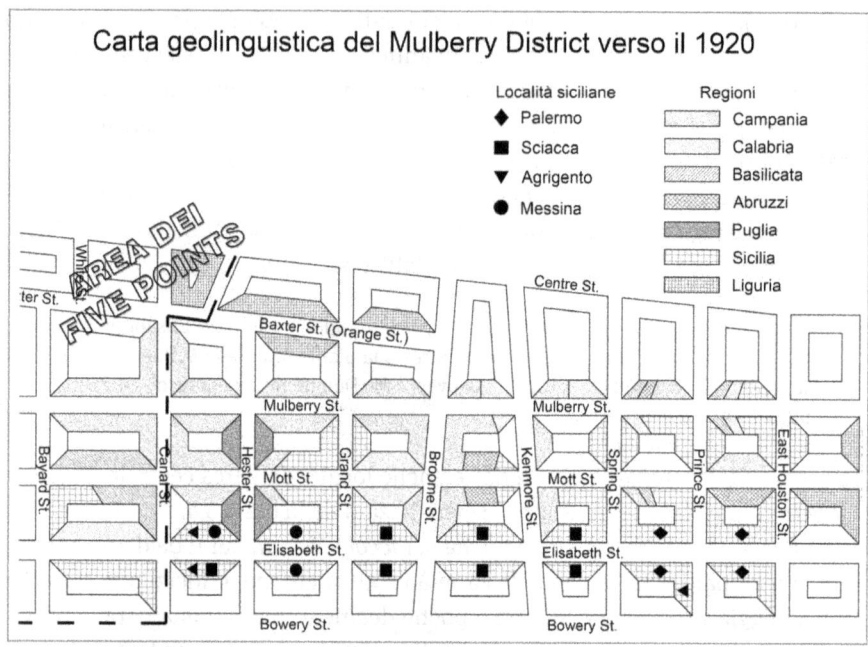

Fig. 3.4: Distribuzione degli italoamericani secondo la provenienza regionale e locale italiana nel *Mulberry District* intorno al 1920[81]

L'estrema prossimità fisica di varietà locali in condizioni di extraterritorialità generava contatti tra queste – vale a dire contatti inter-italoromanzi –, la cui analisi desta interesse anche in prospettiva teorica. Ne derivò il fenomeno già delineato (2.1.2.7) del *dialect mixing*, nella cui evoluzione risaltano due tratti che influenzano direttamente la qualità delle varietà del contatto italoamericano, specialmente le varietà dialettali primarie italoromanze.

1. Ha luogo inizialmente la 'smussatura' – metaforicamente parlando – delle varietà dialettali locali, che vanno gradualmente a sfumarsi,[82] quale espressione del *dialect leveling*. Tra i fattori extralinguistici più rilevanti che sollecitano questo processo vi è la già menzionata mobilità dei singoli parlanti all'interno

---

81 Sulla base di una carta simile, più semplificata, apparsa in Park/Miller (1921, 146). Sono state aggiunte e in parte corrette alcune informazioni, tratte da diverse fonti, soprattutto da Pozzetta (1981).

82 Si conoscono diversi casi di areali linguistici omogenei conservati più a lungo, come quello celebre della varietà siciliana occidentale di Cinisi, radicata a East 69th Street. Si rimanda in proposito a Mangione/Morreale (1992, 146) e Franzina (1995, 296 e 568, n. 55).

della comunità italoamericana, intensificatasi specialmente nell'ultimo decennio della prima fase.[83]

2. In casi particolari, specialmente in condizioni di dominanza numerica di parlanti di singole varietà locali all'interno di un contesto regionale o, più raramente, di parlanti di varietà regionali all'interno di un contesto sovraregionale, ha luogo il processo di *koineizzazione*. Questo tipo di contatto linguistico è stato verificato alcune volte anche in Italia,[84] ultimamente alcuni decenni fa. Tuttora manca, però, un esame delle sue dinamiche in chiave variazionale. Ai contatti inter-italoromanzi si deve in parte la diffusione e il consolidamento delle innovazioni linguistiche nell'ambito del contatto italoamericano.

All'interno delle *Little Italies* newyorkesi – e non solo – sono stati registrati soltanto in pochi casi[85] contatti tra varietà italoromanze meridionali e settentrionali, mentre risultano più frequenti i contatti tra le varietà italoromanze e altre lingue di emigrati oltre all'inglese, come lo *yiddish*, il polacco, lo spagnolo, il cinese,[86] ecc. La moltitudine culturale, religiosa ed etnica nelle *Little Italies* è descritta nei seguenti versi di una macchietta[87] degli anni '20:

«Casə pienə di gent' e tuttə nazionə	Cə sta 'a razza germanesə,
cendomill' associazionə,	'a puloniə, 'a francesə,
tuttə spec' e religionə:	l'airesə, 'o ʃkuzzesə,
prutəstanə, mauməttanə,	'o cinesə, 'o giapponesə,
nirə, giurə, cristianə,	turchə, griecə, russə 'nglesə,
ʃtanə i priʃti' talianə,	indianə, messicanə,
i cattolici rumanə,	nurvigesə, l'africanə,
i cantanti napulitanə	qualchedunə mericanə,
e i ʃpingiari sicilianə.	e tuttə 'o riestə so' 'taljanə!»

---

83 L'intensità del contatto influenza direttamente anche il processo d'interferenza. A ragione Vaughan suppone che «(...) we may expect more interchange of words between the various dialects in this country than we find in Italy.» (cf. Vaughan 1926, 432).
84 Si pensi ad esempio alla concentrazione degli italiani del Sud nelle baraccopoli romane del Dopoguerra, o alle enclavi degli emigrati dal Sud nel Nord industrializzato del *boom* economico.
85 Si pensi ad esempio alla già menzionata situazione linguistica nella località di Daphne.
86 «Si dice in colonia che a New York si è a Napoli; in San Francisco a Genova. Se andate al mercato di verdura a San Francisco di California (...) sentirete parlar genovese anche... dai cinesi.» (cf. Bernardy 1913, 97).
87 Il testo della macchietta è trascritto dal documentario della RAI *La Merica* (2007), dove essa viene citata, purtroppo senza l'indicazione dell'autore, che è certamente campano. Si noti che *giurə* e *airesə* significano rispettivamente 'ebrei' e 'irlandesi' (< ingl. *jewish* e < ingl. *irish*).

In questi casi si cristallizzavano contatti plurilinguistici, come testimonia anche un italoamericano di seconda generazione riferendosi al comportamento linguistico dei suoi genitori:

> «Gli inquilini nel nostro caseggiato venivano da Palermo, Napoli, Bucarest, Minsk, Varsavia... Come comunicavamo? In parte in *yiddish* ... Mio padre conosceva quanto bastava di *yiddish* per usarlo sul lavoro, parlava italiano con i suoi compatrioti, e usava l'inglese in casa. Mia madre, che era americana, parlava abbastanza italiano e *yiddish* per andare a far le spese e chiacchierare con i parenti acquisiti e con i vicini.»[88]

È un dato di fatto che in tali contatti plurilinguistici all'interno delle enclavi sovraregionali l'italoromanzo possedesse, dopo l'*American English*, una valenza comunicativa quotidiana di prim'ordine.[89]

L'importanza di New York per il contatto italoamericano è tale da rendere necessaria la stesura di una storia linguistica dettagliata dell'italoromanzo a New York, per la quale si rivelano utili in particolare i lavori già citati di Haller.

Filadelfia

Tra le svariate enclavi di Filadelfia, dove già nella prima metà dell'Ottocento si erano consolidati i primi raggruppamenti consistenti di italiani (prevalentemente liguri), situati a Frankford, Germantown, Chestnut Hill e Nicetown, spicca quella di South Philadelphia, che diventò la principale *Little Italy* filadelfiana. Nel 1900 vi risiedevano circa 45.000 italoamericani, parlanti principalmente di dialetti italoromanzi meridionali, specie quelli intermedi e meridionali estremi siciliani.

Chicago

La diffusione dell'italoromanzo è simile, a grandi linee, anche a Chicago,[90] dove si erano consolidate circa venti enclavi significative di italoamericani, in mag-

---

88 Citazione in Franzina (1995, 292 e 566s., n. 42). A parere di Franzina i risultati di tali contatti costituiscono la «lingua franca del quartiere». Questa conclusione necessita verifiche accurate in chiave variazionale.

89 Nel 1988 Anthony LaRuffa, ad esempio, riferendosi alla comunità italiana del Bronx, si è espresso come segue: «Perfino gli ebrei... parlano tutti italiano (...).» (citato da Franzina 1995, 567).

90 «The great influx of Italians coincided with Chicago's expansion. By 1900 there were 45,000 – 25 percent from the North of Italy and 75 percent from the South (of which 24 % were from Sicily, 15% from Basilicata, 14 % from Campania, and 6 % from Abruzzo).» (cf. Mangione/Morreale 1992, 156). Verso il 1930 a Chicago si contavano circa 74.000 italoamericani, ben 55 volte di più rispetto al 1880.

gioranza manovali. Tra i dialetti meridionali, dominanti per il numero di parlanti rispetto ai dialetti galloitalici e veneti, spiccavano quelli estremi, in particolar modo il siciliano occidentale (specie la varietà palermitana). Quest'ultimo primeggiava nella cosiddetta *Little Sicily*, situata nella Near North Side e abitata, nel 1920, da circa 20.000 siculoamericani. Nella Near West Side, intorno a Taylor Street, era ubicato il più noto quartiere italiano, la *Little Italy*, contraddistinto dalla presenza cospicua anche di altri gruppi etnici. Degna di nota a causa della sua particolarità è anche la cosiddetta *Little Tuscany* della City South Side, in cui prevalevano i dialetti toscani e galloitalici.

New Orleans
L'italianità di New Orleans, invece, è segnata dalla presenza di diversi strati, già menzionati brevemente sopra. L'identificazione e l'analisi di eventuali tracce linguistiche riconducibili ai diversi strati saranno materia di ricerche future. La peculiarità essenziale dello strato risalente alla Grande Emigrazione è la sicilianità. L'80 % dei 25.000 italoamericani di New Orleans dell'inizio del '900 era costituito da parlanti di dialetti siciliani occidentali, in particolar modo del palermitano e del trapanese, concentrati nella cosidetta *Little Palermo* e parlati *in primis* da contadini di Corleone e da pescatori della provincia di Trapani. Caratteristico è inoltre l'intenso contatto – specialmente tra il 1900 e il 1920 – della cultura siciliana con quella afroamericana lì presente.[91] L'accurato esame dei risvolti linguistici di questo contatto rappresenta anch'esso un *desideratum* promettente.

St. Louis, Buffalo, Connelsville
Enclavi italoamericane particolarmente rilevanti per lo studio delle dinamiche del contatto italoamericano si solidificarono anche in centri urbani minori. Il quartiere The Hill (St. Louis), ad esempio, era noto per l'alta concentrazione di italiani, per lo più parlanti di varietà dialettali galloitaliche e siciliane. I siciliani predominavano anche a Canal Street (Buffalo), nota anche come *Dante Place*, o *Little Italy*. Il ghetto italoamericano a New Haven Hill (ora West Side Hill, Connellsville) era contrassegnato dall'alta concentrazione di parlanti di dialetti meridionali.

---

[91] Nel quadro di questo contatto culturale nacquero, secondo Franzina, «(...) fenomeni solo apparentemente secondari come la mescidazione dei linguaggi musicali che condusse poi alla nascita del jazz.» (cf. Franzina 1995, 326).

SAN FRANCISCO

A conclusione di queste note viene dato, infine, qualche ragguaglio sulle enclavi sovraregionali di San Francisco, la principale metropoli dell'Ovest,[92] dove, come già accennato, si era insediato circa il 20 % degli italoamericani. L'italianità di San Francisco, dominata a lungo dall'elemento ligure, è contraddistinta, analogamente alla realtà newyorkese,[93] da una variegata stratificazione. La crescita notevole della presenza italiana a San Francisco durante gli anni della Grande Emigrazione[94] investì soprattutto il distretto di North Beach, il quale, popolato inizialmente dai piemontesi e dai genovesi rapallesi, diventò la principale enclave italiana,[95] la *Little Italy* della città. Vi prevalevano le varietà liguri e quelle toscane occidentali[96], le quali erano molto meno isolate rispetto alla colonia omogenea e solida dei pescatori siciliani, situata lungo la Francisco Street (sempre a North Beach)[97]. Tutto ciò ha avuto netti riflessi anche sull'evoluzione del contatto linguistico.

Le ripercussioni linguistiche dell'isolamento nei ghetti italoamericani si notano chiaramente osservando in chiave diasessuale il sapere idiomatico degli italoamericani di prima generazione. Ne fornisce una chiara prova il confronto del sapere tecnico in inglese delle donne emigrate con quello degli emigrati maschi. Mentre questi ultimi erano maggiormente esposti all'inglese per necessità lavorative, per le italoamericane l'inglese rimase di regola solo un miraggio. Di queste differenze si tratta ampiamente più avanti (4.1.3.2, 4.2.1.3, 5.1.3, ecc.).

---

92 Le caratteristiche socio-demografiche dell'emigrazione italiana a San Francisco, corredate di valutazioni sociolinguistiche, sono state descritte in modo esauriente in Scaglione (2000, 43–56), a cui si rimanda.
93 Cf. Franzina (1995, 4).
94 Mentre nel 1870 gli italiani costituivano poco più dell'1 % degli emigrati di San Francisco, nel 1930 essi ne avevano raggiunto addirittura il 20 % (cf. Mangione/Morreale 1992, 194s.).
95 Secondo Mangione/Morreale (1992, 194s.) a North Beach era concentrato fino al 30 % degli italoamericani di San Francisco, dei quali, nel 1930, il 36 % proveniva dal Mezzogiorno, il 54 % dal Nord e il resto dall'Italia Centrale.
96 Ciò era dovuto innanzitutto alla solida infrastruttura economica che erano riusciti a mettere in piedi gli italocaliforniani, grazie all'influenza dell'*élite* commerciale di matrice prevalentemente settentrionale, di cui si è già detto. Basti pensare alla validissima infrastruttura finanziaria italoamericana legata alla fondazione della Camera di Commercio Italiana (1885), della *Bank of Italy* (1903), diventata poi la *Bank of America*, ecc.
97 Verso i primi del '900 i siciliani vi erano riusciti a controllare l'industria ittica, dominata fino ad allora dagli italiani del Nord. Simile a questa colonia era la *Little Italy* di San Diego, dove dominavano le varietà dialettali siciliane, il cui numero di parlanti crebbe specialmente in seguito al terremoto che colpì San Francisco nel 1906.

A causa dell'arresto dei nuovi arrivi a partire dal 1915 circa, da un lato, e della (pur lentissima) integrazione degli italoamericani nella società nordamericana, dall'altro, cominciò gradualmente a cambiare la composizione delle *Little Italies*. Il miglioramento delle condizioni socio-economiche delle singole famiglie di emigrati e la mobilità sociale sollecitarono in sempre più casi l'abbandono dei ghetti e la cristallizzazione di nuove enclavi regionali (o locali) sempre minori, contribuendo alla graduale deitalianizzazione delle *Little Italies*. Il passaggio dalla concentrazione geografica al reticolamento espose l'italoromanzo sempre più all'influsso dell'*American English*.

Le trasformazioni socio-demografiche, culturali e linguistiche subite dalle *Little Italies* negli ultimi cent'anni sono radicali. Le *Little Italies* di oggi sono solo un vago ricordo delle reali e pulsanti «Italie in miniatura» di una volta, arrivando delle volte addirittura a rappresentare, come nel caso attuale di New York, delle mere attrazioni turistiche. È cambiata persino la semantica stessa della denominazione *Little Italy*, che oggigiorno indica un'area urbana con un'elevata presenza di attività commerciali italiane, specialmente gastronomiche, la quale un tempo, magari, era stata un'enclave (sovra)regionale italiana.

Il periodo della Grande Emigrazione si conferma, in conclusione, decisamente fondamentale per l'evoluzione e la fisionomia del contatto linguistico italoamericano, visto nella sua interezza.

3.2 Seconda fase del contatto (1927–1980 ca.)

Pur coprendo un lasso di tempo di soli circa 50 anni, la seconda fase, in quanto transitoria, è stata cruciale per l'evoluzione del contatto italoamericano. È contraddistinta dall'aggiunta dell'italiano quale ulteriore lingua di contatto, di cui viene fatto *realmente* uso nella comunicazione orale. Le dinamiche dell'uso dell'italiano da parte degli italoamericani hanno subito un cambiamento significativo che combacia, a grandi linee, con il passaggio dal primo al secondo periodo della seconda fase. La distinzione dei due periodi si rivela quindi fondamentale per la descrizione dell'evoluzione del contatto italoamericano in generale, come emerge concretamente nei capitoli a seguire.

Il primo periodo copre circa tre decadi, contrassegnate soprattutto dagli eventi bellici, terminando nel 1954 circa, quando l'emigrazione italiana verso gli USA cominciò a riprendersi. Il secondo periodo copre circa 25 anni ed è dominato dalla ripresa economica dell'Italia.

3.2.1 Primo periodo: 1927–1954 ca.

Durante questo periodo il flusso migratorio dall'Italia verso gli USA si ridusse drasticamente. La tendenza era iniziata già nel corso della prima Guerra Mondiale, che Vecoli[98] a ragione considera il punto di svolta nella storia italoamericana. Causa della riduzione radicale degli arrivi fu la politica restrittiva nei confronti della migrazione degli italiani adottata sia negli USA che in Italia. Negli USA, l'ostilità verso gli emigrati, che allora stava crescendo in generale, si espresse nella legge federale sull'immigrazione del 1924, che prevedeva l'introduzione di quote massime annuali di nuovi immigrati per i singoli paesi. La quota annuale per l'Italia constava di circa 4.000 individui.[99] D'altro canto, anche in Italia, il governo di Mussolini cercava, in generale, di porre freno all'emigrazione, complicando le procedure dell'espatrio. Nonostante l'introduzione delle norme statunitensi in favore del ricongiungimento famigliare, che sollecitavano l'aumento dei nuovi arrivi oltre la quota limite menzionata, la mole dei nuovi emigrati risulta comunque ridotta. La maggior parte erano comunque donne e giovani che di regola raggiungevano i propri mariti o padri. La depressione economica del 1929 causò poi un nuovo calo significativo dell'emigrazione dall'Italia e l'aumento consistente dei ritorni. Non è tuttavia possibile quantificare l'emigrazione di ritorno poiché mancano i rilevamenti statistici e le svariate indicazioni in proposito sono molto divergenti.

Negli anni della seconda Guerra Mondiale la quota dei nuovi arrivi oscillò tra i 50 e i 450 individui. Negli ultimi anni di questo primo periodo ebbe luogo una ripresa dell'emigrazione. Già dopo la prima Guerra Mondiale si era intensificato il processo di americanizzazione degli italoamericani di seconda generazione, i quali, intorno al 1920, avevano superato numericamente gli italoamericani di prima generazione.[100] Questo processo subì gli effetti delle tensioni create dalla dichiarazione di guerra agli Stati Uniti da parte dell'Italia, nel dicembre 1941, che espose gli italoamericani a un'intensa campagna di denigrazione, benché fossero più di 500.000[101] gli italoamericani arruolati nell'esercito statunitense. Il conflitto creatosi ebbe anche ripercussioni linguistiche, soprattutto a livello del comportamento linguistico degli italoamericani di seconda generazione. D'altro canto, in Italia, accanto all'ostilità verso i dialetti, la politica linguistica del

---

98 Cf. Vecoli (2002, 10).
99 Cf. Vecoli (2002, 11).
100 Cf. Vecoli (2002, 12); Mangione/Morreale (1992, 341), e altri.
101 Cf. Mangione/Morreale (1992, 341).

fascismo prese di mira anche i forestierismi e, tra questi, gli anglicismi[102] veicolati dagli italoamericani che ritornavano in patria.

Specialmente gli ultimi anni di questo periodo rivelano una tendenza di apertura delle enclavi (sovra)regionali, dovuta a cambiamenti socio-demografici rilevanti. Le cause principali furono la mancanza di un flusso emigratorio costante dall'Italia e l'abbandono delle *Little Italies*, in quanto passo iniziale della mobilità sociale degli italoamericani. Una concausa fu l'aumento della nuova manodopera non italiana, di costo più basso, dovuto soprattutto alla migrazione interna degli afroamericani e dei messicani, provenienti rispettivamente dal Sud e dal Sudovest degli Stati Uniti. Ciò contribuì al graduale miglioramento della situazione lavorativa degli italoamericani.

3.2.2 Secondo periodo: 1954–1980 ca.

Durante questo periodo l'emigrazione dall'Italia negli USA si riprese raggiungendo una quota totale di oltre 300.000 italiani. Nello stesso periodo emigrò in Canada quasi la stessa ingente quantità di italiani.[103] La media annua dei nuovi arrivi fino al 1968, secondo Gastaldo (1987, 153), fu di circa 37.000 individui. Risulta interessante riportare la percezione di un emigrato abruzzese, giunto negli Stati Uniti nel 1952, riguardo alla dinamica dell'emigrazione italiana nel periodo postbellico.

[3.1] IId-1p-SP: *Appenə la guerra, è venuta tant' italiani. Tanti-tanti! A mo' ni viene più italiani. Mo' l'italiani sta all'Australia, ci so' tandə italiani. Dopo la guerra, migliaia d'italiani che so' 'ndati in Australia, l'Argentina... L'italiani, olòvər də ùord* (all over the world): *in Germania, in Francia, in Svizzera... Ol* (all) *italiani də tutta parte del mondə! A 'stu condrì* (country) *ha manutə sessandamila quando so' vənutə ia. Ia era la cinguantanovesima personə ch'è venuta qua. Si fa u lista* (list) *no, e ia era... | doveva venire sessandamila. Dopo, se so' stapata* (to stop)... *Pochissima gendə. Ejzənàur* <qui: Eisenhower>, *il presidente mericanə, chella s'ha fatta venire tutti quella 'taliani, pəcché quella sapeva, sapevənə lavorà. Tutt' i chiese, tutta ſta robba də preta* <qui: pietra>, *tutte queste cose qui chi l'ha fatta? L'italiani l'ha fatta! Ma adesso, n'è più... nissuna mett'* (to put) *e pietra qui in America. Tutte le chiese di pietre, le scuole, najssa uark* (nice work)*! Tutta chelli billdìngə* (building), *tutta l'italiani li ha fatta. ſta robbə də muratura, differendə, briccha* (brick), *no pjetra. Pietra no mettono più.*

---

102 Si pensi ad esempio alla voce *giobba*, americanismo di ritorno, che secondo Haller (2006b, 52) «(...) figura tra gli esotismi ‹messi al bando› durante il periodo fascista da Paolo Monelli, *Barbaro dominio*, Milano, Hoepli 1933, 37.»
103 Cf. Gastaldo (1987, 153).

Il Congresso americano modificò, nel 1965, la legge sull'immigrazione, togliendo le quote massime basate sull'appartenenza nazionale e dando maggior rilevanza alle relazioni di parentela. Se si osserva la quantità dei nuovi arrivi (tab. 3.1) risulta un aumento visibile del flusso migratorio negli anni 1966–1974.[104]

In Italia, intanto, l'interesse a emigrare in America andava affievolendosi a causa della crescita dei flussi migratori verso l'Europa del Nord, specialmente a partire dagli anni '50, nonché del *boom* economico italiano, il quale fu accompagnato sia dalla migrazione interna verso il Nord che dalla graduale trasformazione dell'Italia in un paese di immigrazione. A partire dal 1974 si constata, infatti, un declino graduale dell'emigrazione, che si protrae anche nella terza fase del contatto.

> «The great Italian migration to the New World begun in 1880 has come to an end, not because of U.S. legislation but of its own volition. With the absence of Italian-born people to maintain the Italian language and customs, the Old World aspects of the culture by the 1990s are fading and the survival of that culture in the United States, most observers feel, is less likely.»[105]

I nuovi arrivi del periodo in questione, in special modo fino alla fine degli anni '60, si insediavano di regola nelle aree tradizionalmente italiane, non modificando così la fisionomia della distribuzione degli italoamericani nello spazio statunitense. La parte nordorientale, la porta d'ingresso in America, risulta decisamente per la maggior concentrazione di italoamericani, sia di prima che di seconda generazione, mentre il Sud degli Stati Uniti risulta l'area meno ambita. La fig. 3.5 visualizza quantitativamente l'orientamento del flusso degli emigrati italiani nel quinquennio 1960–1965.

---

104 Secondo Mangione/Morreale (1992, 460), «With the passage of the Immigration Act of 1965, which permitted relatives of U.S. citizens to enter the country, there was a new flow of emigration from Italy. Between 1965 and 1973, the number of immigrants wavered at around 25,000 a year.»
105 Cf. Mangione/Morreale (1992, 460).

Seconda fase del contatto (1927–1980 ca.) —— **121**

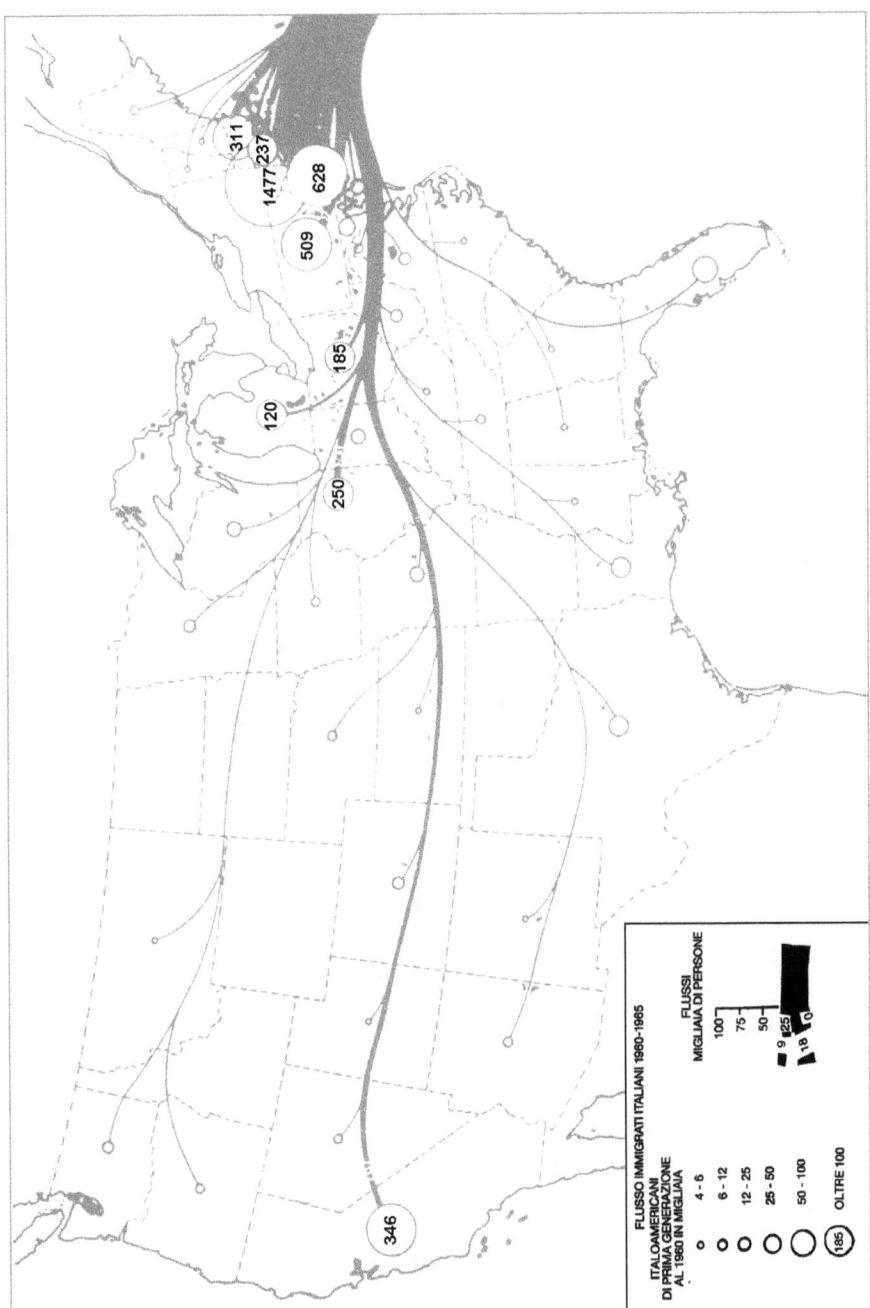

Fig. 3.5: Flusso degli immigrati italiani negli anni 1960–1965[106]

---
106 Tratta da Gastaldo (1987, 158); versione leggermente ritoccata.

Nel periodo 1966–1978 la situazione risulta invariata; il 75 %[107] dei nuovi arrivati si era insediato nei cinque maggiori stati del Nord-Est. Questo orientamento costante emerge chiaramente dalla seguente tabella illustrativa.

	Nord-Est	Nord-Centro	Sud	Ovest	Totale
Italoamericani 1ª gen., 1968	70,3	15,2	4,6	9,9	100
Italoamericani 2ª gen., 1968	69,2	14,8	6,3	9,7	100
Italoamericani 1ª gen., 1980	68,2	14,4	7,2	10,0	100
Italoamericani 2ª gen., 1980	63,5	13,7	10,9	11,7	100

Tab. 3.2: Distribuzione percentuale degli italoamericani di prima e di seconda generazione nelle regioni statunitensi negli anni 1968 e 1980[108]

Emerge che in seguito al primo passaggio generazionale la distribuzione degli italoamericani nel 1980 rivela un leggero cambiamento. In riferimento invece agli italoamericani di terza e quarta generazione, Gastaldo giunge alla seguente conclusione:

> «(...) il passare delle generazioni fa sì che la distribuzione territoriale degli italoamericani venga ad allontanarsi sempre più dalle tendenze originarie, legate al tempo delle grandi migrazioni, per avvicinarsi crescentemente alla media americana. Ciò contribuisce a ridurre la persistenza nel tempo delle caratteristiche socioculturali del gruppo di origine italiana.»[109]

Durante il periodo in questione l'emigrazione italiana, proveniente prevalentemente dal Mezzogiorno, era diretta quasi esclusivamente verso le città. A seguito dei cambiamenti socio-economici già constatati anche nel corso del periodo precedente, si è protratta la trasformazione delle *Little Italies* da quartieri di immigrati in quartieri etnici. La loro apertura è correlata anche alla graduale «americanizzazione» del ruolo delle donne italoamericane di prima generazione all'interno dell'enclave italiana, con ripercussioni anche sulla sfera linguistica.[110]

---

107 Secondo Gastaldo (1987, 155).
108 Versione semplificata della tabella 1 in Gastaldo (1987, 154).
109 Cf. Gastaldo (1987, 154).
110 Franzina sottolinea, inoltre, che «La donna immigrata, in particolare, (...) ebbe un ruolo strategico nel processo di modernizzazione e di graduale americanizzazione dell'intera collettività italiana (...) contribuendo a ridisegnare in modo nuovo il volto e i contorni della presenza italiana in America (...).» (cf. Franzina 1995, 302).

3.3 Terza fase del contatto (dal 1980 ca.)

Questa fase, che copre un arco di tempo trentennale, è contraddistinta dalla riduzione radicale dell'emigrazione dall'Italia. Haller[111] indica che nel 1986 il numero degli emigrati che ritornavano definitivamente in Italia superava quello dei nuovi arrivi.

> «By 1974 there was a steady decline, until 1986, when less than 5,000 entered. The late 1980s saw the greatest number of immigrants to the United States since WW II – but this time the smallest number were from Italy.»[112]

Dagli anni '70 ad oggi, il quadro della distribuzione e della concentrazione degli italoamericani non ha dunque subito modifiche sostanziali, come si evince dal censimento del 2000, i cui risultati sono rappresentati nel seguente grafico 3.6.

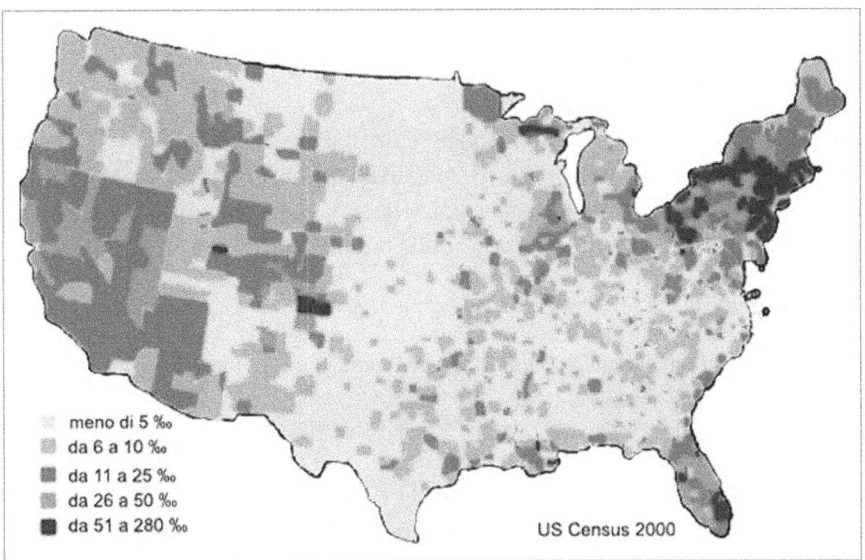

Fig. 3.6: Distribuzione quantitativa della popolazione di origine italiana negli Stati Uniti nel 2000

Pur essendo trascurabili i flussi migratori durante la terza fase (tab. 3.1 e fig. 3.1), in termini quantitativi, di certo non lo è, in prospettiva contattuale, la fase in sé. È necessario sottolinearne la rilevanza per quanto concerne l'evoluzione del

---

111 Cf. Haller (1993, XV).
112 Cf. Mangione/Morreale (1992, 460).

contatto italoamericano, il cui basiletto, diversamente dalla seconda fase, è qui composto solo dall'italiano. Merita altrettanta attenzione la descrizione dei fattori extralinguistici relativi a questa fase, vista la loro specificità, se paragonati alle fasi precedenti.

L'Italia rappresenta un paese con un'economia sviluppata, diventato lui stesso meta d'immigrazione a pieno titolo. Queste premesse hanno cambiato il carattere dell'emigrazione dall'Italia, che durante questa fase si potrebbe considerare un'emigrazione di lusso, o elitaria, di gran lunga diversa dall'emigrazione di massa, quella «vecchia» o «tradizionale» delle fasi precedenti, che era spinta invece dalla miseria. La descrive bene Gastaldo:

> «Per non pochi italiani che arrivano negli Stati Uniti negli anni settanta-ottanta, in particolare per quelli che puntano alle grandi città, le ragioni dell'emigrazione vanno ora cercate più che altro nel gusto per l'avventura o nella ricerca di scambi culturali. Puntano alle gallerie d'arte per esporvi le proprie opere e alle orchestre americane per eseguirvi le loro composizioni. Fanno domanda per borse di studio e si iscrivono a corsi di specializzazione in informatica. ‹Sono la frenesia e l'efficienza americana ad attrarci›, ha spiegato una di loro (...).»[113]

Appare molto evidente il distacco socio-culturale tra l'emigrazione «vecchia» e quella «moderna», la quale genera il fenomeno dell'autoisolamento e del distacco dalla comunità italoamericana tradizionale. Eccone una testimonianza, tratta dal corpus empirico, dalla sezione dalle interviste:

> **[3.2]** IIi-1a-TB: *Quello che mi ha aiutato è che io sono venuta qui e non ho parlato italiano (...) non avevo contatti con la popolazione italiana, e pensavo (...) che fosse un bene perché ovviamente mi avrebbe aiutato a ascoltare solamente una lingua. (...)*
> EP: *Ai matrimoni italiani qui, italoamericani, si sente più...*
> IIi-1a-TB: *Io non sono mai andata a un matrimonio italoamericano <ride>.*

Questa distinzione si riflette anche nell'uso linguistico. Mentre la «vecchia» emigrazione, in prospettiva italoromanza, era strettamente legata al dialetto, il marchio più significativo del progresso socioculturale inseguito dalla nuova emigrazione è invece l'uso esclusivo dell'italiano.

L'autosegregazione si manifesta in casi estremi – che non risultano poi tanto rari – persino con note di disprezzo, che spesso si riferiscono anche all'uso linguistico della vecchia guardia di emigrati, come si evince anche dalla seguente testimonianza:

---

[113] Cf. Gastaldo (1987, 147).

[3.3] Ili-1a-TB: *Io quando sono venuta qui (...) è la prima volta che sono stata esposta a questa gente che rimpatriava, che era ritornata a casa per vacanze, eccetera, giù nei loro paesi, e io li ho sentiti parlare e mi son resa conto – io non parlavo una parola d'inglese – e mi sono resa conto che l'inglese che parlavano era una lingua bastarda, e mi sono ripromessa di non parlare mai così* <ride>.
EP: *Perché?*
Ili-1a-TB: *Perché è un miscuglio. Infatti, la mia prima reazione era di dire: «Vade retro Satana!»*

L'emigrazione italiana di questa fase è esclusivamente urbana. I nuovi emigrati, nella scelta della località dove insediarsi, non danno la priorità alla presenza italiana, diversamente da quanto avveniva invece nelle fasi precedenti. È cambiato non poco anche il modo in cui gestiscono il loro rapporto con l'Italia, il quale, soprattutto grazie alla mobilità e alle possibilità che offre la globalizzazione della comunicazione, è continuo e decisamente più intenso. Tutto questo ha dei riflessi linguistici, che vengono descritti nei capitoli seguenti.

All'interno della comunità italoamericana in generale si è verificata, negli ultimi 50–60 anni, una graduale riscoperta della coscienza etnica. Questo processo è legato in modo piuttosto virtuale e nostalgico all'Italia. Alla sua base vi sono innanzitutto il progresso dell'americanizzazione culturale e la crescente rilevanza dell'Italia nel quadro internazionale. Nella fase attuale, invece, si è passati a un altro livello, vale a dire alla riscoperta dell'italianità contemporanea, legata in modo reale e concreto all'Italia, specialmente da parte degli italoamericani di seconda generazione e oltre, i cui genitori e nonni erano emigrati durante la prima fase o nel primo periodo della seconda fase del contatto. Questa tendenza, fortemente sollecitata dalla mobilità crescente, si esprime nell'intensificazione dei contatti concreti con l'Italia, diventata meta turistica preferita, e nell'apprendimento dell'italiano in forma pilotata. Nel caso, poi, di associazioni quali *Arba Sicula* (Brooklyn) e *Piemontesi nel Mondo* (California), ad esempio, si promuovono persino iniziative – sebbene folkloristiche – alla riscoperta del patrimonio dialettale.

Appare interessante, infine, fare luce anche in prospettiva linguistica sull'identità socio-culturale generata dal contatto. È necessario analizzare il processo costitutivo dell'italianità in emigrazione, valutando specialmente l'influsso dell'identità regionale e locale.

3.4 Conclusioni

La storia dell'emigrazione italiana negli Stati Uniti, che copre circa cinque secoli, è particolarmente dinamica. A definire la fisionomia del contatto italoamericano in generale risulta fondamentale il terzo periodo della prima fase, contraddistinto dalla Grande Emigrazione. La seconda fase si rivela invece importante per il suo carattere transitorio, in quanto fase di passaggio dalla cultura esclusivamente locale (e regionale) a quella nazionale, vale a dire dal dialetto all'italiano. Il passaggio dal primo al secondo periodo di questa fase fa da spartiacque rispetto al suddetto sviluppo. Benché, infine, la terza fase risulti quantitativamente insignificante in termini di emigrazione italiana, essa si rivela invece rilevante per il completamento del percorso del contatto tra italoromanzo e *American English* nella sua interezza.[114]

Segue una tabella riassuntiva delle dinamiche principali della storia linguistica esterna del contatto italoamericano, concepita in chiave cronologica, secondo le fasi e i rispettivi periodi.

---

[114] Haller sottolinea che: «L'‹Italia linguistica› negli Stati Uniti degli anni Ottanta si presenta fortemente trasformata in confronto alle ‹Little Italies› di mezzo secolo fa.» (Haller 1993, XV).

FASE	Fase I		Fase II			Fase III
Basiletto	solo Dialetto		Dialetto e Italiano			solo
Periodo	Coloniale	Preunitario	«Grande Emigr.»	Primo	Secondo	Italiano
Durata	1500–1783 ca.	1783–1880 ca.	1880–1927 ca.	1927–1954 ca.	1954–1980 ca.	dal 1980 ca.
Quota arrivi	ca. 30.000	ca. 80.000	ca. 4.525.000	ca. 230.000	ca. 485.000	ca. 80.000
Distribuzione geografica USA	Soprattutto nella parte orientale	Bipolarizzazione: Sudovest vs. Nordest	Quasi esclusivamente nel Nordest	Prevalentemente nel Nordest	Ovunque, soprattutto nel Nordest	Ovunque, tendenzialmente nel Nordest
Tratti geolinguistici: origine italiana	Varia, prevalentemente settentrionale	Quasi esclusivamente settentrionale	Quasi esclusivamente meridionale	Prevalentemente meridionale	Prevalentemente meridionale	Varia
Caratteristiche principali	Colonizzazione, emigrazione prevalentemente rurale	Emigrazione prevalentemente rurale	Ghettizzazione/ *Little Italies*	Insediamento esclusivamente urbano	Disintegrazione graduale delle *Little Italies*	Emigrazione moderna, autoisolamento
Dinamiche principali dell'ibridazione	Eterogeneità di modalità, intensità variabile di ibridazione, prevalenza dell'identità regionale	Omogeneità di modalità, alta intensità di ibridazione, prevalenza dell'identità nazionale e regionale	Omogeneità di dinamiche, bassa intensità di ibridazione, prevalenza dell'identità locale e regionale	Omogeneità di dinamiche, bassa intensità di ibridazione, prevalenza dell'identità locale e regionale	Omogeneità di dinamiche, intensità variabile di ibridazione, prevalenza dell'identità regionale e nazionale	Eterogeneità di modalità, alta intensità di ibridazione, prevalenza dell'identità nazionale

Tab. 3.3: Tabella riassuntiva dei principali fattori extralinguistici

4 Il sapere linguistico degli italoamericani

Nella prima tappa analitica della linguistica migrazionale pluridimensionale viene descritto sistematicamente – come già esposto in 2.1.3.1 – il *sapere linguistico* dei parlanti, che corrisponde a grandi linee ai concetti di *Wissen* di Coseriu[1] e di *Potenz des Redens* di Lausberg,[2] entrambi orientati al concetto aristotelico di δύναμις.[3] Il sapere linguistico dei parlanti, che in sostanza è diacronico,[4] consiste nel sapere linguistico *idiomatico*, detto anche tecnico, e in quello *riflessivo*, detto anche metalinguistico. Entrambi sono oggetto della seguente analisi, il cui obiettivo, per un verso, è quello di esaminare la qualità del sapere idiomatico in ciascuna delle lingue storiche in contatto, ai livelli fonetico/fonologico, morfosintattico e lessicale, da un lato, e ai livelli fasico e mesico, dall'altro; quest'ultimo livello riguarda specialmente le lingue con una tradizione scrittoria. Per l'altro verso, obiettivo dell'analisi è altresì la descrizione sistematica di ciascuna delle due forme del sapere riflessivo: una relativa alla lingua storica, vale a dire il *sapere riflessivo diasistemico*, e l'altra relativa all'architettura del contatto, vale a dire il *sapere riflessivo funzionale* o *contattuale*.

L'esame del primo tipo di sapere riflessivo è incentrato sulla qualità della differenziazione diasistemica – diatopica (*in primis*), diastratica, diafasica e diamesica – di ciascuna delle lingue storiche in contatto, percepita dal parlante. L'analisi della seconda forma del sapere riflessivo, quello funzionale, ha per oggetto la percezione della struttura del contatto da parte dei parlanti. Verrà infine riassunta l'analisi del sapere riflessivo tracciando le dinamiche del sapere linguistico collettivo, nell'ambito del quale è necessario considerare anche la dimensione diacronica. La composizione del sapere linguistico, esaminato qui di seguito, è invece riassunta nel grafico 2.2, cui si rinvia.

La distinzione delle due forme del sapere riflessivo si rispecchia nella suddivisione del presente capitolo in 4.1 e 4.2. Al loro interno, inoltre, la descrizione del sapere segue tre criteri primari, riconducibili a:
- le lingue di contatto,
- la collocazione degli italoamericani nelle tre fasi di contatto,
- la collocazione degli italoamericani nelle generazioni d'emigrazione.

---

[1] Cf. Coseriu (1988b, 69–75).
[2] Cf. Lausberg (1969, 30).
[3] Si vedano le osservazioni in proposito comprese nella rassegna teorica in 2.1.3.
[4] Cf. Lausberg (1969, 30).

L'impostazione della descrizione non è identica in ciascuna delle due parti (4.1 e 4.2), cambia infatti la rilevanza gerarchica dei singoli criteri per ognuna delle due forme del sapere riflessivo. Per la parte dedicata al sapere riflessivo diasistemico è infatti fondamentale tenere primariamente conto delle *lingue di contatto*, mentre per quella dedicata al sapere riflessivo funzionale si rivelano determinanti innanzitutto le *fasi di contatto*. La gerarchia dei criteri della descrizione è dunque: lingua di contatto – appartenenza generazionale – fase di contatto, per la parte 4.1, e fase di contatto – appartenenza generazionale – lingua di contatto, per 4.2.

La descrizione sommaria del sapere idiomatico degli italoamericani verrà integrata all'interno del capitolo, specialmente nella sua prima parte.

4.1 Il sapere riflessivo diasistemico concernente le lingue in contatto

Il sapere riflessivo diasistemico è particolarmente variegato. Il sapere diatopico ne rappresenta una componente di notevole importanza. Ci si limita, qui di seguito, alla sola descrizione sistematica del sapere riflessivo diatopico degli italoamericani, per ciascuna delle lingue storiche in contatto, sia per la sua rilevanza, che a causa delle analogie qualitative con le ulteriori componenti del sapere riflessivo diasistemico. Laddove necessario, verranno descritti aggiuntivamente elementi di sapere riflessivo riconducibili alle altre dimensioni diasistemiche.

Le lingue storiche in contatto sono, come già esposto in 2.1.2.1, l'inglese,[5] l'italiano e il dialetto primario italoromanzo. È necessario motivare brevemente la percezione del dialetto come lingua di contatto a sé stante, dotata dunque degli attributi di una lingua storica a tutti gli effetti, chiarendo l'apparente contraddizione della contrapposizione teorica di Eugenio Coseriu tra *lingua storica* e *dialetto*. Coseriu afferma che «(...) der Dialekt [ist] seinem Status nach diejenige Form der historischen Sprache, die der historischen Sprache selbst am nächsten liegt.»[6] Il dialetto primario italoromanzo rappresenta, infatti, un'unità autonoma ed è differenziato – nella sua pur limitata estensione geografica – nello spazio (dialetti locali[7]), in prospettiva fasica (varietà di stili nella comunicazione) e – apparentemente di meno – in quella stratica.

---

[5] Si vedano a proposito dell'inglese come lingua in contatto le osservazioni in 2.1.2.1.
[6] Cf. Coseriu (1988a, 51).
[7] La differenziazione dei dialetti primari nello spazio è definita microdiatopica. Questo concetto è descritto in 2.1.2.3.

La classificazione del dialetto primario come lingua storica trova conferma anche nella percezione stessa degli italoamericani, specialmente di prima generazione, i quali fanno appello ad argomenti diversi. Le seguenti affermazioni, tratte dalle interviste, esprimono la distinzione fatta dai parlanti tra dialetto e italiano in quanto unità autonome, vale a dire come lingue storiche.

[4.1] IId-2-MaC: *Il dialetto è una lingua per conto sua, quindi se tu lo parli sbagliato, è come se tu parli l'inglese sbagliato.*

[4.2] ILi-1a-TB: *Le lingue hanno, oltre al vocabolario, hanno tradizioni, hanno tante cose, cucina ad esempio, cioè una cultura. La lingua è una manifestazione della cultura, e il dialetto è una lingua!*

[4.3] I-3-SL: *Quest' è u dialett'. 'Taliànə-'taliànə è diffərendə. È n'ata lingu' angorə.*

[4.4] I-2-AM: *Perché secondo me, i dialetti sono stati prima che l'italiano, e bisogna conservare questa, questa cosa.*

[4.5] IId-1a-LM: *U siciəlianu pi nuiatṛi noʃṛa lingua jè.* | Il siciliano è per noi la nostra lingua.

La descrizione del sapere riflessivo diatopico dei parlanti è incentrata, come già detto, in primo luogo su ciascuna delle tre lingue di contatto. In secondo luogo si tiene conto dell'appartenenza generazionale dei parlanti.[8] Le divergenze dovute al fattore generazionale sono particolarmente cospicue. Sono stati intervistati, ad esempio, anche italoamericani di seconda generazione, cresciuti all'interno di ambienti dialettofoni isolati, che erano inconsapevoli[9] della differenza materiale e della distinzione culturale tra dialetto primario e italiano, essendo marcatamente limitato il loro sapere idiomatico in ambito italoromanzo. Per gli italoamericani di terza generazione (e oltre) questa percezione costituisce invece la regola. La qualità del sapere riflessivo rispecchia inoltre la suddivisione degli italoamericani di prima generazione nelle due categorie attiva e passiva, di cui viene tenuto conto nel corso dell'analisi. La collocazione dei parlanti nelle diverse fasi dell'emigrazione rappresenta infine il terzo criterio descrittivo, cui è prestata attenzione nella descrizione del sapere riflessivo diasistemico, ovvero diatopico.

Un esame ben ponderato e sistematico del sapere riflessivo diatopico inerente alle singole lingue di contatto deve considerare attentamente tutti i livelli della differenziazione diatopica, descritti in 2.1.2.3, vale a dire il livello locale

---

[8] Si veda ad esempio l'affermazione 4.28.
[9] Si veda ad esempio l'affermazione 4.191.

(o microdiatopico), quello regionale, il livello sovraregionale e, infine, quello macrodiatopico. Del livello locale fa parte la differenziazione diatopica sia, a grandi linee, all'interno di una provincia, che all'interno dei dialetti urbani, come ad esempio quelli di Enna,[10] Roma, Philadelphia, New York, ecc. Mentre il livello regionale riguarda la differenziazione diatopica all'interno delle singole regioni, come ad esempio le differenze dialettali all'interno della Sicilia, o del Nordest degli Stati Uniti, il livello sovraregionale concerne l'intero areale di uno stato nazionale, vale a dire dell'Italia o degli Stati Uniti. Il quarto e ultimo livello, che attiene solo all'inglese, è quello macrodiatopico o sovranazionale, orientato alle diverse varietà standard della medesima lingua in diversi stati nazionali (USA, Inghilterra, Australia, ecc.).

Ciascuna delle lingue in contatto nel caso italoamericano possiede una propria costellazione dei livelli di differenziazione diatopica, come si evince dalla tabella a seguire (4.1). Se da un lato l'inglese risulta differenziato a tutti i livelli, per l'italiano si può parlare di una differenziazione diatopica soltanto ai livelli regionale e sovraregionale, così da risultare barrate le caselle del primo e del quarto livello. Il dialetto primario appare invece differenziato solo ai livelli locale e regionale.[11]

LINGUA DI CONTATTO	LIVELLO DI DIFFERENZIAZIONE DIATOPICA			
	LOCALE	REGIONALE	SOVRAREGIONALE	MACRODIATOPICO
DIALETTO	✓	✓		
ITALIANO		✓	✓	
INGLESE	✓	✓	✓	✓

Tab. 4.1: Livelli di differenziazione diatopica delle lingue di contatto

Segue ora la descrizione del sapere riflessivo prevalentemente diatopico degli italoamericani per ciascuna delle lingue storiche in contatto, a partire dal dialetto primario italoromanzo.

---

10 Cf. ad esempio l'affermazione 4.18.
11 Si vedano ad esempio le affermazioni 4.16–4.18.

4.1.1 Dialetto primario italoromanzo

In riferimento alla realtà italoamericana, vista nella sua intera estensione temporale, il dialetto primario risulta, rispetto all'italiano, decisamente più rilevante, sia in chiave qualitativa, che quantitativa. Per la maggior parte degli italoamericani i dialetti primari italoromanzi continuano a mantenere nell'uso una netta prevalenza nei confronti dell'italiano.

4.1.1.1 Prima generazione

Ben l'88 % degli informatori di prima generazione, emigrati soprattutto nel corso della seconda fase, aveva acquisito il dialetto[12] come prima lingua. Il loro sapere idiomatico dialettale è apparso infatti ben strutturato e solido, come dimostra, ad esempio, la seguente citazione

> [4.6] IId-1a-MC: *U sajjə commə dicèvənə? «Mə daj' 'nu poch' u :: quellə də ferrə, u vətajàngə, ch' a scarpa 'n dzə ficch'!» 'A 'calzatùrə' è più all'italiana.* | Lo sai come dicevano? «Mi dai un po' il... quello di ferro, il «vətajàngə», perché la scarpa non calza!» La 'calzatùrə' è più italiano.,

oppure quest'altra affermazione, nella quale il dialetto «profuma di terra»:

> [4.7] IId-1a-F: *La 'pərtəcàrə'* <qui: aratro con il vomere di legno> *cə ſtavə primə. La, l'"uərdarècchjə'* <qui: aratro con il vomere di ferro> *è più avandzatə, che significa: se andavi in giù, metteva il terreno a queſto lato. Ritornando, non dovevi tornare a vuoto, si rovesciava. Uərdarècchjə, vuddarècchjə, sə vuddə, sə voddə, si voltava.*

La qualità del sapere idiomatico in dialetto può oscillare lievemente da un individuo all'altro nella stessa fase di contatto e persino all'interno di una medesima famiglia. Le discrepanze sono dovute all'influsso variabile di fattori extralinguistici. Tra questi risalta per la sua rilevanza l'età al momento dell'emigrazione, la quale costituisce il criterio principale della già trattata (2.1.1.1) collocazione dei parlanti di prima generazione nella categoria passiva o attiva. Si può affermare, in generale, che il sapere riflessivo diasistemico degli italiani di prima genera-

---

12 È molto espressiva la seguente descrizione:
[4.8] IId-1a-MC: *Tu sei | quandə nasci, sei indialettata. Quandə poi cominci a andare alle scuole il cervello si apre un poco, e si* ['juzə] (to use) *il ver' italian'*.
Sono esclusi da questa cifra gli informatori molisanoamericani *arbëreshë*, che hanno per madrelingua l'*arbërisht* (l'italoalbanese), come sottolineano essi stessi:
[4.9] II-1a-MA: *Quindi noi, il nostro | il dialetto nostro è albanese, è l'albanese, niente più.* In proposito si veda anche Prifti (2007, 283–285), e soprattutto Prifti (2011a).

zione si rivela solido, analogamente al sapere idiomatico. Per le esperienze linguistiche avute sia in Italia che all'interno dell'eterogenea comunità dialettofona italoamericana, la maggior parte degli informatori ha sottolineato spontaneamente e in modo esplicito la marcata varietà dei dialetti primari in Italia e la loro netta differenziazione diatopica a livello locale, come ad esempio:

> [4.10] IId-1a-SP: [bə'kɔs] (*because*) *in Italia, cə stanə tand' indialettə, tropp' indialettə.*

> [4.11] II-1a-MS: *Ogni paese intorno a noi hanno un dialetto differende, che ogni tando non si capiscono nemmeno tra di loro, come parlano.*

> [4.12] EP: <u>Come si chiama questo <indicando l'immagine 'straccio'> in dialetto?</u>
> II-1a-VG: *Eh, chi lə chiamə də 'na manierə, chi də n'atrə.*

Sebbene le modalità e i criteri della distinzione e della classificazione dei dialetti primari da parte dei parlanti appaiano variegati, emergono tre tendenze comuni.

1. Parallelamente all'aumento, in Italia, della distanza geografica dalla località di provenienza del singolo parlante, crescono di regola anche le dimensioni degli areali dei singoli dialetti regionali, che egli/ella distingue.

2. La percezione dei dialetti italoromanzi settentrionali da parte degli informatori di origine meridionale appare di regola non differenziata e ridotta solitamente al *lombardo* o al *milanese*, mentre, in diversi casi, gli italoamericani provenienti dal Settentrione sono in grado di distinguere tra il napoletano, il siciliano, o, in qualche caso addirittura tra quest'ultimo e il calabrese. A loro stesso parere ciò è dovuto soprattutto al contatto diretto con i dialetti italoromanzi meridionali, avvenuto negli USA, e inoltre alla presenza cospicua di emigrati italiani meridionali, persino in quelle rare aree statunitensi dominate dalla presenza di italiani del Nord.

3. *Pars pro toto*. Nella loro percezione, gli informatori «riducono» di regola alcuni dialetti regionali ai dialetti urbani dei rispettivi capoluoghi di regione, come nel caso dei dialetti di tipo meridionale intermedio laziale e campano, o di tipo veneto, puntualmente noti come romanesco, napoletano e veneziano. Questo fenomeno è presente anche in termini di (auto)ricognizione dell'identità collettiva.[13]

> [4.13] IId-1p-FPM: *Come c^u l'abruzzesə, come lombardu, venezianu, napoletanu.*

---

[13] Ad esempio:
[4.14] I-2-AdM: *Tutti della Campania dicono qui in America che sono napoletani.*
Si vedano anche i risultati presentati nell'ambito del cap. 7.

[4.15] IId-1a-SM: *Si quaccuno vene di sutt' a Roma, u sajə sub'tə ca iddu è napulətanə, pi commu av' iḍḍu a parlata, si parla ṭroppu veloci o ṭroppu slo. (...) Certe parole su' differendi. Certe parole sunu 'nticchjettə difficli a capiri, ju no?, s'ha ṛa star' attenti.*

Se qualcuno è di sotto Roma, lo sai subito che lui è napoletano, per come ha la parlata, se parla troppo velocemente o troppo lentamente (*slow*). (...) Certe parole sono diverse. Certe parole sono un po' difficili da capire, sai (*you know*)? Bisogna stare attenti.

Questa tendenza riconferma il carattere prototipico della percezione della variazione linguistica da parte dei parlanti. Analogamente va intesa anche la già menzionata riduzione stereotipica, da parte di emigrati italiani provenienti dal Mezzogiorno, dei dialetti settentrionali al milanese.

Va ora considerata la qualità del sapere riflessivo diatopico degli italoamericani di prima generazione riferito alla variazione del dialetto ai livelli locale e regionale.

DIFFERENZIAZIONE A LIVELLO LOCALE
Ai fini di una descrizione adeguata è necessario distinguere tra l'ambito rurale e quello urbano.

IN AMBITO RURALE
Diversi informatori, collocabili prevalentemente nella categoria passiva, sono stati in grado di segnalare la variazione all'interno della provincia di provenienza. Hanno indicato anche tratti materiali distintivi, di regola fonetici, del proprio dialetto locale – il loro sistema di riferimento – rispetto ad altre varietà dialettali della provincia. In alcuni casi la differenziazione diatopica a livello locale è stata espressa in termini aneddotici, un ingrediente tradizionale, questo, della cultura popolare orale italiana. L'informatrice IId-1p-VG, ad esempio, nel descrivere la differenza tra la varietà abruzzese orientale adriatica di Palombaro, suo paese d'origine, e quella di Fara San Martino, un comune adiacente situato a soli quattro chilometri di distanza, si è riferita di fatto a due isoglosse relative alla qualità delle vocali toniche /a/ e /o/, vale a dire all'opposizione [ɒ] – [ʌ]:

[4.16] IId-1p-VG: *Era un pochə differèntə, jea* (yea). *Alla Farə 'n parlev' comə parlavamə noi lu dialettə. (...) Tenìa 'n altr' accendə; dicevə 'n altra manierə: (...) alla Farə la magl' erə la mogl^{iə}, a Palumbàrə la mogl' erə la magl^{iə}.*

Di gran lunga più ricca di elementi distintivi materiali, prevalentemente consonantici, è la contrapposizione individuata dall'informatore IId-1a-FR tra la varietà meridionale estrema calabrese centro-meridionale del comune di Gioiosa Ionica e quella della vicina Siderno, divise solo da un fiumiciattolo, U Trubbulu (il Torbido):

[4.17] IId-1a-FR: *A Gioiosa dicono* ['a jʊ'juːsa kuku'jːaːva 'ɔɲʊ 'ŋkʊkuju 'kwantʰə 'na 'ɣaːja ɛ mːa'tsːaːva 'ɣaːjɪ ɣa'jːiːnɪ ɛ pu'jːɛːjɪ]¹⁴ *a Siderno dopo il fiume, u Trùbbulu, dicono* ['a dʒə'juːsə kukuli'jaːva 'ɔɲʊ 'ŋkʊkulu 'kwantə 'na 'jaːja ɛ mːa'tsːaːva 'ɣalːɪ ɣa'lːinɪ ɛ pu'lːɛːlɪ].

IN AMBITO URBANO

Due informatori, entrambi di categoria passiva, sono stati in grado di indicare qualche tratto materiale della variazione diatopica – presente esclusivamente al livello prosodico-fonetico – persino all'interno di una varietà dialettale locale (urbana), quella meridionale estrema siciliana (area metafonetica centrale) di Enna, piccolo centro urbano di circa 28.000 abitanti:

[4.18] EP: *E a Enna, si parla un altro dialetto?*
IId-1p-FM: *Ma da ṛione a ṛione, addirittura!* <l'intonazione esprime ovvietà> *Da queſto ṛione a queſt'aṭṛu c'è differenzia. (...) C'è l'accientʰu. Sì. Ci sono i funnurisanə, pi 'simpju, unu ṛione che confina puru. Tuttu assieme sunu, ma i funnurisanə c'hannu un acciendu ſṛanu. Iə ci hai una cugina, ca p'r isimpju parla 'ncarcata a funnurisanə. I ṛionə sunu unitu in ogni modo; Funnurisi, u Pupulu, San Pitru... (...) Enṭṛu Enna è il tuono come si dice la parola, che cambia un po'; 'a diciunu differenti. Poi da ṛṛesto, suppeggiù u stiessu. Il tuono è ca che sə cambia: allunga 'na parola o la diminuisci, ju no* (you know)?

DIFFERENZIAZIONE A LIVELLO REGIONALE

Tutti gli intervistati di prima generazione, con il dialetto come madrelingua, sono stati in grado di indicare la variazione tra le singole varietà dialettali locali a livello regionale, specialmente tra quelle urbane più marcate e note.

[4.19] IId-1a-SM: *Iu sugnu 'n mjezzu, mienṭṛu Palemmu e Messina. Ma se quaccunu vennə də Palemmo, e parla, u capimu subitu ca iḍḍu è də Palemmo. (...) A Palemmo ṭṛoppu veloci parlanu. Certe paroli j'annu differenti 'ntunatu; jea* (yea), *sunu differendi* (different) *accendi. È differendi commu parla. Catania, parlanu differendi, Enna, Ragusa, Girgenti.*

Segue ora un esempio in cui la percezione della differenziazione è basata su elementi materiali concreti. La varietà abruzzese di tipo teramano (Teramo) e quella di tipo occidentale adriatico di Palombaro (provincia di Chieti) sono messe a confronto sulla base di elementi lessicali:

[4.20] EP: *Come lo chiamate questo in dialetto* <indicando l'immagine 'lumaca'>?
IId-1a-FT: *'A ciammarècch', a Teramə. Giù a Chieti lo chiama ˤlə ciammajìcch', a Tieramə 'la ciamareccha'.*

---

14 Traduzione: *A Gioiosa grandinava, e ogni chicco di grandine era grande quanto la ghiaia, e ammazzava galli, galline e pulcini.*

o fonetici (l'opposizione [u] – [ɔu]):

> [4.21] EP: *Come si dice in dialetto 'spegnere la luce'?*
> IId-1p-VG: *Chiude la luce.*
> IId-1a-FT: *Arᵊmùr'. Arᵊmùr' la lucᵊ.*
> IId-1p-VG: *Je, je (ye). Dialett'-dialettə.*
> IId-1a-LS: *It's 'ou', cchjù arəmourə che arəmur'.*
> IId-1a-FT: *Ma non a Terəmə. Arᵊmùr', armùr'!*

I singoli parlanti rivelano tuttavia un sapere riflessivo insufficiente a compiere una distinzione analoga per una regione *diversa* da quella d'origine, come confermano, ad esempio, esplicitamente due informatori abruzzesi:

> [4.22] IId-1a-MT: *Però dentro a una regione è un po' meno evidente. Per esempio, quellə che venghənə da Avellinə, e quellə che venghənə da Napoli, per me so' esattamente lu ſtessə. Per me so' uguali.*
> IId-1a-FT: *Mentre loro ſtessi possono vedere la differenza.*

Viene ora rivolta l'attenzione agli informatori, sempre di prima generazione, i quali, invece, «in un mondo con solo dialetto sarebbero muti» (III-1a-FR), dunque agli italoamericani (primariamente) italofoni, emigrati (prevalentemente) durante la terza fase. Il loro sapere riflessivo diatopico in ambito dialettale risulta di regola estremamente frammentario e insufficiente a delineare la variazione del dialetto a livello regionale. Di solito essi sono unicamente in grado di riportare qualche particolarità fonetica o lessicale-fraseologica stereotipata dei dialetti locali dei propri genitori o nonni, ma in modo piuttosto sconnesso dal contesto sia geolinguistico regionale che linguistico interno del singolo dialetto. L'informatrice III-1a-FR, ad esempio, proprio allo scopo di evidenziare la particolarità fonetica del dialetto locale di Busto Arsizio, ha citato spontaneamente lo scioglilingua più noto del bustocco nella forma seguente:

Frase del parlante	Matrice dialettale	Traduzione
[4.23] III-1a-FR: [dyo'iːn dy'uin 'dwaː ko'dwoːna]	*Dü öi indüìi 'n d'u áquo d'Uóna.*	Due uova bollite nell'acqua di Olona.

Nella frase della parlante spicca immediatamente la distinzione errata dei singoli lessemi, che indica una conoscenza unicamente meccanica e stereotipata della matrice dialettale, dovuta alla marcata ristrettezza del sapere idiomatico in dialetto, spesso molto difettoso persino a livello passivo.[15] Il sapere idiomatico precede dunque quello riflessivo, così come il sapere riflessivo diasistemico precede quello contattuale.

La qualità del sapere idiomatico dialettale dei parlanti subisce in emigrazione dei cambiamenti, cui si ritorna dettagliatamente nel sesto capitolo. Le cause principali sono l'erosione[16] e il *dialect mixing*, che determinano il graduale indebolimento del «contrasto» diatopico tra le singole varietà dialettali, soprattutto locali. Ne sono coscienti anche i parlanti, come ad esempio:

> [4.24] I-2-AM: *Il dialetto degli italoamericani qui è diventato più homogeneous. Loro <gli italiani in Campania> possono vedere subito se uno che parla il napoletanə viene da Salerno, da Caserta, Benevento, Avellino...*
> EP: *E Lei, qui in America, riuscirebbe a fare questa distinzione?*
> I-2-AM: *Non credo, non credo. Dovrei... dovrebbe abitare lì.*
>
> [4.25] EP: *Si perdono un po' le piccole differenze tra i dialetti in emigrazione?*
> IId-1a-MT: *Si perde molto, perché per esempio, dal paese noſtrə (...) a cinguə chilometri ci ſtà Farə San Martino (...), là, la mogl' è la magliə e la magl' è la mogliə. Quelle persone lì qui non si diſtinguono più.*

La capacità di differenziare in chiave diatopica, specialmente a livello locale, è più sviluppata tra i parlanti emigrati in età avanzata, rientranti nella categoria passiva, i quali possiedono un sapere idiomatico più solido e vasto in ambito dialettale.

Alcuni informatori, parlanti di dialetti mediani e meridionali ed emigrati già da svariati decenni, tendevano a enfatizzare eccessivamente l'arcaicità e la ricchezza del proprio sapere linguistico idiomatico in ambito dialettale, contrapponendole alla situazione dei dialetti in Italia, lì ampiamente esposti, a loro dire, all'italianizzazione. Verifiche dialettologiche eseguite in Italia (Abruzzo, Sicilia, Calabria) sulla diffusione attuale di alcuni dialettalismi[17] menzionati da diversi informatori italoamericani e da loro ritenuti arcaismi, hanno invece rivelato che le voci in questione sono altrettanto vitali in Italia. Questa percezione forfetaria deriva dalla mitizzazione del processo d'italianizzazione dei dialetti e dalla nostalgia selettiva degli emigrati, rivolta al dialetto.

---

15 È significativa la seguente affermazione:
[4.26] III-1a-FR: *Capivo tutto quando parlavan' tra di loro, ma noo..., mi manca completamente il vocabolario. So solo singole parole. So come si chiamano i fiocchi di neve, per esempio, le lughée, ma non so come si chiama la neve...*
16 Si vedano anche le affermazioni 4.162, 4.164, 6.178.
17 Trattasi delle voci dialettali corrispondenti a: *spegnere* e *accendere (la luce), pezzo di carne, aratro, calzascarpe, lumaca, pannocchia, pulcino, scendiletto, fiammifero*, ecc.

4.1.1.2 Seconda generazione

Il passaggio dalla prima alla seconda generazione è contraddistinto da cambiamenti radicali nel sapere riflessivo dei parlanti. Ciò risalta chiaramente se si mette per esempio a confronto la capacità di descrivere la variazione nello spazio di un informatore di prima generazione con quella di un altro della generazione successiva, entrambi appartenenti alla medesina famiglia:

> [4.27] EP: <rivolto a I-2-TL> Secondo te, a Castelnuovo parlano diversamente da Teramo? <i due paesi distano 12 km ca >
> I-2-TL: Boh. Non lo saccia. Pensa di no.
> EP: E secondo te? <rivolto a IId-1a-FT>
> IId-1a-FT: O sì! Ma perché andare così londana? Un paese che ci sta a due chilometri, già parla diverso.

Tali cambiamenti considerevoli in termini di competenza sono stati notati da svariati informatori di prima generazione, come ad esempio:

> [4.28] IId-1p-VG: *So* (so) *forsa è la generaziona cha... | o la prima generazione cha ʃta qua, e dopo, la seconda... la ʃcorda. 'N po' parlà tanta l'italiana purìt'. So* (so) *sə pèrəd'.*

La causa dei cambiamenti è innanzitutto il progresso dell'erosione[18] e del *dialect mixing*, i quali investono il sapere idiomatico italoromanzo degli italoamericani di seconda generazione. Secondo alcuni parlanti di prima generazione, primariamente italofoni, il sapere idiomatico dialettale degli italoamericani di seconda generazione, collocabili nella prima fase del contatto, è contraddistinto da tratti conservatori. Nelle varietà dialettali parlate da alcuni informatori di seconda generazione, collocabili nel primo periodo della seconda fase, sono stati infatti constatati degli arcaismi lessicali, specialmente fraseologismi. Questi parlanti erano infatti cresciuti con i propri nonni, esclusivamente dialettofoni, emigrati appartenenti alla categoria passiva.

---

18 È indicativa la seguente affermazione:
[4.29] IIi-1a-TB: *Il loro bagaglio linguistico è dialettale, ma imperfetto. Si ricordano qualche frase, qualche parola; è sempre una cosa frammentaria, insomma.*
Conviene riportare la discussione tra due informatrici di seconda generazione, scaturita dalla visione di una *pièce* teatrale in cui si adoperava il dialetto locale della loro area d'origine:
[4.30] I-2-TL: *I found it to be a different dialect.*
IId-2-LS: *No, it was the same dialect, but like a lot of different words that maybe we didn't use.*
Si vedano anche la testimonianza diretta 6.104 e le note dettagliate in proposito nel sesto capitolo.

Dall'analisi del materiale empirico è emersa la rilevanza di tre circostanze di cui tenere conto nella descrizione della classificazione diatopica – rivolta soprattutto al livello locale – da parte dei parlanti di seconda generazione:

1. il tipo di enclave italoamericana in cui è maturato linguisticamente il singolo parlante,
2. il periodo trascorso eventualmente in Italia,[19]
3. l'eventuale apprendimento (pilotato[20]) dell'italiano.

In sintesi, la classificazione del dialetto nello spazio da parte degli italoamericani di seconda generazione risulta di solito frammentaria e impressionistica. I dialetti regionali vengono classificati di regola in base a casuali esperienze personali, quindi non in modo organico.[21] L'elevata presenza nella comunità italoamericana di emigrati italiani provenienti dal Mezzogiorno determina una classificazione diatopica maggiormente diversificata dei dialetti meridionali, mentre quella relativa ai dialetti mediani e settentrionali appare estremamente limitata e basata su meri elementi linguistici stereotipati, come ad esempio:

> [4.31] I-2-TL: *Primə, quandə semə jitt' all'Italia – n' m' arəcordə che annə però! – papà e iə dumannammə caccha direzione (direction). Ha dettə a mammèmə: «Da tuttə li pərsonə ca j'è da parlà, ho 'ngundrat' co lu germanesə.» E mamémm' ha dettə: «No, non è germanesə, è nu 'tatienə!», «Però parlev' tantə nu [ʀ: ʀ:], ['garərəɫ] (guttural), such a diction, nu' sacciə chə dialett' è... so I thought it was germanesə!».*
> IId-3-CT: *North, Venetia. It's a guttural /r/. And you thought it was German.*

Maggiormente differenziata ed estesa appare invece la classificazione diatopica effettuata da quegli italoamericani di seconda generazione maturati linguisticamente in enclavi sovraregionali del tipo *Little Italy*, o che hanno appreso l'italiano come L2 e/o avuto contatti piuttosto frequenti con l'Italia. Analogamente agli italoamericani di prima generazione, loro rivelano una percezione dei dialetti

---

19 Questa circostanza assume particolare rilevanza soprattutto nel caso degli italoamericani di seconda generazione nati in Italia (si vedano in 2.1.1.1 i criteri della suddivisione degli italoamericani in chiave generazionale).
20 Di Pietro (1986, 16) constata che: «Comunque, dopo il 1969, il numero di studenti iscritti in corsi di italiano è aumentato. Ci chiediamo: quale percentuale di questi studenti è di origine italiana?»
21 Cf. ad esempio:
[4.32] I-2-AM: *Sono andato all'università con un figlio di siciliani. Lui parlava sempre il siciliano e così ho imparato qualche parola in siciliano e posso distinguere un po' il siciliano dal napoletano, per esempio.*
[4.33] IId-2-MiC: *La mia migliore amica è abruzzese. Insieme parliamo in inglese, ma quando vado a casa sua i genitori parlano in abruzzese. All'inizio non capivo, ma ora che sono parecchi anni (...) li capisco.*

regionali altrui molto stereotipata e dunque riduttiva, limitata ai dialetti urbani più noti delle rispettive singole regioni.[22]

La classificazione a livello *regionale* appare ancor meno organica e limitata al solo dialetto locale del paese d'origine dei genitori, di regola identificato con il dialetto regionale,[23] o addirittura con l'italiano stesso. Né la percezione né l'uso del concetto «italiano» da parte dei parlanti appaiono uniformi. In prospettiva generazionale sono state constatate due modalità distinte.

1. Quasi tutti gli informatori di prima generazione adottano regolarmente la denominazione «italiano» quale sinonimo di «dialetto», nonostante la percezione realistica della differenza tra questi.[24]

2. Per una buona parte dei parlanti di seconda generazione e la quasi totalità di quelli di terza generazione, e oltre, «italiano», o in qualche caso addirittura «real Italian»,[25] significa esclusivamente «dialetto primario italoromanzo», come dimostra anche la seguente testimonianza:

> [4.34] III-1a-FR: *La maggioranza dice di parlare italiano, che in realtà è un dialetto antico, molto, secondo me è anche molto diverso dal dialetto di oggi. Loro vengono* <qui: ai corsi d'italiano> *con la speranza di ritrovare il linguaggio dei nonni, le cose che dicevano loro, di riconoscer' le parole.., però poi si rendono conto che è tutto completamente diverso, e sono un po'*

---

22 Cf. ad esempio:
[4.35] EP: <u>Quali dialetti italiani conosci?</u>
IId-2-MaC: *Un po' di tutto. (...) Il dialetto romano, il fiorentino, il dialetto milanese (...) quello abruzzese e quello napuliðano.*
23 [4.36] IId-2-MaC: *Io, quando dico siciliano, penso al dialetto di Milazzo, in provincia di Messina.*
[4.37] IId-2-LS: *Ma iə lə pozzə səndí chə queʃta è parlà il dialettə də Teramo, e iə n' parlə accuſì. Parlə ŋga lu dialettə də Palombarə, o də Abruzzə. (...) I pozza... diſtinguə chə T. <I-2-TL> tə parla lu dialettə də Basciana. Sə i sendə cacchəduna chə tə parla palumbarès, ʲə pozza... ju no?, vədè.* | Ma io riesco a sentire (*I can hear*) che questa sta parlando il dialetto di Teramo, e io non parlo così. Parlo nel dialetto di Palombaro, o dell'Abruzzo. (...) Io riesco a distinguere che T. <I-2-TL> ti parla nel dialetto di Basciano. Se io sento qualcuno che ti parla palombarese, io riesco, sai (*you know*)?, a riconoscerlo (*I can see*).

24 Ad esempio:
[4.38] EP: <u>Con i nipoti, in che lingua parlerete?</u>
IId-1a-LM: *Italiano.*
EP: <u>Non in siciliano?</u>
IId-1a-LM: *Jea, sicilianu.*
[4.39] EP: <u>E Lei le parlava solo in siciliano?</u>
IId-1p-FM: *Sì, solo italianə.*
25 Cf. ad esempio:
[4.40] I-3-SL: *My grandson, he wants to take Italian, but in college they don't really teach the real* [taˈljaːnə].

delusi. Io dico sempre: Voi volete imparare l'italiano, ma quello che vi ricordate dei nonni, non è l'italiano! Mi dispiace, ma io quello non lo so, non posso far rivivere quello, è un'altra cosa. (...) All'inizio con certe persone, è difficile far accettare l'italiano.

Solo due informatori, entrambi cresciuti in compatte enclavi locali italoamericane, sono apparsi coscienti della differenziazione a livello *locale*, di differenze, cioè, tra la varietà dialettale parlata nel paesino italiano d'origine e qualche altra varietà locale vicina, pur non sapendo citare esempi concreti e tendendo a mitizzare. Il loro sapere riflessivo poggia infatti su esperienze linguistiche vissute all'interno della propria enclave.

Il sapere riflessivo diatopico inerente ai dialetti primari, riscontrato tra gli italoamericani di seconda generazione con genitori primariamente italofoni, può considerarsi praticamente inesistente (tab. 4.2). Non si può dunque parlare nel loro caso di una classificazione geolinguistica in ambito dialettale, eccezion fatta per qualche isolata indicazione di dialetti regionali, basata esclusivamente su brandelli di sapere metalinguistico altrui.

4.1.1.3 Terza generazione e oltre

La differenza tra dialetto e italiano nella percezione degli italoamericani di terza generazione è – semmai – solo virtuale. Ciò che essi sanno del dialetto dei propri nonni, normalmente, sono solo dei brandelli lessicali fortemente americanizzati.[26] Il loro sapere riflessivo diasistemico basta di regola unicamente a indicare a grandi linee il dialetto dei nonni, sulla base di qualche tratto materiale che essi sono in grado di riconoscere grazie al loro sapere idiomatico passivo. Non si può dunque parlare di classificazione diasistemica.

Ancor più radicalizzata risulta la situazione dei parlanti di quarta generazione, il cui sapere idiomatico è ridotto a qualche sparuto elemento dialettale lessicale-fraseologico stereotipato.[27] Al di là di qualche mera indicazione pretta-

---

26 Questo stadio di competenza tecnica combacia con l'ultima delle cinque fasi del processo di abbandono dell'italoromanzo, individuate in Di Pietro (1986, 17). Si vedano anche i cenni fatti in proposito nel capitolo 6.
27 Ad esempio:
[4.41] EP: *How much Italian do you know?*
I-4-SG: *Nothing! Absolutely nothing! Maybe just some swearwords, I know some of them;* [vɔfəˈŋguːɫ], *I mean, that's the only thing I know.*

mente geografica,[28] la loro capacità di segnalare tratti di differenziazione diasistemica è inesistente.

4.1.1.4 Sintesi: il sapere riflessivo diatopico concernente il dialetto

Il sapere riflessivo diatopico degli italoamericani concernente il dialetto risulta solido se si considerano gli informatori di prima generazione primariamente dialettofoni (prima fase del contatto e primo periodo della seconda fase), specialmente quelli di categoria passiva, capaci di classificare la variazione nello spazio persino a livello locale (tab. 4.2). Questa facoltà appare inferiore nel caso degli italoamericani primariamente italofoni (secondo periodo della seconda fase) (tab. 4.2).

Con il primo passaggio generazionale la capacità di differenziare si riduce drasticamente limitandosi al solo livello regionale, tra i parlanti cresciuti in ambiente (primariamente) dialettofono, e si perde nel caso di chi è cresciuto in famiglie italofone. In seguito al secondo passaggio generazionale, il sapere riflessivo diatopico relativo al dialetto risulta nella maggior parte dei casi quasi del tutto assente.

Gli esiti dell'analisi rivolta al sapere riflessivo diatopico in ambito dialettale sono riassunti nella tabella 4.2. I livelli di variazione diatopica del dialetto – esposti orizzontalmente nella tabella – sono solo quello locale e quello regionale, per i motivi sopra esposti. Sono state prese in considerazione, inoltre, solo le prime due fasi di contatto – esposte verticalmente – non risultando il dialetto lingua di contatto nella terza fase. Si è anche tenuto conto della suddivisione della seconda fase di contatto in due periodi, viste le differenze nei rapporti di forze tra il dialetto e l'italiano in ciascuno di loro. Sempre verticalmente è concepita la suddivisione nei tre blocchi delle generazioni di parlanti. Date le divergenze, all'interno del primo blocco (italoamericani di prima generazione) si è tenuto conto della collocazione dei parlanti nelle due categorie, passiva e attiva.

Per quantificare la qualità ho distinto convenzionalmente quattro gradi della qualità del sapere riflessivo diatopico dei parlanti relativo a ciascuno dei livelli di differenziazione diatopica: *ottima o buona* (simbolo +), *piuttosto buona* (+/–), *frammentaria* (–/+), *molto ridotta o assente* (–). La mancanza di dati empirici diretti sui parlanti di prima generazione della prima fase di contatto è segnalata tramite il simbolo Ø.

---

28 Ad esempio:
[4.42] I-3-M: *My father's side, my grandparents, my mother's side, my grand-grand parents were from Italy. My dad's side were from* [əˈbɹutʂi], *and my mum was* [kɑɫˈbɹɛɪs], [kəˈɫabʷɪia].

LIVELLO DI VARIAZIONE DIATOPICA	GENERAZIONE **PRIMA**						GENERAZIONE **SECONDA**			GENERAZIONE **TERZA** E OLTRE		
	Categoria 'passiva'			Categoria 'attiva'								
	FASE I	FASE II PER. 1	FASE II PER. 2	FASE I	FASE II PER. 1	FASE II PER. 2	FASE I	FASE II PER. 1	FASE II PER. 2	FASE I	FASE II PER. 1	FASE II PER. 2
LOCALE	Ø	+	– / +	Ø	+ / –	– / +	–	–	–	–	–	–
REGIONALE	Ø	+	+ / –	Ø	+	– / +	+ / –	+ / –	–	– / +	–	–

Tab. 4.2: La qualità del sapere riflessivo diatopico concernente il *dialetto primario italoromanzo*

4.1.2 Italiano

La rilevanza sempre crescente dell'italiano nei confronti del dialetto, in Italia, ha ripercussioni solo moderate sul rapporto reale dialetto–italiano negli USA. L'analisi del sapere riflessivo diasistemico appare, soprattutto per questo motivo, molto dinamica se vista in prospettiva generazionale. Non viene presa in considerazione la prima fase del contatto, ovvero la fase dialettale, non costituendovi l'italiano una lingua di contatto, come mettono esplicitamente in rilievo anche diversi informatori, ad esempio:

[4.43] IId-1a-SM: *Unni ieranu ṛaffənati də lingua, unni avianu lingua. Sulu analfabeti vinnirunu dell'Italia. (...) Mi ziu, chiḍḍu chi vinnìu ṛo millunoveciendụṛù cca, a sedic'anni, sulu a firmari, a stientu sapìa.*

Non erano raffinati di lingua, non avevano lingua. Dall'Italia vennero solo analfabeti. (...) Mio zio, quello che venne qua nel 1902, a 16 anni, sapeva solo firmare, e a stento.

4.1.2.1 Prima generazione

Nonostante l'italiano[29] rappresenti, per tutti gli informatori *primariamente dialettofoni* di prima generazione, la lingua della loro alfabetizzazione, il sapere idiomatico in italiano[30] di circa la metà degli intervistati è risultato molto ridotto. Vi rientrano soprattutto gli italoamericani di prima generazione nati durante la prima fase di contatto e quelli nati nel primo periodo della seconda fase ed emi-

---

29 Si veda quanto già detto in proposito in 2.1.2.1.
30 Ad esempio:
[4.44] EP: *Lo sai bene l'italiano?*
IId-1a-SP: *Mbé, quello pə me è un bo fortə, pəcchè ha tandi parole che n'po splí* (explain) *adessə. La lingua n' ci va su quella, pəcché non la parla mai.*

grati giovani, prima dei vent'anni. È emerso che con il tempo, in emigrazione, circa il 10 % degli informatori di prima generazione è stato esposto alla dealfabetizzazione.

Dall'analisi risulta in generale che tra le lingue di contatto l'italiano è quella più esposta all'erosione, soprattutto per i seguenti motivi:
- il radicale indebolimento che subisce il prestigio dell'italiano in emigrazione – riflesso direttamente nel comportamento linguistico dei parlanti[31] –,
- l'uso piuttosto raro e sporadico dell'italiano,
- il mancato confronto continuo con l'italiano standard.

Seguono due esempi della percezione in proposito dei parlanti stessi:

> [4.45] IId-1a-SP: *Ogn'unə parla 'taljanə, ma iə non parlə 'taljanə perfettə come si parlava prima. Tə teng' a dirə, iə qua dopo che so' vənutə qua 'n Amèrəchə – io so' vənutə in cinquandasei, mo stamə cinguantaquattr' anni qua 'n Amèrəchə – tu te nə scordə də parlà, pəcché sə sendə sembə quell'altrə də parlà, tutt' indialetti...*

> [4.46] IId-1a-SM: *(...) a lingua 'taljana, s'avi a sforzari, picchí, certə parolə 'un l'av' sənturˈ ri mai. I gapisci, però etsə | Spemiend' a parlari, unu s'av' a sforzar' assà', a pəndzarˈ a parole ca tə 'ndzəgnasti cinguand' anni fa e l'av' a usari uòra. A lingua taliana, l'av' a usari a memòria rə quaranta-cinguand'anni fa pi pəndzari certə parole commu sə... sə dìciə 'n italiàni.* | (...) la lingua italiana, ci si deve sforzare, perché certe parole non le hai sentite dire mai. Le capisci, però è (*it's*) | Specialmente a parlare, uno si deve sforzare molto, a pensare a parole che imparasti 50 anni fa e le devi usare ora. La lingua italiana, la devi usare a memoria di 40-50 anni fa per pensare a come si... si dicevano certe parole in italiano.

Si cristallizzano quindi gradualmente delle divergenze – percepite anche da diversi informatori – tra l'italiano *in emigrazione* e l'italiano *in Italia*, dove invece il processo di diffusione dell'italiano come lingua parlata continua sistematicamente.

> [4.47] II-1a-MA: *Io, quando loro in Itʰalia parlano in italiano, non li capisco mango; usano certe parole... Madonna! E chi sono 'sti diavoli qua? Da dove vengono 'ste parole? In Italia usano queste parole troppo moderne, parole nuove, noi invece abbiamo quelle parole...*

> [4.48] II-1a-PM: *Sono quelli gerghi nuovi, differèndə nomi,* [difːəˈrɛːndə voˈkːhaːbəli]. *Noi, quando andiamo in Italia e parlano in italiano, ci sono tanti... tante parole, che noi non...*

[4.49] IId-1p-FP: *Ma prima n' ci andava alla scuola. Mio padre ci aveva la prima də elementari, fatti 'stu cuntu che, cummu puteva parlare 'talianu. Si parlava cummu səndiva di parlari; si a mittiva n' u urècchju e parlava.*
31 Cf. in proposito il sottocapitolo 5.1.2.

Un sapere idiomatico, invece, piuttosto buono in italiano lo dimostrano gli informatori italoamericani che hanno per madrelingua una lingua di minoranza, come gli italoalbanesi intervistati.[32] Ecco come descrive questo fenomeno l'informatore IId-1a-FT:

> [4.50] IId-1a-FT: *Più l'italianə è diʃtaccatə dalla madrelingua, più è pulitə. I sardignoli, pr'esempio, hannə tuttə 'n'altra lingua, però parlano bene l'italiano.*

Pur attribuendo quasi tutti gli intervistati dialettofoni di prima generazione la competenza idiomatica in italiano esclusivamente[33] alla scolarizzazione, non vanno sottovalutati gli altri fattori, quali la diffusione dell'italiano nei principali centri urbani italiani, l'emigrazione interna in Italia, il servizio militare, i mass-media, ecc.

Il sapere idiomatico in italiano degli informatori *primariamente italofoni* risulta invece ampio e solido. Questi risultano sistematicamente coscienti della norma nell'ambito dell'italiano o, più esattamente, delle peculiarità materiali dell'esogenità che caratterizza l'italiano standard.[34]

Quanto al sapere riflessivo diatopico relativo all'italiano, occore premettere, come già accennato in 2.1.2.3 e in 4.1, che non si può parlare di variazione dell'italiano a livello locale, data la sua sostanziale uniformità.[35] La classificazione diatopica dell'italiano avviene generalmente a livello sovraregionale, ma anche, seppure limitatamente, a livello regionale. In quest'ultimo caso si tratta di parlanti primariamente italofoni con un sapere idiomatico solido e ampio, che

---

32 L'affermazione che segue riflette esattamente l'*opinio communis* – per molti tratti anche mitizzata – dei molisanoamericani *arbëreshë* intervistati:
[4.51] IIia-1a-MA: *L'arbrèsh parla l'italiano corretto. Noi non sappiamo una parola d'italiano prima di andare a scuola. (...) Io personalmente non so parlare molisano, niente. Il dialetto nostro è l'albanese. Noi albanesi usiamo perfettamente la lingua italiana. Noi, quando parliamo, parliamo il vero italiano, perfetto italiano, come ci hanno insegnato a scuola.* Cf. in proposito specialmente Prifti (2011a).

33 [4.52] EP: *I tuoi nonni parlavano ogni tanto in italiano?*
IId-1p-FM: *No, solo u sicilianu. È 'nutile che parlano 'taliano pecché allora la scuola n' ce n'ièra.*

34 [4.53] III-1a-FR: *L'italiano che parlo io non è il migliore possibile, perché certe vocali le pronuncio male, e forse la precisione del linguaggio, certi vocaboli, dove io uso magari due-tre parole, loro hanno la parola proprio, pam!*

35 Ciò trova conferma anche nel parere degli informatori, ad esempio:
[4.54] IId-1a-MM: *Il dialetto siciliano è assà' differente, ma c'è l'italiano, che è lo stesso pi tutti.* Cf. anche la citazione 4.64.

si riferiscono a varietà difettive[36] dell'italiano, dialettalizzate, note anche come *italiano popolare*,[37] con tratti endogeni evidenti.

L'ampio spettro degli schemi di classificazione diatopica dell'italiano a livello sovraregionale proposti dagli informatori si estende dalla differenziazione bipolare nord vs. sud – ispirata piuttosto al modello americano –, a quella policentrica, più diffusa, come si apprende dalle due testimonianze seguenti:

> **[4.55]** IId-1a-SM: *C'è un buochə differenzə di italiano* ['saụθ] *e italianu* ['nwọrθ]*, differèndo, 'na nticchjéra. Sì. Ci cridu, issu. Sì, sì.*
>
> C'è un po' di differenza tra italiano del Sud (*south*) e italiano del Nord (*north*), <è> diverso (*different*), un pochino. Sì. Credo questo. Sì, sì.

> **[4.56]** IId-1a-SP: *Quelli, quandə parl' alla televisiunə, 'n u prugrammə 'taljanə, tu lo sendə chə quell' è abbruzzesə, è calabresə, u sicilianə, u napulətanə, u baresə. Tu lo sendi quando parla 'n italianə, e quandə parla 'n inglesə purə.*

Riguardo alla classificazione diatopica dell'italiano si constatano tre tendenze principali.

1. I parlanti basano la loro classificazione quasi esclusivamente su elementi fonetici e/o fonologici, come dimostrano alcune risposte date dagli intervistati alla domanda II.C.6 del questionario:

> **[4.57]** IId-1a-SM: *U modu, còmmu si sent' a parola,* ['jɛː]*. Hannu l'accentu differenti... Na è dialettu, ma si sent' a parola che... si capìscə subtə chə l'àu̯ṭru viene də ḍḍa. Hai parole che dici differèndə 'ntunàtə, hannu ḍḍa ro accendu differèndi.*
>
> Il modo, come si sente la parola, sì (*yea*). Hanno l'accento diverso (*different*)... Non è dialetto, ma si sente la parola che... si capisce subito che l'altro è originario (*to come from*) di là. Ci sono parole che pronunci diversamente (*different*), <che> hanno là l'accento diverso (*different*).

> **[4.58]** IId-1a-LM: ['sɛːjmə 'tiŋkə 'lajkə] *Sicilia e uno a Məlànu, oppure Calabria, oppure Palemmo, Missìna... Tutt' avìmmu differèndo accèndo.*
>
> *Same thing like* <uno in> Sicilia e uno a Milano, oppure Calabria, oppure Palermo, Messina... Tutti abbiamo accento diverso (*different*).

> **[4.59]** IId-1p-FM: *Ma... a pronunzia. C'è differenza, tra u calabresi che parla italiano e a... u toscanu, p'r isèmpju.*

2. La distinzione delle singole varietà regionali viene effettuata su base cognitiva, di regola generalizzando singole esperienze vissute. L'estensione delle va-

---

36 Si vedano le osservazioni fatte in proposito in 4.2.1.2 e 6.2.1.3.
37 Si veda quanto è stato detto in proposito in 1.3.1, 4.2.1.2 e 6.2.1.3.

rietà regionali combacia spesso – piuttosto forfetariamente – con l'estensione geografica delle rispettive regioni.[38]

3. Similmente a quanto già detto in riferimento al dialetto (4.1.1.1), la denominazione di una buona parte delle singole varietà, di estensione regionale o sovraregionale, è basata sui toponimi dei rispettivi capoluoghi.[39]

In generale si può affermare che il sapere riflessivo diatopico in ambito italiano degli informatori primariamente italofoni risulta ben più strutturato e coordinato,[40] se paragonato con quello rispettivo degli italoamericani primariamente dialettofoni della medesima generazione.

Dall'esame del materiale empirico relativo all'italiano sono emersi, infine, due elementi particolari del sapere riflessivo, che indicano la presenza di due forme particolari della differenziazione (micro)variazionale diasistemica, in cui la componente diatopica risulta determinante. Il primo elemento, analizzato dettagliatamente in un recente lavoro (Prifti 2011a), è legato alla realtà delle minoranze linguistiche. Gli informatori *arbëreshë* molisanoamericani, ad esempio, distinguono le varietà dell'italiano dei calabroalbanesi o siculoalbanesi da quelle parlate rispettivamente dai calabresi o siciliani.

> [4.60] IIia-1a-MA: *Io riesco a capire se uno isht arbrèsh {è italoalbanese}, o calabrese, o siciliano. Io riesco a capirli se quelli son' arbresh o no, kur {quando} parlano italiano. E ne ho già pizzicati una decina. Flàsin {parlano} arbrèsh in italiano kur flàsin {quando parlano}: [ə:]* <imita tratti fonetici e prosodici>.

> [4.61] IIia-1a-PM: *Qualche altro albanese che viene dalla Sicilia o dalla Calabria, io me ne accorgo subito che sono albanesi, arbrèsh, perché come parlano, la flessione delle parole che c'hanno, p'r esempjo: «O, ku vete?» – «O, dove vai?»* <mette a confronto, imitando i tratti prosodici>, *c'hanno... | e gli dico: «Sei albanese!». Pure i siciliani, quasi uguale, jea (yea), ju no (you know)? So' venuti certi della Piana degli Albanesi da noi.*

---

38 Ad esempio:
[4.62] III-1a-FR: *Potrei capire che viene dalla mia regione, questo sì. Idem, anche un piemontese più in là, dopo Torino, da Torino in là si capiscono. Ma anche un veneto, un piacentino, un romano, un siciliano, sì, oh subito, un napoletano...*
39 Si veda ad esempio la citazione 4.58, ma anche:
[4.63] IId-1a-SM: *Paṛṛanu 'taliano a Napoli, tanto ppi diri, e parlano 'taliano a Triest'. A Trieste e a Napoli dicivunu differend' d'un-aṭṛə.*
40 [4.64] III-1a-FR: <u>*È diverso l'italiano che si parla a Busto da quello che si parla a Gallarate, ad esempio?*</u> *No, è uguale; anche con quello di Milano. Il nostro italiano ormai è troppo standardizzato. Per cominciare ad avere diversità di accento, bisogna fare almeno 100 chilometri, in qualsiasi direzione – l'accento almeno – e lì cominciamo a sentire qualcosa di diverso, qualche espressione diversa, però minima assolutamente.*

Gli informatori italoalbanesi, inoltre, hanno fatto unanimemente distinzione – anche enfatizzando – tra la propria varietà di italiano parlata a Montecilfone e quella dell'immediato circondario molisano, basandosi su tratti fonetici o, per meglio dire, sulla loro percezione dell'assenza[41] di un «accento» molisano nel proprio italiano. Anche solo una superficiale analisi materiale basta però a collocare la loro varietà a livello regionale, risaltandovi immediatamente evidenti tratti molisani. Al fine di interpretare correttamente questa convinzione dei parlanti, alcuni passaggi dei loro discorsi in italiano sono stati rimessi anonimamente al giudizio di quattro informatori molisani non italoalbanesi, risultandone un'identificazione *in plenum* della provenienza molisana dei parlanti. Tre informatori hanno notato aggiuntivamente sporadici ma vistosi tratti fonetico-prosodici «strani» – uno persino sintattico –, pur senza saper ricondurre i parlanti all'ambiente italoalbanese. L'assenza dell'«accento» molisano nella percezione dei molisanoalbanesi va quindi interpretata piuttosto come netta diversità, che in quanto tale, accanto agli altri tratti materiali, giustifica la distinzione di una *varietà diatopica di base alloglotta* o *etnica* dell'italiano, menzionata brevemente sopra (2.1.2.3). Il comune influsso dell'*arbërisht* sull'italiano determina le peculiarità specifiche, le «stranezze», delle diverse varianti (molisanoalbanese, calabroalbanese, siculoalbanese) dell'italiano regionale di base alloglotta. Allo stesso tempo, questo influsso è materialmente alla base dell'identificazione prototipica dell'albanesità di queste varietà da parte degli italoalbanesi. Questo tipo particolare di varietà è stabile nel tempo e circoscritta nello spazio. Ai suoi tratti «diversi» si sovrappongono aggiuntivamente elementi di differenziazione diatopica dell'italoromanzo. Si tratta, in questo caso, di una *duplice* differenziazione diatopica, o di una differenziazione diatopica *ambivalente* o *bidimensionale*, che si distingue dalla differenziazione diatopica classica, o monodomensionale. Una tale combinazione di elementi classificatori rappresenta un fenomeno diffuso,[42] specialmente nelle realtà linguistiche contrassegnate dall'emigrazione, com'è appunto quella statunitense.[43]

Il secondo elemento classificatorio di taglio (micro)variazionale evidenziato da alcuni parlanti concerne, infine, il noto contrasto riguardante la diffusione dell'italiano nelle aree urbane e in quelle rurali circostanti. Nel periodo postbel-

---

41 Cf. ad esempio:
[4.65] II-1a-FS: *Noi in italiano non abbiamo accendo come dialetto.*
42 Si vedano anche le osservazioni in merito in 4.1.3.3.
43 Cf. ad esempio:
[4.66] IId-1a-FT: *Come l'accentə che :: come noi che impariamo l'inglese, abbiamo un accentə italianə, tutti gl'italiani c'hanno un accento particolare, tutti i francesi, c'hanno un accento particolare, quando parlano inglesə.*

lico esso appare più netto nell'Italia centrale e meridionale. Un esempio celebre in proposito è fornito dal dialetto urbano di Roma,[44] notoriamente contrassegnato anche dalle conseguenze linguistiche dell'emigrazione interna.

4.1.2.2 Seconda generazione e oltre

L'effetto linguistico più consistente sui figli degli italoamericani primariamente dialettofoni, dovuto al primo passaggio generazionale, è stato la riduzione radicale del loro sapere idiomatico in italiano.[45] Ciò significa l'interruzione della continuità dell'italiano, come rivelano anche le seguenti affermazioni:

> [4.67] IId-1a-SM: *Picchì i figghji 'un u sannu parlare l'italianu, sulu s'insignunu ddi parole sicilianu. U sicilianu e basta!*

> [4.68] IId-2-AM: *Io conosco molti italoamericani, ma nessuno parla italiano, sono più | forse secondo, terza generazioni e non parlano italiano, pochissimo.*

Una qualità del sapere idiomatico in italiano di questo genere rende impossibile persino la distinzione tra l'italiano e il dialetto, come già accennato in 4.1.1.2. Gli italoamericani di seconda generazione nella seconda fase di contatto vanno in pratica considerati, in ambito italoromanzo, esclusivamente dialettofoni. Date tali premesse, il loro sapere riflessivo diatopico concernente l'italiano risulta estremamente frammentario (tab. 4.3), limitato, semmai, a una mera percezione impressionistica e grossolana della variazione dell'italiano a livello sovraregionale.

Una parte molto esigua degli informatori di seconda generazione ha invece acquisito in età adulta delle conoscenze di italiano in forma *pilotata*. Nonostante la diffusione quantitativamente trascurabile del fenomeno, va osservato che il progressivo apprendimento dell'italiano, in tali casi, si accompagna molto spesso a un'erosione del sapere, altrettanto progressiva, in ambito dialettale.[46] Que-

---

44 [4.69] IId-1a-SP: *Il ver' italianǝ, p'r esempjǝ, incominciǝ a Romǝ, tutti 'sti città. A Romǝ,* [ˈɛtsə ˈwɛr ˈju] (it's where you) *'mpàri l'italiànǝ di più,* [brˈkoːsə] (because) *tà.. | io so' statǝ vent'annǝ łà eh! parlavǝ 'taljanǝ, eh!*
45 Ad esempio:
[4.70] IId-1a-MM: *Parla in italiano Dina!*
IId-2-DM: *I can't mum! A lot of words I don't know. Stop it!* Si veda anche la citazione 6.105 e l'analisi in 4.2.2.2 e 6.2.1.2.
46 [4.71] IId-1a-LM: *Iḍḍa fici u* [ˈkaːlɪtʃ] (college), *u cullèggiu, no? Parla cchjù 'talianǝ che silianǝ, ju no* (you know)?

sta constatazione trova conferma anche nell'espressiva testimonianza dell'informatrice III-1a-FR, insegnante d'italiano:

> **[4.72]** III-1a-FR: *Alle volte quasi gli faccio un dispiacere a insegnargli l'italiano, perché glielo snaturo completamente il dialetto, glielo uccido, glielo distruggo, e infatti è sempre il mio problema quando comincio i corsi.*

L'italiano parlato da questa categoria di italoamericani conserva comunque dei dialettalismi a tutti i livelli grammaticali, specialmente nel lessico. Nonostante i loro legami naturali con il dialetto, il loro sapere riflessivo geolinguistico non diverge poi molto, in sostanza, da quello di un americano di origine non-italiana, che impari l'italiano come L2.

Un'ulteriore categoria, anch'essa esigua, è costituita dai figli di italoamericani primariamente italofoni, emigrati nel secondo periodo della seconda fase o, ancor più, durante la terza fase di contatto. Il sapere idiomatico di questa categoria appare piuttosto ben delineato, ma particolarmente esposto all'erosione.[47] Risulta una forma di (auto-)isolamento[48] degli italoamericani della terza fase dal resto della comunità italoamericana, quasi esclusivamente dialettofona, il quale si materializza anche a livello linguistico. Questo fenomeno fa da catalizzatore alla celere erosione linguistica dell'italiano dopo il primo passaggio generazionale. Va menzionata infine, per completezza, la totale assenza,[49] in riferimento alla seconda fase di contatto,[50] del sapere idiomatico in italiano tra gli italoamericani di terza generazione e oltre.

4.1.2.3 Sintesi: il sapere riflessivo diatopico concernente l'italiano

Il sapere riflessivo diatopico degli italoamericani inerente all'italiano risulta solido nel caso degli informatori primariamente italofoni di prima generazione, specialmente quelli emigrati durante la terza fase di contatto. Questi si sono mo-

---

47 Si veda la citazione 6.170. Non di rado i genitori (primariamente) italofoni prendono in considerazione un sostegno scolastico per conservare e solidificare la competenza linguistica in italiano dei figli. Questo fenomeno si registra con minor frequenza nelle famiglie italoamericane dialettofone.
48 Si veda il capitolo 3.3 e soprattutto i cenni fatti in 4.2.3.
49 Cf. ad esempio:
[4.73] EP: *Riesci a capire un po' di quello che dico?*
II-3-CT: *No, definitely not. Only when you are talking about something I understand, but, if you change the subject...*
50 Per la terza fase, vistane la breve estensione, non si può ancora parlare di una terza generazione consolidata (tab. 4.3).

strati in grado di differenziare persino a livello diatopico regionale (tab. 4.3). A causa di vari fattori, l'erosione del sapere idiomatico e prototipico inerente all'italiano, però, appare notevolmente celere, specialmente in seguito al primo passaggio generazionale (tab. 4.3). Gli italiani bilingui, primariamente dialettofoni di prima generazione, emigrati durante la seconda fase, sono stati in grado di classificare la variazione dell'italiano soltanto a livello sovraregionale (tab. 4.3). Quanto invece alla generazione dei loro figli, dell'italiano – sia in chiave idiomatica che riflessiva diasistemica – di regola non rimane traccia. L'abbandono dell'italiano è dovuto innanzitutto alla notevole riduzione, in emigrazione, del prestigio dell'italiano nei confronti del dialetto.

LIVELLO DI VARIAZIONE DIATOPICA	GENERAZIONE PRIMA						GENERAZIONE SECONDA			GENERAZIONE TERZA E OLTRE		
	Categoria 'passiva'			Categoria 'attiva'								
	FASE II		FASE III	FASE II		FASE III	FASE II		FASE III	FASE II		FASE III
	PER. 1	PER. 2		PER. 1	PER. 2		PER. 1	PER. 2		PER. 1	PER. 2	
REGIONALE	–	–/+	+/–	–	–/+	+/–	–	–	–	–	–	Ø
SOVRA-REGIONALE	–/+	+/–	+	+/–	+	+	–	–	–/+	–	–	Ø

Tab. 4.3: La qualità del sapere riflessivo diatopico concernente l'*italiano*

4.1.3 Inglese

Data la complessità della variazione dell'inglese nello spazio, dovuta soprattutto alle dimensioni della sua estensione in diversi continenti, l'analisi del sapere riflessivo diatopico in merito è orientata in tre direzioni, che si riflettono nella suddivisione ulteriore in 4.1.3.1, 4.1.3.2 e 4.1.3.3. Inizialmente (4.1.3.1) viene prestata attenzione alla percezione della differenziazione macrodiatopica dell'inglese, in prospettiva globale, con l'*American English* quale sistema di riferimento. La seconda parte (4.1.3.2) è dedicata al sapere riflessivo diatopico degli italoamericani relativo all'endogeno e reale *Vernacular American English* (VAE), a livello regionale e sovraregionale, e parte dalla distinzione tra il VAE e il *Formal (Standard) American English* (FSAE). Nell'ultima parte (4.1.3.3), per meglio esporre le dimensioni di detto sapere, l'attenzione è rivolta alla variazione a livello locale. Le indagini sono orientate in particolar modo alla classificazione nello spazio delle già menzionate (4.1.2.1) varietà etniche dell'inglese negli USA. L'accento è posto in particolar modo sul cosiddetto «Americaliano» (composto da <u>americ</u>an english + ita<u>liano</u>), la denominazione data da un informatore alle varietà dell'*American English* parlate dagli italoamericani.

[4.74] EP: *E questo inglese, che parlano gli italoamericani, come lo possiamo chiamare?*
IId-2-MaC: *Che si puo' chiamare?... Quello è un nome buono «Americaliano», penso. «America» invece di 'ita'-liano, facciamo finta che corrisponde all'inglese.*

Nel descrivere i tipi di differenziazione nello spazio dell'inglese viene tenuto sistematicamente conto, in secondo luogo, della dinamica generazionale, in cui sono integrate le osservazioni sulle specificità legate alle singole fasi di contatto.

4.1.3.1 Il sapere riflessivo macrodiatopico

L'«innesto», cominciato circa cinque secoli fa, di varietà (principalmente) diatopiche dell'inglese della Gran Bretagna nell'ambiente nordamericano e altrove ha dato inizio a una loro evoluzione divergente.[51] Si è verificata in seguito una graduale cristallizzazione di nuove varietà[52] macrodiatopiche, materialmente distinte l'una dall'altra, tra cui le più note e stereotipate sono l'*American English* e l'*Australian English*. Facendo riferimento alla classificazione tipologica di Coseriu dei dialetti romanzi, si può affermare – usando un concetto romanistico – che ciascuna di queste varietà di inglese possiede le caratteristiche per essere percepita in chiave teorica quale dialetto secondario.

L'esame dei dati empirici rivela inoltre che la percezione della variazione macrodiatopica (globale) dell'inglese varia consistentemente secondo l'appartenenza generazionale dei parlanti.

PRIMA GENERAZIONE

La maggior parte degli intervistati della categoria passiva, emigrati durante la seconda[53] fase, non è apparsa consapevole della distinzione tra le singole macrovarietà (tab. 4.4). Parimenti, anche il loro sapere idiomatico nell'ambito dell'inglese è risultato estremamente limitato. Il resto degli informatori di prima generazione era invece cosciente di questo tipo di differenziazione macrodiatopica, pur con delle specificità. In quasi tutti i casi, la percezione della differenza linguistica materiale tra le singole macrovarietà si accompagna a quella della differenza di prestigio tra loro.

---

51 Cf. gli accenni in proposito in 1.3.2.
52 Cf. Wolfram/Schilling-Estes (1998, 93): «Dialect differences in earlier varieties of British English had a profound effect on the development of the dialects of the United States, since people from different speech regions tended to establish residence in different regions of America. In fact, some of today's most noticeable dialect differences can be traced directly back to the British English dialects of the seventeenth and eighteenth century.»
53 Va ricordato che per la prima fase non ci sono dati empirici a disposizione (tab. 4.4).

[4.75] EP: *Quale è l'inglese più bello?*
III-1a-FR: *Forse il british, è più bello, anche se faccio più fatica.*
EP: *E l'Australian English?*
III-1a-FR: *Quello no, per l'amor...!*

Per diversi informatori di categoria attiva l'*American English* si distingue dalle altre macrovarietà in chiave fonetica e per alcuni gode anche di maggior prestigio:

[4.76] EP: *C'è differenza tra l'inglese che parlano gli americani e quello che parlano gli australiani o gli inglesi?*
IId-1a-GM: *Sì, molto. L'accent*ʰ*o è molto diverso. (...)*
EP: *E quale è il più bello?*
IId-1a-GM: *L'inglese 'mmericano.*
EP: *Per quale motivo?*
IId-1a-GM: *Beh... perché l'America è più moderna, più sviluppata. Tutti vogliono venire qua.*

Una percezione simile è piuttosto culturale (e meno (socio)linguistica) e legata in parte anche alla limitatezza del sapere idiomatico in inglese, decisamente meno solido di quello dei parlanti di seconda generazione.

SECONDA GENERAZIONE E OLTRE
Per gli informatori di seconda generazione e oltre la differenza tra le varietà macrodiatopiche è palese e viene attribuita anche a tratti lessicali,[54] oltre che a quelli fonetici, indicati anche dai parlanti di prima generazione. Molti degli informatori attribuiscono al *British English* maggior prestigio. In qualche caso isolato questa percezione viene anche celata sotto una presunta eguaglianza. Mentre l'*Australian English* gode tra gli informatori, senza eccezione, di un prestigio marcatamente inferiore rispetto all'*American English*, nessuno di loro ha invece indicato alcuna differenza tra l'*American English* statunitense e quello canadese. Seguono alcune affermazioni in proposito tratte dalle interviste:

[4.77] EP: *Se tu qui parlassi con il tuo capo americano in British English e non in American English, che effetto avrebbe?*
IId-2-AM: *Buono.*
EP: *Perché?*
IId-2-AM: *Forse perché (...) non mi sembra che... che ha questo* slang, *mi sembra che è più formale, più* ALTO, *ahm... è una lingua più fino.*

---

54 Ad esempio:
[4.78] IId-2-AM: *Sì, sono diversi <il British English e l'American English>. È più l'accento, e sono certe parole, che sono diversi.*

EP: *E se tu parlassi invece in Australian English?*
IId-2-AM: *Oh my God! Credo di no.* <ride> *Non lo farei mai.*

[4.79] I-2-AdM: *Per me l'americano è più bello, ma so che non è... | che l'inglese perfetto è quello dell'Inghilterra.*
EP: *Che ne pensi dell'Australian English?*
I-2-AdM: *Per me, noi, l'australiano è molto difficile, a ca : a capire.*

[4.80] IId-2-MiC: *C'è differenza, certo, ma mi dà fastidio quando viene qualcuno e mi dice: «Io non voglio l'insegnante americana, la voglio inglese!». Ma siamo in* AMERICA *qui, o no? Oxford English è diverso. Secondo me non è né migliore né peggiore. È diverso.*

La precisione della classificazione macrodiatopica da parte dei parlanti cresce con l'aumento della solidità del loro sapere idiomatico in inglese.

4.1.3.2 Il sapere riflessivo diatopico sovraregionale e regionale

In via preliminare va brevemente analizzata la percezione che hanno gli italoamericani del rapporto diglossico tra lo standard esogeno e virtuale, il *Formal Standard American English* (FSAE), e i dialetti «terziari» dello standard – per usare un concetto romanistico –, che sono invece endogeni e reali, noti (1.3.2) come *Vernacular American English* (VAE).

FSAE *VERSUS* VAE
Le indagini empiriche dimostrano che sia la divergenza materiale tra FSAE e VAE che la sua percezione da parte dei parlanti sono di gran lunga più moderate rispetto a quelle che riguardano in Italia l'analoga correlazione italiano standard vs. dialetto italoromanzo.

Sono coscienti della distinzione tra l'FSAE e il VAE, di regola, solo gli italoamericani della categoria attiva che, emigrati solitamente in giovane età, hanno potuto acquisire in inglese un sapere idiomatico piuttosto ampio. Secondo diversi informatori le divergenze tra FSAE e VAE si limitano al solo livello fonetico. Così hanno risposto due informatori alla domanda: *L'inglese parlato qui è diverso da quello della televisione?*

[4.81] IId-1a-DC: *Sì, è l'accento. L'accento è diverso.*

[4.82] IId-1a-GM: *Sì. C'ha comə 'n accent^{h}o di F'ladèlfia, il t^{h}ono è un poco differente.*

Pochi, invece, mettono in rilievo anche discrepanze lessicali.[55] Un'informatrice ha persino rilevato che il contrasto tra FSAE e VAE è più debole nel Nordest.[56]

La maggior parte degli intervistati di seconda generazione percepisce il contrasto in termini di gran lunga più netti e definiti, come dimostra la seguente risposta alla stessa domanda II.C.11 del questionario.

> [4.83] IId-2-MaC: *Sì. Questo si riconosce subito, fra | tra l'accento. Le parole.*

Due intervistati hanno colto anche tratti distintivi fondamentali in rapporto alle dicotomie *virtuale* vs. *reale* e *esogeno* vs. *endogeno*. Rispondendo alla domanda di cui sopra l'informatore IId-2-MaC, ad esempio, evidenzia che la varietà regionale di South Philadelphia, diversamente dallo standard, possiede un'«identità» – quindi è endogena e reale – e per questo a lui risulta anche «più piccola», vale a dire diffusa in un'area limitata:

> [4.84] IId-2-MaC: *È un inglese diciamo un po' più – non so se è la parola giusta però! – è un po' più piccolo, perché, se Jay Leno sente a qualcuno che parla da South Philly può dire: «Ou, you're from South Philly!», nel frattempo, se tu senti a lui, non puoi dire: «Ou you're from California!», perché il suo inglese non ha un'identità. Invece questo qui, di South Philly, ha un* IDENTITÀ.

Nella risposta dell'informatrice IId-2-MiC a una domanda complementare, più specifica, circa la qualità dell'*American English* parlato nei notiziari della CNN, emerge implicitamente la percezione delle divergenze tra *FSAE* e *VAE*, basate sulle due dicotomie menzionate.

> [4.85] IId-2-MiC: *Dovrebbe essere perfetto <l'American English parlato nella CNN>, ma sicuramente anche lì fanno errori, e qualche volta i giornalisti si sente che sono del Northeast.*

In riferimento alle sue varietà reali, l'*American English* si presenta «(...) remarkably uniform considering the number of its speakers and the expanse of its territory, but it does show regional and social dialect variation as well as according to use.»[57]

Anche nell'ambito della classificazione diatopica a livello sovraregionale e regionale dell'*American English*, che segue, si constata nuovamente l'interdipendenza tra il sapere riflessivo diatopico e l'appartenenza dei parlanti alle diverse generazioni d'emigrazione.

---

55 [4.86] III-1a-FR: *Sì. L'accento e l'uso delle parole, del vocabolario. È un po' diverso.*
56 [4.87] III-1a-FR: *In quale città si parla l'inglese più vicino all'inglese standard? Il Nordest, certo, ma un paese preciso, non c'è.*
57 Cf. Ferguson/Heath (1981b, XXV).

Prima generazione

È essenziale tornare a distinguere le due categorie della prima generazione. Il sapere idiomatico in inglese degli italoamericani della categoria passiva risulta, indipendentemente dalla fase d'emigrazione, estremamente esiguo, come affermano loro stessi:

> **[4.88]** IId-1p-SP: *Ma l'ingles', (...) mancǝ lo capisc' tuttǝ cosǝ. (...) Tandǝ gendǝ non mǝ capisce. Iǝ non je łǝ diciǝ bbenǝ alla parolǝ proprio inglese, pǝcchè è fortǝ a parlà propr' inglese se tu n' ci vai a scuola.*

> **[4.89]** IId-1p-FM: *Si parlo cu l'americanu, fazzu u migghju ca puzzu all'inglese.* │ Se parlo con l'americano, faccio del mio meglio (*I do the best I can*) in inglese.

Lo confermano anche i loro famigliari intervistati, soprattutto quelli di seconda generazione:

> **[4.90]** EP: <u>Come parlava l'inglese suo padre?</u>
> IId-1a-SM: *Quannu vènnuru a cinguandacinc^u anni e un sàpi riri una parola italiana, cuosa sǝ po' 'nsegnari dǝ 'mmericanu? Ma pocu parole, ma no lingua. Si facìa capìri un puochǝ, miʃkatu (...) ma 'mmiricanu un sapìa parlare. Pogu parole.* │ EP: <u>Come parlava l'inglese suo padre?</u>
> IId-1a-SM: Quando (uno) arriva a 55 anni e non sa dire una parola d'italiano, cosa può imparare di americano? Solo poche parole, ma non la lingua. Si faceva capire un poco, mischiando (...) ma l'americano non lo sapeva parlare. Poche parole.

> **[4.91]** IId-2-MiC: *Parlavo in italiano con i miei nonni calabresi, perché il loro inglese era inesistente.*

> **[4.92]** IIia-1a-FS: *Il padre di mia moglie (...) è venuto quand' aveva cinguandasei anni qua, e parlava brochǝnìnglish* (Broken English), *da paura!*

Analogamente, sempre in riferimento a questa categoria di parlanti, anche il sapere riflessivo concernente la variazione dell'*American English* ai livelli sovraregionale e regionale appare estremamente frammentario o inesistente (tab. 4.4).

Gli intervistati di categoria attiva, emigrati durante la seconda fase, hanno acquisito il proprio sapere idiomatico in inglese in modo non pilotato. Ne deriva principalmente l'orientamento del loro inglese alle rispettive varietà diatopiche dell'*American English* delle aree in cui risiedono. La qualità del sapere idiomatico appare molto variegata. Rivelano un sapere idiomatico molto frammentario specialmente quegli individui che hanno vissuto un'esperienza di tipo *Little Italy*. Questo è un fenomeno ancor più esteso tra gli italoamericani di prima generazione emigrati durante la prima fase, vissuti, come già detto, in condizioni di isolamento linguistico ben più marcate. La suddetta variabilità tipologica appare con evidenza nella seguente testimonianza:

[4.93] IId-2-MaC: *Quando mia madre è venuta qui, è andata a scuola, quindi ha imparato un po' d'inglese, e una parola qua, là. Poi lei si è riuscita a parlare inglese senza problemi, e quest 'è un caso raro, perché conosco delle persone, anche i miei zii, che se qualcuno li parla in inglese, di una discussione diciamo un po' più profondo, loro si perdono. Penso che non capiscono, e si attaccano più al dialetto e a parlare l'inglese proprio come lo sanno, e basta. È tanto tempo che sono qui, e io penso che aggiungiono tutt' e due le lingue, sì. (...) C'è la sorella di mio padre (...) che lei ha proprio un accento pesantissimo in inglese. (...) Mio padre ha un <scandendo bene> very, very strong broken English, very, very strong!, con molte parole in italiano. (...) Il marito di R. è da una vita che sta qua, e se lui deve parlare con te in inglese, non lo può fare.*

Tra gli italoamericani di categoria attiva, emigrati invece durante la terza fase, i casi di parlanti con un sapere idiomatico frammentario sono solo sporadici.

Nonostante la variabilità che caratterizza la qualità del sapere idiomatico in inglese, verificata tra gli intervistati di questa generazione, si notano due tratti comuni principali. Detto sapere è marcatamente endogeno e inoltre difettoso, se paragonato con il sapere analogo degli italoamericani di seconda generazione e oltre.[58]

La maggior parte degli intervistati ha attribuito questa difettività all'insufficienza della scolarizzazione, non di rado enfatizzando,[59] similmente a quanto già constatato in riferimento all'italiano, ad esempio:

[4.94] IId-1a-SP: *Ma l'ingles'* | [ˌɛtsəpəˈkːɛ ˈkə ˈtə ˈdiːkə] (that's why I'm saying)... *quest' è quand' è una che ha studiata lo sa, non coma me. Ia n' so' studiata tanda da scuola, pacché sembr' a łavorà! Tutt' i giorni a łavorà! Tutt' i giorni.*

[4.95] IId-1a-DC: *Se non si studia la lingua, come fai a parlare bene l'inglese?*

La difettività si esprime in diversi modi e a tutti i livelli grammaticali, come emerge dall'esame sistematico più avanti.[60] Dall'analisi dei dati empirici risulta infine che la qualità del sapere idiomatico in inglese dipende principalmente:
- dalla durata della permanenza negli USA (specialmente per la categoria passiva),
- dal grado della scolarizzazione avuta negli USA (specialmente per gli italiani emigrati in giovane età), e

---

58 Si vedano in proposito i cenni fatti in 4.2.3.1, ecc.
59 Ad esempio:
[4.96] IId-1a-MC: *Perché alla scuola, pure che sei un po' stupidino, ti viene a l'indelligendidà di come trattare con la gende, anche che uno non c'ha quella valutazione che è nata, nativa.*
60 Si vedano soprattutto i cenni fatti nel sesto capitolo.

- dalla qualità dell'isolamento linguistico, vale a dire dal tipo di enclave italoamericana in cui i singoli parlanti sono vissuti e hanno appreso l'inglese. Quest'ultimo fattore appare determinante anche per la qualità del sapere idiomatico concernente il dialetto primario italoromanzo.

Analogamente alla qualità del sapere idiomatico, anche quella del sapere riflessivo diatopico in inglese non è tale da permettere agli italoamericani della categoria passiva di delineare la benché minima variazione dell'*American English* a livello sovraregionale e regionale (tab. 4.4).[61] Per il resto degli intervistati di prima generazione la percezione più frequente della variazione si limita al livello sovraregionale e consiste prevalentemente nella *contrapposizione bipolare Nord(est) vs. Sud(ovest)*, come ad esempio:

> [4.97] EP: *C'è differenza tra l'inglese di Filadelfia e quello parlato altrove?*
> IIi-1a-TB: *Penso di sì. Forse non direi «È texano!», ma direi «È del Sud.» Quindi la differenza è Sud e Nord. Io conosco senz'altro meglio quello del Nord, perché noi andiamo più al Nord che al Sud.*

> [4.98] IId-1a-SP: *Ma purə qui 'n Amerəchə cə so' indialettə. Al Sauttə parla differendə də noi, ma sə capiscə.* | Ma anche qui in America ci sono i dialetti. Al Sud (*South*) parla[no] diversamente (*different*) da noi, ma si capisce.

Due parlanti hanno precisato ulteriormente, paragonando le varietà diatopiche dell'*American English* a livello sovraregionale con quelle dell'italiano regionale in Italia, per loro ben distinte da quelle dialettali e da considerare quindi varietà dello standard. Ecco una delle testimonianze:

> [4.99] IId-1a-SM: *Iè u modu, comu si sent' 'a parola! Je. Hannu l'accentu differènti... Paṛṛanu 'taliano a Napoli – tanto pi' diri – e pàṛṛanu 'taliano a Triest'. A Trieste e a Napoli dicivunu different' d'un atrə. Stiss^u cca: i criſtiani ch'àbbitu 'o South Carolina, North Carolina, c'hanno differente dialettu. Na' è dialettu, ma si sente la parola che... | si capiscə subtə chə l'auṭṭru viene də ḍḍa. Hai parole che dici differèndə 'ntunatə, hannu ḍḍa o accendu differèndi.* | È il modo come si sente la parola! *Yea.* Hanno l'accento diverso (*different*)... Parlano italiano a Napoli – tanto per dire – e parlano italiano a Trieste. A Trieste e a Napoli pronunciavano diversamente l'uno dall'altro. Lo stesso qua: la gente che abita nel *South Carolina*, *North Carolina*, hanno un dialetto diverso (*different*). Non è dialetto, ma si sente la parola che... | si capisce subito che l'altro è originario di là. Ci sono parole che pronunci diversamente (*different*), là hanno un accento diverso (*different*).

---

61 Ad esempio:
[4.100] EP: *L'inglese che si parla qui a Filadelfia è diverso da quello che si parla ad esempio in Texas o in California?*
IId-1p-FM: *Non lo so. Queſto veramente non saprei.*

Alcuni informatori, che sono emigrati nel corso della seconda fase, di regola tra i 20 e i 30 anni, e che hanno seguito negli USA qualche corso di formazione, sono stati in grado di delineare dei tratti di variazione a livello regionale. Hanno dimostrato la stessa capacità anche alcuni informatori emigrati nel corso della terza fase (tab. 4.4). Ne seguono due testimonianze:

> **[4.101]** EP: *È diverso l'inglese che parlano gli americani qui a Nazareth da quello che si parla a New York, o a Filadelfia?*
> IId-1a-SM: *Ue...* (well) *a qua vicinu* [mɛˈbi] (maybe) *un' iè tanda differenza. C'è un puocu də differenza. Di cca a F'laðèlfja no. Sìmu stessi. Ma di cca a Nujòrchə c'è.* (...) *Certə parole, l'accendu* (...). *Chirə də Nova Jorcchə* (...) *parlavano a un modə. A Nova Jorcchə parlano differendə* (different) *accendu.*

> **[4.102]** EP: *C'è differenza tra l'inglese parlato a Filadelfia e quello parlato altrove?*
> III-1a-FR: *Sì, oh sì. New York... oppure Houston, per esempio. Sì... Assolutamente! Moltissimo.*

Le differenze linguistiche materiali, su cui i parlanti basano la loro classificazione diatopica a entrambi i livelli, sono quasi esclusivamente fonetico-prosodiche. Eccone due testimonianze:

> **[4.103]** EP: *In che consiste la differenza?*
> III-1a-FR: *Ah, prima di tutto la velocità con cui si parla, poi la chiarezza, tra virgolette, delle parole. Non so, paragonato col Texas il linguaggio è molto più lento, le vocali sono molto più pronunciate, secondo me. A New York, era più concentrato come parole.*

> **[4.104]** EP: *È diverso l'inglese che si parla a New York da quello che si parla a Boston?*
> IId-1a-GM: *No. Solo l'accent^{h}o cambia un po'.*

SECONDA GENERAZIONE E OLTRE

Il primo passaggio generazionale ha causato in generale una marcata riduzione qualitativa del sapere idiomatico in inglese, come è dimostrato concretamente più avanti. Si riporta, in proposito, la seguente opinione:

> **[4.105]** EP: *Come lo parla l'inglese Vostra figlia?*
> IId-1a-SM: *'N inglese 'un se pò diri differende cu itrj.* (...) *Ba magari che i parl' inglese, sannu subbətu chə u dialettə chə parlu* (...) *venissə ra n'atṭu nazione. U sannu già, ca parlu 'mmericanu, ba 'un su' precisu 'ntunatə* (...), *ma s'u dici iḍḍa stesse parole, sannə ch' è 'mmerigana.*

> EP: *Come lo parla l'inglese Vostra figlia?*
> IId-1a-SM: In inglese non si può dire [che parla] diversamente (*different*) da loro <gli americani>. *But* <quando> magari parlo io inglese, sanno subito che il dialetto che parlo (...) viene da un'altro paese. Lo sanno già, che parlo americano, *but* non pronuncio correttamente (...), ma se le dice lei <IId-2-AM> le stesse parole, sanno che è americana.

La qualità dell'inglese degli italoamericani di seconda generazione appare, diversamente da ciò che è stato constatato riguardo alla prima generazione, tendenzialmente uniforme, come dimostra anche la qualità del loro sapere riflessivo diatopico (tab. 4.4). Tutti gli intervistati della generazione in questione avevano appreso l'inglese in modo spontaneo,[62] non pilotato. Il loro inglese si può definire quindi *reale* ed *endogeno*, come confermano anche alcuni informatori:

> **[4.106]** IId-2-FM: *I have a dialect myself in English.*

> **[4.107]** IId-2-MiC: *L'americano che parlano tutti i miei cugini è grammaticalmente scorretto (...). Questo però io noto solo adesso che insegno inglese, che prima non notavo, perché tutti dicono così, allora. (...) Se mi lascio andare, se non ci penso però, esce la frase... due negazioni, come prima, il verbo «I should have* WENT *there», eccetera. Se tu impari l'inglese a scuola, è ovvio che impari «I should have gone», però, if you speak english, because you were born here, parli il dialetto di qui: «I should have* WENT*», no?*

La qualità dei tratti endogeni nei discorsi in inglese dei singoli informatori appare molto variegata. È significativo riportare in proposito le affermazioni degli informatori IId-2-MiC e IId-2-MaC, fratello e sorella:

> **[4.108]** IId-2-MiC: *Io non ho l'accento locale, che ha mio fratello, molto forte. Il mio accento penso di non averlo mai avuto forte come lui.*

> **[4.109]** IId-2-MaC: *L'inglese che parliamo è lo stesso, ma lei parla meglio, perché magari, questo slanghə* (slang) *che c'è a Filadelfia lo uso più io, invece lei usa proprio l'inglese come si deve usare.*

Quanto al sapere riflessivo diatopico, tutti gli informatori intervistati della seconda generazione e oltre sono stati in grado di indicare tratti della variazione diatopica a livello sovraregionale e regionale (tab. 4.4), come ad esempio:

> **[4.110]** IId-2-MaC: *Questa zona qua si chiama South Philadelphia, South Philly, no? E qui si parla in un certo modo, c'è l'accento. Se io sono, non so, mettiamo in Delaware – che sarà, non so, a un'ora di macchina lontano da qui – e sento qualcuno a parlare con questo accento South Philly, riconosco che sono da qui;* I can tell it <schiocco di dita> right away!

> **[4.111]** IId-2-LS: *The Philadelphia accent. For instance, in Pennsyvannia, you go to Pittsburgh, which is not too far away, and you can definitely pick up – it's a different accent.*

---

62 **[4.112]** EP: *In che modo ha imparato l'inglese vostra figlia?*
IId-1a-LM: *Iḍḍa naʃiu cca, freguendatu tuttə 'mmericani, ʃi a scola cca...*

I tratti linguistici materiali, su cui i parlanti basano la loro distinzione, sono prevalentemente[63] fonetico/fonologici (e prosodici), come hanno messo nettamente in rilievo diversi intervistati:

> **[4.113]** IId-2-MaC: *Si sente che una persona è di Filadelfia o di New York. Per esempio, la parola 'caffè', si dice* [ˈkɔːfi] *qui a Filadelfia lo dicono più con una «u»,* [ˈkwoːfi]. *Quindi la parola è sempre quella, ma cambia un pochino la pronuncia.*
>
> **[4.114]** I-2-AM: *Se vai p'r esempiə a Texas, Oklahoma, e vedi una ragazza che passa, dice:* [ˈʃiː iz ˈma̰ɪtɹ̩ ˈpɹʊtɪ] *not* [ˈpɹiːtɪ], [ˈpɹʊtɪ].
>
> **[4.115]** IId-2-AM: *Cambia forse l'accento, ma su per giù, la lingua è sempre quella... yea. You have the Boston accent, the Bronx accent, the Chicago accent, the Southern accent, the Northwestern accent, the Texan accent, in America.*

4.1.3.3 Il sapere riflessivo microdiatopico e le varietà etniche

L'analisi del sapere riflessivo concernente il quarto e ultimo livello di variazione nello spazio, quello locale, completa la descrizione del sapere riflessivo diatopico in ambito inglese. Benché piuttosto omogeneo – similmente all'italiano in Italia –, l'*American English* mostra in non pochi casi una variazione diatopica *sui generis*, persino netta, presente a livello locale, che va preliminarmente descritta in chiave teorica.

VARIETÀ ETNICHE DELL'*AMERICAN ENGLISH*

Del diffuso[64] fenomeno della differenziazione diatopica di base alloglotta o etnica si è già trattato brevemente (4.1.2.1) in riferimento alle varietà dell'italiano e del dialetto parlate dagli italoalbanesi.[65] Questa differenziazione è dovuta soprattutto agli effetti linguistici causati dall'acculturazione graduale di comunità *alloglotte*, consistenti e stabili, nel tessuto statunitense. Si cristallizzano così varietà microdiatopiche di *American English* di matrice etnica, generate da contatti linguistici convergenti, il cui denominatore comune è l'estremità superiore del contatto, la *high variety*, vale a dire l'*American English*. Come per la realtà italoalbanese, la variazione diatopica di base alloglotta è legata all'emigrazione

---

[63] Alcuni informatori hanno fatto anche riferimento a divergenze lessicali:
[4.116] I-2-AM: *Nel Sud hanno l'accento diversə e usano parole diversə.*
[64] Si pensi ad esempio anche alle varietà urbane albanesi parlate dagli Aromuni o dai Rom nell'Albania sud-orientale, al neoellenico parlato nel Nord e Nordovest della Tesprozia, dove l'albanese si usa tuttora, al cosiddetto *Bündnerdütsch*, parlato dai Grigionesi di madrelingua romancia, e a molte altre situazioni.
[65] Cf. Prifti (2011a).

e, come tale, appare con più frequenza nelle aree più esposte all'emigrazione, che sono prevalentemente gli spazi urbani, specialmente quelli metropolitani. L'insieme delle singole varietà diatopiche di base alloglotta presenti nella stessa area urbana non rappresenta, in chiave geolinguistica, un crogiolo, ma un mosaico[66] interattivo e particolarmente dinamico. Si possono così addirittura costituire nuove realtà culturali ibride, tendenzialmente compatte, alle quali spesse volte le varietà alloglotte danno persino il nome. Tra le varietà etniche più note e stereotipate dell'*American English* figurano quelle parlate dagli italoamericani, vale a dire il già menzionato (4.1.3) *Americaliano*. Nella seguente affermazione, sintomatica della percezione dei parlanti relativa a tali varietà e alla loro interazione, viene fatto riferimento al noto esempio del cosiddetto *Brooklyn accent*:

> [4.117] EP: *How is your father's English?*
> I-3-AB: *Perfect. He grew up in New York, so he's got a New York accent. He was born in Brooklyn, so he's got a heavy Brooklyn accent, which maybe is a kind of Italian accent. I think there were – when he was there – a lot of Italians living in Brooklyn. They then moved to Queens, which is where a lot more of the Italians were.*

Vanno segnalati due tipi potenziali di *American English* di base etnica, di cui si tratta in dettaglio più avanti,[67] qualitativamente distinti soprattutto per la qualità degli elementi di matrice alloglotta che contengono. Detta qualità è determinata dal rapporto gerarchico tra la lingua alloglotta – l'italoromanzo, nel presente caso – e l'*American English* nell'uso linguistico degli italoamericani secondo la loro appartenenza generazionale. È dunque determinante il fatto che l'italoromanzo rappresenti la varietà primaria (prima generazione) piuttosto che quella secondaria (seconda generazione). Va dunque distinta, da un lato, la varietà dell'*American English* parlata dagli emigrati italiani, la cui varietà primaria è italoromanza. Comunemente nota come *Broken English*, essa risulta difettiva, poiché ampiamente esposta all'influsso dell'italoromanzo. Dall'altro lato si ha l'*American English* parlato come varietà primaria dagli italoamericani di seconda generazione e oltre, il quale, se paragonato al *Broken English*, *non* appare difettivo, ma diverge dal VAE per la presenza, pur limitata che sia, di tratti materiali di matrice italoromanza. È anche noto come *Italian accent*.[68] Le lingue funzionali di base inglese vanno dunque a costituire le due componenti

---

66 Cf. ad esempio Fishman/Nahirny/Hofman/Hayden (1966); Garcia/Fishman (2002b), ecc. Tra le varietà etniche vanno annoverati il *Black English*, quello degli ispanici, quello dei cinesi, degli indiani, degli slavi e degli ebrei.
67 Ad esempio in 4.2, 5.1.1.2, 5.1.2.1, 6.1.3, 6.1.4, 6.2.1.4, 6.2.1.5, 6.2.2.4, 6.2.2.5, 6.4.3 e 6.4.4.
68 Del cosiddetto *Italian accent* si sono occupati anche Labov e linguisti della sua scuola.

dell'*Americaliano*. La prima varietà è legata esclusivamente all'uso linguistico della prima generazione, la seconda, l'*Italian accent*, rappresenta in circostanze particolari – ad esempio in aree nelle quali domina l'elemento italoamericano – una varietà microdiatopica tendenzialmente stabile, che pur americanizzandosi gradualmente, può mantenersi anche per diverse generazioni susseguenti. In alcuni casi, infatti, la varietà *Italian accent*, o singoli suoi frammenti, continua a persistere in aree dominate dalla presenza italiana, specialmente nello spazio metropolitano, anche dopo che la comunità italiana abbia abbandonato l'italoromanzo o si sia spostata altrove. Sviluppi analoghi risultano anche dal contatto dell'*American English* con altre lingue di gruppi consistenti di emigrati, come nel caso delle comunità ispanica, ebraica, cinese o slava. Nella descrizione del sapere riflessivo diatopico a livello locale viene posto l'accento principalmente sulle varietà microdiatopiche tendenzialmente *stabili*, al contempo anche circoscritte nello spazio.

La peculiarità materiale fondamentale delle varietà etniche dell'*American English* è la differenziazione diatopica duplice, ambivalente o bidimensionale, che consiste, come già detto,[69] nell'armonica coesistenza di tratti materiali endogeni provenienti dalle lingue in contatto. Nel caso dell'*Americaliano* si tratta quindi, da un lato, degli elementi endogeni, regionali o locali, della varietà dell'italoromanzo e, dall'altro, dei tratti regionali del VAE, altrettanto endogeno. Le due lingue funzionali di cui è composto l'*Americaliano* divergono nettamente sia per il rapporto di forze tra gli elementi endogeni, che in riferimento alla loro classificazione geolinguistica. Una buona parte degli intervistati di prima generazione si è infatti dimostrata in grado di identificare in modo sistematico la provenienza italiana regionale, e in alcuni casi persino locale, dei propri compatrioti italoamericani di prima generazione, sulla base dell'*American English* – più esattamente il *Broken English* – da questi parlato, come dimostrano le due[70] testimonianze a seguire. Allo stesso tempo però essi hanno rivelato difficoltà a classificare, persino a livello sovraregionale, i tratti endogeni angloamericani contenuti nel *Broken English*.

> [4.118] EP: <u>*Sa distinguere un palermitano da un messinese quando parlano in inglese?*</u>
> IId-1a-SM: *U palermitanu je* (yea). *Se parla 'talianə, se parla 'nglesə, la 'ntunatə ce l'ha u stessə.*

---

[69] Si vedano le osservazioni fatte (4.1.2.1) in proposito, nonché Prifti (2011b, 209s.); Prifti (2010, 376s.), ecc.
[70] Si veda sopra anche l'affermazione 4.44.

> **[4.119]** EP: <u>Gli italoamericani, che tipo di inglese parlano?</u>
> III-1a-FR: *L'inglese di Filadelfia, di South Philly.*
> EP: <u>Quindi si sente, dal loro inglese, di dove sono?</u>
> III-1a-FR: Sì, sì. *Un pochino sì. Poi dipende sempre dal livello culturale che hanno raggiunto... però, sì.*
> EP: <u>Sarebbe in grado di distinguere un italoamericano di Houston, da uno di Filadelfia, per come parlano in inglese?</u>
> III-1a-FR: Sì. *Forse sì, perché il dialetto si avvicina un pochino di più all'inglese del Sud; le vocali, i suoni, queste cose qua, non c'è molto, c'è poco [ʧ ʧu ʧ] nel Texas, per cui... Invece più si va al Nord (...), è un'altra cosa.*

La chiara percezione della duplice differenziazione diatopica è stata rilevata anche presso informatori americani non di origine italiana.[71]

Il carattere linguistico delle varietà urbane statunitensi, viste nel loro insieme, non di rado è determinato anche dall'interazione delle varietà etniche, che si esprime nella coesistenza di elementi «etnici» adattati, come ha constatato anche qualche intervistato. Riferendosi a Filadelfia, specificamente all'area meridionale, l'informatore IId-1a-FT afferma:

> **[4.120]** *Because there was a large emigration in Philadelphia (...) that everybody brought a little bit accent, an' they formed the first generation borned here. They developed that English, good English, with that accent, with the grandparents, parents or whatever. And South Philadelphia it's a mix of lot of ethnic group.*[72]

Le «spie» materiali dei contatti interetnici, presenti nelle varietà urbane dell'*American English,* sono tutt'altro che rare. Già solo un superficiale sondaggio geolinguistico, effettuato a Brooklyn, ha portato a risultati molto promettenti, da cui sono emersi elementi lessicali riconducibili a varietà etniche, come ad esempio: la voce [fɑˈkɫɛːm] 'triste, in procinto di scoppiare in lacrime', risalente allo *yiddish* פֿאַרקלעמט (*farklemt*) 'depresso, estremamente sensibile', derivato a sua volta dal m.a.ted. *verklemmt* 'bloccato, inibito'; il sostantivo [ˈkuɹvɑ] 'prostituta', di matrice slava e dal medesimo significato; [ˈmuːɫɪ][73] 'persona afro-americana (pegg.)' derivante dalla voce napoletana *mulignanə* 'melanzana', ecc. Va sottolineata la rilevanza degli elementi italoromanzi, presenti anche nell'ambi-

---

[71] Si rimanda alla testimonianza 6.40 dell'informatrice KS, alla quale è stato chiesto un giudizio su un brano di discorso in inglese del parlante I-2-AM, reso anonimo, ma anche alle note analitiche lì proposte.

[72] Testimonianze simili, riferite ai contatti culturali e linguistici interetnici nelle *Little Italies* più note, si trovano sparse un po' ovunque nella letteratura sul fenomeno italoamericano. Si vedano anche le note in 6.1.5, compresa una citazione da Mangione (1998).

[73] Cf. anche i brevi cenni fatti in 6.1.4 e 6.2.1.5.

to dei segnali discorsivi, delle interiezioni, ecc.[74] Nella percezione, ad esempio, degli italoamericani dell'area nordorientale,[75] specialmente di seconda o terza generazione,[76] le peculiarità principali del cosiddetto *Brooklyn accent* si riconducono alla predominanza in loco della comunità italiana. Quest'interpretazione andrebbe verificata sistematicamente in prospettiva linguistica.

Altrettanto netto appare l'influsso dell'italoromanzo sulla varietà microdiatopica inglese di South Philadelphia, zona nota per la predominanza dell'elemento italiano. L'influsso italoromanzo è tuttora palpabile e presente, secondo qualche informatore non-italoamericano, persino nella prosodia:

> [4.121] MM: *South Philly slang is for me definitely more the Italian accent, like:* [ˈjoʊ ˈha ˈjə ˈdoʊɪn] (*Yo, how you doing?*), [ˈju ˈnoː ˈwɔr a ˈmiːn] (*You know what I mean?*) <calcando la prosodia>, *the Italian kind of rhythm.*

Tra gli italoromanismi lessicali va menzionato esemplarmente il verbo d'uso colloquiale *(to) skeeve* 'disgustare' < it. *schifo* (ad esempio *It skeeves me!* 'Mi fa schifo!'). La vitalità di questo elemento è messa in rilievo dalle derivazioni, quali l'omofono sostantivo (ad esempio *It gives me the skeeves.*), l'aggettivo *skeevy* 'disgustoso', frasi verbali, quali *(to) skive somebody out*, oppure *skeevàts* 'oggetto disgustoso' (ad esempio *What a skeevats!*), che è piuttosto una derivazione diretta da it. *schifezza*.[77] La dinamica dell'irradiazione di elementi endogeni dalla varietà etnica alla varietà microdiatopica urbana dell'*American English*, e persino oltre, emerge con evidenza dalla seguente citazione:

> [4.122] II-2-AM: «*It skeeves me*», *this is South Philly English, but I think it is known in all Philadelphia.*
> EP: *Is this word used only by Italians?*
> II-2-AM: *No, everyone in Philadelphia understands this word, whether you are Italian or not, people understand. (...) even Chinese-Americans, if they grow up in South Philadelphia, sure use it.*

La consapevolezza dell'origine italoromanza di simili innovazioni diminuisce con l'aumento dell'erosione del sapere idiomatico italoromanzo degli italoamericani, vista in chiave generazionale. Nel brano a seguire appare chiara la riduzione del sapere metalinguistico dopo il secondo passaggio generazionale. Mentre l'informatrice IId-2-LS è consapevole dell'origine italoromanza del verbo *(to) ske-*

---

74 Si vedano in particolar modo le note in proposito in 6.1.4.
75 Si veda ad esempio la citazione 4.127.
76 Si veda ad esempio la citazione 4.117.
77 Voce indicata già in Cieri (1985, 46). Si vedano anche i brevi cenni in 6.1.4 e 6.2.1.5.

eve, sua nipote IId-3-CT ne è ignara e considera la voce un elemento colloquiale in voga nella Filadelfia degli anni '80.

> **[4.123]** EP: *Have You ever heard the expression «It skeeves me»?*
> IId-3-CT: *Yeh.* <ride>
> EP: *And what does it mean actually?*
> IId-3-CT: *It means 'it repulses you'.*
> IId-2-LS: *I think, I've heard of it.* 'ʃki:fə', 'Mə fa ʃki:fə!'.
> IId-3-CT: *But I haven't heard that word so many years, I would have thought that, that was something that was, you know? eighties. I thought that was a word that... has been used in those years.*

Per poter fare maggior luce sulla storia dell'italiano negli USA appaiono necessarie indagini geolinguistiche approfondite e sistematiche sulle varietà del VAE, specialmente nelle realtà urbane (a partire da quella particolarmente complessa di New York) maggiormente esposte all'emigrazione italiana. Simili investigazioni si preannunciano fruttifere soltanto se basate su un'intensa e ampia collaborazione interdisciplinare, fondamentale per una moderna geolinguistica urbana nordamericana, che non può prescindere dai metodi e dai risultati della linguistica migrazionale.

Segue la descrizione, in chiave generazionale, della qualità del sapere riflessivo degli italoamericani inerente alla variazione dell'*American English* a livello locale.

Prima generazione

Gli informatori rientranti nella categoria passiva della prima generazione non manifestano alcuna traccia di percezione della variazione dell'inglese a livello locale (tab. 4.4). Quelli della categoria attiva, invece, sono di regola in grado di identificare, nel contesto urbano, le varietà etniche inglesi del tipo *Broken English*. Essi appaiono coscienti del tratto distintivo basilare di tali varietà, ovvero dell'evidente difettività – di cui sopra –, e quindi anche della causa principale di questo tipo di variazione: l'emigrazione. Risalta nella seguente affermazione appunto la percezione della difettività:

> **[4.124]** III-1a-FR: *Poi, ovviamente c'è la differenza razziale. Io ho avuto dei grossi problemi, ad esempio, a capire i cinesi, perché tra il mio problema e il loro problema... Sono due madrelingue diverse di base, per cui... diventa un problema serio.*

Cinque informatori della categoria attiva, emigrati durante la seconda fase a un'età compresa tra i 13 e i 20 anni – dunque scolarizzati in parte negli Stati Uniti – e residenti in grandi centri urbani, si sono riferiti invece esplicitamente alla variazione microdiatopica del loro *American English*, basandosi sulle varietà non difettive del tipo *Italian accent*. Hanno indicato la particolarità delle varietà di Brooklyn,[78] South Philadelphia,[79] North Beach, Near West Side, in contrapposizione rispettivamente alle parlate urbane di New York, Filadelfia, San Francisco e Chicago.

> **[4.125]** EP: *Ma all'interno di San Francisco l'inglese cambia?*
> IId-1a-NG: Sometime each town has the own stuff, the own words. *Qᵘi a San Francisco lu ſtessu, a North Beach, p'r esempju, a Nobbìci, come dice l'antichi, ha 'n altro... tuono, accent, ma pogu-pogu.*

> **[4.126]** EP: *All'interno di Chicago, cambia l'inglese?*
> IId-1a-PV: *No, no, pochə. Mébi* (maybe) *giù, a West Side, no?* <rivolgendosi a IId-1a-DA>
> IId-1a-MS: *Sì, sì. Tutta chella... vicin' a Tèlori* (Taylor) *Street, cə ſtavə tantə 'talian' ałà. A lar ov* (a lot of) *Italians. Etsə* (that's) *where zia Pietra liv'* (to live), *you remember?*

Mentre per la varietà etnica di tipo difettivo (*Broken English*) gli elementi materiali distintivi della differenziazione diatopica italoromanza sono distribuiti su tutti i livelli grammaticali, per quella di tipo *Italian accent* la classificazione prototipica si basa su tratti prevalentemente fonetico-prosodici. Nella seguente citazione l'informatore si riferisce persino a un interessante segnale discorsivo, di cui si tratta ampiamente più avanti (6.1.4), diventato ormai un *marker* dell'italianità americana.

> **[4.127]** EP: *E come fai a capire che uno è di Brooklyn?*
> IId-1a-SM: *Pi comu dice la parola antunata... Poi una parola də chi sono di Brùclin, dice:* [fɔrgɛrə'barət]! (Forget about it!) <ricalcando la prosodia> *E si capiſ' subtə ca iḍḍu viene di Nu Jorccha Bruclín.*

SECONDA GENERAZIONE E OLTRE
Indistintamente dalla fase di contatto, la maggior parte dei parlanti di seconda generazione e oltre è perfettamente cosciente della variazione del VAE a livello locale, dimostrando, diversamente dagli informatori di prima generazione, una netta consapevolezza delle sue cause e peculiarità principali. In termini materiali, gli informatori si riferiscono non di rado anche a elementi lessicali, oltre a quelli fonetico-prosodici. Ne segue una testimonianza:

> **[4.128]** EP: *E all'interno della città di Filadelfia, per esempio, l'inglese cambia secondo te?*
> IId-2-AM: There are differences... South Philadelphia, for example, *dove erano gli italiani...* Northeast is another remarkable area, it's more like a guttural, like more slang... (...) *West Philly poi, è più* slang *perché la popolazione è più nera* (black).

---

[78] Si veda ad esempio l'affermazione 4.127.
[79] Si veda ad esempio l'affermazione 4.119.

Più concretamente, in diversi casi gli informatori hanno affermato di saper riconoscere l'elemento endogeno italoromanzo presente nel *Broken English* parlato da italoamericani di prima generazione provenienti dalla loro stessa regione italiana d'origine, come ad esempio:

> [4.129] EP: *Riesci a riconoscere un italoamericano per come parla in inglese?*
> IId-2-AM: *Sì, sì. Forse l'accento, e... poi, che gli italiani hanno un modo di parlare con i mani, e con i gesticoli...* <intendendo 'gesti'>
> EP: *E un italoamericano proveniente, poniamo il caso, da Roma?*
> IId-2-AM: *Forse che è italoamericano, ma che è romano no. Solo i siciliani riesco a riconoscere.*
> EP: *E a distinguere un calabrese da un siciliano?*
> IId-2-AM: *No, no. È difficile.*

In riferimento, invece, all'*Italian accent*, gli intervistati di seconda generazione sono stati normalmente in grado di classificare sistematicamente i tratti endogeni angloamericani in prospettiva geolinguistica. Hanno affermato inoltre di saper individuare in generale dei tratti tipici italoromanzi, senza però saperli collocare nello spazio geolinguistico italoromanzo. La qualità degli elementi endogeni italoromanzi identificati dipende in buona parte dal tipo di enclave italoromanza in cui loro sono cresciuti e quindi, indirettamente, anche dalla fase di emigrazione.

Generalizzando, si può affermare che con l'aumento del sapere idiomatico in inglese del parlante diminuiscono di regola la qualità e la quantità dei tratti endogeni italoromanzi presenti nel suo inglese, come anche la sua capacità di effettuare una classificazione della lingua nello spazio basata sui tratti della duplice differenziazione diatopica.

In prospettiva teorica, infine, occorre sottolineare che in svariati casi appaiono evidenti gli stretti legami tra il fenomeno delle varietà etniche e quello del sostrato[80].

La descrizione del sapere riflessivo diasistemico è stata incentrata, come premesso nell'introduzione, solamente sulla variazione delle lingue di contatto nello spazio, mentre sono state tralasciate la variazione diastratica e quella diafasica. Di quest'ultima, nell'ambito dell'inglese, risultano consapevoli prevalentemente gli italoamericani di seconda generazione e oltre:

> [4.130] IId-2-AM: *Al lavoro, per esempio, si usa un diverso inglese. Sono un medico e quando parlo con un cliente, paziente, che non è educato* <qui: scolarizzato < ingl. *educated*>, *parlo un po' più semplice, e le frase è più facile.*

---

[80] Cf. anche Lüdtke (1987).

Nella loro descrizione della differenziazione diafasica dell'*American English*, gli italoamericani di seconda generazione indicano frequentemente il concetto di *slang*, specialmente riferendosi alle varietà urbane.[81] In questo contesto appaiono molto stereotipate le varietà del cosiddetto *Black English Vernacular*. È interessante notare, infine, come nella percezione di alcuni intervistati le varietà dello *slang* parlato a West Philadelphia, nel Bronx (New York) o nella Chinatown di San Francisco, vengano equiparate alle varietà microdiatopiche dell'inglese in questi spazi urbani.

4.1.3.4 Sintesi: il sapere riflessivo diatopico concernente l'inglese

La percezione della variazione dell'inglese nello spazio risulta a grandi linee uniforme nelle tre fasi di contatto. In generale, inoltre, l'oggettività della classificazione macrodiatopica da parte dei parlanti cresce con l'aumento della solidità del loro sapere idiomatico in inglese.

Quanto alla dinamica generazionale, la classificazione geolinguistica da parte degli intervistati di prima generazione si estende fino al livello regionale. La percezione sovraregionale bipolare della variazione diatopica, Nord(est) vs. Sud(ovest), è la più frequente nel loro caso. Gli intervistati di seconda generazione e oltre sono in grado di classificare l'*American English* nello spazio con maggior precisione e oggettività, a tutti i livelli di differenziazione diatopica (tab. 4.4), compreso quello locale. La variazione a livello locale, presente quasi esclusivamente nei grandi centri urbani, è dovuta in prim'ordine alla presenza concentrata, piuttosto dominante e temporaneamente stabile, di comunità alloglotte prodotte dall'emigrazione. Nel descrivere la variazione microdiatopica, gli italoamericani intervistati – rientranti, in alcuni casi, anche nella prima generazione (categoria attiva) – si riferiscono soprattutto al cosidetto *Americaliano*, che rappresenta l'unità di due tipi di varietà etnica dell'*American English* parlato dagli italoamericani: il *Broken English* e l'*Italian accent*, contraddistinti entrambi dalla divergenza materiale rispetto all'*American English*.

---

[81] Si vedano le affermazioni 4.128, 4.109 e:
[4.131] III-1a-FR: *La più piccola <figlia> (...) frequenta una scuola pubblica, per cui c'è un po' di tutto. Lei tendenzialmente impara lo* slang, *le piace, (...) per cui già il suo inglese non so quanto non risenta di 'sto* slang *che sta imparando.*

LIVELLO DI VARIAZIONE DIATOPICA	GENERAZIONE PRIMA Categoria 'passiva'				GENERAZIONE PRIMA Categoria 'attiva'				GENERAZIONE SECONDA				GENERAZIONE TERZA E OLTRE			
	FASE I	FASE II PER. 1	FASE II PER. 2	FASE III	FASE I	FASE II PER. 1	FASE II PER. 2	FASE III	FASE I	FASE II PER. 1	FASE II PER. 2	FASE III	FASE I	FASE II PER. 1	FASE II PER. 2	FASE III
LOCALE	Ø	-	-	-	Ø	-/+	-/+	+/-	+	+	+	+	+	+	+	Ø
REGIONALE	Ø	-	-	-	Ø	-	-/+	-/+	+	+	+	+	+	+	+	Ø
SOVRA-REGIONALE	Ø	-	-	-/+	Ø	-/+	+/-	+/-	+	+	+	+	+	+	+	Ø
MACRO-DIATOPICO	Ø	-	-	-	Ø	+/-	+/-	+/-	+	+	+	+	+	+	+	Ø

Tab. 4.4: La qualità del sapere riflessivo diatopico concernente l'*inglese*

4.1.4 Conclusioni relative all'analisi del sapere riflessivo diasistemico (diatopico)

Il sapere riflessivo diasistemico degli italoamericani – in riferimento alla componente diatopica – concernente ciascuna delle tre lingue di contatto è risultato particolarmente variegato, tanto più considerando l'estensione temporale del contatto.

Nel trarre le conclusioni, viene rivolta inizialmente l'attenzione al *parlante*. Tenendo presente che l'appartenenza alle singole fasi d'emigrazione ha costituito uno dei criteri principali per la scelta degli informatori, i risultati dell'analisi sul sapere riflessivo diatopico degli italoamericani si possono considerare rappresentativi di tutto il contatto nella sua interezza, dunque diacronicamente validi. Ancor più decisiva per la presente analisi è risultata l'appartenenza generazionale dei singoli informatori. È stato notato, infatti, che gli intervistati di una medesima generazione, nel delineare la variazione nello spazio delle singole lingue di contatto, facevano di regola riferimento alla stessa tipologia di elementi materiali distintivi. La qualità della classificazione nello spazio delle lingue di contatto da parte dei singoli parlanti dipende dunque principalmente dalla qualità del sapere idiomatico nell'ambito della loro lingua primaria. Giacché la qualità del sapere idiomatico e quella del sapere riflessivo diasistemico degli emigrati italiani dipendono sistematicamente dall'età d'emigrazione, appare fondamentale distinguere le due categorie (attiva e passiva) di italoamericani di prima generazione.

L'attenzione viene ora rivolta al livello della *lingua*. Per ciascuna delle tre lingue di contatto sono stati presi in considerazione diversi livelli di differenziazione nello spazio, la cui costellazione varia secondo la lingua. Il dialetto primario italoromanzo risulta differenziato solo ai livelli locale e regionale; l'italiano a quelli regionale e sovraregionale. La variazione nello spazio dell'inglese, estesa a tutti i livelli, è apparsa quella più complessa, soprattutto a causa di due circostanze particolari.

1. In quanto lingua policentrica, l'inglese è differenziato a livello macrodiatopico. Una delle varietà macrodiatopiche dell'inglese è l'*American English*, il quale, similmente all'italiano, risulta differenziato a livello sovraregionale e regionale.

2. È specifica invece la variazione a livello microdiatopico o locale, presente nelle realtà metropolitane e dovuta alla presenza di varietà di base etnica, prodotte dall'integrazione linguistica di consistenti comunità alloglotte di emigrati nel tessuto culturale nordamericano. Le varietà etniche del *VAE*, tra cui anche il cosidetto *Americaliano*, sono risultate contraddistinte da una duplice – pur parziale – differenziazione diatopica.

Quanto alla qualità del sapere riflessivo diatopico, è risultato che se da un lato i parlanti di prima generazione, ben diversamente dai propri figli, erano in grado di classificare le varietà italoromanze d'origine – la propria madrelingua –, persino all'interno di areali linguistici ristretti, dall'altro i parlanti di seconda generazione erano invece capaci di classificare con un'analoga precisione l'inglese, la loro lingua primaria (tab. 4.5).

Il fatto che la classificazione dell'inglese nello spazio, diversamente da quanto avviene per l'italiano o per il dialetto, non vari molto nelle singole fasi di contatto (tab. 4.5) è indicatore della particolare rilevanza dell'inglese tra le singole lingue di contatto. Al secondo posto si trova il dialetto italoromanzo, che prevale sull'italiano in riferimento alla sua diffusione, nonostante la rilevanza della funzione identificativa socio-culturale svolta dall'italiano per la comunità italoamericana. Spesso dell'italiano non rimane alcuna traccia già in seguito al primo passaggio generazionale.

Dalle indagini si è potuto constatare che la mutazione del sapere riflessivo diatopico nel passaggio generazionale dipende molto dal *tipo di enclave* di riferimento, quindi, indirettamente, anche dalla fase dell'emigrazione. Nelle enclavi sovraregionali (del tipo *Little Italy*), ad esempio, a seguito dell'(auto) isolamento linguistico – un fattore determinante anche per l'ulteriore consolidamento delle varietà etniche –, l'abbandono dell'italoromanzo ritardava generalmente di una o due generazioni, mentre ha invece solitamente luogo con il passaggio dalla seconda alla terza generazione. Le dinamiche specifiche del processo di cambio linguistico nelle condizioni dell'enclave sovraregionale rendono di particolare interesse teorico una sua approfondita analisi.

I risultati delle indagini sulla qualità del sapere riflessivo diatopico degli italoamericani inerente a ciascuna delle tre lingue di contatto sono rappresentati tramite il riassunto tabellare 4.5, nel quale il rilievo aggiuntivo delle caselle con le gradazioni di grigio rende chiaramente visibile il verso della riduzione del sapere riflessivo diatopico dei parlanti in prospettiva generazionale.

LINGUA DI CONTATTO	LIVELLO DI VARIAZIONE DIATOPICA	GENERAZIONE PRIMA								GENERAZIONE SECONDA				GENERAZIONE TERZA E OLTRE			
		Categoria 'passiva'				Categoria 'attiva'											
		FASE I	FASE II PER. 1	FASE II PER. 2	FASE III	FASE I	FASE II PER. 1	FASE II PER. 2	FASE III	FASE I	FASE II PER. 1	FASE II PER. 2	FASE III	FASE I	FASE II PER. 1	FASE II PER. 2	FASE III
DIALETTO	LOCALE	Ø	+	-/+		Ø	+/-	-/+		-	-	-		-	-	-	
	REGIONALE	Ø	+	+/-		Ø	+	-/+		+/-	+/-	-		-/+	-	-	
	SOVRA-REGIONALE																
	MACRO-DIATOPICO																
ITALIANO	LOCALE																
	REGIONALE		-	-/+	+/-		-	-/+	+/-		-	-			-	-	Ø
	SOVRA-REGIONALE		-/+	+/-	+		+/-	+	+		-	-/+			-	-	Ø
	MACRO-DIATOPICO																
INGLESE	LOCALE	Ø	-	-	-	Ø	-/+	-/+	+/-	+	+	+	+	+	+	+	Ø
	REGIONALE	Ø	-	-	-	Ø	-	-/+	-/+	+	+	+	+	+	+	+	Ø
	SOVRA-REGIONALE	Ø	-	-	-/+	Ø	-/+	+/-	+/-	+	+	+	+	+	+	+	Ø
	MACRO-DIATOPICO	Ø	-	-	-	Ø	+/-	+/-	+/-	+	+	+	+	+	+	+	Ø

Tab. 4.5: La qualità del sapere riflessivo diatopico degli italoamericani concernente le lingue di contatto nelle singole fasi di contatto e secondo le generazioni

4.2 Il sapere riflessivo funzionale: l'architettura del contatto

La descrizione del sapere linguistico va completata con l'analisi della seconda forma del sapere riflessivo, quello funzionale o contattuale, che consiste nella descrizione dell'architettura del contatto o di singoli suoi elementi da parte dei parlanti. Con ciò si intende l'identificazione di singole lingue funzionali componenti l'area mesolettale del contatto, nonché la descrizione dei legami gerarchici tra queste. Una descrizione adeguata dell'architettura del contatto deve tenere sistematicamente conto delle tre fasi di contatto, le quali rispecchiano, come già detto, le tre diverse costellazioni del basiletto (dialetto; dialetto e italiano; italiano). È dunque fondamentale impostare metodicamente l'esame del sapere riflessivo funzionale su ciascuna delle tre *fasi* d'emigrazione. A ciò è dovuta la suddivisione dell'analisi in 4.2.1, 4.2.2 e 4.2.3, strutturati a loro volta in base alla suddivisione in generazioni di emigrazione. Rivelandosi il contatto tra italiano e dialetto *in Italia* fondamentale per lo svolgimento successivo del contatto plurilingue in emigrazione, risulta importante descrivere per ciascuna delle fasi di emigrazione il sapere riflessivo contattuale degli italoamericani, specialmente di quelli di prima generazione, inerente al contatto tra italiano e dialetto. Anche la suddivisione ulteriore delle singole fasi in *periodi* si rivela importante per una descrizione sistematica e adeguata dell'architettura del contatto. Nell'analisi prevale, dunque, il criterio cronologico.

4.2.1 Prima fase del contatto

Il contatto tra inglese e italoromanzo durante la sua prima fase è determinato dalla sola presenza del dialetto nel basiletto. Nei sottocapitoli 4.2.1.1–4.2.1.3 è descritto, in parte sulla base di testimonianze indirette, il sapere riflessivo funzionale degli italoamericani secondo la loro appartenenza generazionale. Viene tenuto inoltre conto delle specificità dei singoli tre periodi componenti la prima fase, vale a dire il *periodo coloniale* (1500–1783 ca.), il *periodo preunitario* (1783–1880 ca.) e quello della *Grande Emigrazione* (1880–1927 ca.).

4.2.1.1 Prima generazione

Data la mancanza pressoché totale di dati sulle dinamiche del contatto tra dialetti italoromanzi e inglese nel corso del periodo *coloniale*, non è dato proporre alcun elemento descrittivo circa l'architettura del contatto. Con il graduale aumento del flusso migratorio dalla penisola appenninica, accompagnato da un graduale venir meno del prestigio[82] dell'etnotipo italiano nella società americana, crebbe ulteriormente la differenza di prestigio tra le lingue di contatto, determinata comunque anche dalla necessità dell'apprendimento dell'inglese da parte degli emigrati. Lo confermano gli stessi emigrati, ad esempio in due lettere[83] del 1867 e 1855:

---

[82] Ciò si esprime secondo Durante (in Durante 2001, 235) anche nella scaturigine, all'interno della tradizione letteraria italoamericana, di una cosiddetta «letteratura ‹nervosa›», «(...) pronta a insorgere a ogni minaccia recata al buon nome italiano (...).» Su questo tema apparvero negli USA, nel 1821 e nel 1843, le prime apologie, rispettivamente di Lorenzo Da Ponte e di Orazio de Attellis. Anche in Caccia 1850 e altrove si trova testimonianza del cambio d'immagine. Nel 1857 ebbe luogo «The worst early anti-italian demonstration (...), when mobs of New Yorkers attacked and harassed Italians.» (cf. Mangione/Morreale 1992, 27).
[83] In Cheda (1981), rispettivamente alle pagine 596 e 811, e in Bianconi (1994, 13).

[4.132] «(...) non sò la lingua americana che quasi mi trovo di getarmi in un precipizio.»

[4.133] «In quanto le notize della California sono molto triste per i novizi ma quelli che sa ben parlare americano pole sempre fare una picola fortuna.»

Le lingue in contatto, almeno a partire dall'inizio del periodo *preunitario* (1783–1880 ca.), erano il dialetto primario italoromanzo, che rappresentava l'estremità inferiore del contatto, il basiletto, contrapposto all'acroletto, costituito dall'*American English*. Le testimonianze del sapere riflessivo funzionale degli italoamericani risalente al periodo preunitario sono indirette ed estremamente esigue. In pochi casi è possibile distinguere tra il dialetto primario in Italia, prima dell'emigrazione, e lo stesso parlato dagli emigrati di prima generazione negli USA.[84] Quest'ultimo è contraddistinto sopratutto dalla presenza di interferenze inglesi stabili, che potevano perdurare addirittura nel caso del ritorno in Italia.[85] Va fatta dunque distinzione tra una varietà *non difettiva* (D+[86]), il dialetto *prima* dell'emigrazione, senza alcun influsso dall'*American English*, e il dialetto *difettivo* (D–), esposto *in emigrazione* a diversi cambiamenti. Tra questi spicca l'influsso dell'*American English*, che si materializza primariamente nelle interferenze, limitate soprattutto al livello lessicale.[87] D'altro canto, l'inglese parlato dagli italoamericani della medesima generazione, con madrelingua il dialetto, è caratterizzato secondo alcuni contemporanei dal forte influsso del dialetto, la loro varietà primaria. Per le numerose interferenze questa varietà di *American English* viene classificata come difettiva (AE–). La percezione della difettività dell'*American English* parlato dagli emigrati italiani emerge da una testimonianza risalente al 1853, che consiste in un breve cenno del viaggiatore Leonetto Cipriani sull'inglese di un emigrato napoletano, residente negli USA da circa 30 anni:

[4.134] «Accorgendosi dell'accento curioso che non era americano, gli domandò di che paese fosse (...).»[88]

---

84 Si veda ad esempio l'affermazione di un emigrato italoamericano, tratta dal racconto *Peppino* di Luigi Donato Ventura, in Durante (2005, 111):
[4.135] «(...) trent'anni fa <circa nel 1849, n.d.a.> Viggiano era (...) un grappolo di povere (...) casupole, mentre oggi tutti quelli che ritornano dall'America parlano più inglese che italiano e hanno case con le facciate di lusso.»
85 A più di 10 anni dal rimpatrio un ex-emigrato scrisse al figlio dal Ticino:
[4.136] «(...) il tuo bel regalo che mi fai con un ciek di fr. 51 (...).» (in Cheda 1981, 203).
86 La concezione grafica e la simbologia delle varietà di contatto si basano su quelle usate in Jablonka (1997); Bröking (2002); Stehl (2012).
87 Si vedano il grafico 4.1 e il sottocapitolo 6.1.1.
88 In Durante (2001, 410).

Ancor più significativa è una valutazione generale di Giovanni Francesco Secchi de Casali, il quale elenca nel suo articolo *Gl'italiani negli Stati Uniti*, apparso su *L'eco d'Italia* (30–12–1865), alcuni degli ostacoli che gli emigrati

> [4.137] «(...) incontrano in queste longinque terre, (...) la di cui lingua non intendono che assai imperfettamente.»[89]

Il periodo della *Grande Emigrazione* (1880–1927 ca.), il terzo e anche quello decisamente più rilevante della prima fase, è contraddistinto dal fenomeno delle *Little Italies*. Sono numerose le testimonianze metalinguistiche – maggiormente indirette – a disposizione. Esse convergono nella percezione delle varietà di contatto degli italoamericani di prima generazione e dei rapporti gerarchici tra queste.

A partire dal dislivello iniziale di prestigio tra acroletto e basiletto si verifica una radicalizzazione, specialmente a partire dal 1900. Tra le svariate testimonianze vanno citati i seguenti versi di Migliaccio, il quale, riferendosi all'italoamericano tipo di prima generazione, così lo sbeffeggia:

> [4.138] «Non parla maie, pure si lu scanne
> la lengua taliana, quel cafone!
> Dice che nell'America
> per lui è un grande scorno
> se parla taliano (...)».[90]

Va menzionata inoltre l'importanza della conoscenza dell'inglese ai fini della mobilità sociale, di cui si conoscono svariate testimonianze. Questa percezione è risultata anche presso i parlanti di dialetti centrali e settentrionali stabilitisi nell'area occidentale degli Stati Uniti.[91]

---

89 In Durante (2001, 431).
90 Citato da Haller (2006b, 92).
91 Si vedano le affermazioni tratte da alcune lettere (in Cheda 1981) di emigrati ticinocaliforniani:
[4.139] «(...) il principale è di parlare l'Inglese quando ai la lingua si può andare più liberi e dove che si vuole e a non saper la lingua si deve sempre stare coi nostri e fanno lavorare quasi più di tutti gli altri (...)» (p. 496, anno 1886).
[4.140] «(...) vorei capire un po bene la lingua inglese che senza lingua non si è niente.» (332: 1902).
[4.141] «(...) qui per vivere e avere buone piazza di lavorare, la cosa più importante e la lingua (...), che è inglese (...).» (135: 1914). Particolarmente eloquente è l'opinione espressa in una lettera del 1884.
[4.142] «(...) passati la montagna l'italiano non vale più niente (...)» (in Bianconi 1994, 13).

Anche per questo periodo si riconferma la medesima contrapposizione tra il Dialetto italoromanzo prima dell'arrivo negli USA, quindi non difettivo (D+), e il medesimo dopo l'arrivo, quindi esposto all'influsso dell'*American English*. Amy A. Bernardy afferma che:

> [4.143] «(...) l'immigrante, dopo pochi anni e talvolta dopo pochi mesi di soggiorno, se non parla ancora inglese, certo non parla più italiano (...).»[92]

Il parlante I-2-AdM, nato e vissuto in un'enclave italoamericana di tipo *Little Italy*, ha messo in rilievo i cambiamenti al livello lessicale:

> [4.144] I-2-AdM: *Gli italiani quando vengono qui, dopo un paio di settimane lo chiamano «il baccauso»* <qui: il gabinetto>.

Tali cambiamenti determinano la difettività del dialetto in emigrazione (D−),[93] della cui percezione si conoscono molteplici testimonianze. L'ignoto autore dei brevi interventi del 1917 su *Il Carroccio*[94] marchiò le interferenze inglesi stabili esplicitamente come «orrore», «inescusabile», o «gemma italoamericana».[95] Al di là delle interferenze dall'inglese, la varietà di contatto D− diverge dalla varietà basilettale D+ anche a causa dell'erosione[96] e delle conseguenze del *dialect mixing*, ovvero del contatto inter-italoromanzo[97] nelle enclavi italoamericane. Un emigrato ticinocaliforniano, in una lettera del 1906, confessò che:

> [4.145] «L'America (...) mia patria adottiva che mi ha persino fatto dimenticare la lingua del paese di nascita (...).»

Nell'intento di sviluppare il proprio sapere idiomatico in inglese, l'emigrato tipico di prima generazione imitava il *Vernacular American English*, dialettalizzandolo inevitabilmente tramite numerose interferenze dialettali. A parere di Amy A. Bernardy gli emigrati italiani «imbevevano» «(...) di elemento italiano la sostanza del volgare inglese», producendo «un inglese rivestito di forme italiane (...).»[98] Il

---

92 Cf. Bernardy (1913, 92).
93 Si veda la fig. 4.1.
94 Cf. *Il Carroccio* (1917, 178), riportato qui in 9.2.
95 Nel 1890 un giornalista ticinese scriveva:
[4.146] «(...) dal cattivo inglese che intercalava nei suoi discorsi (...) lo presi subito per quel che era: un Ticinese che ritornava in California (...).» (in Cheda 1981, 92).
96 In Cheda (1981, 325).
97 Si vedano in proposito le svariate osservazioni fatte soprattutto in 4.2.2.1 e 6.1.1.
98 Cf. Bernardy (1913, 89 e 90).

prodotto era quindi una varietà di *American English* contraddistinta principalmente dalla difettività (AE–).[99] Quest'ultima era percepita ampiamente anche dagli stessi italoamericani di prima generazione, per i quali l'acroletto rimaneva una lontana meta irraggiungibile. È netta la percezione della difettività nell'affermazione dell'informatrice I-3-AB in riferimento all'*American English* parlato da suo nonno, emigrato all'età di 16 anni dal Veneto a Brooklyn, da dove non si era mai spostato:

> [4.147] EP: *How was the English that your grandparents spoke?*
> I-3-AB: *My grandfather, he always had a VERY THICK Italian accent, so he was hard to understand to begin with. It's hard to understand his English. A very thick accent. It was, I remember, it's always been a thick accent.*

La difettività del gradatum AE– varia secondo l'influsso di fattori extralinguistici. Nei numerosi casi di isolamento, specie all'interno delle enclavi regionali o sovraregionali, il cosiddetto *miricanu* appariva a tal punto difettivo da renderne persino difficile la classificazione in quanto varietà inglese.

4.2.1.2 Seconda generazione

Per i primi due periodi non è stata rilevata alcuna indicazione che faccia luce sul sapere riflessivo contattuale dei parlanti di seconda generazione. Sono invece numerose le testimonianze, persino dirette, relative al terzo periodo. Il marcato dislivello di prestigio tra il dialetto e l'inglese si riflette chiaramente nella sintomatica aspirazione di un bambino italoamericano «When I grow up, I want to be an American»,[100] che mette in rilievo l'importanza dell'americanizzazione linguistica. Si può affermare in generale che per gli italoamericani di seconda generazione il dislivello[101] di prestigio sta normalmente in diretta relazione con la rapidità dell'abbandono del dialetto e dell'apprendimento dell'*American English*, che solitamente ha inizio in età scolare. Le affermazioni metalinguistiche in proposito sono abbondanti e ampiamente concordanti.

Considerando le interferenze italoromanze presenti nelle varietà dell'*American English* parlate dagli italoamericani rispettivamente di prima e di seconda generazione, si constata una discrepanza qualitativa di ampie dimensioni. Su questa si basa, nella percezione dei parlanti, la distinzione tra la varietà difet-

---

99 Si veda sotto la fig. 4.1.
100 Cf. Mangione/Morreale (1992, 227).
101 È indicativa l'affermazione di Leonardo Covello, che nel 1904 scriveva: «We were becoming American by learning to be ashamed of our parents.» (in Mangione/Morreale 1992, 222).

tiva (AE−), già analizzata (4.2.1.1), e quella non difettiva (AE+). In quest'ultimo caso le interferenze si limitano soprattutto al livello fonetico-fonologico, come traspare dalla denominazione più comune di questa lingua funzionale: *Italian accent*.[102] L'informatore I-2-AM afferma che:

> **[4.148]** I-2-AM: *Quelli* <qui: gli italoamericani> *che sono nati in America, parlano bene l'inglese. (...) Parlano, usano le parole esatte, ma sempə con l'accentə it... italianə. Loro conoscevanə tutte le parole esatte.*

In ambito italoromanzo il sistema di riferimento degli italoamericani di seconda generazione è esclusivamente il dialetto parlato dai connazionali di prima generazione, quindi la varietà difettiva D−, di cui sopra. Nel 1909 Alberto Pecorini sottolineava, infatti, che:

> **[4.149]** «Il fanciullo non sa altro dell'Italia che il dialettaccio parlato in famiglia, le parole oscene che ode per le strade del quartiere (...); non vede mai un libro italiano perché a casa nessuno sa leggere (...).»[103]

La varietà del dialetto parlata dagli italoamericani di seconda generazione è molto più esposta all'influsso dell'*American English* e all'erosione di quanto lo sia il dialetto difettivo (D−) della generazione precedente. Questa divergenza qualitativa sta alla base della distinzione che i parlanti hanno fatto tra il Dialetto difettivo (D−) e il Dialetto doppiamente difettivo (D− −), come mette in rilievo ad esempio l'informatore IId-1a-SM riferendosi al Dialetto doppiamente difettivo parlato da un proprio parente italoamericano di seconda generazione, i cui genitori erano emigrati in giovane età, intorno agli anni '20:

> **[4.150]** IId-1a-SM: *Iḍḍu dice parolə brokᵉtàlian assai... riciə parolə ca | Sì, vuole parlare 'talianə, ma... è u' poghə diffiġġli.* | Lui usa parole in *broken italian* pesante... usa parole che | Sì, vuole parlare italiano <qui: dialetto italoromanzo>, ma... è un po' difficile.

L'aumento del sapere idiomatico in inglese va dunque di pari passo con la desolidificazione del sapere linguistico in ambito dialettale.

---

102 Cf. ad esempio Sartorio (1918, 123). Vito Marcantonio, inoltre, noto onorevole italoamericano degli anni '30, di seconda (per parte materna) e terza generazione (per parte paterna), nato e cresciuto a East Harlem, «(...) never lost the accent or manners of that neighborhood (...).» (cf. Mangione/Morreale 1992, 397). Si vedano anche gli accenni in 6.1.4.
103 In Durante (2005, 65).

4.2.1.3 Il sapere riflessivo funzionale nelle enclavi di tipo *Little Italy*

La qualità della mutazione che subisce il sapere riflessivo funzionale in seguito ai passaggi generazionali dipende dalle modalità dell'acculturazione linguistica degli italoamericani, determinate da variegati fattori extralinguistici. Tra questi è fondamentale il tipo di enclave in cui vivono le singole famiglie italoamericane. Basti considerare due situazioni estreme, quella di massima apertura, nell'insediamento solitario,[104] in condizioni di isolamento dalla comunità italiana, e l'altra del massimo isolamento dalla comunità americana, nelle enclavi sovraregionali[105] di tipo *Little Italy*. Riguardo alle situazioni di contatto del primo tipo, più frequenti nei primi due periodi della prima fase, si conoscono sufficienti testimonianze[106] che permettono di confermare l'avanzato abbandono dell'italoromanzo di regola già dopo il primo passaggio generazionale. L'isolamento socioculturale dalla comunità americana nelle enclavi sovraregionali ha avuto invece come conseguenza linguistica la conservazione dell'italoromanzo per un periodo più lungo. Nonostante ciò, l'italoromanzo è stato comunque esposto all'impatto del VAE,[107] materializzato specialmente in interferenze lessicali e sintattiche inglesi. In tali condizioni di isolamento, il sapere idiomatico in inglese degli emigrati italiani consisteva di regola solo nell'insieme di queste interferenze, addattate materialmente all'italoromanzo. Questi brandelli di sapere idiomatico risultavano normalmente insufficienti a permetterne la comprensione da parte dei non-italoamericani. Di *American English* – sebbene fortemente influenzato dal dialetto italoromanzo – si può parlare invece indubbiamente dopo il primo passaggio generazionale.

In condizioni di ghettizzazione socioculturale, le varietà dialettali possono conservarsi più a lungo e fungere da codice di comunicazione famigliare anche dopo il secondo passaggio generazionale – come si apprende dall'affermazione seguente – e, in casi isolati, persino dopo il terzo.

[4.151] I-3-SL: *A cas' n' mbətem' a parlà 'ngles'. Quandə Susann'* <la figlia> *è andat^ə a scuola, jessa n' sapeva inglesə.*	A casa non potevamo parlare inglese. Quando Susan è andata a scuola, lei non sapeva l'inglese.

---

104 Si vedano in proposito le osservazioni in 2.2.1.2.
105 Si vedano in proposito le osservazioni in 2.2.1.2.
106 Cf. ad esempio Cheda (1981, 423: 1901, 316: 1902, 319: 1906) e molte altre testimonianze. Si tratta principalmente di italoamericani di origine centrale e settentrionale.
107 L'inglese cui erano esposti gli italiani nei quartieri di emigrati in realtà era spesso quello «(...) del ‹polisman› irlandese o del ‹marchettoma› (‹marketman› fornitore), il quale a sua volta è probabilmente un immigrato tedesco.» (cf. Bernardy 1913, 89), vale a dire varietà di base etnica del *Vernacular American English*, altrettanto difettive.

È quindi solo in riferimento a situazioni di contatto di questo tipo che ha senso parlare del sapere riflessivo funzionale di parlanti di terza generazione, la cui percezione dell'architettura del contatto converge a grandi linee con quella degli italoamericani di seconda generazione. L'estensione del processo di convergenza oltre due o più passaggi generazionali sollecita notevolmente la stabilizzazione di elementi italoromanzi nelle varietà di *American English*, soprattutto in quelle di base etnica, da un lato, parlate dunque dagli italoamericani, e in quelle urbane, dall'altro, proprie delle aree in cui la presenza italiana è stata rilevante o dominante e quindi l'italoromanzo è stato assimilato[108].

4.2.1.4 Sintesi: il sapere riflessivo funzionale durante la prima fase

Dall'analisi del sapere riflessivo contattuale dei parlanti nei tre periodi della prima fase è risultato innanzitutto che la loro percezione della variazione all'interno del contatto è strutturata a gradi. I gradi rappresentano le singole varietà di contatto identificate dai parlanti, correlate tra loro in modo gerarchico e dinamico. L'architettura del contatto concernente la prima fase di emigrazione è riassunta, in conclusione, in una composizione grafica sinottica (fig. 4.1). Questa viene precedentemente descritta nell'elencazione delle lingue funzionali identificate, che comprende anche dati sui rapporti gerarchici tra queste nella percezione dei parlanti. La descrizione riassuntiva dei singoli gradata, sia nell'elencazione che nel grafico, è eseguita sistematicamente in tre prospettive: della lingua, della linguistica e del parlante.

1. La definizione dei singoli gradata dall'angolazione della *lingua* comprende brevi indicazioni sulle loro caratteristiche principali, sulla base della tricotomia *non difettivo* vs. *difettivo* vs. *doppiamente difettivo*, riflessa anche nella composizione delle sigle scelte a identificarli[109].

2. Al livello della *linguistica* sono riassunte stringatamente le caratteristiche di ciascun gradatum in riferimento alle dicotomie varietà endogena vs. varietà esogena e varietà reale vs. varietà virtuale.

3. Infine, il riassunto al livello del *parlante* consiste in un'elencazione delle denominazioni più significative usate spontaneamente dai parlanti per ogni gradatum.

---

108 Si vedano soprattutto i cenni in 6.1.4, specialmente nella parte dedicata al lessico.
109 Le sigle dei singoli gradata consistono, come già accennato tra l'altro in 4.2.1.1, nei simboli delle lingue storiche (cf. p. 174) specificati tramite le combinazioni dei segni + o –, riferiti al grado della loro difettività (o meno).

Segue dunque l'elencazione delle varietà di contatto a partire dall'acroletto, seguito dal basiletto, per poi concludere con la zona mesolettale, nella quale la successione nella presentazione dei gradata segue il criterio generazionale.

ACROLETTO
- **AE++**: *Standard American English*
    - *American English* standard normativo, esogeno[110] e virtuale
    - «perfetto inglese», «standard speech»

BASILETTO
- **D+**: Dialetto non difettivo
    - dialetto primario endogeno e virtuale[111] degli italiani prima di emigrare,
    - «dialetto puro», «real 'tałiànə»,[112] «indialèttə», «the real dialect»[113]

ZONA MESOLETTALE
- **AE+**: *American English* non difettivo
    - *American English* endogeno e reale degli italoamericani di seconda generazione e oltre
    - «Italian accent», «accento»
- **D– –**: Dialetto doppiamente difettivo
    - dialetto primario endogeno e reale degli italoamericani di seconda generazione e oltre
    - «brokətaliàn' assai», «dialettu cchjù malu», «dialettu cchjù ammischiatu»
- **D–**: Dialetto difettivo
    - dialetto primario, endogeno e reale degli italoamericani di prima generazione (in emigrazione)
    - «dialetto rotto», «dialettu malu», «dialettu ammiʃkiatu»
- **AE–**: *American English* difettivo
    - *American English* endogeno e reale degli italoamericani di prima generazione
    - «very thick Italian accent», «miricanu»

---

110 Si può parlare di esogeneità se a essere presi in considerazione sono solo gli Stati Uniti. Trattandosi, invece, di inglese globale, lo *Standard American English* rappresenterebbe una varietà endogena.
111 La varietà dialettale locale d'origine degli emigrati italiani rappresenta per gli italoamericani (quindi negli USA) una varietà *virtuale*, mentre continua a essere una varietà *reale* per gli italiani nella rispettiva località in Italia. Il Dialetto difettivo e il Dialetto doppiamente difettivo, realizzati realmente dagli italoamericani in emigrazione, rappresentano per loro invece delle varietà reali.
112 Si veda l'affermazione 4.40.
113 [4.152] I-2-TL: *That's the real dialect: lu bardèʃə, li bardèʃ, lì frəchìnnə* <qui: denominazioni dialettali di 'bambino/i'>.

Seguono ora alcune classificazioni prototipiche verticali effettuate dai parlanti, in cui risaltano la distinzione tra le singole lingue funzionali e la dinamica dei legami gerarchici tra queste.

Alcuni remoti elementi classificatori sono contenuti nelle osservazioni di Amy A. Bernardy,[114] che implicitamente distingue il «volgare inglese» degli emigrati italiani «imbevuto» di elemento italiano (in altre parole «la varietà endogena e reale italianizzata dell'*American English*», vale a dire l'*American English* difettivo), contrapponendolo sia alla «lingua del ‹sì›», dunque al basiletto (D+), che alla «lingua del ‹iesse›», vale a dire al dialetto difettivo (D−), «una vera lingua, italiana d'aspetto, inglese d'etimologia (...).»

Nell'affermazione che segue viene fatta espressamente distinzione tra il dialetto parlato dagli italoamericani di seconda generazione e oltre (D− −) e quello (D−) dei loro genitori e nonni, emigrati durante la prima fase. Si differenzia, inoltre, implicitamente – nella precisazione «per quanto si possa dire puro», che si riferisce alla difettività – tra il Dialetto difettivo (D−) e il Dialetto non difettivo (D+).

> [4.153] IIi-1a-TB: *Anche la lingua che parlano, appunto, in molti casi, non è il dialetto puro – vabbè, per quanto si possa dire puro – che parlavano i loro genitori e i loro nonni che venivano dalla Sicilia, eccetera. È una trasformazione.*

Analogamente, sempre sulla base della difettività, l'intervistata IId-1a-LM ha distinto la varietà dialettale parlata da un italoamericano di seconda generazione (D− −), i cui genitori erano emigrati durante la prima fase, dal dialetto parlato da lei, a suo parere comunque «malu», quindi difettivo (D−), vivendo essa in emigrazione. In questo modo lei ha fatto un paragone implicito con il Dialetto non difettivo (D+).

> [4.154] EP: *Come è il dialetto che parla lui?*
> IId-1a-LM: *Ammiʃkiatu. Cchiù malu də mia.*

Va necessariamente precisato, a questo punto, che sono proprio entrambe le varietà dialettali di contatto endogene e reali (quindi D− − e D−) a comporre quel complesso italoromanzo dell'architettura, da molti percepito per questo periodo, in modo riduttivo, come un'unica forma di «(...) ibrido connubio di parlate italiane e di inglese (...)»[115] di base italoromanza e denominato «dialetto italo-

---

114 Cf. Bernardy (1913, 89s.).
115 Cf. Menarini (1947b, 145).

americano»,[116] «American-Italian jargon»,[117] «speech of Little Italy»[118] oppure «Italian-American speech», «slang», ecc.

Appaiono altrettanto distinte, nella percezione dei parlanti, le varietà di contatto di base inglese. L'informatore I-2-AM, ad esempio, ha distinto in modo chiaro l'*American English* non difettivo (AE+) da quello difettivo (AE−):

> [4.155] C'è l'ITALIAN ACCENT, e poi ci sei il Bro | il BROKEN ENGLISH. Sì, sì, sì. È dive | è diverso.

Segue, infine, il riassunto grafico dell'architettura del contatto, nel quale si tiene conto della correlazione gerarchica tra i singoli gradata, quindi anche della collocazione di ciascuno di loro nella scala generale del prestigio, il cui valore può essere naturalmente solo orientativo. I gradata mesolettali sono evidenziati da uno sfondo di colore grigio, la cui intensità varia a seconda dell'appartenenza del parlante alla prima o alla seconda generazione (e oltre). All'interno di ogni riquadro sono indicati i parametri più rilevanti di ogni lingua funzionale che esso raffigura, secondo la tripartizione lingua – linguistica – parlante, descritta sopra. In base agli stessi criteri sono strutturate anche le altre presentazioni grafiche dell'architettura del contatto proposte nel corso di questo capitolo.

---

[116] Cf. Livingston (1918) e diversi altri autori.
[117] Cf. Turano (1932, 357). La denominazione *gergo* trova uso in Bernardy (1913, 91) e altri. Fischer (1921, 164) si serve del concetto di *Kauderwelsch*.
[118] Cf. Turano (1932).

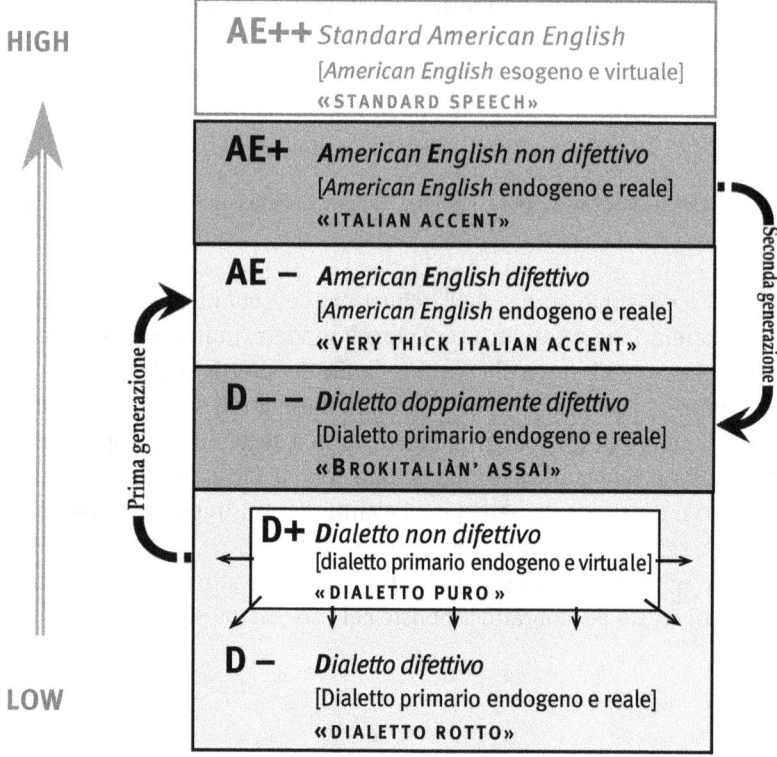

Fig. 4.1: Architettura del contatto nella sua prima fase

4.2.2 Seconda fase del contatto

Il contatto linguistico tra inglese e italoromanzo durante la seconda fase è determinato dalla presenza aggiuntiva dell'italiano come lingua di contatto effettiva, accanto al dialetto. La descrizione del sapere riflessivo inerente all'architettura del contatto durante la sua seconda fase è quella più complessa, vista l'integrazione armonica del rapporto diglossico (italiano vs. dialetto), esistente già prima dell'emigrazione, all'interno di una nuova diglossia sopraordinata (italoromanzo vs. *American English*), costituitasi in emigrazione. Una descrizione adeguata dell'architettura del contatto in questa fase presuppone che si tenga sistematicamente conto della dinamica con la quale il rapporto diglossico italiano vs. dialetto in Italia va a integrarsi nel rapporto diglossico italoamericano.

Se si considera il sapere idiomatico degli italiani dal 1927 al 1980 circa, nella prospettiva del contatto convergente tra dialetto e italiano, in Italia si possono distinguere, come già detto sopra (2.1.2.2), due gruppi di parlanti bilingui: quelli primariamente dialettofoni, da un lato, e quelli primariamente italofoni, dall'altro. La riduzione quantitativa del primo gruppo corrisponde grossolanamente al passaggio dal primo al secondo periodo della seconda fase di contatto. La mole e la qualità dei dati empirici raccolti tra gli italoamericani permettono indagini complesse e ben fondate anche sul rapporto diglossico tra italiano e dialetto *prima* dell'emigrazione.

L'analisi riprende la stessa impostazione seguita per la prima fase.

4.2.2.1 Prima generazione
Per questa fase è fondamentale che l'analisi tenga sistematicamente conto dell'architettura del contatto convergente tra italiano e dialetto in Italia, quindi prima dell'emigrazione, delineata dagli stessi italoamericani di prima generazione.

IN ITALIA (PRIMA DELL'EMIGRAZIONE)
Il processo di convergenza tra dialetto e italiano in Italia va di pari passo con la graduale diffusione dell'italiano anche come lingua parlata, che si intensifica soprattutto nel secondo periodo di questa fase. Il contatto in questa fase è contraddistinto dalla differenza generale di prestigio tra italiano e dialetto, di cui si trova chiara traccia in tutte le interviste fatte agli italoamericani di prima generazione, come traspare anche dalle seguenti affermazioni:

> [4.156] IId-1a-FT: *Una piccola parentesi: il fenomenə che si è sviluppatə in Italia | perché quando una persona parlava con i suoi coetanei ci parlava dialettə, però se si rivolgeva il discorso a un dottore, un avvocato, allora tutti quanti si sforzavano di parlare il più italiano possibile, come se il dottore non capisse il dialettə. Ma lui lo capiva lo ʃtessə il dialettə, però c'era quella... quer sendimend' internə: «ʃto parlando con una persona più alta catalogata, quindi devo parlar' l'italiano!», e lei <la suocera> sta facendo con te la ʃtessa cosa, perché sta pendʒando che magari deve parlare italiano, però qualche volta ci esce quella... tonalità dialettale. È la psicologia.*

> [4.157] IId-1a-GM: *È buono sapere il dialetto, ma è meglio però sapere parlare più l'italiano.*

> [4.158] EP: *Per quale motivo Suo nonno Le parlava solo in italiano, allora?*
> III-1a-FR: *Penso che fosse una questione... | Secondo loro ritenevano che io non dovessi imparare il dialetto perché era un abbassarsi.*
> EP: *E questo, negli anni sessanta.*
> III-1a-FR: *Sì.*

L'italiano standard, vale a dire «l'italianu completu, l'italianu comu s'inḏzegn' a scola, comu si virə nt' a telavisiuni»[119] (l'acroletto), diversamente dal dialetto, ovvero la «lingua alla paisana, la più di cuore»[120] (il basiletto), è esogeno e virtuale. La descrizione dell'architettura del contatto – o di sue singole componenti – da parte degli informatori di prima generazione appare tendenzialmente uniforme. La zona interlettale risulta composta da tre lingue funzionali. All'Italiano reale e difettivo (I–), parlato dagli italiani che hanno il dialetto come madrelingua (D+),[121] si contrappone l'Italiano standard endogeno, vale a dire la varietà non difettiva (I+) parlata dagli italiani primariamente italofoni. Il dialetto parlato da questi ultimi è percepito, invece, come difettivo (D–) se paragonato al Dialetto non difettivo (D+) della generazione precedente, primariamente dialettofona. L'informatore IId-1a-GM, ad esempio, ha messo a confronto la sua generazione con quella degli anziani, i quali a suo parere:

> **[4.159]** IId-1a-GM: *Usavano come l'accendə che era molto più all'antica. Ju no (You know)? Il noʃɾo dialetto era 'm poco pʰiù moderno.*

Anche altri intervistati hanno distinto chiaramente le varietà di contatto di base dialettale, ma ancor più frequenti sono i casi in cui i parlanti hanno messo a confronto le varietà parlate dagli italiani primariamente italofoni, vale a dire il Dialetto difettivo (D–)[122] e l'Italiano non difettivo (I+), ad esempio:

> **[4.160]** IId-1p-VG: *I giovəni parlənə meglio l'italianə.*

> **[4.161]** IId-1a-GM: *Molti persone parlano di più l'italiano che parlano il dialett'. La nuova generazione.*

Un'altra informatrice ha distinto tra le varietà non difettive (D+) e (I+) e l'Italiano difettivo (I–) parlato dagli anziani, primariamente dialettofoni:

> **[4.162]** IId-1p-VG: *Prima era differentə. Prima tutti quanti parlavanə curiosə (curious). Adesso specialmend' i giovani parlano meglio; n' è com' una vottə. I vecchi parlavano proprio il vero dialettə; p'r esembiə, invece di dirə «So' andatə alla cambanjə.» – «Su jittə n'gambanjə ʃta madìnə.», ju no (you know)? 'Stə cousə cusì.*

---

119 Si veda la citazione 5.13.
120 Descrizione dell'informatore IId-1p-FM.
121 Cf. in proposito la seguente affermazione:
[4.163] IId-1p-VG: *A parlà, mebì (maybe) sbajə quacchə parolə, ma ci parlə a lu ver' italianə. Però lu dialettə me siend' | so' chiù cofortevolə (comfortable).*
122 Quando i parlanti indicano le varietà difettive di contatto (D– o I–) distinguono implicitamente anche le corrispettive varietà non difettive (D+ e I+).

Riferendosi alla situazione del contatto tra italiano e il dialetto primario galloitalico di tipo lombardo occidentale, l'informatrice III-1a-FR ha descritto il sapere idiomatico del proprio nonno, primariamente dialettofono, distinguendo tra il Dialetto non difettivo (D+) e l'Italiano difettivo (I−), e implicitamente anche quello non difettivo (I+) parlato da lei:

> **[4.164]** III-1a-FR: *Mio nonno, sì, mi ricordo che si sfor... | che con me parlava in italiano, ma era un italiano che mi sembrava ridicolo. Mi ricordo che quando mi si rivolgeva in italiano mi sembrava ridicolo (...) perché cercava di parlare in italiano. Quando parlava dialetto con tutti gli altri, invece no, era tutto tranquillo, andava liscio, ecco.*

Il sapere riflessivo dei parlanti concernente la struttura del contatto si basa sulle peculiarità materiali delle singole varietà di contatto, come dimostra, tra gli altri, anche il seguente commento dell'informatore IId-1a-SM riguardo alla traduzione della frase verbale *to turn on/ off (the light)* in dialetto e in italiano (domanda II.A.4 del questionario):

> **[4.165]** IId-1a-SM: *I'm not talking about «spegnàre», no. «Stut' a luci!»* [ɔˈkɛ]? *«Japr' a luci»* – *turn on; «Stutt' a luci»* – [ˈtɔrn ˈdə ˈlai ˈɔfːə], *«Chiur' a luci!», «chiudere» è la parola 'taliana. Ma nui parlamu siciliani. «Chiùdere a luce!» e «Stutt' a luci!»,* [ˈɪzə ˈsɛjm ˈθɪŋk ˈba] *'chiudere'* – *you learn in the book; 'stuta'* – *you don't learn in the book, you learn when you grow up in Sicilia. Di 'chiùdiri' cə canciava a 'chjùrəre', 'cchjuri', e pəcció a parola chə sə ricə jiè 'Stuta'!*

Nel distinguere tra *spegnere, stutari, spegnàre/ chiudere/ chiudiri*, e infine *chjùrəre*, l'informatore ha differenziato materialmente, in modo chiaro, rispettivamente tra acroletto (I++), basiletto (D+), Italiano dei parlanti primariamente dialettofoni (I−) e Dialetto dei parlanti primariamente italofoni (D−).

Il processo di italianizzazione linguistica di un nucleo famigliare appare graduale e si completa nel corso di pochi passaggi generazionali susseguenti.[123] Anche considerando l'intero areale italoromanzo, nel quale si verifica un progresso non uniforme di tale processo,[124] sia la percezione delle singole lingue funzionali, in base al grado di difettività, che la dinamica del processo di convergenza, in particolar modo, appaiono invece ampiamente uniformi.

All'elencazione delle singole lingue funzionali segue il riassunto grafico dell'architettura del contatto convergente tra italiano e dialetto in Italia, risultante dall'analisi dei dati empirici raccolti tra gli italoamericani di prima generazione, provenienti da svariate realtà dialettali italiane, sia meridionali, che set-

---

123 Si veda ad esempio la citazione 4.164.
124 A grandi linee basti tenere presenti, in prospettiva areale, le dicotomie Nord vs. Sud, centri rurali vs. centri urbani.

tentrionali e mediane. La presentazione dei risultati dell'analisi segue gli stessi criteri delineati nel sottocapitolo precedente.

ACROLETTO
- **I++**: Italiano standard
    - italiano normativo, esogeno e virtuale
    - «l'italiano perfetto»,[125] «italiano italiano», «taliano puru sangue», «a lingua giusta», «lu puru 'taljan», «italiano ver' e proprio», ecc.

BASILETTO
- **D+**: Dialetto non difettivo
    - dialetto primario endogeno e reale degli italiani prima di emigrare
    - «dialetto puro», «dialettu dialettu», «dialettu giustu», «iddialettə propriə», «il ver' indialettə», «sicilianu veru», «dialetto all'antiga», «dialetto antico», «indialetto rustico», «iddialettə ruzzə», ecc.

ZONA MESOLETTALE
- **I+**: Italiano non difettivo
    - italiano endogeno e reale (italiano regionale)
    - «benitaliano», «italianu comu sə parra»,[126] «italiano un po' più pulitə», «italiano bono», ecc.
- **D–**: Dialetto primario difettivo
    - dialetto primario endogeno e reale
    - «dialetto cchjù rammodərnatə»,[127] «dialetto poco p^{h}iù moderno», «dialetto ignorante», «sicilianu miezzu cchjù modernu», ecc.
- **I–**: Italiano difettivo
    - italiano endogeno e reale
    - «italiano dialetto»,[128] «italiano ignorante», «italiano cafone», «no perfettu italianə», «italianə su per giù», ecc.

---

125 [4.166] IId-2- MiC: *Secondo me, poche persone parlano l'italiano perfetto.*
126 Traduzione: *l'italiano come si parla.*
127 Traduzione: *dialetto più modernizzato.*
128 [4.167] EP: *Che tipo di italiano parlano oggi in Sicilia?*
IId-1a-SM: *Ma, è italianu dialettu, parlanu assai commu virunu a telavisione.*

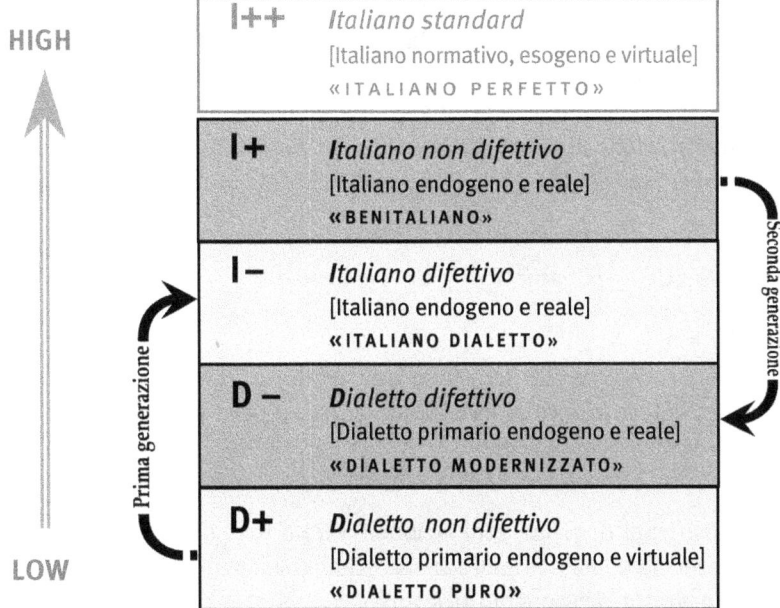

Fig. 4.2: Architettura del contatto tra dialetto e italiano in Italia

Il sapere idiomatico degli italoamericani di prima generazione, acquisito in Italia prima dell'emigrazione, determina la qualità del sapere idiomatico e riflessivo ma anche dell'identità e del comportamento linguistici *in emigrazione*, persino delle generazioni successive.

IN EMIGRAZIONE
Sono dunque le varietà reali del contatto tra italiano e dialetto in Italia a costituire il basiletto nel contatto italoamericano, quindi in emigrazione. Per descrivere adeguatamente il sapere riflessivo funzionale degli italoamericani di prima generazione va tenuta sistematicamente presente la suddivisione già menzionata degli italoamericani di prima generazione secondo la qualità del loro sapere idiomatico bilingue in ambito italoromanzo, vale a dire in parlanti primariamente dialettofoni, che «masticano»[129] inoltre un Italiano difettivo (I–), e in quelli primariamente italofoni.

---

129 È molto espressiva la seguente descrizione:
[4.168] Ili-1a-TB: *In casa loro la carne si mangiava solo una volta a settimana, e lo stesso con la lingua italiana.*

Nel contatto linguistico, in emigrazione avvengono due cambiamenti principali. Innanzitutto – analogamente alla prima fase – l'*American English* si aggiunge come lingua di contatto. Più precisamente, il rapporto diglossico tra italiano e dialetto si subordina al prestigio superiore dell'*American English*, che va a costituire l'acroletto. Il nuovo contatto plurilingue risulta quindi altrettanto convergente e verticale, come dimostrano tre testimonianze dal corpus empirico:

[4.169] IId-1a-GM: *Qua in America è sempre l'inglese migliore.*

[4.170] IId-1a-SP: *Lu bossǝ che c'avevǝ n' era italianǝ, era inglesǝ; allora hai da parlà pe' forza inlgeisǝ.*

[4.171] IIi-1a-TB: *Molte famiglie italiane, penso di tutti gli emigranti, volevano integrarsi per quanto possibile nel nuovo paese, quindi certo era uno sforzo conscio di non parlare il dialetto, forse, di fronte ai ragazzi, alla nuova generazione.*

Per gli italoamericani di prima generazione il rapporto diglossico di partenza dialetto–italiano mantiene il primato anche in emigrazione,[130] benché il contrasto di prestigio appaia decisamente affievolito.

Il secondo cambiamento principale interessa il basiletto, la cui composizione appare particolarmente rilevante. Per i parlanti primariamente dialettofoni esso consiste nel Dialetto non difettivo (D+) e nell'Italiano difettivo (I–); per quelli primariamente italofoni esso è invece composto dall'Italiano non difettivo (I+) e dal Dialetto difettivo (D–). Queste varietà basilettali rapresentano in emigrazione lingue funzionali endogene e virtuali.[131] In emigrazione, infatti, le varietà italoromanze si sviluppano gradualmente in modo divergente rispetto a quanto avviene in Italia, dove si evolvono, a loro volta, a seguito di circostanze extralinguistiche specifiche.[132] In emigrazione ciò è dovuto, oltre che all'influsso dall'inglese, sia agli effetti dei contatti linguistici inter-italoromanzi (*dialect mixing*), specialmente nelle enclavi regionali e sovraregionali, che a quelli dell'erosione, come esposto dettagliatamente nel sesto capitolo. Gli intervistati di prima generazione hanno attribuito piuttosto unanimemente la difettività delle varietà italoromanze da loro parlate in emigrazione – quindi reali – proprio

---

130 Ne sono prova ad esempio le denominazioni che Migliaccio riserva all'italiano, alla «lengua d' 'a Dummeneca» (in Haller 2006b, 144–145), ovvero «il bell'accento», la «lingua pura», alla quale «(...) Lighieri ci dette na scianata e la fece armonizzata (...)», (ia. *scianata* < (*to*) *shine*) in Haller (2006b, 141), ecc.
131 Si veda la spiegazione in 4.2.1.4 e i riassunti grafici 4.3 e 4.4.
132 Questo fenomeno è descritto in Trudgill (2004). Cf. specialmente p. 1.

ai suddetti tre fenomeni, distinguendole dalle rispettive varietà *virtuali* in Italia, prima dell'emigrazione. Tre[133] esempi significativi ne illustrano la percezione da parte dei parlanti:

[4.172] IId-1a-MC: *A ciamaruccʰə è uscitə da intə u' scorciə (...) che è propriə iddialettə, «a scorciə». Eh, siamo in Amerighə, ce le dimentichiamə. Dobbiamo tornare... così aggiustiamo tuttə,* [ɛvrɪ'tiŋgə]. ┆ La lumaca è uscita dal guscio, che è proprio dialetto, la «scorza» <qui: guscio>. Eh, siamo in America, ce le dimentichiamo <le parole>. Dobbiamo tornare... così aggiustiamo tutto, *everything*.

[4.173] IId-1a-FT: *L'italiano noʃtro, l'italiano mio è rimaʃtə l'italiano di quarant' anni fa, e adesso, quando vado in Italia, io mi inebrio per | a risentire l'italiano parlatə dagli italiani, che ai dempi miei era molto di meno, perché molta poca gente – diciamo cinquanta per cento – parlava bene italianə, e cinquanta per cendə solo assolutamente dialettə, quindi, il mio italiano è rimaʃtə də quarant'anni fa. Io quandə vadə in Italia e parlə con gli amici miei (...) mi piace sentire proprio il tono bello dell'italiano e lì adesso, quando sono queʃtə trasmissioni (...) parlanə tutti italiano, il dialetto nessunə, nessunə parla più dialettə.*

[4.174] IId-1a-SM: *Parlamə normale | (...) ammiʃkatu. Pə certə parolə parlamu siciliani, pə certə parolə parlamu 'mmiricani, ju no* (you know)? *Ammiʃkamu. 'Nta u discursə, deci paroli taliani, deci parole in əmmericani.*
EP: *Ha un nome questa forma mista?*
IId-1a-SM: *A lingua siciliana ammiʃkata cu a 'mmericana* <ridono>. (...) *Sulu chiddi ch' hannu vənutu accusì, a stessa condizione comu simu nui e parlanu così ind' 'e casə. (...) Certe parole parlamu siciliani, certe parole vannu a finiri 'mmericani. Tə viene cchjù faṭfałe, ju no* (you know)?

Più concretamente, nel caso dei parlanti primariamente dialettofoni, che costituiscono la stragrande maggioranza degli emigrati nella seconda fase, la varietà primaria prima di emigrare, il Dialetto non difettivo (D+), si trasforma in emigrazione in difettiva (D−) per i motivi appena esposti, conservando la sua posizione primaria. La percezione della difettività e la distinzione tra i due gradata appaiono chiare nelle seguenti opinioni:[134]

[4.175] IId-1a-SP: *Preferiʃʼ l'abruzzesə commə parliamə noi. Noi u chiamiamə italianə, ma è brocchitaljànə, eh.*

---

133 Si veda anche la citazione 4.45.
134 Si vedano anche le citazioni 4.172–4.174.

[4.176] IId-1a-LS: *Quandə tu cə ʃtè parlà nchə l'ietrə amichə, e ognətandə c'arieʃə na parolə nglesə la 'mmezzə.*
IId-1p-VG: *Purə l'atra personə (...) quacche votta, ju no? parl' mezzə mərəcana e mezzə talianə.*
EP: <u>E comə la chiemə chəlla lingu' quellə?</u>
IId-1p-VG: *Mezz' e mezzə.*

IId-1a-LS: Quando tu stai parlando con le altre amiche, e ogni tanto ci scappa una parola inglese là in mezzo.
IId-1p-VG: Pure le altre persone (...) qualche volta, *you know?*, parlano mezzo americano e mezzo italiano.
EP: <u>E come la chiami quella lingua?</u>
IId-1p-VG: Mezz' e mezza.

Anche il gradatum secondario, l'Italiano dialettalizzato (I−), già difettivo, è esposto in emigrazione agli stessi fattori (interferenze − erosione − *dialect mixing*) almeno con la stessa intensità, seppure le modalità siano diverse. Ne deriva un Italiano *ulteriormente* difettivo (I− −), così descritto dall'informatore IId-1a-GM:

[4.177]: <u>IId-1a-GM</u>: *È un miscuglio. Per me c'è di più italiano, con molte parole di dialetto e con molte parole d'inglese.*

Diversi informatori distinguono, riguardo ai parlanti di prima generazione, tra il Dialetto difettivo (D−) e l'Italiano ulteriormente difettivo (I− −), come ad esempio:

[4.178] <u>IId-1a-MT</u>: *Io quandə tornə in Italiə c'ho l'accent' americanə quandə parlə sia lə dialettə, che sia l'italianʼ.*

[4.179] <u>IIi-1a-TB</u>: *Ma infatti, anche adesso quando vado al mercato italiano (...) i pochi italiani, per esempio, commercianti che sono rimasti, parlano ancora fra loro nello stesso modo come questo Italese. Però, quando io vado, capiscono che io parlo una lingua differente dalla loro, che parlo italiano, e si sforzano di parlare in italiano, come parlo io. (...) Questa è un'altra forma.*

[4.180] <u>III-1a-FR</u>: *Secondo me esistono almeno due forme di questa «mezza lingua»: una è spontanea, viene così, cioè, come dire metabolizzata dalle generazioni, in un certo senso (...) vuol dire che l'accento è tipicamente dialettale, e anche le parole, non sono sforzate, anche se son prese dall'inglese, son modificate talmente tanto, che (...) il suono è diventato italiano, dialettale. Quando cercano invece di parlare in italiano (...) marcano di più le parole, (...) anche quelle inglesi, ci mettono appunto le vocali, ci mettono gli articoli, cambiano il suono, cercano di renderlo più italiano possibile ::: Poi son inventate, non inventate, ma voglio dire non sono reali, ma si vede lo sforzo, cioè ::*

Segue ora la descrizione del sapere riflessivo funzionale inerente alle varietà italoromanze di contatto realizzate dal secondo gruppo di emigrati italiani, quelli primariamente italofoni, che usano «i parolə cchjù finu, a lingua taliana».[135] Anche in questo caso diversi informatori hanno riconosciuto che l'Italiano non di-

---

135 Tratto dall'intervista all'informatore IId-1a-SM.

fettivo (I+), parlato in Italia, produce in emigrazione, a causa dell'influsso dei tre fattori noti, una varietà di contatto difettiva (I–). Analogamente al passaggio da I– a I– –, descritto per gli emigrati primariamente dialettofoni, anche il Dialetto italianizzato, quindi difettivo (D–), la varietà secondaria degli emigrati italiani primariamente italofoni, realizzata prima dell'emigrazione, produce negli USA una varietà dialettale distinta, ulteriormente difettiva (D– –) (fig. 4.4).

Nella tabella sono riassunte le trasformazioni di ciascuna delle due lingue funzionali componenti le rispettive aree basilettali del contatto nelle sue due costellazioni, durante la fase trilingue.

COSTELLAZIONE I DEL CONTATTO (seconda fase / primo periodo) Orientamento primariamente dialettofono		COSTELLAZIONE II DEL CONTATTO (seconda fase / secondo periodo) Orientamento primariamente italofono	
PRIMA D. EMIGRAZIONE	IN EMIGRAZIONE	PRIMA D. EMIGRAZIONE	IN EMIGRAZIONE
D+ →	D –	I+ →	I–
I– →	I– –	D– →	D – –

Tab. 4.6: Trasformazione delle varietà basilettali in emigrazione

Nella percezione degli intervistati l'inglese parlato dagli italoamericani di prima generazione è risultato difettivo (AE–) a causa delle interferenze dalla loro lingua primaria – il dialetto, per il primo gruppo, e l'italiano per l'altro –, al cui influsso si deve la distinzione rispettivamente di due varietà inglesi difettive di contatto (AE–), comunemente note come *brocchinglìsh* (*Broken English*): l'*American English* con interferenze italoromanze frequenti, rispettivamente dialettali, da un lato, e italiane,[136] dall'altro. La percezione della difettività dell'inglese degli emigrati italiani risalta chiaramente dalle loro stesse affermazioni fatte durante le interviste:

[4.181] IId-1a-SP: *Quando parlənə i vecchi (...) tu lə sendi che c'è chell'accendə i brokinglìʃ*. *Tu ʃuər* (sure), *tu lə sendə | tu :: tə ridə te stessə* <ride>.

[4.182] II-1a-PA: *(...) il padre di mia moglie, guardava i bambini. Mio suocero (...) parlava brokənìnglish, tutte le parole inglesi ci metteva la «o». Una volta son tornato a casa, mio figlio mi ha detto:* «dà:ɾi, papà:, aj sɔ il dɔ:gɔ tudɛ̀:!» (Daddy, papà, I saw il dog-o today!), «dɔ̀:gɔ? wɔ jur tɔ̀kin əbà?» (Dog-o? What are you talking about?), «jɛ:, dɔ̀:gɔ! vʊ:f:, vʊ:f:!» (Ye. Dog-o, woof-woof!). *Ho dett': «OK». So' 'ndatə da mio suocero: «Tu non gli parli più in inglese.»* È

---

136 A parere dell'informatrice Ili-1a-TB, questa varietà di contatto
[4.183]: Ili-1a-TB: *C'ha una fondazione d'inglese senz'altro. Ma c'ha una modificazione all'italiana.*

> cominciato a andare all'asilo, che tutte le parole, in inglese, li metteva sempre la vocale in ultimo: «dog-o», «bred-o», tutta la vocale in ultimo, tutte le parole in inglese! 'Cozə (Because) lui è venuto quand' aveva cinguandasei anni qua, so is brokenìnglish.

Gli stessi risultati emergono dall'analisi del sapere riflessivo funzionale degli informatori di seconda generazione e oltre.[137] Anche molti di loro hanno denominato *Broken English* l'*American English* parlato dagli italoamericani di prima generazione, distinguendo in qualche caso isolato persino tra la varietà parlata da emigrati italiani primariamente dialettofoni e la varietà di quelli primariamente italofoni.[138]

Nelle tre testimonianze a seguire, particolarmente significative[139] e simili fra loro, è riassunta in modo tanto elementare quanto espressivo la dinamica del contatto relativa ai parlanti di prima generazione:

> **[4.184]** IId-1a-MS: *T'u so' ditt': Lu 'talianə je lə scurdatə, lə 'mmərəganə n' jə lə 'mbaratə, e jə truvamə tandə arruvənəət', 'n gueſta lingua* <ridono>, *che nin ci può cred'!* :: *So, tantə la nerrvaturə tə sə mangiə! E più vecchiə ti fai, e più aumendə! Che tu la forza non ce l'hai e non tə poi rifjutə. Ma quandə si giovanə, eh, tə difend'!*
>
> Te l'ho detto: l'italiano me lo sono scordato, l'inglese non l'ho imparato e ci ritroviamo proprio rovinati, in questa lingua, che neanche te lo immagini! :: Così (*so*) tanto è il nervosismo che ti divora! E più invecchi e più aumenta! Perché la forza non ce l'hai e non puoi rifiutarti. Ma quando si è giovani, eh, ti difendi!

> **[4.185]** IId-1a-SP: *Per me qua* :: *l'italianə te nə ſcordə e l'inglesə no* :: *he,* <sorride> *non te lə 'mbari!*
>
> IId-1a-EP: *Qua è normale, che non sai bene l'inglese, e l'italianə veramende non lo parlano. Parla l'inglese : brocchinglìʃə e brocchtàljan* <ride>.

Più ampio appare lo spettro di gradata che l'informatore IId-1a-SM ha identificato e messo a confronto nella seguente affermazione:

> **[4.186]** IId-1a-SM: *Ma tutti chistu chi vìnnuru commu vinimmu nui, parlamu ammiſkati, mmericani e siciliano, o mericanu e talian' assieme. Quannu siemu in compagnia di altri italiani, u stessə cosə. Nuḑḑu parla tutt' a discussioni talianu, o tutt' a discussioni sicilianu o tutt' a discussioni mmiricani. Ammiſcàmu.*

---

137 [4.187] IId-2-LS: *Mammàmə parlə pochə. Può parlà (can speak) inglesə, lu 'nglesə... rott', lu broken English.* Si veda anche l'affermazione 4.93.

138 [4.188] EP: <u>Ci sono tipi diversi dell'inglese parlato dalla generazione dei vostri genitori?</u>
IId-2-MiC: *Dell'esperienze che ho avuto io (...) non te lo posso dire* (can not tell), *però, per esempio queste lettere* <di emigrati>, *per me, secondo me è un accento più dialetto e non italiano.*

139 Cf. Scalia (1950, 91), nella citazione qui riportata (6.8) si distinguono correttamente l'una dall'altra le due varietà di contatto relative alla prima generazione (D– e AE–).

Nel brano a seguire sono contenute affermazioni di particolare valore, non tanto per la descrizione del sapere riflessivo funzionale nella seconda fase, quanto per il confronto e per la netta distinzione tra due analoghi gradata primari italoromanzi, risalenti alla prima e alla seconda fase del contatto. L'informatrice IId-1a-EP, emigrata verso la fine degli anni '50, ha raccontato con una buona dose di enfasi lo stupore da lei provato nel cofrontarsi con il dialetto parlato dagli italiani emigrati durante la prima fase del contatto, contraddistinto dalla difettività. La composizione dell'architettura del contatto trova così conferma anche in prospettiva diacronica.

> [4.189] IId-1a-SP: *Quellə sendivə tutti 'sti gendi 'taliani che stava qua :: parla bròcchitalian, brocchitaliànə.*
> IId-1a-EP: *Io parlavə l'italianə, e loro parlava brocch(i)talian, indiallettə! Dice: «Ma que ha fattə 'sta signora? Ma questa è italiana? Io non ho capito niente di quello che ha detto!».*

Per completezza va infine aggiunto che il sapere riflessivo funzionale degli italoamericani della categoria passiva si limita di regola soltanto alla distinzione tra le varietà italoromanze di contatto prima dell'emigrazione e dei loro rispettivi prodotti in emigrazione.

4.2.2.2 Seconda generazione

Il primo passaggio generazionale porta mutazioni radicali nel sapere riflessivo funzionale dei parlanti della seconda generazione. Per la maggior parte di loro la consapevolezza del rapporto diglossico tra italiano e dialetto in Italia risulta estremamente frammentaria e basata di regola piuttosto sulla percezione, non di rado mitizzata,[140] propria degli italoamericani di prima generazione. Si può affermare che per gli italoamericani cresciuti in enclavi di tipo *Little Italy* la variazione all'interno del contatto tra italiano e dialetto si limita di regola alla mera distinzione tra questi. Chi è cresciuto, invece, in piccole enclavi, maggiormente esposte all'americanizzazione, spesso non è cosciente neanche della distinzione. Le seguenti affermazioni illustrano le due tipologie della percezione:

> [4.190] IId-2-GV: *'Talianə-'talianə è diffərendə com' i' parlə. Quest' è u dialet'. 'Talianə-'talianə è diffərendə.*
>
> L'italiano-italiano è diverso (*different*) da come parlo io. Questo è il dialetto. L'italiano-italiano è diverso.

---

[140] Un buon esempio è l'opinione diffusa della radicale assimilazione in Italia dei dialetti da parte dell'italiano (cf. ad esempio Laurino 2000, 119). La realtà, specialmente nelle aree rurali del Mezzogiorno, appare invece diversa.

[4.191] EP: *È diverso il siciliano dall'italiano?*
IId-2-PM: *No. Both the same. Languìggi è languìggi.* (...) *Pe mmia, same thing. Iə no diciu | aj no poṭṭu fari 'taɬianu. Capiʃ? So I can not say. Mi 'taliano è medda! Know what I mean? It's nothin'!* (...) *U siciɬianu e 'taɬianu è same thing. Che è, u languìʤi? I don't see any difference. Io penso itaɬianu è 'taɬianu, tutt'Italia,* [aː ˈrɔ ˈnoᵘ]. *Unu va a Roma, Səciɬia, o Calabria,* [aː ˈrɔ ˈno]. *Itaɬianu è 'taɬianu, io pensu.*

EP: *È diverso il siciliano dall'italiano?*
IId-2-PM: *No. Both the same.* La lingua (*language*) è la lingua. Per me, *same thing.* Io non dico | io non riesco a fare <qui: parlare (ingl. *to do*)> italiano. Capisci? *So, I can not say.* Il mio italiano è merda! *Know what I mean? It's nothing!* (...) Il siciliano e l'italiano sono *same thing.* Che è, la lingua? *I don't see any difference.* Io penso che l'italiano è italiano in tutt'Italia. *I dont know.* Uno va a Roma, in Sicilia, o in Calabria, *I don't know.* L'italiano è italiano, penso.

Costituisce un'eccezione quella minuscola parte di italoamericani di seconda generazione che ha imparato l'italiano in modo pilotato e/o che cura frequenti e continui rapporti con la realtà italiana.

Vi è un fatto fondamentale da sottolineare: tra le varietà di contatto italoromanze gli italoamericani di prima generazione tramandano *de facto* ai loro figli *solo* la loro varietà primaria, indipendentemente dalla collocazione di quest'ultima nella scala italoromanza del prestigio. Decisiva è dunque la valenza comunicativa del gradatum. Il materiale empirico testimonia con evidenza che tutti gli informatori di prima generazione primariamente dialettofoni hanno trasmesso ai propri figli soltanto il dialetto, diversamente da quelli primariamente italofoni, che nella comunicazione con la generazione successiva hanno abbandonato il dialetto, in quanto loro varietà secondaria. Le informatrici IId-2-LS, IId-2-TL e IId-3-CT, ad esempio, non hanno nascosto, durante l'intervista, il loro stupore nel sentire il parente IId-1a-FT parlare in italiano. Questo cambiamento si rispecchia fedelmente nell'architettura del contatto relativa alla seconda generazione. Nessuno degli informatori di seconda generazione, figli di emigrati italiani primariamente dialettofoni, parlava italiano, eccetto, naturalmente, chi lo avesse appreso in modo pilotato.

[4.192] IId-1a-GM: *I giovani usualmende parlano, comə parla mio figlio, proprio | come devo dire? Perché mio figlio parla solo siciliano, è diverso.*

[4.193] EP: *E l'italiano loro <i parlanti di seconda generazione> lo sanno?*
IId-1p-FM: *L'italiano no, quasi nessuno lo parla. Capiscono, ma non penzu ca ::.*[141]

La loro varietà italoromanza di riferimento è la lingua funzionale primaria parlata dagli italoamericani di prima generazione, vale a dire il gradatum difettivo

---

141 Si vedano anche le testimonianze 6.47–6.49, molto significative.

(D–). La qualità del dialetto parlato dagli informatori di seconda generazione manifesta soprattutto un netto aumento della difettività, che consiste soprattutto nell'aumento delle interferenze dall'*American English* – loro lingua *primaria* –, e nel restringimento del sapere idiomatico, se paragonato con quello dei parlanti della generazione precedente.[142] In base a ciò gli informatori, specialmente quelli di prima generazione, hanno identificato unanimemente una varietà di contatto distinta, il Dialetto doppiamente difettivo (D– –), la lingua funzionale secondaria degli italoamericani di seconda generazione, cresciuti in ambienti primariamente dialettofoni.[143] Tra le descrizioni più significative raccolte, vi è quella dell'intervistato IId-1a-SP, il quale ha identificato il «brocchitaliànə»,[144] quindi il Dialetto difettivo (D–) parlato dagli emigrati italiani, mettendolo a confronto con il «brocchitaliànə propriə», il Dialetto doppiamente difettivo (D– –) parlato dagli italoamericani di seconda generazione:

> **[4.194]** IId-1a-SP: [ˈɛtʂːəpəkːɛ] *(that's why) che tə dichə: Quelli che so' nati qua e parlanə 'talianə, quell' è brocchitaliànə propriə, bicos' (because) ha 'mbaratə dai nonni suə, dai padri suə, che parlavanə il brocchitaliànə.*

Si riporta anche l'opinione di un parlante di seconda generazione:

> **[4.195]** IId-2-MaC: *Tu mett' a P. <IId-2-PM>, a F. <IId-2-FM>, a D. <IId-2-DM>; se loro devono parlare, anche il dialetto siciliano, si vede da un chilometro che non sono italiani.*
> EP: *Per quale motivo?*
> IId-2-MaC: *He :: non lo so! Non è la loro lingua.*

Una dinamica analoga è ravvisabile anche in riferimento all'italoromanzo degli italoamericani di seconda generazione, discendenti dal minuscolo gruppo degli emigrati italiani primariamente italofoni. Per gli stessi fattori (interferenze ed erosione), l'italiano da loro parlato risulta doppiamente difettivo (I– –) e come tale è stato distinto dagli intervistati rispetto all'Italiano difettivo (I–), la lingua funzionale primaria degli italoamericani primariamente italofoni di prima generazione.[145]

Gli informatori hanno mostrato di percepire come non difettiva (AE+) la varietà di *American English* che è la lingua funzionale primaria degli italoamericani di seconda generazione, se confrontata con l'*American English* difettivo (AE–) degli emigrati italiani.

---

142 Si rimanda all'analisi materiale del gradatum D– – (6.2.1.2).
143 Si veda il grafico 4.3.
144 Anche in questo caso «italiano» va inteso piuttosto come sinonimo di «dialetto».
145 Si veda il grafico 4.4.

[4.196] IId-1p-VG: *Quellǝ cchiù giovǝnǝ fa* (to do) *difǝrend'* (different), *pǝcché parlǝ buonǝ merǝcanǝ, ju no'* (you know)? *Fannǝ cchiù 'merǝcanǝ chǝ 'talianǝ.*

Il materiale empirico non contiene tuttavia elementi sufficienti a distinguere due varietà di contatto endogene e reali di *American English* secondo l'orientamento primariamente italofono o dialettofono dei parlanti. Il carattere italoromanzo di questa lingua funzionale, che determina la sua diversità nei confronti dello *Standard American English*, è dovuto alla presenza di poche interferenze italoromanze prevalentemente dialettali. La denominazione più comune di questa varietà endogena e reale di *American English* è *Italian accent*.

Sono frequenti anche le testimonianze registrate sulla percezione contrastiva delle singole varietà di contatto, riferita anche ai gradata prodotti dai parlanti di seconda generazione. Nelle due affermazioni a seguire sono messe a confronto le varietà secondarie della prima e della seconda generazione, rispettivamente l'*American English* difettivo (AE–) e le varietà italoromanze doppiamente difettive (D– – o I– –):

[4.197] IId-1p-FM: *Ma non lo parlano bene l'italianu. E commu parlu iu l'inglese* <ride>, *siamo pari!*

[4.198] IId-1a-FT: *Come l'accentǝ che | come noi che impariamo l'inglese, abbiamo un accentǝ italianǝ – tutti gl' italiani c'hanno un accento particolare, tutti i francesi c'hanno un accento particolare, quando parlano inglesǝ – e così è la ſtessa cosǝ. Loro, il loro dialetto c'ha un'accent' inglese, non è proprio il dialetto che parlo io.*

Viene proposta, in conclusione, la descrizione particolarmente indicativa fornita dall'informatrice IId-1a-MC, che fa luce sulla struttura del settore inglese nell'architettura del contatto, composta – seguendo l'elencazione della parlante – dall'*American English* non difettivo con poche interferenze (AE+), dallo *Standard American English* (AE++) e infine dall'*American English* difettivo (AE–):

[4.199] IId-1a-MC: *Ue* (well) *ci stanno quelli con l'accendǝ, e poi stanno proprio quellǝ che parlanǝ benǝ ingleise che è veramendǝ... | poi si prendǝnǝ il tembǝ purǝ. Poi sta quellǝ come me che ammazzano l'inglese. (...) ognitandǝ sulamend' prendiamo una caduta, dǝdǝdǝdǝdǝ!* <interiezione> *E poi, se non siamo nato qui, ci facciam' a capire, ju no* (you know)? *Però, è buon' a romperlo l'ingles', come facciamǝ noi.*

4.2.2.3 Terza generazione e oltre

La qualità e la dinamica del sapere riflessivo funzionale degli italoamericani di terza generazione (e oltre) concordano ampiamente con quanto descritto (4.2.1.3) per la prima fase. Le analogie più consistenti con la prima fase riguardano soprattutto il primo periodo della seconda fase, durante il quale l'isolamento socioculturale degli italoamericani in enclavi di tipo *Little Italy* rappresentava un fenomeno usuale e diffuso. La loro disgregazione graduale, avvenuta di pari passo con la crescente mobilità sociale degli italoamericani, ha determinato un'erosione accelerata e l'abbandono dell'italoromanzo. Seguono due affermazioni dal punto di vista rispettivamente della terza e della prima generazione:

> **[4.200]** IId-3-CT: *But I can always remember being afraid to go to Italy, because they couldn't understand, I understand more now than I did, from what I can remember, I can't remember ever speaking much.*

> **[4.201]** EP: *E i vostri nipoti, come se la cavano con l'italiano?*
> IId-1a-SP: *Iə c'ho due nipoti, c'ho uno vendirle, uno vendisei e nessuno parla italianə...*
> IId-1a-EP: *Capisce prima che è andatə a scuola, dopo che va a scuola, se comincənə, pecché si vergognə a parlarə.*

Date queste premesse non si può parlare dell'identificazione di singole varietà italoromanze di contatto. Il sapere riflessivo funzionale degli italoamericani di terza generazione e oltre si limita alla sola individuazione delle due varietà endogene e reali dell'*American English* parlate dagli italoamericani delle generazioni precedenti, vale a dire il *Broken English* (AE–) e l'*Italian accent* (AE+), parimenti a quanto farebbero anche parlanti non-italoamericani di madrelingua inglese. L'informatrice IId-3-CT, ad esempio, ha messo in rilievo il cambiamento subentrato nella varietà dell'*American English* difettivo parlata da «mamàm», la propria nonna.

> **[4.202]** IId-3-C: *I thought mamàm' used to speak English a bit better than she does now. And I think, she throws in a lot more Italian words now when she speaks English.*

4.2.2.4 Sintesi: il sapere riflessivo funzionale durante la seconda fase

Il sapere riflessivo funzionale degli italoamericani durante la seconda fase risulta chiaramente strutturato e dinamicamente armonico, nonostante la sua complessità, dovuta alle due distinte costellazioni di partenza del rapporto diglossico italiano–dialetto. Come già in 4.2.1.4, si conclude riassumendo le due costellazioni dell'architettura del contatto trilingue tramite l'elencazione delle rispettive lingue funzionali e i riassunti grafici (4.3. e 4.4), seguendo gli stessi criteri già descritti (4.2.1.4).

L'elemento comune alle due costellazioni è l'acroletto, lo *Standard American English* (AE++) normativo, esogeno e virtuale. Tra le denominazioni raccolte presso i parlanti compaiono anche «perfetto inglese» e «americano perfetto». In riferimento alle altre componenti del contatto (eccezion fatta per la lingua funzionale AE+), le due costellazioni dell'architettura del contatto divergono.

L'architettura del contatto durante il primo periodo della seconda fase di contatto
(orientamento primariamente *dialettofono* dei parlanti)

Basiletto
- **D+**: Dialetto non difettivo
    - Dialetto primario endogeno e virtuale degli italiani prima di emigrare
    - «dialetto puro», «dialettu dialettu», «dialettu giustu», «iddialettə propriə», «il ver' indialettə», «dialetto all'antiga», «indialetto rustico», «iddialettə ruzzə», ecc.
- **I–**: Italiano difettivo
    - Italiano endogeno e virtuale degli italiani prima di emigrare
    - «italiano dialetto», «italiano ignorante», «italiano cafone», «tra italianə e napuletanə», «no perfettu italianə», «italianə su per giù», ecc.

Zona mesolettale
- **D–**: Dialetto difettivo
    - Dialetto primario endogeno e reale degli italiani in emigrazione
    - «dialetto rotto», «dialetto alla Merica», «dialettu ammiʃkatu», ecc.
- **I– –**: Italiano ulteriormente difettivo
    - Italiano endogeno e reale degli italiani in emigrazione
    - «italianu rottu», «talianə miscugliətə», ecc.
- **AE–**: *American English* difettivo
    - *American English* endogeno e reale degli italoamericani
    - «inglese rotto», «brocchinglìʃi», «brocchinglèse», «inglese bastardo», «inglese ignorante», «inglese cafone», ecc.
- **AE+**: *American English* non difettivo
    - *American English* endogeno e reale degli italoamericani
    - «Italian accent», «l'accendə italianə», ecc.
- **D– –**: Dialetto doppiamente difettivo
    - Dialetto primario endogeno e reale
    - «dialetto male-male», «brokətaliànə assai», «brokətaliànə proprio», ecc.

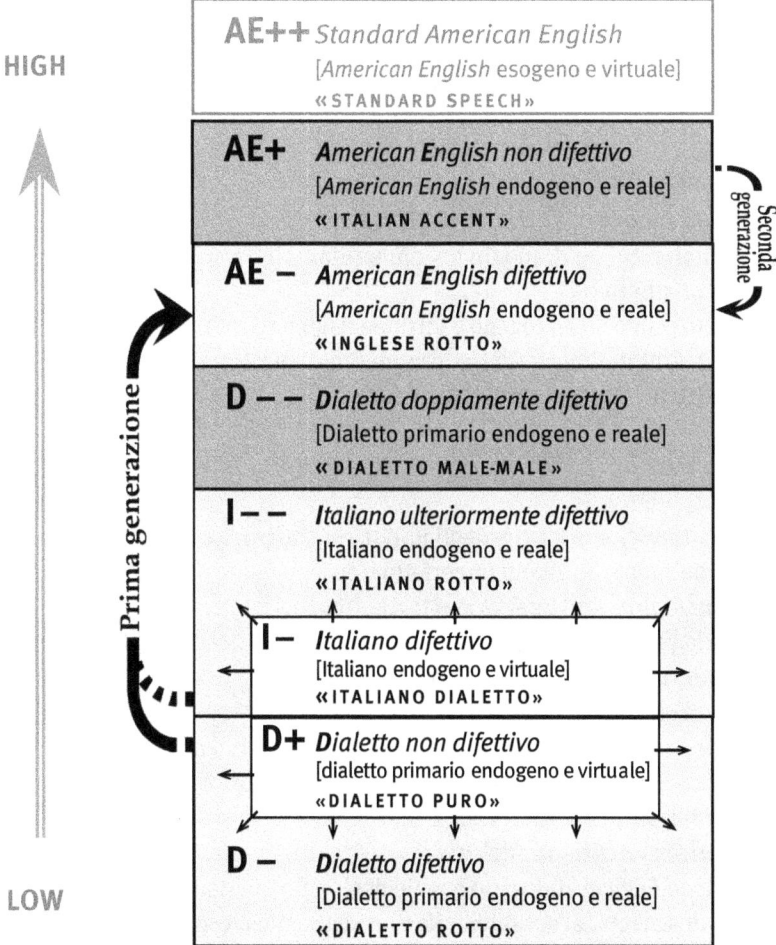

Fig. 4.3: Architettura del contatto nel primo periodo della sua seconda fase (orientamento primariamente dialettofono dei parlanti)

L'ARCHITETTURA DEL CONTATTO DURANTE IL SECONDO PERIODO
DELLA SECONDA FASE DI CONTATTO
(ORIENTAMENTO PRIMARIAMENTE *ITALOFONO* DEI PARLANTI)

BASILETTO
- **I+**: Italiano non difettivo
  - Italiano endogeno e virtuale degli italiani prima di emigrare
  - «ben italiano», «italiano un po' più pulitə», «il buon italiano», ecc.
- **D–**: Dialetto difettivo
  - Dialetto primario endogeno e virtuale degli italiani prima di emigrare
  - «dialetto all'italiana», «dialetto moderno», «dialetto chjù ramodərnatə», «dialetto ignorante», ecc.

ZONA MESOLETTALE
- **I–**: Italiano difettivo
  - Italiano endogeno e reale degli italiani in emigrazione
  - «brokitaliàno», «italiano imperfetto», ecc.
- **D– –**: Dialetto primario ulteriormente difettivo
  - Dialetto primario endogeno e reale degli italiani in emigrazione
  - «dialetto emigrato», «dialetto rotto», ecc.
- **AE–**: *American English* difettivo
  - *American English* endogeno e reale degli italoamericani
  - «broken English», «inglese rotto», «inglese bastardo», «inglese ignorante», «inglese maldestro», ecc.
- **AE+**: *American English* non difettivo
  - *American English* endogeno e reale degli italoamericani
  - «Italian accent», «l'accento italianə», «l'accento», ecc.
- **I– –**: Italiano doppiamente difettivo
  - Italiano endogeno e reale
  - «italiano brutto», «brutt'italianə», «proprio brocchitaliano», ecc.

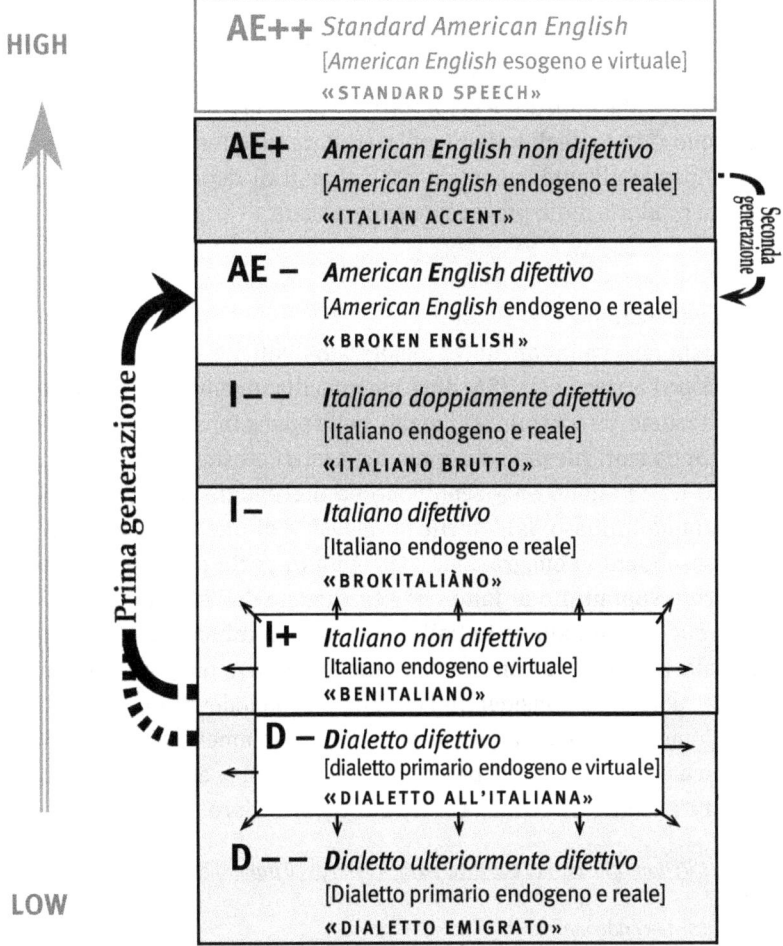

Fig. 4.4: Architettura del contatto nel secondo periodo della sua seconda fase (orientamento primariamente italofono dei parlanti)

4.2.3 Terza fase del contatto

Le lingue in contatto durante la terza fase, l'*American English* e l'italiano, sono distinte generalmente da un dislivello di prestigio. Il basiletto del contatto convergente in questa fase è costituito solo dall'italiano. Anche per questa fase l'analisi del sapere riflessivo funzionale degli italoamericani è eseguito in chiave generazionale. In assenza di informatori di terza generazione l'analisi è orientata esclusivamente alla prima e alla seconda, rispettivamente in 4.2.3.1 e

4.2.3.2. Durante questa fase sono due i fattori principali a determinare l'evoluzione del sapere riflessivo contattuale in chiave generazionale. Vi è innanzitutto una dinamica «moderna» d'integrazione nel tessuto sociale statunitense – come già descritto (3.3) –, che impedisce la formazione di enclavi etniche, vista anche la quantità molto ridotta degli italiani emigrati durante questa fase. Il secondo fattore è la tendenza all'auto-isolamento[146] (volontario) rispetto alla comunità italoamericana prodotta dalla precedente emigrazione.

4.2.3.1 Prima generazione

Anche per questa fase va innanzitutto focalizzato l'italiano sia prima dell'emigrazione che dopo l'arrivo negli USA, dove ha immediatamente inizio il processo di americanizzazione, riscontrabile di regola nelle poche interferenze dall'*American English*. Sono stati rilevati solo sporadici casi di erosione. Gli informatori hanno distinto tra l'italiano endogeno[147] prima dell'emigrazione (I+), dunque privo di qualunque influsso dall'*American English* e di ulteriori cambiamenti, e la varietà consolidata in emigrazione, percepita in pochi casi come difettiva (I–). Ciò è dovuto soprattutto al fatto che l'evoluzione dell'italiano negli USA, divergente da quella dell'italiano in Italia, di regola è minimamente marcata in chiave materiale. La conservazione dell'italiano è dovuta in parte anche a fattori socio-culturali, potendosi considerare l'emigrazione «moderna» in buona parte elitaria.[148] Come già accennato, le cause dell'auto-isolamento della comunità italoamericana moderna da quella prodotta dalla «vecchia» emigrazione vanno cercate soprattutto nella discrepanza socio-culturale tra loro.

> [4.203] EP: *L'italiano che parla Lei è diverso da quello degli italiani emigrati negli anni '60, ad esempio?*
> III-1a-FR: *Oh sì. Secondo me, sì.*

Gli informatori hanno dichiarato di saper riconoscere facilmente l'inglese parlato dagli italoamericani di prima generazione, a causa delle interferenze – piuttosto numerose – dall'italiano, che è la madrelingua degli emigrati di questa fase. Viene percepito come difettivo (AE–) e dunque denominato anch'esso *Broken English*:

---

146 Cf. 3.3 ma anche 4.1.2.2, 4.2.3.1.
147 Si veda l'analisi materiale del gradatum in 6.3.1.
148 Ad esempio:
[4.204] IId-1a-FT: *Il fenomeno è che l'emigrazione italiana | italiani non vengono più adesso, come emigrazione, e se viene :: l'emigrazione di oggi, sono professionifti, non dzono operai.*

[4.205] EP: *Che nome darebbe all'inglese parlato dalla Sua generazione?*
III-1a-FR: *Non so. Broken English, direi.*

4.2.3.2 Seconda generazione

Il cambiamento fondamentale provocato dal primo passaggio generazionale è la trasformazione dell'italiano da varietà primaria, per gli italoamericani di prima generazione, a varietà secondaria per quelli di seconda generazione. L'*American English*, la varietà primaria di questi ultimi, è risultato, invece, presso tutti gli intervistati di questa fase, di gran lunga più vicino all'*American English* normativo in paragone alla varietà parlata dagli emigrati italiani, e quindi non difettivo (AE+), ma comunque contraddistinto dalla presenza di poche tracce italiane, pressoché esclusivamente fonetiche. Questa lingua funzionale è nota come *Italian accent*. Riferendosi all'inglese delle proprie figlie, l'informatrice III-1a-FR ha identificato, distinguendoli chiaramente, i gradata AE+ e AE–:

[4.206] III-1a-FR: *La seconda... | i suoi amici dicono che sentono un accento, ma non riescono a identificarlo, però per il resto :: La terza figlia (...) anche lei l'inglese lo parla molto bene, ma anche lei ha | dicono che ha questo accento che non capiscono. (...) parlava praticamente bene, come tutti gli altri. Si sentiva un accento, un qualcosa, però non identificabile chiaramente come il mio.*

Come già esposto, durante la fase in questione, gli emigrati italiani non hanno creato enclavi, esponendosi ampiamente all'influsso dell'*American English*. Questo ha accelerato il processo dell'abbandono[149] dell'italiano, che per gli italoamericani di seconda generazione è la varietà secondaria.[150] Non di rado, già in seguito al primo passaggio generazionale, l'italiano è presente solo in forma frammentaria, tanto che l'informatore III-1a-BZ «solo con il <figlio> minore parla in italiano.», mentre gli altri due figli «parlano così, senza badare alle regole grammaticali (...).» È evidente, dunque, la distinzione di una varietà italiana di contatto particolarmente difettiva (I– –) a causa delle molteplici interferenze dall'*American English* e dell'erosione, tanto da essere definita «orribile» da un intervistato.

La distinzione delle lingue funzionali relative alla seconda generazione (AE+ e I– –) trova piena conferma anche nella seguente contrapposizione:

---

[149] Ad esempio:
[4.207] IId-1a-FT: *L'italiano non viene adoperato. (...) non c'è, diciamo, nessun motivo di esiſtere.*
[150] Si veda anche l'affermazione 6.170.

[4.208] III-1a-BZ: *Sto lottando con loro <qui: i figli> perché se parlano l'italiano devono usare solo l'italiano, se parlano l'inglese devono usar solo l'inglese, nel senso che odio, quando italianizzano parole inglesi, o americanizzano le parole italiane, e cerco di non farglielo fare, di bloccarle. Parla italiano, parla italiano!*

4.2.3.3 Sintesi: il sapere riflessivo funzionale durante la terza fase

Il contatto linguistico nel corso della terza fase si svolge, a grandi linee, uniformemente. La classificazione della zona mesolettale da parte dei parlanti rappresenta una gradazione di quattro varietà di contatto correlate, due per ciascuna lingua di contatto e generazione di parlanti, vale a dire I– e AE–, per la prima, AE+ e I– –, per la seconda.

Seguono ora, come già per le fasi precedenti, l'elencazione sommaria esplicativa e strutturata delle singole lingue funzionali, nonché la rappresentazione grafica dell'architettura del contatto.

ACROLETTO
- **AE++:** *Standard American English*
    - *American English* standard normativo, esogeno e virtuale
    - «inglese aulico», «inglese della televisione», «americano corretto», «inglese stereotipato», ecc.

BASILETTO
- **I+:** Italiano non difettivo
    - Italiano endogeno e virtuale degli italiani prima di emigrare
    - «italiano corretto», «italiano regionale», ecc.

ZONA MESOLETTALE
- **AE+:** *American English* non difettivo
    - *American English* endogeno e reale degli italoamericani di seconda generazione
    - «Italian accent», «inglese con accento»
- **I– –:** Italiano doppiamente difettivo
    - Italiano endogeno e reale degli italoamericani di seconda generazione
    - «italiano finto», «italiano orribile», ecc.
- **I–:** Italiano difettivo
    - Italiano endogeno e reale degli italoamericani di prima generazione
    - «broken Italian», «il nostro italiano»
- **AE–:** *American English* difettivo
    - *American English* endogeno e reale degli emigrati
    - «broken English», «inglese scorretto»

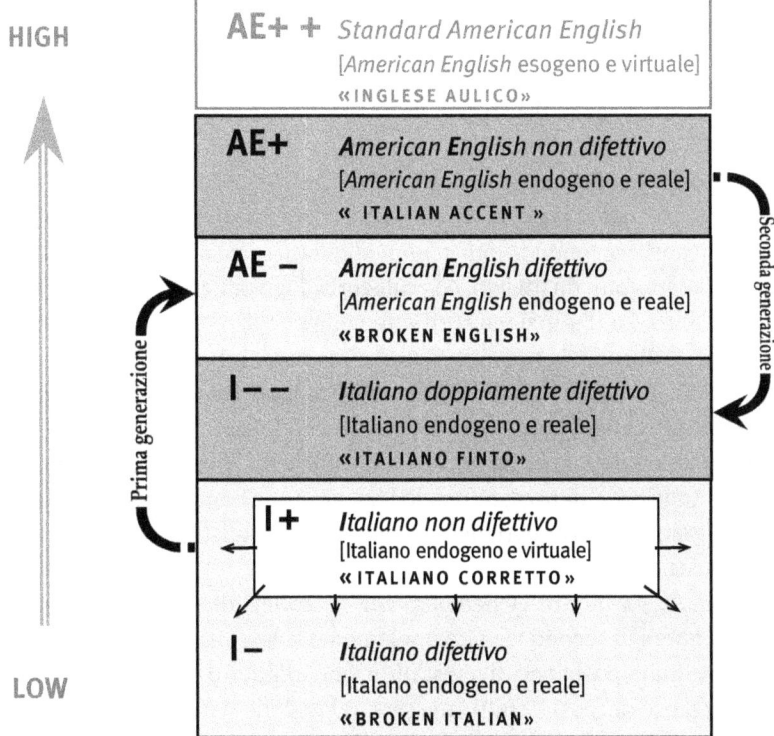

Fig. 4.5: Architettura del contatto nella sua terza fase

4.2.4 Conclusioni relative all'analisi del sapere riflessivo funzionale

Il tratto comune del sapere riflessivo funzionale degli italoamericani è la percezione della convergenza del contatto, legata alla superiorità generale dell'*American English* nei confronti dell'italoromanzo. Le modalità della convergenza nei singoli periodi si rivelano tuttavia molteplici e particolarmente variegate a causa delle condizioni specifiche di contatto nelle diverse enclavi italoamericane. Basti mettere a confronto le due seguenti modalità di convergenza:

- il rapido abbandono dell'italiano in famiglie italiane emigrate durante la terza fase, che avviene frequentemente già con il primo passaggio generazionale, dato l'(auto)isolamento rispetto alla comunità tradizionale italoamericana,[151] e

---

151 Si vedano le osservazioni in proposito nei sottocapitoli 3.3, 4.1.2.2, 4.2.1.3.

– la conservazione del dialetto, pur in forme particolarmente difettive, persino tra italoamericani di terza o quarta generazione, cresciuti in condizioni di isolamento linguistico all'interno[152] di enclavi del tipo *Little Italy*, specialmente nella prima metà del '900.

Ai fini di una descrizione adeguata del sapere riflessivo contattuale degli italoamericani nella seconda fase del contatto, gli emigrati italiani sono stati suddivisi in due categorie secondo il loro sapere idiomatico: quella dei parlanti primariamente dialettofoni, da un lato, e la categoria degli emigrati primariamente italofoni, dall'altro. La distinzione si riflette nelle due diverse costellazioni del contatto trilingue durante la seconda fase. È stato dato, infatti, il dovuto spazio alle ripercussioni derivanti dall'*integrazione* del rapporto diglossico tra dialetto e italiano – che gli italiani hanno portato con sé dall'Italia – nel nuovo contatto sopraordinato italoamericano. La necessità e l'efficacia di questo procedimento analitico diventano più chiare esaminando l'integrazione linguistica ancor più dinamica di emigrati italiani appartenenti a minoranze linguistiche, come nel caso degli italoalbanesi.[153]

Riassumendo, va inoltre evidenziato che i parlanti di prima generazione trasmettono a quelli di seconda (e terza) solamente la loro lingua primaria, indipendentemente dalla posizione di quest'ultima nel rapporto diglossico in Italia. Nella maggior parte dei casi, infatti, a essere abbandonato è appunto l'italiano, mentre si trasmette il dialetto o, nella fattispecie, nel caso ad esempio degli italoamericani appartenenti alla comunità italoalbanese, appunto l'*arbërisht*.

Le indagini dettagliate sul sapere riflessivo inerente al contatto in ciascuna delle tre fasi, e nei rispettivi periodi, permettono di generalizzare e delineare l'architettura complessiva del contatto nella sua intera durata. Confrontando, infatti, le singole architetture del contatto risultate nelle singole fasi, risaltano consistenti parallelismi, su cui si basa la descrizione delle sue dinamiche generali. Ne risulta così una descrizione *diacronica* del sapere riflessivo funzionale, vale a dire dell'architettura del contatto, visto nella sua intera estensione spazio-temporale. A questo proposito sono necessarie tre premesse.

1. Viene utilizzato il concetto di italoromanzo (IR) a rappresentare sommariamente sia il dialetto primario che l'italiano, essendo inevitabile generalizzare la composizione del basiletto, su cui si fonda anche l'essenziale distinzione delle tre fasi di contatto.

---

[152] Si vedano la testimonianza 5.8 e le osservazioni fatte sull'isolamento linguistico in 3.3, 5.1.3, ecc.
[153] Cf. Prifti (2007; 2011a; 2013b; 2014).

2. Viene introdotto il concetto di *arcigradatum*, descritto sopra (2.1.2.1), il quale accomuna e rappresenta le singole lingue funzionali reali analoghe, risultate nelle singole costellazioni del contatto qui descritte. Esso ne possiede i tratti distintivi comuni.

3. Si tiene conseguentemente conto della dinamica generazionale nella correlazione tra gli arcigradata, che si suddividono, per ciascuna generazione, in arcigradata primari e secondari.

Segue ora la descrizione delle componenti dell'architettura generale del contatto, che nel suo insieme va definito convergente.

L'acroletto, lo *Standard American English* (AE++), caratterizzato in generale dalla superiorità di prestigio nei confronti del basiletto, risulta costante in tutte e tre le fasi di contatto.

Il basiletto consiste nell'Italoromanzo non difettivo (IR+), parlato dagli emigrati italiani in Italia, prima dell'emigrazione.

«Innestato» in emigrazione nel nuovo ambiente linguistico, il basiletto genera l'arcigradatum Italoromanzo difettivo (IR−), che è tale per i cambiamenti qualitativi[154] che subisce a causa dell'influsso dell'acroletto (interferenze angloamericane), dell'erosione e del *dialect mixing*. L'aumento qualitativo degli effetti di questi fattori sull'italoromanzo parlato invece come varietà secondaria, dagli italoamericani di seconda generazione, giustifica la distinzione dell'arcigradatum Italoromanzo doppiamente difettivo (IR− −). Le varietà primarie di contatto della seconda generazione convergono nell'arcigradatum *American English* non difettivo (AE+), che si distingue dall'arcigradatum *American English* difettivo (AE−). Quest'ultimo riassume le varietà di contatto secondarie degli italoamericani di prima generazione, contraddistinte dalla difettività dovuta all'influsso consistente dalla varietà primaria, l'italoromanzo.

La convenienza di questa generalizzazione appare ancora più evidente se si pone l'accento, ad esempio, sulla *qualità* delle interferenze presenti in ciascuna delle varietà di contatto analoghe rappresentate dal singolo arcigradatum. Dal confronto della quantità complessiva delle interferenze nelle singole varietà di contatto, o addirittura all'interno della stessa varietà di contatto (considerata in diversi momenti[155] e in diverse situazioni di contatto (secondo il tipo di enclave),

---

154 Si veda ad esempio:
[4.209] IId-1a-SP: *Sì, pəcché qua ci stà lu calabresə, lu 'talianə, e ogn'unə parlə 'talianə, ma non parlə 'taljanə perfettə come si parlava primə.*
155 Ad esempio:
[4.210] IId-1a-FT: *La generazione che ha emigrato prima del cinquanta ha più tendenza a miʃchiare la lingua, mentre p'r esempio io, io posso, fin' a un certo limite, parlare italiano solo e parlare inglese solo, e parlare unito.*

o persino in diverse tappe della vita dei singoli parlanti[156]), si possono constatare discordanze consistenti. Sarebbe inoltre fuorviante considerare *statico* il sapere idiomatico e riflessivo dei parlanti. Esso si trova in un processo di evoluzione continuo, ma non costante. Ciò è stato messo in rilievo anche da alcuni informatori, come ad esempio:

> [**4.211**] IId-1a-SM: *Ddà, ppi 'n annu fìccia accusì: ogni pomeriggio, 'n'ura chiḍḍu* <un compagno di classe> *ma spiegava cuma ch'avìa a lèggiri: «Here comes the cat.», e l'avìa a diri stissu comu s'avi a diri 'a parola, (...) ma si no, mi corrigìa ca ::: | Sul' accusì, a picch' a piccha.*
>
> Là, per un anno feci così: ogni pomeriggio, per un'ora quello mi spiegava come si doveva leggere: «Here comes the cat.», e io dovevo dirlo proprio come si deve pronunciare la parola, (...) altrimenti mi correggeva che ::: | Solo così, a poco a poco.

> [**4.212**] IId-2-MT: *Comunque mamàmm', in guefti giorni, un po' per motivi di anzianità e tutto, quando parla con la nipoti, tante volte ingomincia con l'italiana anghe se loro non capiscono italiano.*

Segue un'elencazione delle singole lingue funzionali rappresentate da ciascuno dei cinque arcigradata menzionati sopra.[157]

L'arcigradatum basilettale *Italoromanzo non difettivo* (IR+) rappresenta in chiave diacronica sei gradata basilettali:
- il Dialetto non difettivo (D+), per la prima fase,
- il Dialetto non difettivo (D+) e l'Italiano difettivo (o popolare) (I–), per il primo periodo della seconda fase,
- l'Italiano non difettivo (o regionale) (I+) e il Dialetto difettivo (o italianizzato) (D–), per il secondo periodo della seconda fase, e infine
- l'Italiano non difettivo (o regionale) (I+), per il terzo periodo.

L'arcigradatum *Italoromanzo difettivo* (IR–), denominato *Broken Italian* da diversi informatori, rappresenta:
- il Dialetto difettivo (D–), per la prima fase,
- il Dialetto difettivo (D–) e l'Italiano ulteriormente difettivo (I– –), per il primo periodo della seconda fase,
- l'Italiano difettivo (I–) e il Dialetto ulteriormente difettivo (D– –), per il secondo periodo della seconda fase, e infine
- l'Italiano difettivo (I–), per la terza fase.

---

156 Si vedano ad esempio le affermazioni 4.184 e 4.202.
157 Si veda anche la presentazione grafica (fig. 4.6).

Il terzo arcigradatum italoromanzo è l'*Italoromanzo doppiamente difettivo* (IR- -), che rappresenta le seguenti lingue funzionali nelle singole fasi (e negli eventuali rispettivi periodi) del contatto, parlate come varietà secondarie dagli italoamericani di seconda generazione:
- il Dialetto doppiamente difettivo (D- -), per la prima fase e per il primo periodo della seconda fase,
- l'Italiano doppiamente difettivo (I- -), per il secondo periodo della seconda fase, e per la terza fase.

Passando ora agli arcigradata di base inglese, l'*American English non difettivo* (AE+), noto anche come *Italian accent*, rappresenta quattro lingue funzionali omofone, identificate in tutte e tre le fasi e parlate come varietà *primaria* dagli italoamericani di seconda generazione e oltre.

Anche l'*American English difettivo* (AE-) rappresenta quattro lingue funzionali omofone, parlate però come varietà secondarie dagli emigrati italiani in ciascuna delle fasi.

La percezione a gradi dell'architettura del contatto da parte dei parlanti si riflette anche nelle svariate denominazioni, attraverso le quali sono state spontaneamente distinte le singole varietà di contatto. Tra i molteplici criteri cognitivi, sui quali sono basate le denominazioni, risaltano:
- il criterio *linguistico*, negli esempi: «italiano grammaticale», «italiano sgrammaticato», «Italian accent», «italiano dialetto», «standard speech», ecc.,
- il criterio *diacronico*: «dialetto all'antiga», «dialetto antico», «italiano dell'Ottocento», «italiano di oggi», ecc.,
- il criterio *diafasico*: «italiano enfatico», «italiano cafone», «dialetto ignorante», «iddialettə ruzzə», «dialetto rammodernatə», «italianu comu si virə 'nta 'a televisiuni», «italiano scolastico», «italiano stereotipato», «lingua aulica», ecc.

Appaiono molto espressive alcune denominazioni che affondano le proprie radici nella cultura popolare degli emigrati italiani, specialmente in quella culinaria, ampiamente dialettale. Queste si riferiscono alla difettività delle varietà di contatto di base italoromanza, quindi alle lingue funzionali collocabili negli arcigradata IR- e IR- -. Si tratta delle denominazioni *minəʃtrunə* 'minestrone' e *trìccha-tròccha* 'fuochi d'artificio', registrate nel corso dell'intervista a quattro signore italoamericane di prima e seconda generazione, di origine abruzzese, marchigiana e laziale. Seguono i due rispettivi brani dall'intervista.

'lu minəʃtrùnə'

[4.213] EP: *E che cosa mischiate quando parlate?*
I-3-SL: *Aha. Miʃtəkə* <qui: mischiare> *evərtink* (everything), *bruzzesə, marchigianə, italianə, inglesə* :: <ride>
IId-1a-MS: *Lu diəlett', lu pochə l'italian'. Dəpendə a commə ti trovə, ju no* (you know)? | *dəpende chə chi parla. E tə scappə sembrə quacchə parolə meriganə, tuttə chellə parolə che lo usə sembrə. È faʦəle. Facciam' 'nu minəʃtrunə! Tipə 'nu minəʃtrunə,* <ridono> *lə patan', lə faggiulə, la vərdurə... tuttə, tuttə stə robbə questə qui! È cuʃì quandə parləmə nuiə: tuttə miʃchiatə! Cerchiamə che sə ciə putèmə capì.*
EP: *E vi capite?*
IId-1a-MS: *Oh, senz'altrə.*
I-3-SL: *Se no parləmə chə ɫi mannə!*
IId-1a-MS: *'Nu pocchə chə le mannə, 'nu pocchə 'talianə!*
I-2-GV: *Sə ti n' ə capəʃùt n' u dialett', məttém' 'nu pocch' də merigàn' in mezz', məttém' 'nu pochə də 'taɫianə in mezz'.*
I-3-SL: *Sal' e pepə!* <ridono>.
IId-1a-MS: *'Nu məniʃtronə, t'ho ðetto!*
I-2-SL: *Semə tuttə figliə də mammə!*

'trìcchə-tròcchə e mani chə ɫ'inginə'¹⁵⁸

[4.214] IId-1a-MS: *Ecchə, ch'è un miʃchiə, ju no* (you know)?, *tuttə miʃtəcàtə!*
I-3-SL: *È la lingua də tuttə 'taɫianə. Trìcchə-tròcchə e manichə d'ingìnə!* <ridono>.
I-2-GV: *Cricch' e crocch' e mani gə ɫ'ingìn'.* You have a bough (---) and you have a hook on it, and you get, ahm, the trees, if you want to get them down, whatever. Maniche di ingina. So: *cricch' e crocchə e mani chə ɫ'inginə, d'inginu!* <ridono tutti>.

Altrettanto interessante è constatare denominazioni simili tra gli emigrati italiani appartenenti a minoranze linguistiche. Un emigrato italoalbanese molisano ha usato spontaneamente le voci ialb. *fërtatë* < mol. *fərtatə* 'frittata' e *'nsalatə* 'insalata' per indicare le varietà di contatto difettive usate dagli emigrati italoalbanesi negli Stati Uniti, ovvero l'Italoalbanese difettivo[159] (l'italoalbanese esposto all'influsso del dialetto molisano, dell'italiano e dell'*American English*) e l'Italiano difettivo (esposto all'influsso dell'*arbërisht*, del dialetto molisano[160]

---

158 Qui *mani chə ɫ'inginə* significa letteralmente 'mani con l'uncino, protesi'. Fraseologismo dialettale, registrato anche nella varietà siciliana di Milazzo nella forma [krìk ɛ krɔ̀k: ɛ màːnikə i ʃàːsku], che si tradurrebbe: *Tricche tracche* <qui: onomatopeico dialettale per fuochi d'artificio> *e mano monca* (con l'uncino). Si usa qui per mettere in rilievo l'imprevedibilità di un'azione. I fuochi d'artificio sono imprevedibili e possono causare danni, ad esempio a mozzare la mano a chi li fa.
159 Si vedano i cenni in Prifti (2007), in particolar modo alle pagine 289–290.
160 Si vedano i cenni in Prifti (2007, 279–285) e in Prifti (2011a, 200–204).

e dell'*American English*). Segue il brano dell'intervista contenente le due denominazioni.

'fërtatë', ''nsalatə'

[4.215] IIia-1a-PM: *Comunque, aj ro no come avete parlato qui*. Nëng di si flartët ju k'tu! Bëmi fërtatën, *la fərtata, come si chiama? Madonna!*
EP: *Una frittata*.
IIia-1a-PM: *Facciam' una frittata. 'Na 'nsalatə. Mettiamo un po' di albanese*, disa 'talian', disa 'merican' – *un miscuglio di lingue*.

IIia-1a-PM: Comunque, *I dont know* come avete parlato qui. Non so come avete parlato qui! Noi «facciamo la *fërtata*», la «*fərtata*», come si chiama? Madonna!
EP: *Una frittata*.
IIia-1a-PM: Facciamo una frittata. Un'insalata. Mettiamo un po' di albanese, un po' di italiano, un po' di americano – un miscuglio di lingue.

LE UNITÀ ARCIGRADATUALI: *ITALESE* E *AMERICALIANO*

Segue ora l'ultimo livello di generalizzazione degli arcigradata nell'architettura complessiva del contatto. Dall'analisi dei dati empirici inerenti al sapere riflessivo funzionale dei parlanti risalta in alcuni casi una percezione bipolare dell'area di contatto. Vengono accomunati indistintamente i gradata della stessa lingua storica in contatto, senza quindi tenere conto del fattore generazionale. Le osservazioni fatte poco sopra circa la denominazione «minestrone» sono un'ottima illustrazione di questo fenomeno. La classificazione dei parlanti, in questo caso, è stata basata sull'appartenenza genetica comune delle varietà italoromanze di contatto.

L'unità arcigradatuale di base italoromanza (IR– e IR– –) è nota come *Italese*, una creazione (*ital*iano + ingl*ese*) che richiama l'ibridazione linguistica. Questa denominazione, che è poco frequente tra i parlanti, è stata registrata spontaneamente presso due informatori.

[4.216] EP: *E che nome darebbe a queste forme linguistiche miste - come le ha chiamate Lei – che usano gli italoamericani?*
IId-1a-CM: *Si chiama* Italese, *italiano inglese, un misto*.

[4.217] IIi-1a-TB: *Io penso che* Italese *si addica meglio a questo tipo di linguaggio, come parola. Non lo so. Mi dà questa sensazione. Più che | (...). Italiano-inglese, un'abbreviazione. Io penso che* :::*. Perché no?*

L'articolo poco noto Alfonsi 1992, dedicato all'italoromanzo parlato a Filadelfia, ha esplicitamente il titolo *L'Italese*. Analogamente, l'insieme degli arcigradata di base inglese (AE– e AE+) è stato denominato – come già descritto (4.1.3) – *Americaliano* (*American* + It*aliano*).

L'insieme delle due unità arcigradatuali *Italese* e *Americaliano* compone la zona mesolettale.

Nel riassumere, dunque, i risultati delle indagini sul sapere riflessivo contattuale degli italoamericani, centrando il focus sul contatto nella sua intera durata, risulta la seguente elencazione di arcigradata, rappresentati infine nel grafico dell'architettura complessiva del contatto.

ACROLETTO
- **AE++**: *Standard American English*
    - *American English* standard normativo, esogeno e virtuale
    - «standard speech», «inglese aulico», ecc.

BASILETTO
- **IR+**: Italoromanzo non difettivo
    - Italoromanzo endogeno e virtuale degli italiani prima di emigrare
    - «italiano corretto», «italiano regionale», ecc.

ZONA MESOLETTALE
- **AE+**: *American English* non difettivo
    - *American English* endogeno e reale degli italoamericani di seconda generazione e oltre
    - «Italian accent», «inglese con accento», ecc.
- **IR– –**: Italoromanzo doppiamente difettivo
    - Italoromanzo endogeno e reale degli italoamericani di seconda generazione e oltre, ecc.
    - «italiano finto», «italiano orribile», «brocchitaliàno proprio», «very broken Italian», ecc.
- **IR–**: Italoromanzo difettivo
    - Italoromanzo endogeno e reale degli italoamericani di prima generazione
    - «broken Italian», «il nostro italiano», ecc.
- **AE–**: *American English* difettivo
    - *American English* endogeno e reale degli italoamericani
    - «broken English», «inglese scorretto», «inglese rotto», ecc.

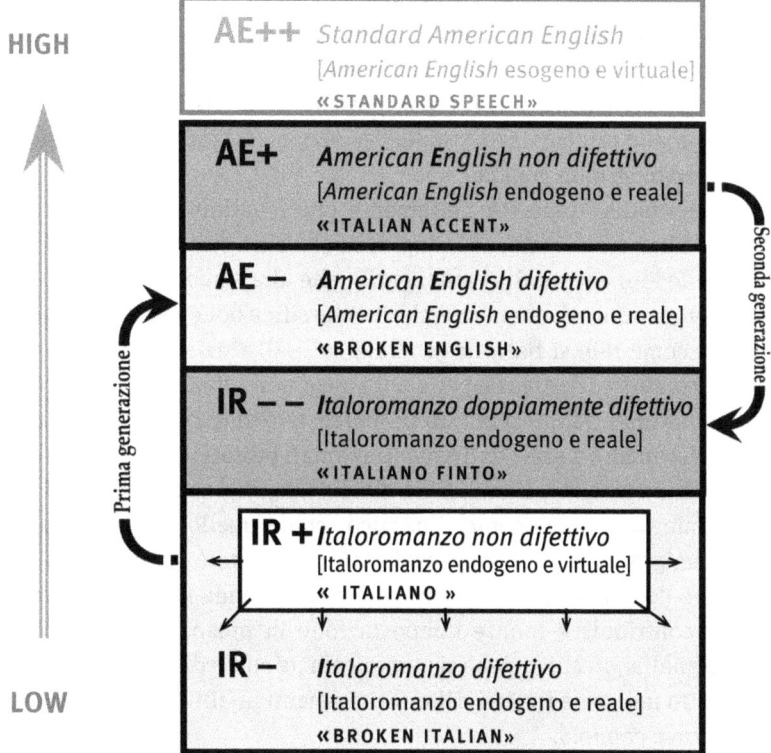

Fig. 4.6: Architettura generale del contatto italoamericano

Tre valutazioni *quantitative*

La costellazione più frequente del contatto attualmente è quella esaminata in 4.2.2, relativa quindi al primo periodo della seconda fase. La stragrande maggioranza delle famiglie italoamericane, nelle quali l'italoromanzo trova *tuttora* uso, è emigrata appunto durante la seconda fase del contatto, partendo soprattutto dal Centro e dal Meridione, prevalentemente dalle realtà rurali, dove il dialetto continua a far concorrenza all'italiano. Tenendo invece conto del contatto nella sua intera estensione temporale, la situazione di contatto più frequente è quella analizzata all'interno della prima fase (4.2.1). La situazione di contatto di gran lunga meno frequente è invece quella descritta a proposito della terza fase di contatto.

Continuum o gradatum?

Esaminare in chiave teorica la descrizione dell'architettura del contatto da parte dei parlanti significa interpretare la strutturazione della zona mesolettale, che divide a grandi linee i creolisti dai variazionisti. La questione che si pone è dunque se la zona mesolettale del contatto italoamericano rappresenti un *continuum* o una gradazione. A questo riguardo, nell'ambito della ricerca sul contatto italoamericano, non vi è stata alcuna presa di posizione. Saltarelli (1986) e Di Pietro (1986) si occupano principalmente della descrizione del processo di erosione dell'italoromanzo in termini generali.

La presente analisi dimostra nettamente che i parlanti possiedono un sapere riflessivo ben strutturato. Le indagini rivolte sia a ciascuna delle fasi di contatto – e delle loro eventuali componenti – che alle singole generazioni di parlanti, comprovano uniformemente che la classificazione della variazione è prototipica e come tale si basa in generale sulla distinzione spontanea di una varietà di contatto difettiva rispetto a un'altra non difettiva o meno difettiva. L'area contattuale rappresenta, nella percezione degli informaori italoamericani, una struttura a scale di lingue funzionali prototipicamente distinte e gerarchicamente correlate. L'analisi ha dimostrato, dunque, che anche nel caso di un contatto estremamente dinamico, come quello italoamericano, generato dall'emigrazione, la zona mesolettale del contatto rappresenta nel sapere riflessivo dei parlanti una struttura a gradi. A fondamento ulteriore di tale conferma contribuisce inoltre l'impostazione in prospettiva diacronica della presente analisi, in cui si tiene sistematicamete conto di tutte le costellazioni del contatto nelle sue tre fasi. Ulteriori elementi analitici in proposito si trovano nell'ottavo capitolo.

4.3 Conclusioni generali relative al sapere linguistico degli italoamericani

L'obiettivo dell'analisi diacronica del sapere linguistico dei parlanti, in quanto primo passo dell'analisi pluridimensionale delle dinamiche del contatto, è stato quello di descrivere il sapere idiomatico e riflessivo degli italoamericani inerente al contatto tra italoromanzo e inglese nella sua intera estensione nel tempo e nello spazio. A questo scopo si è rivelato decisivo tenere sistematicamente presenti, nel corso dell'analisi, soprattutto tre fattori determinanti:

1. la suddivisione del contatto in tre fasi secondo la costellazione del basiletto e, al loro interno, la distinzione dei singoli periodi di emigrazione, rivelatasi decisiva per l'analisi delle dinamiche del contatto durante la seconda fase,

2. la collocazione dei singoli informatori nelle varie generazioni di emigrazione, che si rispecchia anche nella qualità del loro sapere linguistico riflessivo, e

3. la collocazione delle singole famiglie o di gruppi di informatori nelle varie situazioni di contatto (tipo di enclave).

L'esame del sapere linguistico riflessivo consiste nell'analisi del sapere riflessivo diasistemico e di quello riflessivo funzionale. L'analisi del sapere riflessivo diasistemico è stata incentrata sulla dimensione diatopica, in riferimento a ciascuna delle tre lingue storiche in contatto (l'inglese, il dialetto primario – inteso come lingua storica – e l'italiano). Soprattutto tramite la distinzione di quattro livelli di differenziazione diatopica (microdiatopico o locale, regionale, sovraregionale e macrodiatopico) è stato possibile analizzare sistematicamente la qualità del sapere riflessivo diatopico dei parlanti, condizionata dalla loro appartenenza generazionale. La percezione della variazione nello spazio avviene su base cognitiva; gli informatori si sono riferiti a divergenze linguistiche materiali, riconducibili di regola a tutti i livelli grammaticali. Ai fini di una descrizione maggiormente completa e oggettiva del sapere geolinguistico dei parlanti di prima generazione, è stato necessario collocarli sistematicamente nella categoria attiva o in quella passiva. In quest'ultima rientrano i nonni, che rappresentano un fattore stabilizzatore importante del sapere idiomatico in ambito italoromanzo, anche di quello degli italoamericani di seconda generazione.

L'analisi del sapere riflessivo funzionale è orientata alla percezione dell'architettura del contatto da parte dei parlanti. Da un lato le interviste variazionali migrazionali, effettuate a un ampio *sample* di informatori suddivisibili in cinque generazioni d'emigrazione e scelti miratamente sulla base di criteri sociolinguistici e migrazionali, e dall'altro l'ampio corpus epistolare, documentario e letterario, hanno permesso una raccolta di dati empirici sufficienti a compiere una descrizione sistematica del sapere contattuale degli italoamericani nel corso almeno degli ultimi 150 anni circa. Durante questo lasso di tempo il contatto tra italoromanzo e *American English* è contraddistinto costantemente da un dislivello di prestigio in favore dell'ultimo. Il processo di convergenza che caratterizza il contatto è correlato all'erosione progressiva del basiletto. La descrizione del sapere riflessivo funzionale durante la seconda fase di contatto, inoltre, è particolarmente complessa per l'integrazione del rapporto diglossico tra dialetto primario e italiano (in Italia) *prima* dell'emigrazione nella nuova diglossia tra *American English* e italoromanzo *in* emigrazione. Ne deriva la distinzione di *due* costellazioni della pluriglossia da analizzare: la prima relativa agli emigrati italiani bilingui primariamente *dialettofoni*, e la seconda concernente quelli primariamente *italofoni*.

Quale dato più importante emerge che per ciascuna delle tre fasi di contatto l'area mesolettale risulta strutturata a *gradi correlati armonicamente* tra loro. La zona mesolettale, composta di lingue funzionali ben distinte, costituisce nella percezione dei parlanti una struttura a gradi e non un *continuum*. I sostanziali parallelismi tra i gradata analoghi nelle singole fasi permettono di delineare arcigradata, la cui correlazione gerarchica rappresenta l'architettura complessiva del contatto in prospettiva diacronica. Tra l'acroletto (AE++) e il basiletto (IR+), ovvero l'Italoromanzo non difettivo, di prima dell'emigrazione, figurano quattro arcigradata, due per ciascuna lingua di contatto.

In chiave generazionale e sulla base della valenza comunicativa (varietà primaria vs. secondaria, terziaria) si hanno l'Italoromanzo difettivo (IR−), noto come *Broken Italian*, parlato come varietà primaria dagli emigrati di prima generazione, e la loro varietà secondaria, l'*American English* difettivo (AE−), chiamato comunemente *Broken English*. Nel caso degli italoamericani di seconda generazione, con l'inglese come lingua primaria, si hanno da un lato l'*American English* non difettivo (AE+), contraddistinto dalla presenza limitata di interferenze dall'italoromanzo, noto come *Italian accent*, e dall'altro la varietà secondaria, l'Italoromanzo doppiamente difettivo (IR− −), denominato «brocchitaliàno proprio», caratterizzata soprattutto dalla presenza di numerose interferenze dall'*American English* e dall'erosione.

Dall'analisi del sapere riflessivo degli italoamericani emerge che la qualità del sapere linguistico acquisito in Italia dagli italoamericani di prima generazione, quindi prima di emigrare, determina in emigrazione sia la qualità del loro sapere, che quella delle generazioni successive di italoamericani.

È stata, infine, constatata presso i parlanti una percezione prototipica *bipolare* della zona mesolettale. In diversi casi essi hanno distinto per un verso l'unità arcigradatuale di base italoromanza (IR− e IR− −), chiamata *Italese*, e per l'altro il cosidetto *Americaliano*, l'unità arcigradatuale di base angloamericana (AE+ e AE−). La zona interlettale risulta dunque composta dall'*Italese* e dall'*Americaliano*. Di particolare interesse è lo studio delle forme dell'*Americaliano*, più stabili nello spazio, specialmente in quello urbano. In quanto varietà dell'*American English* di base etnica, entrambe rappresentano dei tasselli del «mosaico» diatopico dell'*American English* a livello locale. Le varietà etniche, nel quadro della differenziazione diatopica, possono quindi essere messe in relazione con la teoria del sostrato.

5 Il comportamento linguistico degli italoamericani

Conclusa la prima tappa dell'analisi migrazionale pluridimensionale, in cui sono stati descritti il sapere idiomatico e quello riflessivo dei parlanti, la variazione va esaminata nella prospettiva dell'*uso* linguistico. La seconda tappa analitica consiste dunque nella descrizione della lingua in quanto ἐνέργεια, un ampio concetto, questo, introdotto da Aristotele[1] ed esaminato in chiave linguistica migrazionale in Prifti (2014). Esso corrisponde all'*attività del parlare* (*Tätigkeit des Redens*) secondo Lausberg,[2] ovvero all'*attività* (*Tätigkeit*) di cui parla Coseriu.[3] In questa seconda tappa analitica viene data risposta, tutto sommato, al noto quesito metapragmatico posto circa mezzo secolo fa da Joshua Fishman: *Who speaks what language, to whom and when*? Aggiuntivamente viene prestata attenzione soprattutto all'analisi delle cause e della motivazione del comportamento linguistico. È inoltre fondamentale esaminare attentamente, sulla base dell'uso linguistico, anche la valenza comunicativa specifica, reale e virtuale, individuale e collettiva, di ogni gradatum identificato nell'ambito dell'analisi del sapere linguistico.

L'analisi del materiale empirico dimostra che le scelte operate dai parlanti plurilingui nel loro comportamento linguistico, ovvero nell'uso (o meno) dei singoli gradata, variano non solo secondo l'appartenenza generazionale dei parlanti, ma anche secondo la fase (o periodo) di contatto. Anche le indagini sul comportamento linguistico degli italoamericani, analogamente a quelle compiute per l'analisi del sapere riflessivo funzionale (4.2), sono impostate sul criterio diacronico-contattuale; esse sono condotte, cioè, in primo luogo separatamente, per ciascuna delle tre fasi di contatto (5.1–5.3).

In secondo luogo viene tenuto presente il criterio generazionale; vengono considerate, cioè, le modalità d'uso dei gradata parlati, da un lato, dagli emigrati di prima generazione e, dall'altro, dagli italoamericani di seconda generazione e oltre. Ne deriva la suddivisione di 5.1, 5.2 e 5.3 rispettivamente in due sottocapitoli.

In terzo luogo vengono analizzati sistematicamente gli effetti delle determinanti dell'uso[4] topiche, stratiche, fasiche e mesiche per ciascuna delle lingue funzionali.

---

[1] Si veda in proposito quanto già detto in 2.1.3 e 2.1.3.2.
[2] Cf. Lausberg (1969, 30).
[3] Cf. Coseriu (1988b, 71).
[4] Si rinvia ai cenni teorici in 2.1.3 e 2.1.3.2.

5.1 Prima fase del contatto

Dalla descrizione compiuta nel corso dell'analisi del sapere linguistico, la zona mesolettale del contatto tra dialetto di base e *American English* risulta composta, durante la prima fase, da quattro lingue funzionali. Verrà dunque compiuta un'analisi delle dinamiche dell'uso di ciascuna di esse, in chiave generazionale e alla luce delle determinanti dell'uso fasica, stratica e topica, a partire dal gradatum primario di ciascuna generazione. Non sono escluse dall'analisi quelle varietà di contatto già abbandonate, o in avanzato declino, nella comunicazione quotidiana della comunità italoamericana e vengono menzionate, laddove possibile, le motivazioni fornite a riguardo dagli intervistati stessi.

Per i singoli periodi della prima fase, specialmente quello della Grande Emigrazione, vengono segnalate le specificità rilevate nelle scelte d'uso dei parlanti, con particolare riguardo alla situazione nelle *Little Italies*.

5.1.1 Prima generazione

Le lingue funzionali *reali* parlate dagli italiani di prima generazione sono il Dialetto difettivo (D–) e l'*American English* difettivo (AE–). Il basiletto, vale a dire il Dialetto non difettivo (D+), parlato in Italia prima dell'emigrazione, rivela, come già accennato nel capitolo precedente, tratti virtuali, se visto dalla prospettiva dell'emigrazione. Nel caso di D+, quindi, e per tutte le varietà di contatto virtuali indicate nel corso di questo capitolo, occorre parlare di non-selezione.

È fondamentale tenere conto, riguardo agli italoamericani di prima generazione, del loro comportamento linguistico precedente all'emigrazione. Data l'esiguità di testimonianze dirette in proposito, però, sono possibili indagini sistematiche soltanto a partire dalla seconda fase. Con ogni probabilità il dialetto ha rappresentato – specialmente nelle realtà rurali – il mezzo linguistico esclusivo per la comunicazione orale e, come tale, era ovviamente dotato di tutto il potenziale stilistico necessario a fungere anche da «lingua di distanza», come hanno testimoniato chiaramente anche gli informatori.[5]

---

[5] Si vedano, in 6.2.1.2, anche le annotazioni sulle varianti del pronome personale di seconda persona.

[5.1] IId-1a-LM: *Cinquand'anni fa, mèbi.*
IId-1a-SM: *Sì. Nei tiemb' andichi chiḍḍi c'aviànu :: – imbortanti –, terrə, cos', ci jèra «S'abbenedichə cavalierə!», «S'abbenedichə, onnurabəli!» or | a tutti ci dicìa «S'abbenedica!», ['bɑ 'nɑ:] un ḏzə sa cchjù. «Baciamo le mani cavaliere!», in tembi andichi...*
IId-2-AM: *For what? Just to bless you?*
IId-1a-LM: *No, no blessə. Pi' ddiri a chiḍḍu 'mbortante ca tu ssi* [lɔ'klɑ:s:ə].

IId-1a-LM: Cinquant'anni fa, *maybe.*
IId-1a-SM: Sì. Nei tempi antichi quelli :: – importanti – possedevano terra, cose, c'era «S'abbenedichə cavalierə!», «S'abbenedichə, onnurabəli!» or | a tutti si diceva «S'abbenedica!», *but now* non si sa più. «Baciamo le mani cavaliere!», nei tempi antichi...
IId-2-AM: *For what? Just to bless you?*
IId-1a-LM: No, non per la benedizione (*bless*). Per dire a quello importante che tu sei *low class.*

Va menzionato per completezza anche l'uso dell'italiano, limitato pressoché[6] esclusivamente alla comunicazione scritta – dovuto a determinanti mesiche – da parte di un ridottissimo numero di italiani emigrati durante la prima fase, come dimostra la sezione epistolare del corpus empirico (2.3.2).

5.1.1.1 L'uso del Dialetto difettivo (D–)

Per gli italoamericani di prima generazione la varietà di contatto Dialetto difettivo ha rappresentato, durante l'intera fase, la lingua di comunicazione all'interno della famiglia e della comunità italoamericana. Ma i domini dell'uso del Dialetto difettivo risultano ancora più vasti se si considerano, per un verso, gli ultimi due periodi (in particolar modo il terzo) – al loro interno specialmente le enclavi sovraregionali del tipo *Little Italy* – e, per l'altro, i parlanti della categoria passiva. Le determinanti dell'uso più rilevanti appaiono quelle sinfasiche, che consistono innanzitutto nella selezione generica[7] e abituale del dialetto, in circostanze pragmatiche neutrali, vale a dire non marcate. Questa interpretazione trova molteplici riscontri anche nella produzione letteraria, spesso di carattere documentario, sulla realtà italoamericana. Michael LaSorte, ad esempio, descrive il Dialetto difettivo nelle *Little Italies* – l'*Itaglish*, secondo la sua definizione – come un «(...) utilitarian, everyday language of great flexibility, spoken within the family, at work, and among peers. Italian businessmen developed the idiom to a fine art in order to communicate with customers of different dialectal traditions. Politicians and the *prominenti* of the Italian colonies found it very serviceable.»[8] Sono numerose anche le testimonianze dirette degli informatori di seconda generazione circa il comportamento linguistico dei propri parenti e connazionali

---

6 Nelle lettere degli emigranti si trovano sporadicamente anche brevi tratti in dialetto.
7 Cf. quanto detto in proposito in 2.1.1.4.
8 Cf. LaSorte (1985, 159).

di prima generazione, in cui si conferma l'uso pressoché esclusivo del dialetto all'interno della comunità italoamericana:⁹

> **[5.2]** I-3-SL: *Mio padre parlev' italianə e noi tuttə avemm' a parlà 'talianə. (...) Noi parliamə tuttə 'talian' a casa. Tuttə parleva 'talian' a casa.*
> EP: *Italiano o dialetto?*
> I-3-SL: *Dialettə. Comə teng' a parlà adessə iə, così parlemmə.*

Più avanti (5.2.1) sarà dimostrato che tale situazione si è protratta fino agli anni '60.

Quanto alle determinanti sintopiche, disponendo di poche indicazioni in proposito, è possibile soltanto ipotizzare che la tendenza degli emigrati era quella di usare i propri dialetti locali anche nella comunicazione al di fuori della famiglia (tab. 5.1):

> **[5.3]** EP: *Se loro due <qui: I-2-TL e IId-1p-VG> dovessero incontrarsi, in che lingua parlerebbero?*
> I-2-TL: *Mamamì e Vita? O je (yea), in dialettə.*
> IId-2-MT: *Quandə si parlanə tutti giorni al telefənə, sempr' in dialett'.*

Altrettanto esigui sono i dati empirici su cui poter basare l'analisi delle determinanti stratiche della scelta d'uso. Dall'esame materiale di alcune lettere di emigrati si può constatare che il gradatum D– rappresentava il codice usuale nella comunicazione orale tra italoamericani, indipendentemente dall'appartenenza sociale.

5.1.1.2 L'uso dell'*American English* difettivo (AE–)

Per un'analisi adeguata dell'uso del gradatum AE–, la varietà secondaria di contatto degli italoamericani di prima generazione, va tenuta sistematicamente presente l'appartenenza dei parlanti alla categoria attiva o a quella passiva. Per questi ultimi, quantitativamente inferiori, è più corretto parlare di non-selezione dell'AE–, dato il loro sapere idiomatico particolarmente frammentario in inglese, come già descritto in 4.1.

Per gli italoamericani della categoria attiva, specialmente durante il secondo e il terzo periodo della prima fase, l'uso dell'inglese, quindi dell'AE–, risulta saldamente e direttamente legato alla mobilità sociale.[10] Le determinanti

---

9 Si veda anche la citazione 4.151, della stessa informatrice.
10 Si tratta, secondo Keller (1990, 116), di un «(...) Bestreben, mit ihrem sprachlichen Handeln, sozial erfolgreich zu sein.»

dell'uso erano, infatti, innanzitutto sinstratiche,[11] come dimostrano le denominazioni date da vari autori all'inglese degli emigrati italiani, quali ad esempio: «(...) lingua del guadagno, della civiltà, del progresso nella patria nuova»,[12] o il titolo stesso di Prezzolini 1939, *La lingua della «giobba»*.[13] Si cristallizza così una chiara divisione tra i domini dell'uso dell'inglese (AE–), da un lato, e quelli dell'italoromanzo (D–), dall'altro. Lo fa notare esplicitamente, tra gli altri, anche Eduardo Migliaccio, in una sua macchietta: «Nella mia casa tutti tengono due lingue, taliana e mericana. Fuori si parla mericano, dentro si parla taliano.»[14]

All'interno soprattutto di enclavi italoamericane compatte, si notano in genere divergenze nella scelta d'uso o meno dell'inglese da parte degli italoamericani di prima generazione. Queste combaciano tendenzialmente con le differenze tra emigrate ed emigrati inerenti al sapere idiomatico in inglese.[15] Si tratta quindi, in questo caso, di determinanti sinfasiche dell'uso. Per un giudizio, invece, sulle determinanti sintopiche dell'uso, il materiale empirico a disposizione risulta troppo esiguo. Tenendo però conto della duplice differenziazione diatopica dell'inglese parlato dagli emigrati italiani, descritta sopra in 4.1.2.1 e 4.1.3.3, si può parlare di uso in parte generico delle varietà topiche dell'*American English* specifico delle rispettive aree di residenza.

5.1.2 Seconda generazione e oltre

Non viene fatta distinzione sistematica tra i parlanti delle generazioni successive alla prima, risultando esigui le divergenze nel loro comportamento linguistico, specialmente riguardo alla scelta d'uso dell'inglese. Vengono ora analizzate le dinamiche dell'uso che essi fanno dell'*American English* non difettivo (AE+) e del Dialetto doppiamente difettivo (D– –), che rappresenta la loro varietà secondaria.

Per un'analisi adeguata è importante distinguere, da un lato, le dinamiche del comportamento linguistico degli italoamericani di seconda generazione fino

---

11 Jablonka mette giustamente in rilievo che «(...) Individuelle Verwendungsmotive, die an soziale Mobilität gekoppelt sind nicht zu den diaphasischen, sondern zu den diastratischen Gebrauchsdeterminanten zu rechnen <sind>, (...) weil es regelgeleitetes sprachliches Handeln vorliegt, das an die soziale Stratifikation der Gesellschaft gebunden ist und auf die sprachlich vermittelte Akzeptanz des Sprechers in der angesteuerten Schicht abzielt.» (cf. Jablonka 1997, 184).
12 Cf. Bernardy (1913, 92).
13 Cf. anche una testimonianza dal corpus empirico:
[5.4] I-2-AM: *Vanno al lavoro e parla | sempre a parlare inglese.*
14 Tratta da *L'italiano al 100/100*, in Haller (2006b, 141).
15 Si veda in proposito anche 5.1.3.

all'età scolare e, dall'altro, quelle a partire dall'inizio della frequentazione delle scuole. Va inoltre prestata attenzione anche all'influsso delle relazioni intergenerazionali sull'atteggiamento linguistico dei parlanti.

5.1.2.1 L'uso dell'*American English* non difettivo (AE+)

La varietà di contatto di matrice inglese, l'*American English* non difettivo (AE+), è la lingua funzionale primaria, usata genericamente, degli italoamericani di seconda generazione (e oltre). Anche in questo caso l'uso dell'inglese è ampiamente legato alla mobilità sociale, come è già stato evidenziato in 4.2.1.2. Le determinanti della scelta dell'inglese vanno quindi considerate primariamente sinstratiche.

Il fattore età risulta fondamentale per la dinamica della scelta o meno dell'inglese. Gli italoamericani in età prescolare di regola facevano uso – specialmente all'interno delle enclavi italoamericane – soltanto del dialetto italoromanzo, la loro madrelingua. Non utilizzavano invece l'inglese, che conoscevano ancora ben poco. Con l'inizio della formazione scolastica e vista l'importanza sociale dell'inglese, la situazione appena descritta subiva un cambiamento radicale, un ribaltamento. Da varietà di contatto prettamente secondaria, l'inglese diventava la lingua della scuola e con il cambiamento radicale della sua valenza comunicativa si trasformava rapidamente in varietà primaria.

[5.5] I-2-AM: *I ragazzi vann' a ʃkuòla, e s'imbara l'inglese.*

Apprendendo gli italoamericani la varietà endogena dell'*American English*, quella della località in cui sono cresciuti, si può parlare di determinanti topiche che condizionano la sua scelta, la quale nell'uso al di fuori della famiglia va considerata generica.

L'analisi del comportamento linguistico degli italoamericani di seconda generazione richiede che venga considerato anche l'influsso linguistico dei loro famigliari, parenti o connazionali di prima generazione. Esso è di ampia portata, come dimostra anche la testimonianza significativa del poeta John Ciardi:

> «In my childhood it was always two worlds. I have always felt that when you have a second language, you have three things: the first language, the second language, and the difference between them... I had to use a double standard: one thing out-of-doors and another thing indoors. It did not always work that way, that peaceably.»[16]

---

[16] Citazione da Mangione/Morreale (1992, 225).

Tra gli italoamericani di prima generazione ricoprono un ruolo di prim'ordine gli emigrati collocabili nella categoria passiva, che di regola sono i nonni. L'uso generico del gradatum D– da parte loro (5.1.1.2) ha determinato la graduale solidificazione del sapere idiomatico in dialetto dei nipoti. Per necessità, ma non di rado anche per rispetto, i nipoti non usavano l'inglese nella comunicazione con gli emigrati più anziani,[17] bensì il dialetto. Secondo alcune testimonianze dirette, la dipartita dei più anziani (dei nonni, ad esempio) provocava un cambio linguistico radicale all'interno del nucleo famigliare, vale a dire l'abbandono, o meglio la non-scelta, del dialetto da parte degli italoamericani di seconda e terza generazione.[18] In riferimento alla prima fase del contatto è significativa la seguente testimonianza diretta:

> [5.6] I-3-SL: *Susana parlèva benə 'taɫianə. (...) E quell'atrə due figliə mie, maʃkjə, parləvə purə 'taɫianə good. Adessə se jə parlə, lui tə capiʃə. 'Na votə ch'ha andatə lu nonnə e la nonna, allora n' se parɫa. Loro parɫ' ingles'.*

Si tratta quindi di determinanti sinfasiche, che condizionavano la non-scelta dell'inglese e, allo stesso tempo, la scelta del dialetto. Tali sono anche le determinanti della scelta dell'AE+ in seguito al capovolgimento della situazione pragmatica, con la dipartita dei più anziani. Appare chiaro il ruolo stabilizzatore – sia in riferimento al sapere che al comportamento linguistico – che hanno svolto i nonni nella conservazione del dialetto tra gli italoamericani di seconda generazione, e in qualche caso anche di terza, durante la prima fase del contatto.

Tra le determinanti della scelta del dialetto da parte dei parlanti di seconda generazione risulta particolarmente influente il fattore emotivo,[19] condizionato ideologicamente dalla percezione nostalgica selettiva della propria identità, specifica degli italoamericani di prima generazione. Il fattore emotivo e l'abitudine rappresentano entrambi delle determinanti stilistiche dell'uso.

5.1.2.2 L'uso del Dialetto doppiamente difettivo (D– –)

Nel descrivere (5.1.2.1) le dinamiche delle scelte d'uso del gradatum primario AE+ da parte degli italoamericani di seconda generazione, si è già accennato anche alla scelta da parte loro del gradatum secondario, il Dialetto doppiamente difettivo (D– –). Per questa categoria di parlanti, nella fase prescolare, detto uso

---

17 Si vedano le affermazioni 5.2, 5.6, 5.31, ecc.
18 Si veda in proposito anche l'analisi in Prifti (2014).
19 Sulla selezione emotiva si veda Jablonka (1997, 187–196).

era generico e rifletteva in fondo il comportamento linguistico degli italoamericani di prima generazione, specialmente di quelli collocabili nella categoria passiva. In tali condizioni, l'uso del D– – era dovuto a determinanti sinfasiche. Ma a partire dall'età scolare le situazioni in cui veniva (e viene) fatto uso del dialetto si sono ridotte gradualmente e in misura consistente. Nella testimonianza che segue, l'informatrice I-5-MJ si riferisce all'uso del dialetto da parte della propria nonna, italoamericana di seconda generazione:

> [5.7] I-5-MJ: *My grandmother would speak it* <il dialetto> *when she didn't want us to know, what they were talking, know what I mean?*

In questo caso si può parlare di uso occasionale in situazioni comunicative pragmaticamente molto marcate.

Anche in riferimento agli italoamericani di terza generazione, con un sapere idiomatico sufficiente in dialetto, la scelta del gradatum D– – risulta prevalentemente occasionale.

5.1.3 Brevi cenni sul comportamento linguistico nelle *Little Italies*

Vista la rilevanza socio-culturale delle *Little Italies* durante la prima fase del contatto, è importante fare alcune brevi osservazioni sul comportamento linguistico degli italoamericani all'interno delle enclavi sovraregionali. La ghettizzazione socio-culturale degli emigrati italiani nelle *Little Italies*[20] generava l'isolamento linguistico, al quale si riferiva Alberto Pecorini nel 1909, esprimendo la seguente opinione:

> «Quale bisogno, del resto, può sentire l'immigrato d'imparar l'inglese quando vive in mezzo ad una colonia, dove ha il padrone italiano, il teatro italiano, il giornale italiano, la birreria italiana, la chiesa italiana (...) e non ha alcuna aspirazione a confondersi cogli americani per poter un giorno essere pagato all'americana?»[21]

Eppure, in questo isolamento vi è un particolare dinamismo, per delineare il quale è sufficiente segnalarne qui di seguito tre tratti principali.

1. La ghettizzazione determina la conservazione del sapere idiomatico in ambito dialettale, in qualche caso addirittura in seguito al terzo passaggio generazionale. Ciò permette la scelta – persino generica, almeno temporaneamente –

---

[20] Si veda anche quanto già accennato in proposito in 3.1.3.1 e 4.2.1.3.
[21] In Durante (2005, 63). Si vedano altri accenni in Mangione/Morreale (1992, 161).

della varietà di contatto dialettale anche da parte di parlanti di terza generazione. È stato questo il caso, non di rado, di bambini italoamericani di terza generazione, cresciuti da nonni dialettofoni.[22]

2. L'isolamento linguistico ha determinato le divergenze sostanziali nel sapere idiomatico in inglese, riflesse persino nel comportamento linguistico all'interno della categoria attiva degli emigrati italiani. Gli uomini, soprattutto per necessità lavorative, erano decisamente più esposti all'inglese rispetto alle donne italoamericane, principalmente casalinghe, per le quali esso rimase di regola un miraggio. Sono svariate le testimonianze in proposito. Negli anni '10, ad esempio, a Enrico Sartorio capitava delle volte di sentire «(...) especially from Italian women who have lived in America for years (...) ‹I have been down to America today›, meaning that they have gone a few blocks outside the district of the Italian colony.»[23]

Altrettanto significativo è il seguente riassunto di Jerre Mangione e Ben Morreale:

> «It was not unusual for such a person [an immigrant mother] to spend most of her life in the new land without knowing any English. Unlike her husband, whose job might take him among Americans from whom he picked up enough English to be understood, his wife seldom had any occasion to hear the language. Nearly always she was in the company of relatives or other Italians. Whatever shopping she did was likely to be in stores operated by Italians. Her doctor and her dentist were Italian. Even if employed in a factory, more often than not she found herself among other Italian women who spoke dialects similar to her own.»[24]

Pur vivendo in America, dunque, in effetti esse si erano trasferite «(...) da un'Italia all'altra (...).»[25] Il loro sapere idiomatico in inglese, anche dopo decenni, consisteva piuttosto nel povero mosaico di quelle poche parole basilari apprese di regola indirettamente, dai propri famigliari e connazionali, realmente insufficienti a permettere loro di costruire anche i più elementari discorsi. Ciò condizionava la non-scelta dell'inglese da parte loro.

3. L'autosegregazione degli italoamericani generata, per un verso, dal conservatorismo e, per l'altro, dalla marginalizzazione da parte della società americana, produceva specialmente nelle *Little Italies* un netto conflitto culturale, che

---

[22] Si veda in proposito, ad esempio, la citazione 4.151, tratta dalla conversazione tra I-3-SL e IId-1a-MS, le quali si riferiscono alla competenza e al comportamento linguistico in dialetto delle proprie figlie, rispettivamente di terza e di seconda generazione.
[23] Cf. Sartori (1918, 19).
[24] Cf. Mangione/Morreale (1992, 224s.).
[25] Secondo Anthony LaRuffa, in Franzina (1995, 567, n. 42).

si riflette nel comportamento linguistico degli italoamericani, persino all'interno della medesima generazione. Da un lato c'erano gli emigrati tradizionalisti, che si distinguevano per l'uso generico del dialetto in quasi tutti i domini dell'uso. L'informatore IId-1a-SM descrive emblematicamente l'isolamento linguistico dei siculoamericani nella comunità italiana newyorkese del Queens, emigrati durante la Grande Emigrazione, come segue:

[5.8] IId-1a-SM: *U ziu – avia i figghji –, a zia – avia figghji, a nanə :: tutti ci parlavano 'talianə, e ḍḍi carusi nicchə 'un putianu, 'un si nd͡zignavanu mai. (...) Certə famigghjə (...) 'un s'ammìʃkənə tantu cu i mirican' assai, picchì tuttə i famigghjə ḍḍa si fann' u circulu che sono tuttə 'talian'. (...) Tutti, quannu vieni 'e l'Italia, certuni, (...) àbbitunu i stissi pajisani, e hannu pocu ṛa fari c' 'a lingua mmericana, e sempre si nd͡zègnunu cchjù piccha miricanu, e stanno int' a jiḍḍi, e parlanə cchjù ssai sicilianə siempə. ṛaṛu quannu | Iə sacciu cristiani, ca sunnu cca cinguand'anni e u giurnali miricanu 'un u lèggiunu mai, e parlunu cchjù picch' inglese di chiḍḍu ca hannu statu cca ṛui-tṛi anni. Picchì siempə si affannu sulu 'nto 'u gruppu ṛ' iḍḍu, (...) sempə, tutt' a vita, e parlunu u stessu dialettu (...), picchì stannu sempə c' i so amici (...). Pecché sempre hannu da fari sulu cu iḍḍu gruppu, si vannu a ṭravagghjari sulu si nd͡zignunu pocu paroli. Chiḍḍu cca hannu a fa' u ṭravagghju e bastə. (...) Quannu parlunu, parlunu cchjù ssai siciliani cca :.* | Lo zio – aveva dei figli –, la zia – aveva figli –, la nonna :: tutti ci parlavano in italiano, e i bambini piccoli non erano in grado, non imparavano mai <qui: l'inglese>. (...) Certe famiglie (...) non si mischiano molto con gli americani, perché tutte le famiglie là si fanno il circolo, che sono tutti italiani. (...) Tutti – quando vieni dall'Italia – alcuni, (...) abitano [con] gli stessi compaesani, e hanno poco a che fare con la lingua americana, e imparano sempre pochissimo inglese, e stanno sempre tra di loro e parlano sempre molto di più il siciliano. È raro quando | Io conosco gente che è qua da cinquant'anni e i giornali americani non li legge mai, e parlano meno inglese di quelli che sono stati qua due-tre anni. Perché stanno sempre solo in quel gruppo (...) sempre, tutta la vita, e parlano lo stesso dialetto (...), perché stanno sempre con i loro amici (...). Perché hanno sempre a che fare solo con quel gruppo. Se vanno a lavorare imparano solo poche parole. Loro qui devono soltanto fare il lavoro e basta (...). Quando parlano, parlano molto di più in siciliano qui :.

D'altro canto vi erano i cosiddetti (ironicamente) *Mmericani*, che a parere dei primi peccavano di snobismo culturale e linguistico. Questi tendevano a utilizzare impropriamente l'inglese persino in situazioni comunicative tradizionalmente legate al dialetto,[26] non di rado al punto di negare persino la propria appartenenza etnica, come descrive anche Bernardy:

«(...) i Giuseppe si trasformano in altrettanti Joe, e poco più tardi, in un inglese che magari ricorda ancora troppo da vicino l'accento di Caserta o di Campobasso per avere diritto

---

26 Si veda anche la citazione 4.138, tratta da Migliaccio.

di cittadinanza, vi risponderanno a faccia tosta: ‹No understand Eyetalian. Me American citizen›.»[27]

5.1.4 Sintesi: il comportamento linguistico durante la prima fase

Dall'analisi emerge che in generale, nell'uso delle lingue in contatto, prevalevano[28] le determinanti sociali, indipendentemente dall'appartenenza generazionale dei singoli parlanti (tab. 5.1). Il dialetto è risultato dunque la lingua famigliare *par excellence*, la lingua principale della comunicazione all'interno della comunità italoamericana. D'altro canto, l'*American English* rappresenta la lingua del lavoro, della mobilità sociale e dell'integrazione.

L'esame in chiave generazionale ha evidenziato alcune specificità fondamentali nell'uso di ciascuna delle quattro lingue funzionali mesolettali. I gradata usati dagli italoamericani di prima generazione sono il Dialetto difettivo (D–), vale a dire la varietà primaria di contatto, usato genericamente, e l'*American English* difettivo (AE–). I parlanti di seconda generazione e oltre usavano prevalentemente – almeno a partire dall'età scolare – l'*American English* non difettivo (AE+), ovvero la loro lingua primaria, soprattutto per la comunicazione con i non-italoamericani, ma di regola anche con gli italoamericani della seconda generazione e oltre. Il Dialetto doppiamente difettivo (D– –) trovava invece uso nella comunicazione famigliare, nella fattispecie con gli italoamericani di prima generazione. Cambiano, dunque, completandosi vicendevolmente, le modalità di scelta per ciascuna delle lingue funzionali (tab. 5.1). Per maggior chiarezza, i risultati dell'analisi dell'uso delle singole lingue funzionali sono riassunti nella tabella a seguire (5.1).

È emerso che la scelta d'uso delle singole varietà di contatto era motivata anche dalle determinanti geografiche, le quali, almeno per le lingue funzionali primarie di ciascuna generazione, si potrebbero considerare generiche. Vanno menzionate, infine, le determinanti stilistiche dell'uso, spesso condizionate dall'appartenenza generazionale dei parlanti. Vi rientrano anche le determinanti emotive e abitudinarie.

È fuorviante percepire le determinanti della scelta quali entità statiche, come dimostrano con evidenza le divergenze, spesso radicali, nella modalità

---

[27] Cf. Bernardy (1913, 92).
[28] Nella selezione del dialetto, ad esempio, confluivano anche diverse determinanti secondarie. Sarebbe errato considerare la scelta d'uso di un gradatum la conseguenza di un'unica determinante.

d'uso relative alla medesima generazione. Basti fare riferimento, ad esempio, nel caso della prima generazione, alla distinzione tra le categorie attiva e passiva di parlanti, o alla contrapposizione uomo vs. donna, specialmente nelle *Little Italies* dell'ultimo periodo della prima fase. In questo tipo di comunità le donne italoamericane e gli italoamericani della categoria passiva di regola non facevano uso dell'inglese. Lo stesso atteggiamento linguistico nei confronti dell'inglese lo assumevano, nelle medesime circostanze extralinguistiche, anche gli italoamericani di seconda, e in qualche caso persino di terza generazione, fino all'età scolare. Il comportamento linguistico del singolo parlante è dunque flessibile e in continua trasformazione, tanto più in situazioni di contatto contraddistinte da una dinamicità pronunciata, causata dalla migrazione.

È emerso, in generale, che i domini dell'uso delle lingue funzionali secondarie si restringevano gradualmente, fino a diventarne casuale l'uso, come è stato appurato più volte nel corso dell'analisi dei dati empirici. Va notato in proposito anche il fenomeno del cambio *collettivo* della lingua, che viene innescato all'interno dei nuclei famigliari dalla dipartita della generazione dei nonni (di regola collocabili nella categoria passiva), per investire poi la comunità italoamericana in generale. Si tratta dell'abbandono delle varietà italoromanze, vale a dire del cambio più radicale nella storia linguistica delle singole famiglie italoamericane durante la prima fase del contatto.

Di particolare interesse nell'ottica del comportamento linguistico si è rivelata l'analisi sistematica della realtà linguistica all'interno delle enclavi di tipo *Little Italy*.

LINGUA STORICA	LINGUA FUNZIONALE	GENERAZIONE PRIMA — Categoria 'passiva'			GENERAZIONE PRIMA — Categoria 'attiva'			GENERAZIONE SECONDA			GENERAZIONE TERZA (E OLTRE)		
		DETERMINANTI			DETERMINANTI			DETERMINANTI			DETERMINANTI		
		SIN-TOPICHE	SINSTRA-TICHE	SIN-FASICHE	SIN-TOPICHE	SINSTRA-TICHE	SIN-FASICHE	SIN-TOPICHE	SINSTRA-TICHE	SIN-FASICHE	SIN-TOPICHE	SINSTRA-TICHE	SIN-FASICHE
INGLESE	**AE+** non difettivo	╳	╳	╳	╳	╳	╳	+	+	+	+	+	+
INGLESE	**AE –** difettivo	╳	╳	╳	–/+	+	–/+	╳	╳	╳	╳	╳	╳
DIALETTO	**D – –** doppiamente difettivo	╳	╳	╳	╳	╳	╳	+/–	–	+/–	– –/+	–	–
DIALETTO	**D –** difettivo	+	–	+	╳	╳	╳	╳	╳	╳	╳	╳	╳

Legenda dei simboli

–	*niente* o livello *piuttosto basso* o livello *basso trascurabile*
–/+	livello *piuttosto basso*
+/–	livello *piuttosto alto*
+	livello *alto*

Nota: Sono state considerate solo le varietà *reali* del contatto e sono stati riassunti gli esiti dell'analisi relativa alla qualità delle determinanti sintopiche, sinstratiche e sinfasiche dell'uso (colonne) e della selezione delle singole lingue funzionali (righe). Analogamente alle tabelle riassuntive del capitolo 4.1, si distingue tra la prima, la seconda e la terza generazione (e oltre) di parlanti. I parlanti di prima generazione si suddividono nella categoria 'passiva' e in quella 'attiva'. Dal momento che i gradata AE+ e D– – sono parlati solo dagli italoamericani di seconda generazione e oltre, i valori relativi a questi due gradate sono stati indicati nella tabella solo negli spazi inerenti alla seconda generazione e oltre, mentre gli spazi corrispondenti in riferimento alla prima generazione di parlanti sono barrati. Lo stesso principio vale per i gradata D– e AE–, parlati dagli italoamericani di prima generazione. Per meglio descrivere la qualità dell'influsso delle singole determinanti sull'uso, si opera con un sistema di valutazione a quattro livelli, descritti nella legenda dei simboli.

Tab. 5.1: Il comportamento linguistico degli italoamericani durante la *prima* fase del contatto: la qualità dell'influsso delle singole determinanti sull'uso delle lingue funzionali in prospettiva generazionale

5.2 Seconda fase del contatto

La seconda fase di contatto è la più complessa anche dal punto di vista del comportamento linguistico, aggiungendosi l'italiano quale ulteriore lingua di comunicazione. Al contempo è anche la fase più ricca di materiale empirico a disposizione risalente soprattutto alle interviste. Anche per la seconda fase l'esame è svolto in primo luogo su base generazionale (5.1 e 5.2). Si tiene conto, in secondo luogo, del criterio cronologico, ovvero della distinzione di questa fase in due periodi. Per ciascuno dei periodi è stata riscontrata una costellazione distinta dell'architettura del contatto (4.2.2), facente perno sul rapporto gerarchico specifico tra dialetto e italiano all'interno del basiletto. Vengono inoltre considerati i cambiamenti che subentrano in emigrazione nel comportamento linguistico degli emigrati italiani riguardo all'uso del dialetto e dell'italiano, come anche il loro riflesso sull'atteggiamento linguistico degli altri italoamericani.

5.2.1 Prima generazione

Anche una descrizione adeguata del comportamento linguistico dei parlanti di prima generazione, come già constatato nell'ambito dell'analisi del sapere linguistico, richiede inizialmente l'esame del loro atteggiamento linguistico prima dell'emigrazione, vale a dire in Italia. Il comportamento linguistico degli italiani in emigrazione – ma anche degli italoamericani di seconda e terza generazione –, nei confronti dell'italoromanzo, si basa a grandi linee sulle dinamiche dell'uso del dialetto e dell'italiano in Italia.

PRIMA DELL'EMIGRAZIONE
L'analisi del comportamento dei parlanti in Italia si basa – come già descritto (2.1.2.2, 4.2.2) – sulla suddivisione degli emigrati italiani in primariamente dialettofoni e primariamente italofoni.

Le due lingue funzionali usate prima dell'emigrazione dai parlanti primariamente dialettofoni, ovvero dalla stragrande maggioranza degli emigrati italiani durante questa fase, erano da un lato il Dialetto non difettivo (D+), che rappresenta il loro gradatum primario italoromanzo, e dall'altro quello secondario, ovvero l'Italiano difettivo (I–), fortemente dialettalizzato. Il dialetto veniva usato genericamente e spontaneamente, di regola anche al di fuori dell'ambiente famigliare, e possedeva una valenza comunicativa di prim'ordine, come dimostrano le seguenti testimonianze:

[5.9] EP: _Cosa significa per Voi saper parlare il dialetto?_
IId-1a-SM: *Per me è normale.*
EP: _E l'italiano?_
IId-1a-LM: [ɑ 'tiŋə] *l'italiànu è miègghju. S' u sappìamu, parlammu siempˢ a lingua. Ma nni 'ndzəgnèmərə acuḍḍi̱ mə u Paṯṟənuòʃṟə. (...) quandə jimm' a ʃcola puoi, è a nticchjèrə cchjù diffiṯʃə̷li, no? Uora no. Unu fannu cchjù stə gosə. Comu parlanu ʃcrivənə: 'taliana, tuttə partə. Unni vai, vai. Jea. Ma nuaṯṟi, no. Comu criscimmə nuaṯṟi, no.* <IId-1a-SM annuisce>

EP: _Cosa significa per Voi saper parlare il dialetto?_
IId-1a-SM: Per me è normale.
EP: _E l'italiano?_
IId-1a-LM: *I think* l'italiano è meglio. Se lo sapessimo, parleremmo sempre la lingua <qui: l'italiano>. Ma a me non insegnarono così il Padrenostro (...) quando andammo a scuola, poi, è un pochino più difficile, no? Ora no. Non fanno più 'ste cose. Come parlano, così scrivono: italiano da tutte le parti. Dove vai, vai. Ma noi, no. Come crescemmo noi, no. <IId-1a-SM annuisce>

[5.10] IId-1p-FM: *Certi barzolletti, si 'un sugnu detti in dialettu, 'un sunu chjù bone.*

L'uso dell'«italianu comu si va a ʃkola»[29], durante il primo periodo della seconda fase, risultava più frequente nelle aree urbane, specialmente nel Nord della penisola.

Gli emigrati primariamente italofoni, prima dell'emigrazione, in Italia, facevano invece genericamente uso dell'Italiano regionale (I+), il loro gradatum primario, contraddistinto dalla presenza di pochi[30] tratti materiali dialettali. Nella comunicazione con i più anziani all'interno della famiglia o nelle realtà locali, essi delle volte usavano la varietà dialettale di contatto, il loro gradatum secondario italoromanzo (D−), che risulta difettivo, dato innanzitutto il cospicuo influsso dall'italiano.

IN EMIGRAZIONE

In emigrazione il comportamento linguistico degli italoamericani di prima generazione ha subito mutamenti radicali, che consistono in particolar modo nell'uso aggiuntivo dell'*American English*, ovvero della lingua funzionale AE−, ma anche nelle dinamiche dell'uso dei gradata italoromanzi. In 5.2.1.1 e 5.2.1.2 sono descritte le peculiarità del comportamento linguistico degli emigrati di prima generazione, di quelli primariamente dialettofoni, da un lato, e di quelli primariamente italofoni dall'altro. Questa suddivisione combacia, a grandi linee, con la bipartizione cronologica della seconda fase in periodi.

---

29 Cf. la citazione 5.13.
30 Si vedano gli accenni in 6.2.2.1.

5.2.1.1 Gli italoamericani primariamente dialettofoni

Sono tre le lingue funzionali usate dagli italoamericani primariamente dialettofoni:
- il Dialetto difettivo (D–),
- l'Italiano ulteriormente difettivo (I– –),
- l'*American English* difettivo (AE–).

Pur essendo i gradata italoromanzi ben distinti, l'analisi del loro uso viene eseguita in modo integrativo. I gradata basilettali Dialetto non difettivo (D+) e Italiano difettivo (I–), «lasciati» in Italia dagli emigrati, se considerati nella prospettiva dell'emigrazione sono da considerarsi varietà di contatto *virtuali*, poiché non realizzate in emigrazione. Venivano (e vengono) usati, invece, i gradata italoromanzi *reali*.

La persistenza fino agli anni '60 delle enclavi regionali e sovraregionali nelle realtà urbane statunitensi – benché sempre meno ermetiche – comportava anche la continuità dell'isolamento socio-culturale. Ciò ha influenzato considerevolmente il comportamento linguistico degli italoamericani di prima generazione, come emerge anche dalla seguente opinione:

> **[5.11]** IId-1a-SP: *È um bo comblicarə qua pecché :: tu a me parlə l'inglesə, si :: si stai in una parte* [ˈɔlə] (all) *tutt' ingleisə :: Qua so' tutti* ITALIANI! *Questə qui è 'taljanə, quell' è 'taljanə, quell'altro è 'taljanə, quest' è 'taljanə :: So'* TUTTI *italiani! Noi parliamə tutt' sembrə 'taljanə.*
> EP: *Italiano o dialetto?*
> IId-1a-SP: *Sì, indialetta. (...) Tə tenghə a di', quandə m'àrezə 'a mattinə iə parlə 'talianə e chellə mə parl' italianə a me, ma brocchitaliànə.*

Gli emigrati primariamente dialettofoni facevano (e fanno) genericamente uso del gradatum primario italoromanzo, il Dialetto difettivo (D–).

> **[5.12]** IId-1p-VG: *È cchiù facilə lu : lu dialettə,* [bɪkˈɔsə] (because) *s'è 'mparlat' semp' a questa manier'.*
> IId-2-MT: *So* (so) *per te è cchjù facilə lu dialettə?*
> IId-1p-VG: *Purə,* [ˈjɛ ˈaj ˈtiŋkə ˈsɔ] (Yea. I think so!). *A parlà,* [meˈbi] (maybe) *sbajə quacchə parolə, (...) però allu dialettə mə siend'.. so' cchjù cofortevolə* (comfortable).

Dal paragone, almeno quantitativo, tra i domini dell'uso del dialetto durante la prima fase e la seconda, in riferimento ai parlanti primariamente dialettofoni, emerge con evidenza una restrizione significativa. Causa ne è la frequenza crescente dell'uso del gradatum secondario italoromanzo Italiano ulteriormente difettivo (I– –), dovuta a un netto aumento delle situazioni comunicative, in cui ne era (o è) richiesto l'uso. Una delle situazioni più frequenti è la comunicazione iniziale con un interlocutore italoamericano sconosciuto, solitamente di prima generazione. Ciò è stato osservato ripetutamente durante le indagini sul campo, come ad esempio:

[5.13] EP: *Come parlate con un altro italoamericano?*
IId-1a-SM: *Ci parlamə cchjù | si 'un u canuʃə a iddu, ci parlammo cchjù italiano, no sicilianu. Di principiu accominciamo a parlare cchjù italiano. Ropu, si capimmᵊ ɽi unnu si, facim' a lingua noʃʈᵊ e unnu simu. Ma di principiu ci parlammo più italianu comu si va a ʃkola.*

EP: *Come parlate con un altro italoamericano?*
IId-1a-SM: *Ci parliamo più | se non lo conosco, quello, ci parliamo più in italiano, e non in siciliano. All'inizio cominciamo a parlare più in italiano. Dopo, se capiamo di dove sei, facciamo la lingua nostra, di dove siamo. Ma all'inizio ci parliamo più nell'italiano come si va a scuola.*

La condizione basilare per l'uso spontaneo del Dialetto difettivo (D–) da parte di parlanti primariamente dialettofoni di prima generazione è quindi la provenienza dell'interlocutore: lo stesso paese d'origine, la medesima provincia o regione. In questa categoria di interlocutori rientrano anche tutti i famigliari, eccetto i parenti acquisiti provenienti da altre regioni. Con il resto degli italoamericani, invece, prevalentemente di prima generazione, i parlanti facevano (e fanno) uso del gradatum di base italiano (I– –). Le determinanti della scelta in tali circostanze risultano essere nettamente sinfasiche. Seguono tre affermazioni in proposito:

[5.14] EP: *Con chi parli solo in italiano?*
IId-1a-GM: *Sì, parlo con mio cognato in italiano, perché lui è calabres' e allora ::.*
EP: *E al di fuori della famiglia?*
IId-1a-GM: *Je (Yea), con gli amici, p'r esempio, abruzzesi.*
EP: *E con chi parli solo in siciliano?*
IId-1a-GM: *In famiglia, oppure con i siciliani.*

[5.15] IId-2-MT: *Se parliamo de 'na cosa che ci interessa di ogni giorni, più che altro se usa il dialetto tra di noi, non italiano. (...)*
EP: *E se c'è, ad esempio, anche un veneto?*
IId-1a-FT: *C'è la tendenza a parlare in italiano buono.*

[5.16] IId-1p-VG: *Quando cə ʃtà l'amichə, sempə lu dialettə parlemmə, specialmendə quelli che se vənutə a lu ʃtessə paesə...*

Sono stati constatati alcuni casi in cui prevalgono le determinanti sinstratiche, ad esempio nell'uso della varietà italiana di contatto (I– –) per la comunicazione con interlocutori provenienti dalla stessa regione, ma collocabili – nella percezione dei parlanti – in una posizione superiore nella scala sociale,[31] o provvisti

---

31 Si veda anche la citazione 4.156.

semplicemente di un sapere idiomatico più solido nell'ambito dell'italiano. Se ne riportano tre esempi: il primo (5.17) consiste in una valutazione metalinguistica; gli altri due sono chiare testimonianze del *language shifting* spontaneo tra dialetto e italiano a seconda dell'interlocutore, che può essere l'intervistatore, un famigliare (qui, in 5.18, ad esempio il figlio) o un amico (in 5.19).

> **[5.17]** EP: *E in quali occasioni parlate in italiano?*
> IId-1a-FT: *Quando ſtiamə in gombagnia che sappiamə che loro parlanə l'italianə un po' più pulitə, anche se sono abruzzesi, dello stesso dialetto.*

> **[5.18]** EP: *E Suo padre è stato qui in America?*
> IId-1p-FM: *Sì.*
> EP: *Per quanti anni?*
> IId-1p-FM: *Eh, ci ſtette ::* <rivolto a IId-1a-GM> *Quantu ci ſtettə u Papà Peppənù cca? 'Na ṭṛinna ṭ'annᵢ? Sigurə cə ſtette. Nu paru ṭ'annə?*
> IId-1a-GM: *Nu paru d'anni!*
> IId-1p-FM: <rivolto a EP> *Nu paio d'anni, forse c'è stato. E poi s'è dovutə andare, s'è andatə, è arrivatə ḍḍà, s'è ammalatu e poi è mortu.*

> **[5.19]** IId-1a-MC: *Quest'è la | è quando tu che porti la macchina, la licenzia* <qui: (driver's) licence>, *la chiamamə noi.* <rivolto al parlante IId-1a-GM> *Voi comə 'a chiamət' 'a licenzə?*

Va approfondita ora, sulla base del comportamento linguistico degli italoamericani primariamente dialettofoni, la distinzione teorica tra scelte virtuali e uso reale, già presentata brevemente in 2.1.1.4. Se anche vi è, infatti, l'intenzione di usare nella comunicazione con i famigliari, specialmente con i propri figli, l'Italiano (ulteriormente difettivo, I− −), vale a dire la varietà di prestigio superiore rispetto al Dialetto difettivo (D−), in realtà, però, questa rimane solamente un'intenzione. Seguono quattro testimonianze illustrative della discordanza tra la scelta virtuale e l'uso reale. Il primo brano (5.20) si riferisce alla comunicazione tra genitori e figli.[32]

> **[5.20]** IId-1a-FT: *Nei primi anni loro* <qui: i figli> *parlavano abbaſtandza italiano. La sera...*
> EP: *Italiano o dialetto?*
> IId-1a-FT: *Italiano, italiano. Io parlavo in italiano.*
> EP: *E perché?*
> IId-1a-FT: *Perché quella era la lingua che volevo che imparassero.*
> EP: *Ma Lei conosce il dialetto ancora meglio...*
> IId-1a-FT: *Perché dovevo parlarci in dialetto? Perché se loro imparavano l'italiano avrebbero avuto più possibilità di andare in Italia. Che il dialetto | io sapevo che il dialetto andava scomparendo in Italia (...).*

---

32 Si veda anche la citazione 6.47.

IId-3-CT: *I don't remember ever speaking very good Italian.*
IId-1a-FT: *No, no, C. Però ti ricordi la sera, prima di portarti a letto, ti facevo dir' le preghiere, quando c'era* ::. <rivolto a EP> *La portavo a letto, le facevo dire le preghiere in italiano,* Ave Maria, il Pater Noster *in italiano (...)* <rivolto alla figlia> *Ti ricordi queste cose? Poi loro* <qui: i figli> *hanno veramende resiʃtitə, però qui l'italiano non è parlato.*

Molto significativa è la seguente testimonianza, riferita invece alla comunicazione tra nonni e nipoti. Nel 2004, gli informatori IId-1a-SM e IId-1a-LM avevano affermato quanto segue:

[5.21] EP: *Con i Vostri nipoti, quando ci saranno, in quale lingua parlerete?*
IId-1a-LM: *Italiano.*
EP: *Non in siciliano?*
IId-1a-LM: *Je* (yea), *sicilianu..*
IId-1a-LM: *Comu parlamu intɽa* <qui: dentro casa>, :: *normale.*

Ne è però rimasta solo l'intenzionalità, visto che sei anni dopo l'intervista, nel 2010, loro – specialmente il nonno (IId-1a-SM) – si rivolgevano ai due nipoti, allora di 5 e di 3 anni, in inglese, che tra l'altro è anche la lingua nella quale la loro figlia comunica con i piccoli. La terza testimonianza si riferisce infine alla comunicazione tra consorti:

[5.22] IId-1a-FT: *No, ma io quando tə parl' a te, tə parl' in* ITALIANO *però!*
IId-2-MT: *No, you* DON'T! *No.*

La distinzione tra scelte virtuali e uso reale è quindi necessaria per poter analizzare adeguatamente il comportamento linguistico dei parlanti. Detta distinzione riflette in fondo il dislivello tra la valenza comunicativa virtuale e quella reale, che le singole varietà di contatto possiedono per le singole generazioni o categorie di parlanti. Le scelte linguistiche *virtuali* dell'uso sono dovute piuttosto a determinanti sinstratiche, quelle *reali*, invece, sono condizionate da determinanti fasiche e topiche dell'uso. Tra le scelte reali dell'uso e il cambio linguistico generato dal contatto vi sono delle correlazioni causali.[33] Dall'esame del comportamento linguistico risulta che i gradata italoromanzi vengono usati in modo complementare e gerarchico.

L'uso del gradatum *American English* difettivo (AE–), vale a dire dell'*American English* dialettalizzato, risulta generico, soprattutto per la comunicazione con i non-italoamericani, ma anche, in non pochi casi, per la comunicazione con le generazioni successive, specialmente se i parlanti sono emigrati in età

---

33 Si veda l'analisi effettuata in proposito in Prifti (2014).

piuttosto giovane. A scopo illustrativo si riporta la testimonianza metalinguistica dell'informatrice IId-2-TL, relativa al comportamento linguistico della propria madre nei confronti suoi e dei nipoti, di terza generazione, il cui sapere idiomatico in dialetto è estremamente frammentario, proprio come l'inglese della loro nonna (madre di IId-2-TL):

> **[5.23]** I-2-TL: *Louisiana ha domannatə quandə mammamì parlə chə li figlimì, si jə parl' ingles' o 'talian' (...) e aj se j' parl' ingles' però poco, jə diciə li cosə com' a' ro no, «How're you?», you know? Mamma parlə pochə. Può parlà inglesə, lu 'nglesə :: lu broken ingliʃ, però, quand' iə parlə chə mammə, quandə mammə parl' chə me, sempr' 'talianə, dialett'.*

Louisiana ha domandato quando mia madre parla con i miei figli, se gli parla in inglese o in italiano (...) e *I say* gli parla in inglese, però poco. Gli dice le cose del tipo, *I don't know*, «How are You?» *You know?* Mamma parla poco. Sa parlare in inglese, l'inglese :: il *broken english*, però quando io parlo con mamma, quando mamma parla con me, sempre in italiano, in dialetto.

Riguardo alla scelta o meno dell'inglese va messa in rilievo anche la differenza tra emigrate ed emigrati. Le prime, similmente agli emigrati di categoria passiva, in non pochi casi, data l'insufficienza del sapere idiomatico in inglese, non facevano (e fanno) uso del gradatum AE–. È molto indicativa la testimonianza 5.24, che rivela con evidenza le differenze tra il comportamento linguistico dell'informatore IId-1a-SM, emigrato a sedici anni, e quello della sua consorte IId-1a-LM. Le loro affermazioni trovano conferma anche nel brano 5.25, tratto dall'intervista alla loro figlia, IId-2-AM, eseguita separatamente.

> **[5.24]** EP: <u>Come lo parla il siciliano A. <IId-2-AM, la figlia></u>?
> IId-1a-LM: *Ma 'un u sacciu commu parla sicilianu, pəcché a mia parla 'mmericanə. Io ci parlə al sicilianə e iḍḍa ci parla' mmericanə.*
> EP: <u>Lei le parlava solo in siciliano</u>?
> IId-1a-LM: *Sì :: solo italianə.*
> IId-1a-SM: *Sul' io ci parlava mericanə.*
> IId-1a-LM: *Sì, lo parlava pensu cu su paṭṛi. Poi a teləvisioni sə ndẓəgnava ::.*
> EP: <u>Quando era piccola, A. <IId-2-AM, la figlia>, mischiava le lingue</u>?
> IId-1a-LM: *Sì, sì, sì, purə miʃkava, pecché si cunfunnía. Io ci parlavə 'talianə, su paṭṛi 'mmericanə, je* (yea).
>
> **[5.25]** EP: <u>Come parlavano tra di loro i tuoi genitori</u>?
> IId-2-AM: *Insieme in siciliano, ma con me e mia sorella sempre inglese, mio padre, mia madre sempre parlava siciliano.*

5.2.1.2 Gli italoamericani primariamente italofoni

Le varietà di contatto parlate dal gruppo esiguo di italoamericani primariamente italofoni sono l'Italiano endogeno e reale (difettivo, I–), il Dialetto italianizzato (ulteriormente difettivo D– –) e l'*American English* difettivo (AE–). L'uso della varietà primaria italoromanza Italiano difettivo (I–) è generico e implica la non-selezione del gradatum basilettale, di prima dell'emigrazione, vale a dire dell'Italiano endogeno non difettivo (I+). Analogamente al gradatum basilettale D+ di cui sopra (5.2.1.1), l'Italiano non difettivo (I+) è endogeno e virtuale, se si considera la sua valenza comunicativa negli USA. Lo stesso vale per la coppia di gradata Dialetto ulteriormente difettivo (D– –), in emigrazione, e Dialetto difettivo (D–), la varietà basilettale di cui il gruppo di emigrati in questione non fa uso negli USA. L'uso dell'I– è risultato frequente e abituale nella comunicazione all'interno della comunità italoamericana, come anche all'interno della famiglia, specialmente con i parlanti della stessa generazione. La scelta dell'I– è dovuta quindi a determinanti fasiche e stratiche.

Risultano invece piuttosto rare le situazioni in cui ha luogo l'uso del dialetto ulteriormente difettivo (D– –), vale a dire della varietà italoromanza secondaria degli italoamericani primariamente italofoni. Tra le situazioni più tipiche basti menzionare la comunicazione con italoamericani primariamente o esclusivamente dialettofoni, provenienti della stessa località o regione d'origine, spesso di età avanzata, con una formazione scolastica limitata e un sapere idiomatico molto frammentario sia in italiano che in inglese. Le determinanti più importanti della sua scelta sono quindi in primo luogo sintopiche e sinfasiche.

Le dinamiche dell'uso del gradatum *American English* difettivo (AE–), che è un *American English* italianizzato, risultano a grandi linee analoghe a quelle già descritte (5.2.1.1) – e alle quali si rinvia – in riferimento all'uso dell'*American English* dialettalizzato da parte di italoamericani di prima generazione primariamente dialettofoni.

5.2.2 Seconda generazione e oltre

Il comportamento linguistico dei parlanti di prima generazione, specialmente in ambito italoromanzo, condiziona considerevolmente quello della generazione successiva. È dunque inevitabile orientare anche la descrizione dell'atteggiamento linguistico dei parlanti di seconda generazione e oltre alla distinzione tra parlanti primariamente dialettofoni e parlanti primariamente italofoni. Come già accennato,[34] gli italoamericani di prima generazione solitamente trasmettono ai figli solo la propria varietà italoromanza primaria, vale a dire il dialetto, nel caso

---

34 Cf. innanzitutto 4.2.2.2 e 4.2.2.4.

dei parlanti primariamente dialettofoni,[35] e l'italiano per quanto riguarda quelli primariamente italofoni. Di regola vengono abbandonate invece le varietà secondarie, l'Italiano dialettalizzato, nel primo caso, e il Dialetto italianizzato, nel secondo. Dalle varietà primarie italoromanze difettive (D– e I–) della prima generazione derivano le lingue funzionali italoromanze della seconda generazione (doppiamente difettive), rispettivamente il Dialetto doppiamente difettivo (D– –) degli italoamericani discendenti da emigrati italiani primariamente dialettofoni e l'Italiano doppiamente difettivo (I– –) di quelli cresciuti in ambiente italoamericano primariamente italofono. Viste le molteplici caratteristiche comuni, le dinamiche dell'uso di D– – e I– – sono descritte, messe a confronto, in 5.2.2.2.

5.2.2.1 L'uso del gradatum primario (AE+)

L'*American English* non difettivo (AE+) rappresenta la varietà di contatto usata genericamente dagli informatori di seconda generazione. Ciò avviene non di rado anche per comunicare all'interno della comunità italoamericana, specialmente con gli italoamericani della stessa generazione e oltre, ma anche all'interno della famiglia. In diversi casi essi si rivolgono spontaneamente in inglese anche a italoamericani di prima generazione, specialmente se questi fanno parte della categoria attiva. Seguono tre testimonianze in proposito.

> [5.26] IId-2-AM: *Io capisco il siciliano, ma non parlo, non lo parlo. A casa io sempre parlava inglese, io mai ho parlato :::.*

> [5.27] EP: *In che lingua parli con tua sorella?*
> IId-2-MaC: *In inglese. Ma è una cosa strana, perché io quando gli parlo a M. <IId-2-MiC>, o siciliano o italiano, lei mi risponde sempre in inglese. (...) non mi parla mai in italiano, perché mi dice che li sembra strano che mi deve parlare in italiano, anche in siciliano. Anche quando siamo in Italia. (...) Gli faccio una domanda, sempre, sempre, sempre, anche se siamo in pubblico, con altre persone, sempre in inglese.*
> EP: *E con (...) gli altri cugini <qui: anch'essi italoamericani>?*
> IId-2-MaC: *In inglese. No. Loro l'italiano, non | no ::.*

> [5.28] IId-2-MT: *Ma tra i giovani parlavamə in inglese.*

---

[35] L'informatrice IId-2-AM, che aveva imparato l'italiano in modo pilotato, alla domanda se parlasse meglio l'italiano lei o sua madre, ha risposto come segue:
[5.29] IId-2-AM: *Io. Credo, io, perché non ho mai sentito mia madre parlare in italiano.*

Va fatto brevemente riferimento al processo di continua trasformazione che contraddistingue il comportamento linguistico dei parlanti,[36] mettendo in rilievo, come già per la prima fase (5.1.2.1), gli effetti prodotti dal fattore età sul comportamento linguistico degli italoamericani di seconda generazione. L'uso dell'inglese, infatti, si intensifica fortemente a partire dall'età scolare, quando l'inglese diventa a tutti gli effetti lingua primaria. È significativa la seguente affermazione:

> [5.30] IId-2-AM: Sì, ahm, quando avevo tre anni dicono che parlavo SOLO siciliano, ma dopo, forse perché andavo a scuola, la scuola... ho dimenticato tutto.

Oltre alle determinanti sinfasiche, che dominano la scelta del gradatum AE+, va dunque considerato anche l'influsso di determinanti sinstratiche (tabb. 5.2 e 5.3). Nelle dinamiche dell'uso del gradatum in questione, non sono state constatate delle specificità dovute alla provenienza dei parlanti da famiglie primariamente dialettofone o italofone.

5.2.2.2 L'uso del gradatum secondario (D– – o I– –)

Il comportamento linguistico dei parlanti relativo ai gradata secondari, di base italoromanza, appare molto più dinamico di quello inerente ai gradata primari. Basti menzionare in proposito due indicatori.

Il *primo indicatore* consiste nei mutamenti radicali subentrati nella scelta dell'uso dei gradata italoromanzi, ad esempio i cambiamenti nella frequenza della selezione del gradatum D– – negli ultimi 50–60 anni. È risultato che giovani italoamericani di seconda generazione negli anni '50 in una *Little Italy*, ad esempio, facevano genericamente uso del dialetto (D– –) nella comunicazione tra di loro, comportandosi in fondo all'opposto dei loro coetanei degli anni '90, cresciuti anch'essi in famiglie primariamente dialettofone. Non sono stati infatti rilevati, nelle osservazioni compiute negli ultimi 10–15 anni, casi di scelta spontanea delle varietà di matrice italoromanza nella comunicazione tra gli italoamericani di seconda generazione. Questi risultano fare uso dell'italoromanzo soltanto in situazioni comunicative particolari, ad esempio nel voler mettere in rilievo la propria identità etnica, o per non essere capiti da altri, o quando fanno riferimento – per motivi stilistici – a noti elementi di tradizione del discorso

---

36 Si vedano anche le osservazioni fatte in proposito in 5.1.4, nonché – e soprattutto – in Prifti (2014).

(modi di dire, proverbi, ecc.), che sono quasi esclusivamente in dialetto,[37] e così via. Questa contrapposizione trova conferma anche nella seguente affermazione, che testimonia inoltre come il comportamento linguistico del parlante sia tutt'altro che statica, tanto più in circostanze particolarmente dinamiche, tipo quelle generate dall'emigrazione.

> **[5.31]** EP: *In un pranzo di famiglia, in che lingua parlate tra di voi?*
> IId-1a-FT: *Inglese. Ci sono tre figli suoi* <della cognata>, *che sono nati qui e il padre è inglese, quindi la lingua ufficiale è l'inglese.* (...)
> EP: *E com'era 50 anni fa?*
> IId-2-MT: *Quandə si radunèva i paisàni, tutt' in ital.. tutt' in dialettə era, e mischiando, inglese.* (...) *Quand' invece cə ʃtevə con i genitori, che cə ʃtavə intorn' alla tavola, allora sə səndèvə più dialettə,* (...) *per rispetto dei più and_ziani. Mentre oggi è rəversə.*

Questa testimonianza, specialmente l'ultima affermazione, contiene una descrizione diretta del comportamento linguistico in prospettiva diacronica. Viene infatti segnalato un momento cruciale nel processo del cambio linguistico posto in atto con l'inizio del contatto italoamericano, vale a dire l'abbandono dell'italoromanzo e la sua sostituzione tramite l'*American English*.

Il *secondo indicatore* è dato dalle mutazioni subentrate nel rapporto di forze che riguarda le scelte d'uso dei singoli gradata italoromanzi, D- - e I- -. Il primo, il Dialetto doppiamente difettivo, è la varietà dominante, usata con maggiore frequenza, essendo la stragrande maggioranza degli italoamericani, come già detto, cresciuta in famiglie prevalentemente dialettofone. D'altro canto, specialmente a partire dal 1990 circa, si riscontra tra gli italoamericani di seconda[38] generazione un fenomeno sempre crescente di riavvicinamento alle proprie radici etno-culturali, della loro (ri)scoperta, che va usualmente di pari passo con l'apprendimento pilotato dell'italiano e, nondimeno – specialmente negli ultimi 10–15 anni –, con l'intensificazione dei contatti con l'Italia. Questa è dovuta a svariati fattori, soprattutto alla crescente mobilità, nonché alla qualità raggiunta dalla comunicazione nell'era di internet e dei mass-media digitali. Tra gli effetti

---

37 Ne vengono date tre testimonianze:
[5.32] IId-2-MiC: *Ci sono modi di dire, per esempio, ci sono proverbi ::. Mia madre dice proverbi antichi, che in italiano perderebbero molto.*
[5.33] EP: *Ci sono cose che si dicono più facilmente in dialetto?*
IId-2-AM: *Credo di sì. I modi di dire, i proverbi.*
[5.34] EP: *E le barzellette?*
I-2-AM: *Fanno più ridere in napoletanə!*
38 In alcuni casi si tratta anche di italoamericani di terza o quarta generazione; il denominatore comune pare essere di regola un sapere idiomatico italoromanzo frammentario.

più rilevanti di questo fenomeno recente va segnalata la diffusione dell'italiano in un contesto culturale ben più ampio, da cui deriva una sua percezione più realistica. Gli italoamericani diventano sempre più coscienti delle dinamiche della correlazione tra italiano e dialetto, e tanto più della propria varietà doppiamente difettiva di dialetto americanizzato. Ciò influenza fortemente il loro comportamento linguistico, specialmente le scelte d'uso virtuale, come si evince anche dalla seguente affermazione:

> [5.35] EP: *In che lingua credi di dover parlare con i tuoi figli, un giorno?*
> IId-2-MiC: *Se io ho figli e sto qui, mi concentrerò sull'italiano. Se io sono in Italia e sono in Sicilia, il dialetto lo parleranno da sé, secondo me, e poi se sono a Roma parleranno un altro dialetto e quindi... Non sarà una mia priorità il dialetto. Questo è sicuro!*

Il gradatum D- - rappresenta comunque, in generale, la lingua dell'intimità famigliare, della confidenza e del rapporto con le generazioni precedenti.[39] Al suo uso conducono quindi, generalmente, determinanti stilistiche e geolinguistiche (tab. 5.2). Vanno inoltre brevemente focalizzate le peculiarità del comportamento linguistico di quella minuscola parte di italoamericani cresciuti in famiglie primariamente dialettofone, che ha appreso l'italiano in modo pilotato.[40] L'uso dell'italiano da parte loro è dovuto a determinanti sociali e ha luogo quasi esclusivamente per la comunicazione con italoamericani sconosciuti o provenienti da altre regioni. Nel contatto con italiani provenienti dalla propria regione l'uso dell'italiano è percepito invece come innaturale.[41] Basti considerare, in proposito, la seguente testimonianza:

> [5.36] IId-2-MiC: *Il dialetto io lo parlo con chi ho più confidenza, con mia nonna, con mia madre, però con un estraneo no, cioè, sempre in italiano. (...) Mi è più naturale parlare in dialetto con le mie zie, anche con mia madre. Può uscire, cioè posso dire una frase, due frasi in italiano, però lo sento che non è :: naturale.*

Le dinamiche della scelta dell'I- - da parte dei parlanti cresciuti in famiglie primariamente italofone sono, in generale, simili a quelle relative al D- -. Le differenze principali riguardano il rapporto di forze tra le determinanti dell'uso, che

---

39 [5.37] EP: *Con chi parleresti in dialetto?*
IId-2-AM: *Con la famiglia, con le persone che sono vecchi, che parlano siciliano, i parenti più vicini, anche in Italia, ecc.*
40 Va ricordato quanto già detto (4.1.2.2) circa la presenza piuttosto cospicua di impronte dialettali nell'italiano appreso in modo pilotato dagli italoamericani di seconda generazione di provenienza dialettofona.
41 Cf. anche Mangione (1998, 50).

in questo caso sono prevalentemente stilistiche e sociali, e meno geolinguistiche (tab. 5.3).

5.2.3 Sintesi: il comportamento linguistico durante la seconda fase

L'atteggiamento linguistico degli italoamericanio nel corso della seconda fase risulta, in paragone alla prima, decisamente più dinamico. Ciò si deve principalmente all'integrazione del rapporto diglossico tra italiano e dialetto all'interno della diglossia *American English* – italoromanzo. Similmente alla prima fase, invece, spicca a grandi linee la tendenza all'uso, crescente e predominante, e dovuto a determinanti sinstratiche (tabb. 5.2 e 5.3), dell'inglese in quanto mezzo indispensabile per realizzare la mobilità sociale. Il dialetto rappresenta il codice più diffuso nella comunicazione all'interno della comunità italoamericana, soprattutto entro le mura domestiche. L'italiano, invece, rende principalmente possibile la comunicazione in italoromanzo tra italoamericani, a livello sovraregionale.

La dinamicità del comportamento linguistico dei parlanti diventa palese se si tiene sistematicamente conto di due criteri:
- la collocazione degli italoamericani nelle categorie di parlanti primariamente dialettofoni o primariamente italofoni,
- l'appartenenza generazionale dei parlanti.

Ne segue una breve descrizione riassuntiva.

Le varietà primarie italoromanze di contatto selezionate dai parlanti di prima generazione sono il Dialetto difettivo (D–) o l'Italiano difettivo (I–), nel caso, rispettivamente, degli emigrati primariamente dialettofoni o italofoni. La scelta d'uso di queste varietà, che è generica e dovuta a determinanti geolinguistiche e stilistiche, implica la non-selezione delle rispettive varietà non difettive (D+ e I+), parlate invece in Italia, prima di emigrare. Analogamente alle varietà primarie, le varietà italoromanze secondarie, usate in emigrazione, sono rispettivamente l'Italiano dialettalizzato (I– –) e il Dialetto italianizzato (D– –), entrambi ulteriormente difettivi. La tensione diglossica tra italiano e dialetto rende più marcato il dinamismo che contraddistingue l'uso delle varietà secondarie italoromanze. L'uso dell'I– –, dovuto prevalentemente a determinanti sociali, porta in parte alla riduzione quantitativa delle situazioni comunicative in cui viene utilizzata la varietà primaria italoromanza (D–) (tab. 5.2). Sono invece le determinanti prevalentemente sintopiche, e in parte anche sinfasiche, a condizionare l'uso del gradatum italoromanzo secondario D– – (tab. 5.3). Nella comunicazione con italoamericani di seconda generazione, tra le due varietà italoromanze viene scelta spontaneamente quella primaria. Simili scelte reali dell'uso, specialmente da parte degli emigrati primariamente dialettofoni, divergono delle volte dalle scelte *virtuali*. Tale divergenza rispecchia le discrepanze tra le rispettive valenze comunicative reali e virtuali, che i singoli gradata possiedono sia al livello individuale che collettivo.

I gradata secondari di base inglese sono usati genericamente per la comunicazione con i non-italoamericani. Si tratta dell'*American English* difettivo (AE−), ovvero dell'*American English* dialettalizzato nel caso dei parlanti primariamente dialettofoni, e dell'*American English* italianizzato, invece, nel caso degli emigrati primariamente italofoni. In quelle situazioni, per niente rare, in cui gli emigrati italiani usano l'AE− per comunicare con italoamericani di seconda generazione e oltre, le scelte d'uso sono condizionate da determinanti sinfasiche e sinstratiche. Si può parlare invece di non-selezione dell'inglese nel caso dei parlanti con sapere idiomatico molto frammentario o addirittura assente in inglese, appartenenti esclusivamente alla categoria passiva (tabb. 5.2 e 5.3).

Anche nella seconda fase, vale a dire quella trilingue, il primo passaggio generazionale causa un cambiamento radicale nel comportamento linguistico collettivo. Il gradatum usato in modo generico dagli italoamericani di seconda generazione e oltre è l'*American English* non difettivo (AE+), indipendentemente dal fatto che essi siano cresciuti in ambiente primariamente dialettofono o italofono. Questa scelta d'uso è dovuta soprattutto a determinanti prevalentemente sinfasiche. Quanto invece alle varietà secondarie – vale a dire il dialetto doppiamente difettivo (D− −), per i primi, e l'italiano doppiamente difettivo (I− −) per gli altri –, le dinamiche del loro uso appaiono meno uniformi. L'uso abituale di questi gradata è dovuto di regola a determinanti sinfasiche e, per il gradatum D− −, aggiuntivamente anche a determinanti sintopiche, come illustrano le due testimonianze a seguire:

[5.38] EP: *Cumə parri cu to patri, cu a matri?*
IId-2-FM: *Ameriganu, sicilianu.*
EP: *E cu to frata, cu i cugini?*
IId-2-FM: *A iddu parru meriganu, 'mmeriganu.*
EP: *Cu a nanna 'n Sicilia, cumə parri?*
IId-2-FM: *Sicilianu.*

[5.39] EP: *Ci sono persone in famiglia con cui parli solo in italiano?*
IId-2-MaC: *No.*
EP: *In dialetto?*
IId-2-MaC: *Tutti.*
EP: *In inglese?*
IId-2-MaC: *I cugini. Con quella generazione lì.*

Già in seguito al primo passaggio generazionale, la percezione della differenza di prestigio tra dialetto e italiano in Italia si assottiglia notevolmente. Va fatta eccezione per quei pochi italoamericani, cresciuti in famiglie primariamente dialettofone, che hanno poi appreso l'italiano in modo pilotato. L'uso dell'italiano nel loro caso è motivato da determinanti sinstratiche.

L'analisi del comportamento linguistico durante la fase trilingue ha fornito svariati elementi alla seguente constatazione generale: la pragmatica linguistica dei parlanti non è statica, né va percepita come tale. Essa si evolve continuamente, tanto più in una situazione di migrazione caratterizzata da uno spiccato dinamismo nel tempo e nello spazio, come quella italoamericana. A determinare la dinamica dell'evoluzione della pragmatica sono le circostanze extralinguistiche. Va menzionato, in primo luogo, il ruolo della *comunità* italoamericana, ricordando innanzitutto il cambio del registro linguistico dall'italoromanzo all'inglese all'interno di molte famiglie italoamericane. Esso va inteso quale effetto della graduale scomparsa della generazione dei nonni, primariamente o esclusivamente dialettofoni e rientranti nella categoria passiva della prima generazione. Eccone una testimonianza, che illustra la percezione da parte dei parlanti di un cambiamento simile:[42]

> [5.40] EP: <u>Quindi ci sono sempre meno persone e meno occasioni per parlare in italiano</u> <qui: l'italoromanzo>?
> IId-1p-SP: *Sempre menə. Quandə finisci quelli vecchi, dopə de la guerrə :: Appenə la guerrə, è venutə tant' italiani. Tanti, tanti! A mo 'ni viene più italiani. (...) Dopo, se so' stapatə* (to stop) *:: Pochissima gendə.* (...)
> EP: <u>Quindi l'italiano qua si sta perdendo</u>?
> IId-1p-SP: *Più stai | mo finisce tutt' i vecchi.*

Anche la mobilità sociale indebolisce consistentemente la compattezza della comunità italoamericana e ciò va a riflettersi sul comportamento linguistico dei suoi membri. La sua evoluzione diventa ancor più evidente se l'analisi viene orientata, in secondo luogo, al livello dell'*individuo*. È in particolar modo il fattore età ad assumere un'importanza fondamentale.[43] Con l'età scolare, ad esempio, ha inizio di regola un vero e proprio capovolgimento nel comportamento linguistico degli italoamericani di seconda generazione. L'inglese comincia a sostituire la loro varietà italoromanza di contatto, derivata dalla lingua funzionale primaria italoromanza dei loro famigliari di prima generazione. Con il passare del tempo, al più tardi in seguito alla graduale scomparsa della generazione di

---

42 Si veda quanto è già stato detto (5.1.2.1, in particolare l'affermazione 5.6) in proposito.
43 Si vedano in proposito anche le osservazioni fatte in Prifti 2014.

emigrati, in molti casi si fa sempre più raro l'uso del loro gradatum secondario (D- - o I- -), che diventa prettamente occasionale, legato unicamente a situazioni specifiche. La continua trasformazione che contraddistingue il comportamento linguistico dei parlanti, risalta anche in considerazione del cambiamento del rapporto gerarchico nella scelta delle varietà italiane o dialettali di contatto. Basti indicare, in proposito, i mutamenti che subentrano nella scelta d'uso delle varietà italoromanze di contatto, in primo luogo nel caso dei parlanti di prima generazione con il loro passaggio dall'Italia agli Stati Uniti. Va menzionata, in secondo luogo, la trasformazione che può subire nel tempo la valenza comunicativa dei singoli gradata italoromanzi per gli italoamericani di seconda generazione e oltre, come ha dimostrato, ad esempio, l'analisi del comportamento linguistico di quella minuscola categoria di italoamericani di seconda generazione, i quali, cresciuti in ambiente primariamente dialettofono, avevano poi appreso l'italiano in modo pilotato, fino a riconoscergli una valenza comunicativa superiore. Anche la distinzione tra le scelte d'uso virtuali e l'uso reale, infine, riferita soprattutto al comportamento linguistico dei parlanti di prima generazione primariamente dialettofoni, comprova che la pragmatica linguistica dei parlanti non è un'entità statica.

Seguono, infine, i riassunti tabellari dei risultati dell'analisi del comportamento linguistico degli italoamericani durante ciascuno dei due periodi della seconda fase del contatto.

LINGUA STORICA	LINGUA FUNZIONALE	GENERAZIONE PRIMA Categoria 'passiva' DETERMINANTI			GENERAZIONE PRIMA Categoria 'attiva' DETERMINANTI			GENERAZIONE SECONDA DETERMINANTI			GENERAZIONE TERZA (E OLTRE) DETERMINANTI		
		SIN-TOPICHE	SINSTRA-TICHE	SIN-FASICHE	SIN-TOPICHE	SINSTRA-TICHE	SIN-FASICHE	SIN-TOPICHE	SINSTRA-TICHE	SIN-FASICHE	SIN-TOPICHE	SINSTRA-TICHE	SIN-FASICHE
INGLESE	**AE+** non difettivo							+	+	+	+	+	+
INGLESE	**AE−** difettivo	−	+	+/−	+/−	+	+/−						
ITALIANO	**I−−** ulteriormente difettivo				−	+	+/−						
DIALETTO	**D−−** doppiamente difettivo				+	−	+	+/−	−	+/−	−/+	−/+	+/−
DIALETTO	**D−** difettivo	+	+	+									

Legenda dei simboli

−	*niente* o livello *basso* piuttosto *trascurabile*
−/+	livello *piuttosto basso*
+/−	livello *piuttosto alto*
+	livello *alto*

Nota: Circa la struttura e la presentazione dei dati in questa tabella si rimanda alle note che accompagnano la tab. 5.1.

Tab. 5.2: Il comportamento linguistico degli italoamericani durante il *primo* periodo della *seconda* fase del contatto (orientamento primariamente *dialettofono*): la qualità dell'influsso delle singole determinanti sull'uso delle lingue funzionali in prospettiva generazionale

LINGUA STORICA	LINGUA FUNZIONALE	GENERAZIONE PRIMA — Categoria 'passiva'			GENERAZIONE PRIMA — Categoria 'attiva'			GENERAZIONE SECONDA — DETERMINANTI			GENERAZIONE TERZA (E OLTRE) — DETERMINANTI		
		SIN-TOPICHE	SIN-STRA-TICHE	SIN-FASICHE	SIN-TOPICHE	SIN-STRA-TICHE	SIN-FASICHE	SIN-TOPICHE	SIN-STRA-TICHE	SIN-FASICHE	SIN-TOPICHE	SIN-STRA-TICHE	SIN-FASICHE
INGLESE	AE+ non difettivo							+	+	+	+	+	+
INGLESE	AE− difettivo				−	+	+/−						
ITALIANO	I−− doppiamente difettivo	−	+/−	+	−	+/−	+	−/+	+	+	−	+/−	+
ITALIANO	I− difettivo	+	−	+	+	−	+						
DIA-LETTO	D−− ulteriormente difettivo												

Legenda dei simboli

−	*niente* o livello *basso* piuttosto *trascurabile*
−/+	livello *piuttosto basso*
+/−	livello *piuttosto alto*
+	livello *alto*

Nota: Circa la struttura e la presentazione dei dati in questa tabella si rimanda alle note che accompagnano la tab. 5.1.

Tab. 5.3: Il comportamento linguistico degli italoamericani durante il *primo* periodo della *seconda* fase del contatto (orientamento primariamente *italofono*): la qualità dell'influsso delle singole determinanti sull'uso delle lingue funzionali in prospettiva generazionale

5.3 Terza fase del contatto

Analogamente alla prima fase, l'architettura del contatto durante la sua fase italiana è composta di sei gradi, di cui quattro fanno parte del l'area mesolettale (4.2.3). I parlanti di prima generazione fanno uso dell'Italiano difettivo (I–) quale gradatum primario, e dell'*American English* italianizzato, quindi difettivo (AE–), quale lingua funzionale secondaria. I gradata usati, invece, dai parlanti di seconda generazione sono rispettivamente l'*American English* non difettivo (AE+), quale varietà primaria, e l'Italiano doppiamente difettivo (I– –), quale varietà secondaria. L'analisi delle dinamiche del loro uso segue la stessa impostazione adottata per le due fasi precedenti; essa focalizza, cioè, il comportamento linguistico dei parlanti in chiave generazionale (5.3.1 e 5.3.2).

5.3.1 Prima generazione

L'Italiano difettivo (I–), in quanto varietà primaria degli emigrati italiani, viene da questi usato, a grandi linee, genericamente. Ciò implica, allo stesso tempo, la non-scelta dell'Italiano non difettivo (I+), di prima dell'emigrazione. L'Italiano difettivo funge da codice di comunicazione in diversi domini linguistici, soprattutto all'interno della famiglia, rappresentando così anche la lingua della confidenzialità. Il suo uso avviene quindi primariamente sulla base di determinanti sinfasiche (tab. 5.4). Eccone una testimonianza:

> [5.41] EP: *Con chi parla solo in italiano, oltre alle Sue figlie e a Suo marito?*
> III-1a-FR: *Con le insegnanti qui, e le classi di studenti, quelli più avanzati.*
> EP: *E con i Suoi amici qua, italoamericani?*
> III-1a-FR: *In italiano. O ben, se ci fosse presente una terza persona che non sa l'italiano ovviamente non parlerei italiano, no? Certo, sì, sì.*

Allo stesso tempo si può parlare generalmente anche di determinanti sintopiche, per la presenza dei tratti regionali che contraddistinguono il carattere endogeno dell'Italiano difettivo. Intervengono inoltre anche determinanti sociali, essendo l'uso dell'italiano correlato frequentemente alla modernità e al progresso.

L'uso del gradatum secondario, l'*American English* difettivo (AE–), vale a dire italianizzato, è legato a grandi linee innanzitutto alla mobilità sociale e all'integrazione nella società nordamericana. Le determinanti dell'uso in questo caso sono primariamente sociali (tab. 5.4). Gli italoamericani di prima generazione usano l'AE– per comunicare con i non-italoamericani. Allo stesso tempo, l'inglese viene scelto piuttosto regolarmente anche nella comunicazione con gli italoamericani di seconda generazione e oltre, indipendentemente dalla fase di contatto durante la quale erano emigrati i loro antenati. Ma non sono rari i casi in cui l'inglese viene selezionato persino per comunicare con gli italiani di prima generazione. Ciò dipende principalmente dalla qualità piuttosto buona del sapere idiomatico in inglese di questi ultimi, dovuta in fondo al profilo piuttosto elitario e specialistico dell'emigrazione durante questa fase.[44] Le dinamiche dell'uso dell'inglese – o, in altre parole, l'integrazione linguistica piuttosto rapida nel tessuto sociale nordamericano – sono dovute anche al tipo di insediamento dominante, che è quello solitario. Singoli individui o nuclei famigliari vivono piuttosto sparsi e isolati[45] dal resto della comunità italoamericana, tanto più rispetto alla sua parte «antica». Ciò accelera la riduzione e il processo dell'abbandono dei domini d'uso dell'italiano a favore dell'*American English*. In queste condizioni, l'uso dell'*American English* difettivo può essere definito tendenzialmente spontaneo, dovuto a determinanti sinfasiche. A scopo illustrativo seguono due brani dall'intervista all'informatrice III-1a-FR:

> [5.42] EP: *Le capita di parlare in inglese con italofoni di prima generazione?*
> III-1a-FR: *Ma ci può essere. Se sto riportando magari un discorso che è stato fatto in inglese, cercherei di ripeterlo in inglese, ecco. Oppure, sinceramente ci sono dei modi di dire, delle espressioni in inglese che sono più giuste, che suonano meglio, sono più appropriate, per cui, alla fine, capita di usarle.*
> EP: *E in che lingua tratterebbe ad esempio del prezzo, con un commerciante italoamericano?*
> III-1a-FR: *In inglese. Questione di soldi, in inglese.* (...)
> EP: *Quando Le capita di comunicare con italoamericani di prima generazione, dell'emigrazione antica, in che lingua parla di solito?*
> III-1a-FR: *Se trovo un calabrese che parla stretto calabrese usiamo l'inglese, o se l'italiano, OK.* (...) *Cioè non sapendo io il suo dialetto, sono proprio tagliata fuori completamente, allora a questo punto, male io, male lui, andiamo sull'inglese. Se lui è un italoamericano* <qui: membro della comunità «tradizionale» italoamericana, che è dialettofona> *l'italiano non lo sa, e io so solo l'italiano.*
>
> [5.43] EP: *A un funerale italoamericano, le condoglianze in che lingua le farebbe?*
> III-1a-FR: *In inglese. Gli auguri invece posso farli in italiano, è più.., c(io)è si può chiedere uno sforzo in un momento più felice, in un momento come un funerale, no!, andiamo via lisci.* (...) *In italiano, tutto quello che è positivo.*

Per quanto riguarda invece il comportamento linguistico dei parlanti della categoria passiva, si può parlare di una non-selezione dell'Inglese italianizzato (tab. 5.4).

---

44 Si veda la descrizione in proposito in 3.3.
45 [5.44] IIi-1a-TB: *Quello che mi ha aiutato è che io sono venuta qui e non ho parlato italiano* (...) *non avevo contatti con la popolazione italiana, e pensavo che questo* (...) *fosse un bene perché ovviamente mi avrebbe aiutato a ascoltare solamente una lingua.*

5.3.2 Seconda generazione

Visto il breve lasso di tempo, lungo il quale si estende questa terza fase tuttora in corso, va tenuto presente che la terza generazione di italoamericani non è ancora consolidata; l'analisi si limita, dunque, alla sola seconda generazione. Per offrire una descrizione adeguata e oggettiva del comportamento linguistico di questa generazione occorre tenere conto del fattore età. Gli italoamericani di seconda generazione fanno genericamente uso dell'*American English* non difettivo (AE+) quale varietà primaria. Ciò è dovuto soprattutto a determinanti sinfasiche, alle quali si aggiungono anche quelle sintopiche, dati i tratti doppiamente[46] endogeni che contraddistinguono l'AE+ (tab. 5.4).

Che la pragmatica dei parlanti sia in continua evoluzione lo dimostra anche[47] l'analisi del comportamento linguistico dei parlanti di seconda generazione durante la terza fase del contatto. All'età in cui ha inizio la frequentazione scolastica, l'*American English* non difettivo diventa per loro varietà primaria a tutti gli effetti e se ne constata un rapido aumento dei domini d'uso.

In età prescolare l'Italiano doppiamente difettivo (I– –) rappresenta di regola per gli italoamericani di seconda generazione il gradatum primario, usato di solito genericamente. Ma la frequentazione di ambienti anglofoni, che diventa man mano normalità già in età prescolare, determina la restrizione graduale – a favore della varietà di contatto di matrice inglese – delle situazioni in cui essi fanno uso dell'Italiano americanizzato (I– –). In molti casi, nella comunicazione con individui di prima generazione, gli italoamericani di seconda generazione evitano abitualmente l'uso del gradatum di base italiano (tab. 5.4).

Va comunque notato, infine, che la consistenza dei contatti con l'Italia, dovuta ai viaggi frequenti e all'uso intenso della comunicazione digitale – come è descritto nel seguente brano d'intervista –, esercita un influsso stabilizzatore in prospettiva sia del sapere idiomatico in italiano, che dei legami affettivi e socio-culturali con l'Italia.

[5.45] EP: *Hanno contatto con i nonni le Sue figlie?*
III-1a-FR: *Sì, telefono, email, poi vengono sempre con me. Adesso mia figlia va giù* <qui: in Italia> *da sola, per spring breccə* (spring break). *Va giù dieci giorni. Sta con la mia mamma* ::. *Sì, sì.*

---

46 Si veda soprattutto l'analisi compiuta nel corso del capitolo precedente circa la duplice differenziazione diatopica delle varietà dell'*American English* di base etnica.
47 Si vedano in proposito le osservazioni fatte in 5.2.3.

5.3.3 Sintesi: il comportamento linguistico durante la terza fase

Anche nella terza fase di contatto l'influsso delle circostanze extralinguistiche risulta determinante per l'evoluzione della pragmatica dei parlanti. Il fattore più rilevante è la forma dispersiva dell'insediamento dei nuovi emigrati italiani, i quali evitano i nuclei italoamericani tradizionali prodotti dalle ondate migratorie precedenti e non formano alcun tipo di enclave. Ciò si riflette nelle dinamiche della loro integrazione socio-culturale e soprattutto linguistica nell'ambiente nordamericano. Le cause vanno cercate nel profilo tendenzialmente specialistico dell'emigrazione in questa fase, nonché nella quantità limitata di emigrati. Dal momento in cui essi giungono negli USA, specialmente negli ultimi anni, spesso già provvisti di conoscenze in inglese, acquisite altrove, il loro atteggiamento linguistico ne risente. Nonostante ciò, l'*American English* italianizzato, quindi difettivo (AE–), rappresenta per gli italoamericani di prima generazione la varietà secondaria di contatto, utilizzata per comunicare con i non-italoamericani e delle volte persino con italoamericani della stessa generazione, o di quella successiva. L'uso dell'AE– avviene quindi sulla base di determinanti prevalentemente sociali e in parte anche stilistiche (tab. 5.4). La lingua funzionale usata invece genericamente (a causa, dunque, di determinanti sinfasiche), di regola nella comunicazione all'interno della famiglia e – meno – della comunità etnica, è l'Italiano difettivo (I–).

Anche durante questa fase il primo passaggio generazionale ha portato e porta cambiamenti radicali nel comportamento linguistico dei parlanti. Per gli italoamericani di seconda generazione, l'*American English* non difettivo (AE+) rappresenta la varietà primaria, usata genericamente a causa di determinanti prevalentemente stilistiche e poi geolinguistiche (tab. 5.4). L'Italiano doppiamente difettivo (I– –) rappresenta invece il gradatum secondario, utilizzato soprattutto per la comunicazione con italoamericani di prima generazione della categoria passiva, oppure per i contatti con l'Italia. È stata invece constatata una non-selezione tendenzialmente generica del gradatum di matrice italiana nella comunicazione con il resto degli italoamericani. Si può dunque affermare che l'*American English* possiede a grandi linee una valenza comunicativa maggiore, estesa ben oltre i confini della seconda generazione. Questa tendenza è dettata da determinanti sinstratiche dell'uso (tab. 5.4), essendo l'*American English* un mezzo fondamentale per la mobilità sociale.

LINGUA STORICA	LINGUA FUNZIONALE	GENERAZIONE PRIMA						GENERAZIONE SECONDA		
		Categoria 'passiva'			Categoria 'attiva'					
		DETERMINANTI			DETERMINANTI			DETERMINANTI		
		SIN-TOPICHE	SINSTRA-TICHE	SIN-FASICHE	SIN-TOPICHE	SINSTRA-TICHE	SIN-FASICHE	SIN-TOPICHE	SINSTRA-TICHE	SIN-FASICHE
INGLESE	AE+ non difettivo							+	+	+
INGLESE	AE− difettivo				−	+	+/−			
ITALIANO	I−− doppiamente difettivo							−/+	+/−	−/+
ITALIANO	I− difettivo	+	+/−	+	+	+/−	+			

Nota: Circa la struttura e la presentazione dei dati in questa tabella si rimanda alle note che accompagnano la tab. 5.1.

Legenda dei simboli
−	niente o livello basso piuttosto trascurabile
−/+	livello piuttosto basso
+/−	livello piuttosto alto
+	livello alto

Tab. 5.4: Il comportamento linguistico degli italoamericani durante la *terza* fase del contatto: la qualità dell'influsso delle singole determinanti sull'uso delle lingue funzionali in prospettiva generazionale

5.4 Conclusioni generali relative al comportamento linguistico degli italoamericani

Nel corso dell'analisi del comportamento linguistico è stata esaminata sistematicamente, in chiave diacronica e in prospettiva generazionale, la valenza comunicativa dei singoli gradata identificati nella prima tappa dell'analisi, per ciascuna fase di contatto. Mettendo a confronto i risultati dell'analisi dell'atteggiamento linguistico nella fase dialettale con quelli relativi alla fase italiana, si constatano svariate concordanze, riferibili specialmente alla dinamica dei cambiamenti dovuti al primo passaggio generazionale. Durante la seconda fase del contatto, quella trilingue, la pragmatica linguistica, ai livelli sia individuale che collettivo, appare più dinamica.

Per meglio riassumere le dinamiche del comportamento linguistico in termini diacronici, è possibile generalizzare i risultati – come è già avvenuto per l'analisi del sapere linguistico (4.4) – non facendo distinzione tra italiano e dialetto di base, ma considerando entrambi semplicemente italoromanzo. Si tratta quindi di un comportamento linguistico generale italoamericano. La zona mesolettale dell'architettura generale del contatto è composta di quattro arcigradata: l'Italoromanzo difettivo (IR–) e l'*American English* difettivo (AE–) per gli italoamericani di prima generazione, l'*American English* non difettivo (AE+) e l'Italoromanzo doppiamente difettivo (IR– –) per quelli di seconda generazione e oltre. Segue ora un riassunto in chiave generazionale del comportamento linguistico degli italoamericani in base alle modalità di scelta dei singoli arcigradata.

La scelta d'uso dell'Italoromanzo difettivo (IR–) da parte dei parlanti di prima generazione significa implicitamente la non-scelta dell'arcigradatum basilettale italoromanzo, cristallizzato prima dell'emigrazione, vale a dire l'Italoromanzo non difettivo (IR+). L'uso dell'IR– è dovuto a determinanti stilistiche e geolinguistiche (tab. 5.5) ed è generico. L'uso dell'Inglese difettivo (AE–) quale varietà secondaria avviene a causa di determinanti prevalentemente sociali (tab. 5.5).

I cambiamenti nel comportamento linguistico che subentrano in seguito al primo passaggio generazionale consistono, per un verso, nell'uso generico del gradatum primario AE+ da parte degli italoamericani di seconda generazione e oltre, soprattutto a causa di determinanti stilistiche e sociali. Ha luogo, per l'altro verso, l'uso dell'Italoromanzo doppiamente difettivo (IR– –), innanzitutto nella comunicazione all'interno della famiglia e del contesto etnico, rivolta, ad ogni modo, piuttosto esclusivamente a italoamericani di prima generazione. Questo arcigradatum rappresenta materialmente un riflesso ridotto – sia in chiave topica che fasica – del gradatum generale IR–, utilizzato genericamente dagli italoamericani di prima generazione. L'uso dell'IR– – è dovuto quindi a determinanti topiche e fasiche (tab. 5.5).

Dall'analisi è emerso che nella scelta d'uso (o meno) di una lingua funzionale non confluisce soltanto un'unica determinante. Uno sguardo d'insieme rende evidente la prevalenza, in generale, delle determinanti *sociali* rispetto alle altre, soprattutto per la rilevanza che ha il sapere idiomatico in inglese e la frequenza crescente del suo uso ai fini della mobilità sociale dei singoli parlanti. Quest'ultima implica, dal canto suo, l'altrettanto progressiva non-scelta delle varietà italoromanze, e la loro interdipendenza rende evidente il legame diretto tra circostanze extralinguistiche e pragmatica dei parlanti.

Segue, al secondo posto, la categoria delle determinanti *stilistiche*, condizionate prevalentemente dall'appartenenza dei parlanti a diverse generazioni. Vi rientrano anche la scelta d'uso emotiva, ideologica, abitudinaria[48] (occasionale), casuale, ecc. delle varietà di contatto. La testimonianza dell'informatrice IId-1a-VG si presta a illustrare la scelta emotiva:

---

[48] Si veda ad esempio la citazione 5.27.

[5.46] *Tutt'e due <le figlie>, alla cas' qualche vot', quand' tornavan' a ser³, parlavanə ingles³, e il f | padre: «Eh, qua non si parla ingles³, si parla italianə! Sennò ve le scurdet³!».*

La scelta o meno di una varietà è risultata, diverse volte, anche dipendere dalla tematica o dalle situazioni colloquiali.

Le determinanti *topiche* dell'uso, infine, condizionano genericamente soprattutto la scelta delle lingue funzionali primarie.

PARALLELISMI NEL COMPORTAMENTO LINGUISTICO IN PROSPETTIVA DIACRONICA
In termini di pragmatica generale va considerato a grandi linee, riassumendo, che la varietà di contatto usata abitualmente dagli italoamericani di prima generazione è di base italoromanza, mentre nel caso della seconda generazione e oltre la varietà con valenza comunicativa maggiore è di matrice inglese. Osservando il comportamento linguistico in prospettiva diacronica risalta la dominanza dell'inglese, dovuta alla superiorità progressiva del suo prestigio, vale a dire alla sua crescente valenza comunicativa nei confronti dell'italoromanzo. Ciò comporta allo stesso tempo la riduzione, altrettanto progressiva, dei domini dell'uso di quest'ultimo. Tali sviluppi si protraggono – anche se con modalità diverse – persino oltre il primo passaggio generazionale. Per i parlanti di seconda generazione, ad esempio, l'uso dell'italoromanzo si limita di regola alla comunicazione con i famigliari e con i connazionali della generazione precedente, specialmente con quelli più anziani, collocabili nella categoria passiva. I domini dell'uso dell'italoromanzo si restringono quindi gradualmente fino a ridursi a occasioni sempre più rare, motivate con sempre più frequenza anche dalla nostalgia selettiva. Segue l'affermazione esplicita di un informatore a questo riguardo:

[5.47] EP: *Dunque c'è bisogno reale di parlare in italiano?*
IId-1a-FT: *No. È soltandə un piacere, nostalgia ::, assolutamendə.*

La riduzione dei domini d'uso si accompagna in chiave materiale a un'erosione graduale, la cui qualità varia a seconda dell'individuo o dell'enclave, ma è comunque destinata a concludersi nel *language loss*. D'altro canto, la crescita della valenza comunicativa dell'*American English* si espande progressivamente fino a dominare l'italoromanzo anche all'interno dello spazio etnico e famigliare.[49]

In prospettiva diacronica risalta, in questo contesto, il cambio linguistico radicale che avviene nei singoli nuclei famigliari, con riflessi immediati sulla

---

49 Le situazioni comunicative in ambito famigliare, nelle quali gli italoamericani di seconda generazione, ad esempio, fanno uso dell'inglese, sono in aumento. Essi cominciano a scegliere l'inglese anche nella comunicazione con i propri genitori o parenti di prima generazione, i quali invece usano l'inglese di regola solo al di fuori della comunità etnica (ad esempio al lavoro).

comunità italoamericana in generale. Si tratta dell'abbandono *de facto* delle lingue funzionali italoromanze. Ecco come un informatore di seconda generazione ha descritto quest'evoluzione:

> [5.48] EP: *In un matrimonio italiano, qui, in che lingua si parla?*
> I-2-AM: *Inglese. Dipende de... qual'anno. 20 anni fa c'erano più che parlavano italianə* <qui: italoromanzo> *che adessə. L'immigrazione è diminuito. Mio cugino è venuto qui 40 anni fa, mio cognatə (...) è venuto qua nel '52. Adesso non ci vedəno tanti immigranti, allora se vado a una festa adesso, parlano tutti l'inglese.*

Le cause principali sono tre:
- il passaggio del ruolo guida, all'interno della famiglia italoamericana, dalla prima alla seconda generazione,[50] la cui lingua primaria è l'inglese,
- la dipartita della generazione dei nonni (di regola appartenenti alla categoria passiva della prima generazione), nella comunicazione con i quali venivano selezionate varietà italoromanze di contatto,
- la disgregazione graduale delle compatte enclavi italoamericane.

DIFFERENZE NEL COMPORTAMENTO LINGUISTICO IN PROSPETTIVA DIACRONICA
Mettendo a confronto i risultati raggiunti sul comportamento linguistico dei parlanti nelle singole fasi, emergono chiaramente delle differenze tra la seconda fase e le restanti due. La pragmatica linguistica risulta notevolmente dinamica nella seconda fase, soprattutto a causa dell'integrazione del rapporto diglossico tra italiano e dialetto di base nel contatto tra *American English* e italoromanzo. Le divergenze, invece, tra la fase dialettale e quella italiana, in riferimento alle modalità dell'uso delle varietà di contatto, sono collocate soprattutto nella dinamica generazionale. Durante la terza fase, contraddistinta dall'autoisolamento, dovuto soprattutto alla tipologia d'insediamento, spicca la velocità del processo dell'abbandono dell'italiano, che in alcuni casi si compie già con il primo passaggio generazionale. Nella prima fase, invece, il dialetto si conservava nelle *Little Italies* persino dopo 2–3 passaggi generazionali. Ciò comporta di regola il suo uso, in parte generico, persino da parte di parlanti di terza generazione, come anche la tendenza al non-uso dell'inglese da parte degli italoamericani di prima generazione, specialmente delle donne.

Vanno infine enucleate tre conclusioni di carattere generale.

---

50 Ad esempio:
[5.49] IId-1a-MS: *O mai gaddə* (Oh, my God)*! Quandə tu tə si lasciatə də lavurà, tu si vecchj', n' bo' fa' cchjù njènd'.* Si veda anche la testimonianza 5.6.

1. Per una descrizione adeguata del comportamento linguistico dei parlanti va necessariamente focalizzato l'uso linguistico reale, che per vari motivi extralinguistici può divergere – in termini persino considerevoli – dalle scelte virtuali dell'uso, ai livelli sia individuale che collettivo. Nel caso italoamericano le scelte linguistiche virtuali sono condizionate prevalentemente da determinanti fasiche,[51] in riferimento all'uso di varietà di contatto di prestigio inferiore, e da determinanti stratiche, nel caso dei gradata di maggior prestigio.

2. La pragmatica linguistica dei parlanti si trova in continuo mutamento, in riferimento sia all'individuo, che alla famiglia, che alla complessiva comunità di migranti. Essa non va dunque percepita come un'entità statica. Il comportamento linguistico si evolve continuamente all'interno di una generazione, trasformandosi con modalità variabili. La sua mutabilità è ancor più evidente se si tiene conto delle differenze che subentrano soprattutto in seguito al primo passaggio generazionale e, tanto più, considerando il contatto migrazionale nella sua intera estensione spazio-temporale.

3. Il comportamento linguistico in contatti prodotti dalla migrazione è contraddistinto da un dinamismo molto pronunciato, di cui le cause vanno cercate soprattutto nelle circostanze extralinguistiche, che spesso si rispecchiano nella variabilità di distribuzione e di percezione sia del prestigio che della valenza comunicativa delle singole varietà.

I risultati raggiunti tramite l'analisi del comportamento linguistico degli italoamericani, riassunti nella tabella a seguire, confermano inoltre gli esiti delle indagini sul sapere riflessivo contattuale inerente alla struttura della zona mesolettale del contatto italoamericano, la quale consiste in un insieme di lingue funzionali distinte e gerarchicamente correlate tra loro.

---

[51] Alla base vi sono solitamente motivi ideologico-nostalgici (5.46), utilitari (6.47, 5.20), folcloristici, ecc., che di regola compaiono anche combinati.

Conclusioni generali relative al comportamento linguistico degli italoamericani — 259

LINGUA STORICA	ARCI-GRADATUM	GENERAZIONE PRIMA — Categoria 'passiva'			GENERAZIONE PRIMA — Categoria 'attiva'			GENERAZIONE SECONDA			GENERAZIONE TERZA (E OLTRE)		
		DETERMINANTI			**DETERMINANTI**			**DETERMINANTI**			**DETERMINANTI**		
		TOPICHE	STRA-TICHE	FASICHE	TOPICHE	STRA-TICHE	FASICHE	TOPICHE	STRA-TICHE	FASICHE	TOPICHE	STRA-TICHE	FASICHE
INGLESE	**AE+** non difettivo	—	—	—	—	—	—	+	+	+	+	+	+
INGLESE	**AE–** difettivo	—	—	—	–/+	+	–/+	+/–	–	+	+	–	+
ITALO-ROMANZO	**IR– –** doppiamente difettivo	—	—	—	—	—	—	+/–	–	+/–	–/+	–	+/–
ITALO-ROMANZO	**IR–** difettivo	+	–	+	+	–	+	—	—	—	—	—	—

Legenda dei simboli

–	*niente* o livello *basso* piuttosto *trascurabile*
–/+	livello *piuttosto basso*
+/–	livello *piuttosto alto*
+	livello *alto*

<u>Nota</u>: Circa la struttura e la presentazione dei dati in questa tabella si rimanda alle note che accompagnano la tab. 5.1.

Tab. 5.5: Il comportamento linguistico degli italoamericani durante l'intera estensione del contatto: la qualità dell'influsso delle singole determinanti sull'uso degli arcigradati in prospettiva generazionale

6 Il prodotto del contatto italoamericano

All'esame del sapere e del comportamento linguistico degli italoamericani, fa ora seguito l'analisi materiale dei singoli gradata del contatto, vale a dire del suo *prodotto*, per dirla con Coseriu, il cui concetto (*Produkt*[1]), come anche quello corrispondente *discorso/testo* (*Rede*[2]) di Lausberg, si rifà all'aristotelico ἔργον.[3] Le varietà generate dal contatto costituiscono dunque l'oggetto dell'analisi e la descrizione dei loro tratti distintivi materiali ne è l'obiettivo.

Analogamente alle due tappe analitiche precedenti, anche questa terza è concepita in chiave diacronica. Viene dunque tenuta in cosiderazione, in primo luogo, la suddivisione del contatto in tre fasi (6.1–6.3). Per ciascuna di loro vengono analizzate sistematicamente le caratteristiche materiali delle singole lingue funzionali, individuate nella seconda parte del quarto capitolo e confermate nel quinto.

L'analisi materiale tiene sistematicamente conto dei seguenti fenomeni – già menzionati[4] – prodotti dal contatto linguistico e correlati tra di loro:
- la transferenza, nel cui ambito viene prestata maggiore attenzione alle interferenze (e, piuttosto marginalmente, alla presenza – o meno – e alla qualità del *code switching* e del *code mixing*),
- l'erosione linguistica, in quanto parte centrale del fenomeno dell'alterazione,[5]
- il *dialect mixing*.

Riguardo alle interferenze occorre fare preliminarmente due premesse metodologiche.

1. Il criterio della *stabilità* delle interferenze è legato al fattore motivazione dei parlanti, che ne determina l'uso. Si può fare una distinzione basilare tra interferenze stabili e interferenze occasionali. Le prime sono motivate di regola dalla necessità. Dal copioso corpus delle interferenze documentate, nella presente analisi vengono citate quelle registrate presso più di un individuo.

2. Un secondo criterio è la *qualità* delle singole interferenze. Si tiene conto, laddove possibile, della collocazione nel tempo e nello spazio delle interferenze menzionate, anche all'interno dei singoli periodi che compongono le fasi di con-

---

1 Cf. Coseriu (1988b, 71).
2 Cf. Lausberg (1969, 30).
3 Si vedano le osservazioni teoriche in proposito in 2.1.3 e 2.1.3.3.
4 Si vedano le osservazioni teoriche in proposito in 2.1.2.5–2.1.2.7 e 2.1.3.3.
5 Si rinvia ai cenni teorici in proposito in 2.1.2.4.

tatto. Risulta così possibile delineare una *stratificazione cronologica* e la *diffusione geolinguistica* delle interferenze. Vengono forniti, in questo modo, elementi importanti sia per un'analisi adeguata delle dinamiche del contatto nella sua interezza, che per la storia linguistica dell'italoromanzo negli Stati Uniti.

Le indagini sul prodotto del contatto italoamericano coinvolgono l'intero corpus empirico (2.2). In alcuni casi è possibile verificare i risultati dell'analisi, e delle volte anche completarli, tramite il confronto con le conclusioni tratte da altri autori a proposito dell'influsso reciproco dell'italoromanzo e dell'inglese nell'ambito del contatto tra essi.

Va sottolineato che la presente descrizione delle peculiarità materiali dei singoli gradata ha solamente un carattere orientativo. Non si pretende di eseguire – né tantomeno ciò è possibile in questa sede – alcuna analisi materiale estesa e minuziosa dei singoli gradata nei singoli periodi e fasi di contatto. È infatti la verifica materiale della distinzione delle varietà di contatto a costituire l'obiettivo di questo passo analitico. Le indagini in ambito fonetico/fonologico, ad esempio, si basano sul metodo impressionistico-uditivo, il quale, nonostante la sua soggettività – se paragonato a quello fonetico-sperimentale – è adatto a raggiungere gli obiettivi prefissi.

6.1 Prima fase del contatto

Per la prima fase sono state analizzate le quattro lingue funzionali intermedie, prodotte dal contatto tra dialetto e *American English*, identificate nell'ambito dell'analisi del sapere riflessivo (4.2.1) e confermate nell'ambito dell'analisi del comportamento linguistico. I gradata italoromanzi sono il Dialetto difettivo (D–) e il Dialetto doppiamente difettivo (D– –), usato come varietà secondaria dagli italoamericani di seconda generazione e oltre. Sul versante angloamericano, le lingue funzionali intermedie da analizzare sono l'*American English* difettivo o dialettalizzato (AE–) e l'*American English* non difettivo (AE+), che rappresenta la varietà primaria degli italoamericani di seconda generazione e oltre.

Uno sguardo generale alla distribuzione delle interferenze documentate per la prima fase, nei suoi tre periodi, è sufficiente a evidenziare divergenze sostanziali, specialmente se messi a confronto il primo e il terzo periodo. Nei pochi documenti noti relativi al primo periodo (dal 1500 al 1783 circa), redatti quasi esclusivamente in italiano, solo sporadicamente sono stati identificati degli anglicismi, troppo esigui, però, per poter speculare sulle dinamiche contattuali. La maggior parte del materiale linguistico a disposizione, risalente al secondo periodo (dal 1783 al 1880 circa), consiste in lettere di ticinesi emigrati principalmente nell'area californiana, le quali forniscono un'impressione già più oggettiva del grado dell'influsso dell'*American English* sull'italoromanzo[6] e, in qualche caso isolato, anche viceversa. La presente analisi materiale della variazione è incentrata su singoli spazi circoscritti, i quali, benché numerosi e distribuiti nell'intera realtà italoamericana, andrebbero completati tramite indagini sistematiche nei numerosi archivi comunali e privati, soprattutto in quelle aree italiane maggiormente toccate dall'emigrazione. Il materiale linguistico a disposizione relativo al terzo periodo (dal 1880 al 1927 circa) è invece consistente, e notevole è la quantità delle interferenze documentate. Sono infatti più di mille gli anglicismi lessicali stabili dell'italoromanzo parlato dagli emigrati italiani nel corso di detto periodo documentati per la prima volta[7]. È quanto risulta soprattutto dall'esame delle sezioni epistolare, documentaria e paraletteraria del corpus empirico, come anche da quello degli studi linguistici sull'italoamericano[8] apparsi fino al 1927.[9] L'impatto dell'inglese sul dialetto, durante il terzo periodo della prima fase, risulta, con evidenza, particolarmente forte. Turano cerca di quantificarne le interferenze – impresa alquanto impossibile[10] –, supponendo che «(...) on the whole, the new expressions comprise as much as one-fourth of the spoken language of Little Italy.»[11]

L'analisi che segue tiene conto, laddove possibile, della stratificazione cronologica e della diffusione areale delle interferenze, come anche dell'appartenenza dei parlanti alle diverse generazioni di emigrazione e, nel caso degli italiani di prima generazione, a una delle due categorie, attiva o passiva. Per ciascuno dei gradata esaminati nel presente capitolo, viene eseguita un'analisi materiale – secondo i parametri descritti in 2.1.3.3 –, riassunta graficamente nella figura 2.4, che focalizza sistematicamente i seguenti livelli: fonetico/fonologico, poi morfosintattico e in conclusione lessicale. Là dove rilevante, vengono

---

6 Le lettere, dirette di regola ai famigliari, sono state scritte quasi esclusivamente in italiano, non sempre personalmente dai mittenti. Lo stile è quello epistolare. I loro autori rientrano in un minuscolo gruppo alfabetizzato, tutt'altro che rappresentativo della maggioranza degli emigrati, che erano invece prevalentemente dialettofoni.
7 Alcuni di loro sono citati nel corso del presente capitolo ed elencati nell'indice delle parole.
8 I più importanti sono: De Gaufridy (1899); Pascoli (1900, in Coloranti 2001); Bernardy (1913); N.N. (1917); Livingston (1918); Mencken (1919; 1921; 1923); Vaughan (1926; 1927); Zallio (1927).
9 Sono 119 le interferenze lessicali rintracciate nel corpus epistolare, 173 le voci elencate da Livingston (1918, 225–226), 107 quelle apparse in Vaughan (1926) e ca. 650 gli ulteriori elementi risalenti alla produzione letteraria, narrativa e non.
10 Si vedano in proposito anche le osservazioni critiche in LaSorte (1985, 162s.).
11 Cf. Turano (1932, 358).

considerate anche le peculiarità distintive relative all'uso scritto o parlato delle singole varietà di contatto.

6.1.1 Dialetto difettivo (D−)

Il gradatum Dialetto difettivo (D−) rappresenta la lingua funzionale primaria degli italoamericani di prima generazione e si distingue materialmente dal basiletto, vale a dire il Dialetto non difettivo (D+), soprattutto per la presenza delle interferenze dall'*American English*. La cristallizzazione del Dialetto difettivo inizia con la percezione delle prime interferenze, che sono esclusivamente lessicali. Queste si registrano sin dal principio del soggiorno degli emigrati negli USA, se non già prima: in viaggio, su di una nave,[12] come è stato documentato in alcuni casi, o addirittura già nei porti italiani, in attesa della partenza.

La diffusione e la qualità delle interferenze sono descritte secondo i livelli grammaticali.

Fonetica/Fonologia
A livello fonologico non è stata constatata alcuna traccia di interferenze inglesi sul dialetto parlato dagli italoamericani di prima generazione. Va considerato, comunque, che il materiale empirico a disposizione è in forma scritta.

Morfosintassi
Le interferenze in ambito morfosintattico appaiono estremamente esigue. È stata constatata la formazione del suffisso del plurale *-(z)zi/-(s)si*, sulla base del suffisso inglese del plurale *−s*: *pinotto*[13] (< peanut) − *pinozzi* (< peanuts), *cestenotto* (< chestnut) − *cestenozzi*, *apricotta* (< apricot) − *apricozzi*, *sciùa* (< shoe) − *sciúsi* (< shoes). Una particolarità morfosintattica che risalta è la denominazione delle strade tramite l'uso di numeri cardinali. Pur non trattandosi di un'interferenza materiale dall'inglese − il sistema statunitense consiste nell'uso dei numeri ordinali −, detto fenomeno va percepito quale tratto tipico italoamericano. Le prime attestazioni note risalgono alle memorie di Umilia Capietti attorno al 1890:

---

[12] Si veda Prifti (2011b, 85).
[13] I primi quattro esempi risalgono a Vaughan (1926, 435), ripresi, insieme ad altri, anche in Menarini (1947b, 164), al quale si rinvia. Lo stesso fenomeno viene indicato anche in 6.2.1.3, nell'ambito dell'analisi del gradatum Italiano ulteriormente difettivo (I− −).

«(...) dopo aver (...) cambiato la casa di 43 strade con quella delle 14 strade (...).»[14]

Il fenomeno perdura ancora a oggi, come è stato possibile appurare anche in diverse interviste.[15] Si nota inoltre qualche calco sintattico, specialmente in costruzioni verbali, come *fare senso*[16] 'aver senso' < *(to) make sense*, *fare la giobba* 'uccidere, scherzare, partorire'[17] < *(to) do the job*, ecc., usate di regola da parlanti della categoria attiva.

Lessico

Risulta invece considerevole il corpus delle interferenze lessicali che possono essere sottoposte a una descrizione differenziata, basata principalmente sulla loro diffusione (nel tempo e nello spazio) e sulla stabilità. Soprattutto in riferimento alla diffusione nello spazio è opportuno distinguere tra interferenze non circoscritte e interferenze circoscritte.

Le interferenze lessicali *geograficamente non circoscritte*, diffuse all'interno delle comunità italoamericane pressoché sull'intero territorio statunitense, sono quantitativamente inferiori rispetto a quelle circoscritte, ma molto rilevanti, specialmente per la loro stabilità, vale a dire per vitalità e durata. La descrizione che segue, concepita in chiave cronologica, tratta quelle più significative.

Il sostantivo ambigeno *pezzo/pezza* 'dollaro' rappresenta una delle più celebri voci italoamericane. La sua testimonianza più remota compare a Filadelfia e risale al 1817, in una lettera[18] del medico Cesare Bressa.

«non vi ha contadino, che non guadagni (...) meno d'un pezzo; i giovani (...) ricevono quindici, venti pezzi di Spagna al mese, giacché qui (...) l'infima moneta è il pence o soldo che è la centesima parte del pezzo o dollaro.»

Sin da allora la voce *pezzo* risulta ampiamente diffusa, ininterrottamente[19] e tuttora in uso, come si evince dai seguenti esempi tratti dalle interviste.

---

14 In Durante (2001, 754). Ulteriori cenni in proposito si trovano in Bernardy (1913, 92), Menarini (1947b, 165), e altri.
15 Si veda l'esempio illustrativo 4 (6.89) in calce al sottocapitolo 6.2.1.1.
16 Ad esempio: «ccà nun avite manco cu fai sense» (in Haller 2006b, 219; *Tarantella d' 'e diebbete*).
17 Cf. Haller (2006b, 51s.).
18 In Durante (2001, 121). La voce appare anche in altri passaggi della lettera.
19 Nel fondo epistolare dei ticinocaliforniani *pezzo* appare in 17 lettere scritte tra il 1855 e il 1895, delle quali ben 13 risalgono al periodo preunitario. Appare con frequenza – ma esclusivamente nella forma femminile – anche nelle macchiette di Migliaccio, come ad esempio: «'America 'a pezza conta.» (in *Padre* (1922), in Haller (2006b, 171), oppure «'A pezza nun me manca» (in *Tony 'o Barbiere*, in Haller (2006b, 225)). L'etimo viene menzionato in diversi studi linguistici sull'i-

[6.1] IId-1a-SP: *Qua pijavamə cingue pezz' al giorno.*
EP: *Che vuol dire 'pezzə'?*
IId-1a-SP: *Dollaro.*
EP: *E perchè lo chiamate 'pezz'?*
IId-1a-SP: *È che come si chiama qua, il pezz'.*

[6.2] EP: *Che cos'è 'a pezzə'?*
IId-1p-FM: *U dolluru. 'Na pezzə. A capl' ə* (a couple of) *pezzə.*
EP: *In Italia non si usa però.*
IId-1p-FM: *No, no. Cca, in dialettu si dice veramente. Il nome del dolluru è 'dolluru', non è pezzə, ma u dicə anghə l'americanu però chistu: 'capl u pezzə', 'cappl u dolləru'.*

Va precisato, però, che attualmente l'uso di questa voce si registra solo sporadicamente, come conferma anche il seguente brano di intervista:

[6.3] IId-1a-SM: *Ai tiemb' andichi u chiamavanu 'pezza'. Uorə jé 'u scutu', o 'pezza'.*
EP: *Perché?*
IId-1a-SM: *Chistu 'un u sacciu mai. Quannu ìu vinni u chiamavanu «na pezza». Uan dallər.*
IId-1a-LM: *Purə «'nu bocch». «ṛammə 'nu bocch!» Si ci morə a quaccunu... nu paṭṭi.., colletəno, no? E fannu, ṛicìa: «ṛammə 'nu bocch!» E allura 'un capìa, ṛicìa: «Ua?»*
IId-1a-SM: *Pecché ai diemb' andichi, quannu iu vinni de Italia, ti dicevano, «'na pezza», «du pezzi». «Quantə custa ṛə cosa?» – «Cincu pezzi.». Ba uora 'un u usunu assai cchiù (...). «'Nu scutu», «du ʃcuti», u stissu commu «'na pezza». Ba in principio, ṛicevunu «'na pezza».*
IId-2-AM: *But you wouldn't say that: «Cinque pezzi».*
IId-1a-SM: <ride> *Dat's ha a lornd.*

IId-1a-SM: Ai tempi antichi lo chiamavano pezza. Ora è «lo scudo» o «pezza».
EP: *Perché?*
IId-1a-SM: Questo non lo so proprio. Quando sono arrivato io lo chiamavano «una pezza». *One dollar.*
IId-1a-LM: O pure un *buck*. «Dammi un *buck*!» Se a qualcuno muore... un padre..., fanno la colletta, no? E fanno, dicono: «Dammi un *buck*!» E allora io non capivo, dicevo «*What?*»
IId-1a-SM: Perché ai tempi antichi, quando io venni dall'Italia, ti dicevano «una pezza», «due pezzi». «Quanto costa questa cosa?» – «Cinque pezzi.» *But* ora non lo usano più molto (...). «Uno scudo», «due scudi», lo stesso di «una pezza». *But* in principio dicevano «una pezza».
IId-2-AM: *But you wouldn't say that:* «Cinque pezzi».
IId-1a-SM: <ride> *That's how I learned.*

In chiave etimologica *pezzo* rappresenta probabilmente un calco sulla denominazione colloquiale inglese *piece*[20] *of eight* dello *Spanish Dollar*, il *real de a*

---

taloamericano, a partire già da Livingston (1918, 219, n. 10), che indica: «Pezze: Neapolitan for 'dollars'.»

20 Cf. anche Menarini (1947b, 164): «Non è tuttavia escluso che *pezza* derivi da *piece* (...).», che pare trovar conferma nella spiegazione di Bressa, citata poco sopra. Anche Di Pietro (1986, 16) è dello stesso parere.

ocho, valuta ufficiale – accanto al peso messicano – anche negli Stati Uniti, dal 1785 al 1857. Bisogna menzionare anche l'ipotesi, meno verosimile, sostenuta da Bernardy,[21] di una derivazione da sp. *peso* che avrebbe avuto luogo in territorio americano. Non va inoltre esclusa la possibilità che la voce si sia formata già in Italia, su base francese o spagnola.

La coppia di italoamericanismi *renta* 'affitto' < *rent* e *rentare* 'affittare, dare in affitto' < (*to*) *rent* fa parte delle interferenze più note documentate già tra il 1855 e il 1880. A esprimerne la vitalità vi è non solo il loro uso frequente e diffuso, sin dalle prime attestazioni (1868), ma anche qualche derivazione paradigmatica[22] o adattamento (e ampliamento) semantico.[23] Caratteristiche simili contraddistinguono anche gli italoamericanismi *trubolo*[24] < *trouble*, *cianza*[25] < *chance*, *storo*[26] < *store*, e molti altri. Seguono alcuni esempi illustrativi:

[6.4] «*Quando io son partito (...) era tutto rentatto (...).*»[27]

[6.5] «(...) *non avrei più trubola (...).*»[28]

[6.6] «(...) *ti auguro a te buona cianza (...).*»[29]

Meno nota e diffusa è la voce *sanababìc*[30] < *son of a bitch*, che fornisce però un

---

21 Cf. Bernardy (1913, 96).
22 Si noti ad esempio il sostantivo *rentaro/rentare* 'fittavolo, affittuario', nella frase:
[6.7] «(...) devo sgrandire la casa pei rentari che la rentano (...)» (in Cheda 1981, 656: 1900).
23 Si noti ad esempio il verbo italoamericano *renditare* (in Cheda 1981, 819: 1923)
[6.8] «(...) la casa a Salinas l'hò renditata (...)» e 820: 1924), derivato dal sostantivo *rendita*.
24 Altre varianti sono *trobolo, trobulo, trubolo*. Si sono adattate semanticamente anche le voci dialettali galloitaliche *trubel, tribulo, travaglio* e *trabulare*. Nel fondo epistolare ticinocaliforniano questo elemento appare in 24 lettere scritte tra il 1878 e il 1931.
25 Appare anche nelle forme *ciansa* e *cianca*, in tutto in otto lettere del fondo epistolare ticinocaliforniano, scritte nell'intervallo 1865–1907. Usato in seguito da svariati autori, a partire da Pascoli 1900 (in Colasanti 2001, 182).
26 Una lettera del 1862 (in Cheda 1981, 504) contiene la prima testimonianza rintracciata di quest'interferenza, tuttora in uso, come appurato nell'ambito delle ricerche sul campo.
27 In Cheda (1981, 153: 1868).
28 In Cheda (1981, 432: 1878).
29 In Cheda (1981, 564: 1865).
30 Cf. Cheda (1981, 302: 1893). Attestata sin dal 1871 (in Cheda 1981, 48) e più volte anche nel corpus delle interviste, ad esempio:
[6.9] I-2-AM: *I sicilia(ni) dichəna 'samatupicciu'. Salma béccia, salma bréccia, s'anima becci, sanimapicciula, sanimabiggia* sono altre varianti menzionate in Menarini 1947b (*passim*), alle cui note si rimanda. Vi sono poi anche *salamebìc* e *sanavebìc*, in Parlangèli 1948, 85, e altre.

ottimo esempio dell'adattamento morfologico, sia nelle forme maschile *sanababicio*[31] e femminile *sanababicia*,[32] che al plurale.[33]

È già stato fatto notare che l'impatto dell'inglese sul dialetto si presenta ancora più intenso durante il terzo periodo, come dimostra la quantità delle interferenze. Tra le interferenze più rilevanti e stabili, e al contempo celebri *marker* linguistici dell'identità italoamericana, vanno annoverate *baccauso*[34] 'latrina' < *back-house, baschetto*[35] < *basket, boxa*[36] < *box, bosso,*[37] *carro,*[38] *checca*[39] < *cake, draivare*[40] < *(to) drive, faitare* < *(to) fight, fornitura*[41] 'mobili' < *furniture, loffaro* < *loafer, marchetto,*[42] *morghig/ morghiccia*[43] < *mortgage, sciappa*[44] < *shop, startare*[45] < *(to) start, trocco*[46] < *truck*, ecc. Analogamente al periodo precedente, la loro

---

31 In Cheda (1981, 301: 1893):
[6.10] «(...) di quei lodevoli sanababici che an parlato (...).»
32 In Cheda (1981, 799: 1911):
[6.11] «(...) avete disturbi con una sanababicia (...).»
33 Ancor più significativo è l'adattamento morfologico e semantico di questa voce in diverse varietà locali italoromanze in Italia, indicate sotto.
34 Sebbene la prima documentazione di *baccauso* risalga a Livingston (1918, 215), l'interferenza dovrebbe essere ben più remota. Si vedano anche le affermazioni in 6.2.1.1.
35 Cf. Pascoli (1900) (in Colasanti 2001, 175); Livingston (1918, 225). In Vaughan (1926, 432) è indicata la variante femminile *baschetta*.
36 Documentata già nel 1885 (in Cheda 1981, 97). Altre varianti sono *bòcchese* (cf. Livingston 1918, 225), *bocsa/ bochisa* (cf. Vaughan 1926, 432), ecc.
37 La documentazione più remota è del 1888 (in Cheda 1981, 293). Compare inoltre in De Gaufridy (1899) (poi in De Gourmont 1905, 103), Bernardy (1913, 104), e altri.
38 Cf. Bernardy (1913, 92); Livingston (1918, 225); Vaughan (1926, 432), e altri.
39 Italoamericanismo tuttora ampiamente diffuso e vitale; cf. ad esempio la citazione 6.78. La prima attestazione è in Pascoli (1900) (in Colasanti 2001, 174). Compare successivamente in Vaughan (1926, 432) e altrove.
40 In Cheda (1981, 316: 1901), Vaughan (1926, 433), e altri. Si tratta di un'interferenza stabile tuttora vitale; cf. la citazione 6.58.
41 In Cheda (1981, 761: 1905), N.N. (1917, 178), Vaughan (1926, 433), e altri.
42 Cf. Bernardy (1913, 96). In Livingston (1918, 226) e Haller (2006b, 54) è indicata la variante femminile *marchetta*.
43 In Cheda (1981, 77: 1892, 656: 1900, 263: 1901), N.N. (1917, 178), Turano (1932, 356 (*morgico, morgheggio*)) e Haller (2006b, 55), dove è indicata la variante napoletana *murghegge*.
44 Inizialmente in De Gaufridy (1899) (poi in De Gourmont 1905, 103), Migliaccio (in Haller 2006b, 62–63), e molti altri. In Livingston (1918, 226) è indicata la variante *sciappa*, che è tuttora in uso. Si veda ad esempio la citazione 6.66.
45 In Cheda (1981, 55: 1913). Voce frequente anche attualmente. Si veda (6.2.1.1) il quinto esempio (6.90).
46 Cf. Vaughan (1927, 434). Voce molto diffusa e vitale, tuttora in uso; si veda (6.2.1.1) il primo esempio (6.84).

marcata vitalità si esprime nelle derivazioni e / o nei mutamenti semantici, come nei casi di: *bosso*, al quale risalgono sia la forma femminile *(l)a bossa* 'padrona' che il sostantivo *bossatura*[47] 'tassa per l'impiego', *loffaro*[48] con le sue derivazioni *loffaretto, loffarino, loffarone* e *loffaraccio, faitare*[49] 'fare a pugni' < *(to) fight* > *faite* 'lotta, lite', ma anche 'pugno'[50] – mutamento semantico –, con le derivazioni *faitata*,[51] *faietattòre*,[52] ecc. Una rapida menzione di svariati italoamericanismi composti, al cui interno compaiono delle volte anche dialettalismi, è già sufficiente a evidenziare ulteriormente la vitalità delle interferenze e a illustrare l'intensità del contatto in questo periodo. L'esempio più citato[53] è la voce campanoamericana *coppetàne* < *uptown* – e analogamente anche *coppestèso/ ngoppestese* < *upstairs* –, di cui il primo elemento *coppe* è la preposizione napoletana[54] *'nc(u)oppə* 'sopra'. Altri esempi[55] simili sono: *'mpigniscioppa* < *pawnshop, canebuldogga, rodomastro* < *roadmaster, mezzobarritenne* o *mezzosciainatore* 'barista o lustrascarpe che lavora a mezza giornata' < *bar tender* e < *shoe shiner, pizzapaia* < *pie* o la frase verbale *mandare a godaella* 'mandare all'inferno' < *go to hell*.

Tra le interferenze stabili, di regola non circoscritte, bisogna distinguere la categoria di quelle diffuse maggiormente durante questa prima fase di contatto anche al di là degli USA, in Italia. Si tratta quindi degli (italo)americanismi dei dialetti di base italoromanzi, irradiati poi nell'areale italoromanzo d'origine principalmente tramite l'emigrazione di ritorno.[56] La conoscenza sistematica di

---

47 Cf. Bernardy (1913, 104). Italoamericanismo menzionato anche da diversi altri autori.
48 Attestata per la prima volta nel 1899, nella forma *lofar* (in Cheda 1981, 244). La variante pluricitata *loffaro* appare già in Bernardy (1913, 91), insieme alle derivazioni.
49 Per la prima volta in Cheda (1981, 93: 1890), poi Migliaccio (in Haller 2006b, 47), e altri. In Turano (1932, 358), poi in Menarini (1947b, 157) e in altri, se ne indica l'ampio spettro paradigmatico (*faitato, faitava, faitò, faitasse*, ecc.).
50 Attestata in diverse fonti a partire dai primi del '900. È interessante l'integrazione della voce in costrutti fraseologici quali *chiavar nu faite* 'dare un pugno' (cf. Livingston 1918, 225; Mencken 1936, 642 (*chiaver nu fait*)).
51 Cf. Migliaccio (in Haller 2006b, 48).
52 Cf. Livingston (1918, 225).
53 Cf. Livingston (1918, 214 e 222); Menarini (1947b, 163, 193); LaSorte (1985, 168). Nell'elenco delle voci campanonewyorkesi usate da Migliaccio (in Haller 2006b) figurano invece solo le varianti *oppestese* e *oppetaune*, quest'ultima quasi omofona all'*oppita(u)ni* dei siculoamericani (in LaSorte 1985, 168).
54 Cf. Rohlfs (1954, 112).
55 Cf. Livingston (1918, 212).
56 Le dinamiche generali del passaggio sono descritte dettagliatamente in Menarini (1947b, 180s.), cui si rinvia.

questi elementi, soggetti finora solo sporadicamente ad analisi linguistiche,[57] torna a vantaggio delle ricerche dialettologiche, in Italia, a livello locale.

Sono tre le caratteristiche principali degli anglicismi di questo tipo:

1. essi rappresentano di regola le interferenze lessicali inglesi più vitali e stabili delle varietà italoromanze parlate negli USA,

2. la loro irradiazione in ambiente italoromanzo comporta spesso modificazioni e mutazioni semantiche, come nel caso di *business* > *bbisinissë* 'sedere, deretano'[58] o di *ticchetto* < *ticket*, il quale, secondo Tagliavini:

> «(...) vivo nell'italo-americano e fra gli emigranti nel senso di 'biglietto', è tornato dopo l'occupazione alleata e si ode ancora nel senso di 'buono di prelevamento per la benzina'.»[59],

3. La precisazione della loro origine (americana, australiana, o addirittura canadese o britannica) rimane in alcuni casi, specialmente per le voci più diffuse, piuttosto difficile.

Gli anglicismi di questa categoria sono diffusi solitamente in spazi ristretti dell'areale italoromanzo – anche solo in singoli gerghi[60] – e hanno vita piuttosto breve, come ad esempio *cana* 'alimenti in scatola' < *canned*,[61] *grosseria* 'bottega di generi commestibili' < *grocery*,[62] ecc. Solo pochi di loro sono presenti

---

57 Segue una rassegna bibliografica dei lavori più rilevanti: Alessio (1942); Cavarra (1973); Cheda (1981, XLIII, n. 39); Coveri/Pighini (1997); De Giovanni (1980; 1982); Folena (1973); Graziuso (1986); Livingston (1918, 215); Menarini (1940, ripreso in modo ampliato e aggiornato alle pagine 175–202 di Menarini 1947b); Parlangèli (1948); Pellegrini (1945); Tropea (1957; 1959/1963/1973; 1983); Vignoli (1911; 1926), ecc. Un'altra fonte per questi elementi è costituita dai lavori lessicografici incentrati, di regola, su areali geolinguistici ristretti, ma non solo. Si vedano ad esempio Calvaruso (1929); Frisoni (1910); Giammarco (1968–1990); Sicuranza (1988); Panzini (⁸1942); De Mauro (2000), ecc.
58 Cf. De Giovanni (1982, 100).
59 Cf. Tagliavini (1949, 15).
60 Oltre ai cenni in De Giovanni (1982, *passim*) si vedano ad esempio gli italoamericanismi del gergo palermitano *baccàgghiu* (cf. Calvaruso 1929, 41, 42, 57, 110, 186 e 201), dei gerghi calabresi (cf. Alessio 1942) e di un gergo napoletano (cf. Menarini 1947b, 186). Tra questi esistono dei nessi, come è tipico dei gerghi. Da *beef* > *biffa* 'carne cotta, pene' del *baccàgghiu*, ad esempio, derivano *biffata* 'zuppa di manzo' nel gergo napoletano, ma anche *biffa* 'grosso naso' e *biffu* 'organo genitale femminile' nei gerghi calabresi.
61 Voce diffusa in Ticino (cf. Cheda 1981, XLIII, n. 39). Italoamericanismo noto dal 1876 (in Cheda 1981, 227). In Mencken (1936, 645) si menziona anche *canneria*.
62 Voce diffusa in Liguria (cf. Frisoni 1910). Italoamericanismo noto dal 1867 (in Cheda 1981, 152), poi in De Gaufridy (1899), e successivamente in molti altri. Menarini (1947b, 162) indica la variante *grussaria* 'drogheria'.

contemporaneamente in svariati focolai italoromanzi. Ciò è conseguenza, per un verso, delle irradiazioni parallele dovute alla consistenza dell'emigrazione di ritorno degli italoamericani (specialmente verso la fine del terzo periodo) e, per l'altro verso, dell'estensione della diffusione delle voci, a partire da singoli epicentri.

Alcuni esempi di anglicismi prodotti dall'emigrazione di ritorno durante il secondo periodo sono *business*,[63] *ticket*,[64] *son of a bitch*,[65] *store*,[66] ecc. Risalgono al terzo periodo invece le voci *ggiòbba*[67] < *job*, *ghenga*[68] < *gang*, *ciek*[69] < *cheque*, e le derivazioni[70] da *back-house* 'latrina'. Va inoltre accennato al fatto che tali anglicismi, in Italia, possono apparire parallelamente sia in varietà dialettali italoromanze che in varietà locali di lingue di minoranze alloglotte, o allogene. Nella varietà italoalbanese di Frascineto (prov. di Cosenza), ad esempio, persiste la voce *suvère*[71] 'maglione', che risale a *sweater*. Considerandone i tratti fonetici, più che un'irradiazione dalle circostanti varietà locali calabresi questo anglicismo rappresenta per l'*arbërisht* piuttosto un elemento diretto, veicolato dall'emigrazione di ritorno degli italoalbanesi. L'emigrazione

---

63 Italoamericanismo noto dal 1877 (in Cheda 1981, 227). Per le svariate derivazioni (ad esempio: *bisinissi*, *bìsine*, *bisinaccio*, *bisinone*, *pìžnis*, *vìssinu* e molte altre) diffuse nei dialetti italoromanzi si rimanda alle note dettagliate in De Giovanni (1982, 99s.).

64 Interferenza attestata dal 1861 (in Cheda 1981, 227). Nel fondo epistolare ticinocaliforniano figura in tutto sette volte, anche nelle varianti *tichet(t)a* e *etichet(t)a*. Registrata in Italia anche nel lucchese (nella forma *ticchetto* – Pellegrini 1945, 79), nel ligure (*ticchetta* – Frisoni 1910), nel marchigiano (*tichetta* – si vedano le fonti indicate in Menarini 1947b, 183 e n. 1), nel *baccàgghiu* (*tichéttu* – Calvaruso 1929, 186), ecc.

65 Per le svariate derivazioni (ad esempio: *sana babiccia*, *salma béccia*, *salma bréccia*, *s'anima becci*, *sanamebìc(ci)*, *salamimpìcci* e molte altre) diffuse nei dialetti italoromanzi si rimanda a De Giovanni (1982, 109s.).

66 Si veda in particolar modo De Giovanni (1982, 110).

67 Presente in diverse varietà dialettali locali siciliane, abruzzesi e molisane, in forme e con significati diversi (Tropea 1983, 182). La matrice italoamericana è una delle più diffuse, resa celebre anche dal titolo di Prezzolini (1939). Cf. anche Haller (2006b, 51s.), e altri.

68 Ossia 'combriccola di scioperanti'. Voce attestata, secondo Menarini (1947b, 183s.), nelle Marche e nel Comelico.

69 Attestata nel 1909 nel ticinese (in Cheda 1981, 203), più tardi anche in varietà dialettali siciliane e abruzzesi nelle forme *cècchë* e *c(c)ècca* (De Giovanni 1982, 101).

70 *Baccau* in Toscana (Livingston 1918, 215), *bbaccàysë* (pl. *bbachéysë*)/ *bbaccasǝ* in Abruzzo e Molise, *beccàusu*/ *baccàusu* in Sicilia (De Giovanni 1982, 96s., riferite anche in Tropea 1983, 189), ecc.

71 Si veda Giordano (1963, 453). In Prifti (2008b, 290) si fa inoltre cenno a un interessante parallelismo tra un americanismo dell'albanese balcanico, prodotto dalla rispettiva emigrazione di ritorno, e l'analogo italoamericanismo, tra l'altro omofono.

degli italoalbanesi verso il Nuovo Mondo va infatti considerata a pieno titolo parte dell'emigrazione italomeridionale. Sono pochi gli anglicismi, prodotti dall'emigrazione di ritorno, diffusi più ampiamente, a livello regionale, come ad esempio *rancio*[72] o *moneta*[73] < *money*. Vanno menzionati infine anche quegli anglicismi, ancor più rari, che sono stati veicolati dall'italiano, diffondendosi dunque a livello sovraregionale, come nel caso di *sciuscià*[74] 'lustrascarpe' < *shoe shining*, ecc., per il secondo periodo, o di *cingomma*[75] < *chewing gum*, per il terzo. In rari casi si creano addirittura unità di allotropi composti da (italo)americanismi dell'italoromanzo prodotti dall'emigrazione di ritorno e dai rispettivi 'internazionalismi/forestierismi' dell'italiano, come nel caso di *bara* 'liquoreria' (dial. Castr.)[76] < ia. *bara*[77] < *bar* > it. *bar*,[78] ia. *brandi*[79] < *brandy* > it. *brandy*, ia. *dolero*[80]/ *doluru* < *dollar* > it. *dollaro*, ecc.

Il gruppo più consistente di interferenze lessicali consiste in quelle *circoscritte*. Per la descrizione delle dinamiche della loro diffusione è determinante la distinzione, basata sulla dicotomia spazio vs. tempo, tra la delimitazione geografica e quella cronologica.

---

72 Specie nella seconda metà dell'800, la voce risultava ampiamente diffusa in Ticino, come risulta in molti documenti.
73 Nel senso di 'denaro, mezzi finanziari' (ad esempio:
[6.12] «(...) un lavoratore po guadagnarsi molta moneta (...)», in Cheda 1981, 304: 1893). Voce attestata continuamente a partire dal 1853 (in Cheda 1981, 561), anche in Almerini 1912 (in Durante 2005, 443), Scaglione (2000, 102s.), ecc., e più volte anche nel corpus delle interviste. Tuttora in uso in Italia, in diverse varietà dialettali italoromanze, specialmente meridionali.
74 Voce attestata per la prima volta nel 1886, in realtà nel 1879 (in Durante 2005, 104). Al più tardi è stata veicolata in Italia dai soldati alleati italoamericani (si vedano Tagliavini 1949, 14; Menarini 1947b, 131, n. 1). A diffonderla a livello nazionale sono stati i mass-media (cf. ad esempio Pellegrini 1945, 79, n. 2), il film *Sciuscià* (1946) di Vittorio De Sica, ecc. La voce è tuttora in voga. Ha fatto da titolo a un noto *talk-show* politico televisivo (RAI 2, dal 2000 al 2002) ed è anche il nome di alcune aziende campane.
75 Si vedano le note in De Giovanni (1982, 94s.), dove, con solide argomentazioni, si mette in dubbio, ma non si esclude, il collegamento diretto con l'italoamericano.
76 Cf. Vignoli (1911, 194). In Lucchesia Giuliano Pellegrini (1945, 80) rileva le voci *barattenda* < *bar tender* e *baracchina* < *bar keeper*. Cf. anche De Giovanni (1982, 95 e n. 21).
77 Cf. Cheda (1981, 47: 1869):
[6.13] «(...) frequentano le bare come fanno i cani quando si dice che vano a visitare sembla fuori di una bara all'altra dalle bare si ne vanno al ballo (...).»
78 Sull'etimologia di *bar*, specie in riferimento all'italiano, si veda Prifti (2008a, 279, n. 23) e le indicazioni bibliografiche ivi elencate.
79 Testimoniato inizialmente in Cheda (1981, 811), in una lettera del 1855.
80 Testimoniato ad esempio in Cheda (1981, 47: 1869).

Le interferenze di diffusione geografica circoscritta si collocano di regola nelle sfere semantiche caratteristiche delle singole aree. Nel caso dell'emigrazione ticinese in California, ad esempio, orientata prevalentemente alla realtà rurale, risalta un'elevata concentrazione di interferenze lessicali di diffusione circoscritta all'area californiana, riconducibili ai principali settori d'impiego degli emigrati italiani in quella regione: la pastorizia e l'agricoltura. Alcuni esempi tipici risalenti al secondo periodo sono le voci: *derí*[81] < *dairy* 'fattoria dove si producono latticini', *stringa*[82] < *string* 'l'insieme delle mucche che ogni mungitore doveva mungere', *strippare*[83] < *(to) strip* 'mungere fino all'ultima goccia di latte', e molte altre. Per il terzo periodo è sufficiente menzionare la voce italonewyorkese *flabusce*,[84] usata sia nella frase verbale *andare a flabusce* 'morire, fare fallimento', che – addirittura – come esclamazione nel senso di 'È finita!/ Buonanotte al secchio!'. La matrice della voce è il toponimo Flatbush, che denominava un noto cimitero italiano situato nell'omonima area, a Brooklyn. La rappresentante comunque più nota e vitale[85] di questa serie è *rancio/ rangio/ ranzo* < *ranch*. In proposito è opportuno citare Mencken:

> «The Italians of the West are all familiar with ranchio (ranch) but it is seldom heard in the East; similarly, livetta (elevated) is hardly known in the West.»[86]

Le interferenze circoscritte *cronologicamente* si possono collocare di regola in (mini)sfere semantiche specifiche, corrispondenti a singoli fenomeni socio-

---

81 La prima attestazione è del 1864 (in Cheda 1981, 633). Altre varianti sono: *derj, dery, dairi*. Nella parte ticinocaliforniana del corpus epistolare la voce appare in 13 lettere, scritte dal 1864 al 1924.
82 In Cheda (1981, 435: 1876, 305: 1893), 270: 1920). Si veda anche la citazione nella nota seguente.
83 La voce appare in tre lettere, la prima delle quali (in Cheda 1981, 435) risale al 1876:
[6.14] «(...) strippiamo 140 bovine; e non siamo che in 6 perciò la stringa e lunga (...).»
84 Livingston (1918, 214). La voce, che persiste tuttora, pur limitatamente, è stata indicata anche da LaSorte (1985, 163), il quale non fa riferimento a Livingston.
85 Indicatori della *vitalità* sono: a. la frequenza dell'uso (all'interno del fondo epistolare ticinese la voce – comprese le derivazioni – appare in 132 lettere (≈ 13 % del totale), 37 delle quali (≈ 28 %) risalgono al periodo preunitario), b. le svariate derivazioni (*ranciere/ rangiere/ rancere, rancione, ranciotto, rancetto*), c. le varianti grafiche (*ranch, ranc, rancio, ranchio, rancho, rangio, rango* e *ranzo*), e, riflesse in queste ultime, d. le varianti fonetiche.
86 Cf. Mencken (1936, 644).

economici di durata limitata. Esempi ne sono *mina*[87] < *mine* e *clemo*[88] < *claim*, entrambe risalenti al secondo periodo e cadute in disuso da svariati decenni. La prova più certa della netta circoscrizione cronologica è fornita da calcoli statistici. Considerando ad esempio l'intero settore epistolare e documentario del corpus empirico (2.2.2 e 2.2.3), la voce *mina* appare infatti in 28 lettere (≈ 2,7 % del totale) scritte negli anni 1853–1893, 23 delle quali risalgono al periodo preunitario. In riferimento a *clemo* il medesimo rapporto è di 10 : 8 (1857–1886). Tra le voci cronologicamente circoscritte, risalenti al terzo periodo, è sufficiente ricordare *tracca*[89] 'binario' < *track* e *lotto*[90] 'appezzamento', voce che in ambiente italoamericano rappresenta molto probabilmente una derivazione diretta[91] da ingl. *lot*. Alcune interferenze risultano circoscritte contemporaneamente nello spazio e nel tempo, come ad esempio *mina, cleme, stringa, strippare*.

Per completezza va inoltre detto che le interferenze lessicali possono risultare circoscritte anche in prospettiva fasica, ad esempio all'interno di gerghi specialistici. Le varietà linguistiche dei singoli mestieri contengono svariati americanismi specifici, finora non trattati da analisi linguistiche sistematiche. Molte di queste interferenze, solitamente poco note alla massa degli italoamericani, sono particolarmente stabili e vitali all'interno delle rispettive varietà, come ad esempio[92] *pressare* 'stirare', *fittare cotti* < *to fit coats*, *ovacotta* < *overcoat* nella varietà dei sarti, *bricco, briccoliere* < *brick-layer*, *stona, foremme* < *foreman* in quella dei muratori, ecc.

Non sono rari i casi in cui la stessa matrice inglese viene mutata in forme divergenti nelle diverse varianti del gradatum (D–). La voce *uptown*, ad esempio, si incontra nelle varianti *(n)coppetanne, oppetaune* e *oppitani*. Casi del genere mettono in rilievo le divergenze materiali[93] che caratterizzano le varie realizzazioni del gradatum (D–), dovute in prima linea alle diversità materiali tra i dialetti di base italoromanzi.

---

[87] Interessanti appaiono le denominazioni del minatore, derivate dalla voce *mina*, vale a dire *miniere* (in Cheda 1981, 562: 1857) e *minarolo* (in Cheda 1981, 645: 1871).
[88] Ovvero 'concessione per l'estrazione di metalli; porzione della miniera dove si estrae; terreno da coltivare'. Ulteriori varianti grafiche sono anche *cleme* e *claim*.
[89] Attestata dal 1898 (in Cheda 1981, 600). Si veda anche Livingston (1918, 210).
[90] Documentata dal 1884 (Cheda 1981, 598). Si vedano anche N.N. (1917, 178); Livingston (1918, 214). Migliaccio (in Haller 2006b, 53) ne conia la variante *lotte*.
[91] Cf. Haller (2006b, 53).
[92] Gli esempi risalgono a De Gaufridy (1899); Livingston (1918); Vaughan (1926); N.N. (1917), dove (454s.) sono indicate anche altre voci specifiche del linguaggio dei barbieri.
[93] Alle divergenze materiali tra le singole varianti viene fatto qualche accenno anche in Rabeno/Repetti (1997, 376 e 378 n. 7).

Per completare la descrizione delle dinamiche di diffusione delle interferenze lessicali, va accennato brevemente anche alle *interferenze occasionali*, in termini quantitativi non affatto inferiori a quelle stabili. Basti elencarne alcune tra le più remote, documentate già nel secondo periodo e risalenti alla raccolta epistolare ticinocaliforniana di Giorgio Cheda: *becheria* < *bakery* (517, 1861),[94] *boote* 'stivali' < *boot* (153, 1868), *covermento* < *government* (619, 1860), *disapontato* < *disappointed* (228, 1878), *involoppo* < *envelope* (705, 1872), *pelteria* < *peltry* (122, 1876), *plazer* 'deposito di sabbie aurifere' < *placer* (562, 1857), *preemtare* 'avvalersi del diritto di prelazione' < *(to) preempt* (402, 1878), *prospetto*[95] 'previsione, previsto' < *prospect* (421, 1863), *riscare* < *(to) risc* (524, 1871), *riv(i)era/ riva* < *river* (396, 1874), ecc.

La dinamicità e la vivacità del contatto in questa fase, vale a dire la forza dell'impatto tra dialetto e *American English*, sono messe nettamente in evidenza da uno specifico fenomeno lessicale. Si tratta di un numero cospicuo di interferenze vitali e stabili, adattate all'italoromanzo tramite una «mimetizzazione» fonetica in voci italoromanze già esistenti, casualmente o volutamente omofone, dalle quali divergono semanticamente. Nasce così un conflitto semantico causato dall'omofonia, delle volte persino bizzarro, o addirittura paradossale, che trasforma questi elementi in luoghi comuni ricorrenti e in rappresentazioni materiali molto popolari dell'adattamento linguistico dell'italoromanzo negli USA. In base alla modalità di «mimetizzazione», casuale o voluta, le interferenze di questo tipo si possono suddividere rispettivamente in reali e virtuali.

La prima categoria è decisamente la più considerevole. La romanizzazione di questo tipo di interferenza avviene sulla base della forte somiglianza fonetica tra la matrice inglese e la voce italoromanza già esistente, sotto le cui parvenze essa si «mimetizza».[96] Si tratta solitamente di voci dialettali, ad esempio *moon* > *munnu* 'luna' (parallela alla voce omofona meridionale *munnu* < lat. *mŭndu(m)*),

---

94 Le cifre indicano rispettivamente il numero della pagina (in Cheda 1981) e l'anno di stesura.
95 [6.15] «I claim sempre aumentano del suo valutto prospetto (...).»
96 La 'tecnica' si evince chiaramente dalla testimonianza di Enrico C. Sartorio (1918, 52s.): «An Italian tried to explain to me the meaning of Thanksgiving Day. ‹You see,› he said, ‹the word explains itself, 'Tacchinsgiving Day'›; ‹tacchin› meaning turkey in Italian, it was, according to this man, the day on which Americans gave away turkeys.» L'interferenza è attestata inizialmente nella forma *Tanksgiven* (in Cheda 1981, 405: 1912 e 408: 1913).

top > *tappu*[97] 'parte, strato superiore' (normalmente 'tappo'), *elevator* > *olivètu*[98] 'ascensore', *coat* > *cottu* 'giacca', *bar* > *bara/ barra*,[99] e di derivazioni: *(to) tend the bar* si trasforma nella forma piuttosto grottesca *tenere (la) bar(r)a*,[100] *dutch* > *(n)doccio* 'olandese, anglosassone',[101] ecc. Delle volte accade che tra gli anglo-americanismi e le voci italoromanze, nelle quali i primi si «mimetizzano», ci siano dei legami semantici per la comune origine, come *car* > *carru* 'automobile, vagone', *pipe* > *pipa*[102] 'tubo', *rent* > *rendita*, *ticket* > *etichetta*, ecc.

Se gli adattamenti di questo tipo risultano già a partire dagli inizi del 1800, le interferenze *virtuali* cominciano a diffondersi soltanto intorno all'apice della Grande Emigrazione, con l'intensificarsi del contatto culturale italoamericano. La denominazione *virtuale*, scelta a designare questa categoria di interferenze, sottolinea l'artificialità degli adattamenti, motivati dal solo effetto burlesco[103] o furbesco e non dalla funzionalità generica e sistematica per la comunicazione quotidiana. L'italiano, infatti, cui si rifanno solitamente queste voci, nella prima fase di contatto rimane per gli italoamericani una lingua virtuale.

L'effetto burlesco di alcune interferenze virtuali è dato proprio dalla tensione, o dal paradosso semantico, che si viene a creare tra il significato della matrice inglese e quello della forma italiana adattata. Per questo motivo simili voci costituiscono degli stereotipi piuttosto popolari, capaci di evocare in modo aneddotico i cambiamenti radicali – in confronto alla lingua in Italia – che subisce l'italoromanzo in emigrazione. Eccone l'esempio più celebre:

> «I badilanti della ferrovia, tradotto in italo-americano, ha un sorprendente sapore biblico. Si chiamano gli ‹sciabolatori del Re Erode› (‹shovelers of the rail road›).»[104]

---

97 Usata da Migliaccio, citata in Menarini (1947b, 160, n. 1). La voce è stata registrata anche nel corso delle interviste, ad esempio:
[6.16] IId-1a-MC: *È finitə il tappo della cioccolatə e po'*, (...) *i tappi uossə lajkə ðissə* (was like this). (...) *Tutt' il sopro è squagliatə 'n un minuto.*
98 Voce indicata in Livingston (1918, 213).
99 Per la prima volta in Cheda (1981, 47: 1869).
100 In Cheda (1981, 405: 1889):
[6.17] «(...) *è nel paese a tenere barra* (...).», poi in De Goufridy (1899).
101 Cf. Livingston (1918, 220), ma anche Menarini (1947b, 171), e altri.
102 Compare per la prima volta in Cheda (1981, 405: 1889). Si veda anche la citazione 6.11.
103 Turano sottolinea che: «It sometimes happens that the newly coined words strike the sound and meaning of well-known Italian words, and the result is very humorous.» (cf. Turano 1932, 358).
104 Cf. Barzini (1931, 266). Cenni di questo tipo si trovano specialmente nei lavori linguistici del periodo prebellico. Cf. Bernardy (1913, 96), dove ritroviamo il «Re Erode».

Altri esempi sono *shovel* > *sciabola*,[105] *boy* > *bòia*, *beam* > *bimbo* 'trave', *garbage* > *cappucci*, *janitor* > *genitori* 'portinaio', *avenue* > *avvenuta*, *tunnel* > *tonno*, *(to) strop (the rasor)* > *strappare* 'affilare', ecc.

Le interferenze virtuali di carattere furbesco, diversamente da quelle di carattere burlesco, rappresentano di regola angloamericanismi dialettalizzati, che richiamano solitamente un vocabolario osceno, come *cool* > *cùlu* 'freddo' (ma anche *cole* > *culu* 'carbone'),[106] *barbecue* > *Barba Culo*,[107] *cards* > *càzzi* 'carte da gioco',[108] *Americans* > [mɛdəᵃrəˈganz],[109] ecc.

È proprio il carattere burlesco o furbesco a rendere le interferenze virtuali più frequenti e vitali. Esse fungono spesso da stereotipi dell'ibridazione linguistica e culturale italoamericana, tanto da essere in gran parte presenti ancora oggi nella memoria collettiva degli italoamericani, come ad esempio:

[6.18] IId-1a-SM: *'Na vota, i avia 'na niputi cca (...) e c'è 'na fabbrica chi fa pipi də plastəca, e chiḍḍa m'ha dumannatə: «Chi fannə ḍɪoᵘ?» Dicissə: «Fannu pipi, də plastəca!»* <ridono tutti>, *e si mittiənə a ridere, chə ḍḍa 'n 'i chiamanu 'pipi'. (...) U maritu si creìa, ca ìranu pipi də fumari, invece cca, cca si chiama 'pajps', 'plastic pajp', ma cca u chiamamu 'pipi'. Chistˀè 'na parola chi ci viene... 'pipi' e chiama 'pipi də plastˀca', o 'pipi də fierrə', ju no? 'Də pajp'. (...) Chistˀ è 'n'esempiə nə certə parolə comə so' canciati, ju no? Invece dirə 'pajp', si diciunu 'pipi'.*	Una volta, io avevo una nipote qua (...) e c'è una fabbrica che produce tubi (*pipes*) di plastica. E lei mi ha domandato: «Che fanno là?» Le dissi: «Fanno *pipi* <qui: tubi>, di plastica!» <ridono tutti>, e si mettevano a ridere, perché là non li chiamano 'pipe'. (...) Il marito credeva che fossero pipe per fumare, invece qua, qua si chiamano *pipes*, *plastic pipes*, ma qui li chiamiamo 'pipi'. Quest'è una parola che ci viene... 'pipi' le chiamano 'pipi di plastica', o 'pipi di ferro', *you know*? *The pipe*. (...) Questo è un esempio di come sono cambiate certe parole, *you know*? Invece di dire *pipe*, si dice 'pipi'.

---

105 Questo e gli esempi indicati a seguire provengono da Livingston (1918) e altri autori.
106 Forma usata da Migliaccio, citata in Livingston (1918, 222).
107 Forma registrata tra emigrati piemontesi, indicata in Malpezzi/Clements (1992, 49).
108 Cf. Menarini (1947b, 161).
109 In Cieri (1985, 18): «(...) *merde di cane* is a very common term for non-Italians particularly because it is nearly homophonous with the Italian-American pronunciation of *americani*. It is thus a source of merriment among Italians, when they use the outsider term because, as the informants claim, they feel they are pulling a joke on unsuspecting Americans.» Si veda anche Cascaito/Radcliff-Umstead (1975, 9) o Malpezzi/Clements (1992, 49), dove si trovano anche altri esempi. Elementi di questo tipo sono rimasti popolari fino a oggi, come dimostra il materiale empirico, ad esempio *thanks a lot* > [taŋguˈlaːtːə], *that's right* > [ˈkatsːə ˈraːj], *What's the matter with you?* > [ˈkatsːə ˈmaːtrə ˈvətrə ˈjuːlə], ecc.

Non a caso i comici vi sono ricorsi volentieri. Uno degli esempi più celebri è la macchietta *La lengua taliana*[110] di Ferrazzano/Migliaccio, scritta verso il 1910.

Vanno infine menzionati anche gli eufemismi, di cui un esempio fra tutti è la denominazione meridionale estrema di 'gallina', ossia *gaddina* (nel senso *God damn!*), comune tra i siculoamericani.[111]

La conoscenza dei conflitti semantici caratterizzanti queste voci è diffusa – ma meno il loro uso – anche tra gli italoamericani di seconda generazione,[112] e in qualche caso anche oltre, come si è potuto appurare.

In ambito lessicale va inoltre menzionato il fenomeno diffuso dell'americanizzazione dei nomi di persona, riscontrabile già tra gli italoamericani di prima generazione. Svariati esempi attestati già presto sono:[113] *Charly/Charles < Carlo, Dan < Daniele, Henry < Enrico, Steve < Stefano, Tom < Tommaso,* ecc. Altri celebri esempi sono *Al < Alfredo/Alfonso, Joe < Giuseppe/Giovanni, Connie < Concetta, Frank < Franco/Francesco, Mary < Maria, Mike < Michele, Paul < Paolo, Tony < Antonio.* Questo fenomeno attira anche l'attenzione di Bernardy, la quale sottolinea che:

> «Ogni Francesco che sbarca a Ellis Island o a Charlestown, dopo un mese è diventato Frank; i Giuseppe si trasformano in altrettanti Joe (...).»[114]

In qualche caso ha luogo addirittura una sostituzione tramite antroponimi angloamericani particolarmente popolari, soprattutto nel caso di antroponimi italiani difficilmente associabili a nomi angloamericani, quali Crocifissa, Onofrio, Sesto, ecc.

Va brevemente trattato, infine, l'adattamento morfologico degli angloamericanismi nelle varietà dialettali degli italoamericani, focalizzando l'attenzione

---

110 Riportata in Durante (2005, 403s.): «E po' la lengua 'taliana è liscia! Quello ca è significa. E questo stavamo parlando nel basciamento. Eravamo tutte 'taliane e calavrise e questo dicevamo che la lengua napoletana è la cchiù bella! Tanto per le belle parole quanto per le maleparole; che poi se vogliamo la lengua 'mericana è una lengua 'taliana stroppiata, avutata sotto e coppa, perciò noi diciamo: *femmina* eccà li femmene le chiamano *uomene*. E po' la lengua 'taliana è liscia! Quello ca è significa. *Pane* significa *pane,* non già che il pane lo chiamate: *preta*!» <qui dial. *preta* è it. *pietra*>. In Livingston (1918, 222) sono indicate anche altre «opposizioni» contenute nella macchietta: «...*chiesa* is *ciuccio* («church,» «donkey»), the *strada larga* is *stritta* («narrow»); O *viso* o chiamano *fessa*...»
111 Cf. Vaughan (1926, 433).
112 Si pensi ad esempio a *Zi Nicolo < city hall* e a *sciocchezza < showcase*, compresi nell'elenco del parlante I-2-AM, riportato sotto alla fig. 6.1.
113 In Cheda (1981).
114 Cf. Bernardy (1913, 92).

innanzittutto sulla formazione del genere[115] nel processo di adattamento morfo-semantico dei sostantivi inglesi al dialetto. Risulta molto diffusa l'adozione del genere naturale, che secondo Rabeno/Repetti «appears to be a process found in all borrowing languages having grammatical gender.»[116] Alcuni esempi sono: *sanababicio/ sanababicia, lu bossu/ la bossa, su bofrieddu*[117] < *boyfriend*, ecc. In svariati altri casi sono i tratti fonologici dell'interferenza a determinare il genere.[118] I sostantivi inglesi con suffisso formante *-er*, ad esempio, nell'adattamento assumono solitamente il genere femminile, *daughter > dora*, ecc. Analogamente si trasforma anche il suffisso inglese *-(e)ry* in *-(e)ria* o *-(a)ria*, come nel caso degli italoamericanismi menzionati sopra *bakery > bacheria, peltry > pelteria, grocery > grussaria*, ecc. È interessante notare anche la formazione di alcuni sostantivi, aggettivi e avverbi sulla base di frasi nominali o verbali, come *sechenènze*[119] 'brutto, sgarbato' < *second hand*, ecc., a riprova della marcata dinamicità del processo di interferenza.

Altrettanto dinamico e complesso appare il processo di adattamento delle interferenze inglesi nel dialetto primario italoromanzo parlato da emigrati siciliani (D–) giunti verso il 1890 nell'area di New York (Binghamton, Johnson City e Endicott). In un suo notevole articolo del 1961, Di Pietro lo descrive come segue:

> «The mechanism of borrowing from American English has brought about the following changes:
> 1. The redistribution of one vowel phoneme, /o/, and the formation of one new consonant cluster: /kl/,
> 2. an increase in the frequency of occurrence of antipenultimately stressed words,
> 3. the formation of many new contentive stems and minor sentences,
> 4. an increase in the frequency of occurrence of grammatical forms built by the attribute-head construction,
> 5. (...) semantic shifts (...).
>
> Borrowing has not caused:
> 1. the creation of any new functor stems,
> 2. new grammatical patterns,
> 3. any major changes in the phonology or morphophonemics.»[120]

---

[115] Va indicato in proposito il notevole articolo Rabeno/Repetti (1997).
[116] Cf. Rabeno/Repetti (1997, 374).
[117] Voce usata, secondo l'informatore I-2-AM, da emigrati sardi a New Jersey, negli anni della Grande Emigrazione.
[118] Cf. Rabeno/Repetti (1997, 374s.).
[119] Voce indicata inizialmente in Livingston (1918, 213), e poi anche in altri autori.
[120] Cf. Di Pietro (1961, 35).

Va evidenziato che i risultati dell'adattamento delle interferenze divergono materialmente nelle singole varietà dialettali parlate dagli italoamericani di prima generazione, come ha confermato anche qualche intervistato.[121] Anche nel saggio Rabeno/Repetti (1997), incentrato sul siculoamericano, si giunge a una conclusione[122] simile. La distinzione tra le singole varianti del gradatum (D−) si basa quindi sulla duplice differenziazione diatopica di quest'ultima, di cui si è trattato in 4.1.2.1.

Per descrivere le peculiarità materiali del gradatum Dialetto difettivo (D−), vengono riportati, in conclusione, due esempi illustrativi che consistono in due brevi tratti di discorsi (non spontanei) in dialetto. Il primo brano è parte del discorso verosimile di un politico italoamericano di origine campana durante un comizio elettorale a North Square (Boston) nel 1909. Il secondo esempio concreto è tratto dalla macchietta *Gennarino!* di Migliaccio.

> **Esempio 1. [6.19]** «Tutt'a gente pote fare mistecchi (*mistakes*: sbagli); u' prevete mistecca 'ncoppa u' bucco (*book*: libro) d'a messa; u' sciabolatore (*shoveler*: spalatore) quanne sciabola u' dorte (*dirt*: terra) int' u' diccio (*ditch*: fossa) o sulle tracche (*tracks*: rotaie). U mistecco nu ruina u galantuomo. Ma u galantuomo sape dicere sempre: Schiusmi (*excuse me*: scusate) aggio fatto nu grosso mistecco e mo' ciabbadaraggio.»[123]

> **Esempio 2. [6.20]** «Ccà curre sempe, t'affatiche e muore, | «Qua corri sempre, ti stanchi e muori,
> come a un pere 'e vruoccolo! sbattenno | come un fascio di broccoli! agitandoti
> pensanno 'o besenesse, 'a scioppa, 'o store, 'o bosso 'a giobba e vaie sempe finenno...»[123] | pensando agli affari, alla bottega, al negozio, al capo, al lavoro e vai sempre a finire...»

Pur essendo le interferenze di entrambi gli esempi limitate al solo livello lessicale, la loro qualità mette chiaramente in rilievo l'intensità del contatto durante la prima fase. Appare in ogni caso netta e palese la distinzione materiale del Dialetto difettivo (D−) dal gradatum basilettale D+ (Dialetto non difettivo).

---

121 **[6.21]** I-2-AM: *Il siciliano direbbe 'u telafunnə', il napoletano dice 'o telafunnə', sono due parole, due frasi diversi. Sai, in America si può indovinare da dove viene l'italiano di come parlano l'inglese. Presempio 'u talafunnə', sarebbe il siciliana, dall'articolo, dall'accentə. Pr'esempiə il calabrese è un po' neisoł (nasal), (...) parla con il nasə. I siciliana dichəna tuttə 'u'; u figghiu...*
122 «If we had investigated another variety of American Italian (such as that spoken by Friulian Americans or Neapolitan Americans) the results of this study would have been different.» (cf. Rabeno/Repetti 1997, 378).
123 In Bernardy (1913, 80). Lo stesso passaggio è riportato anche in LaSorte (1985, 172), ma con qualche inesattezza di interpretazione e traduzione in inglese.
124 In Haller (2006b, 134).

6.1.2 Dialetto doppiamente difettivo (D– –)

Il gradatum Dialetto doppiamente difettivo rappresenta la varietà secondaria dei parlanti di seconda generazione (e oltre). Questo gradatum si distingue dalla lingua funzionale primaria parlata dagli italoamericani di prima generazione (D–) per l'ulteriore difettività, riconducibile a due fattori correlati. Rispetto al Dialetto difettivo, le numerose interferenze hanno qui investito consistentemente tutti i livelli grammaticali (tab. 6.1). Si assiste inoltre a un intenso processo di erosione del dialetto, che possiede una valenza comunicativa secondaria per gli italoamericani di seconda generazione e oltre. La percezione della difettività si rispecchia anche nelle denominazioni date al gradatum dai parlanti: «brokətaliàn' assai», «dialettu cchjù rusalu», «dialettu cchjù ammischiatu», ecc.

FONETICA/FONOLOGIA
In ambito fonologico l'influsso dell'*American English* sul dialetto risulta consistente. L'analisi del materiale empirico ha messo in rilievo delle regolarità nella distribuzione dei numerosi fenomeni d'interferenza secondo l'appartenenza dei parlanti alla seconda o alla terza (e quarta) generazione. Tra i fenomeni d'interferenza ed erosione linguistica registrati prevalentemente nei discorsi dei parlanti di seconda generazione, i più frequenti e comuni, iniziando dal consonantismo, sono:
- la tendenza allo scempiamento delle geminate (march. *vuttìjə* 'bottiglia' > [vuˈti], *pizza* > [ˈpiːtṣa]),
- la perdita dei tratti retroflessi (cal. *cuoḍḍu* 'collo' > [ˈkoːdu]),
- la velarizzazione della laterale [l] > [ɫ] (*Avellino* > [ɑvəˈɫiːn], *parlə* > [ˈpʰɑːrɫə]),
- l'aspirazione delle occlusive sorde, specialmente in posizione iniziale (*pocha* > [ˈpʰɔːkə], *pəccatə* > [pəˈkʰɑːtə], *terrə* > [ˈtʰɛrˑə]),
- lo scempiamento della liquida vibrante in posizione intervocalica [r] > [ɹ] (*Perugia* > [pəˈɹuˑdʒa], *ravioli* > [ɹɑˈvioᵘɫ], *cred'* > [ˈkɹed]), e molti altri.

Sono risultati svariati i mutamenti anche nell'ambito del vocalismo, tanto più tenendo conto della vasta gamma di dialetti italoromanzi parlati dagli italoamericani. I cambiamenti più sostanziali e frequenti interessano soprattutto la qualità delle vocali e rivelano le seguenti tendenze generali:
- troncamento di vocali atone (sic. *carusiḍḍu* 'salvadanaio' > [kɑruˈsid], sic. *tuppuluni* 'pezzo di carne' > [tupˑuˈɫun], pugl. *vantəsinnə* 'grembiule' > [vɑntəˈsiːn]),
- articolazione centrale delle vocali anteriori /i/ e /e/ in posizione pretonica (*genitori* > [dʒɛnəˈtɔːrɪ], *Perugia* > [pəˈɹuˑdʒɑ]),

- dittongazione delle vocali toniche (pugl. *paposcia* 'babbuccia' > [pɑpˈoᵘʃ], nap. *pummarolə* > [pʊməˈrɔᵘɫ], *genovese* > [dʒenəˈveɪs]),
- dittongazione della vocale atona posteriore /o/ in posizione finale (march. *munto* 'molto' > [ˈmuːntou̯], ven. *l'è drio rivà* 'sta arrivando' > [dɹiːou̯]), ecc.

Il dialetto italoromanzo parlato dagli italoamericani di terza o quarta generazione risulta particolarmente difettivo e ampiamente eroso. Tra le peculiarità fonologiche dell'adattamento degli angloamericanismi, nell'ambito del consonantismo, il fenomeno più interessante è la sonorizzazione, nella fattispecie, di:
- occlusive sorde [p] > [b] (*pastina* [bʌsˈtin]), [t] > [d] (*morto di fame* [mʊdərəˈvɑːm]) e [k] > [g][125] (*compare* [gʊmˈbɑː]),
- fricative [f] > [v] (*cafone* [gɑˈvoᵘn]) e [ʃ] > [ʒ] (*prosciutto* [bɹəˈʒutˀ]), e
- affricata postalveolare [tʃ] > [dʒ] (*cetriolo* [dʒəˈdruɫ]).

Questo fenomeno è stato constatato anche tra parlanti di dialetti italoromanzi, nei quali una tale sonorizzazione è atipica.[126] Va quindi presa in considerazione una possibile irradiazione da quelle varietà dialettali meridionali e centrali, le più comuni negli USA, di cui la sonorizzazione è invece una caratteristica. Sono state inoltre constatate:
- la rotacizzazione (nella monovibrante (*tap*) [ɾ]) delle occlusive dentali in posizione intervocalica (*gelati* [dʒəˈlɑːɾɪ], *spaghetti* [spəˈgɛːɾɪ]),
- la retroflessione dell'occlusiva dentale sorda [t] > [ʈ] (*tortellini* [tʰwəɹdəˈɫiːn], *ritornato* [rɪʈɔrˈnɑːtᵊ]),
- la fricativizzazione delle affricate alveolari [dz] > [z] (*zero* [ˈzeˑro]) e [ts] > [s] (*muzzarella* [musəˈrɛɫ]),
- la vocalizzazione della vibrante in posizione iniziale, ecc.

---

125 Si veda anche la constatazione di Laurino «In the Italian-American pronunciation, the hard c changes to a hard g (...).» (cf. Laurino 2000, 113; Albin 2004).
126 Si noti soprattutto la sonorizzazione delle sorde /t/ e /k/ nella voce 'cotechino', usata da un'informatrice di terza generazione di origine veneta:
[6.22] I-3-AB: [pɔˈɫɛːntʰa] *is one of my favourite foods.. (...) It's* [pəˈɫɛːntʰa ˈwɪθ ˈɫɛːntᵊɔɫs] *(polenta with lentals). What else .. saussage or so, is* [kudəˈgiːn]..
EP: *What?*
I-3-AB: *Coodageen? In the* [pəˈɫɛːntʰa] *you can do a sausage,* [kudəˈgiːn]. <ride> (...)
EP: *Did you hear these Italian words from your grandparents or from other Italians living in the States?*
I-3-AB: *It's just the food that my dad always cooked. So we eat a lot of Italian food: pasta,* [zɑːɲa]..
EP: *Sagna?*
I-3-AB: *Yes.*
EP: *Not 'lasagna'?*
I-3-AB: *Not* [ɫəzɑːɲa]. *I've never heard it.*

Nell'ambito del vocalismo si osserva un accrescimento qualitativo dei fenomeni menzionati poco sopra in riferimento alla seconda generazione, ma emergono anche fenomeni nuovi, quali:
- la tendenza alla chiusura (verso lo *Schwa*) o persino alla sincope della vocale centrale /a/ in posizione pretonica (*Calabria* [kəˈɫaːbɹɪɑ], *calabrese* [ˌkɑɫˈbɹɛɪs]),
- l'aferesi e l'apocope di vocali atone (*americano* [mɛɾɪgɑːn], *Abruzzi* [bɹuːt͡sʲ], *cotechino* [kudəˈgiːn]), e molti altri.

In conclusione, va menzionato anche l'influsso della prosodia del *(Vernacular) American English* su quella dialettale dei parlanti di seconda generazione e oltre.

MORFOSINTASSI.
Anche a livello morfosintattico il gradatum D– – si distingue chiaramente da D– a causa dell'erosione subita. Risaltano in generale la semplificazione del sistema morfologico e i mutamenti nella struttura sintattica dei singoli dialetti, dovuti in parte anche alle interferenze dall'*American English*. A titolo esemplificativo vanno quantomeno menzionate:
- la tendenza a omettere preposizioni, articoli e persino verbi ausiliari

    [6.23] EP: *In che lingua parla?*
    I-2-AM: *Mericanə.*
    EP: *Cambia l'accento?*
    I-2-AM: *Credo sì.*

    [6.24] I-2-JD: *Genətori mia è natə Ascołəpiceni, e mama natə Angona.*[127]

- la numerazione sulla base delle centinaia di numeri cardinali di quattro cifre, ad esempio:

    [6.25] «(...) il prezzo che abbiamo fissato noialtri è dollari 1250,00 dodici ciento cinquanta.»[128]

    [6.26] «Che sono fr. 2502 (venticinquecentodue).»[129]

- la strutturazione della frase sul modello sintattico inglese, ecc.

Risalta immediatamente la frequenza dei calchi, come la posposizione di *ore* nell'indicazione dell'ora[130] secondo la struttura inglese (ad esempio *at 10 o'clock*), l'uso frequente della forma comparativa di *bene* in combinazione con il

---

[127] Si veda anche l'esempio 6.28 scelto a illustrare il gradatum.
[128] In Cheda (1981, 398: 1876).
[129] In Cheda (1981, 753: 1903).
[130] In Cheda (1981, 690: 1862).
[6.27] «(...) ripartimmo alla sera circa alla 10 ore (...).»

verbo *piacere*, secondo il modello inglese (*I like better*),[131] e altre forme registrate sporadicamente (ad esempio: *na vottə ch'è andatə lu nonnə e 'a nonna.*[132]), ecc.

Lessico

Una buona parte delle interferenze lessicali menzionate in riferimento al Dialetto difettivo si ritrova anche nella varietà di contatto qui presa in considerazione. A scopo illustrativo viene riportata una pagina dall'elenco di 49 interferenze lessicali (fig. 6.1), tra quelle più diffuse e usate dagli italoamericani nei quartieri italiani del New Jersey, steso spontaneamente dall'informatore I-2-AM, che ringrazio vivamente.

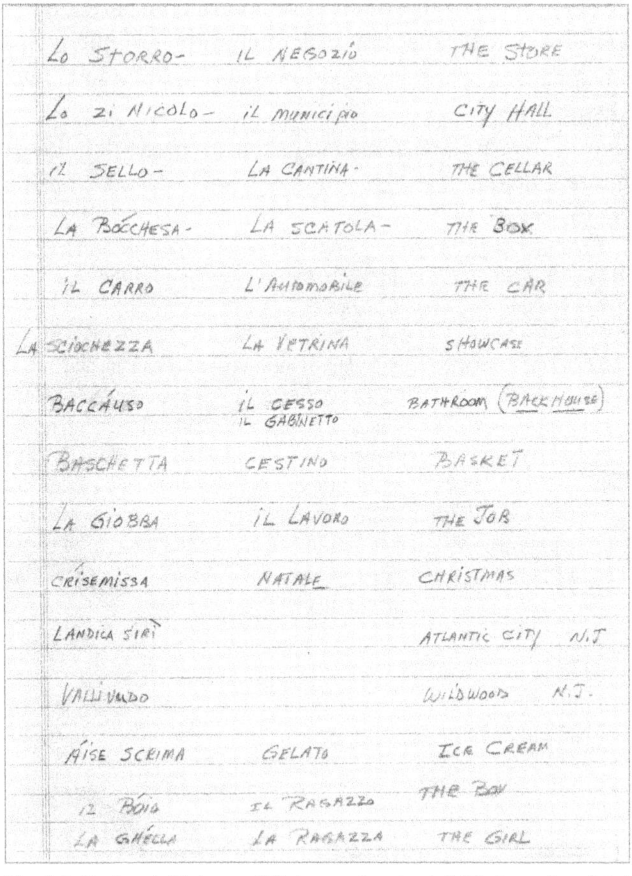

Lo storro	il negozio	THE STORE
Lo zi Nicolo	il municipio	CITY HALL
il sello	la cantina	THE CELLAR
la bocchesa	la scatola	THE BOX
il carro	l'automobile	THE CAR
la sciocchezza	la vetrina	SHOWCASE
baccauso	il cesso / il gabinetto	BATHROOM (BACKHOUSE)
baschetta	cestino	BASKET
la giobba	il lavoro	THE JOB
crisemissa	Natale	CHRISTMAS
landica siri		ATLANTIC CITY N.J.
valli vudo		WILDWOOD N.J.
aise screma	gelato	ICE CREAM
il boia	il ragazzo	THE BOY
la ghella	la ragazza	THE GIRL

Fig. 6.1: Pagina dall'elenco di italoamericanismi dell'informatore I-2-AM

---

131 La prima testimonianza rintracciata dell'uso di questo calco risale al 1864, nella frase «(...) a me piace meglio.», in una lettera pubblicata in Durante (2001, 466).
132 Qui il verbo *andare* è usato nel senso di *morire*, secondo l'uso in inglese di *(to) go*.

Accanto all'aumento generale dei casi di *code switching*, una delle novità più rilevanti del Dialetto doppiamente difettivo in campo lessicale è l'estendersi del fenomeno di interferenza anche a nuovi domini. L'adattamento dei cognomi, ad esempio, riconducibile al fenomeno dell'americanizzazione degli antroponimi analizzato sopra nell'ambito del dialetto difettivo, ha luogo di regola dopo il primo passaggio generazionale. Già nel 1894, ad esempio, Tullio De Suzzara Verdi indica il cognome Talliver come forma americanizzata di Tagliaferro.[133] Ulteriori esempi e note d'interesse circa questo fenomeno, specialmente per la prima fase, si trovano in due accurati studi di Joseph Fucilla (1943 e 1949).

Il lessico della varietà di contatto D– –, se paragonato a quello del gradatum D–, si contraddistingue per una restrizione qualitativa, che in gran parte è dovuta al *dialect levelling* e all'erosione. Nei discorsi di alcuni informatori, tuttavia, si sono conservati sporadicamente degli arcaismi lessicali, che in Italia sono invece caduti piuttosto in disuso.[134]

A illustrare il gradatum D– – si riporta in conclusione un brano dal dialogo spontaneo tra due signore italoamericane di prima e di seconda generazione, registrato nell'ambito di un'intervista:

Esempio 1. [6.28] IId-1a-MS: *Allura ʃtu combleannə, ha jittə tuttə bbounə?*
IId-2-GV: *O jeah, boun.*
IId-1a-MS: *Tə si fattə 'na bellə mangiatə?*
I-2-ID: *Oh my God :: Lu lonʧ da Maria – n' chełə ristorandə chełə, lu vecchj, cheł' də pret', you know? no də briccha – pastə fattə n' gasə... Pə cenə mamma mia ha cucinat', ravioᵘł marchiggian' comə piaʃ a me: fattə bianghə. Ierə so' fattə purə carnəvał⁹ :: Maronn'! (...) Anyway, adess' mə dev' priparà pə Pasqua, l'aliva...*

IId-1a-M: Allora 'sto compleanno, è andato tutto bene?
IId-2-GV: *Oh yea*, bene.
IId-1a-MS: Ti sei fatta una bella mangiata?
I-2-ID: *Oh my God* :: Il pranzo (*lunch*) da Maria – in quel ristorante, quello, il vecchio, quello di pietra, *you know?*, non di mattoni (*brick*) – pasta fatta in casa... Per cena ha cucinato mia madre, ravioli marchigiani come piacciono a me: fatti in bianco. Ieri ho fatto anche carnevale :: Madonna! (...) *Anyway*, adesso mi devo preparare per Pasqua, le olive...

---

133 «(...) perfino i nomi subiscono talvolta la legge dell'evoluzione. Infatti, m'è accaduto di trovare il nome dei *Tagliaferro* ridotto all'americana in *Talliver*.» (in *Prime impressioni*, brano tratto dal libro *Vita americana*, riportato in Durante (2001, 512–514, cf. ivi, 513)).
134 Si noti ad esempio l'uso della voce *preta* 'pietra' nell'esempio illustrativo (cf. anche l'episodio descritto in Laurino 2000, 119).

6.1.3 *American English* difettivo (AE–)

Delle varietà di contatto di base inglese, l'*American English* difettivo (AE–) rappresenta la varietà secondaria dei parlanti di prima generazione. Come tale, essa si distingue per la sua difettività dall'altro gradatum di base inglese, l'*American English* non difettivo (AE+), che è la varietà primaria di contatto degli italoamericani di seconda generazione e oltre. Nell'intento di costruire ed estendere il proprio sapere idiomatico in inglese, l'emigrato tipo di prima generazione si orienta al *Vernacular American English* – destinato però a rimanere una meta irraggiungibile, una «(...) parra (...) 'mbrogliusa e storta!»[135] –, dialettalizzandolo[136] inevitabilmente tramite numerose interferenze. Il prodotto, quel «povero inglese» – come lo definisce Pascoli nel 1900, nella nota a *Italy*[137] – è «(...) un linguaggio che suona (...) lontano dall'inglese delle persone colte (...)»,[138] un «(...) inglese rivestito di forme italiane (...) grammaticamente non lodevole (...).»[139] Un personaggio siculoamericano di Giovanni De Rosalia, riferendosi alla difettività dell'inglese parlato da un suo compatriota emigrante, dice infatti che egli «(...) quannu parra miricanu pari chi parrassi ciainisi.»[140] La percezione della difettività si rispecchia chiaramente anche nelle denominazioni coniate dai parlanti: «broken English», «very thick and deep Italian accent», «lingua bastarda», ecc.

L'estrema esiguità del materiale empirico accessibile risalente ai due primi periodi non permette alcuna affermazione oggettiva circa le peculiarità materiali del gradatum AE– fino al 1880.[141] Il materiale a disposizione relativo, invece, al terzo periodo, benché esiguo, è sufficiente a identificare in modo differenziato le peculiarità materiali del gradatum, contraddistinte dai principali fenomeni di interferenza indicati, come segue, secondo i singoli livelli.

Fonetica/Fonologia
Nell'ambito del consonantismo, tra i fenomeni documentati più remoti, va menzionata la consonantizzazione (labiodentale) della semivocale bilabiale (*glide*) [w] > [v], solitamente in posizione iniziale, che avviene però in modo sporadi-

---

135 Cf. la macchietta *Lu calavrise 'ngrisatu* (1916) di Michele Pane (in Durante 2005, 437).
136 In Bernardy (1913, 89) questo fenomeno viene denominato «esosmosi linguistica». Il processo inverso, vale a dire l'erosione della madrelingua, è definito «endosmosi».
137 In Colasanti (2001, 183).
138 Cf. Bernardy (1913, 89).
139 Cf. Bernardy (1913, 90).
140 In Durante (2005, 414). [Traduzione: (...) quando parla inglese sembra che parli cinese.]
141 Tra le lettere degli emigrati pubblicate sono estremamente poche quelle scritte interamente o in parte in inglese. Non ne risulta neppure una, ad esempio, per i due primi periodi.

co.[142] In ambito toponomastico sono attestate le forme italoromanizzate, risalenti alla prima metà dell'"800, di Delaware e Broadway: *Delavarre*[143] e *Breadevay*.[144] Testimonianze ottocentesche simili sono contenute nel corpus epistolare dei ticinocaliforniani, in cui oltre ai toponimi *Vatzonvil*[145] (Watsonville) e *Bechvith*[146] (Beckwith), compare la denominazione *Nevjork*[147] (New York), presente in varie forme.[148] Questo fenomeno, maggiormente diffuso tra soggetti della categoria passiva, di prima generazione, perdura fino a oggi, come emerge anche dalle interviste.[149]

Il fenomeno è presente anche al di fuori della toponomastica. Nel 1913, ad esempio, Amy A. Bernardy riporta nella sua nota monografia una frase italoamericana di uso frequente *vosta mater* < *what's the matter*.[150] Oltre al passaggio [w] > [v] (*what do you want* > *vàriu vanni*, *wash* > *vàsciu* 'bucato'), Alberto Menarini evidenzia anche quello [w] > [vu] (*water* > *vuòra*, *white* > *vuàitti*) o addirittura [w] > [gu][151] (*why* > *guài*)[152] e [w] > [ku] (*sweater* > *squèra* 'maglione di lana').

---

142 In Menarini (1947b, 159), sono indicati ad esempio i passaggi: *work* > *uòcchi*, *wind* > *uìndi*, ecc.
143 In una lettera del 1817 (riportata in Durante 2001, 120–123), Cesare Bressa scrisse: «La notte delli 9 entrammo nella baia di Delavarre (...).» (in Durante 2001, 120).
144 In una lettera del 1836 (riportata in Durante 2001, 375–384), Eleuterio Felice Foresti scrisse da New York – riferendosi a Broadway –: «La strada principale di Breadevay gareggia con le più belle d'Europa (...).» (in Durante 2001, 375).
145 In Cheda (1981, 468: 1891).
146 In Cheda (1981, 473: 1907).
147 Si noti che la forma *Nevjòrk* corrisponde alla denominazione usata all'inizio del '900 anche dagli emigrati albanesi negli USA e tuttora sporadicamente presente in spazi circoscritti dell'areale albanese balcanico. La medesima forma è usata anche da emigrati negli USA di madrelingua rumena, (serbo)croata e greca.
148 Cf. ad esempio: *Nevvjorch*, *Nevveiorch*, *Novior*, *Noveor*, *Noveorco*, *Novajork*, *Nuovaj'or* in alcune lettere del periodo 1854–1887 (in Cheda 1981), o *Noveorch* (in Rusconi 2001, 20: 1885).
149 Cf. ad esempio:
[6.29] I-2-AM: *Poi c'è 'n'ata città, Va.. Valevuddo, Wildwood, sarebbe 'bosco selvatica'*. Il pasaggio *Wildwood* > *Valevuddo* compare anche nell'elenco sopracitato (fig. 6.1).
150 Cf. Bernardy (1913, 90). In Pellegrini (1945, 80) è segnalata la variante *voste mara*, riferita anche in Menarini (1947b, 199), accanto a *vazzumàra* (p. 159).
151 Questo passaggio ricorda il noto adattamento della fricativa bilabiale germanica /w/, in posizione iniziale nel nesso [gu], in elementi di superstrato e prestiti germanici in svariati dialetti primari romanzi. Cf. in proposito Lausberg (1967, 7, § 303).
152 La prima attestazione nota di questo passaggio è la frase *guariu guanne* < *what do you want*, che risale a una macchietta di Tony Ferrazzano, scritta verso il 1910 e riportata in Durante (2005, 402–405 (p. 402)). Molto indicativi sono anche i versi di Michele Pane (1916) (in Durante 2005, 437): «e guai ccàdi se chiamanu li *trùbuli*/ e *guai* se dice ppe' ddire: pperchì?». Le voci *sanguìcciu*, *sànguicci* e *sandəvicca*, inoltre, rappresentano delle derivazioni da *sandwich*, attestate addirittura in Italia (De Giovanni 1982, 95).

Un'analisi fonologica e morfologica degli esempi riportati da Menarini dimostra che egli si riferisce all'influsso dei dialetti italoromanzi meridionali. L'analisi del materiale empirico tratto dalle interviste conferma la continuità dell'adattamento [w] > [v] fino ai giorni nostri.[153] Difficile risulta però indicarne le cause. Un informatore d'origine campana, molto sensibile ai quesiti linguistici, ha riportato l'opinione comune secondo cui il passaggio [w] > [v] si constaterebbe tipicamente presso parlanti di dialetti galloitalici.[154] Quest'interpretazione non trova però alcun riscontro empirico. Si potrebbe avanzare invece l'ipotesi di un'influenza del valore fonetico che il grafema <w> ha di consueto in altre lingue, specialmente in considerazione di parlanti alfabetizzati e limitatamente alla toponomastica.

Fenomeni frequenti di interferenza, sempre nell'ambito del consonantismo, sono:
- l'aferesi della gutturale sorda iniziale [h][155] (edde[156] < head, emme < ham, orsi < horse, auschieppe < house keeper, ecc.),
- la trasformazione delle fricative interdentali [ð] e [θ] rispettivamente nelle occlusive [d] e [t] o, addirittura, nella labiodentale [f] o nella fricativa sorda [s] (dat[157] < that, natingo[158] < nothing, maufu/ mus[159] < mouth, ecc.),
- la vibrazione più intensa della monovibrante inglese <r> (ad esempio[160] [ɔˈrːaj] < all right, [ˈfaːrma] < farm),
- l'apocope di consonanti sorde, di semivocali o persino di sillabe atone finali (u[161] o uà < what, ba < but, cummòni[162] < good morning, cubbai[163] < good bye), un fenomeno comunque non estraneo al registro parlato del VAE,

---

153 Eccone due esempi:
[6.30] I-2-AM: *Sandoviccio*, sarebbe il panino, *sandwich*, si usa sempre...
[6.31] IId-1a-SP: *Na buttigl' e visschí costava 'nu quare.* [Traduzione: Una bottiglia di *whiskey* costava un *quarter*.] La voce *visco* < *whiskey* è menzionata già in Livingston (1918, 226).
154 [6.32] I-2-AdM: *P'r esempio quelli di Piemonte, o del Veneto, invece di usare il doppiovvù usano il 'vi'. «Vaj did you go there?», «vaj», sì, sì.., che sono vicino (a)i francesi, alla Svizzera, dell'Austria. Sì, sì, sì. «Vi don't go there».*
155 Si vedano ad esempio le note in Menarini (1947b, 158) e in Correa Zoli (1974, 179).
156 Si veda il terzo esempio illustrativo (6.35).
157 La trasformazione [ð] > [d] appare più volte in quasi tutti gli esempi illustrativi proposti in conclusione a questo sottocapitolo.
158 Appare nella macchietta *Cunailando* di Migliaccio (in Haller 2006b, 116 e 30).
159 Si veda il sesto esempio illustrativo in conclusione a questo sottocapitolo.
160 Cf. ad esempio LaSorte (1985, 166), e altri.
161 Si veda il primo esempio illustrativo in conclusione a questo sottocapitolo.
162 Cf. ad esempio LaSorte (1985, 166).
163 Appare anche nel primo esempio scelto a illustrare il gradatum (6.33).

- l'affricatizzazione – in [ʧ] – del nesso consonantico [ts] (ad esempio *vazzumarra*[164] < *what's the matter*, *azzorrai*[165] < *that's all right*).

In conclusione, alcuni cenni sul frequente rotacismo delle occlusive alveolari in sillabe atone [t] o [d] > [ɾ] / [r], come in *dery in loo*[166] < *daddy in law*, *evry bàri*[167] < *everybody*, *scerappe* < *shut up*, *vazzumàra* < *what's the matter?* ecc., in cui secondo Livingston[168] si rispecchia il rotacismo napoletano dell'occlusiva sonora. Dello stesso parere sono anche Haller[169] e, in parte, Mencken[170] e Menarini.[171] La presenza del fenomeno nelle varietà campane – ma non solo[172] – va considerata piuttosto un parallelismo parziale casuale. Diversamente dal rotacismo italoromanzo meridionale, nel quale è coinvolta solo l'occlusiva sonora (in posizione sia iniziale che intervocalica e in sillabe toniche[173]), il rotacismo italoamericano si estende infatti anche all'occlusiva alveolare sorda e, in singoli casi, addirittura alla liquida in posizione finale.[174] Il fenomeno non è inoltre limitato alle sole varietà campanonewyorkesi; esso è documentato anche ben oltre e relativamente presto, ad esempio nel corpus empirico dei ticinocaliforniani.[175] Appare dunque lecito sostenere che il rotacismo italoamericano rispecchia piuttosto il rotacismo del *Vernacular American English*, presente specialmente in alcune varietà regionali[176] e sociali.

I fenomeni d'interferenza sono altrettanto numerosi nell'ambito del vocalismo. In assenza di materiale sonoro da sottoporre all'analisi, si può solo supporre l'influsso italoromanzo nella qualità delle vocali e nella prosodia. Fenomeni

---

164 Cf. Menarini (1947b, 159).
165 Cf. ad esempio LaSorte (1985, 168s.), che si basa su diversi autori.
166 In Cheda (1981, 506: 1891).
167 Migliaccio ad esempio (in Haller 2006b, 30) usa anche *scerappe*. Va notata anche la variante *scialappa*, menzionata in Bernardy (1913, 89).
168 Cf. Livingston (1918, 214).
169 Cf. Haller (2006b, 30).
170 Cf. Mencken (1936, 644).
171 Cf. Menarini (1947b, 158).
172 Questo fenomeno è diffuso, cf. Rohlfs (1949, 258 e 352), nel Nord e nel Sudest della Sicilia, nella zona della Sila (prov. di Cosenza), in Lucania e nelle aree salernitana, napoletana e cilentina.
173 Cf. Rohlfs (1949, 258 e 352).
174 Cf. Livingston (1918, 214): «A similar treatment of the dental *l* (...) appears in *orraite* («all right») (...).»
175 Ad esempio in Cheda (1981, 469: 1891).
176 Si vedano gli esempi analizzati in Cieri (1985, 17–19 e 23).

molto diffusi, di cui si hanno invece sufficienti testimonianze, specialmente tra i parlanti di categoria passiva, sono:
- l'aggiunta della vocale paragogica:[177] (*reda*[178] < *red*, *naisi*[179] < *nice*, *uaie* < *why*, *misteccu* < *mistake*, ecc.),
- l'aggiunta della vocale epentetica: (*bisinis* < *business*, *bocchisə* < *box*, ecc.),
- l'aggiunta, in alcuni casi, di una [w] iniziale inorganica davanti alle vocali toniche iniziali (['wɛʧene][180] < *agent*, ['wom:ə] < *home*, ecc.),
- la vocalizzazione della semivocale alveolare [ɹ] > [a] nel caso del nesso *-er* in posizione finale (*lova* < *lover*, *dora* < *daughter*),[181] e
- la mutazione della vocale centrale [ɜ] (di regola tonica) nella vocale posteriore semichiusa [o], all'interno del nesso [ɜɹ][182] (*ciorc* ['ʧorʧ][183] < *church*).

Vanno menzionati, infine, i casi di spostamento dell'accento in posizione ossitona in voci parossitone o proparossitone (*condrì/ cuntrì* < *country*, *beibbì* < *baby*, *monì* < *money*, *sobarì* < *somebody*, ecc.).[184]

MORFOSINTASSI
Le interferenze sono numerose e qualitativamente rilevanti anche a livello morfosintattico. Va notato ad esempio l'uso della negazione pleonastica, evidente nella frase campanoamericana *mi no itte natingo*[185] (*I don't eat anything*), in cui risalta anche l'uso,[186] tra l'altro frequente, della forma oggetto al posto di quella soggetto del pronome personale.

LESSICO
Sono numerosi gli elementi lessicali italoromanzi presenti nell'inglese degli italoamericani di prima generazione. Essi si distinguono, inoltre, per la loro stabi-

---

177 Si vedano le note in Menarini (1947b, 154–157); Correa Zoli (1974, 178–180), ecc.
178 Si veda il sesto esempio illustrativo in conclusione a questo sottocapitolo.
179 Si veda il terzo esempio illustrativo in conclusione a questo sottocapitolo.
180 Questo e l'esempio a seguire risalgono a Hall (1947, 27).
181 Questa mutazione è trattata in diverse pubblicazioni, a partire da Menarini (1947b, 155s.).
182 Si vedano (6.2.1.4.) le note dedicate alla medesima mutazione.
183 Si veda il primo esempio scelto a illustrare il gradatum in questione.
184 La prima attestazione del fenomeno risulta essere la testimonianza di Pascoli (1900), nella nota a *Italy*, che riporta il caratteristico grido dei figurinai toscani *Bai imigìs* 'comprate figure!' (in Colasanti 2001, 183). Se ne sono occupati anche Livingston (1918, 214), Menarini (1947b, 155), e altri.
185 Compare nella macchietta *Cunailando* di Migliaccio (in Haller 2006b, 116 e 30).
186 Qualche osservazione su questo fenomeno si trova anche in Menarini (1947b, 165). Risalgono al 1918 (alla pièce *Nofrio al telefono* di De Rosalia) gli esempi: «*When you tocchi, mi stenni.*» (*When you talk, I understand.*), e *Mi no stenni!* (in Durante 2005, 414 e 415).

lità. Si può mettere adeguatamente in rilievo la difettività del gradatum AE– in ambito lessicale facendo breve riferimento alla toponomastica. Gli italoamericani di prima generazione – in particolar modo quelli della categoria passiva –, nel loro uso linguistico in ambito dialettale, di regola dialettalizzano i toponimi inglesi, come nel noto caso di *Brucculìnə* (Brooklyn). Queste stesse forme dialettalizzate dei toponimi, inalterate e stabili, vengono da loro usate anche nell'ambito della loro varietà secondaria (AE–). A scopo illustrativo si riporta Livingston:

> «The real Italian patriots in New York take the *tonno* («tunnel,» hence ‹tube›) to *Gerserì* (Jersey City); and passing though *Obochino* (Hoboken), return by way of the *Ferrì Fogiorge* [Fort George Ferry, n.d.a.] to *Coppetane* (uptown), thence by the *Sobborè* or the Sobbuele [Subway, n.d.a.] to *Morbeda Stritto* (Mulberry Street) in the *Tantane* (down-town).»[187]

Al fine di descrivere materialmente più in profondità il gradatum *American English* difettivo, soprattutto in riferimento ai primi due periodi della prima fase, si rende necessario consultare ulteriore materiale empirico. Occorre dunque un lavoro archivistico esteso, che tenga conto anche di registrazioni sonore, oltre che delle testimonianze scritte.

In conclusione, i nove brani a seguire, tratti da testi o discorsi in inglese di italoamericani di prima generazione, sono intesi a illustrare le peculiarità materiali sopra descritte dell'*American English* difettivo. Data l'esiguità delle fonti dirette – rare lettere[188], o tratti di lettere, di emigrati scritte dagli stessi in inglese –, solo il primo degli esempi, anche il più remoto (1880), è contraddistinto dalla spontaneità.

Esempio 1. [6.33] «(...) u caind ciorc is dat (...)».[189]

Gli altri esempi illustrativi consitono in brani di discorsi diretti di emigrati italiani in inglese, che seppure fittizi destano interesse soprattutto per la presenza di interferenze stereotipe, in special modo fonetiche e lessicali. Il secondo esempio, compreso in una citazione,[190] è la celebre frase che l'emigrato trevisano Giovan-

---

187 Cf. Livingston (1918, 211).
188 Si veda ad esempio la lettera del mergoscese Innocente Bianconi diretta al suo compatriota e genero, scritta nel 1910 e apparsa in Bianconi (1994, 75–78). Ne viene qui riportato un brano allo scopo di offrire un'impressione più concreta della difettività:
[6.37] «so I shal geve you a litle advice. do not unto others wat thou wilth not have another do unto thee obye the ten comandments & this is the wole duty of man.»
189 Ovvero *What kind (of) church is that?* (in Cheda 1981, 506).
190 Tratta da Wickersham (2009, 141).

ni dalla Costa avrebbe pronunciato il 9 aprile 1903, allorché riuscì a scoprire l'oro in Alasca. Nella frase risalta la presenza della vocale paragogica.

> **Esempio 2. [6.34]** «As we stopped our husky team before his cabin, big Jack Costa came up the ladder out of a prospecting shaft near the doorway. (...) without knowing or caring who the stranger was standing by his shaft, he cried out, his rough bull voice vibrating with excessive joy: ‹Oh by Godda, I gotta de gold!›.»

I due brani a seguire di discorso diretto in inglese sono tratti dalle macchiette di Migliaccio. Nell'esempio 3 risalta in primo luogo l'eccessiva difettività, dovuta anche al fatto che il 15 % del materiale linguistico è italoromanzo. Emerge inoltre la conservazione della tradizione italoromanza del discorso ed è evidente che si tratta di un discorso pensato in dialetto campano (la madrelingua del parlante) e materializzato, in gran parte, in inglese (la lingua acquisita).

> **Esempio 3. [6.35]** «Mister giudice evri uorche e zitt' di airisce men ... dinghe tu dinghe dinghe tu more mecco luse de nervature esombarì patatanghete brecco di edde.»[190]
>
> «Signor giudice, tutti lavoravano e zitti, e l'irlandese: lavora! Lavora! Lavora di più! Fece perdere i nervi e qualcuno patatanghete, gli ruppe la testa.»

> **Esempio 4. [6.36]** «Jeh! Com'in uanne dis?
> – No, mi uante giuste disse
> – Bai dise bai dette (...)»
> «– Se Tonì dont iu forchette
> Dezzolrraite verso 'e sette
> – Uatte? Seven tu moce
> – dezolrraite – Ghi mi a brasce/ na baschetta (...)».[191]
>
> «Yea! Come in! [Do you] want this?
> – No, I want just this
> – Buy this, buy that (...)»
> «– Say Tony, don't you forget,
> That's all right verso le sette
> – What? Seven, too much
> – that's all right, give me la brush/ una basket (...).»

Il quinto e il sesto esempio, infine, sono le battute in calce a due caricature[193] sugli italoamericani, apparse nella stampa americana. Le diciture si basano su stereotipi linguistici, primariamente fonologici.

---

191 In *Pasquale passaguaie* (citato da Durante 2005, 397).
192 In *O Storo 5 e 10* (citato da Haller 2006b, 214, 216).
193 Le caricature sono tratte da LaGumina (²1999, 6 e 9).

Esempio 5. [6.39]

Fig. 6.2: Caricatura apparsa il 27 agosto 1904 su *Judge* (settimanale satirico)

Esempio 6. [6.40]

Fig. 6.3: Caricatura apparsa nel 1911 su *Life Magazine*

6.1.4 *American English* non difettivo (AE+)

Il secondo gradatum di base inglese – e anche l'ultimo gradatum da descrivere in chiave materiale per la prima fase del contatto – è l'*American English* non difettivo, vale a dire la varietà primaria degli italoamericani di seconda generazione (e oltre). Contraddistinto innanzitutto dalla presenza di una quantità limitata di interferenze dialettali, esso è noto generalmente come «Italian accent», «Italian New York accent», «Brooklyn accent», «Broccolino», ecc., tutte denominazioni di matrice geografica. In altri termini, questa lingua funzionale rappresenta una varietà endogena e reale dell'*American English*, quella degli italoamericani di seconda generazione. Il materiale empirico a disposizione permette una descrizione materiale differenziata dei pochi fenomeni di interferenza che caratterizzano questo gradatum. L'esame è orientato, comunque, prevalentemente al terzo periodo della prima fase.

FONETICA/FONOLOGIA
Gli italoamericani basano la distinzione di questa varietà di contatto dalle altre quasi esclusivamente su tratti fonetici e/o fonologici.[194] Sono stati sottoposti al giudizio di alcuni informatori americani di origine non-italiana brani di discorsi in inglese resi anonimi, tratti dalle interviste svolte a italoamericani di seconda o terza generazione. In quasi tutti i casi, gli informatori hanno constatato «anormalità» fonetico-fonologiche evidenti, riconducendole esplicitamente alla comunità italoamericana. Nel seguente esempio, un'informatrice americana di Boston commenta una sequenza dall'intervista fatta al parlante I-2-AM, cresciuto in un'enclave sovraregionale italoamericana del New Jersey:

> **[6.40]** KS: *I think he is Italian-American, because of the intonation, the way of accenting some parts of the sentences, ahm :: it's the way he pauses:* [ˈgaːj], [ˈbaːj], [ˈsłaˑpd̥ ˈðə ˈsnɔmɛⁿn]. *The way he accentuates some o' the words seems to have a bit of an Italian kind of rhythm to it... It is a North East accent, it is not Bostonian. It doesn't sound too New York to me; maybe some New Jersey.*

Segue una breve analisi sistematica delle peculiarità fonetico-fonologiche della varietà di contatto AE+, che la distinguono sia dallo *Standard American English* (AE++) che dall'*American English* difettivo (AE–). Le più significative e frequenti, constatate nell'ambito del consonantismo, sono:

---

194 Secondo Mangione/Morreale (1992, xvi) «A memory of Italy remained (...) in the accents of Phil Rizzuto and Robert De Niro (...).»

- l'aferesi della gutturale sorda iniziale [h], come ha affermato anche un'informatrice di terza generazione nel commentare l'inglese parlato dal proprio padre, un italoamericano di seconda generazione:

  [6.41] I-3-AB: *He never pronounces his /h/-s. Let me think of a word. We laughed my dad saying the word «humour». He would not pronounce the /h/ in that word. I don't know if that's New York or a little bit of the Italian, of where about. He said* [ˈjuːməɹ], *without the /h/, not* [ˈhjuːməɹ].

- l'assimilazione della vibrante in posizione postvocalica (ad esempio [ˈgaːbɪdʒ] < *garbage*), [fuˈgɛd̥]¹⁹⁵ < *forget*, [ˈhiː]¹⁹⁶ < *here*, ecc.), come risulta dalla seguente affermazione metalinguistica:

  [6.42] I-3-AB: *You leave the /r/-s out, you don't pronounce the /r/-s ever. We always used to lough as he* <il padre> *says* [ˈgaːbɪdʒ]. *He never pronounces the /r/:* [ˈgɑɹbɪdʒ].

- la geminazione delle plosive in posizione iniziale (ad esempio [b̥ːæd] < *bad*), [d̥ːʊwːɪn] < *doing*, [ˈd̥ɛːfənɪlɪ] < *definitely*, ecc.),
- la realizzazione plosiva della fricativa sorda in posizione iniziale (ad esempio nelle voci *frigging*, *fast*, ecc.).

Nell'ambito del vocalismo possono essere indicati i seguenti fenomeni:
- casi di dittongazione tramite l'aggiunta della semivocale [w] (ad esempio [ˈdʊːwɪŋ]/ [ˈdʊwɪn] < *doing*),
- casi di monottongazione (ad esempio [əˈbaːɾ] < *about*, [haːs] < *house*, [laːd̥] < *loud*, ecc.).¹⁹⁷

Nella classificazione della variazione assumono inoltre un'importanza di prim'ordine tratti prosodici italoromanzi, che risultano assimilarsi gradualmente con il secondo passaggio generazionale e oltre. Essi perdurano invece più a lungo in quelle poche realtà linguistiche nordamericane dominate dalla presenza dell'elemento italiano.

---

195 Si veda ad esempio la frase verbale [ˈfugɛr əˈbaːɾ ˌɪt] (*Forget about it!*), cui si ritorna in seguito.

196 Ad esempio all'interno della frase:
[6.43] [ˈɪz ɛnɪˈbarɪ ˈd̥ːaːjn ˈhiː] (*Is anybody dyin' here?*), tratta dal discorso di un personaggio italoamericano stereotipo di seconda o terza generazione, in uno *sketch* della serie televisiva MADtv, realizzato nel 2006 dall'attore Franklin Caeti, un italoamericano di terza generazione cresciuto a Chicago.

197 Nel suo intervento *Italian Americans: Linguistic Portraits*, presentato il 16 febbraio 1991 al *Penn Linguistics Colloquium*, Christopher Cieri si è soffermato anche sui seguenti fenomeni: *voicing of voiceless consonants, flapping, fricative constriction* e *fricative aspiration*.

MORFOSINTASSI
Non sono state rilevate interferenze morfosintattiche italoromanze.

LESSICO
A livello lessicale non mancano tracce italoromanze nell'inglese degli italoamericani di seconda o terza generazione. Dialettalismi romanzi legati alla cultura italoamericana sono stati mutati all'inglese foneticamente e, in diversi casi, persino semanticamente. Questi elementi rientrano in due sfere semantiche principali.

1. Quella del *vocabolario culinario* è la più consistente. Seguono alcuni esempi:[198] [aˈdʒɪnəˈbeb] (*aginabeb*)[199] < *acinə də pepə*, [bɑˈstin] (*busteen*) < *pastina*, [bəˈlɛnˈ] (*balend*) < *polenta*, [bɹəˈʒut]²⁰⁰ (*brashoot*) < *prosciutto*, [fəˈzuːɫ]²⁰¹ (*fazool*) < *fasulə* 'fagioli', [gavəˈdiɫ] (*govadeel*) < *cavatelli*, [gəˈnuːɫ] (*ganool*) < *cannoli*, [gʊdəˈgin]²⁰² (*goodageen*) < *cotechino*, [kukəˈziːɫ] (*kookazeel*) < *cucuzzielli* 'zucchini', [pɪtʂəˈge̠in] (*pizza gain*) < *pizza chienə* 'pizza ripiena', [pʰɹəvəˈɫuːn] (*pravaloon*) < *provolone*, [manɪˈgɔtˈ] (*manigot*) < *manicotti*, [məˈnɛst] (*meneste*) < *minestra*, [mutʂəˈɹɛɫ] (*mootzarell*) < *muzzərella*, [ɹɪˈgɔt] (*reegott*) < *ricotta*, [sɑˈsiːtʂ] (*saseets*) < *salsiccia*, [suɹəˈsɑːd] (*sooprasat*) < *supprəssatə*, [vɪsˈgɑːd] (*visgut*) < *biscotto* e molte altre.

2. Nella seconda sfera semantica rientrano appellativi, imprecazioni, insulti, offese, auguri, maledizioni o modi di dire, principalmente di matrice dialettale campana, ad esempio: [bubərəˈbɛs] (*bubidabetz*) 'donna viziata e sprecona' < *pupa di pezza*, [fəˈnuːk] (*finook*) 'gay' < *finocchio*, [fəˈŋuːɫ] (*fo(n)gool*) < *Vaffanculo!*, [ˈfuːt] (*footitah*) 'Vai al diavolo!' < *Futtiti!*, [gabəˈdatʂ] (*gabbadotz*) 'testa dura' < *capa tosta*, [gabəˈfrɛʃ] (*gaba fresca*) 'chiacchierone e pigro' < *capa fresca*, [gaˈvɔːn] (*gavohn*) 'grezzo, cafone, idiota' < *cafone*, [gəˈjuns]²⁰³ (*gujans*) < *coglioni*, [gʊmˈbɑː]²⁰⁴ (*goombah*) < *compare*, [gʊmˈad]/ [gʊmˈɑː] (*goumada/ goomah*) < *comare*, [mɑdərəˈvɑːm] (*mortitavahm*) < *morto di fame*, [mɑməˈɫuːk] (*mamaluke*)

---

198 Molti degli esempi citati appaiono anche in Cieri (1985a); Cieri (1985b); Laurino (2000).
199 Tra parentesi rotonde è riportata la forma grafica inglese più diffusa – nella maggior parte dei casi non normizzata – degli italoromanismi lessicali di questo gradatum.
200 Cf. anche Albin (2004).
201 Si ricordi ad esempio il verso «When the stars make you drool, just-a like past' fazool» della canzone *That's amore* (Warren/Brooks, 1952), resa nota da Dean Martin.
202 Si veda ad esempio la citazione 6.22.
203 Si veda ad esempio la citazione 6.135.
204 Questo esempio figura, insieme ad altri dialettalismi (*gedrool* < *cətrulla*, *kessedish* < *Cha sə diciə?*, *capeesh* < *capisci?* ecc.), anche nel testo della nota canzone *Mambo Italiano* (1954) di Bob Merrill, che ne conferma così la vitalità.

'idiota' < *mammalucco*, [mɛzəˈmɑːd] (*mezzamaught*) 'molto stanco' < *mezzo morto*, [məˈroːn] (*Marone!*) 'Perbacco!' < *Maronnə!* 'Madonna!', [muɫiˈɲaːn]/ [ˈmuɫi] (*mulignan/ mully*) 'afroamericano' < *mulignanə* 'melanzana', [muʃɑˈmuʃ] (*mooshamoosh*) 'mogio' < *moscio moscio*, [skiːvi] (*skeevy*) 'disgustoso' < *schifo!*, [skustəˈmad] (*squistamod*) 'maleducato' < *scustumatə* 'scostumato', [stuˈgɑːts]/ [stuˈgɑːs] (*stugots*) 'idiota, bastardo, testicoli, stupidata, ecc.' < *stu cazzə!*,²⁰⁵ [stuˈnad] (*stunod*) 'maldestro, tra le nuvole' < *stunatə*, [dʒendˈan] (*gendan*) < *(Che tu possa vivere) cent'anni!*, *bonarm*²⁰⁶ 'buonanima', [dʒəˈdruɫ] (*gedrool*) 'scemo' < *cətrullə* 'citrullo', e molti altri.

Per completezza vanno menzionate anche le denominazioni specifiche degli italiani secondo l'appartenenza regionale: [bɹuˈtses] 'abruzzese', [dʒenəˈves] 'genovese', [sɪdʒˈɫian] 'siciliano' o [nabələˈdan] 'napoletano'.²⁰⁷

Un ulteriore elemento d'analisi riguarda la diffusione dei dialettalismi lessicali dell'*American English*. Le interferenze menzionate sopra sono diffuse tra gli italoamericani di seconda generazione (e oltre), ma anche in aree ad alta presenza italiana. Esse vanno dunque considerate circoscritte in chiave geografica e/o etnica, benché alcune di loro si siano irradiate anche oltre i confini etnici, nelle varietà del *Vernacular American English*. Nella magior parte dei casi la loro estensione è circoscritta nello spazio, specialmente nelle realtà urbane, di cui esse a volte arrivano a rappresentare degli elementi distintivi,²⁰⁸ come ad esempio i sopracitati [ˈskiːvi] (*skeevy*) 'disgustoso' < *schifo(so)*, diffuso principalmente a Filadelfia,²⁰⁹ e [ˈmuːɫi] (*mully*) 'cittadino afro-americano (pegg.)' < nap. *mulignanə* 'melanzana', riferibile piuttosto alla realtà newyorkese, e così via. Sono di gran lunga inferiori le interferenze lessicali italoromanze di estensione non circoscritta. Ne è un celebre esempio la denominazione dispregiativa *wop* 'italiano', un etnonimo nato nel Nordest – e da qui diffusosi anche oltre nei primi del '900²¹⁰ – che è il prodotto del contatto diretto tra le varietà meridionali intermedie campane degli italoamericani e l'*American English*. [ˈwɑp] risale con ogni

---

205 Si rinvia anche alle osservazioni sul segnale discorsivo *stugots*, piu avanti.
206 Cf. Mangione (⁵1998, 48).
207 Si veda anche Cieri (1985, 7).
208 Si vedano anche le osservazioni in proposito in 4.1.3.3.
209 [6.44] IId-2-AM: *Everyone in Philadelphia understands this word, whether you are Italian or not.*
210 La prima attestazione rinvenuta è il sesto esempio illustrativo del sottocapitolo 6.1.3.

probabilità[211] alla voce campana[212] di etimologia incerta *guappə*, che nella varietà napoletana perde la gutturale iniziale,[213] producendo [ˈwɑpːə].

Da una testimonianza risalente al 1931[214] si apprende della presenza nell'*American English* degli italianismi *bambino* e *presto*. Si tratta, in questo caso, di elementi di adstrato culturale e non di interferenze irradiate, prodotte dal contatto diretto, generato dall'emigrazione, tra dialetto e *American English*.

L'analisi delle interferenze romanze risalenti a questa prima fase è rilevante anche per gli studi geolinguistici nell'ambito dell'*American English*. Soprattutto per quelle aree statunitensi maggiormente esposte alla migrazione italiana, la conoscenza dei risultati del contatto tra dialetto e *American English* permette una descrizione più completa della differenziazione diatopica dell'inglese a livello locale. Si tratta di un'influenza di matrice alloglotta, un fenomeno tutt'altro che raro nella realtà dialettologica statunitense.[215] Si rendono tuttavia necessari spogli geolinguistici sistematici a livello locale, orientati anche alla prospettiva diacronica.

Come già per le varietà di contatto D– e D– –, anche per il gradatum AE+ sono stati individuati alcuni segnali discorsivi endemici, suddivisibili, secondo l'origine, in elementi italoromanzi e in anglicismi.

A rappresentare il primo gruppo è stata scelta la voce sunnominata *stugòts*, derivata dalla frase nominale meridionale *'Stu cazzə!*. La sua diffusione geografica risulta circoscritta piuttosto ad aree in cui l'elemento italoamericano è stato, o è tuttora, significativo, come ad esempio a Chicago, a New Jersey o a New York.[216] La dinamicità del cambio linguistico avvenuto con il primo e il secondo passaggio generazionale si esprime soprattutto, oltre che nella trasformazione materiale, nell'evoluzione semantica. Ne deriva da un lato il consolidamento di nuovi significati, quali 'testicoli', 'bastardo', 'scemo', ecc., e dall'altro l'uso modale nella qualità di un segnale discorsivo usato per esprimere soprattutto

---

211 Per una rassegna delle ulteriori proposte etimologiche si vedano Menarini (1947b, 149s., n. 1) e Durante (2005, 12).
212 La voce è presente anche ben oltre la Campania (cf. ad esempio già Fuchs 1840, 174, dove è indicata la voce calabrese *guappuni* 'valente') e persino oltre il Meridione, ad esempio nel lombardo occidentale: nelle varietà milanese *guapo* 'hochmüthig' e comasca *vap* 'eitel' (cf. già Diez 1853, 187).
213 Cf. Rohlfs (1949 (I), 262). La caduta della gutturale iniziale è presente anche in altre varietà italoromanze meridionali, intermedie ed estreme.
214 Cf. Barzini (1931, 266), in Menarini (1947b, 150, n. 1).
215 Si pensi ad esempio agli studi fondamentali di Labov (1966/²2006; 1972a), ecc.
216 Va aggiunto che la frequenza del loro uso in *The Sopranos* ha reso noti, recentemente, questa voce e altri dialettalismi simili ben oltre le sunnominate aree circoscritte.

opposizione, dubbio, scetticismo, diffidenza, rabbia e così via, persino come sinonimo di *fuhgeddaboutit*, di cui si tratta in seguito. L'immagine 6.4 raffigura l'ornamento di magliette, tazze da tè e altri *gadget* – comunemente in vendita – in cui vengono fornite spiegazioni, illustrate tramite esempi, su quattro dei significati principali di *stugots*. Tre delle frasi illustrative contengono, inoltre, ulteriori dialettalismi (*Marone!* < Madonna!, *finook* < finocchio, *cafone*), di cui si è detto sopra.

(da: caffepress.com)

Fig. 6.4: Etichetta stampata a ornamento di magliette e tazze

A illustrare il secondo gruppo di segnali discorsivi, quelli di matrice inglese, si presta efficacemente la frase verbale italoamericana [fugɛrəˈbarɪt] (*fuhgeddaboutit*), forma italianizzata di *Forget about it!*. Per il suo uso molto frequente tra gli italoamericani, specialmente di seconda e terza generazione, in enclavi regionali e sovraregionali, questo elemento ha assunto variegate sfumature semantiche specifiche, che non vengono invece riscontrate nell'uso che fanno della stessa frase i non-italoamericani. Gli italoamericani la usano per esprimere disaccordo e accordo, stupore, rabbia, disgusto, ecc., come emerge parzialmente, in termini molto espressivi, in conclusione a questo sottocapitolo, nell'esempio illustrativo 6.45. Benché esso venga spesso associato alla realtà italoamericana newyorkese, specialmente di Brooklyn,[217] la diffusione nello spazio di questo elemento andrebbe piuttosto considerata non circoscritta. Pur essendo un anglicismo, *fuhgeddaboutit* rappresenta soprattutto per i non-italoamericani una delle materializzazioni linguistiche più note dell'italianità americana. A farlo

---

[217] Si veda l'affermazione 4.127.

diventare uno degli stereotipi italoamericani più noti hanno contribuito ampiamente anche i mass-media.[218]

Allo stesso effetto moltiplicatore dei mezzi di comunicazione di massa va ricondotto l'interesse attualmente rivolto al cosidetto *mobspeak*,[219] una varietà piuttosto stilistica e sociale del gradatum AE+, uno *slang* della malavita italoamericana con svariate tracce italoromanze, che ne determinano ampiamente l'identità. Oltre alle interferenze fonetico/fonologiche ci sono dialettalismi lessicali, che hanno subito in parte deviazioni semantiche, trasformandosi in gergalismi di detto slang, come ad esempio *fazools* 'dollari' < *fasulə*[220] 'fagioli', *goumad* 'donna della malavita' < *comare*, ecc. Un indicatore della popolarità di simili elementi è l'uso che se ne fa a scopi di marketing.[221]

In conclusione, viene dato un esempio illustrativo scelto soprattutto per gli elementi metalinguistici ivi contenuti. Si tratta della descrizione semantica che il personaggio Joseph Pistone – alias Donnie Brasco, nell'omonimo film (1997) – fa del segnale discorsivo *fuhgeddaboutit*:

> **Esempio 1. [6.45]** «‹Forget about it!› is like, if you agree with someone, you know?, like: ‹Raquel Welch is one great piece of ass! Forget about it!›. But then, if you disagree, like: ‹A Lincoln is better than a Cadillac? Forget about it!›, you know? But then, it's also like if something's the greatest thing in the world, like: ‹Ming[222]! Those peppers! Forget about it!›. But it's also like saying: ‹Go to hell!› too. Like, you know, like: ‹Hey Paulie, you got a one inch pecker!› and Paulie says: ‹Forget about it!› And then, sometimes it just means... ‹Forget about it!›»

---

[218] Si pensi all'esempio 6.135, a svariati sketch di comici italoamericani e non, ecc.

[219] Riferendosi allo *slang* usato nella serie *The Sopranos*, Michael San Filippo (italian.about.com) usa la denominazione *Sopranospeak*, coniata da William Safire. A parere di quest'ultimo, condivisibile solo in parte, il lessico del *Sopranospeak* «(...) is loosely based on Italian words, a little real Mafia slang and a smattering of lingo remembered or made up for the show by former residents of a blue-collar neighborhood in East Boston.» (cf. Safire 2004, 52).

[220] In Oliveri (2002, 72) è indicato il dialettalismo *fasul* quale denominazione di 'soldi'.

[221] In alcuni internet-shop (zazzle.de, cafepress.com, ecc.), ad esempio, sono attualmente in vendita magliette, tazze da tè, berretti, ecc. ornati anche da stampe con diciture quali «I'm with stunad», «Yo capeesh?», «Ha ya doin?», «Yo kessedish paisans?», «Hey fuhgeddaboutit», «Ciao stugots», ecc. Si veda anche la fig. 6.4.

[222] Derivato da sic. *minchia*.

6.1.5 Sintesi: il prodotto del contatto nella sua prima fase

Dall'analisi dettagliata risulta che in chiave materiale le singole lingue funzionali si distinguono chiaramente l'una dalle altre. Trovano quindi conferma i risultati raggiunti nei primi due passi analitici (4.2.1 e 5.1) circa la struttura della variazione nella prima fase del contatto.

Il dialetto parlato dagli italoamericani di prima generazione (D−) diverge materialmente dal medesimo parlato prima dell'emigrazione (D+), innanzitutto per le interferenze inglesi, come indicato nelle tabelle 6.1 e 6.2. Un'idea più concreta delle differenze materiali fra le due varietà di contatto è fornita dalla preziosa testimonianza di Anthony Turano, emigrato nel 1905, all'età di 12 anni, da San Pietro in Guarano (Cosenza) a Pueblo (Colorado) e insediatosi lì nell'*Italian Quarter*:

> «When I first took up my residence in America (...) I found this peculiar dialect so puzzling that, in the simplicity of a child of twelve, I mistook it for the native language of the Americans. For a number of months after my arrival I did not understand more than half of what was said in this curious speech. For as long as a year I was often forced to ask for translations. It was only with the time and my increasing knowledge of English that I finally obtained a sufficient familiarity with it.»[223]

La divergenza è dovuta, in secondo luogo, agli effetti del contatto tra i dialetti italoromanzi in ambiente italoamericano (tab. 6.1). Sono quasi esclusivamente lessicali le divergenze tra i gradata D+ e D−.

È stato possibile differenziare materialmente il gradatum D− sia in chiave diacronica, che in riferimento all'appartenenza dei parlanti alla categoria passiva o attiva. Le varietà dialettali parlate dagli emigrati durante il terzo periodo si contraddistinguono per la quantità superiore di interferenze lessicali, dovuta alla dinamica del contatto riscontrabile specialmente all'interno delle enclavi sovraregionali. Una prova evidente della forza dell'impatto tra dialetto e inglese è data soprattutto dalla categoria delle interferenze «mimetizzate», dagli angloamericanismi irradiati in Italia, nonché dalla stabilità e dalla vitalità delle interferenze. Rispetto alle varietà dialettali parlate da emigrati italiani di categoria passiva, le medesime varietà, parlate da italoamericani riconducibili alla categoria attiva, sono contraddistinte di regola da una quantità superiore di interferenze lessicali, da qualche ulteriore interferenza morfosintattica nonché da un effetto più consistente del *dialect mixing*, prodotto da contatti inter-italoromanzi. Nonostante le differenze a livello prevalentemente quantitativo, le diverse rea-

---

[223] Cf. Turano (1932, 358).

lizzazioni del dialetto parlato dagli italoamericani di prima generazione sono comunque qualitativamente simili, sia in rapporto alla distribuzione delle interferenze che ai risultati del contatto inter-italoromanzo. Seguono le deduzioni tratte da Robert Di Pietro in conclusione alla sua sobria analisi di alcuni aspetti materiali del dialetto parlato da siciliani insediatisi nei pressi di New York verso il 1890:

> «In conclusion, one might say that borrowing has been chiefly a mechanism of *quantitative* change with only a few *qualitative* effects in the central phonological sub system of the language. No changes were observed in the peripheral phonetic sub system of American Sicilian which could be attributed to the influence of American English.»[224]

Il confronto tra le lingue funzionali di matrice dialettale va dunque eseguito proprio a livello qualitativo, risultando infatti fuorvianti i giudizi fondati sulla sola base quantitativa. Indipendentemente dalla loro quantità, è decisiva la distribuzione delle interferenze a *tutti* i livelli grammaticali. Diversamente, infatti, dal dialetto degli emigrati italiani, le varietà dialettali parlate come varietà secondaria dagli italoamericani di seconda generazione e oltre (D- ᴸ) si contraddistinguono nettamente sia per le numerose impronte dell'*American English*, a tutti i livelli grammaticali, che a causa del *dialect levelling* e dell'erosione, sinonimi di semplificazione e impoverimento su tutti i fronti (tab. 6.1). A livello fonetico va menzionata, ad esempio, la perdita di tratti tipici dialettali, tra i quali i più percepibili sono la retroflessione, la fricativizzazione della gutturale [ɣ], la centralità delle vocali chiuse [ɨ], [ʉ], ecc.

Anche per la lingua funzionale D- -, l'analisi del materiale linguistico ha messo in rilievo una differenziazione in base all'appartenenza dei parlanti alla seconda o alla terza generazione e oltre. Le divergenze consistono (tab. 6.1) oltre che nei diversi stadi di erosione e *dialect mixing*, soprattutto nei tipi specifici di interferenza, ma non nella distribuzione di questi ultimi ai singoli livelli grammaticali.

Le innovazioni linguistiche che subentrano in seguito all'insediamento degli emigrati italiani negli Stati Uniti hanno attirato l'attenzione degli studiosi. De Gaufridy, ad esempio, mette in rilievo la «(...) curiosissima trasformazione che subiscono i nostri vocaboli italiani nell'America del Nord, o, se meglio piace, della trasformazione che i vocaboli inglesi subiscono presso i nostri connazionali stabiliti in America.»[225]

---

[224] Cf. Di Pietro (1961, 35).
[225] Cf. De Gaufridy (1899).

La percezione delle divergenze materiali che subiscono le varietà dialettali in emigrazione si riflette infatti anche nelle descrizioni e definizioni delle nuove varietà linguistiche da parte di filologi o scrittori dell'epoca, come ad esempio: «nuovo volapuk dell'avvenire»,[226] «lingua d'oltremare»,[227] «lingua del iesse», «specie di ‹lingua franca› (...) d'uso così comune e d'invadenza così imperiosa che trascina ‹volentes nolentes› tutti quanti»,[228] «speciale frasario italo-americano che non va»,[229] «italienisch-englisches Kauderwelsch»,[230] «Italo-American speech» o, più specificamente, «the Italo-American dialect of New York».[231] Spicca in proposito il breve articolo di Anthony Turano, contenente sviariate denominazioni dello «(...) jargon which may be called American Italian, a dialect no less distinct from both, English and Italian (...)»,[232] quali: «peculiar dialect», «curious speech», «distinct sub-language» o «peculiar patois/ strange tongue of Little Italy». Oggetto delle definizioni è di regola piuttosto l'«italiano» parlato dagli italoamericani di prima generazione, da Fischer definito esplicitamente «(...) hybride Sprache der italienischen Auswanderer.»[233]

Le dinamiche delle divergenze tra le lingue funzionali di base inglese risultano analoghe a quelle descritte per i gradata dialettali. L'*American English* degli italoamericani di seconda generazione e oltre, ossia l'inglese endogeno degli italoamericani (AE+), è contraddistinto dalla presenza di poche interferenze italoromanze, sia lessicali che fonetiche (tab. 6.2). L'altra varietà di contatto di base inglese (AE–), il *broken English*, che viene prodotta dall'emigrato italiano e che secondo Bernardy «(...) imbeve (...) di elemento italiano la sostanza del volgare inglese» generando «un inglese rivestito di forme italiane (...) grammaticamente non lodevole (...)»,[234] risulta decisamente più difettiva soprattutto per la qualità delle numerose interferenze dialettali che contiene, per l'appunto a *tutti* i livelli grammaticali (tab. 6.2). Anche all'interno dei due gradata di base inglese sono state constatate differenziazioni materiali, dovute all'appartenenza dei parlanti a generazioni o categorie diverse. A grandi linee, però, queste distinzioni non rappresentano divergenze *qualitative*.

---

226 Cf. De Gaufridy (1899).
227 Cf. Pascoli (in Colasanti 2001, 173).
228 Cf. Bernardy (1913, 88 e 92).
229 Cf. N.N. (1917, 178).
230 Cf. Fischer (1920/21, 164).
231 Cf. Livingston (1918, 223 e 209).
232 Cf. Turano (1932, 357).
233 Cf. Bernardy (1913, 89s.).
234 Cf. Fischer (1920/21, 166).

Va necessariamente chiarito il quesito della somiglianza materiale tra il dialetto e l'inglese parlati dagli italoamericani di prima generazione, specialmente nei casi del classico *grignòllo*[235] (< ae. *greenhorn*). Piuttosto che «novellino», lo stereotipo del *grignòllo* rappresenta l'emigrante italiano tipo, giunto negli USA verso l'inizio del Novecento e insediato in enclavi del tipo *Little Italy*. Il suo inglese, particolarmente difettivo e decisamente insufficiente per un uso al di fuori dall'enclave italiana, si avvicinava materialmente piuttosto alla sua varietà dialettale, contraddistinta dalla presenza di numerosissimi americanismi, limitati comunque al solo livello lessicale. Questo fenomeno ha abbagliato alcuni autori, i quali, anche allo scopo di enfatizzare la difettività sia dell'inglese che del dialetto, sono stati indotti a non distinguere in casi simili tra le lingue funzionali Dialetto difettivo (D–) e *American English* difettivo (AE–), somiglianti solo in apparenza. Le sole convergenze lessicali – pur numerose – non bastano a giustificare la sovrapposizione di questi due gradata. Vanno invece tenute presenti le concordanze qualitative distribuite su tutti i livelli grammaticali, in particolar modo quello morfosintattico.

Ancor più evidente si rivela la distinzione tra le singole lingue funzionali se si confrontano i risultati dell'esame materiale incentrato sui medesimi settori semantici. Tale è stata, ad esempio, l'analisi dei segnali discorsivi nei singoli gradata, che ha messo in rilievo per ciascuno di loro la presenza di elementi endemici.

Una particolarità lessicale, specifica piuttosto della prima fase del contatto, accomuna soprattutto i due gradata di matrice dialettale (D– e D– –) e l'*American English* difettivo (AE–). Si tratta della presenza – specialmente nelle varietà di contatto degli italoamericani di prima generazione – di interferenze lessicali dovute in primo luogo ai contatti con lingue di altri gruppi etnici. Ciò avvenne soprattutto nei quartieri poveri di emigrati dei centri urbani,[236] in cui erano situate anche le enclavi italiane. Tra le lingue di contatto principali si annoverano: le varietà iberoromanze, lo *yiddish* e le varietà slave (specialmente il polacco), prevalentemente nell'area nordoccidentale – in particolar modo a New York –, le varietà galloromanze nella Louisiana,[237] ecc. Jerre Mangione descrive in modo conciso il marcato dinamismo di questa convergenza di lingue e i cambiamenti che ne derivarono:

---

[235] Voce indicata inizialmente in Livingston (1918, 213), e tradotta «novellino». Altre varianti sono *grignone*, *grin orni* (che compare in *Nofrio al telefono* (1918) di Giovanni De Rosalia (in Durante 2001, 415), o addirittura *corno verde* (Menarini 1947b, 164)).
[236] Si veda anche quanto già accennato in proposito in 4.1.3.3.
[237] Per le impronte sintattiche galloromanze nel *Cajun English* della Louisiana si veda ad esempio Stäbler (1995, 33).

«But if my relatives were under the impression that they were speaking the same dialect they brought with them from Sicily, they were mistaken. After a few years of hearing American, Yiddish, Polish and Italian dialect other than their own, their language gathered words which no one in Sicily could possibly understand.»[238]

In una realtà urbana simile a quella descritta da Mangione è cresciuto anche il padre dell'informatrice I-3-AB, figlia di una coppia mista ebraico-italiana. Lei ricorda ad esempio l'uso piuttosto frequente da parte del padre di interferenze dallo *yiddish*, quali ['ʃlɛp] 'trascinare' < yid. שלעפ (*shlep*) < m.a.ted. *slepen*, ['ʃmuːts] 'sporcizia' < yid. שמוץ (*shmuts*) < m.a.ted. *smuz*, [ʃləˈmɔus] 'iettatore' < שלימזל (*shlimazl*) 'persona sfortunata, sfortuna' < m.a.ted. *slim* e ebr. מזל (*mazzāl*). Maggiormente diffusi risultano gli iberoromanismi, specialmente nell'uso linguistico degli italoamericani insediati nel Sud e nel Sudovest. La testimonianza più remota della presenza aggiuntiva dello spagnolo come lingua di contatto risale alla lettera di un ticinese in California, datata 1863.[239] Un'altra epistola, del 1861, contiene la prima interferenza iberoromanza a me nota: *cinno*[240] 'cinese' < sp. *chino*. È significativa anche la testimonianza di Pietro Bianconi, il quale, ricordando il proprio padre emigrato nel 1875 da Mergoscia (Ticino) nel Sud degli Stati Uniti, scrive:

[6.46] «(...) spesso gli scappava qualche parola spagnuola, *burrito, muchacho, tortillas* (...).»[241]

La presenza di sporadici gallicismi nelle varietà italoromanze dei piemontesi di San Francisco è dovuta secondo Haller[242] ai molteplici contatti del Piemonte con la Francia.

In conclusione, il contatto nella prima fase è risultato particolarmente dinamico anche in prospettiva materiale, come dimostrano chiaramente (tab. 6.1 e 6.2) la distribuzione delle interferenze e i gradi dell'erosione e del *dialect levelling*. In questo senso spicca il terzo periodo a causa dell'impatto particolarmente forte tra le lingue in contatto. In generale, risale alla prima fase del contatto la maggior parte di quelle interferenze inglesi nel dialetto che si rivelano particolarmente stabili, diffuse e frequenti, come ad esempio *bosso, bisinissə, carru, storu, renta, pezzə, faittare, gherla, draivare, stoppare, baccausu* e molte altre, veri e propri tratti identificativi dell'identità e della realtà italoamericane.

---

238 Cf. Mangione (1998, 51s.).
239 In Cheda (1981, 691): «(...) Virgilio (...) sa l'Inglese (...) e lo Spagnolo.»
240 In Cheda (1981, 687). Andrebbe considerata anche una mediazione dall'inglese.
241 Cf. Bianconi (1994, 65, n. 41).
242 Cf. Haller (1998a, 284).

LINGUA STORICA	LINGUA FUNZIONALE	GENERAZIONE PRIMA						GENERAZIONE SECONDA			GENERAZIONE TERZA (E OLTRE)		
		Categoria 'passiva'			Categoria 'attiva'			FENOMENO			FENOMENO		
		INTERF./ C.SWITCH.	EROSIONE	DIALECT MIXING	INTERF./ C.SWITCH.	EROSIONE	DIALECT MIXING	INTERF./ C.SWITCH.	EROSIONE	DIALECT MIXING	INTERF./ C.SWITCH.	EROSIONE	DIALECT MIXING
INGLESE	**AE+** non difettivo												
INGLESE	**AE−** difettivo				+	−/+	−	+/−	−	−	−/+	−	−
DIALETTO	**D−−** doppiamente difettivo												
DIALETTO	**D−** difettivo	−/+	−		−/+	−−/+	++/−	+	+	+	+	+	+

Legenda dei simboli

−	*niente* o livello *basso* piuttosto trascurabile
−/+	livello *piuttosto basso*
+/−	livello *piuttosto alto*
+	livello *alto*

Nota: Sono riassunti qui gli esiti dell'analisi materiale delle singole lingue funzionali (righe) sulla base dei fenomeni di interferenza (e *code switching*), di erosione e di *dialect mixing* (colonne). Si distingue tra la prima, la seconda e la terza generazione (e oltre) di parlanti. I parlanti di prima generazione sono suddivisi nella categoria 'passiva' e in quella 'attiva'. Per il sistema di valutazione e la costellazione dei gradata rappresentati si vedano le note esplicative in calce alla tabella 5.1.

Tab. 6.1: Qualità delle lingue funzionali durante la *prima* fase

LINGUA STORICA	LINGUA FUNZIONALE	GENERAZIONE PRIMA Categoria 'passiva'			GENERAZIONE PRIMA Categoria 'attiva'			GENERAZIONE SECONDA			GENERAZIONE TERZA (E OLTRE)		
		FONET./FONOL.	MORFO-SINTASSI	LESSICO	FONET./FONOL.	MORFO-SINTASSI	LESSICO	FONET./FONOL.	MORFO-SINTASSI	LESSICO	FONET./FONOL.	MORFO-SINTASSI	LESSICO
INGLESE	**AE+** non difettivo							+/−	−/+	+/−	−/+	−	−/+
INGLESE	**AE−** difettivo				+	+	+						
DIALETTO	**D−−** doppiamente difettivo	−	+/−		Ø	−	+	+/−	−/+	+	+	+	+
DIALETTO	**D−** difettivo				Ø								

Legenda dei simboli

−	*niente* o livello *basso*
	piuttosto *trascurabile*
−/+	livello *piuttosto basso*
+/−	livello *piuttosto alto*
+	livello *alto*
Ø	mancanza di dati

Nota: Sono riassunti qui gli esiti dell'analisi materiale della qualità e della distribuzione delle interferenze secondo la tipologia (*fonetiche/fonologiche, morfosintattiche e lessicali*) (colonne) e nelle singole lingue funzionali (righe). Per il sistema di valutazione e la costellazione dei gradata rappresentati si vedano le note esplicative in calce alla tabella 5.1. Basterà commentare esemplarmente la distribuzione delle interferenze relativa al Dialetto difettivo (D−). In assenza di materiale empirico sonoro risalente alla prima fase del contatto, le caselle della fonetica/fonologia, sia per la categoria passiva che per quella attiva, contengono il simbolo (Ø), che indica la mancanza di dati. Nell'ambito della morfosintassi non sono state identificate interferenze dall'*American English* degne di nota (simbolo (−)). Sono risultate piuttosto numerose (+/−) e numerose (+) le interferenze lessicali inglesi usate rispettivamente dai parlanti della categoria 'passiva' e 'attiva'.

Tab. 6.2: Distribuzione delle interferenze nelle lingue funzionali durante la *prima* fase

6.2 Seconda fase del contatto

In chiave contattuale, la seconda fase, ovvero quella *trilingue*, è la più complessa a causa della partecipazione dell'italiano, oltre al dialetto, quale ulteriore lingua italoromanza di contatto. Come già l'analisi del sapere linguistico e del comportamento linguistico, anche l'esame materiale dei singoli gradata poggia sulla distinzione fondamentale tra le due configurazioni del contatto. Se nella prima configurazione il dialetto è la varietà basilettale italoromanza *primaria* degli emigrati italiani, nella seconda configurazione esso rappresenta invece quella *secondaria*. Questa distinzione coincide a grandi linee con la suddivisione della seconda fase in due periodi.

6.2.1 Primo periodo: parlanti primariamente dialettofoni

Oggetto dell'analisi materiale sono le componenti del mesoletto. Le varietà di contatto, identificate e descritte sopra (4.2.2 e 5.2), sono cinque. Nell'ambito italoromanzo, le lingue funzionali parlate dagli italoamericani di prima generazione sono il Dialetto difettivo (D–), la loro varietà primaria, e l'Italiano ulteriormente difettivo (I– –). L'*American English* difettivo (AE–) rappresenta invece nel loro caso la varietà secondaria. La varietà primaria dei parlanti di seconda generazione e oltre è l'*American English* non difettivo (AE+), quella secondaria è italoromanza, più precisamente il Dialetto doppiamente difettivo (D– –), dal momento che i loro connazionali di prima generazione, primariamente dialettofoni, hanno comunicato spontaneamente con loro in dialetto e non in italiano.[243] Non si tramanda invece l'italiano, che è la varietà italoromanza secondaria degli italiani di prima generazione.

---

243 Cf. le seguenti testimonianze di informatori di prima e di seconda generazione:
[6.47] IId-1a-MM: *In casa, io e lui <il marito> parliamə sempre siciliana. Perciò, l'italiano l'abbiamo messo da parte. (...) i ragazzi sono cresciuti con siciliano, che ho fatto errore, ho sbagliato, perché se vannə in Italia si trovano molto fuori posto, perché oggi non parla più nessunə siciliano. (...) No che loro ci ridono <qui: che i figli vengano derisi>, perché so' amerigani, però era bello se parlavano un poghettino più chiaro. Se vann' a Roma, a Milano, Firenze, non li capiscono.*
[6.48] IId-1-aSM: *Picchì i figghji 'un u sannu parlare l'italianu; sulu s'insignunu ḍḍi parole sicilianu. U sicilianu e basta.*
[6.49] IId-2-AM: *Non ho mai sentita mia madre parlare in italiano.*

6.2.1.1 Dialetto difettivo (D−)

Questo gradatum deve la sua difettività soprattutto alle (poche) interferenze inglesi, come traspare anche dalle denominazioni dategli dai parlanti: «dialetto alla Merica», «dialetto rotto», «dialettu ammiʃkatu». Dal confronto con l'omofona lingua funzionale della prima fase sono risultate divergenze minime, in prospettiva qualitativa. Segue l'analisi materiale di quelle più rilevanti per ciascuno dei livelli grammaticali.

FONETICA/FONOLOGIA

A livello fonetico le interferenze dall'inglese interessano prevalentemente il consonantismo e sono soltanto sporadiche e irregolari (tab. 6.4). Compaiono specialmente nei discorsi di parlanti di prima generazione, di categoria attiva, emigrati in giovane età, con un buon sapere idiomatico in inglese, che loro generalmente usano anche all'interno della famiglia (a causa, ad esempio, di matrimoni misti). Basti menzionare i seguenti fenomeni:
- l'aspirazione delle occlusive sorde (*Italia* [iˈtʰalja],[244] *americano* [mɛriˈkːʰaːnə], *pəcché* [pəˈkʰeː]),
- la tendenza alla vocalizzazione e cacuminalizzazione del nesso [tr] in posizione post-consonantica ([ˈfiːltɹə] 'filtro', [ˈstɹatʃːə] 'straccio'),[245]
- impronte prosodiche dal *Vernacular American English*, spesso legate all'interferenza di interiezioni[246] angloamericane.

MORFOSINTASSI

A livello morfologico non sono stati notati nuovi fenomeni d'interferenza. In ambito sintattico è stato constatato sporadicamente l'uso dell'aggettivo attributivo relazionale (non di rado nell'ambito della comparazione) in posizione prenominale, come in inglese, anziché in posizione postnominale, come invece è solito nell'italoromanzo. Eccone alcuni esempi:

> [6.50] IId-1a-SM: *U dialettu rə Bostəni (...) chist' è cchjù ridichələ dialett.*

> [6.51] IId-1a-SM: (...) *a nticchjərə era cchjù fatʃələ. Cchjù moderni parole, certi parole cchjù moderni.*
> IId-1a-SM: (...) un pochettino era più facile. Parole più moderne, certe parole più moderne.

---

244 Si veda l'esempio 15 in Prifti (2007, 287).
245 [6.52] IId-1a-MC: *Oh, questa che è? Il filtro, lo chiamamo noi. Però u filtrə è mericanə, no?*
[6.53] IId-1a-MC: *I stracci, o puramendə 'na pezzə*.
246 [6.54] IId-1a-LB: *Oh! 'N Italia lo chiamənə 'il cellulare'? Je* (Yea)?

[6.55] IId-1a-SM: *È buon esperienza. T'ammiʃki co i differendə cristiani. 'Un c'è nenti də miegghju də canuʃìri differentə cosi, differente nazionalità, u dialettu, cultura, u mangiare; sai chə mangianu differentə cosə. (...) Spinni ʈɹidici misi ɖɖa. A cchjù* MEGGHJU *spirienza ch'ho avutu tutt' a vita, abbitare ɖɖa. (...) Jieru 'na najsə spirienza.*

IId-1a-SM: È un'esperienza positiva (*good experience*). Ti mescoli con gente diversa (*different*). Non c'è niente di meglio che conoscere cose diverse, nazionalità diverse, il dialetto, cultura, il cibo; sai che mangiano cose diverse. (...) Passai (*I spent*) tredici mesi là. (È stata) l'esperienza (*experience*) migliore che io abbia fatto (*to have*) in tutta la vita, abitare là. (...) È stata una *nice* esperienza.

Si nota una continuità nelle modalità di adattamento morfologico degli angloamericanismi nel gradatum D– durante la prima e la seconda fase di contatto. È già stata trattata (6.1.1) la vitalità delle interferenze nella fase dialettale, espressa, tra l'altro, anche nelle derivazioni dagli anglicismi e nella loro integrazione all'interno dei composita. Va ora accennato alla dinamicità dell'adattamento morfologico delle interferenze nelle varietà dialettali durante la fase trilingue. Basti menzionare:

- la formazione dei verbi siculo-americani *'nfrusari* 'mettere nel congelatore, congelare' e *sfrusari* 'togliere dal congelatore, scongelare', tramite l'adattamento dei prefissi siciliani *'n-* e *s-* al verbo *(to) freeze*,[247]
- la costruzione di forme verbali, applicando suffissi e/o desinenze dialettali, come nel caso delle voci apuloamericane [ʃəkəˈnjɛ][248] < *(to) shake* e [tʃənˈdʒɛːt][249] < *changed*, di quella abruzzeseamericana *drajfəià*[250] < *(to) drive*, ecc.,
- la frequente formazione di diminutivi, come *lu truchəcillə*[251] 'camioncino' (*lu truchə* < *truck*, cui è stato applicato il suffisso diminutivo *-cillə*[252]), *a begguzzə* 'bustina' (*a begga* < *bag* + *-uzzə*[253]), ecc.

---

247 Si veda Croce (1985, 94).
248 [6.56] IId-1a-MC: [ʃəkəˈnjɛ] *è mmericanu, è talianəmericànu.* Il verbo pugliese corrispondente, della varietà locale di Troia (prov. di Foggia), secondo l'indicazione della medesima informatrice, è invece [skuɖuˈləiə] 'sbattere (la tovaglia)'.
249 [6.57] IId-1a-MC: *U binafʰrə: «Camminə, camminə, che u binafʰrə s'è* [tʃənˈdʒɛːt]*!». 'U binafʰrə' è cchiù dialettə.* [Traduzione: Il semaforo: «Cammina, cammina, perché il semaforo si è cambiato! (*to change*)». '*U binafʰrə*' è più dialettale.]
250 [6.58] IId-1a-SP: *Tu puoi drajfəià qua? C'hai la licenzə pə drajf?* [Traduzione: Puoi (Sei autorizzato a) guidare qua? Hai la patente di guida?]
251 [6.59] IId-1a-FT: *Lu troccha.*
Id-2-MT: *Not just lu trochə, ma purə lu truchəcillə. Giacomo dicə: «Ho draiviatə lu truchəcillə.»*
252 Circa il suffisso diminutivo *-cello* si veda Rohlfs (1954 (III), 252, 293).
253 Circa il suffisso diminutivo *-uzzo* si veda Rohlfs (1954 (III), 259).

È stato notato – sebbene sporadicamente – l'uso dei medesimi diminutivi anche nell'ambito dell'*American English* parlato da italoamericani di prima generazione di categoria passiva (AE–), ad esempio:

[6.60] IId-1a-LM: [ˈʃi ˈno ˈlaɪkə ˈdraɪf ˈdi trokəˈʧɨːə] (*She doesn't like to drive the little truck.*)

[6.61] IId-1p-FM: [ˈaɪ ˈpuːrə nː ˈaː ˈplastikə bɛˈguʦːə] (*I put it into a little plastic bag.*).

Lessico

Il lessico del Dialetto difettivo è contraddistinto sia dalla presenza di interferenze inglesi, che – molto meno – dagli effetti dell'erosione. L'analisi ha messo in luce che la dinamica della diffusione delle interferenze, sia nello spazio che nel tempo, è analoga a quella emersa dall'esame dell'omofono *gradatum* nella fase dialettale (6.1.1). Si notano sostanziali parallelismi anche in riferimento alla stabilità. Vi sono però anche divergenze, prevalentemente materiali, di cui sono coscienti anche i parlanti, soprattutto quelli emigrati nel dopoguerra. In alcuni casi essi hanno saputo indicare spontaneamente esempi concreti di interferenze angloamericane specifiche usate da «i andichi», come vengono spesso chiamati gli italiani della Grande Emigrazione. Tra gli esempi più celebri ci sono due sostantivi già descritti (6.1.1): *pezzə*, al cui posto subentra poi prevalentemente la voce *bocchə* < *buck* o *doluru*, e *baccausu*,[254] sostituito soprattutto da *betərummə* < *bathroom*. Simili elementi sono la riprova della stratificazione cronologica delle interferenze lessicali.

Ulteriori divergenze, sebbene minime e prevalentemente lessicali, si devono all'evoluzione delle varietà dialettali o, più precisamente, all'erosione causata dalla loro progressiva italianizzazione.[255] A questa si aggiungono gli effetti del *dialect mixing*.

---

254 [6.62] IId-1a-MM: *Loro usano i dialetti dei prinonni, picciò t'immagini, come parlano. Il gabinetto lo usano 'baccaus'. T'immagini?* oppure, dalla prospettiva di una parlante di seconda generazione:
[6.63] EP: *E 'u baccaus', che cos'è?*
IId-2-MaC: *È il bagno. Secondo me lo usa proprio chi è all'andica proprio. Le mie zie, per esempio, non la usano molto, quasi per niente.*
255 Cf. in proposito 4.1.1.1. Cf. anche:
[6.64] IId-1a-MC: *Noi diciamə puru 'u grandìnni' (grano d'India, mais), 'u granunə'. 'A pəlanghellə' (pannocchia) è propriə iddaiəłettə (dialect). A mebì (maybe) a bissənonna miə, a pəlanchellə.*
[6.65] IId-1a-MC: *Attacchərə... i crijùlə! Noi li chiamàmə propriə in diałett' 'i crijùlə'. Propriə də papanonnə.* [Traduzione: Legare... i lacci! Noi li chiamiamo proprio in dialetto 'i crijùlə'. Proprio <dei tempi> del nonno.]

Per il gradatum D− i segnali discorsivi consistono in parte in interferenze inglesi. Si assiste in primo luogo alla formazione di nuovi segnali discorsivi sulla base dell'adattamento all'italoromanzo di avverbi o frasi verbali inglesi. Tali elementi vengono usati *specificamente* da italoamericani di prima generazione, per lo più di categoria passiva. Il più diffuso è *mebì* 'forse, può darsi, probabilmente, magari' < *maybe*, contrassegnato dal tipico[256] spostamento dell'accento in posizione ossitona. Eccone due esempi significativi:

[6.66] IId-1a-LB: *Mebì ca l'aggia 'ngundrat' allu storə, allu telorisciàppə.* | IId-1a-LB: Può darsi che io l'abbia incontrato nella bottega (*store*), in sartoria (*tailor shop*).

[6.67] IId-1a-MC: *Anì, (...) mebì usciamə saup' allu telavìʒən, mebì divendiamə quacchə co"sa famosə ... cchjù famos' angorə. (...) Mebì iə e tua madre c'ingondriamə cachə omo nuovo lì, e cubbaiə!* | IId-1a-MC: Tesoro (*honey*), (...) magari appariamo in televisione (*television*), e può darsi che diventiamo qualcosa di famoso... ancora più famoso. (...) Forse io e tua madre incontriamo qualche altra (*new*) persona lì, e addio (*goodbye*)!

Meno diffuso è *cabblessə/ gabblessə/ cabbleʃə* < *God bless!*, usato nel senso di 'grazie a Dio!, Per fortuna!, Meno male! (anche ironicamente), Sia benedetto Iddio! Oh, Santiddio!, Che Dio lo/la/ti benedica!', come nelle seguenti testimonianze:

[6.68] IId-1a-MC: *Cabblessə! Iə − tə dich' la verətà − s' iə erə come essa, (...) mi facev' amichə con guestə. (...) Uh chə pupə? Gabblessə!*

[6.69] IId-1a-MC: *O vedə, gabblèssə? Ma si propiə perfetto! Veramendə cabblèss!*

[6.70] IId-1a-MS: *O cabbleʃə, tu si tuttə peggiə də noi!*

[6.71] IId-1a-FM: *Va a 'mbarare l'italianə? La indelligendìdà cabbless è come M.!*

Appare più complesso il frequente segnale discorsivo *èts(ə)*, nel senso di 'ecco, esattamente, (proprio) così, infatti', derivante molto probabilmente[257] da *that's*, con l'aferesi della fricativa dentale iniziale, come ad esempio:

---

256 Si vedano (6.1.3.) le brevi note in proposito, come anche i tre seguenti esempi concreti:
[6.72] IId-1a-MC: *Vengənə i giuìshə, i giudə, c' u bajbì?* [Traduzione: Vengono gli ebrei (*jewish*), con il neonato?]
[6.73] IId-1a-MM: *Fifì cicchìnnə c' 'a sàssə.* [Traduzione: Ho fatto il pollo (*chicken*) con la salsa.]
[6.74] IId-1a-MC: *Quest'è 'o sigàriə... Questo 'n America o chiamiamə 'o sigàriə, etsè.*
257 Va tenuta presente anche la derivazione, meno probabile, dalla frase verbale *it's*.

[6.75] IId-1a-MC: *Fə u carusellə chə poi, quandə fai cchiù gro^ussə u trùwətə cca a accattà 'nu carrə, ètsə.*	IId-1a-MC: Fai il salvadanaio, che poi, quando ti fai più grande, te lo trovi qua per comprare una macchina, proprio così.
[6.76] IId-1a-SP: *Ètsə pəcché iə mə so' truvatə co' i partigiani.*	IId-1a-SP: Ecco perché mi sono ritrovato con i partigiani.

Più complessa risulta l'interpretazione delle interferenze *etsəpəcché*[258] < *that's why*, *etsì*[259] < *That's it!* e *etsò*[260] < *That's all!* Benché materialmente composte dal segnale discorsivo *ets(ə)*, queste frasi verbali fungono solo in casi isolati da marcatori del discorso.

I segnali discorsivi qui descritti compaiono, in alcuni casi, anche nell'ambito dell'*American English* difettivo (AE-), parlato dagli italoamericani di prima generazione, di categoria passiva.

Oltre a questi nuovi marcatori di discorso, usati – come è già stato sottolineato – esclusivamente dai parlanti di prima generazione, nell'ambito del dialetto difettivo figurano anche svariati altri segnali discorsivi angloamericani[261] (comprese le interiezioni), *altrettanto* presenti nel gradatum italoromanzo degli italoamericani di seconda generazione e oltre (D--). Le voci sono elencate secondo la loro frequenza d'uso: *je(a)* < *yea*, *ju(n)nò?* < *you know?*, *so*, *ba/ bàttə/ bàr(ə)* < *but*, *ue/ ueə/ uə/ uelə* < *well*,[262] *a(j) mì(nnə)*[263] < *I mean*, *occhè* < *okay*, *e/ en(nə)/ an(nə)/ enni* < *and*, *a(j) ro no/ donnò/ ronnò*[264] < *I don't know*, *rìli/ rilì?*

---

258 [6.77] IId-1a-SP: *Ma l'ingles' (...) ètsəpəcché che tə dichə, (...) quand' è unə ch' ha studiatə, lo sa!*
259 [6.78] IId-1a-LM: *Sul' a checca fici ierə sira, etsì.* Si vedano anche le testimonianze 6.74 e 6.92.
260 [6.79] IId-1a-SM: *'A luci* (traffic light). *Etsò* (that's all) *chə sə ṭici*ə (dice): *'a luci.*
261 Di alcuni di questi segnali discorsivi si è occupata recentemente anche Scaglione (2003), in riferimento alla realtà lucchese a San Francisco.
262 Si veda ad esempio la seguente testimonianza:
[6.80] IId-1a-LM: *Rotto. Inglese rotto, je* (yea). *(...) Io lavoro, ba* (but).. *tando per dir' mi capiʃənu cca, pecché ormai... Ma certə parole 'un i ṭicimu giustə commu s' hann' a dire 'n inglese, raj* (right)? *«Lùsi* (Lucy).. *ju no* (you know)?» *«Occhè* (OK)!», *e capì commu è.*
263 [6.81] IId-1p-VG: *So' totə 'nu cosə də gardiniə, na fujettə, e lə su' messa alu pàchetə də ła mandierə, e su' mess' a łà. Quand' è mənutə lu bossə ha dittə, a minnə, jea: «Quantə cə avete messə?».*
[Traduzione: Ho tolto una cosa dalla gardenia, una foglietta, e l'ho messa nella tasca (*poket*) del grembiule, l'ho messa lì. Quando e venuto il padrone (*boss*) ha detto, *I mean, yea*: «Quante ce ne avete messe?»]
264 [6.82] IId-1a-LM: *No, no, ma è verə. Io ho usatə 'cchjuri'. Aj ro no. Mebì so* (maybe so) *(...) diciə «Stuta a luci!», io «Cchjurə!», vero?*

< *really?*, *rai(t)?* < *right?*, *eniuè*²⁶⁵ < *anyway*, *uarèva/ (u)orèva* < *whatever*, *auèva/ arèva* < *however*, *ìve/ ìvə(n)* < *even*, ecc.

Si notano comunque delle divergenze nel loro adattamento ai singoli gradata italoromanzi, D- e D- -. Diversamente da quanto avviene in merito al gradatum D- -, sono evidenti delle mutazioni fonologiche²⁶⁶ e, in qualche caso isolato, anche semantiche dei segnali discorsivi nel Dialetto difettivo (D-). È stato registrato un solo caso di adattamento morfologico. Riguarda *You know?*, uno dei più frequenti²⁶⁷ segnali discorsivi, che nei discorsi di un informatore siciliano, bracciante emigrato negli anni '40 e di categoria passiva, appare nella forma *junòni?* (*You know?* con l'aggiunta dell'epitesi paragogica -*ni*²⁶⁸). Lo stesso fenomeno è indicato anche in Croce, dove si afferma che il suffisso -*ni*

> «(...) is often used in Sicilian though only by the lowest social classes, in instances like ‹picchini?› which coexists beside ‹picchì?› (It. ‹perché?›, Eng. ‹why?›).»²⁶⁹

I segnali discorsivi comuni ai gradata D- e D- - divergono inlotre anche in riferimento alla frequenza e alle situazioni d'uso.

Particolarmente frequenti sono anche i calchi, come ad esempio *prendere una doccia*²⁷⁰ < *(to) take a shower*, *avere bìsi*²⁷¹ < *(to) have busy*, *prendere una foto*²⁷² < *(to) take a picture*, ecc.

Segue un'elencazione delle più note interferenze lessicali specifiche di questa fase: *licenza* 'patente' < *(driver's) licence*, *drajfəià*²⁷³ < *(to) drive*, *cecca* 'assegno' < *check*, *luci* 'semaforo' < *(traffic) light*, *begga* 'borsa' < *bag*, *troccu* 'camion' < *truck*, *uaʃəməʃìnə* < *washing machine*, *pusciari* < *(to) push*, *stappari* 'fermare' < *(to) stop*,

---

265 [6.83] IId-1a-SP: *Iə so' lassatə də scrivere da quandə so' mənutə qua. L'italianə n' so' scrittə mai cchiù eniuè.*
266 Specialmente nell'adattamento fonetico delle interiezioni si conservano spesso anche i tratti prosodici.
267 Dall'analisi di Scaglione (2003, 50–53) emerge che, tra tutti quelli identificati, *You know?* è il marcatore discorsivo usato con più frequenza dai lucchesi della Baia di San Francisco.
268 L'aggiunta dell'epitesi paragogica è nota in diverse varietà dialettali italoromanze meridionali. In De Giovanni (1982, 120), ad esempio, è indicata la forma abruzzese *jinë* 'io'.
269 Cf. Croce (1985, 94).
270 [6.84] IId-1a-EB: *Issa sə prend' o faur tuttə juornə.* [Traduzione: Lei si fa la doccia tutti i giorni.]
271 [6.85] IId-1a-MM: *A sirə aiu bìsi.* [Traduzione: La sera ho molto da fare.]
272 «*questo foto fu prese il mese di Marzo (...)*», dalla lettera 255a in Melillo (1991, 235).
273 Si veda la citazione 6.58.

ecc. Risulta molto frequente e diffuso anche l'uso dell'aggettivo/avverbio *differente* < *different* al posto dell'aggettivo *diverso* o dell'avverbio *diversamente*.[274]

In conclusione, le peculiarità materiali del Dialetto difettivo qui descritte vengono illustrate tramite sette esempi concreti di discorsi, tratti dal corpus delle interviste.

> **Esempio 1. [6.86]** IId-1a-SP: *Quellə łà brucia cinqu-sei trocchə* (truck) *də legnə tuttu l'annə, lu faiplèssə* (fireplace) (...). *Questə qua si chiama lu deng* (deck), *poi c'è lu besimèndə* (basement). *Cinghə-sei scalə dannə* (down) *è lu besəmèndə; vai cinqu' scal'appə* (up), *cə sta la cucinə. Questə è dajnərùmmə* (dining-room), *ndo' se mang*[ia]. *Quest'è u livərùmmə* (living-room) (...).

> **Esempio 2. [6.87]** IId-1a-LM: *Tuttu mietta 'ntu u plastichə contegnu, e puru l'àvətɟi coss*[i]*, i piccòlsə e mettə 'nt u frigièru. Ci mitti i prèzzə to patɟi orə. Angora, ora comminció.* (...) *Chisti su cucinati, e mettii 'nto o frisu.*
>
> IId-1a-LM: Metti tutto in un contenitore di plastica (*plastic container*), e anche le altre cose, le tartine (*prickles*) le metti nel frigorifero (*refrigerator*). Tuo padre ora ci mette i *prezels*. (Lo sta facendo) ancora, ha cominciato ora. (...) Questi sono cotti (*cooked*), e mettili dentro il congelatore (*freeser*).

> **Esempio 3. [6.88]** IId-1a-SM: *Cchjù migghjə chə fumi tɟattati pi essiri crifɟiani ʃɟani, l'autɟu nazioni 'un ti tɟattanu, cumm' u tɟattavanu ɖɖa najs. Pi mmia è cchjù bona spirienz' assai. Fin' a oggi, ci pienzu sempə. Si stappi 'na semana, 'na semana 'un è nenti. Ma ɾopu, quannu ci passa tantu tiempə, sappə chiɖɖu chə mangianə, tutt' i cos'. S'insigna tantə cos' assai.*
>
> IId-1a-SM: Fummo trattati talmente bene, pur essendo gente straniera (*strangers*), altre nazioni non ti trattano, come ci trattavano bene (*nice*) là. Per me è assolutamente la migliore esperienza. Fino a oggi, ci penso sempre. Se ti fermi (*stop*) una settimana, una settimana non è niente. Però dopo, quando passa tanto tempo, sai quello che mangiano, tutte le cose. Si imparano veramente tante cose.

> **Esempio 4. [6.89]** IId-1p-FM: *Dieci per centu ora so' ciainísi* (chinese). *C'è qualche nero* <afroamericano < *black*> *macar' vers' i sefɟàdi* (sixth street), *cinquʃɟati, seʃɟati, ma primu eranu cintu pi cintu italiani.*

> **Esempio 5. [6.90]** IId-1a-MC: *U carru m'ha lasciatə ngopp' a u straitə, a u stritt'! Pusc' e puscia ma u carru 'un stardavə mai.*
>
> IId-1a-MC: La macchina (*car*) mi ha lasciata per strada (*street*)! Spingi (*push*) e spingi ma la macchina non partiva (*start*) mai.

> **Esempio 6. [6.91]** IId-1a-LM: *ʃtappə* (stop) *ca t'acchjappə!*

---

274 [6.92] IId-1a-MC: *Ma noi lo diciamə differendə də lorə* (...): *'u scianghə'* <qui: ciglio>, *je* (yea). *A lorə è differendo, etsè* (that's it). Si veda anche la citazione 6.55.

Esempio 7. [6.93] IId-1a-DM: *Cu fiʃi u lonʧ?*
IId-1a-MM: *U lonʧ? Dina. Dina a sala. Anche sessanta lonʧi fiʧi.*

IId-1a-DM: Chi fece il pranzo (l*unch*)?
IId-1a-MM: Il pranzo? Dina. Dina in sala. Fece addirittura sessanta pranzi.

6.2.1.2 Dialetto doppiamente difettivo (D– –)

La varietà di contatto Dialetto doppiamente difettivo (D– –) è la lingua funzionale secondaria degli italoamericani di seconda generazione. Già solo nel definirla («brokətaliànə proprio», «dialetto male-male», «dialettə malamend' assai», ecc.), gli stessi parlanti ne evidenziano il principale tratto distintivo: la difettività superiore rispetto al dialetto parlato dagli italoamericani di prima generazione (D–).[275] Analogamente a quanto constatato per la fase dialettale (6.1.2), questa difettività è dovuta in chiave materiale sia a numerose interferenze dall'*American English*, che all'avanzato processo di erosione e di *dialect mixing* (tab. 6.3).

La mutazione di tratti fonetici peculiari delle varietà dialettali è tra le espressioni più evidenti dell'erosione. È soprattutto nell'ambito del vocalismo che si notano frequenti cambiamenti, specialmente nella qualità delle vocali, come dimostrano ad esempio le voci [ˈjutᵘ] 'otto' e [ˈʧuvia] 'piove',[276] registrate recentemente nel discorso di un'italoamericana di seconda generazione di origine genovese. Si assiste inoltre alla riduzione di trittonghi, ecc. Anche il consonantismo è esposto alle mutazioni. Tra i siculoamericani (ma non solo) di seconda generazione sono molto frequenti ad esempio:

- la perdita dei tratti retroflessi delle consonanti cacuminali (*carusiḍḍu* 'salvadanaio' > [karuˈsidə], *ṛui* 'due' > [ˈru]), come tra l'altro ha affermata esplicitamente un'informatrice:

    [6.94] IId-2-MiC: *Non lo so dire, infatti, non lo dico mai in dialetto, lo dico* [ˈtrɛ]. *Dove c'è* [tr] *insieme, o* [sr] *lo dico sempre in italiano.*

- la trasformazione in occlusiva della fricativa velare ([ˈɣaḍːu] 'gallo' > [ˈgaːdu]), ecc.

Particolarmente sensibili all'erosione sono i tratti prosodici tipici delle varietà dialettali locali, specialmente a livello soprasegmentale, ma ciò avviene anche in Italia, a causa della diffusione dell'italiano.

---

275 Cf. innanzitutto 4.2.2.2.
276 Nella varietà galloitalica di tipo ligure gli corrispondono rispettivamente [ˈøtːu] e [ˈʧøːve].

Fonetica/Fonologia
I principali fenomeni fonologici di interferenza dall'*American English* corrispondono a quelli analizzati nell'ambito della prima fase di contatto (6.1.2).

Morfosintassi
Sebbene i fenomeni di interferenza dall'inglese già analizzati (6.1.2) si ripetano anche nella seconda fase, l'erosione risulta fondamentale per la distinzione materiale in chiave morfosintattica del gradatum D– – dal gradatum D–. Nell'ambito della sintassi, ad esempio, il sistema verbale dimostra tracce evidenti di semplificazione in seguito al primo passaggio generazionale. L'informatrice siculoamericana IId-2-AM, ad esempio, nel rispondere alla domanda II.A.4 del questionario, inerente alla formazione del periodo ipotetico della possibilità, è ricorsa *sic et simpliciter* alla – pur diffusa – modalità indicativa (imperfetto), quindi semplificando. Ha trasformato la tipologia del periodo ipotetico (della possibilità) in periodo della realtà, costruendo la frase *Si avìa fami, mangiàvu*. Si dimostra così l'incapacità dell'informatrice di costruire il periodo ipotetico secondo il sistema proposizionale simmetrico del siciliano, con il congiuntivo imperfetto sia nella protasi, che nell'apodosi, come hanno fatto spontaneamente entrambi i suoi genitori:

> **[6.95]** IId-1a-LM: *Si avisse a fami, mangiasse assai.*
> EP: *Ma vostra figlia mi ha detto: S'avia fami, mangiavu.*
> IId-1a-SM: *S'avissə! <con fermezza> No, no. No 's'avia', no. 'Un è a stissa cosa.*

Lessico
I fenomeni lessicali sui quali si basa la netta distinzione materiale tra i gradata D– – e D– durante la fase trilingue sono gli stessi già identificati per la fase dialettale (6.1.2). Si nota però un aumento quantitativo e qualitativo delle interferenze (e del *code switching*) per quanto riguarda l'influsso dall'inglese, per un verso, dell'erosione e del *dialect mixing*, per un altro (tab. 6.3).

L'erosione in ambito lessicale consiste soprattutto nella semplificazione del vocabolario, che si materializza chiaramente nella restrizione del sapere idiomatico attivo dei parlanti in prospettiva stilistica e in ambito fraseologico. L'erosione a livello stilistico è evidente ad esempio nell'«appiattimento» delle forme pronominali di seconda persona, di diversa collocazione fasica, come *Voscènza* (Vostra eccellenza), *Vossìa* (Vostra Signoria) e *vui* (Voi), nella sola forma del *tu*, o delle formule di saluto,[277] ecc., come si è potuto osservare presso tutti gli infor-

---

[277] Cf. ad esempio il tratto d'intervista 5.1.

matori siculoamericani di seconda generazione. L'erosione a livello fraseologico investe la ricchezza dei modi di dire (specialmente auguri, insulti, imprecazioni, ecc.) e dei proverbi, che rimangono – semmai – dominio esclusivo del sapere idiomatico passivo dei parlanti, come è risultato in diversi casi[278] durante le interviste.

Le numerose interferenze lessicali (tab. 6.4) contribuiscono a distinguere il gradatum D– – dalle altre varietà di contatto. Considerando quanto già accennato (6.2.1.1) sui marcatori discorsivi del gradatum D–, risultano *specifici* del Dialetto doppiamente difettivo (D– –) svariati segnali discorsivi (e interiezioni) angloamericani, tra i quali i più frequenti sono *ah*,[279] *ahm*,[280] *wow, I'm like..., Oh (my) God!, Gee!, Christ!*, ecc. Sono soprattutto le esclamazioni ad apparire in varianti prosodiche diverse, implicando lievi sfumature semantiche. In rari casi sono anche stati registrati segnali discorsivi specifici del gradatum D–,[281] ma esclusivamente nell'uso linguistico di italoamericani di seconda generazione cresciuti in enclavi del tipo *Little Italy*.

Vanno infine menzionate due interferenze lessicali tipiche di questo gradatum: *balla* 'palla, pallina' < *ball* e *ineducatu* 'non scolarizzato' < *uneducated*. Si tratta di voci classificabili nella categoria degli angloamericanismi mimetizzati reali,[282] registrate più volte nei discorsi di parlanti di seconda generazione.

In conclusione vengono riportati sette esempi illustrativi del gradatum D– –, tratti dal corpus delle interviste. I primi quattro brani sono le descrizioni della storia a immagini, acclusa al settore IV del questionario, effettuate da quattro informatori di seconda generazione. È interessante mettere materialmente a confronto i primi due esempi, prodotti da due sorelle. Anche se simile, il livello del sapere idiomatico in dialetto – la varietà abruzzese di tipo occidentale adriatico –, inclusa la qualità delle interferenze dall'*American English*, si notano divergenze materiali a livello fonetico. La causa va cercata negli effetti del con-

---

278 [6.96] IId-1a-SM: *Cca r̯iciunu*: [ˈa ˈkuːr ˈit ə wˈoːrs], *ma ddạ r̯ic̣ievanu: J avi 'na fami, mangiàssi 'nu ʃeccᵘ*. <l'informatrice IId-2-AM ride sorpresa>. [Traduzione: Qui dicono: *I could eat a horse!*, ma là dicevano: Ho una fame < tale > che mangerei un asino.]
279 [6.97] IId-2-FM: *Me :: ah :: veghiogna. No poi palare bonu*. [Traduzione: Mi :: ah :: vergogno. Non posso (*can*) parlare bene.]
280 [6.98] IId-2-AM: *Sì, ahm, quand' avevo tri anni dicono che parlavo solo siciliano..*
281 Ad esempio:
IId-2-MT: *Ueɫə* (Well), *quandə parlanə 'n ingleisᵊ, non lu dialettə*.
[6.99] IId-2-LS: *'Quatralə', mebì... In teramanə itsə 'u baddaʃʃᵊ'*. [Traduzione: 'Quatrale' forse. In teramano è 'u baddaʃʃə <si noti che *quatralə* e *bardasciə* sono due sinonimi dialettali abruzzesi corrispondenti a 'ragazzo'>.]
282 Si veda l'analisi in 6.1.1.

tatto inter-italormanzo, al quale è maggiormante esposta l'informatrice IId-2-MT, soprattutto per l'influsso della varietà dialettale parlata dal consorte, sempre abruzzese ma di tipo teramano.

Esempio 1. [6.100] IId-2-LS: *So s'ha vəstutə comə 'nu snomenn', e ha fattə fingiə comə 'nu snomenn, so è armənutə cu l'omənə e ja pruwàtə pə darə 'n andru vousə. Però questa vottᵊ, pəcché era lu pàdrə, quellᵊ j'ha datə nu kìggiᵊ e lu uajònə è tuttə cundèndə. Dopə, lu povr' òmə s'arijèttə e facèv' mal' lu culᵊ.*

IId-2-LS: Così (*so*) si è vestito come un pupazzo di neve (*snowman*) e ha fatto finta di essere un pupazzo di neve, così è ritornato quell'uomo e ha provato a dargli un'altra botta. Però questa volta, perché era il padre, quello gli ha dato un calcio (*kick*) e il ragazzo è tutto contento. Dopo, il poveruomo se n'è riandato e gli faceva male il sedere.

Esempio 2. [6.101] IId-2-MT: (...) *queʃt' è rᵊmenùtᵊ n'atta vottə a fa cascàrᵊ lu snomènn', lu pupazzᵊ, però ʃta vottə lu pupazzə j'ha datə 'nu calciə n'gulə e ha ðittə: «Lièvə da qua!» e lu guajònə è ʃtatə tuttə cundèndə, e sᵊɔ jitə cu lu bègghə də ajssə sòpə la cocciᵊ. So, tuttə cundend' e feliciə.*

IId-2-MT: (...) questo è ritornato un'altra volta a fare cascare il pupazzo di neve (*snowman*), però questa volta il pupazzo gli ha dato un calcio nel sedere e ha detto: «Levati di qua!» e il ragazzo era tutto contento e se n'è andato con il sacchetto (*bag*) di ghiaccio (*ice*) sulla testa. Così (*so*), tutti contenti e felici.

È significativo mettere a confronto anche gli esempi 3 e 4, i cui autori sono due cugini siculoamericani di primo grado quasi coetanei. Sono stati scelti due esempi estremi soprattutto per evidenziare quale portata possano assumere i dislivelli nel sapere idiomatico in dialetto tra parlanti della stessa generazione. Nonostante l'anormalità qualitativa del terzo esempio, dovuta alla particolare sensibilità linguistica del parlante IId-2-MaC, la varietà dialettale da lui prodotta, messa qualitativamente a confronto con il dialetto dei suoi genitori, rientra comunque nel gradatum Dialetto doppiamente difettivo.

Esempio 3. [6.102] IId-2-MaC: *Eh, ci sta 'nu snomènnə fora che fiʃi u figghiu ðə 'stu mennə cca. Vennə 'nu* ['stʊɛːɪndʒəɹ], *vàʃiu unn'è stu snomènnə e u rumpi... | ceccə mo də... də breccàri 'stu snomènnə. Chistu figghiu ðə chistu cca viði e cuminci' a ʧànʧfiri. U paʃli, pə fari cuntentə so figghiu, sə mettə l'unifòrmi d' u snomènni e sə mettə fora, e spetta 'n'alə vot' u* ['stʊɛːɪndʒəɹ]. *Commᵊ arriva 'n'alə vot' u* ['stʊɛːɪndʒəɹ], *chiɖu 'n'ala vota cerca də breccare 'stu snomènnə, però è vestut' u paʃli. U pali pigghia e ci dà 'nu chiccə intʰo u gulu. U ʃlanu sə scanta e u figghiu è cuntentu. U figghj' è epi.*

IId-2-MaC: Eh, c'è un pupazzo di neve (*snowman*) fuori che fece il figlio di quest'uomo (*man*) qui. Venne uno sconosciuto, di sotto dove c'è questo pupazzo di neve e lo rompe... cerca ora di... rompere (*break*) questo pupazzo di neve. Questo figlio di questo qua vide e comincia a piangere.
Il padre, per fare contento suo figlio, si mette il costume (*uniform*) da pupazzo di neve e si mette di fuori e aspetta un'altra volta lo sconosciuto. Appena arriva un'altra volta lo sconosciuto, quello cerca un'altra volta di rompere questo pupazzo di neve, però è il padre travestito. Il padre prende e gli dà un calcio (*kick*) nel sedere. Lo sconosciuto se ne va e il figlio è contento. Il figlio è felice (*happy*).

Esempio 4. [6.103] IId-2-FM: *Chistu cca, fiſi un ::: spattərə testa. Quellu carusu ʧanʧiu, chi u persona e nevi, a papazzu de nevi ::: Dopu c'era suɫi, era caudu, e quello papozzo e nevi era acqua. Dopo quellu papazzu de nevi [---] e fiſi un bottu de culu e quellu pupazzu e nevi era bonu. Dopu quella pəsòna nə ʃiu, era a casa.*

IId-2-FM: Questo qua fece un... sbattere [di] testa. Quel bambino pianse, che la persona di neve, il pupazzo di neve... Dopo c'era il sole, era caldo e quel pupazzo di neve era acqua. Dopo quel pupazzo di neve [---] e fece un botto di sedere e quel pupazzo di neve stava buono. Dopo quella persona se ne andò, era a casa.

Esempio 5. [6.104] EP: *In quale lingua parli quando vai in Sicilia?*
IId-2-PM: *Amerigānu, sicilianu ::: è che i hai amici dà. È diffiʧti pe :: ju no?, pə parlə (...) 'taɫianu. I d' idu parlo meriganu. They understand American a little bit, so :: Lo fazzu ingles', sugnu cchjù kàmftəbəⁱ.*
EP: *Parli anche in italiano?*
IId-2-PM: *Pogu. No paɫ' assai. Pogu paɫ' italianə,* [ˈðæʦ ˈɔː].
EP: *E come lo parli l'italiano?*
IId-2-PM: *Come parlu? No pure bonu. I capiʃə tutta cos' itaɫianə, no poʧu parli. Parli pocu. I no sappə 'taɫianu, tutta 'taɫianu, io paɫo,* [ˈdaɪ̯ɫəkt ˈðæʦ ˈɪ]. *I capiʃə, no poʧ, no poʧu fari, italianu. Capiʃi?* [ˈsɔ ˈa kɛˈnːɑt ˈsɛː]. [a ˈmiː] è *diffiʧti pe mia. Mi 'taɫiano è medda,* [ˈnɔˑ ˈwɔɾ ˈaˑ ˈmiːn ˈɪts ˈnaθɪn]. [ˈaːʲ spiːk ˈdaɪ̯ɫəkt ˈwɪθ ˈɛvɹɪbɑɾi], *co tutti, picchi* [ˈðæʦ ˈɔɫ ˈa ˈnoʊː]. *It's siciɫianu.*

EP: *In che lingua parli quando vai in Sicilia?*
IId-2-PM: Americano, siciliano ::: è che io ho amici là. È difficile per :: *you know?*, parlare :: italiano. Io gli parlo in americano. *They understand American a little bit, so* :: Lo faccio inglese, sono più *comfortable*.
EP: *Parli anche in italiano?*
IId-2-PM: Poco. Non parlo molto. Parlo poco italiano, *that's all.*
EP: *E come lo parli l'italiano?*
IId-2-PM: Come parlo? Neanche bene. Io capisco tutte le cose in italiano, non sono in grado (*can*) di parlare. Parlo poco. Io non so l'italiano, tutto l'italiano, io parlo *dialect, that's it.* Io capisco, non posso, non posso fare italiano <qui: non riesco a dirlo in italiano>. Capisci? *So, I cannot say. I mean* è difficile per me. Il mio italiano è merda, *know what I mean? It's nothing. I speak dialect with everybody,* con tutti, perché *that's all I know. It's* siciliano.

Esempio 6. [6.105] IId-2-FM: *Ccà 'n Amerəca no stapanə i carə vicinə.*

IId-2-FM: Qui in America non fermano (*stop*) le macchine (*car*) vicino.

Esempio 7. [6.106] IId-2-DM: *I dissi: «Andamə, Madonnə!»* [ˈa ˈsɛː ˈɫɛːts ˈgoʊ]. *E idu nenti: «Mangiə u ɫonʧ, mangiə u ɫonʧ!»*

IId-2-DM: Gli dissi: «Andiamo, Madonna!» *I said: «Let's go!»* E lui niente: «Adesso pranzo (*to eat the lunch*), adesso pranzo!»

6.2.1.3 Italiano ulteriormente difettivo (I– –)

Nel rapporto diglossico tra le varietà italoromanze, il gradatum I– – rappresenta la seconda varietà italoromanza di contatto degli italoamericani primariamente dialettofoni di prima generazione. La sua analisi materiale ha un ruolo chiave nella descrizione del settore italoromanzo dell'architettura del contatto nel primo periodo della fase trilingue.

IL GRADATUM BASILETTALE ITALIANO DIFETTIVO (I–)
Per esaminare adeguatamente l'Italiano ulteriormente difettivo va prima focalizzato il gradatum basilettale (I–), ovvero l'italiano dialettalizzato che gli italiani parlavano prima di emigrare, quindi prima dell'esposizione all'*American English*. È all'influsso consistente del dialetto[283] che è dovuta la difettività del gradatum basilettale (I–), cui si riferiscono di regola anche le definizioni fornite dai parlanti: «italiano dialetto», «'a lingua di immiʃchiatə«, «tra italianə e napuletanə», «italiano ignorante», «italiano cafone», «italianə su per giù», «tentativo di italiano», «no perfettu italianə», ecc. Le interferenze dal dialetto appaiono numerose a tutti i livelli grammaticali. Va brevemente trattata la questione della definizione di questa varietà, considerata da alcuni autori *italiano popolare*.[284] Questa interpretazione è dovuta alle consistenti concordanze materiali tra l'Italiano difettivo, parlato da chi ha per madrelingua il dialetto, e il cosiddetto *italiano popolare*. Tenendo però conto delle definizioni di italiano popolare fatte da De Mauro, Cortelazzo, Berruto e altri, l'equiparazione con l'Italiano (difettivo) dei dialettofoni (I–) appare restrittiva. Nonostante le sostanziali concordanze materiali, l'*italiano popolare* rappresenta piuttosto una – forse la più diffusa – delle varietà stratiche (e in parte anche fasiche[285]) dell'Italiano difettivo (I–).

La distinzione materiale del gradatum I– – dall'Italiano difettivo (I–) e dal Dialetto difettivo (D–) risalta adeguatamente se si descrivono perlomeno due dei fenomeni che ne determinano l'*ulteriore* difettività. Entrambi sono legati a processi contattuali. Regredisce innanzitutto il processo di convergenza tra italiano e dialetto, che in Italia invece procede ininterrotto. In emigrazione, agli emigrati italiani primariamente dialettofoni viene a mancare, in pratica, il confronto quotidiano con l'italiano standard, al cui posto, nella gerarchia del prestigio, subentra l'inglese. Principalmente su questo fenomeno si basano le scelte d'uso virtuali relative all'uso dell'italiano, già trattate in 2.1.1.4 e 5.2.1.1. Ne deriva l'erosione del gradatum I– – (tab. 6.3), di cui sono apparsi ben coscienti anche

---

283 Illustrativo in proposito è il seguente brano tratto da un'intervista:
[6.107] IId-1a-MC: *Ooh, questo c'è il valandino, vedi?, questo che tu ti lava, il lavandino poi c'è quello che ti fai la goccia* <qui: doccia>, *di sotto alle donne, che lo chiamano...*
IId-1a-MM: *Bidè*.
IId-1a-MC: *Il bidello.*
IId-1a-MM: *U bidè.*
IId-1a-MC: *Poi c'è la goccia, o no? Qua c'è la gocciə vicino, o se la fanno dal bidello?*
284 Cf. ad esempio Cheda (1981, XLIII): «Le lettere ci permettono di conoscere molto bene la struttura dell'italiano popolare inteso come lingua usata di chi si esprime solitamente in dialetto.»
285 Si vedano le osservazioni in proposito in Prifti (2013b).

alcuni informatori.²⁸⁶ Diversamente da quanto è stato constatato per il Dialetto difettivo, nell'ambito del gradatum I-- è difficile identificare tracce di *dialect mixing*, principalmente per la sua natura di lingua nazionale, e come tale non differenziata a livello locale.²⁸⁷ In secondo luogo, l'ulteriore difettività è ricondotta piuttosto ai numerosi dialettalismi, agli errori-«orrori», dei quali un emigrato pugliese, ad esempio, chiede scusa in una lettera²⁸⁸ del 1950.

FONETICA/FONOLOGIA
Le interferenze fonologiche risultate dall'analisi del materiale empirico non divergono, né in prospettiva quantitativa, né tantomeno qualitativa, da quelle identificate (6.2.1.1) per il gradatum di base dialettale (D-). Si tratta, infatti, di un'ulteriore varietà di contatto usata dai medesimi parlanti.

MORFOSINTASSI
Oltre ai fenomeni descritti in riferimento al gradatum dialettale (D-) nella prima e nella seconda fase (6.1.1 e 6.2.1.1),²⁸⁹ è stata riscontrata sporadicamente l'omissione della negazione pleonastica,²⁹⁰ secondo il modello inglese, come ad esempio:

[6.108] IId-1a-MC: *Io mai ho lavorato, io mai in vita mia.*

[6.109] IId-1a-MM: *Se parlo con gli americani, mai mi esce una parola italiana.*

Seguono alcuni esempi di calchi che però non appaiono regolarmente:

[6.110] IId-1a-LB: *Il cognome, primə che i' sposava, era* (...) (before I married)

[6.111] IId-1a-MC: *Dove vieni cara?* (Where do You come from?)

[6.112] IId-1a-MM: *Per far sicuro che arriva, devi mandarlo a ristorante.* (to make sure)

[6.113] IId-1a-DM: *Cressì a me? Io faccio andare cressì.* (to go crazy).

---

286 Si vedano sopra le citazioni 4.184 e 4.185.
287 Cf. quanto già detto in proposito in 4.1.
288 Cf. la lettera 252 in Melillo (1991, 231): «scusate gli orrori/ fatemi il vostro/ indirizzi nuovo.»
289 Si noti ad esempio l'uso del suffisso plurale *-zzi* (*la noce – le nozzi* (< *nuts*), indicato in 6.1.1), anche nel settimo esempio illustrativo di questo gradatum, a dimostrazione della stabilità dell'interferenza.
290 Ad esempio:
[6.114] «(...) noi naturale sapevamo niente.» (in Cheda 1981, 134: 1913).

Lessico

La qualità delle interferenze lessicali, contrassegnata da diffusione, stabilità e frequenza, risulta analoga a quella già constatata in riferimento alla varietà D–. Le divergenze sono solo materiali e consistono prevalentemente nell'esito dell'adattamento morfologico di alcune interferenze, il quale, nel caso dell'Italiano ulteriormente difettivo, si basa materialmente sull'italiano, diversamente da quanto avviene nel caso della varietà D–. Alcune interferenze registrate nell'ambito della varietà I– –, come ad esempio[291] *giocare* 'scherzare' < *to joke*, *cechi in acconto* (fig. 6.5) < *checking account*, *boffé* < *buffet*, ecc., potrebbero benissimo presentarsi anche nella varietà di contatto D–.

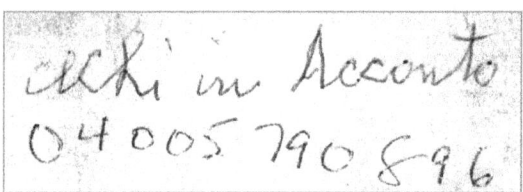

Fig. 6.5: Annotazione manoscritta dell'informatore IId-1p-FM

Alcune varianti prevalentemente stilistiche del gradatum I– – appaiono sporadicamente già durante l'ultimo periodo della prima fase di contatto, specialmente nel registro scritto. L'italiano, infatti, diversamente dai dialetti, usati solitamente nella comunicazione orale, rappresenta(va), a causa della sua tradizione, il codice usato esclusivamente nella comunicazione scritta, risultando quindi spesso difettoso. Lo dimostrano anche alcuni brani di lettere di emigrati italiani dirette al console italiano negli USA, citate da Bernardy,[292] già solo gli appellativi rivolti ai destinatari: «Eprigionatissimo Signor console, sono vostro credente...» oppure «Mister Consolatore...». Secondo la stessa Bernardy anche l'italiano della stampa italoamericana, «se non proprio nell'articolo di fondo, certo nella cronaca,

---

291 Si vedano i segueni esempi:
[6.115] IId-1a-MC: *Angor' adessə mi giocanə. Purə Marì mi giochə. Diciə chə facciə troppə comə 'na bambina i figli miei, ju no? Li facciə solo bambini e sono grande.*

IId-1a-MC: Ancora adesso mi prendono in giro. Anche Maria mi prende in giro. Dice che li tratto troppo come dei bambini i figli miei, *you know?* Li tratto solo da bambini, e sono grandi.

[6.116] IId-1a-MM: *Ieri ce lo imparato e ci ho detto: «Domani sera mettimelo nel boffè.»*

IId-1a-MM: Ieri gliel'ho insegnato e gli ho detto: «Domani sera mettimelo nel buffet.»

292 Cf. Bernardy (1913, 96).

negli avvisi correnti e nella pubblicità», è redatto «sul tipo americano; senza di che l'immigrante semi-americanizzato non intenderebbe.»[293]

In conclusione, sette esempi concreti illustrano i due fenomeni descritti sopra e la distinzione materiale del gradatum I-- rispetto alle altre varietà di contatto.

> **Esempio 1. [6.117]** IId-1a-MC: *E per ti dire, il grando, quando nato, ci danno 'na cosa in mano, purə sopra nu carrə* (car) <qui: culletta>, *'na cosa meravigliosa! Ma l'ho pusciàtə* (push), *l'ho fattə andare a tuttə le scuole a pagamento. Lo pusciavo, lo pusciavo per andare a scuola.*
> EP: *Come si chiama tuo figlio?*
> IId-1a-MC: *Èntəni, io lo chiamo Èntəni, e quell'altro Pasquale, come mio padre, lo chiamano qua Pat, Patrick, Pat, ju no* (you know)? (...) *All'inizio l'ho pusciatə, ma poi ha preso una carriera* (to take a career), *che non lo possə stappàre* (to stop), *per le scuole. Terribile! Ha fatto disajnə* (design), *disegna, meccanico, ingegnere, uorccha da.. Boìnghə* (works at the Boing). *Ti debbo dare una cartə* ((business)-card), *che te la portə con te.*

> **Esempio 2. [6.118]** IId-1a-MM: *La polizia m'ha messə la contravvenzione per la spiddə. Era forifajvə, e ho stappatə settanda.* ┆ IId-1a-MM: La polizia m'ha messo la contravvenzione per la velocità (*speed*). Era *fortyfive*, e ho cominciato a frenare (*to stop*) a 70.

> **Esempio 3. [6.119]** IId-1a-MM: *Londrimàttə* (loundrymate), *drajclìnər* (dry cleaner) *e alterazioni* (alteration <qui: modifiche>), *in questo posto grandissimo. E io.. il padrone mi ha dato una stanza, e io ho messo una teilorʃàppə* (tailor shop), *tutte le macchine, perché io avevo tutte le macchine per cucire, a casa, e poi li ho portati tutti là.* (...) *E non mi ha preso più u renti* (rent). *E ho lavorato là sei anni. U bissənissə* (business) *l'ho portato appə* (up). *Dopo cinque-sei anni abbiamo deciso di aprire u bissənissə* (to open a business) *qui, co' mia sorella.*

Gli esempi a seguire sono testimonianze scritte scelte a completare l'illustrazione del gradatum I- -, tenendo presente la funzionalità dell'italiano in prospettiva mediale. Gli esempi 4 – 6 sono tratti da epistole che risalgono rispettivamente agli anni 1934, 1955 e 1950. L'ultimo esempio consiste in una ricetta culinaria, scritta probabilmente verso l'anno 1960 da un'informatrice siculoamericana. Il documento, scritto spontaneamente, per le sue caratteristiche stilistico-funzionali in chiave materiale rispecchia realisticamente l'Italiano ulteriormente difettivo.

> **Esempio 4. [6.120]** «Ora ti dico che sarà facile che vado rentare un Otello per provare di fare su ancora un poco di moneta un po' in fretta e dopo se nessuno di voialtri mi venite a trovarmi (...).»[294]

---

[293] Cf. Bernardy (1913, 92).
[294] In Cheda (1981, 221, lettera 214).

Esempio 5. [6.121] «Zio comparo Lorenzo e l'altro e Tony e mio figlio Gimy nello Storo»[293]

Ziô comparo Lorenzo
e l'altro e Tony e mio
figlio Gimy nello
Storo
11-1-55

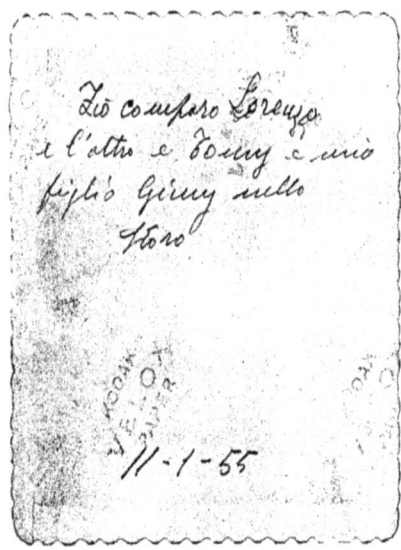

Fig. 6.6: Nota manoscritta 1 sul recto di una fotografia

Esempio 6. [6.122] «questa ce la dai alla Zia Leonarda vedi che qua stanno i nostri zii ricevi i saluti nostri questa fotografia ce labbiamo fatto alla farma di Zia Carmela Zinamora zio Nicola alla farma (masseria)»[294]

questa ce la dai alla zia Leonarda.
vedi che qua stanno i nostri
zii ricevi i saluti nostri
questa fotografia ce labbiamo
fatto alla farma di Zia
Carmela Zinamora zio Nicola
alla farma (masseria)

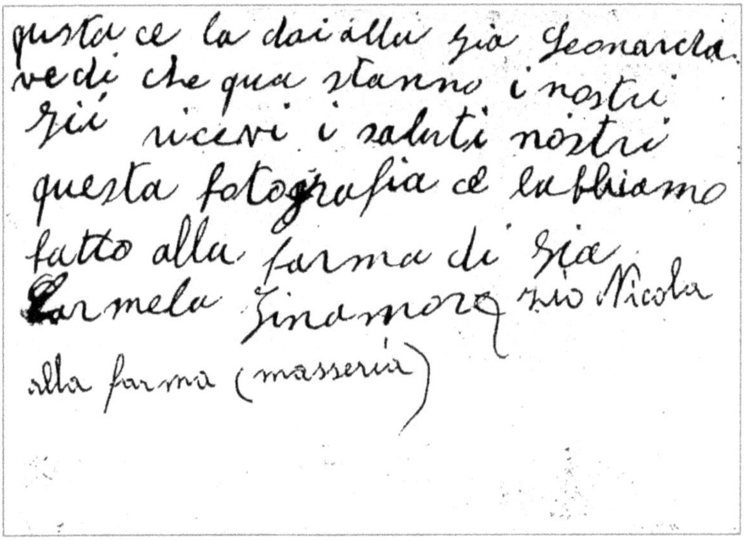

Fig. 6.7: Nota manoscritta 2 sul recto di una fotografia

Esempio 7. [6.123]

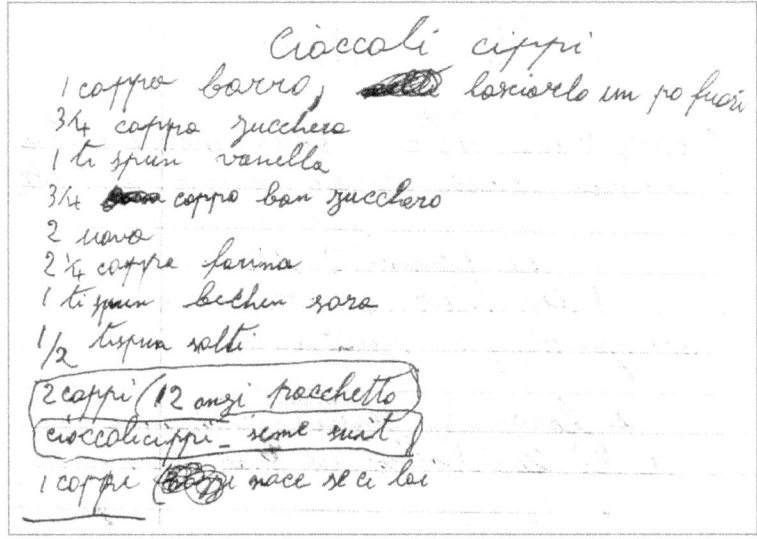

Fig. 6.8: Ricetta culinaria 1 (intorno al 1960)

Italiano ulteriormente difettivo (I– –)	*American English* (AE++)	Italiano standard (I++)
CIOCCOLI CIPPI	CHOCOLATE CHIPS	DOLCETTI AL CIOCCOLATO IN SCAGLIE
1 coppa barro, lasciarlo un po fuori	1 cup of butter, put it shortly outside	1 tazza di burro, lasciarlo un po' fuori (dal frigorifero)
¾ coppa zucchero	¾ cup sugar	¾ di tazza di zucchero
1 ti spun vanella	1 teaspoon of vanilla	1 cucchiaino di vanillina
¾ coppa ban zucchero	¾ cup of brown sugar	¾ di tazza di zucchero di canna
2 uova	2 eggs	2 uova
2 ¼ coppa farina	2 ¼ cups of flower	2 ¼ tazze di farina
1 ti spun bechen sora	1 teaspon backing soda	1 cuchiaino di lievito in polvere
½ tispun salti	½ teaspoon of salt	½ cucchiaino di sale
2 coppi (12 onzi pacchetto) cioccolicippi seme suit	2 cups (12 ounce pack) of chocolate chips semi-sweet	2 tazze (pacchetto da 340 grammi) di cioccolato semi-dolce in scaglie)
1 coppi ~~nozzi~~ noce se ci lai	1 cup nuts if you have them	1 tazza di noci, se ce le hai

---

295 In Melillo (1991, 233).
296 In Melillo (1991, 230).

6.2.1.4 *American English* difettivo (AE−)

La difettività dell'*American English* (AE−) parlato dagli italoamericani di prima generazione durante il primo periodo della seconda fase è dovuta soprattutto alle numerose interferenze a tutti i livelli grammaticali (tabb. 6.3 e 6.4). Lo testimoniano anche le denominazioni fornite dai parlanti: «brocchinglìʃi», «inglese rotto», «brocchinglèse», «inglese maldestro», ecc. La maggior parte delle sue peculiarità materiali collima con quelle descritte per l'analogo gradatum della prima fase (6.1.3). Sono stati registrati i seguenti tratti principali specifici del gradatum AE− nel primo periodo della fase trilingue.

Fonetica/Fonologia
Tra i fenomeni di interferenza più comuni e stabili in ambito fonetico, registrati per la prima volta in questo periodo, vanno menzionate:
- la mutazione della vocale semiaperta centrale [ɜ] o di quella aperta posteriore [ɑ] (di regola in posizione tonica) nelle vocali posteriori semiaperta [ɔ] o semichiusa [o], all'interno dei nessi [ɜɹ],[297] [ɑɹ] e [ɜɫ] ([kɔnˈsɔrnt] < *concerned*, [visiˈɔː] < *VCR*, [ˈbeːso] < *basil*). Questo fenomeno si conserva di solito anche nelle interferenze lessicali inglesi dei gradata italoromanzi parlati dagli italoamericani di prima generazione,
- la prostesi (ad esempio [ˈhapol] < *apple*, [ˈhaᵘt ˈa̰us] < *out-house*) e l'aferesi ([ˈɛːpɪ] < *happy*) della gutturale sorda iniziale, come testimonia la seguente frase:

[6.124] IId-1a-MC: [ˈisːə ˈvolə ˈlaːkːwa mɛˈbiː, ˈnɔˑ tu ˈmoʧʰ ˈhajsːə ˈani][298].

Morfosintassi
L'attenzione è rivolta a due fenomeni riguardanti il sistema verbale. La costruzione di alcune forme verbali tramite desinenze dialettali italoromanze è indicatrice del grado di difettività dell'*American English* parlato dagli italoamericani di prima generazione. Una parlante di seconda generazione ha raccontato come da giovane si divertisse con i suoi coetanei a imitare i tratti difettivi più evidenti dell'inglese parlato dai propri parenti della generazione precendente:

[6.125] IId-2-MT: *Con cert'amici a età noʃtr', quand'eravamə giovanə, facevamo il əh :: come si chiamə? la congiugazionə delle verbi, come facevano loro: «Today we diggə, yesterday we daggə, and the other day we diggəliatə.»* <ridono>.

---

[297] Si vedano in 6.1.3 i cenni sull'analoga mutazione.
[298] Traduzione: Lui forse vuole l'acqua. *Not too much ice, honey!*

È significativo menzionare anche la costruzione, da parte di svariati informatori di prima generazione (categoria attiva) dell'area di Filadelfia, dei tempi del *perfect tense* tramite la sostituzione del participio con la forma dell'imperfetto (ad esempio *to have went* invece di *to have gone*), secondo l'uso comune nel registro parlato dell'*American English* regionale, come dimostra chiaramente il terzo esempio illustrativo. L'uso dello stesso modello di costruzione è stato rilevato anche presso alcuni informatori di seconda generazione, limitatamente scolarizzati.

Presso i parlanti con un sapere idiomatico in inglese molto limitato è stata constatata la semplificazione dei tempi verbali composti. Forme *passepartout*, quali *itsə* (< *it's*), *itsəbì* (< *it's* + *be*, o *it (ha)s been*) o *ajmə* (< *I'm*), nella funzione di verbi ausiliari, vengono combinate con l'infinito del verbo principale, come ad esempio:

[6.126] IId-1p-FM: *Ammə stappə 'nt 'u làitsi.* (I had stopped at the (traffic) light).

La difettività di questo gradatum risalta ulteriormente per la presenza di numerosi calchi, come ad esempio:

[6.127] IId-1a-MC: *It'sə de pìssə uəddə fo cattə breddə.*[299]

Lessico
L'uso piuttosto frequente di interiezioni italoromanze, costante tra gli informatori vissuti in enclavi italiane sovraregionali, mette esemplarmente in rilievo la difettività dell'AE– anche al livello lessicale.

Seguono, in conclusione, tre esempi materiali illustrativi dell'*American English* difettivo. Il primo, che risale al marzo del 1943, consiste nell'attestazione fonetica più remota dell'AE– nel primo periodo della seconda fase. Questa preziosa testimonianza si deve a Robert A. Jr. Hall, che la analizzò in chiave materiale in una breve pubblicazione del 1943. Anche negli altri due esempi – tratti invece dal corpus delle interviste –, traspare la difettività del gradatum AE–, che lo distingue nettamente da quello non difettivo AE+. Specialmente nel primo esempio compare il fenomeno di *code switching*, quale ulteriore espressione della difettività.

---

299 La frase corrispondente nella varietà siciliana dell'informatore sarebbe: *Jiè u legnu pi tagghjari pani.*

Esempio 1. [6.128]

AE– (trascrizione)	AE– (traslitterazione)	Traduzione in inglese
'fɔist 'ui no 'pɔpol di 'ɡaːdi – 'ui dʒɛn'tailz. 'pɔpol di 'ɡaːdi dʒuːˈdɛi. 'fɔist i 'kɔmə 'mennə, 'nau i 'kɔmə 'ɡrandi. 'nau 'pɔpol di 'ɡaːdi 'pɔpol i 'pre. 'ɛn ɡaˈbleʃə.	*First we no people* di *God – we Gentiles. People* di *God*, giudei. *First he come meno, now he come grandi. Now people* di *God people he pray. And God bless!*	*Previously we were not the people of God – we were Gentiles. The people of God were the Jews. Previously they were as few, now they are as many. Now the people of God are the people who pray. And God bless you.*

Esempio 2. [6.129] IId-1a-MC: *Miʃè! Kam en getːə wan diːssə.*
I-4-M: *No, I just ate.*
IId-1a-MC: *Jes, itˈsə ɡoːdə fo juː. Komònᵊ! Pliz, ɡaːrə wan. ʃi eːvə sammə – ɡablèʃə! – ʃi ɡivˈ əwè... Go aèdːə! Trai, trai! Aj se: juː wen' ju eːvə saːmə, ju giv' əuè. Ju ofrì, najsə, ju no? Evribadi. Ju itːə soːmə – noːmatrə watsè – oɫ tajmə ju ofrìː. Sej: kəmòːn! Tejst!... It'sə ɡoːd! It'sə bèːrə wìtːə peːprᵊ, e no wìtːə tomèːto.*

IId-1a-MC: *Michelle! Come and get one of these.*
I-4-M: *No, I just ate.*
IId-1a-MC: *Yes, it's good for you. Come on. Please, get one. She have some – God bless! – she give away... Go ahead! Try, try! I say you: when you have some, you give away. You offer, nice, you know? Everybody. You eat some – no matter what's it – all time you offer. Say: come on! Taste!... It's good! It's better with pepper* e no with tomato.

Esempio 3. [6.130] EP: <u>*Come si dice in inglese* 'avrei dovuto mangiare prima'?</u>
IId-1a-SM: *'I should have ate before'.*
EP: <u>Non *'I should have eaten'?*</u>
IId-1a-LM: [ˈitsə ˈsɛmə ˈtiːŋk ˈitsə ˈdə ˈwɛː ˈjʊ sɛːɪ ɛtʂˈɔː] *Pəcché ca si parla comə mia;* a ʃcola 'n ci jii. [ˈaːj ˈrɔ ˈnɔ ˈdə ˈdɪːfrəns]... *Si 'un jii mancu nu ɡɡhjuornu, pi mmia fazzu miɡɡhju ca pozzu fari. Etsò.* [ˈaj ˈdʊ ˈdə ˈbɛst ˈaˑ ˈkɛːnːə] *A verətà è, 'un è menzoɡnə.*
EP: <u>E «sarei dovuto andare prima»?</u>
IId-1a-SM: [ˈaj ˈʃʊɾ ˈəv ˈwɛntə biˈfɔɑ].

EP: <u>*Come si dice in inglese* 'avrei dovuto mangiare prima'?</u>
IId-1a-SM: *'I should have ate before'.*
EP: <u>Non *'I should have eaten'?*</u>
IId-1a-LM: *It's the same thing. It's the way you say,* ecco (*that's all*). Perché qua si parla come me; a scuola non ci andai. *I don't know the difference...* Se non ci andai neanche un giorno, per me faccio il meglio che posso fare. *That's all. I do the best I can.* È la verità, non è menzogna.
EP: <u>E «sarei dovuto andare prima»?</u>
IId-1a-SM: «*I should have went before*».

6.2.1.5 *American English* non difettivo (AE+)

L'*American English* endogeno degli italoamericani durante il primo periodo della fase trilingue, il cosiddetto «Italian accent», «l'accendo», ecc., è contraddistinto prevalentemente dalla presenza di interferenze dialettali italoromanze, che si distinguono soprattutto in chiave qualitativa dalle interferenze italoromanze presenti nell'*American English* difettivo (AE–).

FONETICA/FONOLOGIA
La maggior parte delle peculiarità fonetico-fonologiche del gradatum AE+ già analizzate (6.1.4), comprese quelle inerenti alla prosodia, si riscontra – sebbene con meno frequenza – anche nel periodo in questione. Vanno aggiunti due fenomeni indicati da Di Pietro:[300]
- l'addizione, in parole come *long* e *sing*, della velare [g] alla nasale [ŋ] seguita da vocali (ad esempio [ˌlɔːŋgˈai̯lənd̮] < *Long Island*, [ˈsiːŋgɜɹ] < *singer*, ecc.),
- l'articolazione della /t/ (ad esempio *twenty*, *tooth*, ecc.)

MORFOSINTASSI
Non sono state verificate interferenze italoromanze in ambito morfosintattico.

LESSICO
Le concordanze materiali con l'analogo gradatum della fase dialettale (6.1.4) sono particolarmente frequenti anche a livello lessicale. Ne fanno parte, ad esempio, anche:[301] *ravs* < *ravioli*, *patsy* < *pazzo*, *stoony* < *stonato* e *bimb* < *bimba*.

Va accennato alla conservazione di alcune interferenze particolari, rientranti in due sfere semantiche specifiche. Si tratta, da un lato, dei vezzeggiativi usati per i membri di famiglia, specialmente i nonni, di matrice esclusivamente dialettale, come ad esempio: *mamàm*, *mamòn* e *nana* 'nonna', derivanti rispettivamente da abr. *mamàmmə*, pugl. *mamò(u)nə* e sic. *nanna*,[302] *tatòn* 'nonno' < pugl. *tatò(u)nə*, *papənon* 'nonno' < pugl. *papanonnə*, *barb* 'nonno' < ven. *barba* 'zio', *gudàs* < tic. *gudazzo* 'padrino', *marènc* < pie. *marenga* 'madrina', ecc. Di queste voci, adattate foneticamente all'*American English*, fanno uso anche parlanti di terza o qualche volta persino di quarta generazione.[303] Nella seconda sfera semantica rientrano interiezioni primarie italoromanze, quali *hə*, *eh*, *ə(h)*, *a(h)*. Alcuni isolati elementi, come ad esempio *eh?*, *(eh) yo*,[304] [səˈɫuːt] < *Salute!*,

---

300 Cf. Di Pietro (1986, 21).
301 Interferenze indicate in Di Pietro (1986, 21).
302 Per la conservazione di questi elementi si vedano a titolo di esempio le seguenti testimonianze:
[6.131] IId-2-LS: *Mamàmmə. Etsə 'n atra cos'. 'Mamàmmə' invece də 'nonna'.*
[6.132] IId-2-G: *'N italianə si chiama 'nonna', nui dicemə 'mammònə'. U dialett' è 'mammòn', e 'tatònə'. That's you see, è differènd'!*
[6.133] IId-2-FM: *I speak only dialect to mə nana.*
303 Ad esempio:
[6.134] IId-3-CT: *I thought mamàm used to speak English a bit better than she does now.*
304 Cf. Cieri (1991, 1). All'interpretazione di Cieri corrisponde anche la percezione di qualche informatore, come ad esempio:

o l'interiezione secondaria interrogativa [gaˈpiʃ] < *Capisci?*, e altri, sono diffusi persino oltre la realtà etnica italoamericana.

A illustrare questo gradatum si riporta un brano da uno *sketch* del comico italoamericano Dom Irrera, presentato inizialmente nel 1989 nell'*HBO-Show* di R. Dangerfield *Nothing goes right*. In esso sono contenuti molteplici elementi distintivi dell'*American English* endogeno degli italoamericani qui presi in considerazione.

> **Esempio 1. [6.135]** «I am Italian. I have a school for Italians, where I actually teach Italians ho(w) to be more Italian. Teach them all the fine points of Italian acting (...), ho' to say all the catch Italian phrases: [ˌfugɛːrəˈbaːrɪ], [ˈd̪ɛfːənɪlɪ], [ˈjʊ ˈnɔː ˈwɔr a ˈminᵃ], ‹Yo, who die(d) and left You bᵘoss?› (...) When I was a little kid, I lived in South Philly, I'd see the guys in the corner, I learned from them: ‹Eh Louis, ho(w) come you don't come around, eh? Everybody was around, eh: ‹Little› Petey, ‹Big› Petey, ‹Regular› Petey, Joe ‹Bag of donuts› was here, Jimmy ‹The Woman›, Nicky ‹Potato Salad›, ‹Mussels marinara›, ‹Irregular› ‹Peety, (...) ho(w) come You don't come around, eh?› (...) My Uncle Joe is one of these great Italian characters. I go: ‹Uncle Joe, [ˈha ˈjə ˈd̪ːɔwɪn]?› – ‹Eh! My wife's a pain in the ass; she's busting my f*** [kəˈjuːnz]! My daughter's married to a frigging [ˈɫuːza]! I gotta rash so bad on my ass, I can't even sit down! Bu(t) you know me: I can't complain!›.»

6.2.1.6 Breve sintesi: il prodotto del contatto nel primo periodo

L'analisi materiale ha messo nettamente in rilievo la distinzione tra le singole lingue funzionali che compongono l'area del contatto durante il primo periodo della fase trilingue, nel quale gli italoamericani di prima generazione sono principalmente dialettofoni. Viene così confermata l'architettura del contatto delineata nei primi due passi analitici (4.2.2 e 5.2).

Il dialetto parlato dagli italoamericani di prima generazione (D–) diverge materialmente dal medesimo parlato prima dell'emigrazione (D+) sia per le interferenze inglesi, dovute al contatto con l'*American English*, che a causa del *dialect mixing* e della riduzione progressiva dell'influsso dell'italiano standard (tab. 6.3). Le divergenze materiali tra queste varietà sono soprattutto lessicali. Analogamente, anche l'italiano degli italoamericani principalmente dialettofoni di prima generazione (I– –) diverge materialmente dal medesimo *prima* dell'emigrazione (I–), sia per le interferenze inglesi che a causa della crescente erosione dovuta all'influsso del dialetto. Appare chiara anche la distinzione materiale tra

---

[6.136] MM: (...) *or* [ˈjo̯u]. [ˈjo̯u] *comes out of South Philadelphia*. [ˈjo̯u] *came out of «Rocky», which was based on South Philadelphia, and everybody else in the country would say* [ˈjo̯u]. *But this is from Philadelphia, Italian. It's more like «Hey»!*

la varietà italoromanza primaria (D–) e quella secondaria (I– –) degli italoamericani di prima generazione, paragonabile a quella tra dialetto e italiano.

Anche il Dialetto doppiamente difettivo (D– –) – l'unica varietà italoromanza *realmente* parlata dagli italoamericani di seconda generazione – si distingue nettamente dalle altre lingue funzionali di base italoromanza del contatto. Oltre a essere caratterizzata dalle numerose interferenze inglesi, distribuite a tutti i livelli grammaticali (tab. 6.4), questa varietà risulta infatti ampiamente esposta (tab. 6.3) all'erosione.

L'*American English* degli italoamericani di seconda generazione e oltre, ovvero l'inglese endogeno degli italoamericani (AE+), è contraddistinto dalla presenza di poche interferenze italoromanze, sia fonetiche che lessicali (tab. 6.4). L'altra varietà di contatto di base inglese, il cosidetto *broken English* (AE–), risulta decisamente più difettiva soprattutto per la qualità delle numerose interferenze dialettali che interessano tutti i livelli grammaticali, come indicato nelle due tabelle riassuntive 6.3 e 6.4.

Il prodotto del contatto italoamericano

LINGUA STORICA	LINGUA FUNZIONALE	GENERAZIONE PRIMA Categoria 'passiva'			GENERAZIONE PRIMA Categoria 'attiva'			GENERAZIONE SECONDA			GENERAZIONE TERZA (E OLTRE)		
		INTERF./ C.SWITCH.	EROSIONE	DIALECT MIXING	INTERF./ C.SWITCH.	EROSIONE	DIALECT MIXING	INTERF./ C.SWITCH.	EROSIONE	DIALECT MIXING	INTERF./ C.SWITCH.	EROSIONE	DIALECT MIXING
INGLESE	**AE+** non difettivo							+/−	−	−	−/+	−	−
INGLESE	**AE−** difettivo				+	−/+	−						
ITALIANO	**I−−** ulteriormente difettivo	−/+	+	−	+/−	+	−						
DIALETTO	**D−−** doppiamente difettivo							+	+	+	+	+	+/−
DIALETTO	**D−** difettivo	−/+	−	+/−	+/−	−/+	+						

Legenda dei simboli
− niente o livello *basso* piuttosto *trascurabile*
−/+ livello *piuttosto basso*
+/− livello *piuttosto alto*
+ livello *alto*

Nota: Sono riassunti qui gli esiti dell'analisi materiale relativa alla qualità delle singole lingue funzionali (righe), fondata sui fenomeni di interferenza (e *code switching*), di erosione e di *dialect mixing* (colonne). Nella sua concezione e nella presentazione dei valori, la tabella è analoga alla tabella 6.1. Tra le lingue funzionali si è aggiunto l'italiano doppiamente difettivo.

Tab. 6.3: Qualità delle lingue funzionali durante il periodo *dialettale* della *seconda* fase

		GENERAZIONE PRIMA						GENERAZIONE SECONDA			GENERAZIONE TERZA (E OLTRE)		
LINGUA STORICA	LINGUA FUNZIONALE	Categoria 'passiva'			Categoria 'attiva'			LIVELLO INTERFERENZE			LIVELLO INTERFERENZE		
		LIVELLO INTERFERENZE			LIVELLO INTERFERENZE			FONET./ FONOL.	MORFO-SINTASSI	LESSICO	FONET./ FONOL.	MORFO-SINTASSI	LESSICO
		FONET./ FONOL.	MORFO-SINTASSI	LESSICO	FONET./ FONOL.	MORFO-SINTASSI	LESSICO						
INGLESE	**AE+** non difettivo				+			+/–	–	+/–	–	–	–/+
INGLESE	**AE–** difettivo					+/–	+/– +/–						
ITALIANO	**I– –** ulteriormente difettivo	–	–	+/–	–	–/+	+						
DIALETTO	**D– – –** doppiamente difettivo	–	–	+/–	–	–/+	+	+/–	–+/–	+			
DIALETTO	**D–** difettivo							+	+	+	+	+	+

Legenda dei simboli

–	*niente* o livello *basso* piuttosto *trascurabile*
–/+	livello *piuttosto basso*
+/–	livello *piuttosto alto*
+	livello *alto*

Nota: Sono riassunti qui gli esiti dell'analisi materiale relativa alla distribuzione delle interferenze secondo la tipologia (colonne) e nelle singole lingue funzionali (righe). Nella sua concezione e nella presentazione dei valori, la tabella è analoga alla tabella 6.2. Tra le lingue funzionali si è aggiunto l'Italiano doppiamente difettivo.

Tab. 6.4: Distribuzione delle interferenze nelle lingue funzionali durante il periodo *dialettale* della *seconda* fase

6.2.2 Secondo periodo: parlanti primariamente italofoni

Segue l'analisi materiale dei singoli gradata prodotti dal contatto trilingue durante il secondo periodo della seconda fase. Il basiletto in questo caso è dominato dall'italiano. I gradata usati dagli italoamericani di prima generazione sono l'Italiano difettivo (I–), il Dialetto ulteriormente difettivo (D– –) e l'*American English* difettivo (AE–). Quanto agli italoamericani di seconda generazione e oltre, l'*American English* non difettivo (AE+) rappresenta la loro lingua funzionale primaria, mentre quella secondaria è l'Italiano doppiamente difettivo (I– –), avendo i loro parenti bilingui, primariamente italofoni di prima generazione, usato genericamente e spontaneamente, nella comunicazione con loro, l'italiano e non il dialetto.

6.2.2.1 Italiano difettivo (I–)

Il gradatum primario degli emigrati italiani, ovvero l'italiano endogeno e reale negli *USA*, appare difettivo anche agli occhi dei parlanti stessi, che lo denominano «brocchitaliàno», «italiano imperfetto», ecc., primariamente a causa delle interferenze inglesi. Esso si distingue soprattutto per questo motivo dal gradatum basilettale (I+), vale a dire l'italiano endogeno e reale in Italia, dunque di prima dell'emigrazione, comunemente noto come «italiano regionale»[305] e percepito dagli italoamericani come una varietà non difettiva, definita appunto «benitaliano», «il buon italiano», «italiano un po' più pulitə», «italianu comu sə paṛṛa n'Italia», ecc. Le poche interferenze dialettali che lo contraddistinguono si collocano soprattutto ai livelli fonetico/fonologico[306] e lessicale. In emigrazione, a questi tratti dialettali si aggiungono inoltre interferenze dall'inglese, che ne aumentano la percezione di difettività da parte degli italoamericani. Le interferenze risultano qualitativamente limitate.

---

305 Cf. in proposito le indicazioni riportate in 1.3.1.
306 È significativo il seguente esempio:
[6.137] Ili-1a-TB: *Ma io la /c/ aspirata non ce l'ho, perché non ho vissuto vicino a Firenze, ma ho una sorella che abita nel Mugello, e lei e tutti i suoi figli adesso aspirano. Però io insegno anche all'Academy of Vocal Arts, i cantanti, e mi diverte sempre quando vedo questi ragazzi che (...) studiano solo la dizione per l'opera, quando cantano: «Dammi un* [ˈbaːʃo]*!»* <ride> *Questa è la cosa che immediatamente | la /c/ strascicata mia, e le vocali aperte. Questo è comunque un* touch *regionale. Una mia devianza.*

FONETICA/FONOLOGIA

I fenomeni di interferenza a livello fonetico/fonologico e le loro peculiarità – relative ad esempio alla distribuzione secondo le categorie dei parlanti – combaciano in gran parte[307] con quelli descritti (6.2.1.1) in riferimento al gradatum D–.

MORFOSINTASSI

Dal materiale empirico che riguarda i parlanti di categoria passiva non è emersa alcuna interferenza morfosintattica, diversamente da quanto constatato nei discorsi di diversi parlanti di categoria attiva. In concreto, sono stati registrati sporadicamente i seguenti fenomeni:
- l'uso del sostantivo in frasi nominali (con aggettivo qualificativo) senza articolo,[308] ad esempio:

[6.138] IIia-1a-PM: *Anno prossimo forse andrò dai famigliari in Veneto.*

- l'uso del verbo ausiliare *avere* al posto di *essere* nella costruzione del passato prossimo,[309] come ad esempio:

[6.139] IId-1a-NG: *Mio cugino ha tornato poi tre-quattro volte penso (...).*

- l'uso dell'imperfetto al posto del passato prossimo,[310] ecc.

LESSICO

Anche a livello lessicale le interferenze registrate sono piuttosto limitate, sia qualitativamente che quantitativamente. Eccone qualcuna: *remoto* 'telecomando' < *remote control*, *licenza* 'patente' < *driver's licence*, *ricetta per deposito* 'ricevuta/ cedolino bancario' < *receipt of deposit*, *fondazione* 'base' < *foundation*, *educato* 'istruito / scolarizzato' < *educated*,[311] ecc. L'influsso dell'inglese traspare chiaramente anche nei calchi, che si incontrano frequentemente, soprattutto tra i parlanti della categoria attiva, come ad esempio:

---

307 Non è stato constatato, ad esempio, alcun caso di spostamento della sede dell'accento.
308 Lo stesso fenomeno appare anche nella lettera di un emigranto ticinocaliforniano del 1945 (*settimana passata* < *last week*), in Cheda (1981, 82).
309 Cf. anche Cheda (1981, 83 (1945)), dove compare la frase verbale 'gli ha piaciuto'.
310 Si veda il terzo esempio illustrativo 6.145.
311 Si veda il terzo esempio illustrativo 6.145. Questa interferenza è stata registrata, tra l'altro con frequenza, già nel periodo precedente, ma tra i parlanti di seconda generazione, nell'ambito del gradatum D– – (6.2.1.2).

[6.140] IIi-1a-TB: *Oh my God! Ho paura di essere una di quelle per̲tsone che la pen̲tsano differente.*[312]

Oltre che dalla presenza di interferenze – dialettali e inglesi – il gradatum I– è contrassegnato materialmente anche dalla lieve erosione (tab. 5), che si manifesta, seppure non regolarmente, soprattutto tra i parlanti della categoria attiva e consiste nella maggior parte dei casi in:
- la pur lieve restrizione graduale della scelta lessicale,
- la saltuaria insicurezza circa l'uso di preposizioni, della *consecutio temporum*, ecc.,
- lo sporadico uso semanticamente improprio di singoli concetti, ecc., come ad esempio *orrificante* e *fondazione*:

[6.141] IIi-1a-TB: *È un libro orrificante.*

[6.142] IId-1a-CM: *C'ha una fondazione d'inglese senz'altro. Ma c'ha una modificazione all'italiana.*

Non sono stati invece verificati effetti materiali di contatti inter-italoromanzi (tab. 6.5).

In conclusione, vengono riportati tre esempi illustrativi del gradatum I–, dei quali i primi due consistono in ricette culinarie, scritte da un'abruzzese primariamente italofona, emigrata nei primi anni '70. Il terzo esempio è tratto dal corpus delle interviste.

---

312 Si veda anche il terzo esempio illustrativo 6.145.

Esempio 1. [6.143]

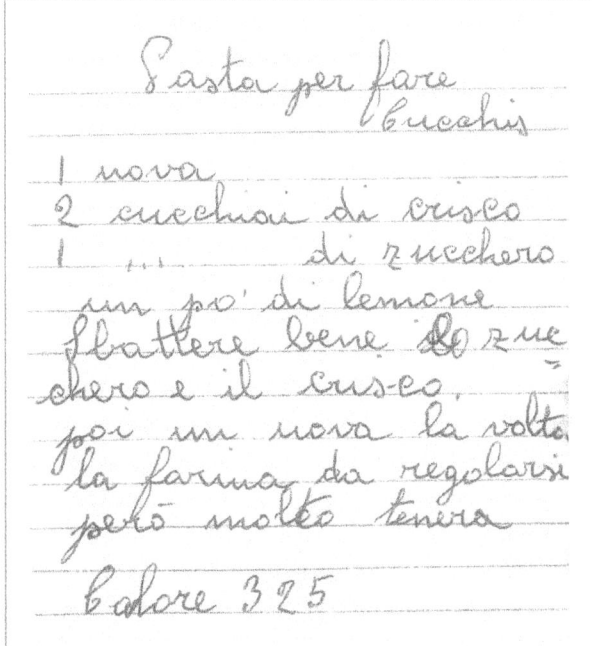

Fig. 6.9: Nota manoscritta: ricetta culinaria 2

Italiano difettivo (I–)	Italiano standard (I++)
PASTA PER FARE CUCCHIS	PASTA PER FARE I BISCOTTI
1 uova	1 uovo
2 cucchiai di crisco	2 cucchiai di grasso vegetale Crisco
1 " di zucchero	1 " di zucchero
un po' di lemone	un po' di limone
Sbattere bene lo zucchero e il crisco,	Sbattere bene lo zucchero e il Crisco,
poi un uova la volta	poi un uovo alla volta
la farina da regolarsi però molto tenera	la farina q. b. però molto tenera
Calore 325	temperatura 325 (F)

Esempio 2. [6.144]

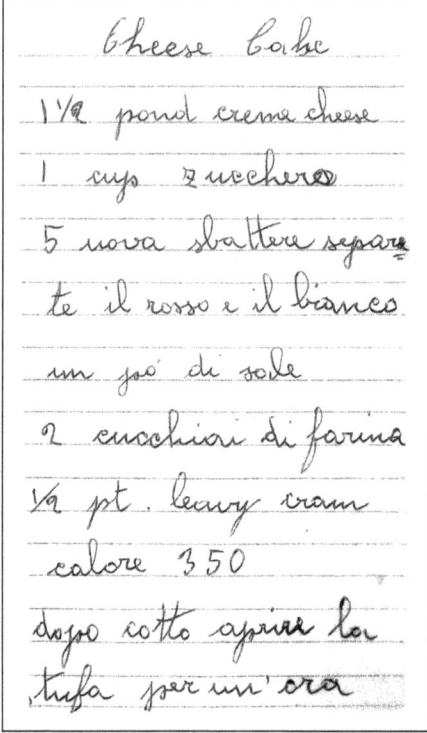

Fig. 6.10: Nota manoscritta: ricetta culinaria 3

Italiano difettivo (I–)	Italiano standard (I++)
CHEESE CAKE	TORTA DI FORMAGGIO
1½ pond creme cheese	681 g di formaggio cremoso
1 cup zucchero	1 tazza di zucchero
5 uova sbattere separate il rosso e il bianco	5 uova sbattere separatamente il rosso e il bianco
un po' di sale	un po' di sale
2 cucchiai di farina	2 cucchiai di farina
½ pt. heavy cream	½ pt. di panna
calore 350	temperatura 350 (F)
dopo cotto aprire la stufa per un'ora	dopo la cottura, tenere il forno aperto per un'ora

Esempio 3. [6.145] Ili-1a-TB: *Ma anche quando sono venuta in principio, (...) il mio* ['goːɫ] *principale era di imparare l'inglese, e impararlo correttamente. (...) Io so' stato educata* <qui: educated 'scolarizzata'> *in | a Roma. Lingua toscana in bocca romana, o viceversa* <ride>. (...) *Io ho un po' l'accento toscano, perché per esempio, F. poteva* <qui: could 'ha saputo/ è stata in grado di'> *dire immediatamente, quando ci siamo conosciute, che c'era qualche cosa toscano* (something tuscan) *nel mio sottofondo* (background).

6.2.2.2 Italiano doppiamente difettivo (I− −)

Questa varietà di contatto, che, nel periodo qui considerato, è il gradatum secondario degli italoamericani di seconda generazione, appare doppiamente difettiva (I− −) già nella percezione dei parlanti, come ad esempio: «very broken Italian», «brutt' italianə», ecc. Alla base della duplice difettività vi è, per un verso, il consistente influsso dell'*American English*, vale a dire del registro primario, e per l'altro l'erosione (tab. 6.5), alla quale l'italiano è ampiamente esposto in seguito al primo passaggio generazionale.

FONETICA/FONOLOGIA
In riferimento alla fonetica/fonologia, per iniziare con il consonantismo, i fenomeni più diffusi che determinano la duplice difettività della varietà di contatto in questione sono i seguenti:
- lo scempiamento delle geminate ([baˈtuːto][313] < *battuto*, [afeˈtaːti] < *affettati*),
- la velarizzazione della laterale ([ˈɫoːɹou] < *loro*, [ˈaɫt̪ɹi] < *altri*),
- l'aspirazione delle occlusive sorde ([ˈpʰiːkoɫo] < *piccolo*),
- lo scempiamento della liquida vibrante ([ɾiˈtʃeta] < *ricetta*).

Nell'ambito del vocalismo si rilevano tra gli altri:
- la tendenza alla modificazione delle caratteristiche delle vocali, specialmente in riferimento alla qualità vocalica,
- la dittongazione della vocale posteriore /o/ in posizione atona finale ([ˈɫoːɹou] < *loro*, [ˈpʰatsou] < *pazzo*, ecc.).

MORFOSINTASSI
A determinare la duplice difettività del gradatum I− − sono rilevanti anche i tratti morfosintattici. In riferimento all'influsso inglese basti menzionare:
- l'uso del verbo ausliare *avere* al posto di *essere*, ad esempio:

---

[313] Si veda il terzo esempio illustrativo 6.153.

[6.146] IId-2-MaC: *Forse perché ho cresciuto sempre parlando in italiano.*

– calchi molteplici e frequenti, ad esempio:

[6.147] EP: *È diverso l'inglese che parli tu da quello dei tuoi genitori?*
IId-2-AM: *Sì.* <ride> *Più diverso con mia madre, perché lei non ha mai studiato in inglese.*

L'erosione in ambito morfosintattico si esprime fondamentalmente nella *semplificazione*, che si estende ad esempio al sistema verbale; basti considerare in proposito l'uso solo sporadico del congiuntivo o del condizionale. Indicatori dell'erosione sono in diversi casi le incongruenze o l'uso errato di desinenze del plurale, dei generi, ecc.[314]

Altrettanto rilevante è l'influsso dialettale, che in buona parte è dovuto anche ai contatti inter-italoromanzi all'interno della comunità italoamericana. È stato registrato in alcune occasioni l'uso di formanti del plurale maschili nel caso di sostantivi femminili, come in *i paroli*,[315] *i mani*,[316] *i volti* (plurale di *volta*), ecc., piuttosto comune nell'italiano popolare.[317]

Lessico

Sono simili anche in ambito lessicale i rapporti di forza tra interferenze, erosione e *mixing*. Le interferenze inglesi sono regolari e il fenomeno di *code switching* è frequente, come appare soprattutto nell'ultimo dei tre esempi illustrativi che seguono. Alla duplice difettività contribuisce ulteriormente l'erosione del lessico, espressa innanzitutto nella sua semplificazione, la quale riflette in fondo la restrizione del sapere idiomatico, sia attivo che passivo. Ne derivano l'uso stilisticamente improprio di alcuni concetti, la formazione a piacimento di nuovi lessemi (*gesticoli*[318] 'gesti', *investizione* 'investimento', *fasciato*[319] 'sfasciato'), ecc.

---

314 Si vedano i seguenti esempi:
[6.148] IId-2-AM: *Secondo, terza generazioni, hanno imparati italiano prima, una lingua più fino.*
[6.149] IId-2-AM: *A casa io sempre parlava inglese.*
315 [6.150] IId-2-DM: *Quando sono stato in Sicilia, sono stata in molti paesi e qualche volta non capivo, qualcosa, ma non tutti i paroli.*
316 Si veda il tratto d'intervista 6.154.
317 Si vedano le osservazioni in proposito in 6.2.1.3 e in Prifti (2013b).
318 Si veda ad esempio:
[6.151] EP: *Riesci a riconoscere un italoamericano giudicando il suo inglese?*
IId-2-MaC: *Sì, sì. Forse l'accento, e che gli italiani hanno un modo di parlare con i mani, e con i gesticoli.*
319 Si veda il tratto d'intervista 6.152.

Si riportano, in conlusione, tre esempi illustrativi, che consistono in brani di discorsi tratti dalle interviste. Gli ultimi due sono la descrizione della storia a immagini acclusa al questionario.

Esempio 1. [6.152] IId-2-MaC: *È un misto di dialetto e inglese e di parole che sono inventati, non c'è forse un base che è fino o non fino, è solo quello, e l'italese forse che mia madre parla è diverso de italese che forse un'altra persona parla.. (...) Ce sono diversi cosi.*

Esempio 2. [6.153] IId-2-AM: *C'era un uomo che è venuto in una casa dove c'era un pupazzo di neve, e ha fasciato <qui: sfasciato> il papazzo. Il bambino ha visto e ha pianto e il padre voleva fare meglio e vestito come un papazzo di neve, e quando il uomo è ritornato, il padre ha batutu il uomo, e il figlio è tutto contento.*

Esempio 3. [6.154] I-2-AM: *Questo* [ˈgaːi], *ha datə 'no* [ˈslæːp] *a u* [ˈsnoʊˌmæn] *e l'ha fattə andare* [ˌɔn ðə ˈɡɹaʊnd̪]. *U* [ˈbᵘoɪ] *ha cominciatə a* [ˈkɹai], *e il padre ce messə u* [ˈʃiːt] *sopra, per imitare il* [ˈsnɔᵘˌmɛːn]. *Ha passatə 'n ato gai per dar' un pugno a questo* [ˈsnɔᵘˌmɛːn] *invece questə ha datə un* [ˈkɪk] *al sedere di questo e ha datə delle botte con le sticche.*

I-2-AM: Questo uomo (*guy*), ha dato uno schiaffo (*slap*) al pupazzo di neve (*snowman*) e l'ha fatto finire a terra (*on the ground*). Il ragazzo (*the boy*) ha cominciato a piangere (*to cry*), e il padre si è messo il lenzuolo (*sheet*) sopra, per imitare il pupazzo di neve (*snowmen*). È passato un altro uomo per dare un pugno a questo pupazzo di neve (*snomen*) invece questo ha dato un calcio (*cick*) al sedere di questo e ha dato delle botte con i bastoncini (*sticks*).

6.2.2.3 Dialetto ulteriormente difettivo (D‒ ‒)

Il dialetto parlato dagli italoamericani primariamente italofoni, che è la loro varietà italoromanza secondaria, si distingue dal gradatum basilettale Dialetto difettivo[320] (D‒) principalmente a causa dell'influsso dall'*American English*. Alle interferenze inglesi si deve la difettività ulteriore o aggiuntiva (D‒ ‒), la cui percezione da parte dei parlanti si esprime anche nelle denominazioni da loro usate: «dialetto rotto», «dialetto emigrato», ecc.

La difettività basilare rispecchia le coseguenze del contatto convergente con l'italiano e consiste in primo luogo nelle numerose interferenze italiane. Appare inoltre frequente anche il *code switching* con l'italiano, come dimostra chiaramente l'esempio illustrativo in conclusione a questo sottocapitolo.

La dimensione ulteriore della difettività è dovuta soprattutto all'aggiunta delle interferenze dall'*American English*, che in chiave materiale non divergono da quelle descritte (6.2.2.1) a proposito del gradatum italoromanzo primario, vale a

---

[320] Si tratta del Dialetto italianizzato, che dai parlanti è stato denominato anche «dialetto cchjù ramodərnàtə», «dialetto 'm poco pʰiù moderno», ecc.

dire l'Italiano difettivo (I–). Va però tenuto presente anche il progresso dell'erosione del dialetto, ovvero la sua semplificazione a tutti i livelli grammaticali, e menzionato infine anche il pur lieve effetto dei contatti inter-italoromanzi sulla qualità del gradatum D– –, specialmente nelle enclavi regionali e sovraregionali.

A scopo illustrativo viene proposto, in conclusione, un esempio concreto di questo gradatum, tratto dal corpus delle interviste. Si tratta ancora della descrizione della già menzionata storia a immagini, in questo caso prodotta da un informatore italoamericano primariamente italofono, cresciuto però in un ambiente dialettofono (lombardo occidentale).

Esempio 1. [6.155] IIi-1a-FR: *In dialetto?* <ride> *Ma noo* :: *Mah* : *vediamo* :: *Il bambino si dice 'il balèŋ', il padre, 'al pàdar'*::, *vediamo: ahm* :: *al pàdar* :: *al sul | Vediamo* :: *come si potrà dire?* – ::: *un om* : *passa – un uomo stupido, diciamo – un martal, un martalàsciu che passa* :: *brecca* : *rompe* : *tra giù al omìn da nev, boh?, e poi il balèŋ è apset², è triste. Al pàdar poi ha messo, ha messo, boh?* : *Come è che diceva? Ah, 'vèga sü'!* :: *al vèga sü una caicòsa bianca, una camisa, e, e alua, sembrava al snowman, al omìn da nev. Passa al martal e vuole brecc | tra giù al omìn un'altra volta, ma lü è al pàdar, che dà a lü un* : *un calcio dadrè, e l'martal* : *va via, va* : *föra di pè* :: *e il balèŋ è epi, contento, no? A só mìa in dialetto!* <ride>. :: *Ma sono piuttosto solo parole, non mi viene.*

IIi-1a-FR: In dialetto? <ride> Ma noo :: Mah : vediamo :: Il bambino si dice 'il balèŋ', il padre 'al pàdar' ::, vediamo: ahm :: il padre :: il sole / Vediamo :: come si potrà dire? – ::: un uomo passa – un uomo stupido, diciamo – uno balordo che passa :: rompe (*to break*) : butta giù l'omino di neve, boh?, e poi il ragazzo è triste (*upset*). Il padre poi ha messo, ha messo, boh? : Come è che diceva? Ah, mette addosso! :: si mette addosso un qualcosa di bianco, una camicia, e, e allora sembrava lo *snowman*, l'omino di neve. Passa di là il balordo e vuole rompere (*to break*) | buttare giù l'omino un'altra volta, ma quello è il padre, che gli dà un : un calcio di dietro e il balordo : va via, va : fuori dai piedi :: e il bambino è *happy*, contento, no? Non la so mica in dialetto! <ride> :: Ma sono piuttosto solo parole, non mi viene.

6.2.2.4 *American English* difettivo (AE–)

Anche l'inglese parlato dagli italoamericani primariamente italofoni di prima generazione è contraddistinto dalla difettività (AE–) che, analogamente a quanto già detto in 6.1.3 e 6.2.1.4, è dovuta principalmente alle molteplici interferenze dall'italiano, alle quali si riferiscono di regola anche i parlanti definendo il gradatum «broken English», «inglese rotto», «inglese italianizzato», ecc.

FONETICA/FONOLOGIA

Dall'analisi materiale dei dati empirici è emerso che una buona parte – se pure inferiore – dei fenomeni di interferenza, già descritti per gli analoghi gradata (6.1.3 e 6.2.1.4), si riscontra anche nel secondo periodo di questa seconda fase. In prospettiva fonetica/fonologica appaiono frequentemente:

- la prostesi e l'aferesi della gutturale sorda iniziale (ad esempio *but he kicked him in the ass* > [ˈbatᵃ ˈɪ ˈkik ˈɪm ˈənɔ ˈhɛːsːᵊ]),
- l'aggiunta della vocale paragogica o / e epentetica (ad esempio *almost* > [ˈɔləˈmostə]),
- la vibrazione più intensa della monovibrante [ɾ] > [r] (ad esempio *surprise* > [sɔrˈpraːjs], ecc.).

I seguenti fenomeni si registrano invece con meno frequenza:
- la trasformazione delle fricative interdentali in occlusive: [ð] > [d], [θ] > [t] (ad esempio *he was the real* > [ˈi ˈwozᵊ ˈdə ˈriɔlᵊ])
- il rotacismo delle occlusive alveolari, soprattutto in sillabe atone: [t]/[d] > [r]/[ɾ] (ad esempio *but* > [ˈbarə], *somebody* > [ˈsɑmˑbarɪ]),
- la vocalizzazione della semivocale alveolare in posizione finale [ɹ] > [a] (ad esempio *father* > [ˈfaːða], *after* > [ˈafta]),
- la monottongazione dei dittonghi (ad esempio *about* > [əˈbɑt], *came* > [ˈkɛm], *pillow* > [ˈpiˑloː], *know* > [ˈnɔ]),
- la vocalizzazione della laterale [ɫ] > [o] o [ɔ] in posizione finale (*still* > [ˈstiːɔ], *feel* > [ˈfiːɔ], *real* > [ˈriːɔ], *melt* > [ˈmo̯ʊt]),
- la trasformazione della vocale centrale atona, in posizione finale, in vocale anteriore [ə] > [e] o [ɛ] (*brochen english* > [ˈbrɔkenˑ ˈiːŋglɪʃ], ecc.

Morfosintassi e Lessico

In ambito morfosintattico non sono stati rilevati nuovi fenomeni specifici d'interferenza, oltre a quelli menzionati (6.2.1.4). A confronto con la prima fase, le interferenze italoromanze a livello lessicale risultano quantitativamente inferiori. Si registra invece con maggior frequenza il fenomeno di *code switching*.

Vanno infine menzionate le inesattezze grammaticali, dovute alla limitatezza del sapere idiomatico dei parlanti, come dimostra chiaramente[321] anche l'esempio illustrativo.

---

321 Si notino ad esempio alcune forme del *Simple Past Tense*, quali [ˈkɪk], [ˈmo̯ʊt] e [ˈnɛk], al posto rispettivamente di *kicked*, *melted* e *knocked*.
322 L'informatore ha accompagnato il racconto, a questo punto, con il gesto che indica scaltrezza, scorrendo diagonalmente il pollice della mano destra, per il resto chiusa a pugno, sulla guancia destra. Il gesto «Facciatagghiata» appare anche in Oliveri (2002, 112).
323 Il racconto è stato accompagnato, a questo punto, dal gesto che indica il ripetersi di un'azione. L'informatore ha cioè girato lievemente due-tre volte in senso orario l'indice della mano destra, mentre le altre dita sono rimaste chiuse a pugno.
324 A questo punto il parlante ha fatto il gesto che indica l'allontanamento, muovendo lieve-

Esempio 1. [6.156] IId-1a-PV: ðerᵃ uozᵃ ə faːðər ðetə biːɫdə e snomèːnːə forə… for iz sɑːnᵃ. də sɑn uoz veri prauːd edːə uìːndɔ, eːn ol ðə saːn, sambari kem əloːn endə nek im dauːn. ðə son mout it olᵃmostᵃ. So ðə dei aːftər, əː, ðə faːðə uozə consorn əbat ðə sɑːnː' binːᵃ, əː, binːᵃ opseːt. əː iː ribìːɫt. əː àːʧʷəɫi iː soː ðə gai kaːmin' bak eːndə i seːd: ðɛ a gonːa tiːʧ im ə leːsən!' So i gaːtə ejə kòːstjum, i putːə imselfə intu ðə kòːstjumᵃ, as ə snòmen. ðə gai kem bak en traiːt tu nak im daːn əgeːn bat i kik im ənɔ heːsː, bikoz hi uoz də riolᵃ, iː, insajːdᵃ ðə kòstjumːᵃ ðer uoz imsèːɫfᵃ. ðə san uoz stìo lukin from ðə uìːndo, endə no in daːtə i uaz veri aːpi. ðə faðə didə | kem tu rèːskju hem, endə tot ðə gai ə leːsən.

IId-1a-PV: *There was a father that built a snowman for… for his son. The son was very proud at the window, and all of a sudden somebody came along and knocked him down. The sun melted it almost. So the day after, ahm, the father was concerned about the son being – ahm – being upset. Ahm, he rebuilt [it]. Ahm, actually he saw the guy coming back and he said that 'I gonna teach him a lesson!' So he got a costume, he put himself* <gestualità>³¹⁸ *into the costume, as a snowman. The guy came back again* <gestualità>³¹⁹ *and tried to knock him down again, but he kicked him in the ass, because he was the real, he, inside the costume there was himself. The son was still looking from the window and now, in that, he was very happy. The father did | came to rescue him, and taught the guy* <gestualità>³²⁰ *a lesson.*

6.2.2.5 *American English* non difettivo (AE+)

La varietà primaria degli italoamericani di seconda generazione e oltre è l'*American English* endogeno, diffusamente noto tra gli italoamericani (e oltre) come «Italian accent». I tratti endogeni di questo gradatum non difettivo si devono innanzitutto alle poche interferenze dall'italiano, concentrate a livello fonetico, nonché ai tratti regionali.

FONETICA/FONOLOGIA
Tra le poche interferenze italoromanze, quelle più significative sono i tratti prosodici e qualche elemento fonetico, specialmente inerente alla qualità vocalica, già³²⁵ descritti dettagliatamente. Alcuni di questi tratti, specialmente quelli prosodici, possono in parte rappresentare elementi distintivi endogeni dell'italiano regionale, risultando come tali di matrice dialettale.

LESSICO
Diversamente da quanto è stato detto in riferimento alla prima fase (6.1.4), le interferenze lessicali dall'italiano nel gradatum in questione sono molto limitate anche in chiave quantitativa. Particolarmente frequenti e regolari risultano i les-

---

mente due tre volte dal basso verso l'alto il palmo della mano destra piegato in giù e di traverso, con il pollice scostato dalle altre dita unite. Appare anche in Oliveri (2002, 83).
325 Si veda soprattutto 6.1.4.

semi riferibili alla sfera culinaria, gli appellativi famigliari – in qualche caso dei dialettalismi –, e le interiezioni.

6.2.2.6 Breve sintesi: il prodotto del contatto nel secondo periodo

Dall'esame materiale è emersa una netta distinzione tra i singoli gradata che compongono l'architettura del contatto nel secondo periodo della fase trilingue, in cui gli italoamericani di prima generazione sono primariamente italofoni. Viene così confermato quanto delineato nei primi due passi analitici (4.2.2 e 5.2).

L'italiano parlato come varietà primaria dagli italoamericani di prima generazione (I–) diverge materialmente dal medesimo parlato prima dell'emigrazione (I+) per la difettività dovuta sia alle interferenze inglesi, prodotte dal contatto con l'*American English*, che all'erosione (tab. 6.5). Le divergenze materiali tra queste varietà sono prevalentemente lessicali. Risulta netta anche la distinzione materiale tra i due gradata italoromanzi degli italoamericani di prima generazione, l'Italiano difettivo (I–) e il Dialetto ulteriormente difettivo (D– –), vale a dire la loro lingua funzionale italoromanza secondaria. Questa diverge inoltre dal Dialetto difettivo (D–), perché italianizzata. I risultati principali dei due processi di contatto correlati (italiano-dialetto e italoromanzo-inglese) sono riassunti in modo molto espressivo dall'informatrice III-1-FR, secondo la quale gli emigrati italiani primariamente italofoni «italianizzano il Dialetto e italianizzano l'inglese.» Quanto al Dialetto ulteriormente difettivo (D– –), invece, la stessa informatrice evidenzia che:

[6.157] III-1a-FR: *Comunque, anche in Italia il dialetto si è evoluto, perché è contaminato dall'italiano, e qui si è miscolato con l'inglese, ovviamente.*

Il gradatum secondario degli italoamericani di seconda e terza generazione, l'Italiano doppiamente difettivo (I– –), che rappresenta la loro unica varietà italoromanza, si distingue materialmente in modo molto netto dalle altre varietà italoromanze del contatto. Ciò è dovuto alle numerose interferenze inglesi, distribuite a tutti i livelli grammaticali, all'erosione cui esso risulta ampiamente esposto, nonché agli effetti dei contatti inter-italoromanzi, specialmente nelle enclavi regionali e sovraregionali (tab. 6.5).

Si distinguono nettamente tra loro anche le due lingue funzionali di base inglese. L'inglese endogeno degli italoamericani di seconda generazione e oltre, ovvero l'*American English* non difettivo (AE+), è caratterizzato dalla presenza di una quantità ridotta di interferenze italoromanze, prevalentemente fonetiche (tab. 6.6). L'*American English* difettivo (AE–), vale a dire la lingua funzionale secondaria degli emigrati italiani, risulta invece maggiormente difettivo soprattutto in riferimento alla qualità delle interferenze italiane, presenti a tutti i livelli grammaticali (tab. 6.6).

6.2.3 Sintesi: il prodotto del contatto nella seconda fase

L'analisi materiale delle singole varietà di contatto svolta per ciascuno dei due periodi della fase trilingue conferma la correttezza delle rispettive configurazioni dell'architettura del contatto (4.2.2 e 5.2).

Mettendo a confronto i gradata paralleli delle due configurazioni del contatto sulla base dei risultati ottenuti dalla loro analisi materiale per ciascuno dei due periodi, emergono divergenze materiali che appaiono evidenti, ad esempio, nel caso dell'*American English* endogeno degli italoamericani (AE+). Diversamente dal gradatum AE+ del secondo periodo, le interferenze dialettali fonetiche/fonologiche e lessicali del medesimo nel primo periodo risultano più numerose.[326] La causa principale è l'influsso considerevole dell'ambiente italoamericano in cui si erano formati linguisticamente gli italoamericani di seconda generazione e oltre durante il primo periodo, quando le *Little Italy*, i quartieri etnici, erano ancora compatte. Sebbene meno pronunciata, la stessa tendenza si rileva anche in riferimento ai gradata italoromanzi. Le interferenze lessicali dell'Italiano difettivo (I–), ad esempio, risultano inferiori, soprattutto quantitativamente, a quelle identificate nel Dialetto difettivo (D–). Alcuni informatori sono apparsi coscienti di queste divergenze, da loro attribuite all'appartenenza degli emigrati italiani a livelli sociali diversi.[327]

In chiave qualitativa, le concordanze materiali tra i gradata paralleli sono comunque decisamente consistenti. Si può quindi affermare che le *analogie strutturali* dell'architettura del contatto nei due periodi trovano piena conferma anche in prospettiva materiale, come illustrano le rispettive tabelle conclusive.

---

326 Si vedano sopra 6.2.1.5 e 6.2.2.5.
327 Si vedano ad esempio le seguenti affermazioni:
[6.158] EP: *Che ne pensa di un italoamericano che parla tanto italese?*
IId-1a-CM: *Penso che se non sta scherzando, che ha dei problemi, insomma, eh... Perché è poco furbo, più che ignorante. (...) se lo fa per scherzare, occhei, ma se è così, mi spiace per lui, insomma.*
[6.159] Ili-1a-TB: *Quest' è una torta.*
EP: *Qui sono in tanti però a chiamarla «checca», no?*
Ili-1a-TB: *Beh, a 'sti livelli non sono ancora arrivata* <ironicamente e risentita>!
[6.160] EP: *Cosa rappresenta per Lei l'italese?*
Ili-1a-TB: *L'italese è il linguaggio di chi non sa ascoltare.* Cf. anche l'affermazione 3.3.

Seconda fase del contatto — **347**

LINGUA STORICA	LINGUA FUNZIONALE	GENERAZIONE PRIMA						GENERAZIONE SECONDA			GENERAZIONE TERZA (E OLTRE)		
		Categoria 'passiva'			Categoria 'attiva'								
		FENOMENO			FENOMENO			FENOMENO			FENOMENO		
		INTERF./C.SWITCH.	EROSIONE	DIALECT MIXING	INTERF./C.SWITCH.	EROSIONE	DIALECT MIXING	INTERF./C.SWITCH.	EROSIONE	DIALECT MIXING	INTERF./C.SWITCH.	EROSIONE	DIALECT MIXING
INGLESE	**AE+** non difettivo							–/+	–	–	–/+	–	–
INGLESE	**AE–** difettivo				+	–/+	–						
ITALIANO	**I– –** doppiamente difettivo	–/+	+	–	+/–	–/+	–	+	+	–/+	+	+	+/–
ITALIANO	**I–** difettivo												
DIA-LETTO	**D– –** ulteriormente difettivo				–/+	+	–/+						

Legenda dei simboli

–	niente o livello *basso* piuttosto *trascurabile*
–/+	livello *piuttosto basso*
+/–	livello *piuttosto alto*
+	livello *alto*

Nota: Sono riassunti qui gli esiti dell'analisi materiale relativa alla qualità delle singole lingue funzionali (righe), fondata sui fenomeni di interferenza (e *code switching*), di erosione e di *dialect mixing* (colonne). Nella sua concezione e nella presentazione dei valori, la tabella è analoga alla tabella 6.1. Tra le lingue funzionali si è aggiunto l'italiano doppiamente difettivo.

Tab. 6.5: Qualità delle lingue funzionali durante il periodo *italiano* della *seconda* fase

LINGUA STORICA	LINGUA FUNZIONALE	GENERAZIONE PRIMA Categoria 'passiva'			GENERAZIONE PRIMA Categoria 'attiva'			GENERAZIONE SECONDA			GENERAZIONE TERZA (E OLTRE)		
		FONET./FONOL.	MORFO-SINTASSI	LESSICO	FONET./FONOL.	MORFO-SINTASSI	LESSICO	FONET./FONOL.	MORFO-SINTASSI	LESSICO	FONET./FONOL.	MORFO-SINTASSI	LESSICO
INGLESE	**AE+** non difettivo	✕	✕	✕	+	−/+	+/−	−/+	−	+/−	−	−	−/+
INGLESE	**AE−** difettivo	✕	✕	✕	+	−/+	+/−						
ITALIANO	**I−−** doppiamente difettivo	−	−	−/+	−	−/+	−/+	+	+	+			
ITALIANO	**I−** difettivo	−	−	−/+	−	−/+	−/+	+	+	+			
DIA-LETTO	**D−−** ulteriormente difettivo				−	−/+	−/+						

Legenda dei simboli

−	niente o livello *basso* piuttosto *trascurabile*
−/+	livello *piuttosto basso*
+/−	livello *piuttosto alto*
+	livello *alto*

Nota: Sono riassunti qui gli esiti dell'analisi materiale relativa alla distribuzione delle interferenze secondo la tipologia (colonne) nelle singole lingue funzionali (righe). Nella sua concezione e nella presentazione dei valori, la tabella è analoga alla tabella 6.2. Tra le lingue funzionali si è aggiunto l'italiano doppiamente difettivo.

Tab. 6.6: Distribuzione delle interferenze nelle lingue funzionali durante il periodo *italiano* della *seconda* fase

Si notano concordanze sostanziali tra le due varianti del gradatum primario italoromanzo degli italoamericani di prima generazione, vale a dire il Dialetto difettivo (D–), per il primo periodo, e l'Italiano difettivo (I–), per il secondo. Seguono due esempi:

1. l'uso dell'aggettivo attributivo relazionale in posizione prenominale,[328] come in inglese, anziché in posizione postnominale, come invece è solito nell'italoromanzo, è stato constatato sia nel Dialetto difettivo (D–),[329] che nell'Italiano difettivo (I–),[330]

2. *stranger* > it. *strano*[331]/ cal. *stranu*[332]/ sic. *ṣṭranu*[333] 'sconosciuto, straniero'.

Al livello del gradatum italoromanzo secondario degli italoamericani di prima generazione figura l'Italiano ulteriormente difettivo (I– –) per i parlanti primariamente dialettofoni (quindi del primo periodo) e il Dialetto ulteriormente difettivo (D– –) per quelli primariamente italofoni (quindi del secondo periodo).

Ulteriori parallelismi tra i gradata italoromanzi parlati dagli italoamericani di prima generazione si riscontrano a proposito dei fenomeni d'interferenza dall'*American English*.

I gradata italoromanzi secondari, doppiamente difettivi, vanno considerati lingua funzionale secondaria degli italoamericani di *seconda generazione*. Essi sono il Dialetto doppiamente difettivo (D– –), per il primo periodo, e l'Italiano doppiamente difettivo (I– –), per il secondo. Quanto ai gradata di base inglese, l'*American English* difettivo (AE+) rappresenta il gradatum secondario degli italoamericani di prima generazione, mentre l'*American English* endogeno degli italoamericani è il gradatum primario degli italoamericani di seconda e terza generazione.

---

328 Il fenomeno è già stato descritto dettagliatamente in 6.2.1.1.
329 Ad esempio:
[6.161] IId-1a-EB: *Vuliv' acattà 'nu cchju rannə carru, cchju spid' assai, nu Məssídis, jə no?* [Traduzione: Volevo comprare una macchina più grande, molto più veloce, una Mercedes, *you know?*].
330 Ad esempio:
[6.162] IId-1a-NG: *Sembra che sta nel migliore posto, ju no (you know)?*
331 Ad esempio:
[6.163] EP: *Con chi parli in inglese?*
IIi-1a-TB: *Con le persone strane* <qui: *strangers*>.
332 Ad esempio:
[6.164] IId-1a-FR: *Venne nu stranu e ci rumpʰiu 'sta statua e nivi d' ò figghju.* [Traduzione: Venne uno sconosciuto e ruppe il pupazzo di neve del figlio.].
333 Ad esempio:
[6.165] IId-1a-SM: *E jierunu suddati ṣṭrani, jierunu.* [Traduzione: E erano soldati stranieri, erano.].

6.3 Terza fase del contatto

Caratteristica della terza fase del contatto, detta anche fase italiana, è la composizione del basiletto, data unicamente dall'italiano. Nell'analisi del sapere (4.2.3) e del comportamento (5.3) linguistico degli italoamericani durante questa fase sono state distinte quattro lingue funzionali intermedie, che verranno descritte qui di seguito dal punto di vista materiale. I gradata di base italoromanza sono l'Italiano difettivo (I–), la lingua funzionale primaria degli italoamericani di prima generazione, e l'Italiano doppiamente difettivo (I– –). Mentre l'*American English* difettivo (AE–) ne rappresenta il gradatum secondario, l'*American English* non difettivo (AE+) è la lingua funzionale primaria degli italoamericani di seconda generazione.

La descrizione a seguire dei gradata parlati dagli italoamericani di prima generazione si riferisce alla sola categoria attiva di parlanti.

6.3.1 Italiano difettivo (I–)

La varietà primaria[334] degli italoamericani di prima generazione, nella loro percezione, appare difettiva (I–) innanzitutto a causa delle interferenze inglesi, come dimostrano anche le denominazioni «broken Italian», «il nostro italiano», ecc., usate dagli stessi. L'italiano endogeno e reale degli italoamericani si distingue quindi implicitamente dal gradatum basilettale Italiano endogeno e reale in Italia (I+) – su cui si basa –, il quale non era ancora stato esposto all'influsso inglese e all'erosione.[335] Quest'ultimo rappresenta per gli italoamericani una varietà non difettiva ed è comunemente noto come italiano regionale.[336] I tratti regionali sono dovuti[337] notoriamente alle poche interferenze dialettali, che caratterizzano

---

334 Si veda ad esempio:
[6.166] EP: *Qual è la lingua più ricca?*
III-1a-FR: *L'italiano. È la lingua più ricca che io conosca. Forse perché è la prima lingua per me... ovviamente.*
335 Illuminante è il seguente esempio:
[6.167] EP: *È cambiato qualcosa nel Suo italiano qui in America, la correttezza per esempio?*
III-1a-BZ: *Corretto, sì, rimane | beh, non è lo stesso livello di correzione, ma diciamo* VOLENTEROSAMENTE *corretto.*
336 Cf. in proposito le indicazioni riportate in 6.2.2.1 e 1.3.1.
337 Si veda quanto detto in proposito in 1.3.1.

questa varietà di italiano e sono conservate anche in emigrazione (quindi anche nella lingua funzionale I–).[338]

Al di là dei tratti dialettali e dell'erosione, l'Italiano difettivo (I–) si contraddistingue soprattutto per le interferenze dall'*American English*, le quali risultano molto limitate in termini qualitativi, rappresentando solo una parte dei fenomeni di interferenza già descritti (6.2.2.1). Le interferenze sono soprattutto lessicali, come ad esempio [ˈkɛˑbol] < *cable*, [ˈbrɛːkə] < *break*, [poˈlaˑjtə] < *polite*, ecc. Nell'ambito di questa fase sono risultati pochi e sporadici gli italoamericanismi 'storici' (6.1.1) del tipo *baccauso, bega, carro, faitare, gherla, stardare*, ecc. Solo in qualche caso isolato sono state registrate le voci *luce* 'semaforo' < *(traffic) light*, *licenza* 'patente' < *driver's licence*, *trocco* 'camion' < *truck*, ecc., molto probabilmente a causa soprattutto del distanziamento socio-culturale, già accennato in 3.3 e 4.2.4, degli italiani dell'emigrazione moderna dai loro connazionali dell'emigrazione di massa.

Segue infine un esempio illustrativo, tratto dal corpus delle interviste, contenente alcune delle peculiarità materiali dell'Italiano difettivo (I–).

> **Esempio 1. [6.168]** III-1a-FR: *O ben, lei <la figlia> conosce più vocaboli in inglese sicuramente, conosce anche lo* [ˈslɛːŋgə]. (...) *No, abbiamo il* [ˈkɛˑbol]. *Si può prender' la Rai.* (...) *Adesso mia figlia va giù da sola, per* [ˌsprɪŋgəˈbrɛːkə], *va giù dieci giorni, sta con la mia mamma. Sì, sì.*

6.3.2 Italiano doppiamente difettivo (I– –)

Analogamente a quanto già descritto in 6.2.2.2, l'italiano parlato dagli italoamericani di seconda generazione rappresenta una lingua funzionale secondaria, doppiamente difettiva (I– –), come testimoniano le denominazioni usate dai parlanti: «italiano finto», «italiano orribile», ecc. Le cause della duplice difettività sono nuovamente[339] l'influsso consistente dall'*American English* e l'erosione, alla quale è largamente esposto l'italiano degli italoamericani di seconda generazione.

---

338 È significativo il seguente esempio:
[6.169] EP: *Più concretamente come è il Suo italiano?*
III-1a-FR: *Con più, forse, espressioni regionali, dialettali. Non so, davanti a un nome proprio, se parlo a Lei, alla classe, così, non metto l'articolo. Se parlo con mia madre, mia sorella, miei amici, sì: la Franca, la Giovanna, eh :: assolutamente!*
339 Si veda il sottocapitolo 6.2.2.2.

Per le peculiarità materiali di questo gradatum si rimanda a grandi linee ai fenomeni di interferenza già descritti in 6.2.2.2. Per mettere in rilievo la forza dell'impatto dell'inglese sull'italiano, ossia la dinamicità e la vivacità del contatto durante questa fase, va menzionata la presenza di diverse interferenze lessicali vitali e stabili, collocabili nella categoria degli angolamericanismi reali mimetizzati foneticamente in italianismi omofoni già esistenti, dai quali però divergono semanticamente.[340] Per illustrare questo fenomeno è significativo riportare l'affermazione dell'informatrice III-1-FR circa il sapere idiomatico della propria figlia:

> **[6.170]** III-1a-FR: *La piccola è quella che rischia di perderlo più in fretta, perché fa più pasticci con l'italiano, veramente, coi congiuntivi, con le parole stesse..*
> EP: *Del tipo? Potrebbe farmi qualche esempio?*
> III-1-FR: *Ah, dunque... «Devo ridere oggi!». «Perché devi ridere? Mica è obbligatorio. Bello, ma non è obbligatorio!», ‹divertendosi› «No, devo ‹leggere›!», «ridere» – 'to read'. E vabbè. Oppure «libro»...: «Io libro a Filadelfia.» «vivo» a Filadelfia... Poi «libro», proprio... Non so perché dice «libro» per «vivere». Perché mette insieme... Un po' di tempo fa, a..., a mia madre: «Nonna, c'è una federa in giardino!», «Come, una ‹federa› in giardino? Chi mette le ‹federe› in giardino?», Era una piuma. «Feather» – federa. «Federa» è la..., è la* [ˈpilokejs] *(pillow case), no?*

A rendere il gradatum in questione ulteriormente difettivo in ambito lessicale contribuisce anche il fenomeno frequente di *code switching* (tab. 6.7).

Va menzionato infine anche il fenomeno dell'erosione, che si esprime innanzitutto nella semplificazione, e dunque nella restrizione consistente del sapere idiomatico dei parlanti, sia attivo che passivo (tab. 6.7).

Si notano sporadicamente anche gli effetti di contatti inter-italoromanzi, che consistono di regola in singoli elementi dialettali, quasi esclusivamente lessicali.

6.3.3 *American English* difettivo (AE–)

La lingua funzionale secondaria degli italoamericani di prima generazione è l'*American English* denominato dai parlanti «inglese scorretto» o «broken English», il quale risulta difettivo[341] (AE–) per gli stessi fattori e dinamiche analoghe rispetto a quanto già menzionato in 6.2.2.4.

---

340 Fenomeno già descritto in 6.1.1.
341 Ad esempio:
[6.171] EP: *Che ne dice del Suo inglese?*

6.3.4 *American English* non difettivo (AE+)

La varietà primaria degli italoamericani di seconda generazione è l'*American English* endogeno, comunemente noto come «Italian accent». I suoi tratti endogeni sono dovuti agli elementi regionali inglesi e in particolar modo alle rare interferenze dall'italiano regionale, concentrate a livello fonetico[342].[343] Queste risalgono in pratica ai dialetti primari italoromanzi, cui le varietà dell'italiano regionale, vale a dire i dialetti terziari italoromanzi, devono i propri tratti endogeni.

6.3.5 Sintesi: il prodotto del contatto nella terza fase

L'analisi materiale delle singole varietà di contatto tra italiano e *American English* conferma la configurazione dell'architettura del contatto nella sua terza fase, delineata in 4.2.3 e 5.3.

Il gradatum primario degli italiani di prima generazione, l'Italiano difettivo (I–), si distingue dall'Italiano regionale di prima dell'emigrazione (I+) – sul quale si basa – soprattutto per le poche interferenze dall'inglese (tab. 6.8). Dallo stesso Italiano difettivo (I–) si distingue nettamente anche l'italiano degli italoamericani di seconda generazione, che è doppiamente difettivo (I– –) sia per le numerose interferenze, presenti a tutti[344] i livelli grammaticali, che a causa del processo di erosione al quale è ampiamente esposto (tabb. 6.7 e 6.8).

Anche le lingue funzionali di base inglese risultano tra loro nettamente distinte in chiave materiale (tabb. 6.7 e 6.8). Si ha per un verso il cosidetto «Italian accent», che è il gradatum primario degli italoamericani di seconda generazione, vale a dire l'*American English* non difettivo (AE+), e per l'altro verso l'*American English* difettivo (AE–), il «broken English», la lingua funzionale secondaria degli emigrati italiani della terza fase. Diversamente dal gradatum AE+, le interferenze italoromanze dell'*American English* difettivo (AE–) coprono tutti i livelli grammaticali (tab. 6.8).

III-1a-BZ: *Mah, l'inglese :: <esprime scontentezza> certe vocali le pronuncio male. Le vocali, e forse la precisione del linguaggio. Certi vocaboli :: dove io uso magari due-tre vocali* <intende vocaboli>, *loro hanno la parola proprio, pam! Però parlo meglio di tanta altra gente.*
342 Si veda l'affermazione 4.206.
343 Si veda il sottocapitolo 6.2.2.5.
344 Si veda la tabella conclusiva inerente alla terza fase.

LINGUA STORICA	LINGUA FUNZIONALE	GENERAZIONE PRIMA Categoria 'passiva'			GENERAZIONE PRIMA Categoria 'attiva'			GENERAZIONE SECONDA		
		FENOMENO			FENOMENO			FENOMENO		
		INTERF./C.SWITCH.	EROSIONE	DIALECT MIXING	INTERF./C.SWITCH.	EROSIONE	DIALECT MIXING	INTERF./C.SWITCH.	EROSIONE	DIALECT MIXING
INGLESE	AE+ non difettivo							− / +	−	−
INGLESE	AE− difettivo				+	− / +	−			
ITALIANO	I− − doppiamente difettivo							+	+	− / +
ITALIANO	I− difettivo	Ø	Ø	Ø	− / +	− / +	−			

Nota: Sono riassunti qui gli esiti dell'analisi materiale relativa alla qualità delle singole lingue funzionali (righe), fondata sui fenomeni di interferenza (e *code switching*), di erosione e di *dialect mixing* (colonne). Nella sua concezione e nella presentazione dei valori, la tabella è analoga alla tabella 6.1.

Legenda dei simboli
−	niente o livello *basso* piuttosto *trascurabile*
− / +	livello *piuttosto basso*
+ / −	livello *piuttosto alto*
+	livello *alto*
Ø	

Tab. 6.7: Qualità delle lingue funzionali durante la *terza* fase

LINGUA STORICA	LINGUA FUNZIONALE	GENERAZIONE PRIMA Categoria 'passiva'			GENERAZIONE PRIMA Categoria 'attiva'			GENERAZIONE SECONDA		
		LIVELLO INTERFERENZE			LIVELLO INTERFERENZE			LIVELLO INTERFERENZE		
		FONET./FONOL.	MORFO-SINTASSI	LESSICO	FONET./FONOL.	MORFO-SINTASSI	LESSICO	FONET./FONOL.	MORFO-SINTASSI	LESSICO
INGLESE	AE+ non difettivo							− / +	−	+ / −
INGLESE	AE− difettivo				+	− / +	+ / −			
ITALIANO	I− − doppiamente difettivo							+	+	+
ITALIANO	I− difettivo	Ø	Ø	Ø	− / +	−	− / +			

Nota: Circa la struttura e la presentazione dei dati in questa tabella si rimanda alle note che accompagnano le tabb. 5.1 e 6.2.

Legenda dei simboli
−	niente o livello *basso* piuttosto *trascurabile*
− / +	livello *piuttosto basso*
+ / −	livello *piuttosto alto*
+	livello *alto*

Tab. 6.8: Distribuzione delle interferenze nelle lingue funzionali durante la *terza* fase

6.4 Sintesi diacronica: il prodotto del contatto italoamericano

Per poter riassumere adeguatamente i risultati raggiunti in questo passo analitico relativo al prodotto del contatto, nonché nel corso dei due passi analitici precedenti, è necessario estendere la generalizzazione fatta (6.2.3) a proposito dei due periodi della seconda fase a tutte e tre le fasi del contatto. Va fatto perno sulle *concordanze* materiali tra i gradata paralleli, che si rivelano di gran lunga più consistenti delle discrepanze. L'obiettivo della sintesi è dunque analizzare in chiave materiale la configurazione dell'architettura generale del contatto, descritta sopra (4.2.4 e 5.4). In altre parole l'analisi materiale si orienta ora all'intera estensione temporale del contatto, focalizzando i singoli arcigradata individuati.

L'arcigradatum Italoromanzo difettivo (IR−) rappresenta tutti i gradata primari italoromanzi parlati degli italoamericani di prima generazione e si ricollega implicitamente al basiletto Italoromanzo non difettivo (IR+), vale a dire all'italoromanzo in Italia, non ancora esposto alla trasformazione qualitativa avvenuta in emigrazione. Analogamente, l'arcigradatum Italoromanzo doppiamente difettivo (IR− −) rappresenta tutte le varietà secondarie di contatto della seconda generazione, di cui l'*American English* non difettivo (AE+) raffigura invece quelle primarie. L'*American English* difettivo (AE−), infine, riassume le varietà secondarie di contatto degli italoamericani di prima generazione.

Segue ora una descrizione succinta delle peculiarità materiali più significative di ciascuno dei quattro arcigradata, vale a dire dei prototipi interlettali generali.

6.4.1 L'arcigradatum Italoromanzo difettivo (IR−)

L'Italoromanzo difettivo, o la «mezza lingua» – come l'ha definito un informatore –, è ampiamente noto come *broken Italian*. È l'italoromanzo endogeno e reale in emigrazione che, in quanto arcigradatum primario degli italoamericani di prima generazione, rappresenta in tutto sei gradata, elencati in 4.2.4. L'Italoromanzo difettivo è in diretto contrasto con l'italoromanzo in Italia, risalente a *prima* della trasformazione subita in emigrazione e quindi non difettivo (IR+). Questo arcigradatum basilettale rappresenta dunque in chiave diacronica altrettanti (sei) gradata basilettali.[345] La trasformazione materiale in emigrazione consiste in fenomeni di interferenza e *code switching* – dovuti al diretto influsso dell'*American English* –, di erosione e *dialect mixing*.

---

345 Si veda sopra il sottocapitolo 4.2.4.

Le interferenze ai livelli fonetico/fonologico e morfosintattico appaiono particolarmente ridotte e isolate, limitate piuttosto all'uso sporadico di emigrati italiani di categoria attiva (tab. 6.10). Sono più frequenti le interferenze lessicali dall'*American English*. Le modalità morfologiche del loro adattamento all'italoromanzo appaiono piuttosto costanti nelle diverse fasi. Ne costituisce un esempio concreto l'anglicismo *comfortable*, registrato svariate volte in forme diverse nell'ambito dei singoli gradata riconducibili all'Italoromanzo difettivo (IR–):

[6.172] IId-2-MT: *Però lu dialettə tə sientə più cofortevolə.*

IId-2-MT: Però in dialetto ti senti più a tuo agio.

[6.173] IId-1a-LM: *S'aiu a parlare cu 'nu criʃtiànu c' 'un ci aiu parlatu mai 'n inglese, mancu mi capiʃunu certuni, 'un mi sientu camtəbò – commu si dici? – A no fìo :: (...) Diss' a parola, ma si mi capiu, a ro nò.*

IId-1a-LM: Se devo parlare in inglese con una persona con cui non ho mai parlato prima, qualcuno neanche mi capisce, non mi sento a mio agio, come si dice? *I don't feel* :: (...) Dissi la parola, ma se mi capì, *I don't know*.

[6.174] IId-1a-SM: *Sono criʃut' accoḍḍì, i sturi nə hannu puocu, essènnu cchjù comfərtàbbəłi a parlar' accuḍḍì.*

IId-1a-SM: Sono cresciuti in quel modo. Hanno fatto pochi studi, trovandosi più al loro agio a parlare così.

[6.175] III-2-AM: *Perché si sentono più confortevoli con il dialetto.*

III-2-AM: Perché si sentono più a loro agio in dialetto.

Tra gli americanismi lessicali più rilevanti, contraddistinti dalla stabilità, vi sono: *basement, boss, (to) break, car, cookie, different, farm, ice, job, juice, mortgage, (to) push, rent, (to) smash, (to) start, (to) stop, stranger, street, truck*, ecc., già descritti in dettaglio.

L'Italoromanzo difettivo (IR–) parlato dagli italoamericani di categoria attiva è marginalmente anche oggetto di erosione e di *dialect mixing* (tab. 6.9).

6.4.2 L'arcigradatum Italoromanzo doppiamente difettivo (IR– –)

L'Italoromanzo doppiamente difettivo (IR– –), anche detto «italiano orribile», o «very broken Italian», rappresenta i quattro gradata *secondari* doppiamente difettivi, elencati sopra (4.2.4), degli italoamericani di seconda generazione e oltre.

Una descrizione materiale adeguata dell'IR– – richiede un esame, oltre che delle interferenze dall'inglese, anche del fenomeno altrettanto rilevante dell'erosione linguistica. Non va trascurata inoltre la frequenza con cui appare il fenomeno di *code switching*.

Le interferenze dall'inglese risultano consistenti a tutti i livelli (tab. 6.10). Quelle fonetico-fonologiche più comuni sono:

- lo scempiamento delle geminate,
- lo scempiamento della vibrante,
- la velarizzazione della laterale,
- l'aspirazione delle occlusive sorde,
- la retroflessione delle occlusive dentali,
- il troncamento delle vocali atone finali, nonché, in generale,
- la tendenza alla modificazione della qualità vocalica.

Al livello morfosintattico basti menzionare l'omissione della negazione pleonastica, come anche i frequenti calchi da strutture sintattiche inglesi, ecc.[346] Sono inoltre frequenti le interferenze lessicali. Quelle stabili, che caratterizzano parimenti l'Italoromanzo difettivo, appaiono numerose anche qui. Nei gradata doppiamente difettivi se ne incontrano inoltre anche molteplici non stabili, che rappresentano la parte più cospicua della categoria delle innovazioni lessicali. La loro consistenza è un indice del processo avanzato di erosione (tab. 6.9) che contraddistingue nettamente l'italoromanzo doppiamente difettivo.

Ulteriori espressioni dell'erosione sono:
- la restrizione qualitativa del lessico, che si riflette anche in ambito fasico,
- la semplificazione del sistema verbale[347] e del sistema di formazione del plurale,[348]
- l'uso semanticamente e stilisticamente improprio di alcuni concetti, ecc.

Con il primo passaggio generazionale si intensificano inoltre anche i contatti inter-italoromanzi e risultano più frequenti i fenomeni di *code switching*.

Il confronto materiale tra IR– –, IR– e IR+ mette chiaramente in rilievo le differenze materiali tra le varietà, confermando così la correttezza della loro distinzione, come è stato indicato nei due primi passi analitici relativi al sapere e al comportamento linguistico.

---

[346] Va ricordato per completezza che l'aspirazione delle occlusive sorde, l'omissione della negazione pleonastica, o le traduzioni di strutture sintattiche, si possono incontrare in casi isolati anche tra parlanti di prima generazione di categoria attiva, emigrati negli USA in giovane età.
[347] Si noti, ad esempio, l'uso molto ridotto del congiuntivo o del condizionale.
[348] Si pensi, ad esempio, alla formazione del plurale regolare nel caso di sostantivi le cui forme plurali sono invece irregolari.

6.4.3 L'arcigradatum *American English* difettivo (AE–)

L'*American English* difettivo è l'arcigradatum secondario degli emigrati italiani e rappresenta le omonime lingue funzionali della prima e della terza fase, come anche di ciascuno dei due periodi della seconda fase. Le denominazioni da parte dei parlanti convergono sul termine «broken English». La difettività si deve in gran parte all'influsso consistente del registro linguistico primario degli emigrati italiani, che è una varietà italoromanza. In prospettiva materiale si tratta prevalentemente di molteplici interferenze presenti a tutti i livelli grammaticali (tab. 6.10).

Tra i fenomeni fonetico-fonologici d'interferenza più frequenti, in ambito consonantico, vanno menzionate:
– l'aferesi,
– la prostesi,
– la trasformazione delle fricative dentali in occlusive, nonché
– la vibrazione più intensa della monovibrante.

Nell'ambito del vocalismo, i fenomeni più frequenti sono:
– l'aggiunta della vocale paragogica,
– l'aggiunta della vocale epentetica,
– la vocalizzazione della semivocale alveolare [ɹ], nonché
– la monottongazione dei dittonghi.

I fenomeni d'interferenza morfosintattici più significativi sono stati registrati tra gli emigrati con un sapere idiomatico ridotto in ambito inglese. Basti menzionare in proposito:
– la negazione pleonastica,
– l'uso della forma oggetto del pronome personale al posto di quella soggetto,
– la semplificazione della costruzione dei tempi composti combinando forme 'passepartout' con la funzione di veri ausiliari, come *itsə* (< *it's*), *itsəbì* (< *it's + be*, o *it (ha)s been*) o *ajmə* (< *I'm*), con l'infinito del verbo principale.

L'influsso italoromanzo è percepibile nettamente anche al livello lessicale. Risulta interessante in questo contesto focalizzare l'analisi contrastiva specialmente sulle interiezioni, sui segnali discorsivi e la toponomastica.

Va messa infine in rilievo la frequenza con la quale si verificano i fenomeni di *code switching*.

6.4.4 L'arcigradatum *American English* non difettivo (AE+)

L'arcigradatum AE+ è il registro linguistico primario degli italoamericani di seconda generazione (e oltre) e rappresenta i gradata omonimi della prima e della terza fase, come anche di ciascuno dei due periodi della seconda fase. Le denominazioni da parte dei parlanti convergono unanimemente sul termine *Italian accent*, il quale ne indica chiaramente anche la peculiarità materiale distintiva: i tratti fonetici/fonologici. Vanno sottolineati in questo ambito soprattutto i tratti prosodici, come anche la qualità delle vocali.

Anche in ambito lessicale, comunque, si trovano alcuni elementi d'interesse, rientranti principalmente nelle sfere semantiche del cibo, delle denominazioni famigliari, delle imprecazioni o dei modi di dire.

Segue in conclusione una puntualizzazione teorica. In prospettiva geolinguistica, di regola, le interferenze rappresentano i tratti materiali su cui si basa la differenziazione microdiatopica di matrice alloglotta dell'*American English*, in quegli spazi (prevalentemente) urbani, che sono stati maggiormente esposti all'emigrazione italiana.[349] Per un quadro più completo delle peculiarità materiali di questo arcigradatum sono dunque opportuni e necessari spogli dialettologici minuziosi e sistematici del *Vernacular American English* – o, meglio, dei suoi diversi registri –, specialmente in quelle aree caratterizzate dalla presenza di enclavi italiane. Un esempio interessante in proposito è dato dal *Vernacular American English* di Brooklyn, i cui italoamericanismi, in special modo alcuni tratti del cosiddetto *Italian accent*, ne rappresentano rilevanti elementi distintivi e identificativi.[350]

Al fine di descrivere più oggettivamente e analizzare più efficacemente la situazione geolinguistica americana a livello urbano è opportuno tenere presente in modo sistematico la dinamica dello svolgimento dei contatti linguistici – prodotti dalla migrazione – tra *American English* e le lingue dei gruppi etnici più compatti, tra le quali le varietà italoromanze occupano un posto di rilievo.

6.4.5 Sulla variazione nella gestualità degli italoamericani

Il fenomeno della gestualità, in quanto forma di comunicazione paralinguistica, può essere considerato un'espressione *sui generis* della tradizione del discorso.

---

[349] A risultati equiparabili ha condotto anche l'analisi del contatto tra dialetto italoromanzo e *arbërisht* nell'Italia meridionale, descritto in Prifti (2011a).
[350] Si veda anche quanto già accennato in proposito in 4.1.3.3 e 4.1.4.

Come tale essa è coinvolta nel contatto italoamericano. Le seguenti considerazioni, basate su indagini sistematiche, portano a conclusioni interessanti, che confermano a grandi linee la dinamica del contatto italoamericano analizzato nella prospettiva del suo prodotto.

Va innanzitutto premessa una distinzione basilare e sostanziale tra le forme della comunicazione paralinguistica[351] tramite la gestualità, rispettivamente nella cultura nordamericana e in quella italoromanza; differenze – pur minime – sono presenti anche all'interno della cultura italoromanza, sia dal punto di vista geografico, che sociale, ecc.[352] La grande rilevanza comunicativa che possiede la gestualità nella cultura italiana la rende una peculiarità molto visibile e importante dell'italianità. Ciò si rispecchia non di rado anche nella percezione, spesso stereotipata, che ne hanno i non-italoamericani.[353]

Vi sono nette divergenze all'interno della gestualità degli italoamericani, legate soprattutto alla loro appartenenza generazionale. La competenza nell'uso della gestualità va di pari passo con il sapere idiomatico. Gli italoamericani di prima generazione, specialmente quelli (primariamente) dialettofoni e di categoria passiva, fanno regolarmente e genericamente uso della gestualità tipica regionale italoromanza. In rari casi è stato constatato, specialmente tra informatori della categoria attiva, persino l'uso aggiuntivo di gesti americani diffusi e molto noti, come ad esempio il gesto dell'OK, a significare approvazione, soddisfazione, ecc. Analogamente alla prosodia, anche la gestualità italoromanza orna il discorso e non è materialmente legata al codice linguistico concreto, ma alla semantica. Per questo motivo l'uso del gradatum AE– è accompagnato dalla gesticolazione, come dimostra esemplarmente anche la citazione 6.156, corredata qui *una tantum* dell'indicazione dei gesti più visibili che hanno accompagnato il discorso.

I cambiamenti radicali che vanno di pari passo con il primo passaggio generazionale riguardano anche la gestualità.[354] La gamma dei gesti italoromanzi usati dagli italoamericani di seconda generazione appare molto ridotta, limitandosi a quelli più frequenti, collegati di solito all'uso del dialetto italoromanzo. È stato constatato un uso più frequente e naturale dei gesti presso quegli italoamericani di seconda generazione – e in qualche caso isolato anche di terza

---

351 Si rinvia a uno dei primi lavori in merito, Duijker (1946).
352 Cf. anche Oliveri (2002, 7), dove sono riportati, tra l'altro, alcuni tratti specifici della gestualità femminile in Sicilia.
353 Nello *sketch* già menzionato di *MadTV*, ad esempio, uno dei personaggi rimprovera al soggetto italoamericano la sua gestualità: «Stop moving your arms like that! I mean, air-traffic controllers don't even use their arms that much!».
354 Cf. in proposito la percezione dell'informatrice IId-2-AM, nella citazione 6.154.

generazione – cresciuti nelle enclavi del tipo *Little Italy*. Il parlante I-2-AM, ad esempio, raccontando un episodio dalla sua infanzia, ha descritto come un venditore ambulante italiano avesse minacciato lui e i suoi compagni, dopo aver subito i loro dispetti. L'informatore aveva usato i due gesti raffigurati[355] sotto mentre riportava le minacce in dialetto del venditore arrabbiato:

[6.176] «<inizio del gesto 1> [ᵐa'nːaʧ͡ᵃ 'stapːᵃ 'kə 'sɪ tːakː'jaːpə 'tə 'faʧːə] <passaggio dal gesto di avvertimento (fig. 6.11) al gesto di minaccia (fig. 6.12)> ['nuː 'guːlə 'taːndə]» [Traduzione: Mannaggia! Fermati, che se ti prendo per te sono guai!].

 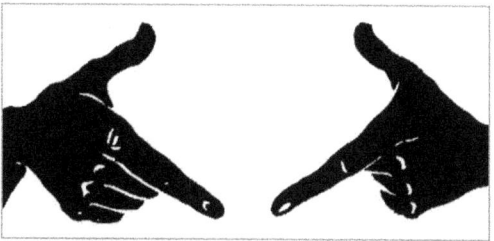

Fig. 6.11: Gesto di avvertimento: «Ti manciu, si t'annaghiu»

Fig. 6.12: Gesto di minaccia: «Ti lu fazzu tantu»

La gestualità che accompagna i discorsi in inglese degli italoamericani di seconda generazione e oltre è invece collocabile prevalentemente nella tradizione gestuale nordamericana, con qualche traccia sporadica di gestualità italiana. Persino tratti inglesi di *code switching* presenti in discorsi italoromanzi sono a volte accompagnati dalla gestualità nordamericana.[356] È importante sottolineare che a simili risultati era giunto già più di 70 anni fa Dafid Efron, il quale in un'analisi comparativa si occupò anche della gestualità degli italoamericani meridionali della *Little Italy* di New York. Egli constatò una correlazione qualitativa tra gestualità e appartenenza generazionale. Nella sua monografia pionieristica, che conobbe due edizioni (1941[357] e 1972) e che apparve, nel 1974, anche in italiano,

---

355 I disegni risalgono a Oliveri (2002, 77 e 106).
356 L'informatore IId-2-MaC, ad esempio, ha accentuato l'affermazione «I can tell it right away!», introdotta in un discorso in italiano, riportato sopra (4.110), tramite uno schiocco di dita. Lo stesso parlante ha usato lo stesso gesto anche nel corso della seguente affermazione: *Però, quando si tratta.. s'io sento uno di Roma, lo capisco* <schiocco di dita> *subito*.
357 Il titolo originale è: *Gesture and Environment. A tentative study of some of the spatio-temporal and «linguistic» aspects of the gestural behavior of Eastern Jews and Southern Italians in New York City, living under similar as well as different environmental conditions*.

Efron mise chiaramente in rilievo che il grado di «assimilazione»[358] condiziona anche la qualità dell'ibridazione della gestualità e descrisse, anche tramite degli schizzi, alcuni dei gesti ibridi.

Robert Di Pietro constata la conservazione a lungo dei gesti e dei tratti prosodici italoromanzi, adducendo la supposizione che questi, a differenza della lingua, «(...) non attirano l'attenzione dei monolingui in lingua inglese.»[359] Risulta tuttavia difficile percepire questa conservazione come un'anormalità isolata e accettare la spiegazione di Di Pietro. La dinamica nella variazione, e quindi il processo di convergenza, in riferimento alla gestualità risulta in effetti concordare a grandi linee con la dinamica delineata dettagliatamente nel corso dell'analisi materiale.

6.5 Conclusioni generali relative al prodotto del contatto italoamericano

L'obiettivo inseguito tramite l'analisi del prodotto del contatto italoamericano è stato esaminare in prospettiva materiale i gradata da esso generati individuati nei due primi passi analitici. Non è stata affatto contemplata un'analisi materiale dettagliata ed estesa di ciascuna delle circa venti lingue funzionali qui descritte, bensì la presentazione di una cernita dei loro tratti peculiari principali, sufficiente a evidenziare adeguatamente la distinzione materiale tra i singoli gradata. Concepita in chiave diacronica, l'analisi è stata strutturata in base alla suddivisione del contatto in tre fasi. Sono state delineate sistematicamente le caratteristiche materiali principali delle singole lingue funzionali comprese nelle specifiche configurazioni dell'architettura del contatto nelle singole fasi.

L'esame materiale delle singole lingue funzionali è stato incentrato su tre fenomeni principali correlati tra loro, che determinano il processo di convergenza nei contatti linguistici migrazionali: la transferenza (interferenze e *code switching*), l'erosione (quale forma dell'alterazione) e il *dialect mixing*. L'analisi materiale ha messo in rilievo una netta distinzione[360] *qualitativa* tra i singoli arcigradata che compongono l'architettura generale del contatto, visto nella sua

---

[358] Cf. Efron (1974, 163ss.).
[359] Cf. Di Pietro (1986, 16).
[360] L'analisi contrastiva dei segnali discorsivi nelle singole lingue funzionali ha contribuito a mettere più chiaramente in rilievo le distinzioni tra queste, nonché la dinamicità del contatto. I segnali discorsivi divergono nei singoli arcigradata sia in chiave materiale e semantica, che per la loro frequenza e distribuzione. Si veda in proposito anche Prifti (2011b; 2011c).

intera estensione. Sono stati confermati i risultati raggiunti nell'ambito dei due passi analitici precedenti, incentrati sul sapere linguistico e sul comportamento linguistico.

È apparso evidente il legame diretto tra la valenza che hanno le singole lingue funzionali, dal punto di vista del comportamento linguistico, per le singole generazioni di italoamericani, e la loro qualità in prospettiva materiale. Si tratta, in altre parole, della netta distinzione materiale tra gli arcigradata mesolettali *primari*, quindi l'Italoromanzo difettivo (IR–), per gli italoamericani di prima generazione, e l'*Italian American Vernacular English* (AE+), per quelli di seconda (e oltre), e i gradata *secondari*, dunque rispettivamente l'*American English* difettivo (AE–) e l'Italoromanzo doppiamente difettivo (IR– –).[361] Nel distinguere materialmente i gradata secondari assumono particolare rilevanza i fenomeni dell'erosione e del *dialect mixing*, che si aggiungono alla presenza di numerose interferenze dall'altra lingua di contatto presenti di regola a tutti i livelli grammaticali. È stato inoltre constatato con maggiore frequenza rispetto alle varietà primarie il fenomeno di *code switching*. Le interferenze, l'erosione e il *dialect mixing* sono poi anche alla base della distinzione, sebbene ridotta, tra l'arcigradatum basilettale (IR+), quindi di prima dell'emigrazione, e l'italoromanzo in emigrazione (IR–).

Riassume efficacemente la differenza materiale tra gli arcigradata Eugenio Scaglia, il quale, criticando Menarini, mette a confronto le peculiarità materiali delle lingue funzionali parlate dagli italoamericani di prima generazione, ovvero «l'italo-americano» (vale a dire il gradatum primario IR–) e «l'americano in bocca italiana», la loro lingua funzionale secondaria (AE–):

> «L'*americano in bocca italiana* va distinto dall'*italo-americano*. Questo è fonologicamente, morfologicamente e sintatticamente italiano (cioè napoletano, siciliano, ecc.) e chi lo parla si trova perfettamente ad agio, *at home*, in pantofole e maniche di camicia. Nell'*americano in bocca italiana* invece c'è l'impaccio di chi si sforza consapevolmente di riprodurre suoni esotici. Per esempio la frase *fa lu nnaisi bboia* che il nonno siciliano d'America rivolge al nipotino è fonologicamente tutt'altra cosa, anche rispetto al timbro della voce quando egli dice *mech nnaisi bboi* (...).»[362]

---

[361] L'informatore IId-1a-SP, ad esempio, ha così spiegato la difettività del suo inglese – sua lingua secondaria –:
[6.177] *La lingua n' ci va su quella, perché non la parla mai.*
Analogamente, alla domanda *E l'italiano lo parli bene?* un'informatrice ha risposto:
[6.178] IId-2-MM: *Non perfetto, perché è quarandun' annə che siamə qui. Non lo parli tutt' i giorni, allora dimentichi assai parole.* Si vedano anche le affermazioni 4.184 e 4.185.
[362] Cf. Scaglia (1950, 91, n. 3).

Concorda a grandi linee anche Robert A. Hall Jr., riferendosi alla varietà difettiva, che secondo lui rappresenta una «combination of Italian and English vocabulary with a pidginized English grammatical structure.»[363]

Gli effetti dei contatti inter-italoromanzi (*dialect mixing*), che si notano regolarmente, possono assumere nelle enclavi sovraregionali italoamericane maggiormente compatte persino tratti di koineizzazione, come indica, tra gli altri, Di Pietro,[364] sopravvalutando però la portata di questo fenomeno.

Confrontando materialmente i discorsi dei singoli parlanti della stessa generazione nello stesso periodo o nella stessa fase del contatto, si rileva che le singole varianti della stessa lingua funzionale possono variare materialmente sotto l'influsso di diversi fattori extralinguistici.[365] Persino la variante personale della lingua funzionale parlata da un singolo parlante può cambiare nell'arco del tempo,[366] come testimoniano le affermazioni citate dalle interviste. Nonostante queste differenze o, per meglio dire, queste oscillazioni materiali, le singole varianti convergono comunque, a grandi linee, riguardo alla qualità della transferenza, dell'erosione e del *dialect mixing*. Alla moltitudine di *varianti* corrisponde quindi *una varietà* di contatto, con peculiarità materiali prototipiche, che appaiono piuttosto uniformi nel corso di una medesima fase di contatto.

D'altra parte, se si paragonano tra loro i gradata analoghi delle singole fasi, risulta che essi divergono materialmente. Mettendo a confronto, ad esempio, il gradatum primario degli italoamericani di prima generazione (D−) durante la prima fase di contatto con il gradatum analogo nella terza fase (I−), emergono chiaramente discrepanze materiali prototipiche non indifferenti. Nonostante ciò, tra i gradata analoghi sono decisivi i parallelismi, che consistono soprattutto nelle assomiglianze inerenti al *contrasto qualitativo* con l'altro gradatum della stessa lingua storica. I gradata analizzati nel corso del primo periodo della seconda fase risultano, in chiave materiale, qualitativamente più simili ai gradata analoghi della prima fase. Si rilevano somiglianze materiali qualitative anche tra le lingue funzionali della terza fase e quelle analoghe del secondo periodo della seconda fase. In prospettiva materiale la seconda fase va dunque considerata la fase transitoria o, per meglio dire, «spartiacque».

È stato dunque possibile generalizzare i gradata analoghi constatati nelle singole fasi di contatto tramite arcigradata, i quali, correlati gerarchicamente tra loro, rispecchiano la dinamica del contatto nella sua intera estensione. L'ulti-

---

363 Cf. Hall (1945, 14).
364 Cf. Di Pietro (1986, 16).
365 Si veda anche Menarini (1947b, 149s.).
366 Cf. in proposito Saltarelli (1986a, 114).

mo passo di astrazione nell'ambito della dinamica del contatto è stato orientato, infine, a ciascuna delle lingue storiche di base. Gli arcigradata di base italoromanza si possono così raggruppare nel cosiddetto *Italese*, vale a dire nell'unità arcigradatuale di base italoromanza, di cui si è già detto, mentre gli arcigradata di base inglese, analogamente, convergono nel cosiddetto *Americaliano*.

L'analisi materiale del prodotto del contatto ha dunque avvalorato la configurazione della sua architettura riferita alle sue tre fasi (4.3), già precedentemente comprovata nell'ambito dell'analisi del comportamento linguistico (5.4).

Seguono le due tabelle riassuntive.

Tab. 6.9: Qualità degli arcigradata

LINGUA STORICA	ARCI-GRADATUM	GENERAZIONE PRIMA Categoria 'passiva'			GENERAZIONE PRIMA Categoria 'attiva'			GENERAZIONE SECONDA			GENERAZIONE TERZA (E OLTRE)		
		FENOMENO			**FENOMENO**			**FENOMENO**			**FENOMENO**		
		INTERF./ C.SWITCH.	EROSIONE	DIALECT MIXING	INTERF./ C.SWITCH.	EROSIONE	DIALECT MIXING	INTERF./ C.SWITCH.	EROSIONE	DIALECT MIXING	INTERF./ C.SWITCH.	EROSIONE	DIALECT MIXING
INGLESE	**AE+** non difettivo				+	-/+	-	-/+	-	-	-/+	-	-
INGLESE	**AE-** difettivo		-										
ITALO-ROMANZO	**IR--** doppiamente difettivo	-/+	-		+/-	-	-/+	+	+	-/+	+	+	+/-
ITALO-ROMANZO	**IR-** difettivo												

Nota: Circa la struttura e la presentazione dei dati in questa tabella si rimanda alle note che accompagnano le tabb. 5.1 e 6.1.

Legenda dei simboli

–	niente o livello *basso* piuttosto *trascurabile*
–/+	livello *piuttosto basso*
+/–	livello *piuttosto alto*
+	livello *alto*

LINGUA STORICA	ARCI-GRADATUM	GENERAZIONE PRIMA						GENERAZIONE SECONDA			GENERAZIONE TERZA (E OLTRE)		
		Categoria 'passiva'			Categoria 'attiva'			LIVELLO INTERFERENZE			LIVELLO INTERFERENZE		
		FONET./FONOL.	MORFO-SINTASSI	LESSICO	FONET./FONOL.	MORFO-SINTASSI	LESSICO	FONET./FONOL.	MORFO-SINTASSI	LESSICO	FONET./FONOL.	MORFO-SINTASSI	LESSICO
INGLESE	**AE+** non difettivo	✕	✕	✕	+	+/–	+/–	–/+	–	+/–	–	–	–/+
INGLESE	**AE–** difettivo	✕	✕	✕									
ITALO-ROMANZO	**IR– –** doppiamente difettivo	–	–	–/+	✕	✕	✕	+	+	+	+	+	+
ITALO-ROMANZO	**IR–** difettivo	–			–/+		+/–						

Nota: Circa la struttura e la presentazione dei dati in questa tabella si rimanda alle note che accompagnano le tabb. 5.1 e 6.2.

Legenda dei simboli

–	niente o livello *basso* piuttosto *trascurabile*
– / +	livello *piuttosto basso*
+ / –	livello *piuttosto alto*
+	livello *alto*

Tab. 6.10: Distribuzione delle interferenze negli arcigradata

7 La correlazione tra identità e lingua nel contatto italoamericano

Oggetto della quarta e ultima tappa analitica della linguistica migrazionale pluridimensionale è la correlazione tra lingua – o, meglio, lingue – di contatto e identità. Proiettato nel caso italoamericano, l'obiettivo del presente capitolo è la descrizione sistematica delle dinamiche dell'interazione tra le varietà linguistiche, generate dal contatto italoamericano, e l'identità etnica,[1] intesa come entità dinamica socio-culturale. In essa confluiscono – convergendo – singole forme, tra loro correlate e tendenzialmente stabili, di identità collettive consolidate secondo l'appartenenza degli individui a generazioni, categorie, fasi o periodi del contatto culturale italoamericano. Vista attraverso questo prisma, la lingua è da considerarsi una forma dell'οὐσία, intesa nel senso della tradizione filosofica ontologica, come descritto in 2.1.3. L'analisi è incentrata sui livelli sia individuale che collettivo, in considerazione, sistematica e prioritaria, della classificazione degli italoamericani in generazioni di emigrazione e, laddove rilevante, anche in categorie. In secondo luogo viene considerata la dimensione diacronica, vale a dire la suddivisione del contatto in fasi e periodi. Verrà descritta soprattutto, da un lato, la percezione dei parlanti, in quanto rappresentanti di gruppi, categorie o generazioni specifiche, e dall'altro la percezione collettiva, riguardante in entrambi i casi il legame tra sapere idiomatico, comportamento linguistico e identità. Nell'analisi assume importanza anche l'identificazione di singoli elementi materiali prototipici che fungono da marcatori e stabilizzatori dell'identità collettiva – o delle identità collettive –. Verrà effettuata, in conclusione, una generalizzazione delle dinamiche dell'interazione tra lingua e identità per l'intera estensione spazio-temporale del contatto italoamericano.

7.1 Prima generazione

Le dinamiche della correlazione tra lingue di contatto e identità etnica degli italoamericani di prima generazione sono analizzate all'interno delle singole fasi del contatto (7.1.1–7.1.3). Laddove rilevante, viene tenuto conto anche della suddivisione delle prime due fasi in periodi. Seguono gli stessi criteri anche le analisi rivolte alla seconda e alla terza generazione.

---

[1] Si vedano, ad esempio, i cenni generali in Vecoli (1987).

7.1.1 Prima fase del contatto

Mentre mancano degli indizi risalenti al periodo coloniale che potrebbero far luce sul rapporto tra lingua e identità italoamericana, si hanno alcune, in realtà poche, testimonianze riconducibili al secondo periodo della medesima fase, quello preunitario, che si riferiscono esclusivamente agli italoamericani di prima generazione e riguardano – nella maggior parte dei casi – la difettività del dialetto da questi parlato, principalmente a causa delle interferenze inglesi.[2] La varietà mesolettale D– funge, quindi, da peculiarità e, nel contempo, da *marker* dell'identità collettiva degli italoamericani di prima generazione. Implicitamente, il gradatum basilettale Dialetto non difettivo (D+) svolge la medesima funzione per il resto della comunità dialettofona, non emigrata. Questa percezione, e correlazione, si riconferma più volte nelle testimonianze risalenti al terzo periodo, che è quello più rilevante sia in relazione alla prima fase del contatto italoamericano, che alla sua intera durata. Se ne trova traccia, non di rado, anche nella letteratura sulla migrazione. Il fenomeno naturale per cui la trasformazione dell'identità a seguito dell'emigrazione si riflette nell'uso linguistico – che, da parte sua, fa da stabilizzatore dell'identità – è un motivo diffuso nella tradizione letteraria veristica. Il personaggio di Luigi Capuana nel libro *Gli americani di Ràbbato* (1912), Antonio Margariti, un emigrato siciliano di ritorno, risponde così al prete siciliano che gli chiede, se sia americano: «Io?» risponde l'uomo. «Sono nato in questo paese. In America mi chiamano italiano, qui in Italia mi chiamano americano.»[3]

Gli elementi materiali riconducibili alla varietà di contatto Dialetto difettivo (D–) che fungono da *marker* e da stabilizzatori dell'identità degli italoamericani di prima generazione, durante la prima fase, sono prevalentemente lessicali, come emerge dall'analisi in 6.1.1 e 6.1.5, ad esempio *baccausu, farma, pezza, renta*, per menzionare solo quelli più celebri e di diffusione circoscritta alla prima fase del contatto.

La contrapposizione dei gradatà D– vs. D+ si riflette – a livello dell'identità – rispettivamente nei prototipi *paisà* vs. *italiano*. Un'ulteriore conferma di questa netta distinzione è data dal fenomeno lessicale, descritto in 6.1.2, dell'adattamento, vale a dire dell'americanizzazione, dei nomi di persona e delle volte anche dei cognomi italiani. Esso svolge una funzione identificativa importante nella percezione dell'identità collettiva italoamericana in Italia.

---

[2] Si rinvia alla testimonianza esemplare di Luigi Donato Ventura (qui, la citazione 4.135), che risale al 1849.
[3] Citato da Franzina (1995, 11).

Un elemento altrettanto significativo in riferimento all'identità della prima generazione è la varietà secondaria degli italoamericani di prima generazione, il cosiddetto *broken English*, ossia l'*American English* difettivo (AE–). Specialmente nel periodo della Grande Emigrazione esso fungeva da *marker* fondamentale dell'identità collettiva degli emigrati. Fu soprattutto la carente qualità del gradatum in questione a codeterminare la denominazione stereotipica *grignòllo* (< ae. *greenhorn*) di questa categoria di italoamericani,[4] che è da considerarsi un'espressione esplicita dell'identità collettiva.

7.1.2 Seconda fase del contatto

Anche nell'analisi della correlazione tra lingua e identità durante la seconda fase occorre tenere presente la suddivisione di questa in due periodi. Il rapporto interattivo tra lingua e identità durante il primo periodo rivela molte analogie con il terzo periodo della fase precedente. L'ampio corpus empirico, su cui si basa la presente analisi, contiene molteplici testimonianze ed elementi che riconfermano per il periodo in questione i risultati raggiunti in 7.1.1. Basterà riportare e commentare qui un'affermazione particolarmente espressiva dell'informatrice siculoamericana primariamente dialettofona IId-1a-MM circa la correlazione tra la varietà primaria della prima generazione, vale a dire il Dialetto difettivo (D–), e l'identità della generazione, cui lei appartiene. Essa distingue, inoltre, implicitamente anche tra l'identità italoamericana e quella italiana, che si materializzano entrambe nella lingua.

> [7.1] IId-1a-MM: *Proprio facciamo un miscuglio di lingue, qui in America. Queſt' è a nostra creanza. (...) Abbiamo come fatto una lingua nostra, e non ce la leva nessuno, non a cancia nuḍḍu. Così paṛṛamu e così ṛicemu e così ſcrivemu.*

È complementare l'apporto dato all'identità da parte del gradatum italoromanzo secondario, vale a dire dell'Italiano ulteriormente difettivo (I– –), che comunque possiede per i parlanti una valenza comunicativa supplementare. Esso va a rafforzare l'italianità, in quanto componente dell'identità complessiva degli italoamericani di prima generazione.

Risultano analoghe le dinamiche della correlazione tra lingua (o lingue) di contatto e identità nel caso degli italoamericani di prima generazione primariamente italofoni, benché i due gruppi si distinguano in riferimento alla rispettiva

---

4 Si rinvia alle osservazioni dettagliate fatte in proposito in 6.1.5 e 2.2.4.3.

identità collettiva. La pur minima distinzione, che poi, nel corso della terza fase, aumenta notevolmente (7.1.3), riflette, in fondo, il dislivello di prestigio tra italiano e dialetto.

Sono state constatate delle similitudini sostanziali in entrambi i periodi della fase in questione in riferimento sia alle dinamiche del rapporto tra *American English* difettivo (AE–) e identità, che alla distinzione delle categorie passiva e attiva, basata sul dislivello nella qualità del gradatum *broken English*.[5]

7.1.3 Terza fase del contatto

C'è uno stretto legame tra l'identità etnica collettiva degli italoamericani di prima generazione della terza fase di contatto e l'uso, da un lato, della loro varietà primaria, vale a dire dell'Italiano difettivo (I–), e dall'altro del *broken English* (AE–), la loro varietà secondaria. Ancor più significativa ed esemplare, persino in prospettiva teorica – in riferimento, cioè, alla dinamica della correlazione tra lingue di contatto migrazionale e identità etnica –, è però la distinzione tra italoamericani di prima generazione primariamente dialettofoni e quelli primariamente italofoni, accennata in 7.1.2. La distinzione minima dei due gruppi durante la seconda fase diventa nella fase successiva una vera e propria discrepanza. Due gruppi di italoamericani della medesima generazione che usano però genericamente due gradata analoghi e genealogicamente correlati (D– e I–), si distinguono – o vogliono distinguersi – nettamente tra loro e la distinzione è motivata proprio dall'uso generico di gradata italoromanzi diversi. Benché la distinzione al livello dell'identità si esprima e si materializzi a livello linguistico, i suoi veri motivi sono in realtà socio-culturali. Joseph Sciorra descrive come segue questo fenomeno:

> «Regarding group identity, Italian nationals have a particularly troubled relationship to Italian-American expressive culture. D'Acierno notes, ‹Italian Americans stand to Italians as degraded copies, as simulacra that are poor imitations of the real thing.› It is not uncommon to hear Italian nationals working in New York City distinguish themselves from Italian Americans with the self-referential phrase ‹real Italians›, as they critique Italian-American food, language, music and so on. Just as Italian Americans measured their social and economic progress after World War II by comparing themselves with relatives living in Italy, so do current Italians gauge their own modernity by looking at Italian Americans.»[6]

---

5 Si veda, ad esempio, l'affermazione 4.93.
6 Cf. Sciorra (2010, 6).

Elementi materiali stereotipici del gradatum Dialetto difettivo (D−), che fanno da simbolo e stabilizzatori dell'identità collettiva degli italoamericani dell'emigrazione «antica», come *begga, bosso, carro, lajtsi, scioppa, stappare*, ecc., diventano per gli italoamericani «moderni» dei veri tabù da evitare, come si evince anche da diverse interviste.[7]

7.1.4 Sintesi: prima generazione

Dall'analisi è emerso che in tutte le fasi – e periodi – del contatto, ciascuna delle varietà di contatto, usate dai parlanti di prima generazione, contribuisce alla solidificazione dell'identità etnica collettiva specifica dell'intera generazione, della singola categoria o del gruppo di italoamericani, che essi rappresentano. La correlazione interattiva tra lingua di contatto e identità diventa più evidente se si analizzano le dinamiche di detto rapporto nel caso degli italoamericani di prima generazione, primariamente dialettofoni, da un lato, e primariamente italofoni, dall'altro.

7.2 Seconda generazione

7.2.1 Prima fase del contatto

Le testimonianze inerenti alla correlazione tra lingua e identità relative alla seconda generazione si limitano piuttosto al terzo periodo della prima fase. Dalla loro analisi, in svariati casi, è emerso chiaramente che a contraddistinguere l'identità degli italoamericani in questione hanno svolto un ruolo determinante le varietà di contatto da loro usate, vale a dire il Dialetto doppiamente difettivo (D− −) e il cosiddetto *Italian accent* (AE+). Mentre il primo è stato un importante *marker* e stabilizzatore dell'identità collettiva dei parlanti di seconda generazione all'interno della comunità italoamericana, l'ultimo ricopre la medesima funzione identificativa al di fuori del gruppo etnico. Ne dà conferma lo stesso attributo «Italian» nella denominazione comune del gradatum *Italian accent*. I tratti materiali identificativi prototipici e, delle volte, anche stereotipici maggiormente rilevanti sono appunto di carattere fonetico e fonologico.

La stretta correlazione e interazione tra identità e lingua è comprovata anche dall'influsso della differenziazione (prevalentemente) topica in un medesimo

---

[7] Si vedano, ad esempio, l'affermazione 3.3 e le osservazioni in proposito fatte in 4.1.2.2 e 4.2.3.

gradatum sulla distinzione di varietà nella medesima identità collettiva. Un esempio celebre è dato dalla differenziazione nello spazio – specificamente nell'area della nota *Little Italy* di Brooklyn – dell'arcigradatum *Italian accent*. Il cosiddetto *Brooklyn accent*[8] va infatti considerato una variazione dell'*Italian accent*. Questa distinzione si riflette anche sull'identità collettiva specifica degli italoamericani di seconda generazione, circoscritta allo spazio della *Little Italy* di Brooklyn, da dove poi tratti peculiari identificativi, naturalmente anche linguistici, si sono irradiati nella comunità italoamericana anche oltre Brooklyn. I mass-media hanno svolto e continuano a svolgere un ruolo importante nel consolidamento degli elementi stereotipici identificativi, nell'amplificazione della loro funzione nonché nella loro diffusione.

Va prestata inoltre attenzione ai tratti materiali marcatori e stabilizzatori dell'identità dei gruppi, riconducibili all'*Italian accent*. Basterà limitarsi alla categoria dei segnali discorsivi, tra i quali, l'elemento stereotipico attualmente forse più noto è il segnale discorsivo *fuhgeddaboutit* < *forget about it*, descritto ampiamente in 4.1.3.3 e 6.1.4.

7.2.2 Seconda fase del contatto

L'effetto spartiacque per l'intero contatto italoamericano verificatosi durante la seconda fase è confermato anche al livello della correlazione tra lingua e identità, specialmente in riferimento alla seconda generazione. La distinzione dei due periodi si riflette nella differenziazione di due categorie di italoamericani di seconda generazione, basata, in fondo, sulla loro varietà italoromanza di contatto, che per gli uni, collocabili nel primo periodo, è il Dialetto doppiamente difettivo (D– –), mentre per gli altri, riconducibili al secondo periodo, è l'Italiano doppiamente difettivo (I– –). Ed è proprio l'uso delle rispettive varietà italoromanze che funge da elemento distintivo delle rispettive identità collettive. L'identità della categoria dialettofona va a orientarsi all'italianità «antica», e a quella «moderna», invece, l'identità degli italoamericani italofoni di seconda generazione. Questa constatazione trova conferma nell'esame dei cambiamenti che subentrano nell'identità – sia individuale che collettiva – di quel gruppo di italoamericani dialettofoni di seconda generazione che hanno appreso l'italiano in modo pilotato.[9]

---

8 Si rinvia alle osservazioni in proposito in 4.1.3.3.
9 Si vedano le osservazioni su questo fenomeno in 5.2.2.2.

L'*American English* non difettivo (AE+), invece, vale a dire il gradatum primario di ciascuna delle due categorie di parlanti della generazione in questione, contribuisce alla convergenza delle rispettive identità collettive.

7.2.3 Terza fase del contatto

Dall'analisi del rapporto tra lingue di contatto e identità degli italoamericani di seconda generazione nel corso della terza fase di contatto sono risultate, a grandi linee, le medesime dinamiche di interazione constatate per la medesima generazione di parlanti nel secondo periodo della seconda fase, alle quali si rinvia.

7.2.4 Sintesi: seconda generazione

L'esame ha messo in rilievo l'intensa interazione che contraddistingue, per tutta l'estensione nel tempo del contatto italoamericano, la correlazione tra identità individuale e collettiva degli italoamericani di seconda generazione e le lingue di contatto di cui loro fanno uso. Una conferma è data dalle divergenze constatate in detta correlazione, relative alla distinzione di due categorie di parlanti: gli italoamericani dialettofoni, da un lato, sia quelli rientranti nella prima fase che quelli collocabili nel primo periodo della seconda fase del contatto, e dall'altro, a partire dal secondo periodo della seconda fase, gli italoamericani italofoni di seconda generazione. La bipolarizzazione dell'uso e del sapere linguistico dei parlanti di seconda generazione, che riflette in fondo la dicotomia dialetto vs. italiano, contribuisce, a grandi linee, al consolidamento della distinzione tra due varietà dell'italianità italoamericana: quella «antica», strettamente legata all'ibridazione culturale – prevalentemente linguistica – e il cui stereotipo è l'italoamericanità di Brooklyn, e l'italianità «moderna», fortemente orientata all'Italia.

7.3 Terza generazione

L'analisi della correlazione tra lingua e identità relativa alla terza generazione va incentrata, in prospettiva temporale, sulla prima fase del contatto, in termini spaziali, sulle aree con un'alta concentrazione dell'elemento italiano, vale a dire le enclavi sovraregionali e, in chiave contattuale, sul cosiddetto *Italian accent* (AE+). È stato rilevato un forte legame tra quest'ultimo e l'identità collettiva di coloro che rappresentano oggi la continuazione delle comunità italiane installate nelle *Little Italies* all'inizio del Novecento. I *marker* linguistici di detta correlazione sono, al di là degli elementi fonetici, soprattutto sparuti tratti lessicali e interiezioni, come ad esempio voci risalenti al vocabolario culinario[10] (*busteen < pastina, balend < polenta, brashoot < prosciutto, govadeel < cavatelli, ganool < cannoli, goodageen < cotechino, pravaloon < provolone, manigot < manicotti, meneste < minestra, sooprasat < supprəssatə, visgut < biscotto*, ecc.), il segnale discorsivo *fuhgeddaboutit*, menzionato poco sopra, e molti altri. Singoli tratti materiali riconducibili al gradatum *Italian accent*, che consistono in interferenze dai dialetti italiani meridionali, fungono da *marker* e da stabilizzatori del cosiddetto *mobspeak* o *sopranospeak*, vale a dire dello *slang* della malavita italoamericana, che rappresenta una varietà piuttosto stilistica e sociale dell'*American English* non difettivo (AE+). Si tratta di gergalismi (ad esempio *fazools < fasulə, goumad < commare*), appellativi, imprecazioni, insulti, modi di dire (ad esempio *finook < finocchio, fo(n)gool < Vaffanculo!, gabbadotz < capa tosta, gavohn < cafone, gujans < coglioni, goombah < compare, mamaluke < mammalucco, Marone! < Maronnə!* 'Madonna!', *stugots < stu cazzə!*) e molti altri.[11]

7.4 Conclusioni relative alla correlazione tra identità e lingua nel contatto italoamericano

L'analisi mirata e sistematica della correlazione tra lingua e identità si è rivelata necessaria e utile a completare e rendere più oggettiva e realistica la descrizione delle dinamiche della convergenza e del cambio linguistico generati dal contatto italoamericano. Con il dovuto riguardo alla dimensione dell'identità della lingua, la ricerca linguistica qui svolta è stata orientata aggiuntivamente alla realtà culturale, rappresentando la lingua una componente fondamentale della cultura.

Sono due i risultati principali a cui ha portato l'analisi del rapporto tra lingua e identità, svolta sistematicamente in prospettiva generazionale e cronologica.

1. Le lingue di contatto e l'identità di generazioni, categorie, o, in casi specifici, anche di gruppi di italoamericani sono strettamente correlate e interagiscono, influenzandosi vicendevolmente.

2. Nel contatto italoamericano, visto nella sua intera estensione spazio-temporale, si constata una netta interdipendenza tra sapere linguistico, comportamento linguistico, identità etnica e prodotto del contatto.

---

10 Si rinvia all'analisi in proposito in 6.1.4.
11 Si veda in proposito l'analisi in 4.1.3.3, 6.1.4, ecc.

Il contatto culturale migrazionale italoamericano produce, principalmente su base generazionale, forme di identità collettiva. Le varietà di contatto da esso generate e, al loro interno, le interferenze più frequenti e stabili, fungono da stabilizzatori per le singole identità collettive.

L'essere in continua trasformazione del sapere e del comportamento linguistico, ai livelli sia individuale che collettivo, si riflette nettamente anche sull'identità, come confermano abbondantemente le indagini sulle dinamiche del contatto italoamericano. La trasformazione dell'identità collettiva si constata inoltre anche in termini diacronici, se si considera il contatto italoamericano nella sua intera estensione spazio-temporale. Emergono due forme dell'italoamericanità, che si succedono cronologicamente, riflettendo, in parte, la graduale trasformazione socioculturale della società italiana, legata anche alla diffusione dell'italiano come lingua parlata. L'analisi ha messo, dunque, in rilievo la presenza di un'italoamericanità «antica», legata alla Grande Emigrazione e alle *Little Italies*, all'origine rurale e all'uso del dialetto, per la quale «litalia e lundana»,[12] e di un'italoamericanità «moderna», più italiana, di origine urbana e fortemente legata all'uso dell'italiano – e all'Italia – e culturalmente più vicina a essa. Le dinamiche di questa trasformazione dell'identità etnica vanno di pari passo con quelle che contraddistinguono l'evoluzione del contatto linguistico italoamericano.

---

[12] «l'Italia è lontana.» (tratto da una lettera scritta negli anni '50 da un emigrato campano ai suoi parenti a Benevento; Archivio privato dell'informatore I-2-AM).

8 Conclusioni generali

Nel corso della monografia è stato analizzato sistematicamente dal punto di vista della linguistica migrazionale pluridimensionale il complesso processo della convergenza e del cambio linguistico generati dal contatto italoamericano, prodotto dall'emigrazione ultraquattrocentenaria degli italiani negli USA. Il lavoro rappresenta un contributo di linguistica migrazionale concepito, nel suo insieme, come un'analisi contattuale variazionale diacronica. La descrizione delle dinamiche di questo contatto fa perno su una percezione quadruplice della lingua in quanto *sapere*, *attività*, *prodotto* e *identità*, che si riflette in quattro tappe investigative susseguenti, in cui vengono analizzati rispettivamente il *sapere linguistico* degli italoamericani, il loro *comportamento linguistico*, il *prodotto* del contatto e, infine, la correlazione interattiva tra *lingua* e *identità*. La quadruplice analisi è stata effettuata sistematicamente per ciascuna delle tre fasi susseguenti del contatto, all'interno di ognuna delle quali il contatto presenta una costellazione specifica. Le tre composizioni del contatto italoamericano che sono emerse riflettono a grandi linee il passaggio dal monolinguismo dialettale a quello italiano, che ha come tappa intermedia la diglossia italiano – dialetto. Nel caso italoamericano si riscontra, nella prima fase, un rapporto *diglossico* tra *American English* e dialetto, il quale si trasforma, durante la seconda fase, in un rapporto *triglossico*, venendosi ad aggiungere l'italiano, e nella terza fase nuovamente in un rapporto *diglossico*, questa volta tra *American English* e italiano. Date queste premesse è legittimo parlare di una descrizione diacronica del contatto italoamericano. Per analizzare adeguatamente le dinamiche del contatto è inoltre fondamentale mettere al centro dell'attenzione il singolo parlante e la comunità di cui egli fa parte. È stato basilare, quindi, tenere conto della classificazione dei parlanti in generazioni di emigrazione e della distinzione di diverse varietà di contatto compiuta dagli italoamericani stessi specialmente in base alla qualità delle interferenze dalle altre lingue in contatto e all'erosione. L'esame, inoltre, delle dinamiche che contraddistinguono l'uso delle singole varietà di contatto da parte dei parlanti – ai livelli sia individuale che collettivo –, la correlazione di ciascuna varietà all'identità, nonché l'attenta analisi materiale di ognuna di loro hanno dimostrato chiaramente che il mesoletto è costituito da una *struttura a gradi di varietà distinte e gerarchicamente correlate.*

Tra le singole fasi del processo di convergenza generato dal contatto italoamericano, sono state constatate molteplici analogie. Ciò permette di generalizzare e proporre, quindi, una descrizione diacronica delle dinamiche e del cambiamento linguistico generati dal contatto, visto nella sua intera estensione spazio-temporale. A questo scopo occorre percepire il dialetto e l'italiano genericamente come italoromanzo. Su questa base la zona mesolettale dell'architettura generale del contatto risulta composta di quattro gradi, vale a dire di quattro arcigradata, gerarchicamente correlati fra loro. Si tratta, da un lato, dell'Italoromanzo difettivo (IR−) e dell'*American English* difettivo (AE−), ovvero le varietà rispettivamente primaria e secondaria degli italoamericani di prima generazione. Analogamente, in riferimento agli italoamericani di seconda generazione, si hanno l'*American English* non difettivo (AE+), in quanto varietà etnica degli italoamericani, e l'Italoromanzo doppiamente difettivo (IR− −), quale riflesso monodimensionale dell'Italoromanzo difettivo (IR−) parlato dalla generazione precedente. Dalla presente ricerca è risultato che la varietà etnica di matrice italiana dell'*American English*, generata dal contatto italoamericano, è prova dell'influsso di quest'ultimo sulla differenziazione dell'*American English* nello spazio urbano, maggiormente esposto all'emigrazione italiana. È possibile generalizzare ulteriormente raggruppando i singoli arcigradata mesolettali, secondo la loro matrice o lingua di base, in due unità o aree arcigradatuali: quella italoromanza, vale a dire il cosiddetto *Italese*, da un lato, e l'*Americaliano* vale a dire l'unità arcigradatuale inglese, dall'altro.

Le differenze di prestigio tra le lingue in contatto si riflettono nelle valenze comunicativi specifiche – virtuali e reali – delle singole lingue funzionali generate dal contatto, quindi anche nel comportamento linguistico che può essere reale o virtuale, ai livelli sia individuale che collettivo. L'analisi linguistica migrazionale pluridimensionale del contatto italoamericano ha messo in evidenza che l'*enérgeia* si trova in continuo mutamento, in riferimento sia all'individuo, che alla famiglia, che alla complessiva comunità di migranti. L'*enérgeia* non va dunque percepita come un'entità statica. La sua trasformazione, in contatti linguistici determinati dalla migrazione, rappresenta invece un processo particolarmente dinamico, di cui va tenuto sistematicamente conto. La trasformazione dell'*enérgeia* funge sostanzialmente da motore al cambio linguistico generato dalla migrazione.

L'esame materiale delle singole varietà di contatto, che ha riconfermato la loro distinzione, si è concentrata sulle *interferenze*, sull'*erosione* e sul *dialect mixing*, tre fenomeni correlati fra loro. Nel corso della descrizione delle interferenze è stata considerata solo quantitativamente la presenza dei fenomeni di *code switching* e *code mixing*. Il *dialect mixing*, un fenomeno frequente in situazioni di contatto migrazionale, può determinare in casi particolari i processi di koineizzazione o di formazione di nuovi dialetti. Questo fenomeno, all'interno del contatto italoamericano, è emerso in singole situazioni nelle quali i contatti inter-italoromanzi erano dominati dalla prevalenza di una varietà dialettale, come ad esempio il napoletano e il siciliano nel Nordest.[1] Nelle varietà italoromanze di contatto in

---

[1] Secondo Di Pietro (1986, 17), «Questo linguaggio [l'italoromanzo] ha spesso una base napoletana con vocaboli e alcune strutture del siciliano.» (si veda anche Haller 2006b, 28, e altri).

emigrazione, specialmente in quelle parlate dalla seconda generazione e oltre, si sono conservati delle volte tratti linguistici materiali diventati arcaismi in Italia. Le stesse varietà risultano però, al contempo, particolarmente aperte alle innovazioni, che consistono sia nelle interferenze inglesi, che negli effetti del *dialect mixing*.

I singoli arcigradata fungono inoltre da marcatori e differenziatori dell'identità etnica per i singoli individui e i gruppi di individui, che ne fanno uso. Singoli elementi materiali stereotipici assumono un importante ruolo stabilizzatore. D'altro canto possono essere anche i singoli gruppi di individui, radunati in generazioni o, al loro interno, in categorie specifiche – si pensi, ad esempio, alle categorie attiva e passiva della prima generazione – a svolgere un effetto stabilizzatore e regolatore per i gradata di cui fanno uso. L'analisi della correlazione interattiva tra lingua e identità, infine, conferma ulteriormente la dinamica della convergenza e del cambio linguistico generata dal contatto migrazionale italoamericano.

Definizione dell'italoamericano

Appare ora opportuno trattare il dibattuto quesito della definizione di quel «(...) curioso linguaggio, comunemente chiamato ‹italo-americano›. (...) un ibrido connubio di parlate italiane e di inglese (...).»[2] Va messo subito in rilievo che nelle diverse definizioni finora proposte, gli autori si riferiscono piuttosto solo a una delle varietà mesolettali di una delle fasi (o dei periodi) del contatto, di regola all'italoromanzo parlato dagli italoamericani di prima generazione nelle enclavi sovraregionali.[3] Mario Soldati parla, ad esempio, di «(...) un buffo gergo, misto di napoletano, pugliese, siciliano e slang americano».[4] Diversi altri autori si riferiscono allo stesso concetto, come ad esempio Bernardy[5] («un gergo fatto apposta»), Turano[6] («American-Italian jargon»), o si rifanno più specificamente a varietà gergali concrete, come Durante[7] («una lingua *zerga*») e Fischer[8] («italienisch-englisches Kauderwelsch»). Adolfo Rossi, nel 1907, distingueva però già esplicitamente tra la varietà di *American English* e quella italoromanza parlate dagli emigrati italiani:

---

2 Cf. Menarini (1947b, 145).
3 Cf. Menarini si riferisce in Menarini (1947b, 148) a «le parlate di ‹Little Italy›»; Turano intitola il suo contributo (1932) appunto *The speech of Little Italy*.
4 Cf. Soldati (1935, 143), ripreso in Menarini (1947b, 148, n. 1).
5 Cf. Bernardy (1913, 91).
6 Cf. Turano (1932, 357).
7 Cf. Durante (2005, 335).
8 Cf. Fischer (1921, 164).

«L'inglese (...) è curiosissimo; ma più strano ancora è il gergo italo-americano.»[9]

Altresì frequente, specialmente nelle trattazioni non prettamente linguistiche, è anche la definizione «slang degli italoamericani», riferita di regola alla varietà di base italoromanza parlata dagli italoamericani. Melillo la definisce con maggior precisione, dall'angolazione geolinguistica, «italiano regionale dell'America Settentrionale».[10]

Diversi filologi, da Migliorini[11] fino a Haller[12], al quale si devono le descrizioni più precise della variazione italoamericana a New York e Long Island, definiscono *lingua franca* l'italoromanzo parlato dagli italoamericani nelle enclavi italiane. Haller contrappone al «(...) dialectal lingua franca, as the H form of Italian speech in the U.S.» un «pidginized American Italian»,[13] che corrisponde, a grandi linee, alla varietà dell'*American English* parlata dagli emigrati italiani.

Altri autori si sono serviti di concetti creolistici per definire le varietà italoamericane. È importante menzionare la definizione contrastiva di Menarini, risalente già al 1947, secondo cui le varietà italoromanze degli italoamericani rappresentano un linguaggio creolizzante:

> «Alle varietà di italo-americano, che non cessano di far parte della grande famiglia romanza, si può tuttavia applicare, con le dovute riserve, il nome di ‹lingue miste›; funzionalmente non ritengo si possano considerare del tutto ‹lingue utilitarie› (Notsprachen) o tanto meno ‹lingue franche›, poiché (...) il servizio da esse compiuto nei rapporti con gli americani è certo modestissimo, né mi risulta che da parte americana si sia risposto con analogo sforzo per incontrare gli italiani a mezza strada, come direbbe il Jespersen. È invece innegabile che l'italo-americano è linguaggio ‹creolizzante› (...).»[14]

Simile è anche la definizione di Cascaito/Radcliff-Umstead:

---

[9] Cf. Rossi (1907, 85), citazione da Menarini (1947, 167).
[10] Cf. Melillo (1988, 393). Già in Livingston (1918, 209) si parla esplicitamente di «dialetto italoamericano di New York». Diversi altri autori fanno uso della denominazione *dialetto*. Basti menzionare Turano (1932, 357): «The result was a jargon which may be called American-Italian, a dialect no less distinct from both English and Italian than any provincial dialect is distinct from the Italian language.»
[11] All'interpretazione di Migliorini, risalente al 1927, fa riferimento anche Menarini (1947b, 126, n. I).
[12] Cf. ad esempio Haller (1987b; 1933).
[13] Cf. Haller (1987b, 396).
[14] In Menarini (1947b, 173).

«Italo-English has proved too unstable to effect the movement from a pidgin-like speech to a primary creole tongue, remaining rather on the level of secondary hybridization.»[15]

Come si può dunque definire l'italoamericano, nella sua *interezza*?

Va notato che le definizioni analizzate focalizzano esclusivamente singole varietà di contatto, limitandosi delle volte, inoltre, solo a singoli loro aspetti. Conviene dunque delineare, in un primo momento, che cosa *non è* l'italoamericano, visto nella sua interezza.

Le classificazioni riferite al gergo e allo *slang* risultano improprie, poiché si riferiscono prevalentemente alla dimensione fasica, trascurando tutto il resto. Le singole lingue funzionali del contatto italoamericano non vanno infatti percepite unicamente come gergo o *slang*, il che non esclude che esse possano contenere singoli tratti materiali tipici di slang o varietà gergali.

Dal momento che una *lingua franca* rappresenta un sistema comunicativo tra due o più gruppi di parlanti, «(...) who have acquired the pidginised forms and who have no native or other language in common»,[16] nessuna delle varietà italoamericane può essere considerata unicamente *lingua franca*; ciascuna di loro però ne contiene, in chiave materiale, tratti caratteristici.

Nessuna delle varietà contattuali va inoltre intesa solo come varietà *pidgin*, poiché «(...) a Pidgin is a stable language, without native speakers, which is the outcome of reduction, admixture and simplification of some source language, and where, also typically, pidginisation has occurred to such a degree that mutual intelligibility with the source language is no longer possible.»[17]
Nonostante ciò, in ciascuna varietà di contatto si riscontrano delle caratteristiche materiali tipiche di un *pidgin*, il che rappresenta, tra l'altro, un fenomeno diffuso,[18] specialmente in situazioni di migrazione.

Alle varietà contattuali italoamericane mancano altresì diversi tratti caratteristici rilevanti del creolo – descritti nella definizione a seguire di Trudgill – per poter essere considerate (solo) tali:

«A creole (...) is indeed a pidgin which has acquired native speakers, but most crucially it is a pidgin which has undergone non-contact induced expansion, where the expansion process (...) ‹repairs› the results of the reduction process which occurred during pidginisation.»[19]

---

15 Cf. Cascaito/Radcliff-Umstead (1975, 8).
16 Cf. Trudgill (2003, 80).
17 Cf. Trudgill (2002, 69).
18 Cf. Trudgill (2002, 68), a ragione, puntualizza che «Whenever adults and post-adolescents learn a new language, pidginisation takes place.»
19 Cf. Trudgill 2002, 69–70.

Le caratteristiche di singole varietà di contatto combaciano comunque, a grandi linee, con quelle di alcuni tipi specifici di varietà creoloidi, come è il caso, ad esempio, dell'italoromanzo parlato dagli italoamericani di prima generazione, che rappresenta tendenzialmente un *reverse creoloid*.[20]

L'italoamericano nella sua *interezza* è quindi da considerarsi *l'insieme di varietà di contatto gerarchicamente correlate fra loro in una struttura particolarmente dinamica a gradi*.

---

20 Si vedano in proposito le pagine 74–75 della riuscita monografia Trudgill 2002.

9 Appendice

9.1 Questionario

I. Dati anagrafici e sociolinguistici

I.A. Dati generali *personali* (*a tutti gli intervistati*)
1. Nome, cognome
2. Anno e luogo di nascita
3. Stato civile
4. Luoghi dove ha trascorso le fasi principali della sua vita e rispettiva durata
6. Professione e formazione scolastica
8. Composizione famigliare (dai nonni ai nipoti)
9. Forme e frequenza del contatto con l'Italia/ dei soggiorni in Italia

Solo a intervistati di prima generazione
10. Anno dell'emigrazione
11. Itinerario e modalità dell'emigrazione
12. Scolarizzazione/ Specializzazione/ Corsi di lingua negli USA

Solo a intervistati di seconda generazione e oltre
13. Tempo trascorso con parenti primariamente dialettofoni o italofoni
14. Corsi di lingua italiana
15. Rapporto emotivo con la regione d'origine dei parenti/ con l'Italia

I.B. Dati generali sui *nonni*
1. Nome, cognome
2. Residenza
3. Anno e luogo di nascita
4. Professione e formazione scolastica

Se sono emigrati
5. Itinerario e modalità dell'emigrazione
6. Forme e frequenza del contatto con l'Italia/ dei soggiorni in Italia

I.C. Dati generali sui *genitori*: si ripetono le domande I.B.1–6

I.D. Dati generali su *fratelli/ sorelle*: si ripetono le domande I.B.1–6

I.E. Dati generali sui *figli*: si ripetono le domande I.B.1–6

I.F. Dati generali sui *nipoti*: si ripetono le domande I.B.1–6

I.G. Dati sulla biografia linguistica
Nonni o persone anziane, con cui ha trascorso molto tempo
1. Livello di competenza in *dialetto*, in *italiano*, in *inglese*
2. Loro selezione del *dialetto*, dell'*italiano*, dell'*inglese* e motivi della selezione nella comunicazione con parlanti di altre generazioni
   Genitori: si ripetono le domande I.G.1–2
   Fratelli, sorelle: si ripetono le domande I.G.1–2
   Figli: si ripetono le domande I.G.1–2
   Nipoti: si ripetono le domande I.G.1–2

II. IL SAPERE LINGUISTICO

II.A. Il sapere idiomatico dell'intervistato
1. Quali lingue e dialetti è in grado di capire? / di parlare?
2. Quando e come li ha appresi?
3. Al parlante si mostrano immagini dei seguenti oggetti/azioni, pregandolo di denominarle in *italiano*, *dialetto* e *inglese*, iniziando dalla sua lingua primaria:

Oggetti			Azioni
aratro	cocomero	videoregistratore	farsi la doccia
focolare	cono gelato	telecomando	guidare
calzatoio	trancio di pizza	cellulare	fermarsi
ciabatte	torta	salvadanaio	partire
spazzola	tetto	moneta da 10 *cent*	iniziare
scopetta	cantina	moneta da 25 *cent*	spingere
strofinaccio	cucina	ricevuta	sbattere la tovaglia
grembiule	salotto	macchina	saltare
mattone	camera da letto	camion	fare a pugni
lumaca	bagno e vespasiano	furgone	essere triste
tacchino	frigorifero	semaforo	telefonare
cagnolino	lavastoviglie	patente	spegnere (la luce)
pannocchia	lavatrice	neonato	accendere (la luce)

4. All'informatore si chiede di tradurre le seguenti frasi nelle lingue indicate:

in italiano e/o in dialetto	in inglese
The car is broken and has stopped in the middle of the street.	Ma forse ci sarei dovuto andare/ avrei dovuto mangiare prima.
She should tie her shoes!	Madonna, quant'è bello!
There are different uneducated people!	Ma lascia stare, non me ne parlare!
He must turn on/ off the light!	Ho una fame da lupi.
If I were hungry I would eat.	Speriamo che si possa trovare bene là!

II.B. Riflessioni del parlante sul proprio sapere idiomatico
1. Quale è la lingua (o il dialetto) che sa parlare meglio/ peggio e perché?

[Le seguenti domande (2–4) si pongono all'intervistato per ciascuna delle lingue (dialetti) che lui conosce, iniziando dalla lingua primaria.]
2. Competenza a livello della comprensione:
   (Gradi di comprensione: *tutto/ non tutto/ me la cavo/ riesco a capire di che si tratta/ solo singole parole*)
3. Competenza a livello del parlare:
   (Gradi di espressione: *tutto, indipendentemente dalla situazione/ non tutto, dipende dall'argomento e dalla situazione/ me la cavo, ma faccio errori/ bene o male, riesco a farmi capire/ solo singole parole*)
4. Competenza a livello dell'espressione scritta:
   (Gradi di espressione: *sono in grado di scrivere una lettera diretta a una persona autorevole/ sono in grado, al limite, di scrivere una lettera ai parenti/ se dovessi scrivere farei tanti errori/ non ne sono in grado*)
5. È in grado di parlare l'italiano meglio dei Suoi: nonni/ genitori/ consorte/ figli/ nipoti? (Se sì: Qual è la causa e in che consiste la differenza?)
6. È in grado di parlare il dialetto meglio dei Suoi: nonni/ genitori/ consorte/ figli/ nipoti? (Se sì: Qual è la causa e in che consiste la differenza?)
7. È in grado di parlare l'inglese meglio dei Suoi: nonni/ genitori/ consorte/ figli/ nipoti? (Se sì: Qual è la causa e in che consiste la differenza?)

II.C. Sapere riflessivo diasistemico del parlante: classificazione *diatopica*
1. C'è differenza tra l'italiano e il dialetto? (Se sì: In cosa consiste la diversità?)

[In caso di risposta negativa si procede con le domande II.C.2–5, usando la denominazione 'italiano' al posto di 'dialetto'. Le domande II.C.6–7 vanno omesse.]

Livello topico I: il dialetto primario italoromanzo
2. Si parlano dialetti diversi in Italia? (Se sì: In cosa consiste la diversità?)
3. Cambia il dialetto all'interno della Sua regione (d'origine)? (Se sì: In cosa consiste la diversità?)
4. Cambia il dialetto all'interno della Sua provincia (d'origine)? (Se sì: Qual è la località più vicina, dove secondo Lei cominciano a notarsi già minime differenze e in cosa consiste la diversità?)

Livello topico II: l'italiano
6. Cambia l'italiano da una parte all'altra dell'Italia? (Se sì: In cosa consiste la diversità?)
7. Cambia l'italiano all'interno della Sua regione (d'origine) in Italia? (Se sì: In cosa consiste la diversità?)

Livello topico III: l'inglese
9. Cambia l'inglese parlato in America, da quello parlato in Australia, in Europa (Gran Bretagna, Scozia, Irlanda), in Canada, ecc.? (Se sì: In cosa consiste la diversità?)
10. Cambia l'inglese da una parte all'altra dell'America? (Se sì: In cosa consiste la diversità?)
11. Cambia l'inglese all'interno delle principali aree geografiche statunitensi (ad esempio in quella nordorientale, se l'informatore risiede lì)? (Se sì: In cosa consiste la diversità?)
12. Cambia l'inglese qui in America, all'interno dello stato o della città in cui Lei risiede? (Se sì: In cosa consiste la diversità?)

Livello stratico
13. Cambia il dialetto/ l'italiano/ l'inglese secondo l'appartenenza sociale del parlante? (Se sì: In cosa consiste la diversità?)

Livello fasico
14. Cambia il dialetto/ l'italiano/ l'inglese secondo la situazione, in cui lo usa, o secondo le persone, alle quali si rivolge? (Se sì: In cosa consiste la diversità?)
15. Cambia il dialetto/ l'italiano/ l'inglese secondo l'età (giovani vs. anziani) o il sesso (donne vs. uomini)? (Se sì: In cosa consiste la diversità?)

II.D. Il sapere riflessivo funzionale del parlante

Contatto I (in Italia): dialetto primario vs. italiano in Italia

[*In caso di risposta negativa* alla domanda II.C.1, le domande II.D.1–9 vanno omesse.]
1. Qual è per Lei il *dialetto perfetto*? E l'*italiano perfetto*? In cosa consistono?

2. Che ne pensa della situazione del dialetto in Italia, in rapporto all'italiano?
3. C'è chi parla *male/ bene* il dialetto in Italia? (Se sì: Di chi si tratta solitamente e qual è il motivo? Che cosa rende *difettivo/ buono* questo tipo di dialetto?)
4. Che ne pensa di una persona che parla *male/ bene* il dialetto in Italia?
5. Come chiamerebbe il dialetto parlato *bene* e quello parlato *male* in Italia?
6. C'è chi parla *male/ bene* l'italiano in Italia? (Se sì: Di chi si tratta solitamente e qual è il motivo? Che cosa rende *difettivo/ buono* questo tipo di italiano?)
7. Che ne pensa di una persona che parla *male/ bene* l'italiano in Italia?
8. Come chiamerebbe l'italiano parlato *bene* e quello parlato *male* in Italia?

Contatto II (in emigrazione): inglese vs. dialetto primario vs. italiano

[*In caso di risposta negativa* alla domanda II.C.1, si procede usando la denominazione 'italiano' al posto di 'dialetto'. Le domande II.D.10, 11, 13–15, 17 e 18 vanno omesse.]

9. Saper parlare bene l'italiano qui in America è altrettanto importante quanto in Italia?
10. Saper parlare bene il dialetto qui in America è altrettanto importante quanto in Italia?
11. Che ne pensa della situazione del dialetto in rapporto all'italiano qui?
12. Che importanza ha l'italiano e/o il dialetto qui in America in generale?
13. Cambia il dialetto parlato nella Sua località d'origine in Italia dallo stesso parlato qui dai Suoi compaesani emigrati? (Se sì: In cosa consiste la diversità?)
14. Cambia l'italiano parlato in Italia nella Sua città/ nel Suo paese (d'origine) dallo stesso parlato qui dai Suoi compaesani emigrati? (Se sì: In cosa consiste la diversità?)
15. Che ne pensa della situazione del *dialetto* in rapporto all'*inglese* qui?
16. Che ne pensa della situazione dell'*italiano* in rapporto all'*inglese* qui?
17. C'è differenza tra il dialetto parlato dagli *emigrati* da quello parlato dai loro *figli*? (Se sì: In cosa consiste esattamente? Come chiamerebbe il dialetto parlato dai *figli* degli emigrati?)
18. C'è differenza tra il dialetto parlato dai *figli* di emigrati e quello parlato dai loro *nipoti*? (Se sì: In cosa consiste esattamente? Come lo chiamerebbe il dialetto parlato dai *nipoti* degli emigrati?)
19. Sono in grado di parlare in italiano i *figli* di emigrati? (Se sì: C'è differenza tra l'italiano parlato dagli *emigrati* e quello parlato dai loro *figli*? In cosa consiste esattamente? Come chiamerebbe questo tipo di italiano?)
20. Sono in grado di parlare in italiano i *nipoti* di emigrati? (Se sì: C'è differenza tra l'italiano parlato dai *nipoti* di emigrati e quello parlato dai loro *figli*? In che consiste esattamente? Come chiamerebbe questo tipo di italiano?)

21. Tra gli italoamericani in generale, c'è chi parla *male/ bene* l'inglese? (Se sì: Per quale motivo? Che cosa lo rende *difettivo/ buono*?)
22. C'è differenza tra l'inglese parlato dagli *emigrati* e quello parlato dai loro *figli*, ed eventualmente anche quello parlato dai loro *nipoti*? (Se sì: In cosa consiste esattamente? Come chiamerebbe l'inglese parlato dagli *emigrati*, quello parlato dai loro *figli*, ed eventualmente quello parlato dai loro *nipoti*?)
23. Che tipo di inglese (in chiave *topica, stratica, fasica*) parlano solitamente gli *emigrati*? E i loro *figli*? E i loro *nipoti*?
24. Che ne pensa di un italoamericano che parla *male/ bene* l'inglese?

III. IL COMPORTAMENTO LINGUISTICO

Interdipendenza tra comportamento linguistico e sapere idiomatico (parlante e/o interlocutori)
1. Secondo Lei, si può esprimere *tutto* in *dialetto/* in *italiano/* in *inglese*?
2. In quale delle tre lingue (*dialetto, italiano o inglese*) si sente più *a Suo agio*? Per quale motivo?
3. In quale delle tre lingue *pensa* quando è solo?
4. Con chi, tra gli italoamericani, parla *soltanto* in *dialetto/* in *italiano/* in *inglese*? Per quale motivo?
5. Quale lingua usa(va) per comunicare con i Suoi *nonni/ genitori/ figli/ nipoti*? E con altri italoamericani (*amici, parenti*, ecc.) della Sua stessa generazione?

Scelte virtuali vs. uso reale
6. Le capita di voler comunicare con qualcuno in una delle tre lingue, ma di usarne *in realtà* un'altra?
7. Le *dispiace* o La lascia *piuttosto indifferente* la perdita del dialetto e dell'italiano qui in America con il passaggio da una generazione all'altra? (Se si conferma il primo caso: Per la perdita di quale dei due prova più dispiacere?)

Il comportamento linguistico secondo le situazioni
8. Ci sono delle cose che si dicono *più facilmente* in *dialetto/* in *italiano/* in *inglese*? Quali e per quale motivo?
9. In quale lingua parlerebbe, ad esempio, con il Suo avvocato o medico italoamericano?
10. In quali situazioni usa *di più* il *dialetto/* l'*italiano/* l'*inglese*? Per quale motivo?
11. In quale lingua farebbe *gli auguri* in un'occasione festiva italoamericana?
12. In quale lingua farebbe *le condoglianze* in un contesto italoamericano?
13. In quale lingua fanno più ridere le barzellette?

Il comportamento linguistico nel tempo
14. Nota dei cambiamenti nella *frequenza* dell'uso del *dialetto/* dell'*italiano/* dell'*inglese* nella comunità italoamericana? (Se sì: In che consistono i cambiamenti, quando sono cominciati e perché?)

IV. IL PRODOTTO DEL CONTATTO

Si prega l'informatore di descrivere la seguente storia a immagini nelle tre lingue menzionate, lasciando a lui la scelta della successione.

V. IDENTITÀ, LINGUA, CULTURA

V.A. Identità e cultura
1. C'è della *musica* tipica italoamericana? (Se sì: Quale?)
2. Ci sono delle *tradizioni* tipiche italoamericane? (Se sì: Quali?)
3. È cambiata la *cucina* italiana qui in emigrazione? (Se sì: Come?)
4. *Gesticolano* di più gli italo(americani) o altri?
5. Chi gesticola(va) di più: Lei o i Suoi nonni/ genitori/ figli/ nipoti?
6. Ha notato dei *cambiamenti* nella frequenza o nel modo di gesticolare dopo il passaggio dalla prima alla seconda generazione e oltre di italoamericani?

V.B. Identità e lingua
1. Frequenta spesso altri italoamericani? Quanto spesso, chi e in quali occasioni?
2. Quando va in Italia, si sente 'meno italiano' degli italiani che vivono lì?
3. Si sente più italiano o americano?
4. Si definisce italiano, americano, italoamericano, o altro?
5. E come La definiscono gli altri?
6. Si sente più *italiano* o [*nominare l'etnonimico regionale*]?
7. Che ruolo hanno nella Sua (auto)definizione le conoscenze che possiede nelle tre lingue e l'uso che ne fa nelle varie situazioni? Per quale motivo?

★ ★ ★

Fig. 9.1: Storia a immagini *Der tapfere Schneemann*, tratta dalla serie *Vater und Sohn* di e.o.plauen (*Gesamtausgabe Erich Ohser*, © Südverlag GmbH, Konstanz, 2000)[1]

---

1 Ringrazio la casa editrice Südverlag GmbH (Konstanz) per la gentile concessione della stampa della storia a immagini, apparsa inizialmente in *Berliner Illustrirte* 1937/4.

9.2 Documenti

> Come si trasformano le parole italiane in America
> Riceviamo:
>
> Genova, 5 agosto '99.
>
> In un notevole articolo sull'estetica di una lingua, pubblicato nel numero 213 del suo pregiatissimo giornale, l'autore dice: « ....Il popolo solo può digerire e « assimilarsi questi barbarismi cosi da farli neologi-« smi pian piano accettabili. Guardate quel che av-« viene in America dove da tutte le lingue si rubano « le parole utili, senza scrupolo: in un anno la pa-« rola straniera è mutilata, mutata, *fatta americana*, « fino ad essere irriconoscibile, ecc. ecc. » Tra parentesi, mi permetterò di far osservare che il *fatta americana* è un'espressione che sarebbe resa più propriamente col *fatta inglese*. Ma l'articolo è cosi denso di osservazioni varie e confliggenti che per volerne fare il debito accenno occorrerebbero limiti assolutamente vietati e documenti che non assistono il sottoscritto.
>
> Ma, riguardo alla trasformazione delle lingue, non posso resistere alla tentazione, se Ella permette, di citare alcuni esempi della curiosissima trasformazione che subiscono i nostri vocaboli italiani nell'America del Nord, o, se meglio piace, della trasformazione che i vocaboli inglesi subiscono presso i nostri connazionali stabiliti in America.
>
> Ecco qui: il *boss*, principale, capo, padrone, *bacan*, come dicono i genovesi, diventa il *bosso*; il *Showl*, la pialla per sgombrare le vie dalla neve, diventa la *sciabola*; appena occorre dire che l'*horse*, cavallo, diventa l'*orso*; il *car* o *wagon*, il *vaghino*; l'*undertaker*, imprenditore di pompe funebri, l'*ondateca*; l'*upstairs*, piano di sopra, l'*uppastesso*; il *bar*, caffè, liquoreria, la *barra*; il *bar-tender*, caffettiere, liquorista, il *barratenda*; l'*overcoat*, il soprabito, l'ovacotta, il *shop*, negozio, la *scioppa*; gli *steps*, gradini, gli steppi; l'*hat*, il cappello, l'atto; la *grocery*, drogheria, la grosseria; e il nuovo colossale quartiere di New-York (si scrive N. Y. semplicemente). Brooklyn è diventato per i nostri concittadini un misero.... Broccolino.
>
> E basta. Ma come sarà battezzato questo nuovo volapuk dell'avvenire? Ai posteri....
>
> PAOLO DE GAUFRIDY.

Fig. 9.2.1: Articolo dal *Corriere della Sera* XXIV/ 215 (7–8 agosto, 1899), 2

LA CATTEDRA DEL LESSICOGRAFO

E' necessario opporsi alla deformazione, che tutti ritengono inevitabile, ma che invece è evitabilissima, dei vocaboli italiani che nell'uso quotidiano promiscuo dell'italiano e dell'inglese, tra i nostri, e tra coloro che studiano l'italiano e traducono dall'inglese, diventano d'uso corrente. Si va formando e diffondendo uno speciale dizionario italo-americano che non va. Si va formando e diffondendo uno speciale frasario italo-americano che non va. Non devono andare l'uno e l'altro. I giornali di lingua nostra dovrebbero bandire, specialmente negli annunzi, le parole non italiane che, nel tradurre i corrispondenti vocaboli inglesi, vengono o sostituite con altre non proprie o con altre coniate apposta per adattarle alla comprensione di chi, sapendo poco l'italiano e l'inglese, trova comodo il gergo, chiamiamolo così, dell'emigrazione. — Un colto insegnante di lingua italiana che studia l'argomento con grande cura, si propone di mandare al CARROCCIO ogni mese, appunti del genere di questi che seguono. Utili per gli emigrati e per gli americani che studiano il nostro idioma.

* * *

DEBUTTO della "Grand Opera Company". Inutile gallicismo. Dicasi **esordio**.

Si dirà un MATINÉE. Inutile barbarismo. Il neologismo **mattinata** è stato accettato dalla buona stampa.

AMMUNIZIONE FATTORIA cerca braccianti. Che orrore! Dicasi **Fabbrica di Munizioni**. L'uso di **Fattoria** in luogo di **Fabbrica** o **Stabilimento** o **Laboratorio** oppure **Opificio** è addirittura stomachevole. Fattoria in italiano significa: 1) Tenuta di poderi. 2) Casa di una tenuta ove il **Fattore** abita e sbriga gli affari. 3) Il fattore stesso. 4) Amministrazione di poderi. 5) Casa di commercio, in paesi lontani, delle antiche repubbliche italiane.

Vendesi LOTTO. Altra gemma italo-americana! **Lotto** o è giuoco di sorte o è la parte di un tutto messa in vendita, in senso generico. Dicasi **appezzamento**.

MORTGAGE su BARBERIE. Dicasi: Prestiti ipotecari su barberie. Quest'ultima parola, benchè italianissima, è un arcaismo rinverdito, che in Italia è generalmente sostituito dal francese: "Salon de toilette". Barberia o Berberia è invece nome geografico.

FORNITURA per barbieri. Tal parola significa: somministrazione o atto di fornire. E' un uso ibrido dell'inglese furniture. Dicasi **mobilia** o, meno correttamente, **mobilio**.

Si fanno prestiti di MONETA. Basta dire: **prestiti**. Moneta è metallo coniato o equivalente cartaceo e non già: **mezzo di scambii o misura di valore in commercio**, come la parola inglese **money** o l'italiana **denaro**. Il bestiame, i chicchi di pepe, ecc. sono il **denaro** di alcune tribù barbare, ma non la **moneta**. I Romani usarono quest'ultima parola nel senso di zecca e quindi nel senso di ciò che la **zecca** produce, derivandola da Giunone Moneta, divina protettrice dell'erario. L'anglicismo **moneta** nel senso di valsente, **valuta, valore, denaro, ricchezza, numerario**, ecc. è inescusabile.

Fig. 9.2.2: Articolo da *Il Carroccio* III-8, 178 (1917)

LA CATTEDRA DEL LESSICOGRAFO

DOMANDE E RISPOSTE

F. L., New York. — "Noi barbieri diciamo: 1) Vuole la barba **Affinata**? 2) Non ho **Strappato** il rasoio. 3) Che bella **Strappa**! 4) Dammi la "broscia". 5) Vi **Partite** i capelli a destra o a sinistra? 6) Volete farvi lo "sciampú? 7) La "tovaglia" grande per quando si tagliano i capelli. 8) Volete la "tonica"? Lo so che sono frasi sbagliate e la prego di correggerle".

Dica: 1) "Vuol che la rada a contrappelo"? o "Debbo darle il contrappelo"? 2) "Non son ripassato sul cuoio" o "Non ho raddrizzato il filo del rasoio" o "Non ho passato il rasoio sulla "striscia". 3) "Che bella "striscia"! (L'inglese **Strop** è padre di tali barbarismi. E' vero che ha la stessa origine dell'italiano **Strappare**, derivando dal basso latino **Stroppus**, forma che risale al greco **Strophos** o **Fune attorta**, ma non dobbiamo dimenticarci che l'italiano **Strappare** significa **Portar via di colpo** e non già **Affilare**). 4) Dammi il "pennello". (L'inglese **Brush** non è altro che il francese **Brosse** o **Spazzola**. Lo ha procreato il latino **Brustia** o **Brughiera**, dalla quale si levano i **Fili** necessari a far le spazzole. Ma il **Pennello da barba** è ben altra cosa). 5) Ciò traduce "Do you Part your hair, etc". Ma **Part** non è **Partire** o **Ripartire**, che vogliono dire **Fare in più parti**. Partire i capelli sarebbe **Tagliuzzarli**. Dica: "Vi fate la **Scriminatura** o la **Scrinatura** o la **Dirizzatura** o l'**Addirizzatura** o la **Divisa** a destra, ecc"? To Part in questo caso equivale a **Spartire** o **Dirizzare** o **Dividere**. 6) **Shampoo** non è altro che l'indiano **Champnà** e ormai si usa in tutte le lingue europee. Se ne adotta la grafia inglese anche in italiano. I vecchi barbieri italiani parlavano di **Lavatura** che significa lo stesso. Senonchè parlando di **Shampoo** si può alzare il prezzo. 7) L'**Accappatoio**. 8) "Volete la **Lozione**"? La sua espressione significa: "Volete farvi frate"? L'inglese **Tonic** ne ha la colpa.

"Ho una bella casa, ma senza "stima". Peccato! Stima sarebbe **Steam**, abbreviatura di **Steam-Heat** o **Riscaldamento a Vapore**. Diciamo: "Una casa senza **Calorifero** o **Termosifone**".

"Il padrone di casa mi ha aumentato la "rendita". Diciamo: "Mi ha "rincarato il fitto". Lo ha fatto per aumentare la propria **Rendita** o **Entrata**. E' buffo che un pigionale chiami **Rendita** o **Entrata** quel **Fitto**, che purtroppo è un'**Uscita**. Dunque **Rent** si dirà **Rendita** solo da chi la riceve.

"Gli è caduto un "bimbo" di ferro in testa e l'ha ammazzato". **Bimbo** qui è l'inglese **Beam**, cioè: **Trave**.

"Cercasi socio con un buon "business". Dicasi **Azienda**.

"Vendesi calzoleria. Buon "business". Dicasi **Affari**.

"Comprasi qualunque "business". Dicasi **Esercizio**.

"Abbiamo aperto un nuovo "business". Dicasi **Negozio**.

"Abbiamo affidato il "business" a ecc. Dicasi **Incombenza**.

"Cercasi sarto per "fittare cotti". E' un recente annunzio domenicale. "Fittare" sarebbe **To fit** o **Mettere a prova**. Cotti o **Coats** sarebbero giacche. Dunque: "Cercasi sarto **Per mettere a prova giacche**".

E ci par che basti per ora. Non mancheremo di rispondere ad altre domande.

Fig. 9.2.3: Articolo da *Il Carroccio* III-10, 454s. (1917)

10 Indici

10.1 Indice bibliografico

Albin, Stacy, *You Say Prosciutto, I say Pro-Shoot, and Purists Cringe*, NYTimes.com (September 20th, 2004).

Alessio, Giovanni, *Americanismi in Calabria*, Lingua Nostra IV, (1942), 41.

Alfonsi, Ferdinando, *L'italese*, Almanacco II/1 (1992), 6–24.

Allen, Harold B., *American English Enters Academe*, in: Wayne A. Glowka/Donald M. Lance (edd.), *Language Variation in North American English: Research and Teaching*, New York, The Modern Language Association of America, 1993, 3–15.

Alleyne, Mervin, *Communication and Politics in Jamaica*, Caribbean Studies 3/2 (1963), 22–61.

Andersen, Roger W., *Determining the linguistic attributes of language attrition*, in: Richard D. Lambert/Barbara F. Freed (edd.), The Loss of Language Skills, Rowley, MA, Newbury House Publishers, 1982, 83–118.

Ἀριστοτέλης [Aristotele], *Τὰ μετὰ τὰ φυσικά* [Ta metà ta fisicá], Oxford, Clarendon Press, vol. II, 1924.

Aristotele, *Metafisica. Introduzione, traduzione, note e apparati di Giovanni Reale*, Milano, Rusconi, ⁴1992.

Auer, Peter J.C./Di Luzio, Aldo, *On structure and meaning of linguistic variation in Italian migrant children in Germany*, in: Rainer Bäuerle/Christoph Schwarze/Armin von Stechow (edd.), *Meaning, use and interpretation of language*, Berlin, de Gruyter, 1983, 1–21.

Bagna, Carla/Machetti, Sabrina/Vedovelli, Massimo, *Italiano e lingue immigrate: verso un plurilinguismo consapevole o verso varietà di contatto?*, in: Ada Valentini et al. (edd.), *Ecologia linguistica. Atti del XXXVI Congresso internazionale di Studi della Società di Linguistica Italiana (Bergamo, 26–28 settembre 2002)*, Roma, Bulzoni, 2003, 201–222.

Bagola, Beatrice, *Fermare ou chiudere: La langue italienne à Montréal*, in: Beatrice Bagola (ed.), *Le Québec et ses minorités. Actes du Colloque de Trèves du 18 au 21 juin 1997 en l'honneur de Hans-Josef Niederehe*, Tübingen, Niemeyer, 2000, 1–19 (= 2000a).

Bagola, Beatrice, *L'italien du Québec sous l'influence du français québécois*, in: Marie-Rose Simoni-Aurembou (ed.), *Français du Canada – Français en France. Actes du cinquième Colloque international de Bellême du 5 au 7 juin 1997*, Tübingen, Niemeyer, 2000, 255–262 (= 2000b).

Bagola, Beatrice, *Deux réalités linguistiques: Le français et l'italien à Montréal*, in: Kerstin Störl/Johannes Klare (edd.), *Romanische Sprachen in Amerika. Festschrift für Hans-Dieter Paufler zum 65. Geburtstag*, Paris/New York/Wien, Lang, 2002, 61–71.

Banfi, Emanuele (ed.), *Italiano L2 di cinesi. Percorsi acquisizionali*, Milano, Franco Angeli, 2003.

Barni, Monica/Vedovelli, Massimo, *L'Italia plurilingue fra contatto e superdiversità*, in: Massimo Palermo (ed.), *Percorsi e strategie di apprendimento dell'italiano lingua seconda: sondaggi sull'ADIL 2*, Perugia, Guerra, 2009, 29–47.

Barni, Monica/Vedovelli, Massimo, *Gli studi linguistici dei movimenti migratori: un quadro di sintesi*, Servizio Migranti 4 (2011), 331–352.

Bartlett, John R., *Dictionary of Americanisms*, New York, Bartlett & Welford, 1848.

Barzini, Luigi, *Nuova York*, Milano, Mondadori, 1931.

Baugh, John, *Research Trends for Black American English*, in: Wayne A. Glowka/Donald M. Lance (edd.), *Language Variation in North American English: Research and Teaching*, New York, The Modern Language Association of America, 1993, 153–174.

Bernardy, Amy Allemand, *Italia randagia attraverso gli Stati Uniti*, Torino, Fratelli Bocca Editori, 1913.

Bernhard, Gerald, *Brevi note sul ruolo sociolinguistico dell'intonazione*, Contributi di Filologia dell'Italia Mediana VII (1993), 193–205.

Berruto, Gaetano, *La sociolinguistica*, Bologna, Zanichelli, 1974.

Berruto, Gaetano, *L'italiano impopolare. Uno studio sulla comprensione dell'italiano*, Napoli, Liguori, 1978.

Berruto, Gaetano, *La variabilità sociale della lingua*, Torino, Loescher, 1980.

Berruto, Gaetano, *Appunti sull'italiano elvetico*, Studi linguistici italiani 10 (1984), 76–108 (= 1984a).

Berruto, Gaetano, *The description of linguistic variation: Italian contributions to the sociolinguistic theory*, Linguistische Berichte 90 (1984), 58–70 (= 1984b).

Berruto, Gaetano, *La sociolinguistica dell'italiano contemporaneo*, Roma, La Nuova Italia Scientifica, 1987.

Berruto, Gaetano, *Fremdarbeiteritalienisch: fenomeni di pidginizzazione dell'italiano nella Svizzera tedesca*, Rivista di Linguistica 3 (1991), 333–367 (= 1991a).

Berruto, Gaetano, *Note sul repertorio linguistico degli emigrati italiani in Svizzera*, Linguistica XXI (1991), 61–79 (= 1991b).

Berruto, Gaetano, *Fondamenti della sociolinguistica*, Bari, Laterza, 1995.

Berruto, Gaetano, *Italiano e tedesco in contatto nella Svizzera germanofona: interferenze lessicali presso la seconda generazione di immigrati italiani*, in: Patrizia Cordin/Maria Iliescu/Heidi Siller-Runggaldier (edd.), *Parallela 6. Italiano e tedesco in contatto e a confronto*, Trento, Editrice Università degli Studi Trento, 1998, 143–159.

Berruto, Gaetano, *Sociolinguistica*, in: Cristina Lavinio (ed.), *La linguistica italiana alle soglie del 2000 (1987–1997 e oltre)*, Roma, Bulzoni, 2002, 471–503.

Bertini Malgarini, Patrizia, *L'italiano fuori d'Italia*, in: Luca Serianni/Pietro Trifone (edd.), *Storia della lingua italiana*, vol. III: *Le altre lingue*, Torino, Einaudi, 1994, 883–992.

Bettoni, Camilla, *Tra lingua, dialetto e inglese. Il trilinguismo degli italiani in Australia*, Sydney, FILEF Italo-Australian Pubblications, 1985.

Bettoni, Camilla, *Italian language attrition in Sydney: the role of birth order*, in: Camilla Bettoni (ed.), *Altro Polo. Italian abroad: Studies on language contact in English-speaking countries*, Sydney, Frederick May Foundation of Italian Studies, 1986, 61–85 (= 1986b).

Bettoni, Camilla, *Italiano e dialetti italiani fuori d'Italia*, Rivista italiana di Dialettologia 14 (1990), 267–282.

Bettoni, Camilla, *Language shift and morphological attrition among second generation Italo-Australians*, Rivista di Linguistica III/2 (1991), 369–387.

Bettoni, Camilla, *L'italiano all'estero*, in: Alberto Mioni/Michele A. Cortelazzo (edd.), *Altri dieci anni di linguistica italiana (1976–1986)*, Roma, Bulzoni, 1992, 129–141.

Bettoni, Camilla (ed.), *Altro Polo. Italian abroad: Studies on language contact in English-speaking countries*, Sydney, Frederick May Foundation of Italian Studies, 1986 (= 1986a).

Bettoni, Camilla/Crino, Penny/Kinder, John J., *Bibliography*, in: Camilla Bettoni (ed.), *Altro Polo. Italian abroad: Studies on language contact in English-speaking countries*, Sydney, Frederick May Foundation of Italian Studies, 1986, 205–216.

Bettoni, Camilla/Rubino, Antonia, *Emigrazione e comportamento linguistico. Un'indagine sul trilinguismo dei siciliani e dei veneti in Australia*, Galatina, Congedo, 1996.

Bettoni, Camilla/Rubino, Antonia, *L'italiano dell'emigrazione: temi, approcci teorici e metodologie di indagine*, Studi italiani di linguistica teorica e applicata XXXIV/3 (2010), 457–489.

Bianconi, Innocente, *Diario d'America*, ed. Renato Martinoni, Locarno, Armando Dadò, 1994.

Bickerton, Derek, *The Nature of a Creole Continuum*, Language 49 (1973), 640–669.

Bierbach, Christine/Birken-Silverman, Gabriele, *Emigrati italiani a Mannheim. Isola linguistica o parte del continuum multiculturale d'una città tedesca?*, in: Gianna Marcato (ed.), *Isole linguistiche? Per un'analisi dei sistemi in contatto. Atti del Convegno Sappada/Plodn (Belluno), 1–4 luglio 1999*, Padova, Unipress, 1999, 237–252.

Biondi, Lawrence S. J., *The Italian-American Child: His Sociolinguistic Acculturation*, Georgetown, Georgetown University School of Languages and Linguistics, 1975.

Birken-Silverman, Gabriele, *Il siciliano dei giovani immigrati a Mannheim/Germania*, in: Gianna Marcato (ed.), I confini del dialetto. Atti del Convegno Sappada/Plodn (Belluno), 5–9 luglio 2000, Padova, Unipress, 2000, 315–325.

Bizzoni, Franca, *Il «matrix Language Frame Model»: Un'applicazione al parlato di immigranti italiani in Messico*, in: Anna De Fina/Franca Bizzoni (edd.), *Italiano e italiani fuori d'Italia*, Perugia, Guerra Edizioni, 2003, 69–94.

Bizzoni, Franca/De Fina, Anna, *Mutamenti morfosintattici e lessicali nell'italiano parlato in Messico*, in: Joseph Eynaud (ed.), *Interferenze di sistemi linguistici e culturali nell'italiano. Atti del X Congresso Internazionale A.I.P.I. (Malta, 3–6 settembre 1992)*, Malta, Università di Malta, 1992, 193–206.

Bloch, Bernard, *A set of postulates for phonemic analysis*, Language 24/1 (1948), 3–46.

Bloomfield, Leonard, *Language*, New York, Holt, 1933.

Bochmann, Klaus, *Sprache und Identität in mehrsprachigen Regionen in Osteuropa. Theoretische und methodische Ausgangspositionen*, in: Klaus Bochmann/Vasile Dumbrava (edd.), *Sprachliche Individuation in mehrsprachigen Regionen Osteuropas. I. Republik Moldova*, Leipzig, Leipziger Universitätsverlag, 2007, 13–41.

Bombi, Raffaella/Fusco, Fabiana (edd.), *Città plurilingui. Lingue e culture a confronto in situazioni urbane. Multilingual Cities: Perspectives and Insights on Languages and Cultures in Urban Areas*, Forum, Udine, 2004.

Boso, Ivette Marli, *Noialtri che parlen tuti talian. Dialetti trentini in Brasile*, Trento, Museo Storico, 2002.

Brasch, Ila Wales/Brasch, Walter Milton, *A Comprehensive Annotated Bibliography of American Black English*, Baton Rouge, Louisiana State University Press, 1974.

Brighenti, Laura, *English influence on the Italian of* Il progresso Italo Americano, Cony Forum Papers, II (1985), 1–20 (manoscritto).

Bröking, Adrian, *Sprachdynamik in Galicien. Untersuchungen zur sprachlichen Variation in Spaniens Nordwesten*, Tübingen, Narr, 2002.

Bruni, Francesco (ed.), *L'italiano nelle regioni. Lingua nazionale e identità regionali*, Torino, UTET, 1992.

Bucholtz, Mary/Hall, Kira, *Identity and interaction: a sociocultural linguistic approach*, Discourse Studies 7/4–5 (2005), 585–614.

Butera, Josephine, *A Study of the Italo-American Dialect for the Purpose of Adjustment in an Italian American Environment*, PhD-Dissertation (New York University), 1941.

Caccia, Antonio, *Europa ed America. Scene della vita dal 1848 al 1850*, Monaco, Giorgio Franz Tipografo-Editore, 1850.

Calvaruso, Giuseppe Maria, *'U Baccàgghiu. Dizionario comparativo etimologico del gergo parlato dai bassifondi palermitani*, Catania, Libreria Tirelli di F. Guaitolini, 1929.
Campbell, Lyle, *The USA*, in: Ulrich Ammon/Norbert Dittmar/Klaus J. Mattheier/ Peter Trudgill (edd.), *Sociolinguistics. An International Handbook of the Science of Language and Society*, vol. 3, Berlin/New York, Mouton de Gruyter, 2006, 2052–2065.
Cancellier, Antonella, *Lenguas en contacto. Italiano y español en el Río de la Plata*, Padova, Unipress, 1996.
Carnevale, Nancy C., *A New Language, A New World. Italian Immigrants in the United States, 1890–1945*, Urbana/Chicago, University Press, 2009.
Cascaito, James/Radcliff-Umstead, Douglas, *An Italo-English Dialect*, American Speech: a quarterly of linguistic usage 50/1–2 (1975), 5–17.
Castellani, Arrigo, *Quanti erano gl'italofoni nel 1861?*, Studi Linguistici Italiani 8 (1982), 3–26.
Cavarra, Giuseppe, *Americanismi liminesi: ricerca sul dialetto di Liminia*, Verona, Universitaria Editrice, 1973.
Cheda, Giorgio, *L'emigrazione ticinese in Australia*, vol. 2: *Epistolario*, Locarno, Armando Dadò, 1976.
Cheda, Giorgio, *L'emigrazione ticinese in California*, vol. 2: *Epistolario* (due tomi), Locarno, Armando Dadò Editore, 1981.
Chini, Marina (ed.), *Plurilinguismo e immigrazione in Italia. Un'indagine sociolinguistica a Pavia e Torino*, Milano, Franco Angeli, 2004.
Christie, William M., *Two traditions in Linguistic Theory*, in: Robert Di Pietro/Edward L. Jr. Blansitt (edd.), *The Third LACUS (Linguistic Association of Canada and the United States) Forum*, Columbia, S.C. Hornbeam Press Forum, 1977, 15–20.
Ciacci, Margherita, *Note sul comportamento linguistico di emigrati italiani negli Stati Uniti*, AA.VV., *Gli Italiani negli Stati Uniti. L'emigrazione e l'opera degli italiani negli Stati Uniti d'America. Atti del III Symposium di Studi Americani*. Firenze, 27–29 maggio 1969. Firenze, Università degli studi di Firenze, 1972, 111–138, 563–564.
Ciani, Gustavo E., *Una scuola italiana a Nuova York*, L'illustrazione italiana. Rivista illustrata di attualità e cultura XI/31 (5 agosto 1883), 22s.
Cieri, Christopher, *Borrowing and Loanword Assimilation in the Italo-American Community* (manoscritto), 1985, 1–14 (= 1985a).
Cieri, Christopher, *Italian Lexical Items in the English Speech of Italo-Americans*, M.A. Thesis (University of Philadelphia), 1985 (= 1985b).
Cieri, Christopher, *Italian Americans: Linguistic Portraits*, Penn Linguistics Colloquium (February 16, 1991) (manoscritto), 1–4.
Clivio, Gianrenzo P., *The Assimilation of English Loanwords in Italo-Canadian*, in: Peter A. Reich (ed.), *The Second LACUS (Linguistic Association of Canada and the United States) Forum*, Columbia, S.C. Hornbeam Press, 1976, 584–590.
Clivio, Gianrenzo P., *Su alcune caratteristiche dell'italiese di Toronto*, Il Veltro. Rivista della civiltà italiana XXIX/1–2 (1985), 483–491.
Clivio, Gianrenzo P., *Competing loanwords and loanshifts in Toronto's italiese*, in: Camilla Bettoni (ed.), *Altro Polo. Italian abroad: Studies on language contact in English-speaking countries*, Sydney, Frederick May Foundation of Italian Studies, 1986, 129–146.
Clyne, Michael, *Forschungsbericht Sprachkontakt*, Regensburg, Scriptor, 1975.
Clyne, Michael, *Sprachkontakt/Mehrsprachigkeit*, in: Hans Peter Althaus/Helmut Henne/ Herbert Ernst Wiegand (edd.), *Lexikon der Germanistischen Linguistik*, Tübingen, Max Niemeyer, ²1980, 641–646.

Clyne, Michael, *Towards a Systematization of Language Contact Dynamics*, in: Joshua A. Fishman/Andrée Tabouret-Keller/Michael Clyne/Mohammed Abdulaziz (edd.), *The Fergusonian Impact*, vol. II, Berlin, Mouton de Gruyter, 1986, 483–492.
Clyne, Michael (ed.), *Pluricentric Languages. Differing Norms in Different Nations*, Berlin, Mouton de Gruyter, 1992.
Colasanti, Arnaldo (ed.), *Tutte le poesie. Edizione integrale*, Roma, Grandi Tascabili Economici Newton, 2001.
Corrà, Loredana, *Lingua e identità etnica nelle comunità di origine veneta nel Rio Grande do Sul (Brasile)*, in: Raffaella Bombi/Giorgio Graffi (edd.), *Ethnos e comunità linguistica: un confronto metodologico interdisciplinare. Atti del Convegno Internazionale (5–7 dicembre 1996, Udine)*, Udine, Forum, 1998, 257–264.
Corrà, Loredana, *I veneti in Brasile. Koinè dialettale come superamento dei confini?*, Quaderni di dialettologia V/3 (2001), 279–288.
Corrà, Loredana/Ursini, Flavia, *Dialetti italiani all'estero*, in: Günter Holtus/Michael Metzeltin/Max Pfister (edd.), *La dialettologia italiana oggi. Studi offerti a Manlio Cortelazzo*, Tübingen, Narr, 1989, 373–393.
Correa Zoli, Yole, *Lexical and Morphological Aspects of American Italian in San Francisco*, PhD-Dissertation (Stanford University), 1970.
Correa Zoli, Yole, *Assignment of Gender in Italian American*, Glossa 7 (1973), 123–128.
Correa Zoli, Yole, *Language contact in San Francisco: Lexical interference in american italian*, Italica 51 (1974), 177–192.
Correa Zoli, Yole, *The language of italian americans*, in: Charles A. Ferguson/Shirley Brice Heath (edd.), *Language in the USA*, Cambridge, Cambridge University Press, 1981, 239–256.
Cortelazzo, Manlio, *Avviamento critico allo studio della dialettologia italiana. III. Lineamenti di italiano popolare*, Pisa, Pacini, 1972.
Cortelazzo, Michele A./Mioni, Alberto (edd.), *L'italiano regionale. Atti del XVIII Congresso Internazionale di Studi della Società della Linguistica Italiana (Padova-Vicenza, 14–16 settembre 1984)*, Roma, Bulzoni, 1990.
Coseriu, Eugenio, *Sincronía, diacronía e historia. El problema del cambio lingüístico*, Revista de la Facultad de Humanidades y Ciencias 15 (1957), 201–355.
Coseriu, Eugenio, *Sistema, norma e 'parola'*, in: Giancarlo Bolognesi et al. (edd.), *Studi linguistici in onore di Vittore Pisani*, vol. I, Brescia, Paideia, 1969, 235–253.
Coseriu, Eugenio, *Synchronie, Diachronie und Geschichte. Das Problem des Sprachwandels*, München, Wilhelm Fink, 1974.
Coseriu, Eugenio, *Schriften von Eugenio Coseriu (1965–1987). Energeia und Ergon. Sprachliche Variation – Sprachgeschichte – Sprachtypologie*, vol. I, ed. Jörn Albrecht, Tübingen, Narr, 1988 (= 1988a).
Coseriu, Eugenio, *Sprachkompetenz. Grundzüge der Theorie des Sprechens*, Tübingen, Francke, 1988 (= 1988b).
Coseriu, Eugenio, *Einführung in die allgemeine Sprachwissenschaft*, Tübingen, Francke, 1992.
Coupland, Nikolas, *Age in social and sociolinguistic theory*, in: Nikolas Coupland/Srikant Sarangi/Christopher N. Candlin (edd.), *Sociolinguistics and Social Theory. Papers presented at the 2nd Cardiff Roundtable in Language and Communication, held June 1997, Cardiff University*, London, Pearson Education Limited, 2001, 185–211.
Coveri, Lorenzo/Bettoni, Camilla (edd.), *Italiano e dialetti italiani fuori d'Italia. Bibliografia (Nuova edizione integrata e aggiornata)*, Siena, Scuola di Lingua e Cultura Italiana per Stranieri, 1991.

Coveri, Lorenzo/Pighini, Simonetta, *Anglismi ed angloamericanismi nei dialetti liguri: un sondaggio*, in: Luciano Agostiniani et al. (edd.), *Atti del Terzo Convegno della Società Internazionale di Linguistica e Filologia Italiana (Perugia, 27–29 giugno 1994)*, vol. I, Napoli, Edizioni Scientifiche Italiane, 1997, 253–262.
Croce, Marcella, *A description of the american sicilian dialect*, Rassegna Italiana di Linguistica Applicata 17/1 (1985), 87–95.
D'Achille, Paolo, *L'italiano dei semicolti*, Studi di Lessicografia Italiana II (1994), 41–79.
D'Achille, Paolo, *Italiano Popolare*, in: *L'Enciclopedia italiana* (Treccani.it), 2010, 1–7.
D'Agostino, Mari, *Nuove condizioni linguistiche. Gli effetti dell'immigrazione*, in: Franco Lo Piparo/Giovanni Ruffino (edd.), *Gli italiani e la lingua*, Palermo, Sellerio, 2005, 70–92.
D'Ariano, Regina/D'Ariano, Roy, *Italo-American Ballads, Poems, Lyrics and Melodies*, Parsons, McClain Publishing, 1976.
D'Onofrio, Piero, *Italiano o italianese?*, Vereenigde Oost-Indesche Compagnie 1 (1980), 15–24.
Dal Negro, Silvia/Guerini, Federica (edd.), *Contatto. Dinamiche ed esiti del plurilinguismo*, Roma, Aracne, 2007.
Dal Negro, Silvia/Molinelli, Piera (edd.), *Comunicare nella torre di Babele. Repertori plurilingui in Italia oggi*, Roma, Carocci, 2002.
De Boni, Luis Alberto (ed.), *A Presença Italiana no Brasil*, 2 voll., Porto Alegre, Est, 1987/1990.
De Camp, David, *Toward a Generative Analysis of a Post-Creole Speech Continuum*, in: Dell Hymes (ed.), *Pidginization and Creolization of Languages*, Cambridge, Cambridge University Press, 1971, 349–370.
De Fina, Anna/Bizzoni, Franca, *Attrito linguistico nell'italiano di immigranti di prima generazione in Messico*, in: Serge Vanvolsem et al. (edd.), *L'italiano oltre frontiera. V Convegno internazionale (Leuven, 22–25 aprile 1998)*, Firenze, Franco Cesati, 2000, 153–171.
De Gaufridy, Paolo, *Come si trasformano le parole italiane in America*, Corriere della Sera XXIV/215 (7–8 agosto 1899), 2.
De Giovanni, Marcello M., *Il prestito linguistico. Angloamericanismi nei dialetti medio-adriatici*, Chieti, Solfanelli, 1980.
De Giovanni, Marcello M., *Angloamericanismi nei dialetti medioadriatici*, Rivista Storica Calabrese III/1–2 (1982), 87–130.
De Gourmont, Remy, *Esthétique de la langue française. La déformation – la métaphore – le cliché – le vers libre – le vers populaire. Nouvelle édition revue, corrigée et augmentée*, Paris, Société dv Mercvre de France, 1905.
De Mauro, Tullio, *Guida all'uso delle parole*, Roma, Editori Riuniti, 1983.
De Mauro, Tullio, *Per lo studio dell'italiano popolare unitario*, in: Annabella Rossi (ed.), *Lettere da una tarantata*, Bari, De Donato, 1970, 5–35.
De Mauro, Tullio, *Foreword*, in: Camilla Bettoni (ed.), *Altro Polo. Italian abroad: Studies on language contact in English-speaking countries*, Sydney, Frederick May Foundation of Italian Studies, 1986, 5–15.
De Mauro, Tullio, *Storia linguistica dell'Italia unita*, Bari, Laterza, 1963/^{2}1993.
De Mauro, Tullio (ed.), *Grande dizionario italiano dell'uso*, Torino, Utet, 2000.
De Mauro, Tullio, *Dislivelli linguistici nell'Italia d'oggi*, in: Cristina Bosisio/Bona Cambiaghi/ M. Emanuela Piemontesa/Francesca Santulli (edd.), *Aspetti linguistici della comunicazione pubblica e istituzionale, Atti del 7° Congresso AItLA, (Milano, 22–23 febbraio 2007)*, Perugia, Guerra Edizioni, 2008, 41–66.

Della Cava, Olha, *Italian American Studies: A Progress Report*, in: Silvano M. Tomasi (ed.), *Perspectives in Italian Immigration and Ethnicity. Proceedings of the Symposium held at Casa Italiana, Columbia University (May 21–23, 1976)*, New York, Center for Migration Studies, 1977, 165–172.

Di Cesare, Donatella, *Die aristotelische Herkunft der Begriffe ἔργον und ἐνέργεια in Wilhelm von Humboldts Sprachphilosophie*, in: Harald Thun (ed.), *Energeia und Ergon. Das sprachtheoretische Denken Eugenio Coserius in der Diskussion*, vol. 1, Tübingen, Narr, 1988, 29–46.

Di Pietro, Robert J., *The Structural Description of an Alcamese Sicilian Dialect in America*, PhD-Dissertation (Cornell University), 1960.

Di Pietro, Robert J., *Borrowing: Its effects as a mechanism of linguistic change in american sicilian*, General Linguistics V (1961), 30–36.

Di Pietro, Robert J., *Language as a marker of italian ethnicity*, Studi sull'emigrazione 42 (1976), 202–218.

Di Pietro, Robert J., *Code-switching as a verbal strategy among bilinguals*, in: Fred R. Eckman (ed.), *Current themes in linguistics: bilingualism, experimental linguistics and language typologies*, Washington D.C./London, Hemisphere, 1977, 3–13 (= 1977a).

Di Pietro, Robert J., *The magic of italian in the New World*, in: Robert J. Di Pietro/Edward L. Blansitt (edd.), *The Third LACUS (Linguistic Association of Canada and the United States) Forum*, Columbia, S.C., Hornbeam Press, 1977, 158–165 (= 1977b).

Di Pietro, Robert J., *The Need for a Language Component in the Study of Italian Americans*, in: Silvano M. Tomasi (ed.), *Perspectives in Italian Immigration and Ethnicity. Proceedings of the Symposium held at Casa Italiana, Columbia University (May 21–23, 1976)*, New York, Center for Migration Studies, 1977, 173–202 (= 1977c).

Di Pietro, Robert J., *Three case Studies in Italian-American Ethnicity and Language Use*, in: Jacob Ornstein-Galicia/Robert St. Clair (edd.), *Bilingualism and bilingual education: New readings and insights*, San Antonio, Trinity University Press, 1980, 241–247.

Di Pietro, Robert J., *Bilinguismo e italiano come lingua seconda negli Stati Uniti*, Il Veltro. Rivista della civiltà italiana XXX/1–2 (1986), 13–22.

Di Stasio, Gianino (ed.), *Ti sono scritto questa lettera. Le lettere che gli emigranti non scriveranno più*, Milano, Mursia, 1994.

Diez, Friedrich, *Etymologisches Wörterbuch der romanischen sprachen*, Bonn, Adolph Marcus, 1853.

Dondero, Carlo Andrea, *L'Italia agli Stati Uniti ed in California*, L'Italia Coloniale 6 (giugno 1901), 9–22.

Dore, Grazia, *Bibliografia per la storia dell'emigrazione italiana in America*, in: Grazia Dore (ed.), *La democrazia italiana e l'emigrazione in America*, Brescia, Morcelliana, 1964, 1–381.

Duijker, Hubertus Carl Johannes, *Extralinguale elementen in de spraak*, Amsterdam, N.V. Noord-hollandsche uitgevers Maatschappij, 1946.

Duke, Francis J., *A phonetic study of Italian-American speech in Richmond, Virginia*, Ph.D. Dissertation (University of Virginia), 1938.

Durante, Francesco, *Italoamericana. Storia e letteratura degli italiani negli Stati Uniti*, vol. I: *1776–1880*, vol. II: *1880–1943*, Milano, Mondadori, 2001/2005.

Eckert, Penelope, *Age as a sociolinguistic variable*, in: Florian Columas (ed.), *The Handbook of Sociolinguistics*, Oxford/Cambridge, MA, Blackwell, 1997, 151–167.

Eckert, Penelope, *Linguistic Variation as Social Practice*, Maldon, MA/Oxford, Blackwell, 2000.

Efron, David, *Gesto, razza, cultura. Indagine preliminare su alcuni aspetti spazio-temporali e «linguistici» del comportamento gestuale di ebrei orientali e italiani meridionali abitanti

a New York in condizioni ambientali sia simili, che differenti, traduzione di Michelangelo Spada, Milano, Bompiani, 1974.
Eisenstadt, Shmuel N./Giesen, Bernd, *The Construction of Collective Identity*, Archives européennes de sociologie 36 (1995), 72–102.
Eppen, Constanze, *Migrationslinguistik. Eine Studienbibliographie*, Hamburg, Edition Loges, 2012.
Farina, Mario (ed.), *I navigatori: La scoperta dell'America nelle lettere di Colombo, de Cuneo, Vespucci, Terrazzano*, Torino, Loescher Editore, 1971.
Feagin, Crawford, *Entering the Community: Fieldwork*, in: Jack K. Chambers/Peter Trudgill/Natalia Schilling-Estes (edd.), *The Handbook of Language Variation and Change*, Oxford, Blackwell, 2002, 20–39.
Ferguson, Charles A./Heath, Shirley Brice, *Introduction*, in: Charles A. Ferguson/Shirley Brice Heath (edd.), *Language in the USA*, Cambridge, Cambridge University Press, 1981, XXV–XXXVIII (= 1981a).
Ferguson, Charles A./Heath, Shirley Brice (edd.), *Language in the USA*, Cambridge, Cambridge University Press, 1981 (= 1981b).
Finegan, Edward/Rickford, John R. (edd.), *Language in the USA. Themes for the Twenty-first Century*, Cambridge, Cambridge University Press, 2004.
Finizio, Gabriella/Di Pietro, Robert J., *Naming as a means of ethnic identification among Italian Americans*, in: Camilla Bettoni (ed.), *Altro Polo. Italian abroad: Studies on language contact in English-speaking countries*, Sydney, Frederick May Foundation of Italian Studies, 1986, 113–128.
Fischer, Walther, *Italienisch-Amerikanisches*, Die neueren Sprachen. Zeitschrift für den neusprachlichen Unterricht XXVIII (1920/21), 164–168.
Fishman, Joshua A., *Yiddish in America: Sociolinguistic description and analysis*, Bloomington, Indiana University, 1965.
Fishman, Joshua A. (ed.), *Readings in the sociology of language*, The Hague, Mouton, 1968.
Fishman, Joshua A. (ed.), *Readings in the Sociology of Jewish Languages*, Leiden, Brill, 1985.
Fishman, Joshua A./Nahirny, Vladimir C./Hofman, John E./Hayden, Robert G. (edd.), *Language Loyalty in the United States: The Maintenance and Perpetuation of Non-English Mother Tongues by American Ethnic and Religious Groups*, The Hague/London, Mouton, 1966.
Flydal, Leiv, *Remarques sur certains rapports entre le style et l'état le langue*, Norsk Tidsskrift for Sprogvidenskap XVI (1951), 240–257.
Folena, Gianfranco, *Le prime immagini dell'America nel vocabolario italiano*, Bollettino dell'Atlante Linguistico Mediterraneo 13–15 (1973), 673–692.
Foster Meloni, Christine, *Code switching and interference in the speech of an Italian-English bilingual child: age 6.5 to 8 years*, Rassegna Italiana di Linguistica Applicata X/2–3 (1979), 89–95.
Franceschini, Rita, *Un modello variazionale per l'italiano all'estero*, Italian Culture XIV (1996), 311–336.
Franceschini, Rita, *Prospettive per lo studio del dia sistema italiano-dialetto in situazione di extraterritorialità*, in: Thomas Krefeld (ed.), *Spazio vissuto e dinamica linguistica : varietà meridionali in Italia e in situazione di extraterritorialità*, Frankfurt am Main et al., Lang, 2002, 93–110.
Franceschini, Rita/Müller, Myriam/Schmid, Stephan, *Comportamento linguistico e competenza dell'italiano in immigrati di seconda generazione: Un'indagine a Zurigo*, Rivista Italiana di Dialettologia VIII (1984), 41–72.

Franzina, Emilio, *Gli italiani al Nuovo Mondo. L'emigrazione italiana in America (1492–1942)*, Milano, Arnoldo Mondadori Editore, 1995.

Frisoni, Gaetano, *Dizionario moderno genovese-italiano e italiano-genovese*, Genova, A. Donath, 1910.

Fuchs, August, *Über die sogenannten unregelmäßigen Zeitwörter in den romanischen Sprachen, nebst Andeutungen über die wichtigsten romanischen Mundarten*, Berlin, A. Asher & Comp., 1840.

Fucilla, Joseph G., *The Anglicization of Italian Surnames in the United States*, American Speech: a quarterly of linguistic usage 18/1 (1943), 26–32.

Fucilla, Joseph G., *Our Italian surnames*, Evanston (Illinois), Chandler's, 1949.

Galindo, Letticia D., *Linguistic influence and variation on the English of Chicano adolescents of Austin*, Austin, University of Texas at Austin (Ph.D. dissertation), 1987.

Galinsky, Hans, *Die Sprache des Amerikaners. Die Hauptunterschiede zwischen amerikanischem und britischem English der Gegenwart*, vol. I: *Das Klangbild – Die Schreibung*, vol. II: *Wortschatz und Wortbildung, Syntax und Flexion*, Berlin, Langenscheidt KG Verlagsbuchhandlung, 1951/1952.

Galinsky, Hans, *Das Amerikanische Englisch: Seine innere Entwicklung und internationale Ausstrahlung. Ein kritischer Forschungsbericht als Einführung in die Grundlegungsphase der sprachwissenschaftlichen Amerikanistik (1919–1945)*, Darmstadt, Wissenschaftliche Buchgesellschaft, 1979.

García, Ofelia/Fishman, Joshua A., *Foreword*, in: Ofelia García/Joshua A. Fishman (edd.), *Multilingual Apple: Languages in New York City. Second Edition with a new foreword*, Berlin/New York, Mouton de Gruyter, 2002, ix–xii (= 2002a).

García, Ofelia/Fishman, Joshua A. (edd.), *Multilingual Apple: Languages in New York City. Second Edition with a new foreword*, Berlin/New York, Mouton de Gruyter, 2002 (= 2002b).

Gastaldo, Piero, *Gli americani di origine italiana: chi sono, quanti sono, dove sono*, in: AA.VV., *La popolazione di origine italiana negli Stati Uniti*, Torino, Fondazione Giovanni Agnelli, 1987, 149–199.

Gazerro, Vittorio, *Lingua ed emigrazione in Germania*, Basilea, CSERPE, 1980.

Giammarco, Ernesto, *Dizionario abruzzese e molisano (DAM)*, 6 vol., Roma, Edizioni dell'Ateneo, 1968–1990.

Giannini, Stefania/Scaglione, Stefania, Language attrition *nella comunità lucchese di San Francisco (California)*, in: Serge Vanvolsem et al. (edd.), *L'italiano oltre frontiera. V Convegno internazionale, (Leuven, 22–25 aprile 1998)*, Firenze, Franco Cesati Editore, 2000, 261–279.

Giordano, Emanuele, *Dizionario degli Albanesi d'Italia*, Bari, Edizioni Paoline, 1963.

Girardon, Mario S., *La lingua dello «Yesse» in USA*, Nuova Antologia 446 (1949), 68–80.

Gisolfi, Anthony M., *Italo-American: What it has borrowed from American English and what it is contributing to the language*, Commonweal 30 (1939), 311–313.

Glowka, Wayne A./Lance, Donald M. (edd.), *Language Variation in North American English: Research and Teaching*, New York, The Modern Language Association of America, 1993.

Gold, David L.,*The speech and writing of Jews*, in: Charles A. Ferguson/Shirley Brice Heath (edd.), *Language in the USA*, Cambridge, Cambridge University Press, 1981, 273–292.

Gonzo, Susan T./Saltarelli, Mario, *Lingua, dialetto ed istruzione bilingue a Chicago*, in: Federico Albano Leoni (ed.), *I dialetti e le lingue delle minoranze di fronte all'italiano. Atti dell'XI Congresso Internazionale di Studi (Cagliari, 27–30 maggio 1977)*, vol. 2, Roma, Bulzoni, 1980, 635–646, 752–726.

Gonzo, Susan T./Saltarelli, Mario, *Pidginizaion and linguistic change in emigrant languages*, in: Roger W. Andersen (ed.), *Pidginization and Creolization as Language Acquisition*, Rowley, Newbury House Publishers, 1983, 181–197.

Grassi, Corrado, *Bilinguismus italienischer Gastarbeiterkinder in der Schweiz und in der Bundesrepublik Deutschland*, Italienische Studien 5 (1982), 133–144.

Grassi, Corrado, *Italiano e dialetti*, in: Alberto A. Sobrero (ed.), *Introduzione all'italiano contemporaneo*, vol. 2, Roma/Bari, Laterza, 1993, 279–310.

Grassi, Corrado/Pautasso, Mariella, *Prima roba il parlare. Lingue e dialetti dell'emigrazione biellese*, Milano, Fondazione Sella Electa, 1989.

Grassi, Corrado/Sobrero, Alberto A./Telmon, Tullio, *Fondamenti di dialettologia italiana*, Roma/Bari, Laterza, 1997.

Graziuso, Luciano, *Angloamericanismi nel Salento: ieri e oggi*, in: Manlio Cortelazzo (ed.), *Elementi stranieri nei dialetti italiani*, vol. 2, Pisa, Pacini, 1986, 323–329.

Gueli Alletti, Marilene, *Italesco – Interlinguale Sprachvarianz in vier Generationen italienischer Migranten*, Hamburg, Dr. Kovač, 2011.

Gugenberger, Eva, *Einflussfaktoren auf Migrantensprachen. Bausteine für ein migrationslinguistisches Modell*, in: Jürgen Erfurt (ed.), *Sprache, Mehrsprachigkeit und Migration als Gegenstand und Ressource sozialer Identifikationsprozesse*, Frankfurt am Main et al., Lang, 2003, 37–62.

Gugenberger, Eva, *Aculturación e hibrididad lingüísticas en la migración. Propuesta de un modelo teórico-analítico para la lingüística de la migración*, Revista Internacional de Lingüística Iberoamericana (RILI) V, 2/10 (2007), 21–45.

Gumperz, John J./Hymes, Dell (edd.), *Directions in Sociolinguistics: The Ethnography of Communication*, New York, Holt, 1972.

Hall, Robert A. Jr., *A ritualistic sequence in Italian-English pidgin*, Studies in Linguistics II/1 (1943), 14s.

Hall, Robert A. Jr., *Appunti d'italo-americano*, Lingua Nostra VIII/1 (1947), 26s.

Haller, Hermann W., *Linguistic Interference in the Language of «Il progresso italo-americano»*, Italian Americana 5 (1979), 55–67.

Haller, Hermann W., *Between standard Italian and creole: an interim report on language patterns in an Italian-American community*, Word 32 (1981), 323–329.

Haller, Hermann W., *Aspetti linguistici dell'italiano dei mass media negli U.S.A.*, Il Veltro. Rivista della civiltà italiana XXX/1–2 (1986), 95–110 (= 1986a).

Haller, Hermann W., *Come si parla l'italiano negli Stati Uniti*, Italiano e oltre 1 (1986), 37–39 (= 1986b).

Haller, Hermann W., *Italian-American speech varieties*, in: Jesse Levit/Leonard R.N. Ashley/Kenneth H. Rogers (edd.), *Geolinguistic Perspectives*, Lanham/New York/London, University Press of America, 1987, 259–265 (= 1987a).

Haller, Hermann W., *Italian speech varieties in the United States and the Italian American lingua franca*, Italica 64 (1987), 393–409 (= 1987b).

Haller, Hermann W., *Ethnic-Language mass media and language loyalty in the United States today: The case of French, German and Italian*, Word 39 (1988), 187–200.

Haller, Hermann W., *Intorno alla varietà alta parlata fra gli emigrati italo-newyorchesi*, in: AA.VV., *Dialettologia urbana: Problemi e ricerche. Atti del XVI Convegno del C.S.D.I. (Lecce, 1–4 ottobre 1986)*, Pisa, Pacini, 1989, 127–132.

Haller, Hermann W., *Atteggiamenti linguistici nelle comunità italo-americane*, Rivista di Linguistica 3 (1991), 389–403 (= 1991a).

Haller, Hermann W., *Prospettive per una storia linguistica dell'italiano negli Stati Uniti*, in: Ignazio Baldelli/Bianca Maria Da Rif (edd.), *Lingua e letteratura italiana nel mondo oggi*, vol. 2, Firenze, Olschki, 1991, 443–449 (= 1991b).

Haller, Hermann W., *L'atteggiamento linguistico nelle comunità italo-americane*, in: Ramón Lorenzo (ed.), *Actas do XIX Congreso International de Lingüística e Filoloxía Románicas (Universidade de Santiago de Compostela, 4–9 settembre 1989)*, vol. III: *Lingüística Pragmatica e Sociolingüística*, Coruña, Fundacion «Pedro Barrie de la Maza, Conde de Fenosa», 1992, 219–232.

Haller, Hermann W., *Una lingua perduta e ritrovata. L'italiano degli italo-americani*, Firenze, La nuova Italia, 1993.

Haller, Hermann W., *The dialects abroad*, in: Martin Maiden/Mair Parry (edd.), *The dialects of Italy*, London/New York, Routledge, 1997, 402–411.

Haller, Hermann W., *I Piemontesi nel Far West. Usi e atteggiamenti linguistici nella comunità piemontese di San Francisco*, in: Gianrenzo P. Clivio/Dario Pasero/Censin Pich (edd.), *At dij XII e XIII Rëscontr antërnassional dë studi an sla lenga e la literatura piemontèisa (Quinsnè, 6 e 7 ëd magg 1995; Turin, 11 e 12 ëd magg 1996)*, Ivrea, Tipografia Vittorio Ferraro, 1998, 273–286 (= 1998a).

Haller, Hermann W., *Verso un nuovo italiano: l'esperienza linguistica dell'emigrazione negli Stati Uniti*, in: Sebastiano Martelli (ed.), *Il sogno italo-americano. Realtà e immaginario dell'emigrazione negli Stati Uniti. Convegno Internazionale di Studi (Napoli, 1996)*, Napoli, CUEN, 1998, 233–245 (= 1998b).

Haller, Hermann W., *Il plurilinguismo nell'emigrazione: riflessi linguistici nella lingua parlata degli emigrati e in testi italo-americani*, in: Serge Vanvolsem et al. (edd.), *L'italiano oltre frontiera. V Convegno internazionale (Leuven, 22–25 aprile 1998)*, Firenze, Franco Cesati Editore, 2000, 281–289.

Haller, Hermann W., *Il lessico italo-americano tra continuità storica e innovazione semantica*, in: AA.VV., *Semantica e lessicologia storiche. Atti del XXXII Congresso della Società di Linguistica Italiana*, Roma, Bulzoni, 2001, 405–416.

Haller, Hermann W., *Italian in New York*, in: Ofelia García/Joshua A. Fishman (edd.), *Multilingual Apple: Languages in New York City. Second Edition with a new foreword*, Berlin/New York, Mouton de Gruyter, 2002, 119–142 (= 2002a).

Haller, Hermann W., *Recensione di: Scaglione, Stefania (2000): Attrition. Mutamenti sociolinguistici nel lucchese di San Francisco, Milano, Franco Angeli*, Italica 79 (2002), 550s. (= 2002b)

Haller, Hermann W., *L'italiano nei nomi di ristoranti di New York*, Lingua italiana d'oggi 2 (2005), 331–352.

Haller, Hermann W., *Lingue degli emigranti e degli esiliati: italiano/Romanische Migranten- und Vertriebenensprachen: Italienisch*, in: Gerhard Ernst/Martin-Dietrich Gleßgen/Christian Schmitt/Wolfgang Schweickard (edd.), *Romanische Sprachgeschichte. Ein internationales Handbuch zur Geschichte der romanischen Sprachen*, vol. 2, Berlin/New York, de Gruyter, 2006, 1886–1892 (= 2006a).

Haller, Hermann W., *Tra Napoli e New York. Le macchiette italo-americane di Eduardo Migliaccio. Testi con introduzione e glossario*, Roma, Bulzoni, 2006 (= 2006b).

Haller, Hermann W., *L'italiano nei ristoranti di New York: dalle insegne ai menù*, in: Giovanni Tesio (ed.), *Di cotte e di crude: cibo, culture, comunità. Atti del Convegno Internazionale di Studi (15–17 marzo 2007, Vercelli-Pollenzo)*, Torino, Centro Studi Piemontesi, 2009, 141–157.

Haller, Hermann W., *Tra Stati Uniti e Italia: aspetti del giornalismo linguistico*, Lingua Nostra LXXII/1–2 (2011), 50–60 (= 2011a).
Haller, Hermann W., *Varieties, Use and Attitudes of Italian in the U.S. The Dynamics of an Immigrant Language Through Time*, in: Thomas Stehl (ed.), *Sprachen in mobilisierten Kulturen. Aspekte der Migrationslinguistik*, Potsdam, Universitätsverlag, 2011, 57–70 (= 2011b).
Harney, Robert F./Scarpaci, J. Vincenza (edd.), *Little Italies in North America*, Toronto, The MHSO, 1981.
Haugen, Einar, *Bilingualism in the Americas: A Bibliography and Research Guide*, Alabama, University of Alabama Press, 1956.
Hegel, Georg W.F., *Encyklopädie der philosophischen Wissenschaften im Grundrisse*, vol. III: *Die Philosophie des Geistes*, Berlin, Duncker und Humblot, 1845.
Heller, Monica, *Linguistic Minorities and Modernity: A Sociolinguistic Ethnography*, New York, Continuum International, ²2007.
Holenstein, Elmar, *Sprachliche Kontinua sind anisotrop und skaliert*, in: Gunter Brettschneider/ Christian Lehmann (edd.), *Wege zur Universalien-Forschung. Sprachwissenschaftliche Beiträge zum 60. Geburtstag von Hansjakob Seiler*, Tübingen, Narr, 1980, 504–508.
Hölker, Klaus/Maaß, Christiane (edd.), *Aspetti dell'italiano parlato*, Münster, Lit, 2005.
Holtus, Günter/Radtke, Edgar (edd.), *Varietätenlinguistik des Italienischen*, Tübingen, Narr Verlag, 1983 (= 1983a).
Holtus, Günter/Radtke, Edgar, *«Varietätenlinguistik des Italienischen» in der Diskussion. Einführende Bemerkungen zur Thematik und zu ihrer Aktualität*, in: Günter Holtus/Edgar Radtke (edd.), *Varietätenlinguistik des Italienischen*, Tübingen, Narr Verlag, 1983, 11–21 (= 1983b).
Holtus, Günter/Radtke, Edgar (edd.), *Gesprochenes Italienisch in Geschichte und Gegenwart*, Tübingen, Narr, 1985.
Holtus, Günter/Metzeltin, Michael/Schmitt, Christian (edd.), *Lexikon der Romanistischen Linguistik (LRL)*, vol. IV: *Italienisch, Korsisch, Sardisch/ Italiano, Corso, Sardo*, Tübingen, Niemeyer, 1988.
Jablonka, Frank, *Frankophonie als Mythos. Variationslinguistische Untersuchungen zum Französischen und Italienischen im Aosta-Tal*, Wilhelmsfeld, Gottfried Egert, 1997.
Jacqmain, Monique, *Sballottati fra due lingue e due dialetti. Problemi della seconda generazione di emigrati italiani nelle Fiandre*, in: Federico Albano Leoni (ed.), *I dialetti e le lingue delle minoranze*, Roma, Bulzoni Editore, 1979, 647–652 e 726–728.
Jacqmain, Monique, *Lo stato della lingua italiana presso i figli dei lavoratori italiani emigrati nelle Fiandre*, Lingua Nostra XLII (1981), 117–122.
Jaspaert, Koen/Kroon, Sjaak, *Social determinants of language shift by Italians in the Netherlands and Flanders*, International Journal of the Sociology of language 90 (1991), 77–96.
Jochnowitz, George, *Bilingualism and Dialect Mixture among Lubavitcher Hasidic Children*, American Speech: a quarterly of linguistic usage 43/3 (1968), 188–200.
Johanson, Lars, *Code-copying in immigrant Turkish*, in: Guus Extra/Ludo Verhoeven (edd.), *Immigrant Languages in Europe*, Clevedon et al., Multilingual Matters, 1993, 197–221.
Keller, Rudi, *Sprachwandel. Von der unsichtbaren Hand in der Sprache*, Tübingen, Francke, 1990.
Kleiber, Georges, *Prototypensemantik. Eine Einführung*, Tübingen, Narr, 1993.

Kliger, Hannah/Peltz, Rakhmiel, *Yiddish in New York*, in: Ofelia García/Joshua A. Fishman (edd.), *Multilingual Apple: Languages in New York City. Second Edition with a new foreword*, Berlin/New York, Mouton de Gruyter, 2002, 93–117.

Kolm, Richard, *On Ethnicity and Ethnic Groups*, Washington D.C., National Institute of Mental Health, 1973.

Krapp, George Philip, *The English Language in America*, 2 vol., New York, Century, 1925.

Krefeld, Thomas, *Einführung in die Migrationslinguistik. Von der Germania italiana in die Romania multipla*, Tübingen, Narr, 2004.

Krefeld, Thomas, *La modellazione dello spazio comunicativo al di qua e al di là del territorio nazionale*, in: Giovanni Berruto et al. (edd.), *Lingua, cultura e cittadinanza in contesti migratori. Europa e area mediterranea. Atti dell'8° Congresso dell'AItLA, Malta, 21–22 febbraio 2008*, Perugia, Guerra Edizioni, 2008, 33–44.

Krefeld, Thomas (ed.), *Spazio vissuto e dinamica linguistica : varietà meridionali in Italia e in situazione di extraterritorialità*, Frankfurt am Main et al., Lang, 2002.

Krefeld, Thomas/Pustka, Elissa, *Für eine perzeptive Varietätenlinguistik*, in: Thomas Krefeld/ Elissa Pustka (edd.), *Perzeptive Varietätenlinguistik. Spazi comunicativi = Kommunikative Räume*, Frankfurt am Main et al., Centre for Language and Cognition, 2010, 9–28.

Kremnitz, Georg, *Français et créole: ce qu'en pensent les enseignants. Le conflit linguistique à la Martinique*, Hamburg, Helmut Buske, 1983.

Kulick, Don, *Language Shift and Cultural Reproduction: Socialization, self and syncretism in a Papua New Guinean village*, Cambridge, Cambridge University Press, 1992.

La Piana, George, *The Italians in Milwaukee, Wisconsin. General Survey* (dattiloscritto), 1915.

Labov, William, *The Social Stratification of English in New York City*, Washington D.C., Center for Applied Linguistics, 1966, ²2006.

Labov, William, *Language in the Inner City: Studies in the Black English Vernacular*, Philadelphia, University of Pennsylvania Press, 1972 (= 1972a).

Labov, William, *Sociolinguistic Patterns*, Philadelphia, University of Pennsylvania Press, 1972 (= 1972b).

Labov, William, *Some principles of linguistic methodology*, Language in Society I (1972), 97–120 (= 1972c).

Labov, William, *Field methods of the project on linguistic change and variation*, in: John Baugh/ Joel Sherzer (edd.), *Language in Use*, Englewood Cliffs, Prentice Hall, 1984, 28–53.

Labov, William, *Principles of Linguistic Change*, vol. II: *Social Factors*, Oxford, Blackwell, 2001.

Labov, William/Cohen, Paul/Robins, Clarence/Lewis, John, *A Study on the Non-Standard English of Negro and Puerto Rican Speakers in New York City. Report on Cooperative Research Project 3288*, New York, Columbia University, 1968.

LaGumina, Salvatore J., *Wop! A Documentary History of Anti-Italian Discrimination*, Toronto, Guernica Editions, ²1999.

LaSorte, Michael, *La Merica. Images of Italian Greenhorn Experience*, Philadelphia, Temple University Press, 1985.

Laurino, Maria, *Where You Always an Italian? Ancestors and Other Icons of Italian America*, New York/London, W.W. Norton & Company, 2000.

Lausberg, Heinrich, *Romanische Sprachwissenschaft*, vol. II: *Konsonantismus (zweite, durchgesehene Auflage)*, Berlin, de Gruyter, 1967.

Lausberg, Heinrich, *Romanische Sprachwissenschaft*, vol. I: *Einleitung und Vokalismus (dritte, durchgesehene Auflage)*, Berlin, de Gruyter, 1969.

Livingston, Arthur, *La Merica Sanemagogna*, Romanic Review IX/2 (1918), 206–226.
Lo Cascio, Vincenzo, *L'emigrazione italiana: aspetti sociali e linguistici*, in: Vincenzo Lo Cascio (ed.), *L'italiano in America Latina*, Firenze, Le Monnier, 1987, 89–118 (= 1987a).
Lo Cascio, Vincenzo (ed.), *L'italiano in America Latina*, Firenze, Le Monnier, 1987 (= 1987b).
Lo Piparo, Franco/Ruffino, Giovanni (edd.), *Gli italiani e la lingua*, Palermo, Sellerio, 2005.
Lorenzetti, Luca, *I movimenti migratori*, in: Luca Serianni/Pietro Trifone (edd.), *Storia della lingua italiana*, vol. III: *Le altre lingue*, Torino, Einaudi, 1994, 627–668.
Lüdi, Georges/Py, Bernard, *Zweisprachig durch Migration. Einführung in die Forschung der Mehrsprachigkeit am Beispiel zweier Zuwanderungsgruppen in Neuenburg (Schweiz)*, Tübingen, Niemeyer, 1984.
Lüdtke, Helmut (ed.), *Kommunikationstheoretische Grundlagen des Sprachwandels*, Berlin/New York, de Gruyter, 1980 (= 1980a).
Lüdtke, Helmut, *Sprachwandel als universales Phänomen*, in: Helmut Lüdtke (ed.), *Kommunikationstheoretische Grundlagen des Sprachwandels*, Berlin/New York, de Gruyter, 1980, 1–19 (= 1980b).
Lüdtke, Helmut, *Auf dem Weg zu einer Theorie des Sprachwandels*, in: Helmut Lüdtke (ed.), *Kommunikationstheoretische Grundlagen des Sprachwandels*, Berlin/New York, de Gruyter, 1980, 182–252 (= 1980c).
Lüdtke, Helmut, *Überlegungen zur Methodologie der lateinisch-romanischen Sprachgeschichtsforschung*, in: Arnold Arens (ed.), *Text-Etymologie. Untersuchungen zu Textkörper und Textinhalt. Festschrift für Heinrich Lausberg zum 75. Geburtstag*, Stuttgart, Steiner, 1987, 382–391.
Machetti, Sabrina, *America del Nord*, in: Massimo Vedovelli (ed.), *Storia linguistica dell'emigrazione italiana nel mondo*, Roma, Carocci, 2011, 387–428.
Mackey, William F., *Interference, Integration and the Synchronic Fallacy*, Paper Prepared for the Twenty-first Round Table Meeting on Linguistics and Language Studies, Washington D.C., Georgetown University Press, 1970, 1–43 (estratto).
Mak, Wilhelm, *Zweisprachigkeit und Mischmundart in Oberschlesien*, Schlesisches Jahrbuch für deutsche Kulturarbeit im gesamtschlesischen Raume 7 (1935), 41–52.
Malpezzi, Frances M./Clements, William M., *Italian-American Folklore*, Little Rock, August House Publishers, 1992.
Mancarella, Giovan Battista, *Ortoepia italiana e difetti pugliesi*, in: AA.VV., *Dal dialetto alla lingua. Atti del IX Convegno per gli Studi Dialettali Italiani (Lecce, 28 settembre–1° ottobre 1972)*, Pisa, Pacini, 1974, 269–282.
Mangione, Jerre, *Mount Allegro: A Memoir of Italian American Life*, Syracuse, Syracuse University Press, ⁵1998 [¹1943].
Mangione, Jerre/Morreale, Ben, *La Storia: Five Centuries of the Italian American Experience*, New York, Harper Perennial, 1992.
Marazzi, Martino, *Misteri di Little Italy. Storie e testi della letteratura italoamericana*, Milano, Franco Angeli, 2001.
Marcato, Gianna, *Italiano d.o.c. Sagra delle etichette o categorizzazione linguistica?* in: Michele A. Cortelazzo/Alberto M. Mioni (edd.), *L'italiano regionale. Atti del XVIII Congresso Internazionale di Studi della Società della Linguistica Italiana (Padova – Vicenza, 14–16 settembre 1984)*, Roma, Bulzoni, 1990, 79–87.
Marcato, Gianna, *Italienisch: Sprache und Geschlechter/Lingua e sesso*, in: Günter Holtus/Michael Metzeltin/Christian Schmitt (edd.), *Lexikon der Romanistischen Linguistik (LRL)*,

vol. IV: *Italienisch, Korsisch, Sardisch/ Italiano, Corso, Sardo*, Tübingen, Niemeyer, 1988, 237–246.
Marcato, Gianna (ed.), *Donna e linguaggio*, Padova, CLEUP, 1995.
Marckwardt, Albert Henry, *American English*, New York, Oxford University Press, 1958/ ²1980.
Martel, Pierre, *Le Bon usage au Québec*, in: Elmar Schafroth/Walburga Christine Sarcher/Werner Hipka (edd.), *Französische Sprache und Kultur in Quebec*, Hagen, ISL-Verlag, 2000, 11–40.
Mauthner, Fritz, *Beiträge zu einer Kritik der Sprache*, vol. 1: *Zur Sprache und zur Psychologie*, Stuttgart/Berlin, J.G. Cotta'sche Buchhandlung, ³1921.
Melillo, Matteo Armistizio (ed.), *Lettere dalla Merica*, Bari, Adriatica, 1991.
Melillo, Matteo Armistizio/Gruppo dell'*OAL*, *L'italiano fuori d'Italia. L'italo-americano. Un progetto di ricerca e primi risultati*, Annali della Facoltà di Lingue e Letterature Straniere, Università di Bari, terza Serie 1986, VII/1–2, Fasano, Schena, 1988, 391–409.
Menarini, Alberto, *L'italo-americano degli Stati Uniti*, Lingua Nostra I (1939), 152–160.
Menarini, Alberto, *Echi dell'italo-americano in Italia*, Lingua Nostra II (1940), 111–115.
Menarini, Alberto, *Sanemagogna*, Lingua Nostra IV (1942), 102.
Menarini, Alberto, *Appunti d'italo-americano*, Lingua Nostra VIII (1947), 26s. (= 1947a).
Menarini, Alberto, *Ai margini della lingua*, Firenze, Sansoni, 1947 (= 1947b).
Mencken, Henry Louis, *The American Language*, New York, Alfred A. Knopf, 1919, ²1921, ³1923, ⁴1936 (1945: Supplement I, 1948: Supplement II).
Meo Zilio, Giovani, *Ricerche di dialettologia veneto-latinoamericana*, Roma, Bulzoni, 1995.
Meo Zilio, Giovanni, *Estudios hispanoamericanos. Temas Lingüísticos*, Roma, Bulzoni, 1993.
Migliorini, Bruno, Recensione su: «Vaughan, Herbert H., *Italian and Its Dialects as spoken in the United States*, American Speech: a quarterly of linguistic usage 1/8 (1926), 431–435, 2/1 (1927), 13–18», La Cvltvra V (1927), 285s.
Mioni, Alberto, *Italiano tendenziale: osservazioni su alcuni aspetti della standardizzazione*, in: Paola Benincà et al. (edd.), *Scritti linguistici in onore di Giovan Battista Pellegrini*, vol. 1, Pisa, Pacini, 1983, 495–517.
Mioni, Alberto/Trumper, John, *Per un'analisi del 'continuum' linguistico veneto*, in: Raffaele Simone/Giulianella Ruggiero (edd.), *Aspetti sociolinguistici dell'Italia contemporanea. Atti dell'VIII Congresso Internazionale di Studi (Bressanone, 13 maggio–2 giugno 1974)*, Roma, Bulzoni, 1976, 329–372.
Morosi, Giuseppe, *Studi sui dialetti greci della Terra d'Otranto, preceduto da una raccolta di canti, leggende, proverbi e indovinelli nei dialetti medesimi*, Lecce, Tip. Editrice Salentina, 1870.
Motte, André/Somville, Pierre (edd.), *Ousia dans la philosophie grecque des origines à Aristote. Travaux du Centre d'études aristotéliciennes de l'Université de Liège*, Leuven, Peeters Publishers, 2008.
Muljačić, Žarko, *Fonologia generale e fonologia della lingua italiana*, Bologna, Il Mulino, 1969.
Muljačić, Žarko, *Für ein neues Modell der «Architektur» des Italienischen*, in: Günter Holtus/Edgar Radtke (edd.), *Varietätenlinguistik des Italienischen*, Tübingen, Narr, 1983, 142–150.
N.N., *La cattedra del lessicografo*, Il Carroccio III-8 (1917), 178; III-10 (1917), 454s.
Nencioni, Giovanni, *Idealismo e realismo nella scienza del linguaggio*, Firenze, La Nuova Italia, 1946.
Oliver, Elvira S., *The Joys of Growing up Italian: An Essay*, www.iascorlando.com (1968).

Oliveri, Fabio, *La gestualità dei siciliani*, Palermo, Krea, 2002.
Ortisi, Domenico, *Alcune osservazioni sulla formazione del dialetto siculo-americano*, Italica 28 (1951), 42–47.
Pacini, Marcello, *Introduzione a «Euroamericani»*, in: AA.VV., *La popolazione di origine italiana negli Stati Uniti*, Torino, Fondazione Giovanni Agnelli, 1987, 1–128.
Panzini, Alfredo, *Dizionario Moderno. Supplemento ai dizionari italiani*, Milano, Ulrico Hoepli Editore, ⁸1942.
Park, Robert E./Miller, Herbert A., *Old World Traits Transplanted*, New York, Harper, 1921.
Parlangèli, Oronzo, *Anglo-americanismi salentini*, Lingua Nostra IX (1948), 83–86.
Parlangèli, Oronzo, *La nuova questione della lingua. Saggi raccolti da Oronzo Parlangèli, con prefazione di Vittore Pisani*, Brescia, Paideia, 1971.
Pellegrini, Giovan Battista, *Tra lingua e dialetto in Italia*, Studi mediolatini e volgari VIII (1960), 137–153.
Pellegrini, Giovan Battista, *L'italiano regionale*, Cultura e Scuola V (1962), 20–29.
Pellegrini, Giovan Battista, *Carta dei dialetti d'Italia*, Pisa, Pacini, 1977.
Pellegrini, Giuliano, *Americanismi in Lucchesia*, Lingua Nostra VI (1945), 78–80.
Peñalosa, Fernando, *Chicano Sociolinguistics: A Brief Introduction*, Rowley, MA, Newbury House, 1980.
Pickering, John, *A Vocabulary, or Collection of Words and Phrases which have been supposed to be peculiar to the United States of America, to which is prefixed an essay on the present state of the English language in the United States*, Boston, Cummings and Hilliard, 1816.
Pizzolotto, Giuseppe, *Bilinguismo ed emigrazione in Svizzera. Italiano e commutazione di codice di un gruppo di giovani*, Bern, Lang, 1991.
Pozzetta, George E., *The Italian Immigrant Press of New York City: the Early Years 1880–1915*, JES: The Journal of Ethnic Studies I/3 (1973), 32–46.
Pozzetta, George E., *Il Mulberry District di New York City negli anni anteriori alla prima guerra mondiale*, in: Robert F. Harney/J. Vincenza Scarpaci (edd.), *Little Italies in North America*, Toronto, The Multicultural History Society of Otranto, 1981, 7–40.
Preston, Dennis R., *Perceptual Dialectology / Perzeptive Dialektologie*, in: Ulrich Ammon et al. (edd.), *Sociolinguistics: an international handbook of science of language and society / Soziolinguistik: ein internationales Handbuch zur Wissenschaft von Sprache und Gesellschaft*, vol. 2,2, Berlin/New York, de Gruyter, 2005, 1683–1696.
Prezzolini, Giuseppe, *La lingua della 'giobba'*, Lingua Nostra I/4 (1939), 121s.
Prezzolini, Giuseppe, *I trapiantati*, Milano, Longanesi & C., 1963.
Prifti, Elton, Zëra puru last week! *Cenni sul comportamento linguistico di una comunità italoalbanese a Philadelphia (USA) dal punto di vista della linguistica contattuale e variazionale*, in: Matteo Mandalà (ed.), *La Sicilia, il Mediterraneo, i Balcani: storia, culture, lingue, popoli: Antiche e nuove emigrazioni e prospettive dell'integrazione socio-economica e culturale*, Palermo, A.C. Mirror, 2007, 271–296.
Prifti, Elton, *Gli anglicismi dell'albanese nei Balcani*, in: Franceso Altimari/Emilia Conforti (edd.), *Atti del V Seminario Internazionale di Studi Italo-Albanesi «La figura e l'opera di Girolamo de Rada»*, *San Demetrio Corone/Cosenza (2–5 ottobre 2003)*, Rende, Università della Calabria, 2008, 275–318 (= 2008a).
Prifti, Elton, *Qëmtime mbi angloamerikanizmat riemigrues të gjuhës shqipe nën prizmin e kontaktit gjuhësor midis saj dhe anglishtes*, in: Besim Bokshi et al. (edd.), *Studime filologjike shqiptare. Konferencë shkencore (21–22 nëntor 2007)*, AShAK/AShSh, Prishtinë, Grafoprint, 2008, 283–296 (= 2008b).

Prifti, Elton, *Alcuni cenni sugli elementi albanesi nei dialetti italiani*, in: Bardhyl Demiraj (ed.), *Festschrift für Martin Camaj zum 85. Geburtstag*, Wiesbaden, Harrassowitz, 2010, 375–383.

Prifti, Elton, *Italese und Americaliano: Sprachvariation bei italienischen Migranten in den USA*, in: Thomas Stehl (ed.), *Sprachen in mobilisierten Kulturen. Aspekte der Migrationslinguistik*, Potsdam, Universitätsverlag, 2011, 259–297 (= 2011a).

Prifti, Elton, *Italo-Albanians between italiano and dialetto*, in: Claudia Schlaak/Lena Busse (edd.), *Sprachkontakte, Sprachvariation und Sprachwandel. Festschrift für T. Stehl zum 60. Geburtstag*, Tübingen, Narr, 2011, 191–213 (= 2011b).

Prifti, Elton, *Italoamerikanische Partikel und Variation*, 2011 (manoscritto) (= 2011c).

Prifti, Elton, *Das Sprachverhalten portugiesischer Migranten im rätoromanischen Unterengadin (Graubünden)*, 2013 (manoscritto) (= 2013a).

Prifti, Elton, *Das Italienische der italoalbanischen Migranten in den USA zwischen Schriftlichkeit und Mündlichkeit*, in: Thede Kahl/Christina Vogel (edd.), *Culinaria balcanica. Akten der 10. Tagung des Balkanromanistenverbandes*, 2013 (in corso di stampa) (= 2013b).

Prifti, Elton (ed.), *Pluridimensionale Migrationslinguistik. Romanische Fallstudien*, Mannheim (in corso di stampa), 2013 (= 2013c).

Prifti, Elton, *Enèrgeia in trasformazione: elementi analitici di linguistica migrazionale*, Zeitschrift für romanische Philologie 130/1 (2014) (in corso di stampa).

Prudent, Lambert-Félix, *Diglossie et interlecte*, Langages. Revue trimestrielle XV/61 (1981), 13–38.

Rabeno, Angela/Repetti, Lori, *Assignment of English Loan Words in American Varieties of Italian*, American Speech 72/4 (1997), 373–380.

Raponi, Lorenza, *L'italiano della seconda generazione di emigrati a Londra*, Linguaggi I/3 (1984), 10–17.

Reinecke, John/Tokimasa, Aiko, *The English dialect of Hawaii*, American Speech 9 (1934), 48–58, 122–131.

Reinke, Kirstin, *Kontinuität, Erosion und Innovation des Italienischen im Migrationskontext. Das Beispiel Montreal (Kanada)*, Frankfurt am Main et al., Lang, 2011.

Riehl, Claudia Maria, *Sprachkontaktforschung. Eine Einführung*, Tübingen, Narr, [2]2009.

Riley, William K. (ed.), *Sociolinguistics. 23[d] Annual Georgetown University Round Table Meeting on Linguistics and Language Studies. Sociolinguistics, current trends and prospects (Washington, DC, 16th–18th March 1972)*, Washington D.C., Georgetown University Press, 1972.

Rohlfs, Gerhard, *Historische Grammatik der Italienischen Sprache und ihrer Mundarten*, 3 vol., Bern, Francke, 1949/1954.

Rose, Philip M., *The Italians in America*, New York, Gorge H. Doran Company, 1922.

Rosoli, Gianfausto, *Sources and Current Research in Italy on Italian Americans*, in: Silvano M. Tomasi (ed.), *Perspectives in Italian Immigration and Ethnicity. Proceedings of the Symposium held at Casa Italiana, Columbia University (May 21–23, 1976)*, New York, Center for Migration Studies, 1977, 133–162.

Rosoli, Gianfausto, *The State of Italian American Research since 1976: Methodologies and Orientations in Italy*, in: Lydio F. Tomasi (ed.), *Italian Americans: New Perspectives in Italian Immigration and Ethnicity. Proceedings of International Conference on the Italian in the United States held at Columbia University (October 13–14, 1983)*, New York, Center for Migration Studies, 1985, 121–133.

Rovere, Giovanni, *Gli studi sull'emigrazione veneta in una prospettiva sociolinguistica*, in: Giorgio Padoan (ed.), *Presenza, cultura, lingua e tradizioni dei Veneti nel mondo*,

Venezia, Giunta Regionale del Veneto (Centro Interuniversitario di Studi Veneti), 1990, 151–174.
Rubino, Antonia, *Trilinguismo e monolinguismo tra gli italo-australiani: due famiglie a confronto*, in: Anna De Fina/Franca Bizzoni (edd.), *Italiano e italiani fuori d'Italia*, Perugia, Guerra Edizioni, 2003, 145–174.
Ruffino, Giovanni, *L'ALS: storia del progetto, stato dei lavori, prospettive*, in: Giovanni Ruffino (ed.), *Percorsi di Geografia linguistica. Idee per un atlante siciliano della cultura dialettale e dell'italiano regionale*, Palermo, CSFLS, 1995, 11–109.
Rusconi, Angelica, *Lettere dalla California*, ed. Renato Martinoni, Balerna, Edizioni Ulivo, 2001.
Rusconi, Giacomo, *Lettere dall'America*, ed. Renato Martinoni, Balerna, Edizioni Ulivo, 2008.
Sabatini, Francesco, *L'«italiano dell'uso medio»: una realtà tra le varietà linguistiche italiane*, in: Günter Holtus/Edgar Radtke (edd.), *Gesprochenes Italienisch in Geschichte und Gegenwart*, Tübingen, Narr, 1985, 154–184.
Sabatini, Francesco, *«Italiani regionali» e «Italiano dell'uso medio»*, in: Michele A. Cortelazzo/Alberto M. Mioni (edd.), *L'italiano regionale. Atti del XVIII Congresso Internazionale di Studi della Società della Linguistica Italiana (Padova-Vicenza, 14–16 settembre 1984)*, Roma, Bulzoni, 1990, 75–78.
Safire, William, *The Right Word in the Right Place at the Right Time*, New York, Simon & Schuster, 2004.
Saint-Pierre, Madeleine, *Créole ou français? Cheminements d'un choix linguistique*, in: Jean Benoist (ed.), *L'Archipel inachevé. Culture et société aux Antilles françaises*, Montreal, Université de Montréal, 1972, 192–205.
Saltarelli, Mario, *L'italiano d'emigrazione: descrizione, acquisizione ed evoluzione*, in: Ministero Affari Esteri e Pubblica Istruzione (ed.), *L'italiano come lingua seconda in Italia e all'estero. Atti del Convegno organizzato dai Ministeri degli Affari Esteri e della Pubblica Istruzione (Roma, 1–4 marzo 1982)*, Roma, Presidenza del Consiglio dei Ministri, 1983, 401–410.
Saltarelli, Mario, *Aspetti descrittivi dell'italiano negli Stati Uniti*, Il Veltro. Rivista della civiltà italiana XXX/1–2 (1986), 111–119 (1986a).
Saltarelli, Mario, *Italian in the USA: stratification and cohesion*, in: Camilla Bettoni (ed.), *Altro Polo. Italian abroad: Studies on language contact in English-speaking countries*, Sydney, Frederick May Foundation of Italian Studies, 1986, 105–112 (= 1986b).
Salvioni, Carlo, *Fonetica del dialetto moderno della città di Milano*, Torino, Loescher, 1884.
Sandfeld, Kristian, *Problèmes d'interférences linguistiques*, in: Reinhold Kontzi (ed.), *Substrate und Superstrate in den romanischen Sprachen*, Darmstadt, Wissenschaftliche Buchgesellschaft, 1982, 67–71 [1936].
Santa Ana, Otto, *Chicano English and the Chicano language setting*, Hispanic Journal of Behavioural Sciences 15 (1993), 1–35.
Sartorio, Enrico C., *Social and Religious Life of Italians in America. With an Introducton by Dean George Hodges D.D.*, Boston, Christopher Publishing House, 1918.
Scaglione, Stefania, *Attrition. Mutamenti sociolinguistici nel lucchese di San Francisco*, Milano, Franco Angeli, 2000.
Scaglione, Stefania, *Le relative nell'italiano di emigrazione: percorsi di erosione*, in: Franca Bizzoni/Mariapia Lamberti (edd.), *La Italia del siglo XX. IV Jornadas Internacionales de Estudios Italianos*, México D.F., Universidad Nacional Autonoma de México – Facultad de Filosofia y Letras, 2001, 389–402.

Scaglione, Stefania, *Segnali discorsivi allogeni nelle varietà di emigrazione: you know, and, so, well nell'italiano di San Francisco*, in: Anna De Fina/Franca Bizzoni (edd.), *Italiano e italiani fuori d'Italia*, Perugia, Guerra, 2003, 45–67.

Scalia, Eugene, *Sanemagogna*, Lingua Nostra XI (1950), 91–94.

Schele de Vere, Maximilian, *Americanisms: The English of the New World*, New York, Charles Scribner's Sons, 1872.

Scherfer, Peter, *Untersuchungen zum Sprachbewußtsein der Patois-Sprecher in der Franche-Comté*, Tübingen, Narr, 1983.

Schiavo, Giovanni Ermenegildo, *The Italians in America Before the Civil War*, New York/Chicago, The Vigo Press, 1934.

Schiff, Alvin I., *Hebrew in New York*, in: Ofelia García/Joshua Fishman (edd.), *Multilingual Apple: Languages in New York City: Second Edition with a new foreword*, Berlin/New York, Mouton de Gruyter, 2002, 203–228.

Schlieben-Lange, Brigitte, *Soziolinguistik. Eine Einführung*, Stuttgart/Berlin/Köln, Kohlhammer, ³1991.

Schlieben-Lange, Brigitte/Weydt, Harald, *Für eine Pragmatisierung der Dialektologie*, Zeitschrift für Germanistische Linguistik 6 (1978), 257–282.

Schlieben-Lange, Brigitte/Weydt, Harald, *Wie realistisch sind Variationsgrammatiken?*, in: Brigitte Schlieben-Lange (ed.), *Logos semantikos. Studia linguistica in honorem Eugenio Coseriu (1921–1981)*, vol. V: *Geschichte und Architektur der Sprachen*, Berlin/New York, de Gruyter, 1981, 117–145.

Sciorra, Joseph (ed.), *Italian Folk: Vernacular Culture in Italian-American Lives*, Fordham University Press, 2010.

Serianni, Luca/Trifone, Pietro (edd.), *Storia della lingua italiana*, vol. III: *Le altre lingue*, Torino, Einaudi, 1994.

Sgroi, Claudio, *Diglossia, prestito, italiano regionale e italiano standard: proposte per una nuova definizione*, in: Manlio Cortelazzo (ed.), *La ricerca dialettale*, vol. III, Pisa, Pacini, 1981, 207–248.

Sgroi, Claudio, *Leonardo Sciascia fra dialetto e italo-americano*, Studi italiani di linguistica teorica e applicata 13/2–3 (1984), 411–445.

Shuy, Roger W./Wolfram, Walt/Riley, William K., *Linguistic Correlates of Social Stratification in Detroit Speech (Cooperative Research Project 6–1347)*, East Lansing, US Office of Education, 1967.

Sicuranza, Mario (ed.), *Prima lingua. Piccolo dizionario del dialetto arianese*, Ariano Irpino, Scuola Media «A. Covotta», 1988.

Simoncini, Forrest, *The San Francisco Italian Dialect: A Study*, Orbis: Bulletin International de Documentation Linguistique VIII/2 (1959), 342–354.

Sinner, Carsten, *Zur Terminologie in der Sprachkontaktforschung: Bilinguismus und Diglossie, Interferenz und Integration sowie tertiärer Dialekt*, in: Gerda Haßler (ed.), *Sprachkontakt und Sprachvergleich*, Münster, Nodus, 2001, 125–152.

Sobrero, Alberto A., *I padroni della lingua. Profilo sociolinguistico della lingua italiana*, Napoli, Guida, 1978.

Sobrero, Alberto A., *Italienisch: Regionale Varietäten/Italiano regionale*, in: Günter Holtus/Michael Metzeltin/Christian Schmitt (edd.), *Lexikon der Romanistischen Linguistik (LRL)*, vol. IV: *Italienisch, Korsisch, Sardisch/Italiano, Corso, Sardo*, Tübingen, Niemeyer, 1988, 732–748.

Soldati, Mario, *America, primo amore*, Firenze, Mondadori, 1935.

Stäbler, Cynthia, *Entwicklung mündlicher romanischer Syntax: das «français cadien» in Louisiana*, Tübingen, Narr, 1995.
Stehl, Thomas, *Funktionale Variationslinguistik. Untersuchungen zur Dynamik von Sprachkontakten in der Galloromania*, Frankfurt am Main et al., Lang, 2012.
Stein, Peter, *Kreolisch und Französisch*, Tübingen, Niemeyer, 1984.
Steinfath, Holmer, *Selbständigkeit und Einfachheit. Zur Substanztheorie des Aristoteles*, Frankfurt am Main, Athenäum, 1991.
Steinmetz, Sol, *Yiddish and English: A century of Yiddish in America*, Tuscaloosa, University of Alabama Press, 1987.
Švejcer, Aleksandr D., *Standard English in the United States and England*, The Hague/Paris/New York, Mouton Publishers, 1978.
Tagliavini, Carlo, *Modificazioni del linguaggio nella parlata delle donne*, in: AA.VV., *Scritti in onore di Alfredo Trombetti*, Milano, Ulrico Hoepli, 1938, 87–142.
Tagliavini, Carlo, *La Lingua e la Società (Discorso pronunciato il 29 novembre 1948 per l'inaugurazione del 727° anno accademico)*, Annuario dell'Università di Padova per l'anno accademico 1948–1949 (1949), 1–20 (estratto).
Tagliavini, Carlo, *Le origini delle lingue neolatine. Introduzione alla filologia romanza*, Bologna, Pàtron Editore, ⁶1972.
Tagliavini, Carlo, *Origine e storia dei nomi di persona*, 2 vol., Bologna, Pàtron Editore, 1978.
Tajfel, Henri/Turner, John C., *The Social Identity Theory of Intergroup Behavior*, in: Stephen Worchel/William G. Austin (edd.), *Psychology of intergroup relations*, Chicago, Nelson Hall Publishers, 1986, 7–24.
Telmon, Tullio, *Guida allo studio degli italiani regionali*, Alessandria, Edizioni dell'Orso, 1990.
Telmon, Tullio, *Le minoranze linguistiche in Italia*, Alessandria, Edizioni dell'Orso, 1992.
Terracini, Benvenuto, *Il parlare d'Usseglio*, Archivio Glottologico Italiano XVII/2 (1911) 198–249 (Parte I: *Descrizione del dialetto d'Usseglio*); XVII/3 (1913), 289–360; XVIII/1 (1914), 105–186 (Appendice I: *La varietà nel parlare di Usseglio*).
Terracini, Benvenuto, *Conflitti di lingue e di cultura*, Venezia, Neri Pozza, 1957.
Terracini, Benvenuto, *Lingua libera e libertà linguistica. Introduzione alla linguistica storica*, Torino, Giulio Einaudi, 1963.
Terracini, Benvenuto, *Linguistica al bivio*, Napoli, Guida Editori, 1981.
Timiras, Nicolas, *The Sicilian Dialect spoken by the Monterey (California) fishermen*, Orbis: Bulletin International de Documentation Linguistique IV/2 (1955), 349–366.
Timiras, Nicolas, *An investigation on the Monterey sicilian dialect*, in: Ludwig Erich Schmitt (ed.), *Verhandlungen des Zweiten Internationalen Dialektologenkongresses*, Marburg a.d. Lahn 1965, vol. 2, Wiesbaden, Steiner, 1968, 804–822.
Tofani, Maurice L., *A Linguistic Approach to the Acculturation of Italians in New York City*, M.A. Thesis (Columbia University), 1951.
Tosi, Arturo, *Semi-lingualism, diglossia and bilingualism (some observations on the sociolinguistic features of a community of Southern Italians in Britain*, Lingua e contesto. Nuovi studi di dialettologia 4 (1977), 3–35.
Tosi, Arturo, *I 'matune di Bedforde' o le fondamenta di una comunità di italiani in Gran Bretagna*, Journal of the Association of Teachers of Italian 29 (1979), 76–84.
Tosi, Arturo, *Between the mother's dialect and English*, in: Alan Davies (ed.), *Language and learning in home and school*, London, Heinemann, 1982, 44–66.
Tosi, Arturo, *L'italiano d'oltremare. La lingua delle comunità italiane nei paesi anglofoni/Italian

overseas. The language of Italian communities in the English-speaking world, Firenze, Giunti, 1991.

Tropea, Giovanni, *Americanismi in Sicilia*, Lingua Nostra XVIII (1957), 82–85.

Tropea, Giovanni, *Ancora sugli americanismi del siciliano*, Archivio Glottologico Italiano XLIV, 38–56; XLVIII (1963), 170–175 e LVIII (1973), 165–182.

Tropea, Giovanni, *Sulla condizione dei dialetti italiani negli Stati Uniti*, in: Manlio Cortelazzo (ed.), *La ricerca dialettale*, vol. II/11, Pisa, Pacini, 1978, 295–311.

Tropea, Giovanni, *Americanismi nei dialetti italiani*, in: Paolo Benincà (ed.), *Scritti linguistici in onore di Giovan Battista Pellegrini*, Pisa, Pacini, 1983, 179–187.

Trudgill, Peter, *Sociolinguistic Variation and Change*, Edinburgh, Edinburgh University Press, 2002.

Trudgill, Peter, *A Glossary of Sociolinguistics*, Edinburgh, Edinburgh University Press, 2003.

Trudgill, Peter, *New-Dialect Formation. The Inevitability of Colonial Englishes*, Edinburgh, Edinburgh University Press, 2004.

Tucker, Gilbert Milligan, *Our common Speech: six papers on topics connected with the proper use of the English language, the changes which that tongue is undergoing on both sides of the sea, and the labours of lexicographers to explain the meaning of the words of which it is composed*, New York, 1895.

Tucker, Gilbert Milligan, *American English*, New York, Alfred A. Knopf, 1921.

Turano, Anthony M., *The speech of Little Italy*, The American Mercury 26 (1932), 356–359.

Vanelli, Laura, *«Italiano popolare» e dialetti in un epistolario friulano della I Guerra Mondiale*, in: Gianna Marcato (ed.), *Dialetto. Uso, funzioni, forma*, Padova, Unipress, 2009, 161–170.

Vaughan, Herbert H., *Italian and its Dialects as spoken in the United States*, American Speech: a quarterly of linguistic usage 1/8 (1926), 431–435.

Vaughan, Herbert H., *Italian Dialects as spoken in the United States II*, American Speech: a quarterly of linguistic usage 2/1 (1927), 13–18.

Vecoli, Rudolph J., *Prelates and Peasants: Italian Immigrants and the Catholic Church*, Journal of Social History 2/3 (1969), 217–268.

Vecoli, Rudolph J., *La ricerca di un'identità italo-americana: continuità e cambiamento*, in: AA.VV., *La popolazione di origine italiana negli Stati Uniti*, Torino, Fondazione Giovanni Agnelli, 1987, 217–243.

Vecoli, Rudolph J., *Gli Italo-Americani oggi*, in: AA.VV., *Storia dell'emigrazione italiana – Arrivi*, Roma, Donzelli, 2002, 1–25 (estratto).

Vedovelli, Massimo (ed.), *Storia linguistica dell'emigrazione italiana nel mondo*, Roma, Carocci, 2011.

Vedovelli, Massimo, *Mutamenti sociali e scenari linguistici per l'immigrazione straniera in Italia al tempo della crisi*, Bollettino di Italianistica IX/2 (2012), 48–65.

Vedovelli, Massimo, *Il neoplurilinguismo italiano: una risorsa per il sistema produttivo, una sfida per la linguistica educativa*, in: Marco Mezzadri (ed.), *A tre voci – Il diritto al plurilinguismo*, Parma, 2013 (in corso di stampa).

Veith, Daniel, *Italienisch am Río de la Plata. Ein Beitrag zur Sprachkontaktforschung*, Frankfurt am Main, Lang, 2008.

Velikonja, Joseph, *Italians in the United States. Bibliography*, Carbondale, Southern Illinois University, 1963.

Vignoli, Carlo, *Il vernacolo di Castro dei Volsci*, Studj romanzi VII (1911), 117–296.

Vignoli, Carlo, *Lessico del dialetto di amaseno, con appendice di saggi dialettali*, Roma, La Società, 1926.

Vignuzzi, Ugo, *Italiano e dialetti italiani fuori d'Italia. Introduzione*, Rivista Italiana di Dialettologia 7 (1983), 309–323.
Villata, Bruno, *L'italiano in contatto con il francese e con l'inglese*, Montréal, Montfort & Villeroy, 1990.
Villata, Bruno, *L'italiano in Canada: storia e prospettive*, in: Anna De Fina/Franca Bizzoni (edd.), *Italiano e italiani fuori d'Italia*, Perugia, Guerra, 2003, 177–198.
Villata, Bruno (ed.), *L'italiano a Montréal nel Duemila*, Montréal, Lòsna & Tron, 1999.
von Humboldt, Wilhelm, *Wilhelm von Humboldts Gesammelte Schriften. Herausgegeben von der Königlich Preussischen Akademie der Wissenschaften*, vol. VII, Berlin, B. Behr, 1907.
von Raffler-Engel, Walburga, *Studies in Italian-English bilingualism*, Ph.D. Dissertation (Indiana University), 1953.
von Raffler-Engel, Walburga, *Investigation of Italo-American Bilinguals*, Italica 34 (1957), 239–244 (anche in: Zeitschrift für Phonetik 14 (1957), 311–326).
Weber, Peter J., *Sprachbezogene Identität als Variable interkulturellen Zusammenlebens im Großraum Brüssel*, in: Dieter Kattenbusch (ed.), *Minderheiten in der Romania*, Wilhelmsfeld, Egert, 1995, 201–221.
Webster, Noah, *Dissertations on the English Language*, Boston, Isaiah Thomas, 1789.
Wei, Li, *Three Generations – two Languages – one Family: Language Choice and Language Shift in a Chinese Community in Britain*, Clevedon, Multilingual Matters, 1994.
Weinreich, Uriel, *Languages in Contact: Findings and Problems*, New York, Linguistic Circle of New York, 1953.
Welsch, Wolfgang, *Transkulturalität. Lebensformen nach der Auflösung der Kulturen*, Information Philosophie 2 (1992), 5–20.
Wickersham, James, *Old Yukon. Tales, Trails, and Trials (edited and abridged by Terrence Cole)*, Fairbanks, University of Alaska Press, 2009.
Wieser, Franz Ritter von, *Die* Cosmographiae Introductio *des Martin Waldseemüller (Ilacomilus) in Faksimiledruck*, Strassburg, J.H. Ed. Heitz, 1907.
Wolfram, Walt A., *Varieties of American English*, in: Charles A. Ferguson/Shirley Brice Heath (edd.), *Language in the USA*, Cambridge, Cambridge University Press, 1981, 44–68.
Wolfram, Walt A./Fasold, Ralph W., *Social Dialects in American English*, Englewood Cliffs, New Jersey, Prentice Hall, 1974.
Wolfram, Walt A./Schilling-Estes, Natalie, *American English: Dialects and Variation*, Oxford, Blackwell, 1998.
Zallio, Anthony G., *Piedmontese Dialect in the United States*, American Speech: a quarterly of linguistic usage 2 (1927), 501–504.
Zentella, Ana Celia, *Spanish in New York*, in: Ofelia García/Joshua A. Fishman (edd.), *Multilingual Apple: Languages in New York City. Second Edition with a new foreword*, Berlin/New York, de Gruyter, 2002, 167–201.

10.2 Indice dei nomi di persona

Alberti, Pietro Cesare 95
Albin, Stacy 281, 295, 394
Alessio, Giovanni 269, 394
Alfonsi, Fernando 212, 394
Alger, Horatio Jr. 90
Allen, Harold B. 9, 64, 394
Alleyne, Mervin 40, 394
Andersen, Roger W. 56, 394
Aristotele (Ἀριστοτέλης) 58, 59, 61, 219, 394, 413
Auer, Peter 15, 17, 394

Backus, Ad 15
Bagna, Carla 13, 394
Bagola, Beatrice 19, 394
Banfi, Emanuele 13, 394
Barni, Monica 13, 394
Bartlett, John R. 9, 394
Barzini, Luigi 275, 297, 394
Baugh, John 12, 395
Bernardy, Amy A. 22, 87, 105, 111, 113, 176, 179, 182, 183, 223, 228, 229, 262, 264, 266, 267, 268, 275, 277, 279, 285, 286, 287, 288, 302, 322, 323, 379, 395
Bernhard, Gerald 71, 395
Berruto, Gaetano 5, 6, 7, 8, 16, 17, 40, 49, 64, 320, 395
Bettoni, Camilla 16, 17, 18, 395, 396, 397, 398, 399, 401, 411
Bianconi, Pietro 83, 86, 173, 175, 290, 304, 396
Bickerton, Derek 40, 396
Bierbach, Christine 17, 396
Biondi, Lawrence S. J. 20, 24, 396
Birken-Silverman, Gabriele 17, 396
Bizzoni, Franca 18, 396, 399, 411, 412, 415
Bloch, Bernard 63, 396
Bloomfield, Leonard 6, 396
Bochmann, Klaus 63, 396
Bombi, Raffaella 13, 396, 398
Boso, Ivette Marli 18, 396
Brasch, Ila Wales 12, 396
Brasch, Walter Milton 12, 396
Bressa, Cesare 264, 265, 286
Brighenti, Laura 26, 86, 95, 396

Bröking, Adrian 76, 82, 174, 396
Bruni, Francesco 6, 396
Bucholtz, Mary 62, 396
Butera, Josephine 20, 23, 396

Caccia, Antonio 173, 396
Calvaruso, Giuseppe Maria 269, 270, 397
Campbell, Lyle 1, 397
Cancellier, Antonella 18, 88, 397
Capietti, Umilia 263
Capuana, Antonio Luigi 369
Carnevale, Nancy C. 29, 397
Cascaito, James 20, 27, 276, 380, 381, 397
Castellani, Arrigo 46, 99, 397
Cavarra, Giuseppe 269, 397
Cheda, Giorgio 4, 28, 83, 94, 99, 173, 174, 175, 176, 179, 266, 267, 268, 269, 270, 271, 272, 273, 274, 275, 277, 282, 286, 288, 290, 304, 320, 321, 323, 335, 397
Chini, Marina 13, 397
Christie, William M. 25, 397
Ciacci, Margherita 20, 27, 397
Ciani, Gustavo E. 99, 397
Ciardi, John 224
Cieri, Christopher 20, 23, 165, 276, 288, 294, 295, 296, 329, 397
Cipriani, Leonetto 174
Clements, William M. 88, 276, 407
Clivio, Gianrenzo P. 18, 397, 404
Clyne, Michael 8, 53, 54, 397, 398
Cohen, Paul 12, 406
Colasanti, Arnaldo 21, 90, 266, 267, 285, 289, 302, 398
Corrà, Loredana 1, 16, 18, 398, 403
Correa Zoli, Yole 20, 24, 27, 287, 289, 398
Cortelazzo, Manlio 6, 320, 398, 403, 412, 414
Cortelazzo, Michele A. 398, 407, 411
Coseriu, Eugenio xxiv, 5, 39, 49, 50, 55, 58, 60, 61, 62, 63, 64, 68, 128, 129, 152, 219, 260, 398, 400, 412
Coupland, Nikolas 10, 398
Coveri, Lorenzo 17, 18, 269, 398, 399
Crino, Penny 17, 18, 395
Croce, Marcella 28, 309, 313, 399

D'Achille, Paolo 6, 399
D'Agostino, Mari 13, 399
D'Ariano, Regina 88, 399
D'Ariano, Roy 88, 399
D'Onofrio, Piero 18, 399
Dal Negro, Silvia 13, 399
Dalla Costa, Giovanni 291
De Boni, Luis Alberto 18, 399
De Camp, David 40, 399
De Fina, Anna 18, 396, 399, 411, 412, 415
De Gaufridy, Paolo 21, 22, 262, 267, 269, 273, 301, 302, 391, 399
De Gourmont, Remy 21, 267, 399
De Mauro, Tullio ix, xvi, xxiii, 5, 6, 13, 16, 23, 45, 46, 64, 99, 107, 269, 320, 399
De Rosalia, Giovanni 88, 89, 285, 289, 303
De Saussure, Ferdinand xxvi, 60
De Suzzara Verdi, Tullio 284
Della Cava, Olha 20, 400
Di Cesare, Donatella 58, 59, 60, 400
Di Luzio, Aldo 17, 394
Di Pietro, Robert J. 1, 10, 18, 20, 23, 24, 28, 33, 110, 139, 141, 216, 265, 278, 301, 329, 362, 364, 378, 397, 400, 401
Di Stasio, Giannino 84, 400
Diez, Friedrich 297, 400
Dondero, Carlo Andrea 98, 99, 100, 400
Dore, Grazia 19, 400
Duijker, Hubertus Carl Johannes 360, 400
Duke, Francis J. 20, 22, 27, 400
Durante, Francesco 22, 29, 33, 86, 87, 88, 89, 95, 96, 97, 98, 100, 106, 108, 173, 174, 175, 178, 226, 264, 271, 277, 283, 285, 286, 289, 291, 297, 303, 379, 400

Eckert, Penelope 10, 400
Efron, David 361, 362, 400
Eisenstadt, Shmuel N. 62, 401
Eppen, Constanza 14, 401

Fante, John 90
Farina, Mario 95, 401
Fasold, Ralph W. 10, 415
Feagin, Crawford 67, 401
Ferguson, Charles 9, 19, 155, 398, 401, 402, 415
Ferrazzano, Tony 88, 277, 286

Finegan, Edward 11, 401
Finizio, Gabriella 24, 33, 110, 401
Fischer, Walther 22, 183, 302, 379, 401
Fishman, Joshua 1, 9, 10, 12, 37, 69, 162, 219, 398, 401, 402, 404, 406, 412, 415
Flydal, Leiv 5, 49, 401
Folena, Gianfranco 269, 401
Foster Meloni, Christine 24, 401
Franceschini, Rita 14, 15, 17, 401
Franzina, Emilio 17, 88, 94, 95, 96, 98, 102, 104, 105, 106, 107, 109, 111, 112, 114, 115, 116, 122, 227, 369, 402
Frisoni, Gaetano 269, 270, 402
Fuchs, August 297, 402
Fucilla, Joseph 20, 23, 284, 402
Fusco, Fabiana 13, 396

Galindo, Letticia D. 12, 402
Galinsky, Hans 9, 402
García, Ofelia 1, 162, 402, 404, 406, 412, 415
Gastaldo, Piero 101, 102, 119, 121, 122, 124, 402
Gazerro, Vittorio 17, 402
Giammarco, Ernesto 269, 402
Giannini, Stefania 20, 24, 402
Giesen, Bernd 62, 401
Giordano, Emanuele 270, 402
Girardon, Mario S. 23, 402
Gisolfi, Anthony M. 23, 402
Glowka, Wayne A. 11, 394, 395, 402
Gold, David L. 12, 402
Gonzo, Susan T. 14, 20, 24, 27, 402, 403
Grassi, Corrado 6, 7, 8, 17, 403
Graziuso, Luciano 269, 403
Gueli Alletti, Marilene 17, 403
Guerini, Federica 13, 399
Gugenberger, Eva 15, 403
Gumperz, John 9, 10, 403

Hall, Kira 62, 396
Hall, Robert A. Jr. 20, 23, 289, 327, 364, 403
Haller, Hermann W. 1, 2, 3, 4, 20, 24, 25, 26, 27, 28, 79, 86, 87, 88, 89, 101, 114, 119, 123, 126, 175, 190, 223, 264, 267, 268, 270, 273, 279, 287, 289, 291, 304, 378, 380, 403, 404, 405
Hans-Bianchi, Barbara 7

Harney, Robert F. 108, 405, 409
Hayden, Robert G. 10, 162, 401
Haugen, Einar 54, 55, 405
Heath, Shirley Brice 19, 155, 398, 401, 402, 415
Hegel, Georg W. F. 60, 405
Heller, Monica 37, 405
Hofman, John E. 10, 162, 401
Holenstein, Elmar 41, 64, 405
Hölker, Klaus 7, 405
Holtus, Günter 5, 7, 398, 405, 407, 408, 411, 412
Humboldt, Wilhelm von 59, 60, 61, 400, 415
Hymes, Dell 9, 10, 399, 403

Ilacomilus, Martinus (Waldseemüller) xv, 21, 415

Jablonka, Frank 37, 174, 223, 225, 405
Jacqmain, Monique 17, 405
Jaspaert, Koen 17, 405
Jochnowitz, George 12, 405
Johanson, Lars 15, 405

Keller, Rudi 222, 398, 405
Kinder, John J. 17, 18, 395
Kleiber, Georges 64, 405
Kliger, Hannah 12, 406
Kolm, Richard 19, 406
Krapp, George Philip 9, 406
Krefeld, Thomas 7, 15, 17, 65, 401, 406
Kremnitz, Georg 77, 406
Kroon, Sjaak 17, 405
Kulick, Don 37, 406

La Piana, George 104, 406
Labov, William 9, 10, 12, 23, 65, 66, 67, 162, 297, 406
LaGumina, Salvatore 29, 291, 406
Lance, Donald M. 11, 394, 395, 402
LaSorte, Michael 29, 221, 262, 268, 272, 279, 287, 406,
Laurino, Maria 29, 195, 281, 284, 295, 406
Lausberg, Heinrich 24, 60, 61, 63, 64, 128, 219, 260, 286, 406, 407
Lewis, John 12, 406

Livingston, Arthur 21, 22, 86, 90, 107, 183, 262, 265, 267, 268, 269, 270, 272, 273, 275, 276, 277, 278, 287, 288, 289, 290, 302, 303, 380, 407
Lo Cascio, Vincenzo 16, 17, 407
Lo Piparo, Franco 7, 399, 407
Lorenzetti, Luca 16, 407
Lüdi, Georges 14, 17, 407
Lüdtke, Helmut 63, 168, 407

Maaß, Christiane 7, 405
Machetti, Sabrina 13, 26, 394, 407
Mackey, William F. 54, 55, 407
Mak, Wilhelm 37, 407
Malpezzi, Frances M. 88, 276, 407
Mancarella, Giovan Battista 6, 407
Mangione, Jerre 95, 97, 98, 99, 102, 103, 112, 114, 116, 118, 120, 123, 164, 173, 177, 178, 224, 226, 227, 243, 293, 296, 303, 304, 407
Marazzi, Martino 87, 90, 407
Marcato, Gianna 7, 396, 407, 408, 414
Marckwardt, Albert Henry 9, 408
Margariti, Antonio 369
Martel, Pierre 6, 404, 408
Martinoni, Renato 83, 86, 396, 411
Mauthner, Fritz 63, 408
Melillo, Matteo A. 25, 84, 313, 321, 325, 380, 408
Menarini, Alberto 3, 20, 22, 23, 101, 182, 263, 264, 265, 266, 268, 269, 270, 271, 275, 276, 286, 287, 288, 289, 297, 303, 363, 364, 379, 380, 408
Mencken, Henry Louis 9, 21, 22, 262, 268, 269, 272, 288, 408
Meo Zilio, Giovanni 17, 18, 408
Migliaccio, Eduardo 26, 88, 89, 107, 175, 190, 223, 228, 264, 267, 268, 273, 274, 276, 277, 279, 287, 290, 291, 404
Migliorini, Bruno 22, 380, 408
Miller, Herbert A. 112, 409
Mioni, Alberto 6, 7, 40, 41, 54, 395, 398, 407, 408, 411
Molinelli, Piera 13, 399
Morosi, Giuseppe 11, 408
Morreale, Ben 95, 97, 98, 99, 102, 103, 112,

114, 116, 118, 120, 123, 173, 177, 178, 224, 226, 227, 293, 407
Motte, André 62, 408
Muljačić, Žarko 6, 408
Müller, Myriam 17, 401
Myers-Scotton, Carol 15

Nahirny, Vladimir 10, 162, 401
N.N. 22, 262, 267, 273, 302, 408
Nencioni, Giovanni 63, 408

Ohser, Erich 390
Ojetti, Ugo 21
Oliver, Elvira 408
Oliveri, Fabio 299, 343, 344, 360, 361, 409
Ortisi, Domenico 20, 23, 28, 409

Pacini, Marcello 95, 105, 409
Panzini, Alfredo 269, 409
Park, Robert E. 112, 409
Parlangèli, Oronzo 5, 48, 266, 269, 409
Pascoli, Giovani 21, 22, 90, 262, 266, 267, 285, 289, 302
Pautasso, Mariella 17, 403
Pecorini, Alberto 178, 226
Pellegrini, Giovan Battista 5, 6, 73, 408, 409, 414
Pellegrini, Giuliano 269, 270, 271, 286, 409
Peltz, Rakhmiel 12, 406
Peñalosa, Fernando 12, 409
Pickering, John 9, 409
Pighini, Simonetta 269, 399
Pizzolotto, Giuseppe 17, 409
Poplack, Shana 15
Pozzetta, George E. 35, 86, 109, 111, 112, 409
Preston, Dennis R. 65, 409
Prezzolini, Giuseppe 87, 90, 223, 270, 409
Prifti, Elton xxiii, xxiv, xxv, xxvi, 2, 7, 11, 13, 16, 20, 26, 29, 31, 37, 38, 41, 42, 43, 44, 47, 51, 57, 85, 132, 145, 147, 161, 163, 208, 212, 219, 225, 237, 241, 246, 263, 270, 271, 308, 320, 340, 359, 362, 409, 410
Prudent, Lambert-Félix 40, 410
Pustka, Elissa 65, 406
Py, Bernard 14, 407

Rabeno, Angela 273, 278, 279, 410

Radcliff-Umstead, Douglas 20, 27, 276, 380, 381, 397
Radtke, Edgar 5, 7, 405, 408, 411
Raffler-Engel, Walburga von 20, 23, 24, 415
Raponi, Lorenza 17, 410
Reinecke, John 40, 410
Reinke, Kirstin 19, 410
Repetti, Lori 273, 278, 279, 410
Rickford, John R. 11, 401
Riehl, Claudia Maria 63, 410
Riley, William 10, 410, 412
Robins, Clarence 12, 406
Rohlfs, Gerhard 268, 288, 297, 309, 410
Rose, Philip M. 99, 410
Rosoli, Gianfausto 20, 410
Rossi, Adolfo 379, 380
Rovere, Giovanni 17, 410
Rubino, Antonia 16, 18, 396, 411
Ruffino, Giovanni xxi, 7, 399, 407, 411
Rusconi, Angelica 83, 286, 411
Rusconi, Giacomo 83, 411
Russo, Nicola 106

Sabatini, Francesco 6, 7, 411
Sabato, Ernesto xxiii
Safire, William 299, 411
Saint-Pierre, Madeleine 41, 411
Saltarelli, Mario 14, 20, 24, 27, 216, 364, 402, 403, 411
Salvioni, Carlo 8, 411
Sandfeld, Kristian 54, 411
Santa Ana, Otto 12, 411
Sartorio, Enrico 35, 102, 107, 178, 227, 274, 411
Scaglione, Stefania 20, 24, 28, 56, 116, 271, 312, 313, 402, 404, 411, 412
Scalia, Eugene 20, 23, 194, 412
Scarpaci, J. Vincenza 108, 405, 409
Schele de Vere, Maximilian 9, 412
Scherfer, Peter 77, 412
Schiavo, Giovanni Ermenegildo 95, 412
Schiff, Alvin I. 12, 412
Schilling-Estes, Natalie 10, 11, 12, 152, 401, 415
Schlieben-Lange, Brigitte 11, 25, 40, 63, 64, 412
Schmid, Stephan 17, 401

Sciascia, Leonardo 90, 412
Sciorra, Joseph 371, 412
Secchi De Casali, Giovanni Francesco 97, 104, 175
Serianni, Luca 16, 395, 407, 412
Sgroi, Claudio 41, 90, 412
Shuy, Roger W. 10, 412
Sicuranza, Mario 269, 412
Simoncini, Forrest 20, 23, 27, 412
Sinner, Carsten 55, 412
Sobrero, Alberto A. 5, 6, 7, 8, 41, 49, 403, 412
Soldati, Mario xxiii, 379, 412
Somville, Pierre 62, 408
Stäbler, Cynthia 303, 413
Stehl, Thomas 6, 7, 61, 63, 64, 77, 174, 413
Stein, Peter 41, 413
Steinfath, Holmer 62, 413
Steinmetz, Sol 12, 413
Švejcer, Aleksandr D. 8, 413

Tagliavini, Carlo 7, 269, 271, 413
Tajfel, Henri 62, 413
Telmon, Tullio 6, 7, 8, 12, 403, 413
Terracini, Benvenuto 3, 4, 5, 413
Timiras, Nicolas 20, 23, 28, 413
Tofani, Maurice L. 20, 27, 413
Tokimasa, Aiko 40, 410
Tosi, Arturo 17, 18, 19, 413
Trifone, Pietro 16, 395, 412
Tropea, Giovanni 25, 269, 270, 414
Trudgill, Peter 2, 8, 55, 57, 65, 66, 67, 190, 381, 382, 414
Trumper, John 40, 41, 54, 408

Tucker, Gilbert Milligan 9, 414
Turano, Anthony M. 22, 183, 262, 267, 268, 275, 300, 302, 379, 380, 414
Turner, John C. 62, 413

Ursini, Flavia 1, 16, 398

Vanelli, Laura 7, 414
Vaughan, Herbert H. 20, 22, 104, 113, 262, 263, 267, 273, 277, 408, 414
Vecoli, Rudolph J. 107, 118, 368, 414
Vedovelli, Massimo xxv, 13, 16, 394, 414
Veith, Daniel 18, 414
Velikonja, Joseph 19, 414
Vignoli, Carlo 269, 271, 414
Vignuzzi, Ugo 18, 415
Villata, Bruno 18, 415
Vittorini, Elio xxiii

Waldseemüller → Ilacomilus, Martinus
Weber, Peter J. 63, 415
Webster, Noah 8, 9, 415
Wei, Li 37, 415
Weinreich, Uriel 6, 9, 54, 55, 415
Welsch, Wolfgang 62, 415
Weydt, Harald 11, 25, 40, 63, 64, 412
Wickersham, James 290, 415
Wieser, Franz Ritter von 21, 415
Wolfram, Walt 9, 10, 11, 12, 65, 152, 412, 415

Zallio, Anthony G. 4, 20, 22, 28, 262, 415
Zentella, Ana Celia 12, 415

10.3 Indice dei luoghi

Abruzzo/ Abruzzi 80, 81, 112, 114, 137, 140, 270, 282
Accetura 111
Agrigento/ Girgenti 111, 112, 135
Alabama 104
Alasca 105, 291
Albania 17, 161
Alcamo 28
America del Nord → North America
America Latina 20
America settentrionale → North America
America/ Merica xv, xxiii, 8, 17, 20, 21, 22, 33, 83, 90, 91, 94, 95, 96, 113, 119, 120, 122, 133, 137, 152, 153, 154, 158, 161, 174, 175, 176, 178, 190, 191, 200, 227, 236, 264, 279, 300, 301, 308, 311, 319, 350, 363, 369, 370, 386, 387, 388, 391
Anniston 67
Argentina xxiii, 17, 119
Arthur Avenue 109
Atlanta 81
Atlantic City 283
Austin 81
Australia 18, 19, 20, 40, 50, 119, 131, 386
Austria 287
Avellino 136, 137, 280

Baltimora/ Baltimore 96, 98, 102, 104
Balvano 111
Barre 104
Basilicata 80, 81, 104, 112, 114
Baucina 111
Baxter Street 108, 111, 112
Beckwith 286
Belfast 67
Bella 111
Benevento 137, 376
Bensonhurst 109
Binghamton 278
Bleecker Street 111
Boston xxiv, 27, 73, 80, 81, 97, 98, 102, 108, 159, 161, 279, 293, 299
Bowery (Colony) 109
Brasile xxiii, 17, 18
Broadway 286

Bronx 100, 109, 110, 114, 161, 169
Brooklyn 22, 98, 100, 109, 110, 125, 162, 164, 165, 167, 177, 272, 290, 293, 298, 359, 373, 374, 391
Bucarest 114
Buenos Aires 15
Buffalo 104, 108, 115
Busto Arsizio 136, 147

Calabria 35, 80, 81, 112, 137, 146, 147, 196, 282
California 28, 79, 83, 84, 86, 98, 105, 113, 125, 155, 158, 174, 176, 272, 304
Caltanissetta 104
Calvello 111
Campania 27, 80, 81, 104, 112, 114, 133, 137, 297
Campobasso 228
Canada 9, 18, 19, 20, 119, 386
Canal Street 100, 112, 115
Canastota 104
Canosa 7
Caserta 137, 228
Castelnuovo 138
Catania 111, 135
Catanzaro 111
Catherine Street 111
Cefalù 104
Charlestown 277
Chestnut Hill 114
Chicago xxiv, 27, 35, 36, 73, 80, 81, 97, 98, 102, 107, 108, 114, 161, 167, 294, 297
Chieti 135
Chinatown 169
Cincinnati 97
Cinisi 35, 112
Cinque Punti → Five Points
City South Side 35, 115
Colorado 300
Connellsville 115
Corleone 115
Cornersville 108
Cosenza 17, 111, 270, 288, 300
Cumberland 104

Daphne 104, 113
Delaware 95, 160, 286
Denver 81

East 69th Street 35, 112
East Harlem 178
Elisabeth Street 100, 110, 111, 112
Ellis Island 277
Emilia (Romagna) 80, 81, 104
Endicott 278
England → Inghilterra
Enna 50, 111, 131, 135
États-Unis → Stati Uniti d'America
Europa 21, 120, 286, 386

Fara San Martino 134
Filadelfia → Philadelphia
Firenze 307, 334
Five Points xv, 99, 100, 108, 110
Flatbush 272
Florence 102
Florida xxiv, 73, 95
Foggia 309
Fordham 20, 109
Fort George 290
Francia 64, 95, 96, 119, 304
Francisco Street 116
Frankford 114
Frascineto 270
Fredonia 104
Funnurisi 135

Galicien 76
Gallarate 147
Genoa 104
Genova 113, 391
Georgia 95
Germania 17, 119
Germantown 114
Gioiosa 134, 135
Gran Bretagna 17, 40, 96, 152, 386
Grand Street 111

Hammonton 104
Harlem 67
Hoboken 98, 104, 290

Houston 159, 164
Howard Beach 109

India 310
Indipendence 104
Inghilterra 8, 19, 50, 131, 154
Irlanda 386
Italia ix, xv, xxiii, xxv, 2, 7, 11, 12, 13, 16, 19, 20, 21, 22, 27, 28, 31, 32, 33, 38, 43, 44, 46, 47, 48, 49, 50, 52, 64, 74, 80, 81, 90, 94, 97, 98, 99,101, 102, 106, 107, 109, 110, 111, 113, 114, 116, 117, 118, 119, 120, 123, 124, 125, 126, 133, 137, 139, 142, 143, 144, 145, 149, 154, 158, 161, , 173, 174, 175, 178, 181, 184, 185, 187, 189, 190, 191, 193, 195, 196, 199, 204, 208, 209, 217, 218, 220, 228, 232, 233, 234, 236, 240, 242, 243, 244, 246, 247, 252, 253, 265, 266, 267, 268, 269, 270, 271, 275, 284, 285, 287, 289, 293, 300, 307, 308, 315, 320, 334, 345, 350, 355, 359, 369, 371, 374, 376, 379, 383, 386, 387, 389
Italy → Italia

Jamestown 95
Jersey City 290
Johnson City 278

Kansas City 104
Kenner 104
Kenosha 104

Liguria 80, 98, 104, 112, 269
Little Hell 35
Little Italy xi, xii, 35, 36, 86, 88, 89, 90, 103, 107, 108, 109, 110, 111, 113, 114, 115, 116, 117, 119, 122, 126, 127, 139, 156, 164, 171, 175, 176, 179, 183, 195, 199, 208, 220, 221, 226, 227, 230, 241, 257, 262, 302, 303, 317, 346, 361, 373, 375, 376, 379
Little Palermo 35, 103, 115
Little Sicily 35, 115
Little Tuscany 35, 115
Lombardia 80, 81, 105
Lombardy → Lombardia
Long Island 95, 329, 380
Louisiana 95, 96, 97, 104, 238, 303

Louisville 97, 98
Lower East Side 67, 109
Lower Manhattan 108
Lucania 83, 288
Lucca 105
Lucchesia 271

Macon 98
Manhattan 107, 108, 109, 110
Mannheim 17
Marche 50, 80, 81, 270
Marineo 111
Maryland 96
Mc Dougal Street 111
Memphis 97, 98
Mergoscia 83, 304
Messico 18
Messina 111, 112, 135, 140, 146
Milano 6, 119, 146, 147, 307
Milazzo 140, 212
Milwaukee 104
Minnesota 96
Minsk 114
Misilmeri 111
Mississippi 96, 97
Molise 81, 270
Monroe Street 111
Montecilfone 148
Monterey 28
Montréal/ Montreal 18, 19
Morris Park 109
Mott Street 111, 112
Mugello 334
Mulberry Bend → Mulberry
Mulberry District → Mulberry
Mulberry Street 108, 110, 111, 112, 290
Mulberry xv, 103, 109, 110, 111, 112

Napoli 111, 113, 114, 136, 147, 158
Nashville 81, 98
Nazareth 159
Near North Side 115
Near West Side 115, 167
New England 47, 75, 94
New Haven Hill 115
New Italy 104, 108

New Jersey xxiv, 73, 80, 81, 85, 104, 278, 283, 293, 297
New Orleans 35, 80, 97, 98, 103, 104, 108, 115
New Palermo 104
New Smyrna 95
New York (City) xv, 1, 10, 12, 20, 26, 27, 35, 50, 67, 73, 79, 80, 81, 83, 88, 98, 99, 100, 102, 103, 106, 107, 108, 109, 110, 113, 114, 117, 131, 159, 161, 162, 166, 167, 169, 173, 278, 286, 290, 293, 294, 297, 301, 302, 303, 361, 371, 380, 391, 393
New York (State) xxiv, 1, 12, 26, 79, 83, 88, 98, 104, 278, 297
Nicetown 114
Nieuw Amsterdam 95
Nordamerica → North America
North America 8, 25, 96, 301, 380, 391
North Atlantic Division 105
North Beach 116, 167
North Carolina 158
North Square 279
Norwich 67
Nuova Orleans → New Orleans
Nuova Zelanda 18

Oklahoma 161
Olona 136
Orlando 81

Padua 102
Padula 111
Palermo/ Palemmu 112, 114, 135, 146
Palombaro 134, 135, 140
Parma 102
Paterson 104
Pavia 109
Pennsylvania 27, 79, 96
Perugia 102, 280
Philadelphia xxiv, 29, 50, 72, 73, 79, 80, 81, 97, 98, 102, 108, 114, 131, 155, 158, 159, 160, 161, 164, 165, 166, 167, 213, 264, 296, 327, 330, 352
Philly → Philadelphia
Piana degli Albanesi 147
Piccola Napoli 111
Piemonte 80, 104, 287, 304

Pittsburg 27, 102
Polizzi Generosa 111
Pueblo 300
Puglia 80, 83, 112
Pupulu 135

Québec 19
Queens 100, 109, 110, 162, 228

Ràbbato 369
Racine 104
Ragusa 135
Richmond 27, 81, 98
Ricigliano 111
Roma xxv, xxvi, 19, 46, 50, 131, 134, 149, 168, 196, 243, 307, 339, 361
Romagna 81
Roxbury 103

Salerno 137
Salinas 266
Salt Lake City 105
San Demetrio Corone 102
San Diego 80, 116
San Donato di Ninea 111
San Fele 111
San Francisco xxiv, 24, 26, 27, 28, 73, 79, 83, 96, 98, 106, 108, 113, 116, 167, 169, 304, 312, 313
San Pietro in Guarano 17, 300
San Pitru 135
Sant'Arsenio 111
Sardegna 80, 81, 98
Sciacca 111, 112
Scozia 386
Seattle 105
Sicilia xxi, 35, 50, 77, 80, 81, 105, 111, 112, 114, 131, 137, 146, 182, 187, 188, 196, 243, 245, 266, 270, 288, 304, 319, 340, 360
Sicily → Sicilia
Siderno 134, 135
Sila 288
Siviglia 94
South Carolina 158
South Philadelphia 114, 155, 160, 164, 165, 167, 330

South Philly → South Philadelphia
Spagna 96, 264
St. Helena 105
St. Louis 97, 98, 108, 115
Staten Island 100, 109
Stati Uniti → Stati Uniti d'America
Stati Uniti d'America x, xv, xvi, xxiii, 1, 2, 3, 8, 9, 10, 11, 12, 17, 18, 19, 20, 21, 22, 23, 25, 26, 27, 28, 29, 33, 38, 40, 43, 47, 48, 49, 50, 73, 75, 79, 80, 81, 85, 86, 92, 93, 94, 96, 97, 98, 100, 101, 102, 105, 109, 110, 117, 118, 119, 120, 123, 124, 126, 127, 131, 133, 143, 151, 152, 157, 159, 166, 173, 174, 175, 176, 181, 193, 204, 212, 239, 247, 253, 261, 263, 266, 268, 269, 274, 281, 286, 301, 303, 304, 322, 334, 357, 377, 383
Stato Pontificio 99
Stony Brook (Long Island) 95
Sudafrica 18
Sudamerica xxiii
Svizzera 17, 43, 105, 119, 287
Syracuse 102

Tavoliere 83
Taylor Street 115, 167
Teggiano 111
Teramo 135, 138, 140
Tesprozia 161
Texas 104, 158, 159, 161, 164
The Bend → Mulberry
The Hill 115
Ticino 83, 174, 269, 271, 304
Tontitown 104
Torino 147
Toronto 18, 67
Toscana 46, 80, 81, 95, 98, 270
Trapani 115
Triest → Trieste
Trieste 147, 158
Troia 309
Trubbulu/ Torbido 134, 135

Umbria 80
United States (of America)/ US(A) → Stati Uniti d'America
Utica 104

Varsavia 114
Veneto/Venetia 41, 80, 81, 105, 139, 177, 287, 335
Venice 95
Vermont 104
Viggiano 174
Vineland 104
Virginia 27, 95

Washington 97
Waterbury 103

Watsonville 286
West Hoboken → Hoboken
West Philadelphia 167, 169
West Philly → West Philadelphia
West Side Hill 115
West Virginia 88
Wildwood 283, 286
Wisconsin 104

Zurigo 17

10.4 Indice delle parole

L'indice delle parole raccoglie gli elementi lessicali citati nel corso della monografia a scopo illustrativo. La sua funzione primaria è meramente quella di rendere più comoda ed efficace la consultazione della monografia. L'indice è composto di due parti. Nella prima parte (10.4.1) gli elementi lessicali sono raggruppati in tre categorie ordinate secondo la rilevanza, di cui la più consistente è quella degli italoamericanismi (10.4.1.1), i quali, a loro volta, vengono suddivisi in due gruppi secondo la matrice inglese o italoromanza. Sono stati riportati tutti gli italoamericanismi presenti nella monografia – e nella forma in cui appaiono –, partendo dai singoli elementi lessicali inglesi o italoromanzi da cui derivano. La presentazione degli italoamericanismi di matrice inglese si conclude con un elenco toponomastico.

La seconda parte (10.4.2) dell'indice consiste in un'elencazione degli elementi lessicali in ordine alfabetico corredata dalle indicazioni delle pagine, la cui consultazione rende dunque possibile tracciare un quadro diacronico.

10.4.1 Elencazione su base semantica ed etimologica

10.4.1.1 Italoamericanismi

ITALOAMERICANISMI DI MATRICE INGLESE

accent	accendə 134, 186, 193, 197, 200
all right	[ɔˈrːaj] 287; orraite 288
alteration	alterazioni 323
American	americanu 156, 265; ameriganu 245, 319; mərᵊcanə 192; merəcanə 198; mericanə 113, 119, 192, 238, 282, 308; mericanu 194; [mɛrɪˈgaːn] 282; meriganu 245, 319; miricanu 177, 181, 228, 285; mmericanə 238; mmericano xxiii, 153; mmericanu 156, 159, 309; mmeriganu 245; mmiricanu 156; mericana 223, 277; mmericana 191, 228; əmmericani (pl.) 191; [mɛdəɑrəˈganz] (pl.) 276; mmericani (pl.) 160, 191, 194, 228; mmiricani (pl.) 191, 194
and	an(nə) 312; en(nə) 312; enni 312
anyway	eniuè 313
apricot	apricotta 263; *apricots*: apricozzi 263
avenue	avvenuta 276
baby	bajbì 311; beibbì 289
back house	baccau 270; baccaus, u 310; baccauso 176, 267, 351; baccáuso 283; baccausu 304, 310, 369; baccàusu 270; bbaccasə 270; bbaccàu̯së 270; bbachéu̯së (pl.) 270; beccàusu 270
bag	bega 351; begga, a 309, 313, 372; bègghə 318; begguzzə, a 309; [bɛˈgutsːᵊ] 310
bakery	bacheria 278; becheria 274

Indice delle parole — 427

baking soda	bechen sora 325
ball	balla 317
bar	bara 271, 275; barra 22, 275, 391
barbecue	barba Culo 276
bar-keeper	baracchina 271
bar-tender	barra tenda 391; barattenda 271; mezzobarritenne 268
basement	basciamento 277; besəmèndə 314; besimèndə 314
basket	baschetta 267, 283, 291; baschetto 267; basket 267, 283, 291
bathroom	betərummə 310
beam	bimbo 276, 393
because	bicos' 197
beef	biffa 269; biffata 269; biffu 269
black	nero 314; niri (pl.) 113
bless (to)	blessə 221
book	bucco 279
boot	boote 274
boss	bossa, la/a 268, 278; bossə, lu 190, 312; bosso 22, 267, 268, 279, 304, 372, 391; bossu, lu/ u 278; bossatura 268
box	bócchesa 283; bòcchese 267; bocchisə 289; bochisa 267; bocsa 267; boxa 267
boy	bboi 363; bboia, lu 363; bòia 276; bóio 283
boyfriend	bofrieddu, su 278
brandy	brandi 271; brandy 271
bread	bredo 194
break (to)	[ˈbrɛːkə] 351; brecc 342; brecca 342; breccare 318; breccàri 318; brecchə 252; brecco 291
brick	bricchə 119, 284; bricco 272; bricchi (pl.) 87
brick-layer	briccoliere 273
broken English	brocchinglèse 200, 326; brocchinglìʃə 194; brocchinglìsh 193; brocchinglìʃi 200, 326; brokenìnglish 194; brokinglìʃº 193; 'nglesə rott' 194
broken Italian	brocch(i)talian 195; bròcchitalian 195; brocchitaliànə 195, 197, 234; brocchitaliano 202; brocchitaliàno 214, 218, 334; brocchtàljan 194; brokᵊtàlian 178; brokətalián 181, 280; brokətaliànə 200, 315; brokitaliàn 183; brokitaliàno 202, 203
brown	ban 325
brush	brasce 291; broscia 393
buck	bocch 265; bocchə 310
buffet	boffé 322
building	billdìngə 119
bulldog	canebuldogga 268
business	bbisiníssë 269; besenesse 279; bisinaccio 270; bìsine 270; bisinis 289; bisinissə 304; bisinissi 270; bisinone 270; bissənissə 323; pižnis 270; vìssinu 270
busy	bìsi 313
but	ba 159, 265, 287, 312; bàr(ə) 312; bàttə 312
butter	barro 325

cable	['kɛ·bol] 351
cake	checca 267, 312, 346
canned	cana 269; canneria 269
car	car 356, 391; carə (pl.) 319; carrə 312, 323; carro 267, 283, 351, 372; carru 275, 304, 314, 349
card	càzzi (pl.) 276; *business-card*: cartə 323
cellar	sello 283
chance	cianca 266; ciansa 266; cianza 266
changed	[ʧənˈdʒɛːt] 309
check	c(c)ècca 270; cecca 313; cècchë 270; ciek 174, 270; *checking account*: cechi in acconto 322
chestnut	→ *nut*
chewing gum	cingomma 271
chicken	cicchìnnə 311
chinese	ciainísi 314
chocolate chips	cioccoli cippi 325; cioccolicippi 325
Christmas	crísemissa 283
church	ciorc 289, 290; ciuccio 277
cigar	sigàriə 311
city hall	Zi Nicolo 277, 283
claim	cleme 273; clemo 273
club	globbi (pl.) 107
coat	cottu 275; cotti (pl.) 273, 393; *overcoat*: ovacotta 22, 273, 391
cole	culu 276
collect (to)	colletəno 265
college	cullèggiu 149; [ˈkaːlɪʧ] 149
Come on!	cummòni 287
comfortable	camtəbò 356; cofortevolə 186, 234, 356; comfərtàbbəɫi 356; confortevoli 356; kàmftəbəᵗ 319
concerned	[kɔnˈsɔrnt] 326
container	contegnu 314
cooked	cucinati 314
cookie	cookie 356; cucchis (pl.) 337
cool	cùlu 276
country	condrì 119, 289; cuntrì 289
couple	capl' 265; cappl 265
crazy	cressi 321; cressì 321
Crisco	crisco 337
cup	coppa 325; coppi (pl.) 325
curious	curiosᵃ 186
daddy	dàːri 193; *daddy in law*: dery in loo 288
dairy	dairi 272; derí 272; derj 272; dery 272
daughter	dora 278, 289
deck	deng, lu 314
design	disajnə 323
dialect	iddaiəɫettə 310
different	difərend 198; differènd 147, 329; differende 133, 158; differendə 119,

Indice delle parole — 429

	158, 159, 314; differèndə 144, 146; diffərendə 130; differendi xxiv, 32, 82, 134, 135; differèndi 158; differendo 314; differèndo 146; different' 158; differente 145, 154, 158, 192, 314, 336; differenti 135; differènti 158
dining-room	dajnərùmmə 314
direction	direzione 139
dirt	dorte 279
disappointed	disapontato 274
dog	dog-o 193, 194; dɔːgɔ 193
dollar	dolero 271; dollaro 264, 271; dolluru, u 265; doluru 271, 310; dollars (pl.) 265
down	dannə 314
downtown	→ town
drive (to)	draiviatə 309; draivare 267, 304; drajfəià 309, 313
driver's licence	licenza 313, 335, 351
dry cleaner	drajclìnər 323
dutch	doccio 275; ndoccio 275
educated	educata 339; educato 168, 335; uneducated: ineducatu 317
elevator	olivetta 87; olivètu 275; elevated: livetta 272
envelope	involoppo 274
even	ìve 313; ìvə(n) 313
everybody	evry bàri 287
everything	evərtink 212; [ɛvrɪ'tiŋgə] 191
excuse me	schiusmi 279
explain (to)	splí 143
face	fessa 277
farm	farma 324, 369; ['farːma] 287
feather	federa 352
fight (to)	fait (chiaver nu fait) 268; faitare 267, 268, 351; faitasse 268; faitata 268; faitato 268; faitava 268; faite (chiavar nu faite) 268; faite 268; faitò 268; faittare 304; faietattore 268
fireplace	faiplèssə 314
fit (to)	fittare 273, 393
foreman	foremme 273
Forget about it!	fuhgeddaboutit 298, 299, 373, 375; ['fugɛr ə'baːr ˌɪt] 294; [ˌfugɛːrə'baːrɪ] 330; [fɔrgɛrə'barət] 167
foundation	fondazione 193, 335, 336
freeze (to)	nfrusari 309; sfrusari 309; freezer: frisu, o 314
furniture	fornitura 267, 392
gang	ghenga 270
garbage	cappucci 276
German	germanesə 113, 139
girl	ghélla 283; gherla 304, 351
Go to hell!	godaella (mandare a) 268
God	godda 291
God bless!	cabbleʃə 311; cabbless 311; cabblèss 311; cabblessə 311; gabblessə 311; gabblèssə 311; [ga'bleʃə] 328; gablèʃə 328
God damn!	gaddina 277

Good bye!	cubbai 287; cubbaiə 311
government	covermento 274
green horn	corno verde 303; grignòllo 303, 370; grignone 303; grin orni 303; grinòrni 88; grinorno 89
grocery	grosseria 22, 269, 391; grussaria 269, 278
ham	emme 287
happy	epi 318, 342
hat	atto 22, 391
head	edde 287, 291
heat	calore 337, 338
horse	orsi 287; orso 22, 391
hotel	otello 323
house keeper	auschieppe 287
however	arèva 313; auèva 313
I'm	ajmə 327, 358
ice	ajssə 318; *ice cream*: áise scrima 283
Irish	airesə 113
Italian-american	talianəmericànu 309
it (ha)s been	itsəbì 327, 358
it's	etsə 144, 167, 329; ètsə 312; [ˈɛtsə] 149; itsə 317, 327, 328, 358
janitor	genitore 87; genitori 276, 280
Jewish	giudə 311; giuìshə 311; giurə 113
job	ggiòbba 270; giobba 119, 223, 264, 279, 283
joke (to)	giocanə 322; giocare 322; giochə 322
kick	chiccha 318; kìggiᵊ 318; [ˈkɪk] 341, 343
know, don't	donnò 312; ro no 312; ro nò 238, 356; ronnò 312
language	languìggi 196
lemon	lemone 337
list	lista 87; listə 119
live (to)	libro 352; *living-room*: livərùmmə 314
loafer	lofar 268; loffaraccio 268; loffaretto 268; loffarino 268; loffaro 267, 268; loffarone 268
lot	lotte 273; lotto 273, 392
lot	lar 167
loundrymate	londrimàttə 323
lover	lova 289
low class	[lɔˈklɑːsːə] 221
lunch	lonʧ 284, 315; lonʧi 315; łonʧ 315
make (to)	mecco 291; mech 363
market	marchetta 267; marchetto 267; *marketman*: marchettoma 177
maybe	[mɛˈbiː] 159; mebì 185, 310, 311, 312, 317; [meˈbi] 234; mèbi 221; mébi 167
mean, I	a(j) mì(nnə) 312; a minnə 312
man	mennə 318, 328
Mercedes	məssídis 349
mine	mina 273; miniere 273
mistake	mistecca 279; mistecco 279; misteccu 289; mistecchi (pl.) 279
mix (to)	miʃchiə 212; miʃtəcàtə 212; miʃtəkə 212

Indice delle parole — **431**

money	moneta 271, 323, 392; monì 289
moon	munn 274
mortgage	morgheggio 267; morghiccia 267; morghig 267; morgico 267; murghegge 267
nasal	neisoł 279
nice	naisi 289; najs 314; najsə 309, 328; najssə 119; nnaisi 363
nut	nozzi (pl.) 325; *chestnut*: cestenotto 263; cestenozzi (pl.) 263; *peanut*: pinotto 263; pinozzi (pl.) 263
okay	ocché 312; occhè 312; occhei 346
onze	onzi 325
part (to)	partire 393
pawnshop	→ *shop*
peanut	→ *nut*
peltry	pelteria 274, 278
person	pəsòna 319
pick	picco 105
picnic	Pic Nic, o 89
piece (of eight)[1]	pezz' 265; pezza 264, 265, 369; pezzə 265, 304, 310; pezze (pl.) 265; pezzo 264, 265; pezzi (pl.) 264, 265
pillowcase	['pilokejs] 352
pipe	pipa 275; pipi (pl.) 276
pie	pizzapaia 268
placer	plaze 274
plastic	plasticha 314
policeman	polisman 179
polite	[po'laˑjtə] 351
pound	pond 338
preempt (to)	preemtare 274
press (to)	pressare 273
pre(t)zel	prèzzo 314
prickles	piccòlsə 314
priest	priʃti 113
prospect	prospetto 274
push (to)	pusc' 314; pusciari 313; pusciàtə 322; pusciavo 323; pusciə 314
quarter	quare 287
rail road	Re Erode 275
ranch	ranc 272; rancere 272; rancetto 272; ranciere 272; rancio 271, 272; rancione 272; ranciotto 272; ranchio 272; rancho 272; rangiere 272; rangio 272; rango 272; ranzo 272
read (to)	ridere 352
really	rilì 312; rìli 312
receipt of deposit	ricetta per deposito 335

---

[1] Si rinvia in proposito alle osservazioni etimologiche alla p. 264.

red	reda 289
refrigerator	frigièru 314
remote control	remoto 335
rent (to)	renditare 266; renditata 266; rentano 266; rentare 266, 323; rentatto 266; *renter*: rentaro 266; rentari (pl.) 266; *rent*: rendita 266, 275, 393; rent 266, 275, 323, 356, 393; renta 266, 304, 369; renti 323
right	rai(t) 313; raj' 313
risc (to)	riscare 274
river	riva 274; riv(i)era 274
roadmaster	rodomastro 268
salt	salti 325
sandwich	sandəviccə 286; sandoviccio 286; sànguicci 286; sanguìcciu 286
second hand	sechenènze 278
semi-sweet	seme suit 325
sense	*(to) make sense*: fare senso 264
shake (to)	[ʃəkə'njɛ] 309
sheet	[ʃi:t] 341
shine (to)	scianata 190; scianiature 89; *shoe shiner*: sciuscià 271; mezzosciainatore 268
shoe	sciùa 263; sciúsi (pl.) 263
shop	sciappa 267; scioppa 22, 267, 279, 372, 391; *pawnshop*: mpigniscioppa 268; *tailor shop*: teilorʃàppə 323; telorisciàppə 311
shovel/ showel	sciabola 105, 276, 279, 391; *shoveler*: sciabolatore 279, sciabolatori (pl.) 275
showcase	sciocchezza 277; sciochezza 283
shower	ʃaur 313
Shut up!	shaddap 91; scerappe 288; scialappa 288
slap	['sɫæ:p] 341
slow	slo 134
smash (to)	smash 356
snowman	snomenn 318; snomènn 318; snomènnə 318; snomènni 318
so	so 138, 194, 196, 212, 234, 312, 318, 319
somebody	sobarì 289
son of a bitch	s'anima becci 266, 270; salamebìc 266; salamimpìcci 270; salma béccia 266, 270; salma bréccia 266, 270; samatupicciu 266; sana babiccia 270; sanababíc 266; sanababicia 267, 278; sanababicio 267, 278; sanamebìc(ci) 270; sanavebìc 266; sanimabiggia 266; sanimapicciula 266; sanababici (pl.) 267
speed	spid' 349; spiddə 323
stair	*upstairs*: coppestèso 268; ngoppestese 268; oppestese 268; uppastesso 391
start (to)	stardare 351; stardavə 314; startare 267
steam(-heat)	stima 87, 393
step	steppi (pl.) 391
sticks	sticche 341
stone	stona 273
stop (to)	stap:ə 361; stapanə 319; stapatə 119, 246; stappare 372;

Indice delle parole — **433**

	stappàre 323; stappari 313; stappatə 323; stappə 327; ʃtappə 314; stappi 314; stoppare 304
store	store, o 270, 279; storə 311; storo 266, 324; storro 283; storu 304
stranger	strane 349; strano 349; stranu 349; ʃrani 349; ʃranu 135, 349; ʃlanu 318
street	strəitə 314; stritt' 314; stritta 277; stritto 290; ʃɹadi 314; ʃɹati 314
string	stringa 272, 273
strip (to)	strippiamo 272; strippare 272, 273
strop (to) the rasor	strappa 393; strappare 276, 393; strappato 393
subway	sobborè 290; sobbuele 290
sure	ʃuər 193
sweater	squèra 286; suvère 270
tailor shop	→ shop
teaspoon	ti spun 325; tispun 325
television	tələvìʒən 311
tend (to) the bar	tenere (la) bar(r)a 275 (→ bar)
Thanksgiving	Tacchinsgiving Day 274, Tanksgiven 274
that's all	etsò 312, 327
That's all right!	azzorrai 288
That's it!	etsè 312; etsì 312
that's why	ètsə pəcché 312; etsəpacché 312; [ˈɛtsːəpəkːɛ] 197
ticket	etichet(t)a 270, 275; ticchetta 270; ticchetto 269, 270; ticheta 270; tichetta 270; tichettu 270
top	tappi 275; tappo 275; tappu 275
town	*downtown*: tantane 290; *uptown*: coppetane 290; coppetàne 268; oppetaune 268, 273; (n)coppetanne 273; oppitani 273; oppita(u)ni 263
track	tracca 273; tracche (pl.) 212, 279
light	*traffic light*: lajtsi 372; luce 351; luci, a 312, 313
trouble	trabulare 266; travaglio 266; tribulo 266; trobolo 266; trobulo 266; trubel 266; trubola 266; trubolo 266; trùbuli 286
truck	troccha 309, 314; trocco 267, 351; troccu 313; trochə 309; [trokəˈtʃitːə] 310; truchə, lu 309; truchəcìllə, lu 309
tunnel	tonno 276, 290
undertaker	ondateca 22, 391
uniform	unifòrmi 318
up	appə 314, 323
upset	apsetə 342
upstairs	→ stair
uptown	→ town
vagon	vaghino 391
vanella	vanella 325
wash	vàsciu 286; *washing machine*: uaʃəməʃinə 313
washing machine	→ wash
water	vuòra 286
well	ua 312; ue 159, 198, 312; uea 312; uelə 312
what	u 287; uà 287

What do you want?	guariu guanne 286; vàriu vanni 286
whatever	uarèva 313; (u)orèva 313
What's the matter?	vazzumarra 288; vazzumàra 286, 288; vosta mater 286; voste mara 286
whiskey	viscchí 287; visco 287
white	vuàitti 286
why	guai 286, 361; guài 286; uaie 289
wind	uìndi 286
woman	uomene 277
work	uòcchi 286
yea	je 136, 158, 163, 222, 235, 237, 238, 308, 314; je(a) 312; jea 134, 135, 140, 146, 233, 312
yes	iesse 22, 182, 302
yo	yo 329
you know?	jə no? 349; ju no 134, 135, 140, 147, 149, 186, 191, 192, 198, 212, 276, 312, 319, 322, 323, 328, 349; ju(n)nò? 312; junòni? 313

Toponimi

America	Amerighə 191; Merica, la 17, 113, 200, 308
Atlantic City	Landica sirì 283
Beckwith	Bechvith 286
Brooklyn	Brucculinə 290; Broccolino 22
Fifth Street	cinquʃʎati 314
Flatbush	flabusce 272
Fort George Ferry	Ferrì Fogiorge 290
Hoboken	Obochino 290
Jersey City	Gerserì 290
Mulberry Street	Morbeda Stritto 290
New York	Nevjork 286; Nevjòrk 286; Nevveiorch 286; Nevvjorch 286; Novajork 286; Noveor 286; Noveorch 286; Noveorco 286; Novior 286; Nuovaj'or 286
North Beach	Nobbìci 167
Sixth Street	seʃʎàdi 314
Watsonville	Vatzonvil 286
Wildwood	Vallivudo 283; Valevuddo 283, 286

Italoamericanismi di matrice italoromanza

acinə də pepə	aginabeb 295
barba	bɑrb 329
bardasciə	baddaʃʃᵊ, u 317
bimba	bimb 329
biscotto	visgut 295, 375
buonanima	bonarm 296
cafone	gavohn 295, 375; [gɑˈvoʊn] 281
cannoli	ganool 295, 375
capa fresca	gaba fresca 295
capa tosta	gabbadotz 295, 375

Indice delle parole — **435**

capisci?	capeesh 295, 299; capiʃ' 167; [ga'piʃ] 330
cavatelli	govadeel 295, 375
Cent'anni!	gendan 296
cətrullə	gedrool 295, 296; [dʒə'drut] 281, 296
Chə sə dicia?	kessedish 295, 299
coglioni	gujans 295, 375
com(m)are	goomah 295; goumad 295, 299, 375; goumada 295
compare	goombah 295, 375; [gʊm'bɑː] 281, 295
cotechino	goodageen 295, 375; [kudə'giːn] 281, 282
cucuzzielli	kookazeel 295
fasulə	fasul 299; fazool 295; fazools (pl.) 299, 375; [fə'zuːɫ] 295
finocchio	finook 295, 298, 375
futtiti	footitah 295
gelato	[dʒə'lɑːrɪ] 281
guappə	vap 297; ['wɑp] 296, 297; wop 292, 296
gudazzo	gudàs 329
lasagna	sagna 281; ['zaːɲa] 281
Madonna!	Madonnə! 319; Marone 296, 298, 375; Maronn'! 296; Maronnə! 296, 375
mammalucco	mamaluke 295, 375
manicotti	manigot 295, 375
marenga	marènc 329
mezzo morto	mezzamaught 296
minchia	ming 299
minestra	meneste 295, 375
morto di fame	[mɒdərə'vaːm] 281; mortitavahm 295
moscio-moscio	mooshamoosh 296
mulignanə	['muːɫɪ] 164; mully 296
muzzərella	mootzarell 295; [musə'rɛɫ] 281
nanna	nana 329
paisanə	paisà 369; paisans 299
papanonnə	papənon 329
pastina	[bʌs'tin] 281; busteen 295, 375
pazzo	patsy 329
pizza	*pizza chienə*: pizza gain 295
polenta	balend 295, 375
prosciutto	brashoot 295, 375; [bɹə'ʒut] 281; pro-shoot 394
provolone	pravaloon 295, 375
pupa di pezza	bubidabetz 295
ravioli	ravs 329
ricotta	reegott 295
salsiccia	saseets 295
schifo	skeeve (to) 165; skeeves 165, 166; skeevy 165, 296; skive (to) somebody out 165; *schifezza*: skeevàts 165
scustumatə	squistamod 296
spaghetti	[spə'gɛːrɪ] 281
'Stu cazzə!	stu gots 298; stugots 296, 298, 299, 375; stugòts 297

stunatə	stoony 329; stunad 299; stunod 296
suppressatə	sooprasat 295, 375
tatò(u)nə	tatòn 329; tatònə 329
Vaffanculo!	fo(n)gool 295, 375

10.4.1.2 Dialettalismi

arᵊmùr 136 (arəmur 136; armùr 135)
bacan 391
barba 329
bardasciə 317
bardèʃə, lu 181 (bardèʃ, li (pl.) 181)
carusellə 312
carúsiddu 280, 315
chiùdiri 187
chjùrəre 187 (cchjurə 312; cchjuri 187, 312; chiur' 187)
ciamareccħə 135 (ciammarècch 135)
ciamarucchə 191
ciammajicch 135
cocciᵃ 318
cricch' e croccħə 212
crijulə 310
cumpari 91
cuoddu 280
drio rivà 281
dummeneca 190
fərtatə 212 (fərtata 213)
frəchìnnə, li (pl.) 181
grandìnni, u 310
granunə, u 310
guappuni 297
gudazzo 329
['ɣad:u] 315
indiaɬetta 133, 158, 234 (iddialettə 188, 191, 200, 211; indialèttə 181; indialetta 188, 200; indialetto 188, 200; indiallettə 195; indiallettata 132)
itaɬianu 196 (taɬian' 222, 238; taliana 89, 144, 175, 187, 192, 223, 277; talianᵃ 191; talianə 113, 144, 149, 163, 178, 194, 197, 198, 209, 212, 228, 233, 234, 238; taɬianə 195, 212, 222, 225, 238, 318; taɬiànə 130, 181; taɬianu 196, 319)

japr' 187
mamàmmə 329
  mamàm 199, 329; (mamámm' 210; mammàmə 194; mammamì 238)
mamò(u)nə 329 (mammon 329; mammònə 329)
marenga 329
minchia 299
minəʃtrunə 211, 212 (minəʃtrùnə 212)
mulignanə 164, 296
munnu 274
munto 281
nanna 245, 329
nc(u)oppə 268
'nglesə 113, 238, 163, 194
'nsalatə 212, 213
papanonnə 310, 329
paposciə 281
patan' 212
pəlanghellə, a 310 (pəlanchellə 310)
preta 277, 284
pummarolə 281
quatralə 317
sciangħə, u 314
scorciə 191
scutu, u 265 (ʃcuti (pl.) 265)
stutari 187 (stuta 187, 312; stut 187)
tatò(u)nə 329
trìccħə-tròccħə 211, 212
tuppuluni 280
vantəsinnə 280
vap 297
Voscènza 316
Vossìa 316
vui 316
vuttìjə 280

10.4.1.3 Altre lingue

ebr. מזל (mazzāl) 304
ialb. fërtatë 212, 213
ialb. suvère 270
m.a.ted. slepen 304
m.a.ted. slim 304
m.a.ted. smuz 304
m.a.ted. verklemmt 164
slav. [ˈkʊɾvɑ] 164
sp. burrito 304
sp. chino 304
sp. muchacho 304
sp. peso 266
sp. real de a ocho 265s.
sp. tortillas 304
yid. שמוץ (shmuts) 304
yid. פֿאַרקלעמט (farklemt) 164
yid. שלימזל (shlimazl) 304
yid. שלעפ (shlep) 304

10.4.2 Elencazione in ordine alfabetico

accendə 134, 186, 193, 198, 200
acinə də pepə 295
aginabeb 295
airesə 113
áise scrima 283
ajmə 327, 358
ajssə 318
alterazioni 323
americaliano xxv, 151, 152, 162, 163, 169, 171, 213, 218, 365, 378
americanə 156, 265
ameriganu 245, 319
amerighə 191
an(nə) 312
appə 314, 323
apricotta 263
apricozzi 263
apsetə 342
arəmourə 136
ar(ə)mùr 135, 136
arèva 313
atto 22, 391
auèva 313
auschieppe 287
avvenuta 276
azzorrai 288

ba 159, 265, 288, 312
bacan 391
baccaus, u 310
baccauso 176, 267, 351
baccáuso 283
baccausu 304, 310, 369
baccàusu 270
bacheria 278
baddaʃʃə, u 317
bajbì 311
balend 295, 375
balla 317
bar 22, 267, 271, 275, 391
bara 271, 275
bàr(ə) 312
baracchina 271
barattenda 271
bɑrb 329
barba 329
barba Culo 276
bardasciə 317
bardèʃ, li 181
bardèʃə, lu 181
barra 22, 275, 391
barra tenda 391
barro 325
baschetta 267, 283, 291
baschetto 267
basciamento 277
[bʌsˈtin] 281
bàttə 312
bbaccasə 270
bbaccàʊsë 270
bbachéʊsë 2670
bbisiníssë 269
bboi 363
bboia, lu 363

beam 276
beccàusu 270
bechen sora 325
becheria 274
Bechvith 286
bega 351
begga, a 309, 313, 372
bègghə 318
begguzzə, a 309
[bɛˈgutʂːᵊ] 310
beibbì 289
besəmèndə 314
besenesse 279
besimèndə 314
betərummə 310
bicos' 197
biffa 269
biffata 269
biffu 269
billdìngə 119
bimb 329
bimba 329
bimbo 276, 393
bìsi 313
bisinaccio 270
bìsine 270
bisinis 289
bisinissə 304
bisinissi 270
bisinone 270
bissənissə 322
blessə 221
bocch 264
bocchə 310
bòcchesa 283
bòcchese 267
bocchisə 289
bochisa 267
bocsa 267
boffé 322
bofrieddu, su 278
bòia 276
bòio 283
bonarm 296
boote 274
bossa, a/ la 268, 278
bossatura 268

bossə, lu 190, 312
bosso 22, 267, 268, 279, 304, 372, 391
bossu, lu/ u 278
boxa 267
ban 325
brandi 271
brandy 271
brasce 291
brashoot 295, 375
brecc 342
brecca 342
breccare 318
breccàri 318
brecchə 252
brecco 291
bredo 194
[ˈbrɛːkə] 352
[bɹəˈʒut] 281, 295
bricchə 119, 284
bricchi 87
bricco 273
briccoliere 273
brocchinglèse 200, 326
brocchinglìʃə 194
brocchinglìsh 193
brocchinglìʃi 200, 326
bròcchitalian 195
brocchitaliànə 195, 197, 234
brocchitaliàno 214, 218, 334
brocchitaljànə 190
brocchtàljan 194
broccolino 22, 23, 292, 391
brokenìnglish 194
brokᵊtàlian 178
brokətaliàn(ə) 181, 200, 280, 315
brokinglìʃᵊ 193
brokitaliàn(o) 183, 202, 203
broscia 393
brucculìnə 290
bubidabetz 295
bucco 279
buonanima 296
burrito 304
busteen 295, 375

cabbleʃə 311
cabbless(ə) 311

Indice delle parole — 439

cable 351
cafone 175, 281, 295, 298, 375
calore 337, 338
camtəbò 356
cana 269
canebuldogga 268
canneria 269
capeesh 295, 298
capiʃ 167
cap(p)l 265
cappucci 276
carrə 312, 323
carro 267, 283, 351, 372
carru 275, 304, 314, 349
cartə 323
carusellə 312
carusiḍḍu 280, 315
cavatelli 295, 375
cazzə 296, 297, 375
càzzi 276
c(c)ècca 270
cchjurə 312
cchjuri 187, 312
cecca 313
cècchë 270
cechi in acconto 322
cestenotto 263
cestenozzi 263
cətrullə 295, 296
chə sə diciə 295
checca 267, 312, 346
chicchə 318
chino 304
chiùdiri 187
chiur' 187
chjùrəre 187
ciainísi 314
ciamarecchə 135
ciamarucchə 191
ciammajicch 135
ciammarècch 135
cianca 266
ciansa 266
cianza 266
cicchìnnə 311
ciek 174, 270
cingomma 271

cinquʃʃati 314
cioccoli cippi 325
cioccolicippi 325
ciorc 289, 290
citrullo 296
ciuccio 277
cleme 273
clemo 273
cocciə 318
cofortevolə 186, 234, 356
coglioni 295, 375
colletəno 265
comfərtàbbəłi 356
com(m)are 295, 299, 375
compare 281, 295, 375
condrì 119, 289
confortevoli 356
contegnu 314
coppa 325
coppe 268
coppestèso 268
coppetàne 268
coppetan(n)e 273, 290
coppi 325
corno verde 303
cotechino 281, 282, 295, 375
cotti 273, 393
cottu 275
covermento 274
cressi 321
cressì 321
cricch' e crocch(ə) 212
crijulə 310
crisco 337
crísemissa 283
cubbai(ə) 287, 311
cucchis 337
cucinati 314
cucuzzielli 295
cullèggiu 149
culu 276
cùlu 276
cummòni 287
cumpari 91
cuntrì 289
cuoḍḍu 280
curiosə 186

dà:ri 193
dairi 272
dajnərùmmə 314
dannə 314
deng 314
derí 272
derj 272
dery 272
dery in loo 288
difərend 198
differende 133, 158
differendə 119, 158, 159, 314
differènd(ə) 144, 146, 147, 329
diffərendə 130
differendi xxiv, 32, 82, 134, 135
differendo 146
different' 198
differente 145, 154, 158, 192, 314, 336
differenti 135
diffèrenti 158
direzione 139
disajnə 323
disapontato 274
doccio 275
dog-o 193, 194
dɔ̀:gɔ 193
dolero 271
dollar 265
dollaro 264, 271, 281, 298
dolluru, u 265
doluru 271, 310
donnò 312
dora 278, 289
dorte 279
draivare 267, 304
draiviatə 309
drajclìnər 323
drajfəià 309, 313
drio rivà 281
dummeneca 190
[dʒəˈdruɬ] 280, 295
[dʒəˈlɑ:rɪ] 281

ecchə 212
edde 287, 291
educata 339
educato 168, 335

emme 287
əmmericani 191
en(nə) 312
eniuè 313
enni 312
epi 318, 342
etichet(t)a 270, 275
etsə 144, 167, 329
ètsə 312
[ˈetsə] 312
[ˈɛtsə] 149
ètsə pacché 197, 312
etsəpacché 312
etsè 312
etsì 312
etsò 312
evərtink 212
[ɛvrɪˈtiŋɡə] 191
evry bàri 288

faggiulə 212
faietattore 268
faiplèssə 314
fait(e) 268
fait(t)are 267, 268, 304, 351
faitasse 268
faitata 268
faitato 268
faitava 268
faitò 268
[fɑˈkɬɛ:m] 164
fare la giobba 264
fare senso 264
farma 324, 369
fasul 299
fasulə 295, 299, 375
fazool/s 295, 299, 375
federa 352
Ferrì Fogiorge 290
fərtata 213
fərtatə 212
fërtatë 212, 213
fessa 277
[fəˈzu:ɬ] 295
finocchio 295, 297, 375
finook 295, 297, 375
fittare 273, 393

flabusce 272
fo(n)gool 295, 375
fondazione 193, 335, 336
footitah 295
foremme 273
Forget about it! 167, 294, 298, 299, 373
[fɔrgɛrə'barət] 167
fornitura 267, 392
frəchìnnə, li 181
frigièru 314
frisu 314
['fugɛr ə'baːr ˌIt] 294, 330
fuhgeddaboutit 298, 299, 373, 375
futtiti 295

gaba fresca 295
gabbadotz 295, 375
gabblessə 311
gabblèssə 311
gablèʃə 328
ga'bleʃə 328
gaddina 277
['gaːdu] 315
['ɣadːu] 315
ganool 295, 375
[ga'piʃ] 330
gavohn 295, 375
[ga'vʊun] 281
gedrool 295, 296
gendan 296
genitore 87
genitori 276, 280
germanesə 113, 139
Gerserì 290
ggiòbba 270
ghélla 283
ghenga 270
gherla 304, 351
giobba 119, 223, 264, 279, 283
giocare 322
giochə 322
giudə 311
giuìshə 311
giurə 113
globbi 107
godaella 268

godda 291
goodageen 295, 375
goom(b)ah 295, 375
goumad(a) 295, 299, 375
govadeel 295, 375
grandìnni, u 310
grano d'India 310
granunə, u 310
greenhorn 88, 303, 370
grignòllo 303, 370
grignone 303
grin orni 303
grinòrni 88
grinorno 89
grosseria 22, 269, 391
grussaria 269, 278
guai 286
guài 286, 361
guapo 297
guappə 297
guappuni 297
guariu guanne 286
gudàs 329
gudazzo 329
gujans 295, 375
[gʊm'bɑː] 281, 295

hə 329

iddaiałettə 310
iddialettə 188, 191, 200, 211
iesse 22, 182, 302
immiʃchiatə 320
indiałettə 133, 158, 195, 234
indialèttə 181, 188, 200
indialetto 188, 200
ineducatu 317
involoppo 274
italese xxv, 192, 213, 218, 341, 346, 365, 378
italianese 18
italiese 18
itałianu 196
itsə 317, 327, 328, 358
itsəbì 327, 358
ìve 313
ìvə(n) 313

japr' 187
je 136, 158, 163, 222, 235, 237, 238, 308, 312, 314
je(a) 134, 135, 140, 147, 233, 312
jə no 349
ju no 134, 135, 140, 147, 149, 186, 191, 192, 198, 212, 276, 312, 319, 322, 323, 328, 349
ju(n)nò 312
junòni 313

[ˈkaːlɪtʃ] 149
kàmftəbə⁴ 319
[karuˈsidᵉ] 315
[ˈkɛˈbol] 351
kessedish 295, 298
kìggiᵃ 318
[ˈkɪk] 341, 343
[kɔnˈsɔrnt] 326
kookazeel 295
[kudəˈgiːn] 281, 282
[ˈkʊɹvɑ] 164

lajtsi 372
Landica sirì 283
languìggi 196
lar 167
lemone 337
libro 352
licenza 313, 335, 351
lista 87
listə 119
livərùmmə 314
livetta 272
lofar 268
loffaraccio 268
loffaretto 268
loffarino 268
loffaro 267, 268
loffarone 268
[lɔˈklɑːsːə] 221
londrimàttə 323
lontʃ 284, 315
lontʃi 315
lot 273, 392
lotte 273
lotto 273, 392
lova 289

luce 351
luci, a 313
łontʃ 319

[mɒdərəˈvɑːm] 281
Madonna! xxv, 144, 213, 285, 296, 298, 375
mamaluke 295, 375
mamàm 199, 329
mamámm' 210
mamàmmə 329
mammalucco 295, 375
mammàmə 194
mammamì 238
mammon 329
mammònə 329
mamò(u)nə 329
manicotti 295, 375
manigot 295, 375
marchetta 267
marchetto 267
marchettoma 179
marènc 329
marenga 329
Marone 296, 298, 375
Maronn' 284
Maronnə 296, 375
[mɛˈbi] 158
[mɛˈbiː] 326
[meˈbi] 234
mebì 186, 233, 310, 312, 317
mébi 167
mèbi 221
mecco 291
mech 363
[mɛdɑrəˈganz] 276
meneste 295, 375
mennə 318, 328
merəcanə 198
Merica, la 17, 113, 200, 308
[mɛrɪˈgɑːn] 282
mərᵃcanə 192
məssídis 349
mezzamaught 296
mezzobarritenne 268
mezzosciainatore 268
mina 273
minchia 299

minestra 295, 375
minəʃtrùnə 211, 212
ming 299
miniere 273
minnə 312
mì(nnə) 312
m(m)iricanu 177, 181, 228, 156, 285
miʃchiə 212
miʃtəcàtə 212
mistecca 279
misteccho/i 279
misteccu 289
miʃtəkə 212
m(m)ericana 191, 223, 228, 277
m(m)ericanə 113, 119, 192, 238, 282, 308
mmericani 160, 191, 193, 227
mmericano xxiii, 153
m(m)ericanu 156, 159, 194, 309
m(m)eriganu 245, 319
mmiricani 191, 194
moneta 271, 323, 392
monì 289
munnu 274
mooshamoosh 296
mootzarell 294
Morbeda Stritto 290
morghiccia 267
morghig 267
morgico 267
mortitavahm 295
morto di fame 281, 295
moscio-moscio 296
mpigniscioppa 268
muchacho 304
mulignanə 164, 296
[ˈmuːɬɪ] 164
mully 296
munto 281
murghegge 267
[musəˈrɛɬ] 281
muzzərellə 281, 295

naisi 289
najs 314
najsə 309, 328
najssə 199
nana 329

nanna 245, 329
ncoppetanne 273
nc(u)oppə 268
ndoccio 275
neisoɬ 279
nero 314
Nevjork 286
Nevjòrk 286
Nevveiorch 286
Nevvjorch 286
nfrusari 309
'nglesə 113, 238, 163, 194
nglesə rott' 194
ngoppestese 268
niri 113
nnaisi 363
nobbìci 167
Novajork 286
Noveor 286
Noveorch 286
Noveorco 286
Novior 286
nozzi 321, 325
'nsalatə 212, 213
Nuovaj'or 286

Obochino 290
occhè 312
ocché 312
occhei 346
olivetta 87
olivètu 275
ondateca 22, 391
onzi 325
oppestese 268
oppetaune 268, 273
oppita(u)ni 268, 273
orèva 313
[ɔˈrːaj] 287
orraite 288
orsi 287
orso 22, 391
otello 323
ovacotta 22, 273, 391

paisà 369
paisans 299

pajp/s 276
papanonnə 310, 329
papənon 329
paposciə 281
partire 393
pastina 281, 295, 375
patan' 212
patsy 329
pəlanchellə, a 310
pəlanghellə, a 310
pelteria 274, 278
peso 266
pəsòna 319
pezz' 265
pezza 264, 265, 369
pezze 265
pezzə 265, 304, 310
pezzo/i 264, 265
pic nic, o 89
picco 105
piccòlsə 314
piece of eight 265
['pilokejs] 352
pinotto 263
pinozzi 263
pipa 275
pipe 275
pipi 276
pižnis 270
pizza chienə 295
pizza gain 295
pizzapaia 268
plastichə 314
plazer 274
[po'la·jtə] 351
polenta 281, 295, 375
polisman 179
pond 338
pravaloon 295, 375
preemtare 274
pressare 272
preta 277, 284
prèzzo 314
priʃti 113
prosciutto 281, 295, 375
pro-shoot 394
prospetto 274

provolone 295, 375
pummarolə 281
pupa di pezza 295
pusc' 314
pusciari 313
pusciàtə 322
pusciavo 323
pusciə 314

quare 287
quatralə 317

rai(t) 313
raj' 312
rammodernatə 211
rammodərnatə 188
ramodərnàtə 202, 342
ranc 272
rancere 272
rancetto 272
ranchio 272
rancho 272
ranciere 272
rancio 271, 272
rancione 272
ranciotto 272
rangiere 272
rangio 272
rango 272
ranzo 272
ravioli 285, 329
ravs 329
Re Erode 275
real de a ocho 264
reda 289
reegott 295
remoto 335
rendita 266, 275, 393
renditare 266
renditata 266
rent 266, 275, 323, 356, 393
renta 266, 304, 369
rentare 266, 322
rentaro/i 266
rentatto 266
renti 323
ricetta per deposito 335

ricotta 295
ridere 352
rilì 312
rìli 312
riscare 274
riv(i)era 274
riva 274
rivà 281
rodomastro 268
ro no 213, 312
ronnò 312
ronò 238, 356

s'anima becci 266, 270
sagna 281
salamebìc 266
salamimpìcci 270
salma béccia 266, 270
salma bréccia 266, 270
salti 325
samatupicciu 266
sana babiccia 270
sanababíc 266
sanababici 267
sanababicia 267, 278
sanababicio 267, 278
sanamebìc(ci) 270
sanavebìc 266
sandəviccə 286
sandoviccio 286
sànguicci 286
sanguìcciu 286
sanimabiggia 266
sanimapicciula 266
saseets 295
scerappe 288
schifo(so) 165, 296
schiusmi 279
sciabola 105, 276, 279, 391
sciabolatore/i 275, 279
scialappa 288
scianata 190
scianghə, u 314
scianiature 89
sciappa 267
scio(c)chezza 277, 283
scioppa 22, 267, 279, 372, 391

sciùa 263
sciuscià 271
sciúsi 263
scorciə 191
scustumatə 296
scutu, u 265
sechenènze 278
sello 283
seme suit 325
sense 264
seʃɹàdi 314
sfrusari 309
shaddap 91
showl 391
sigàriə 311
skeevàts 165
skeeve (to) 165, 166
skeevy 165, 296
skive (to) 165
slepen 304
slim 304
slo 134
[ˈsɫæːp] 341
smuz 304
snomenni 318
snomènn(ə) 318
so 138, 194, 196, 212, 234, 318, 319
sobarì 289
sobborè 290
sobbuele 290
sooprasat 295, 375
[spəˈgɛːrɪ] 281
spegnàre 187
spid' 349
spiddə 323
splí 143
squèra 286
squistamod 296
[ˈstapːᵊ] 361
stapanᵃ 319
stapatə 119, 246
stappare 372
stappàre 322
stappari 313
stappatə 323
stappə 327
stappi 314

stardare 351
stardavə 314
startare 267
steppi 391
sticche 341
stima 87, 393
stona 273
stoony 329
stoppare 304
store 270, 279, 283
storə 311
storo 266, 324
storro 283
storu 304
strane 349
strano 349
stranu 349
strappa 393
strappare 276, 393
strappato 393
strəitə 314
stringa 272, 273
strippare 272, 273
strippiamo 272
stritt' 314
stritta 277
stritto 290
stugòts 296, 297, 298, 299, 375
stunad 299
stunatə 296
stunod 296
stuta 187, 312
stutari 187
supprəssatə 295, 375
suvère 270
ʃaur 313
ʃcuti 265
[ʃəkəˈnjɛ] 309
[ˈʃiːt] 341
[ˈɬɛp] 304
[ɬəˈmɔus] 304
[ˈʃmuːts] 304
ʃuər 193
ʃrani 349
ʃranu 135, 317, 349
ʃtappə 314

Tacchinsgiving Day 274
taɬian' 222, 238
taliana 89, 144, 175, 187, 192, 223, 277
talianə 113, 144, 149, 163, 178, 194, 197, 198, 209, 212, 228, 233, 234, 238
talianᵊ 191
taɬiànə 130, 149, 181, 195, 212, 222, 225, 238, 318
talianəmericànu 309
taɬianu 196, 319
Tanksgiven 274
tantane 290
tappi 275
tappo 275
tappu 275
tatòn 329
tatònə 329
tatò(u)nə 329
teilorʃàppə 323
teləvìʒən 311
telorisciàppə 311
tenere (la) bar(r)a 275
ti(c)chetta 270
ticchetto 269, 270
ticheta 270
tichettu 270
ticket 269, 270, 275
tispun 325
tonno 276, 290
tortillas 304
trabulare 266
tracca 273
tracche 279
travaglio 266
tribulo 266
trìcchə-tròcchə 211, 212
trobolo 266
trobulo 266
trocchə 309, 314
trocco 351
troccu 313
trochə 309
[trokəˈʧɨɬːᵊ] 310
trubel 266
trubola 266
trubolo 266

trùbuli 286
truchə, lu 309
truchəcìllə, lu 309
[ʧənˈdʒɛːt] 309
tuppuluni 280

u 287
ua 312
uà 287
uaie 289
uarèva 313
uaʃəməʃinə 313
ue 159, 198, 312
uea 312
uelə 312
uìndi 286
unifòrmi 318
uòcchi 286
uomene 277
uorèva 313
uppastesso 391

Vaffanculo! 295, 375
vaghino 391
vagon 391
Valevuddo 286
Vallivudo 283
vanella 325

vantəsinnə 280
vap 297
vàriu vanni 286
vàsciu 286
Vatzonvil 286
vazzumàra 286, 288
vazzumarra 288
verklemmt 164
viscchí 287
visco 287
visgut 295, 375
vìssinu 270
Voscènza 316
vosta mater 286
voste mara 286
Vossìa 316
vuàitti 286
vui 316
vuòra 286
vuttìjə 280

[ˈwɑp] 296, 297
wop 292, 296

yo 329

Zi Nicolo, lo 277, 283
[ˈzaːɲa] 281

www.ingramcontent.com/pod-product-compliance
Lightning Source LLC
Chambersburg PA
CBHW050847160426
43194CB00011B/2062